启真馆 出品

剑桥
第一次世界大战史

第1卷

全球战争

[美]杰伊·温特　主编　[德]霍尔格·阿夫勒巴赫　等著

姚百慧　刘　京　王唯笑　武乐曼　王若茜
李云霄　管世琳　喻　卓　耿　志　丁何昕子　译

THE CAMBRIDGE HISTORY OF THE FIRST WORLD WAR

Volume 1
Global War

ZHEJIANG UNIVERSITY PRESS
浙江大学出版社
·杭州·

图书在版编目（CIP）数据

剑桥第一次世界大战史. 第1卷，全球战争 /（德）霍尔格·阿夫勒巴赫等著；姚百慧等译. —杭州：浙江大学出版社，2024.9

书名原文：The Cambridge History of the First World War（Volume 1: Global War）

ISBN 978-7-308-20213-8

Ⅰ. ①剑… Ⅱ. ①霍… ②姚… Ⅲ. ①第一次世界大战—历史 Ⅳ. ①K143

中国版本图书馆CIP数据核字（2020）第 078282 号

浙江省版权局著作权合同登记图字：11-2020-191 号
审图号：GS(2022)4260 号

剑桥第一次世界大战史（第1卷：全球战争）
[德] 霍尔格·阿夫勒巴赫 等著　姚百慧 等译

责任编辑 王志毅
文字编辑 王　军
责任校对 董齐琪
装帧设计 蔡立国
出版发行 浙江大学出版社
（杭州天目山路148号　邮政编码310007）
（网址：http:// www.zjupress.com）
排　　版 北京楠竹文化发展有限公司
印　　刷 北京天宇万达印刷有限公司
开　　本 710mm × 1000mm　1/16
印　　张 50.5
字　　数 778千
版 印 次 2023年 2 月第 1 版　2024年 9 月第 2 次印刷
书　　号 ISBN 978-7-308-20213-8
定　　价 228.00元

浙江大学出版社市场运营中心联系方式：（0571）88925591；http://zjdxcbs.tmall.com

图 1　德国的殖民时钟：我们的未来取决于海洋

以后来者身份跻身帝国行列成为刺激德国领袖的一个原因，并促使他们采取行动，在非洲和亚洲建立与其欧洲领先工业国家地位相匹配的存在。

图 2　德属东非展，莱比锡城，1897 年

东方主义深植于所有的帝国计划之中。画面顶端的十字显示了，德国既要承担“文明开化的使命”，又要为德国工业提供原材料与市场。

图3　爱德华·格雷爵士的杂技表演：危险的外交

法国人这样评论得意扬扬的英国外交大臣爱德华·格雷爵士：他像门童一样站在欧洲均势的顶端，杂耍般地玩弄着爆炸性的国际关系问题，却丝毫没有意识到他在做什么。秘密条约从他的口袋里露了出来。

图 4　德国军舰玩具模型

海军力量在战前的时光里具有极强的大众吸引力。军舰模型是一种广告宣传，目的是给海军建设争取广泛的财政支持，但这种努力最终失败了。德国在与英国敌对期间从未有足以匹敌英国的海军力量。

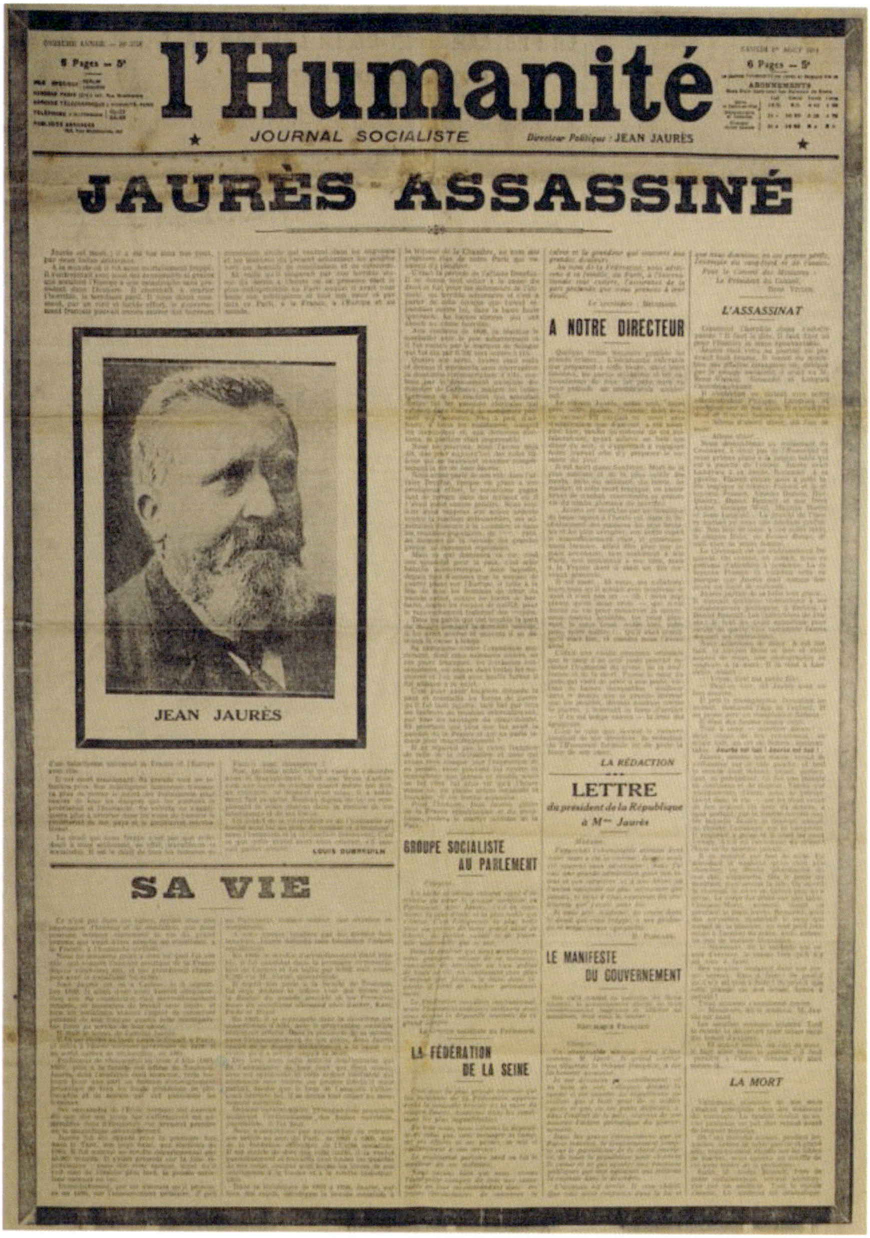

6 Pages — 5c

l'Humanité

JOURNAL SOCIALISTE

Directeur Politique : JEAN JAURÈS

6 Pages — 5c

JAURÈS ASSASSINÉ

JEAN JAURÈS

LOUIS DUBREUILH

SA VIE

A NOTRE DIRECTEUR

LA RÉDACTION

LETTRE

du président de la République à Mme Jaurès

GROUPE SOCIALISTE AU PARLEMENT

LE MANIFESTE DU GOUVERNEMENT

LA FÉDÉRATION DE LA SEINE

L'ASSASSINAT

LA MORT

图 5　让·饶勒斯被暗杀

饶勒斯经常宣传和平与正义消息的报纸阵地宣布，饶勒斯于 1914 年 7 月 31 日死于右翼狂热分子之手，世界因此少了一个可以引导阻止战争运动、备受国际尊敬的社会主义领导者。虽然并不清楚饶勒斯的个人观点，但如果没有他，反战运动便会瓦解。

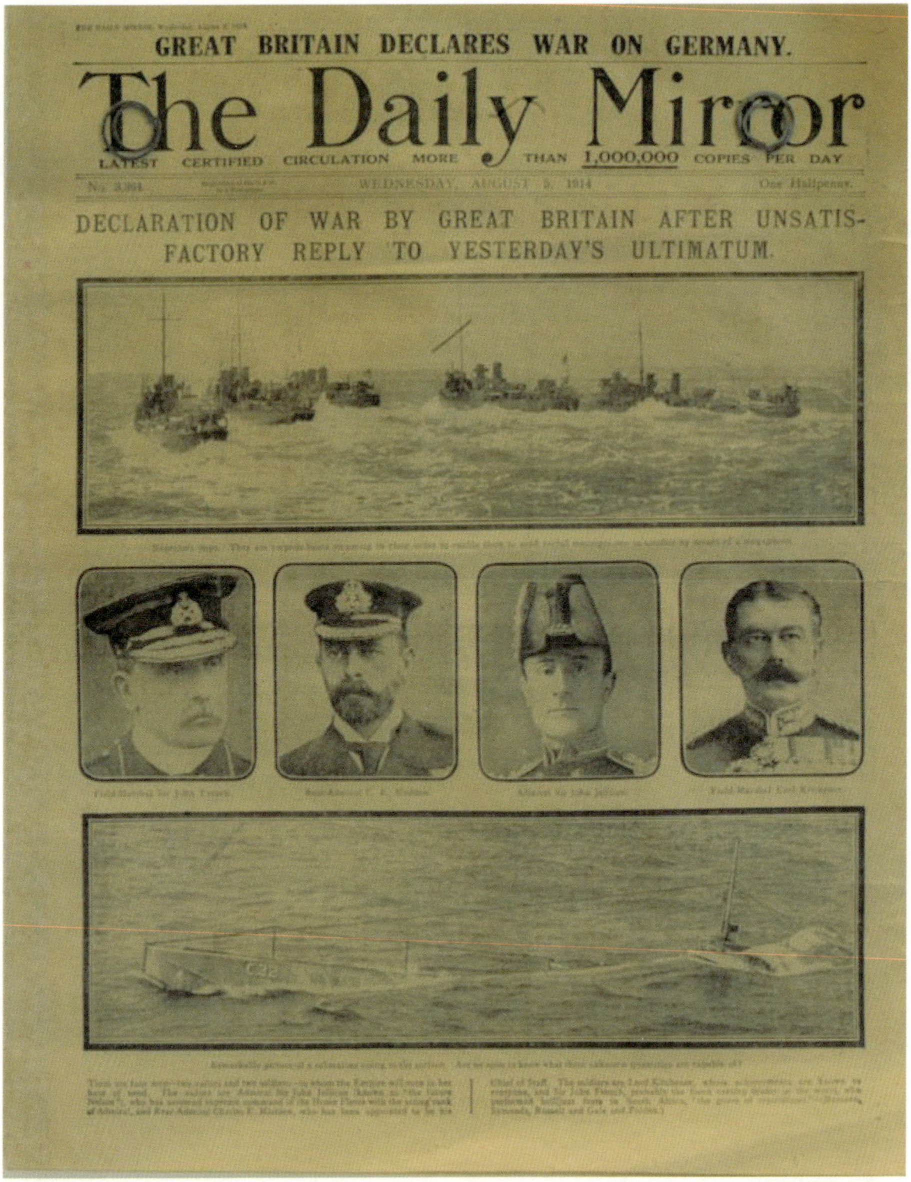

GREAT BRITAIN DECLARES WAR ON GERMANY.

The Daily Mirror

LATEST CERTIFIED CIRCULATION MORE THAN 1,000,000 COPIES PER DAY

WEDNESDAY, AUGUST 5, 1914 One Halfpenny.

DECLARATION OF WAR BY GREAT BRITAIN AFTER UNSATISFACTORY REPLY TO YESTERDAY'S ULTIMATUM.

图6　大英帝国宣布参战，《每日镜报》，1914年8月5日

这家畅销报纸刊登了英国宣布参战的消息，并附上了令人鼓舞的英国海军力量图片——“海王星的顽童”——两位上将照片的两侧是新任陆军大臣基奇纳勋爵，以及英国远征军首领、陆军元帅约翰·弗伦奇爵士。

图 7　英法在马恩河对德国进行最后的清洗，1914 年

在这幅法国讽刺漫画中，一个法国士兵正在利用 75 毫米口径的火炮（此处疑原书有误，看图应为 8 毫米口径的步枪。——译者注）对德皇进行最后的清洗，另一个英国士兵正打算对德皇进行压制，就像此间一段流行歌谣中唱的一样。

图 8　协约国军事领袖，彩绘瓷盘，1914 年

（顺时针从左至右）阿尔萨斯地区的法军指挥保罗·包将军，霞飞元帅，尼古拉大公，陆军元帅弗伦奇。

图 9　德国军事指挥，彩绘瓷盘，1914 年

战前，所有的战士都对他们卓越的陆、海军将领抱有信心。围绕着德皇威廉二世的是 1914 年时的德国军事将领。

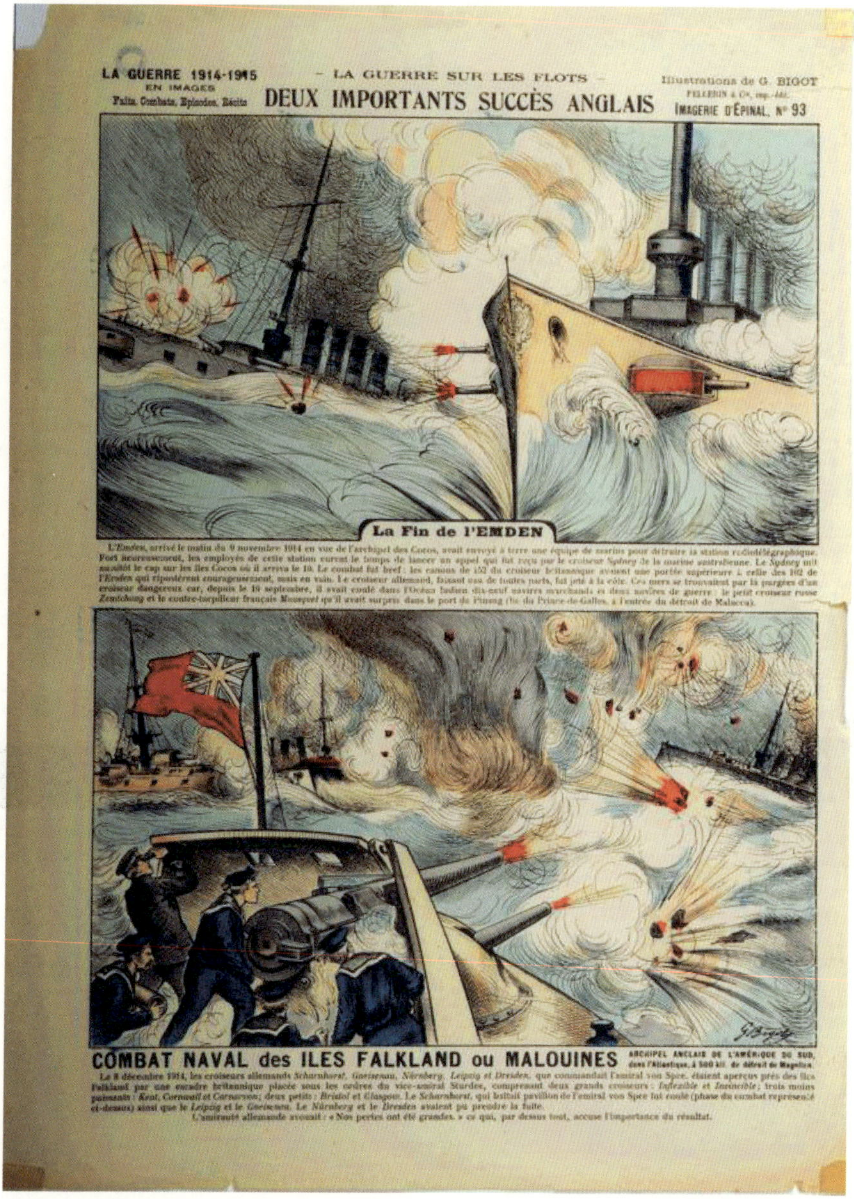

图 10　英国海军的两场胜利，1914 年

从印度洋至大西洋的全球大海战。上方的图片描绘了 1914 年 11 月 9 日，澳大利亚巡洋舰悉尼号在南苏门答腊摧毁巡行的德国轻巡洋舰埃姆登号。下方的图片展示了 1914 年 12 月 8 日，施佩海军上将的旗舰沙恩霍斯特号在福克兰群岛（马尔维纳斯群岛）附近被摧毁。这些胜利对于战场力量的平衡并未起到什么作用，但却鼓舞了民众的士气。

图 11　兴登堡和鲁登道夫在坦能堡庆祝胜利

1914 年 8 月末，德军决定性的胜利粉碎了俄国对东普鲁士的侵袭。新任指挥官兴登堡和鲁登道夫实施了马克斯·霍夫曼参谋提出的卓越计划，他们也因此成了民族英雄。在坦能堡，日耳曼骑士曾在中世纪战败，现在把这场战役定为坦能堡，是形势反转的象征。

图 12　守卫达达尼尔海峡，瓷盘，1915 年

德国陆、海军为奥斯曼军队提供武器和训练，以此挫败英、法 1915 年 3 月攻克达达尼尔海峡从而把奥斯曼帝国踢出战争的打算。这个德国的庆祝性瓷盘纪念了他们的胜利。

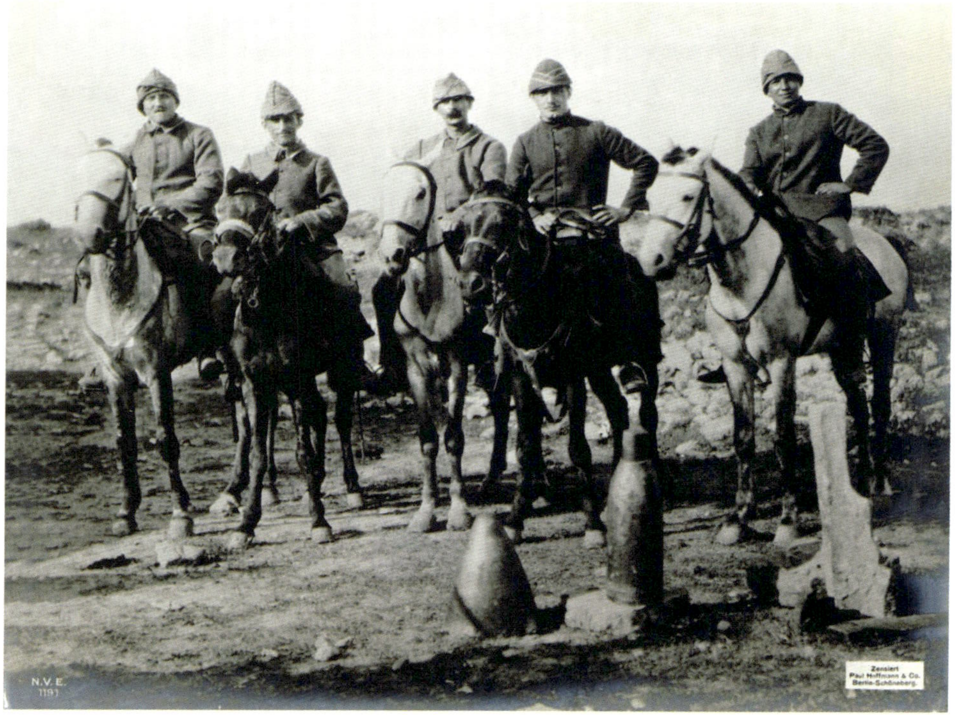

图 13　马背上穿奥斯曼军装的德国士兵

德国的一些士兵和水手在整个战时都充当奥斯曼陆、海军的顾问和训练员。这在最初起到了积极的效果。然而，奥斯曼军队战时仍然遭受重大伤亡。最保守估计也有 70 万人因为战争被杀死或病死、40 万人受伤。19 世纪的卫生条件与营养不良的状况增加了 20 世纪的武器带来的死亡。

图 14　皇家切斯特号在日德兰海战中受损

从严格意义上说，日德兰海战（1916 年 5 月 31 日—6 月 1 日）是一场平局。英国海军主力军舰遭到重创，但以此封锁了未受创伤的德意志帝国海军。

图 15　大水罐：向前推进的黑格

这是一个人形水罐或者啤酒杯，陆军元帅道格拉斯·黑格爵士坐在坦克上，（坦克）炮身写着“索姆河”。人偶底座上的“向前推进”标语是党派间的戏谑。黑格的死敌——劳合·乔治的支持者创造了这个短语，黑格的支持者则盗用了它。事实上，黑格的确展开了攻势，但战线并未向前推进。

图 16　空战：飞行中的吉内梅空军上校

吉内梅是最杰出的法国飞行员之一，他曾独立“击杀”敌机五十四架。1917 年 9 月 11 日，他在比利时上空被击落身亡。

图 17　空战：贡比涅上空的双翼飞机

从飞机上拍摄的照片，呈现了敌军行军路线和军队移动的清晰图像。从这张图上我们可以明显地看到法国贡比涅附近的堑壕系统。到 1918 年时，通过空中侦察和三角测量引导的炮火协调，得以让协约国最终突破陷入僵局的西线。

图 18　凡尔登战役中沃堡附近的德军士兵

凡尔登战役迫使战士们超越了人类忍耐力的极限。1916 年的这场战役持续了 10 个月，是一战中持续时间最长的战役。图中这位部署在沃堡附近的德国步兵正在瞄准，他的身旁是一具四分五裂的法国士兵尸体，仅能从头盔识别他的身份。

图 19　被摧毁的佩罗讷市政厅，1917 年

这是一张印有索姆河战役前线被摧毁的佩罗讷市政厅的明信片。当德军在 1917 年撤退的时候，他们没有留下任何功能完整的东西。这座建筑可能遭到了协约国炮火的袭击。在被毁坏的二楼有一张标语，上面写着“不要愤怒，只需吃惊”。这张法语明信片有另外一种文本——一种更轻描淡写的翻译。

图 20　德国士兵留在被摧毁的佩罗讷市政厅的标语牌，上面写着“不要愤怒，只需吃惊”，1917 年

澳大利亚军队在 1917 年 3 月德国人撤退后占领了佩罗讷，他们保存了这块牌子，并将它捐给了位于伦敦的帝国战争博物馆，博物馆过了很长时间之后又将它送还佩罗讷，现在这块牌子陈列于大战历史博物馆。

图 21　被奥地利人炮火所毁坏的威尼斯圣洛克大会堂的天花板装饰

圣洛克大会堂是威尼斯的荣耀之一，1917 年末意大利人从卡波雷托撤退后，匈牙利人的飞机或大炮袭击了它。像威尼斯很多其他建筑一样，圣洛克大会堂华丽的天花板遭到了严重的损坏。

图 22　列宁小塑像

这座小塑像的主题是列宁大踏步走向未来。运动的形象是革命艺术所必不可少的。

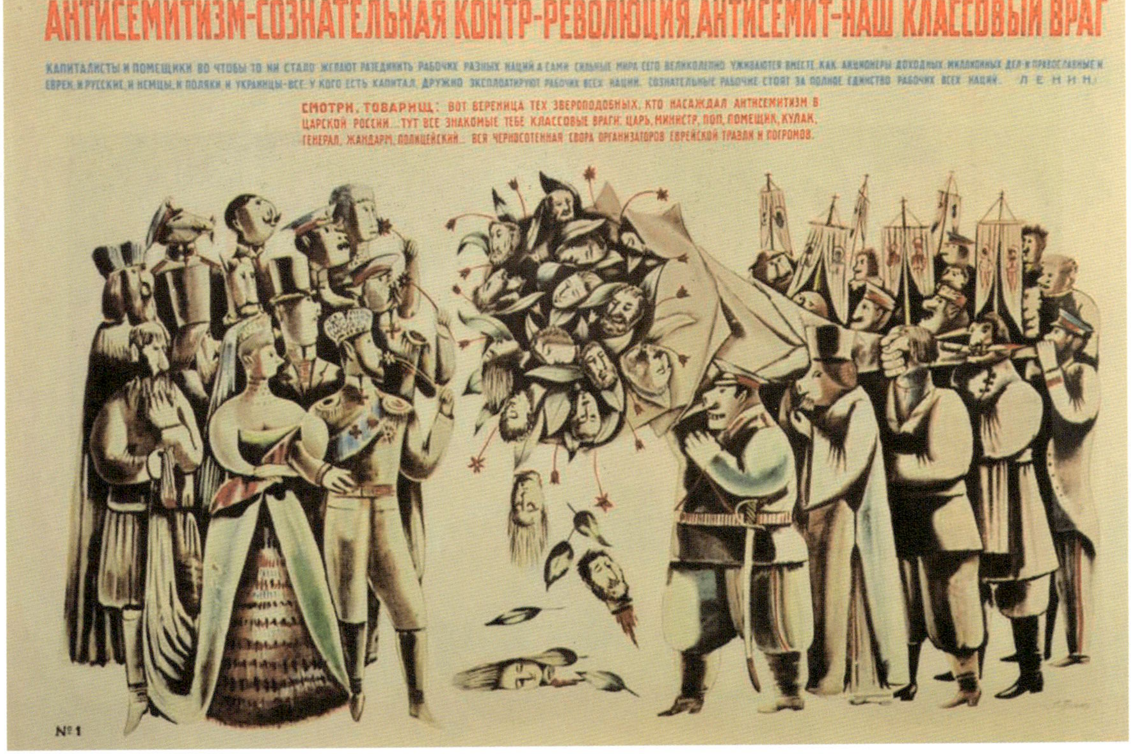

图 23 “反犹太主义是敌人”：俄国革命海报

像猪或其他动物一样的反动势力——贵族、神父、将军和富人——必须明白，旧政权再也不能用反犹主义运动和屠杀来掩盖其失败。革命将反犹主义视为敌人。

图 24　在法国的美国黑人部队

超过 100,000 名美国黑人投入到了在法国的战斗，他们在隔离区内服务。另外还有 250,000 名美国黑人被征召入伍，但没有部署到海外。当他们复员的时候，这些老兵又回到国内种族仇恨和种族骚乱的环境中去，其严重程度并不亚于他们在战前所看到的。

Photographie prise le 11 Novembre 1918 à 7 h. 30, au moment où le Maréchal
Foch part pour Paris remettre au gouvernement français le texte
de l'Armistice qui vient d'être signé avec l'Allemagne.
1. Maréchal FOCH.
2. Amiral Sir R. WEMYSS.
3. Général WEYGAND.
4. Contre-amiral G. HOPE.
5. Captain MARRIOTT.
6. Général DESTICKER.
7. Capitaine de MIERRY.
8. Commandant RIEDINGER.
9. Officier-Interprète LAPERCHE

图 25　在贡比涅签署停战协议的协约国代表，1918 年 11 月 11 日

这是胜利的时刻。福煦元帅（右起第 2 位，编号 1）拿着公文包，里面装着 11 月 11 日上午 7 点 30 分德国代表团刚签署的投降协议。

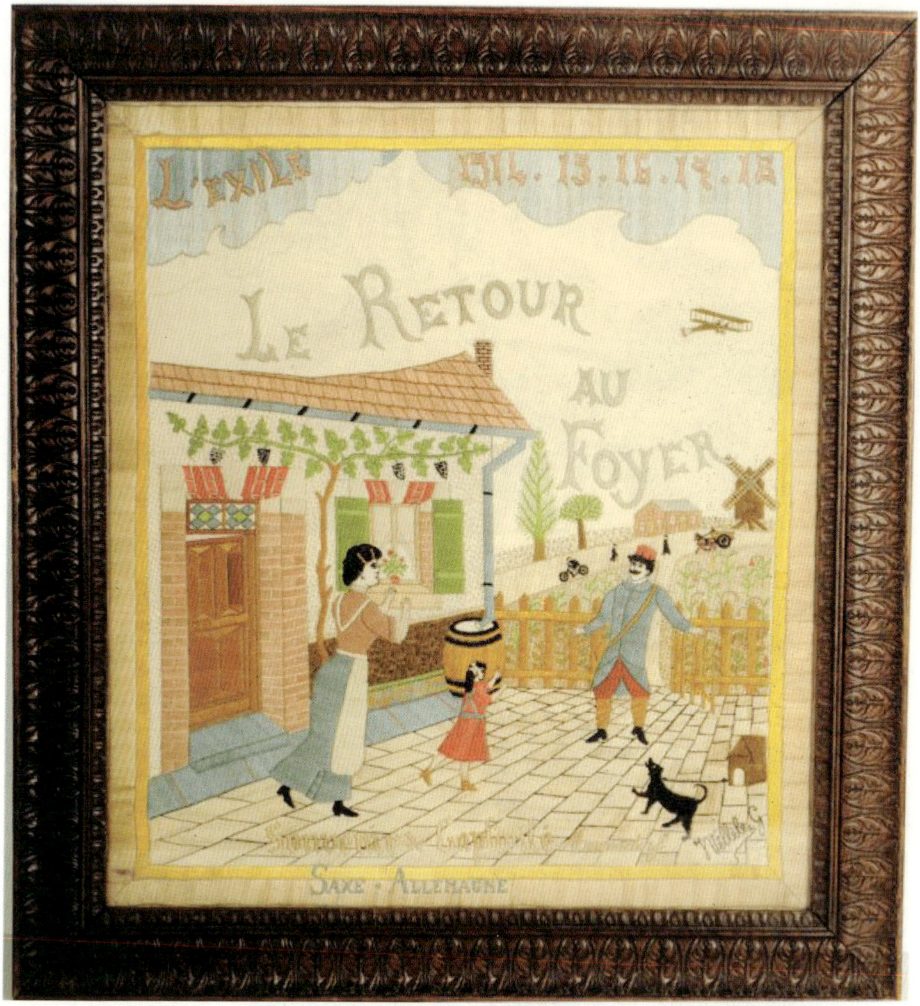

图 26　归家

这幅刺绣展现了母亲、孩子和父亲重聚的欢乐时光，这位父亲在萨克森的战俘营被关押了五年。一位被囚禁的士兵，无法参加战斗，用刺绣这种传统女性艺术来表达他对获释的希望。

图 27　U-9 号潜艇纪念碟

在德军 U-9 号潜艇上服役的士兵们用多种方式纪念他们在一起的时光，包括委托制作这只彩瓷碟子，上面绘有他们所服役的潜艇在海上的图景。这只纪念碟可能在麦森制造，庆祝 U-9 号潜艇在 1914 年 9 月 21 日击沉 3 艘英国巡洋舰。

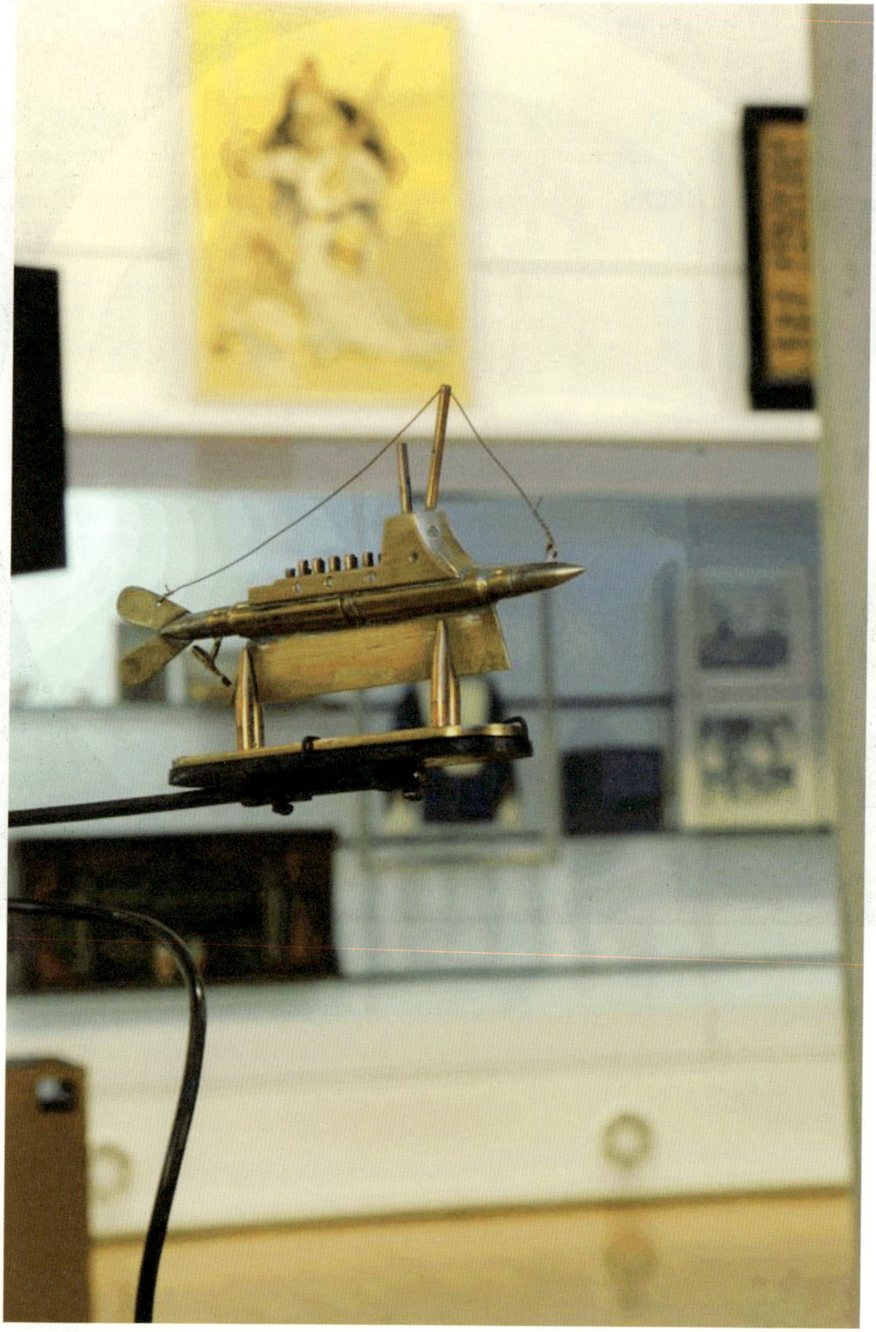

图 28　用子弹做成的潜艇模型

军队里的工匠们才艺拓展开来，用步兵子弹和铜废料做成了一件小潜艇船体。

图 29　一位非洲士兵的小雕像

这位非洲士兵配备着武器，穿着制服，打着绑腿，从这座精心设计的雕像可以明显地看到在法国服役的非洲士兵的尊严。

图 30　北非士兵家庭的战争相册

这张由一位北非轻步兵及其家人的照片组成的拼图表明，承载着殖民地军队军事服务历史记忆的图像多得无所不在。

图 31　飞机模型

军队中一名不知名的从事金属加工的匠人将金属丝、硬币、金属废料回收利用，造出一架他自己的私人飞机，以此作为一种从陆地上的战争中摆脱出来的消遣方式。

图 24.1　德国战俘营中的法兰西帝国士兵，1917 年

图 24.2　被运往德国伤员医院的法属非洲士兵，1914 年

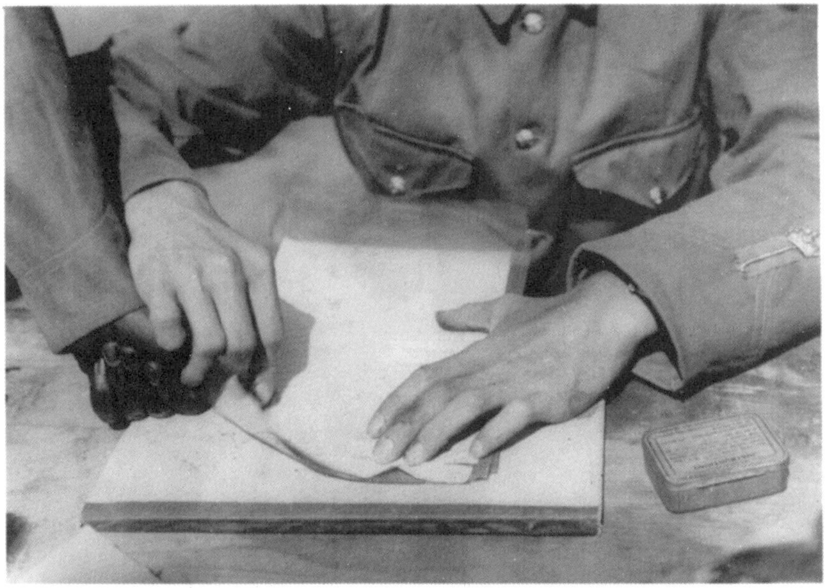

图 24.3　印度士兵在参军的协议上按手印

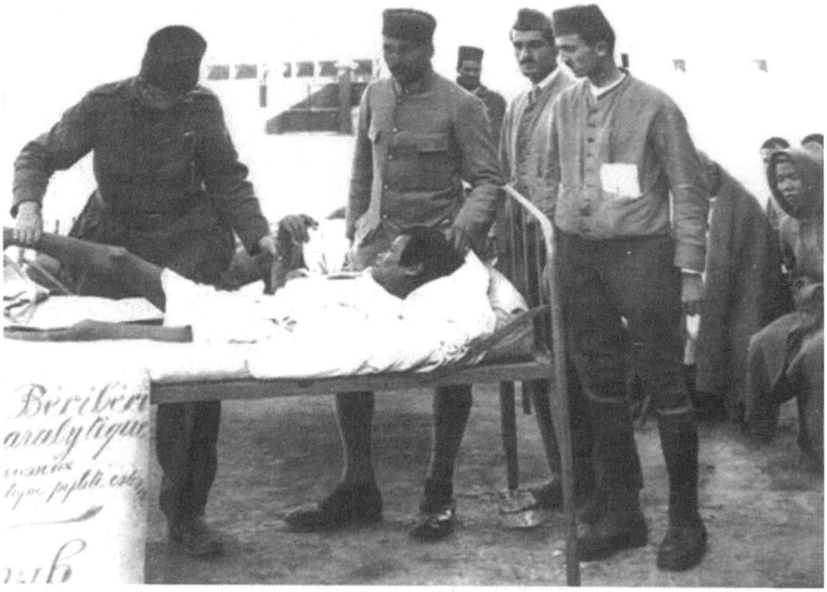

图 24.4　埃及医生为患脚气的亚洲劳工治疗

图 24.5　法国黑人士兵与白人护士的明信片

图 24.6　溺死的塞尔维亚士兵，科孚附近的维多岛

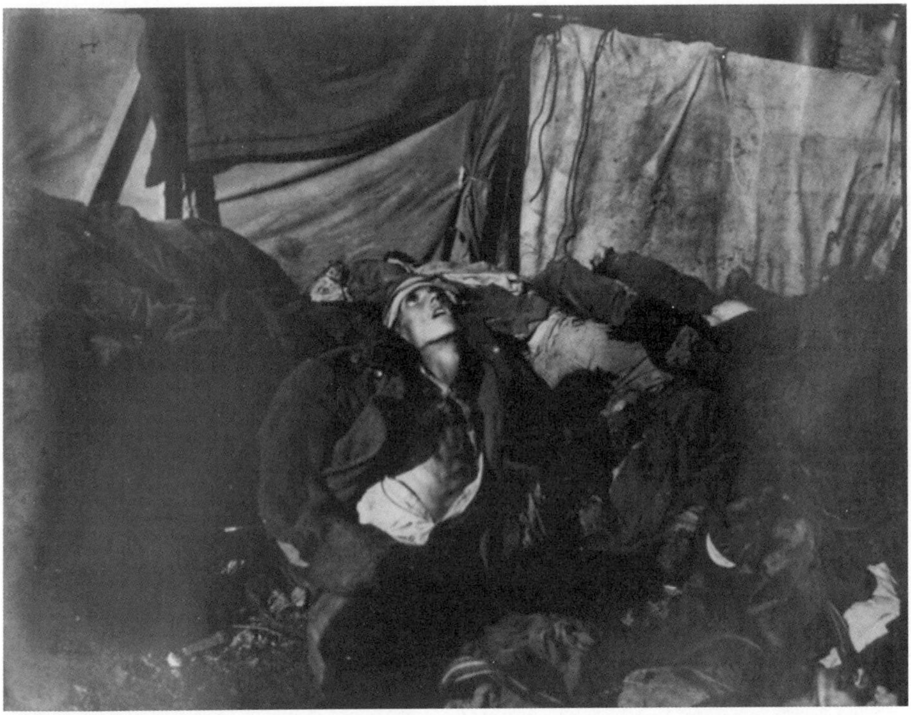

图 24.7 “卡戎之船”，科孚附近的维多岛

图 24.8 田地中的犹太家庭，沃利尼亚

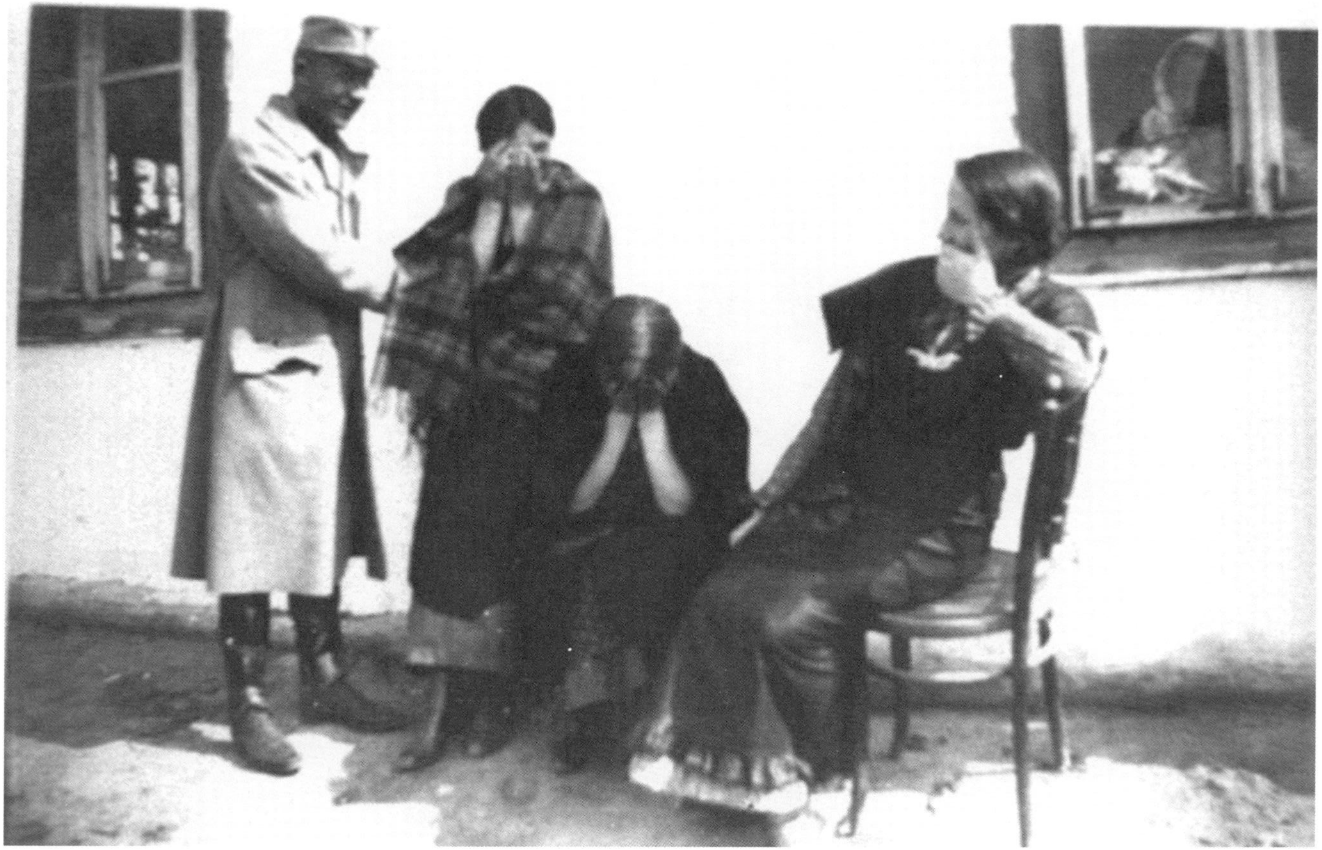
图 24.9 犹太妓女，沃利尼亚

图 24.10　奥匈山地部队在垂直的悬崖上，意大利战线

图 24.11　白色战争，马其顿战线的科斯图里诺山脊

图 24.12　安静的东线，沃利尼亚

图 24.13　被毁掉的东线村庄，沃利尼亚

图 24.14　马拉飞机，沃利尼亚

图 24.15　皇家海军不屈号，近福克兰群岛（马尔维纳斯群岛），1914 年

图 24.16　在温哥华海岸旁的日本巡洋舰，英属哥伦比亚，1917 年

图 24.17　陷在泥泞中的马，西线

图 24.18　帕斯尚尔，1917 年

图 24.19　可怕景象：马的一半挂在树上

图 24.20　马给西线的士兵带来补给

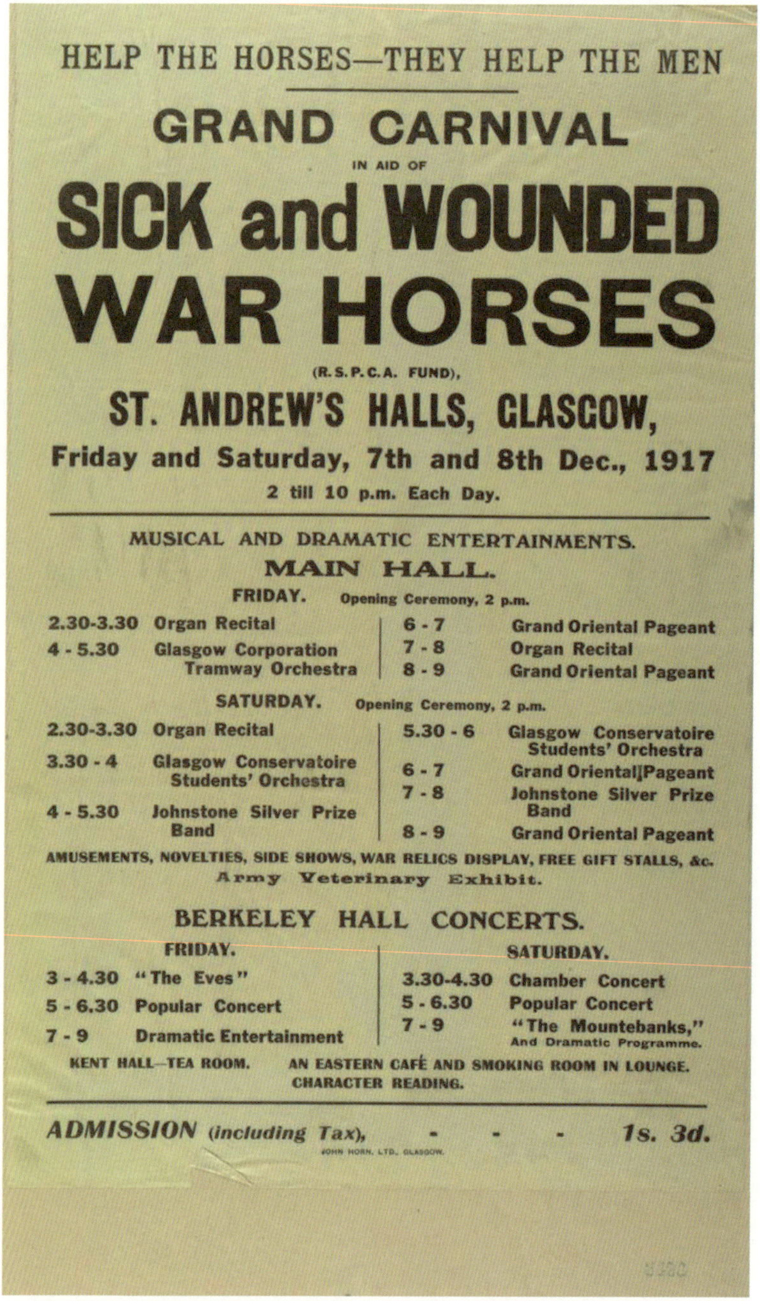

图 24.21　为帮助伤病马而举办大型嘉年华的广告，1917 年 12 月

图 24.22　帕斯尚尔附近坏了的坦克，1917 年

图 24.23　东线的火焰喷射器

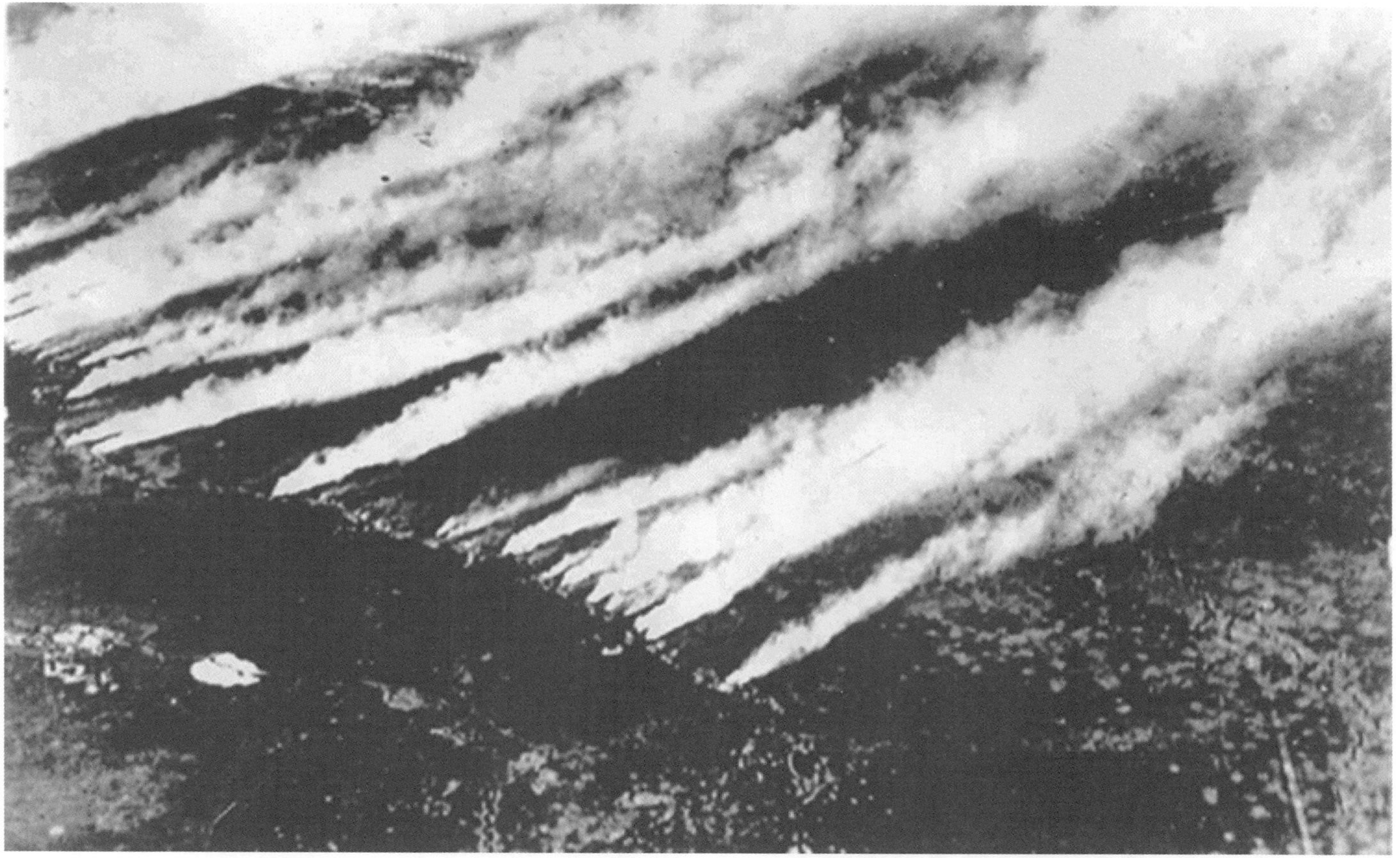

图 24.24　西线的毒气攻击（Ⅰ）

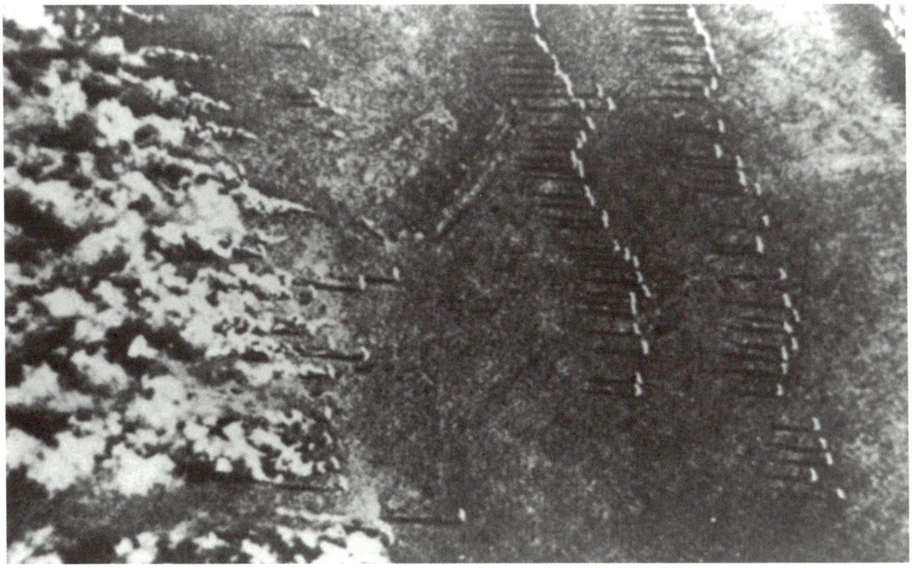

图 24.25　西线的毒气攻击（II）

图 24.26　戴着防毒面具的法国士兵

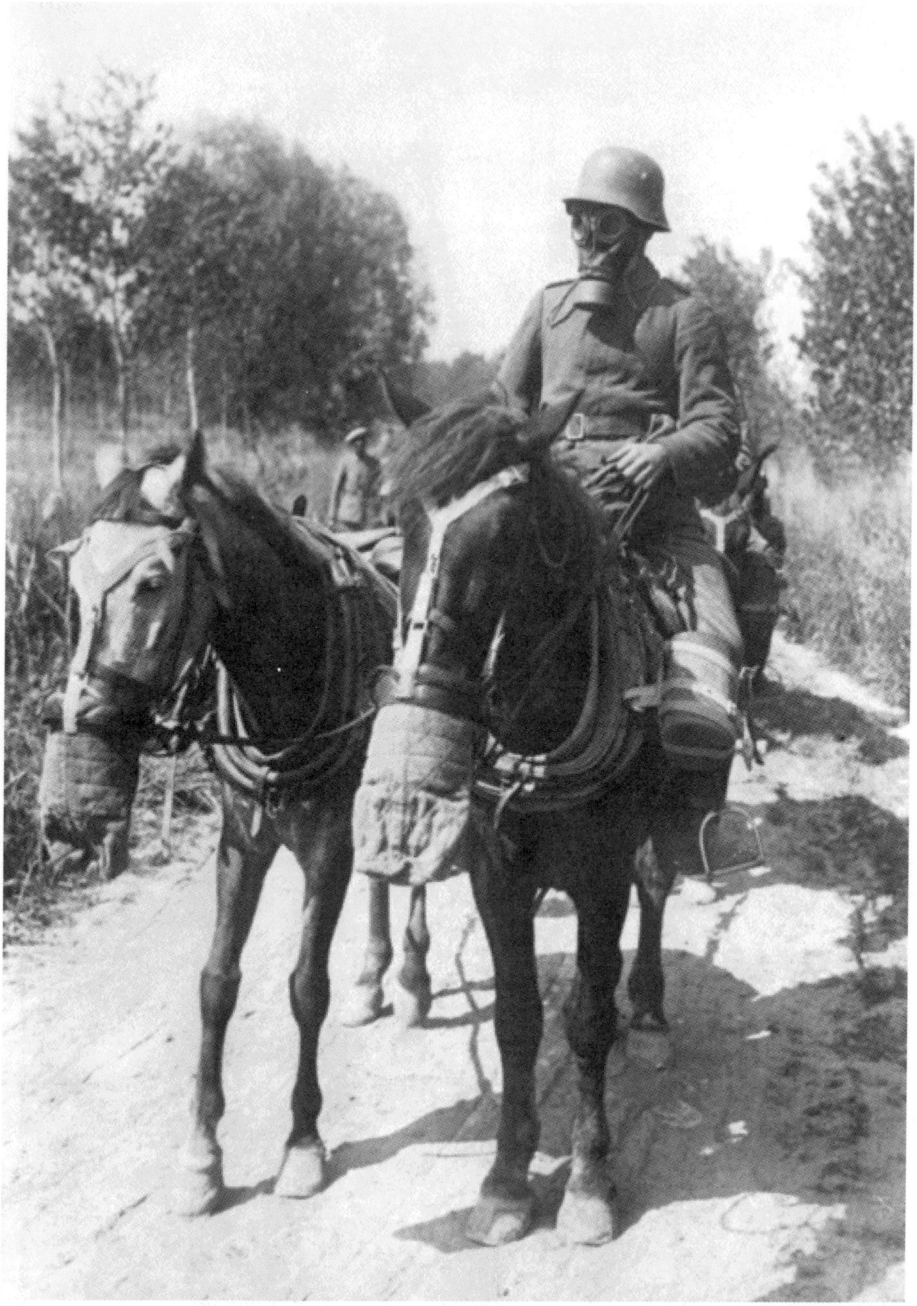

图 24.27　戴着防毒面具的骡子和士兵

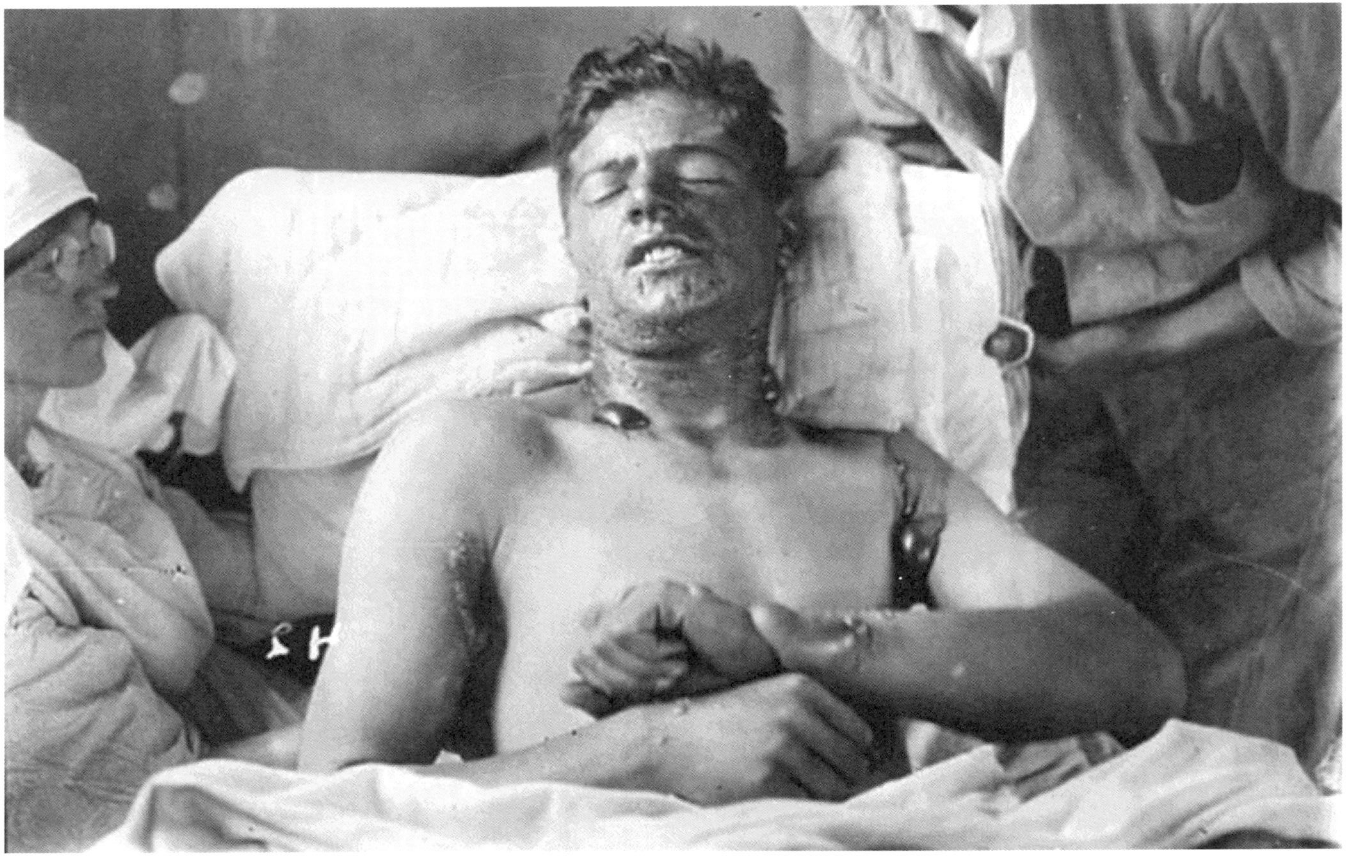

图 24.28　受芥子气伤害的士兵

图 24.29　躲过亚美尼亚种族灭绝的儿童，埃里温，1919 年

图 24.30　美国援助亚美尼亚种族灭绝的幸存者，1919 年

图 24.31　骆驼队给俄国大饥荒的受害者带来食物援助

本卷作者介绍

霍尔格·阿夫勒巴赫（Holger Afflerbach），利兹大学中欧史教授。

穆斯塔法·阿克萨卡尔（Mustafa Aksakal），乔治城大学历史和当代土耳其研究助理教授。

斯特凡娜·奥杜安－鲁佐（Stéphane Audoìn-Rouzeau），法国社会科学高等研究院主任（巴黎），佩罗讷国际大战史研究中心主席。

斯蒂芬·巴奇（Stephen Badsey），伍尔弗汉普顿大学冲突研究教授。

安妮特·贝克尔（Annette Berker），巴黎第十大学当代史教授，法国大学研究院高级成员。她是佩罗讷国际大战史研究中心副主席。

让－雅克·贝克尔（Jean-Jacques Becker），巴黎第十大学荣休教授，是位于索姆省的佩罗讷国际大战史研究中心创始主席。

弗尔克尔·R. 贝格豪（Volker R. Berghahn），哥伦比亚大学赛特·洛历史教授。

唐纳德·布洛克斯汉姆（Donald Bloxham），爱丁堡大学理查德·佩尔斯欧洲史教授。

布鲁诺·卡巴奈斯（Bruno Cabanes），耶鲁大学历史系助理教授。

奥利维耶·孔帕尼翁（Oliver Compagnon），新索邦大学（巴黎三大）当代拉美史教授。

安尼·德佩尔尚（Annie Deperchin），里尔第二大学司法史中心法学教授。

约翰·霍恩（John Horne），都柏林三一学院当代欧洲史教授，2008—2010年任战争史研究中心首任主任。

珍妮弗·D. 基恩（Jennifer D. Keene），加利福尼亚州奥兰治县查普曼大学历史教授，历史系主任。

保罗·肯尼迪（Paul Kennedy），耶鲁大学J. 理查森·迪尔沃斯历史教授，国际安全研究中心主任。

汉斯－卢卡斯·基泽（Hans-Lukas Kieser），苏黎世大学副教授，专长是奥斯曼帝国晚期和土耳其共和国史，以及近东和跨大西洋世界的总体互动研究。

格尔德·克鲁迈希（Gerd Krumeich），杜塞尔多夫海因里希·海涅大学当代史荣休教授，是位于索姆省的佩罗讷国际大战史研究中心副主席。

尼古拉·拉班卡（Nicola Labanca），锡耶纳大学科技史系当代史教授。

克里斯托弗·米克（Christoph Mick），华威大学助理教授。

小约翰·H. 莫罗（John H. Morrow, Jr.），佐治亚大学富兰克林讲席教授，历史系主任。

比尔·纳桑（Bill Nasson），斯坦陵布什大学历史教授。

迈克尔·S. 奈堡（Michael S. Neiberg），宾夕法尼亚州卡莱尔美国陆军军事学院国家安全与战略系历史教授。

罗宾·普赖尔（Robin Prior），自 2007 年起是阿德莱德大学历史与政治学院资深访问教授。

加里·谢菲尔德（Gary Sheffield），伍尔弗汉普顿大学战争研究教授。

杰伊·温特（Jay Winter），耶鲁大学查尔斯·J. 斯蒂尔历史教授，莫纳什大学著名的客座教授。

徐国琦，香港大学历史系教授。

致 谢 XVII

这套三卷本的《第一次世界大战史》的完成离不开位于法国索姆省佩罗讷大战历史博物馆工作人员的支持与帮助。这座博物馆开放于 1992 年，是第一座平等对待 1914—1918 年战争交战双方及其全球性质的国际博物馆。1989 年大战历史博物馆的研究中心开始运作，依据一代人文化史工作的成果，设计了博物馆，发展了博物馆技术学。从大战历史博物馆的开创一直到今天，作为历史学家的我们始终都处于工程的中心。

索姆省议会出资建立了大战历史博物馆。它反映出地方的自豪以及致力于保护大战的遗迹，这些遗迹存在于索姆省以及承受了大战灾难的更广阔的世界里的自然景观和文化生活当中。我们要感谢总理事会的主席克里斯蒂安・马纳布勒（Christian Manable）及其主管文化的马克・佩朗（Marc Pellan）。就大战历史博物馆本身，要感谢大战历史博物馆的馆长普雷沃・利内阿特（Prévost Linéatte），首席管理员玛丽－帕斯卡尔・普雷沃－博勒（Marie-Pascal Prévost-Bault），埃尔韦・弗郎索瓦（Hervé François）主任，以及馆员克里斯蒂娜・卡泽（Christine Cazé）（特别鸣谢），弗兰德里克・哈德利（Frederick Hadley），卡特琳・穆凯（Catherine Mouquet），塞弗里娜・拉瓦拉尔（Séverine Lavallard）。此外，要感谢耶齐德・麦德穆恩为我们提供了大战历史博物馆稀有特藏部的珍贵照片，可以在这套三卷本历史著作的插图中看到这些精选的照片。

由大战历史博物馆研究中心指导委员会委员组成的编写组编辑了这套进行跨国叙事的大战史。作为该项目主编的我，如果没有这一起共事二十多年的历史学家集体，无法开展这样一项创作历史的任务。他们共同的视野是这三卷本的灵魂，我对我们的创作集体以及其他众多在大战领域从事研究的同行致以最诚挚的感谢。丽贝卡・惠特利（Rebecca Wheatley）为我们提供了所需的地图， XVII

要对她表示特别的鸣谢。

我们采取如下的工作方式。在确定目录之后，对作者的写作任务进行了分配，书的每一部分都交给该部分的编者，他们负责进度、独立章节的完成以及各自所负责部分的章节参考文献的汇总。他们认可的章节统一被送往编辑组，我作为总主编一是确保其完整性，二是确保他们的风格以及方法符合我们的全球和跨国的目标。海伦·麦克菲尔（Helen McPhail）和哈维·门德尔松（Harvey Mendelsohn）进行了卓越的工作，他们二人分别将法语和德语的草稿章节译成了英语。佩罗讷大战历史博物馆国际研究中心的主任卡罗琳·方丹承担了该工程当中很大的一部分协调工作。如还有任何错误，我将承担全部责任。

目 录

插图目录

第一部分

所有插图均来自佩罗讷（索姆省）的第一次世界大战历史博物馆，除非另作说明。

拍摄：耶齐德·梅德蒙（Yazid Medmoun，索姆省委员会），除非另作说明。

第二部分

图 24.31　骆驼队给俄国大饥荒的受害者带来食物援助（© Hoover Institution Archives, Stanford University）

已尽力同此书所翻印图片的相关版权所有人进行了联系。如果有任何错误之处，出版社愿意在重印或未来再版时予以纠正。

地图目录

（本书地图为原书所插地图）

总导言 1

杰伊·温特

撰述历史经常是一种对话。当历史学家将所想付诸笔端时，他们总是带有同行长时期积累起来的解释。更频繁发生的情况是，历史学家之所以决定动笔写作，是因为他们反对现有的解释成果，对它们持有异议，对它们感到恼怒。当然，也存在很多情况，那就是对于共同感兴趣的东西，历史学家与他们的同行想到了一起或者是他们都关注到了此前未利用的材料。但更多的时候，历史学家是在提出异议，通过他们的写作，呈现出一种与已出版著作不同的描述。

这样的情况既会发生在同一代的历史学家之间，也会出现在不同的代际关系当中。同今天的学者交战的同行依旧在工作，他们通过对话进行论战。尽管他们也会对过去的历史学家的一些作品进行批评，那些作品仍然能够激发人们的反思、证实、发挥以及有些情况下的反驳。历史学家对大战研究的参与由来已久，即使是在结束职业生涯之后也会继续长时间关注。

由此，历史实践中的对话本质使得有必要把一代人对大战的思考与先前几代人的思考放在一起。现在我们是从事 1914—1918 年战争历史研究的第四代历史学家。

当代的学者会或明或暗地使用到前三代的撰述，有时是明确参考，更多的时候是在未指明的情况下利用。[1] 首先是我所称的“大战一代”。这些人在成为学者之前是士兵或政府工作人员，他们都对战争有着直接的了解，他们或是有

[1] 对于这个阐释更为完整的发挥，参见 Jay Winter and Antoine Prost, *The Great War in History: Debate and Controversies, 1914 to the Present* (Cambridge University Press, 2005); Jay Winter (ed.), *The Legacy of the Great War: Ninety Years On* (Columbia, MO: University of Missouri Press, 2009)。

亲身在军队服役的经历，或是为国家的战争事业做出其他的服务。他们自上而
2 下地书写历史，所描述的大部分事件是他们直接经历过的。这些著作所描绘的，无论是国内还是前线，核心参与者是国家，都是国家的统制。这部分最为卷帙浩繁的工程是由卡内基国际和平基金会资助出版的一套总计 133 卷的丛书，内容为战争的经济和社会史。大部分的卷册是由那些发动战争或是那些不得不处理战争影响的人执笔的。

第一代人当中还包括那些写回忆录的人，他们重温事实明显是为了自我辩护。情况多种多样，有将军和内阁大臣的表功之作，也有那些试图洗刷失败罪责的回忆录。也有官方史，其中很多是先前的士兵为了国家参谋学院的需要而撰写的，试图给将来提供“教益”。由于撰述这些著作通常需要很高的技艺，也由于内容十分具体，因而这些著作需要数十年才能问世。这种时间上的延迟在效率上降低了它们对下次战争规划的重要意义。

第二代人或许可以被称为“50 年代以来”的一代。这一代历史学家的写作时间是 20 世纪 50 年代末和 20 世纪 60 年代，他们所写的内容不仅仅是高层政治和决定，同样还有包括社会结构和社会运动的历史。当然政治和社会这两种类型的历史是齐头并进的，但它们以一种不同于两次大战期间那些年的方式交织在一起。这些历史学家当中的很多都得益于获得了二战前不为人知或无法获得的史料。“50 年规则”使得学者能够参考国家的文件，这意味着在 20 世纪 60 年代进行写作的人能够利用各种各样的档案，从而为对战争史做出新的阐述提供了条件。

尽管在两次大战期间第一代人就制作了大量的战场指南以及展现破坏性和武器的影集，但 20 世纪 60 年代的一代更多地使用了电影和视觉证据。二战之后，开始了电视史的时代，前所未有地吸引了观众对历史记录的兴趣。这尤其表现在，以新兴强大的战争题材为内容的电视纪录片有一个庞大的收视群体。1964 年，英国广播公司（BBC）开设了第二个纪录片频道，用以播放 26 集的战争史纪录片，该片的制作全面彻底地研究了电影档案，由一组令人钦佩的军事历史学家担任监制。数百万观看此系列纪录片的观众都是那些经历过战争的
3 人。1964 年，当年参加过作战并存活下来的年轻人大部分已经年过七十，但它之所以能够成为一个巨大的文化事件，是由于那些幸存者的家属以及那些未能生还者的家属将这些战争故事融入他们自己家庭的叙事。大战就这样摆脱了学

术，进入到了更为有利可图、人口众多的公共史学领域。公共史学此前以博物馆、特展以及电影为代表，现在又增加了电视。截至 20 世纪 60 年代，位于伦敦的帝国战争博物馆已经超过了很多其他的地点，成为赴伦敦的游客的首选之地。时至今日，它仍旧是首都主要的旅游景点之一，如同在澳大利亚的首都堪培拉坐落着的、同样让人印象深刻的澳大利亚战争纪念碑。

“50 年代以来”的幸存者的颂扬中有很多怀旧情绪。到 1964 年，那个参加 1914 年战争的欧洲世界已不复存在。所有参与战争的主要帝国主义大国都遭到了彻底的改变。英帝国已成为过去；法属阿尔及利亚以及法国人在非洲和南亚的“文明使命”也终结了；德意志帝国消亡了，它大部分的东部领土在 1945 年后割让给了波兰和苏联；奥地利、匈牙利和南斯拉夫成为小的独立国家；尽管苏联在某些方面还象征着沙俄，但始于 1917 年的苏联大规模社会改革极大地削减了这种延续性。

因此，1964 年的怀旧是针对在大战中分崩离析的世界的一种怀念。对于很多人来说，大部分那个世界的污点和丑陋都被战前的一种对黑色调敬畏的日子隐藏了起来。菲利普·拉金（Philip Larkin）在他的一首诗中写道，“从未这样天真无邪，前无古人后无来者”，诗的名字中并未出现 1914 的字样，而是采用了更为古旧的“MCMXIV”的写法。这首诗的出版时间是 1964 年。

在很多历史撰述中，就像很多历史纪录片一样，最戏剧化的冲突源自一系列人类堕落前的图像，将衰落、丧失伟大的感觉，与在西线的毁坏与恐怖并置。1945 年之后的几十年中，衰落的情形在英国及其他地方都是典型的特点。无论这个世界出现了什么样的问题，看上去似乎都与 1914 年有联系，那个时候，许多正派的人动身前往参与一场战争，也结束了一场极为可怕的战争。

一些人认为，一些盲目的精英以牺牲大众的生命为代价，去追求像“光辉”或“荣耀”这些乏味的普遍概念，从而背叛了道德观念。大部分 20 世纪 60 年代有关战争的作品中以及从中兴起的社会运动的研究中都可以找到这种平民主义的焦虑。加里波利登陆 50 周年的纪念活动在澳大利亚和新西兰引发了对大战的兴趣，这两个国家的诞生使得战役的失利黯然失色。1967 年庆祝布尔什维克革 4
命 50 周年，也有着同样英雄般的叙事。因此，比之在战间期工作的学者，很多学者要告诉我们更多有关战争期间劳工、女性和普通人的历史，这一点都不令人感到惊奇。

第三代人或许可以被称为“越南一代”。这一代的从业者开始写作的时间介于 20 世纪 70 年代和 80 年代。那时在英国、欧洲大陆以及美国都掀起了普遍反对像在越南发生的那种军事冒险。这段时间，欧洲正经历着公众对核威慑的反对，1973 年的中东战争也对发达世界的经济有着危害性的影响。1939—1945 年“正义战争”的光辉消退了，新一代对于战争对战胜者和战败者而言都是一场灾难的观点抱有更为开放的态度。

正是在这样的环境中，出现了更黑暗的大战历史。依旧有学者坚称大战是一场崇高的事业，正义的一方赢得了战争。但其他人开始将大战描述为一场徒劳的演习，一场悲剧，一场对生命愚蠢的、令人惊惧的消耗，除了那些已被盲目自大的领导者抛弃的普通行为准则和尊严，没有产生任何巨大的价值。

三位不同的学者写出了最有影响力的作品。保罗·富塞尔（Paul Fussell）是一位参加了二战并在战役中受伤的老兵，1975 年他创作出了经典的文献《大战与现代记忆》。[2] 他是文学教授，他形成了一种阐释，即士兵是如何将那场他们在 1914—1918 年经历的战争理解为一件出乎意料的事件，这场战争的预期和结果截然不同。就是在那个时候，对战争的罗曼蒂克式的旧有描述似乎失去了意义。在堑壕战中，大规模的死亡占据了主导地位，在那里由于火炮和毒气轰炸，士兵不再感到战争是一件光荣的事情。战争的记录者们，为了适应情况，改变了旧有的形式。富塞尔将这种风格界定为“出乎意料”，这种风格让我们对那些基于英国一战老兵撰述的纵贯 20 世纪的战争作品产生怀疑。

约翰·基根（John Keegan）爵士在 1976 年创作出了一本可以与富塞尔的著作相匹敌的著作。他是桑霍斯特皇家军事学院的一名讲师，但由于儿童时期所患的疾病而无法参加战争。基根问了一个让人消除戒备的简单问题：“战争是可能的吗？”他在 1976 年出版的《战争的面貌》[3] 一书中回答说，很久之前这个答案或许为“是”，但在 20 世纪，摆在士兵面前的是极具挑战的战争。参加 1415 年阿金库尔战役的士兵能够逃往另一座山寻求保命。四个世纪之后在滑铁卢集中的步兵能够晚一天到达。但在 1916 年的索姆河战役中，没有出路。由于工业化的战争，堑壕上方的空中充满了致命的射弹，无法从堑壕中逃脱。在那次战

[2] Paul Fussell, *The Great War and Modern Memory* (New York: Oxford University Press, 1975).

[3] John Keegan, *The Face of Battle* (London: Allen Lanc, 1976).

役中造成的大规模死亡以及 1916 年在凡尔登进行的其他大规模的战斗使得士兵超出了人类承受能力的极限。在接下来 1939—1945 年的战争中，没有发生像一战当中这一系列的惨剧，尽管斯大林格勒非常接近地复制了索姆河和凡尔登的恐怖。这虽然是一本军事史家的著作，但他的出发点是人文的，某种程度上来说是心理学的。士兵的强度极限是基根的主题，再加上实力、想法的微妙以及技术上的权威，他在军事史上打开了一个作为人文科学的新篇章。

1979 年，具有人类学知识背景的历史学家埃里克·利德（Eric Leed）写作了一部同样具有开创性的著作。《无人区：一战中的战斗和身份》[4] 巧妙地借助了人类学家维克多·特纳（Victor Turner）的作品。他考察了那些在阈限情形中的人，他们不再是他们所源自的那个旧世界的一部分，无法中途逃脱，只有在无人区中才能找到自己。这是大战堑壕士兵情感的场所。他们是那些再也无法回家的士兵，对于他们来说，战争就是他们的家，在停战之后的数年中他们要再造战争。这是一个患战争疲劳症士兵的世界，同时也是那些自由军团的世界，那些战后初期兴起的军事化强盗为纳粹的出现奠定了基础。

在所有的三个示例中，引用非常不同的文献，考虑的主题都是数以百万计的走进堑壕的士兵，他们如果有可能走出堑壕也被永久性地烙上了战争的经历。他们带有广岛幸存者的观察者所称作的“死亡印记”；知道他们的幸存纯粹是机缘巧合。如果将一个个日本平民和大战士兵放在一起，我们能够看到某些反核运动的痕迹。在这两种情况下，道德和政治的区别是明显的，但正如这些作家似乎所要表达的，战争的残余才是我们生活的文明核心。可以毫不夸张地说，这三部著作与同时代的其他著作促成了一种悲剧性的大战叙事，在这种叙事中，受害者与暴力通过这种方式交织在一起，讲述了一个完整的欧洲战争故事，欧 6
洲联盟的缔造者也对这种叙事做出了清晰的反应。从 20 世纪 70 年代以来，欧洲一体化尝试去除国家观念，因为正如雷蒙·阿隆（Raymond Aron）指出的，这种观念有权发动战争。结果是军事的作用在大多数欧洲国家的政治和社会生活中逐步减少。詹姆斯·希恩（James Sheehan）在最近的一本书中询问了这样一个问题，所有的士兵都到哪里去了？[5] 答案是，他们以及大部分他们的领导（尽管

[4] Eric Leed, *No Man's Land: Combat and Identity in World War I* (Cambridge: Cambridge University Press, 1979).

[5] James Sheehan, *Where Have All the Soldiers Gone?* (Cambridge, MA: Harvard University Press, 2008).

不是全部)，都从那个多次在富塞尔、基根、利德以及其他人所呈现出的破坏性巨大的战场上逃离。

现在我们属于大战撰述的第四代。我愿意将其称作“跨国的一代”。这一代人有着全球的视野。“全球”这一术语不仅倾向于超出欧洲层面去撰写战争内容，还将战争视为一种跨越欧洲、跨越大西洋之外的事件。这是发生在工业化国家之间的第一场战争，波及中东、非洲、福克兰群岛（马尔维纳斯群岛）和中国，参与欧洲中心作战的兵源从温哥华到开普敦，从孟买到阿德莱德。这次战争中诞生了凯末尔领导的土耳其，也诞生了列宁和斯大林的苏联。战争许诺的自决并没有产生这样的效果，但从战争中出现了去殖民化的诉求。战争直接引发了经济困难，而经济困难严重地削弱了老牌帝国主义在世界建立帝国和准帝国据点的能力。

对于许多更为老牌的剑桥史来说，通用的方法是国际方法，而我将大战历史的研究方法称为跨国方法，或许用几句话解释一下是有益的。近一个世纪以来，大战就被置于一种国际关系的体系当中，国家和帝国层面的战争与合作被认为是自明之理。跨国史不是从一个国家开始向其他国家移动，而是将多层面的历史经验作为已知条件，这些经验既有低于国家层面的，也有高于国家层
7 面的。[6]在第二卷中详细阐述的兵变就是一个跨国的现象，因为在不同的军队中都出现了兵变，尽管出于不同的原因，但其中的一些与在其他军队中出现的抗议和拒绝的缘由有着惊人的相似。财政史、科技史、战争经济史、后勤史以及指挥史也同样如此。在第三卷对纪念的讨论中所引用的纪念活动的历史也在多个层面上发生，国家层面的纪念并不一定是最有意义的，也不是最为持久的。第二卷中讨论的继大战之后签订的和平条约通过其他的方式展现出跨国的意义。现在我们能够看到，大战既是帝国权力的顶峰也是其终结的开始，战争跨越、侵蚀了国家和帝国的边界。埃雷兹·曼那拉的“威尔逊的时刻”是一个十分贴切的例子。《凡尔赛条约》产生了意想不到的影响，在埃及、印度、朝鲜以及中

[6] 对于跨国史出现后的一些讨论，参见 Akira Iriye, “Transnational history”, *Contemporary European History*, 13 (2004), pp.211–222; John Heilbron et al., “Toward a transnational history of the social science”, *Journal of History of the Behavior Sciences*, 44:2 (2008), pp.146–160；以及 C.A. Bayly, Sven Beckert, Matthew Connelly, Isabel Hofmeyr, Wendy Kozol and Patricia Seed, “AHR conversation: on transnational history”, *American Historical Review*, 111:5 (2006), pp.1441–1464。

国推动了它们的民族解放运动，曼那拉就是通过探讨这个始料不及的影响，从而为凡尔赛协定重新赋予了意义。他并没有谈及有关大国政治的相互影响，而是展现非欧洲国家如何在寻找某种自决中发明出了自己的威尔逊版本，这种自决是威尔逊（Wilson）、劳合·乔治（Lloyd George）、克列孟梭（Clemenceau）以及奥兰多（Orlando）没有打算提供给它们的。条约把此前德国在山东省的权力不是归还给中国，而是转交给了日本，谁能够想到政治巨头们的这个决定导致了一场巨大的暴动呢？[7]

就像我们在第二卷中看到的，研究 1917—1921 年欧洲革命运动的历史学家越来越多地把他们的课题视作跨国的现象。毕竟，革命派以及那些忙于摧毁革命派的军队都充分地意识到了那些或可被称为革命派（反革命派）的文化转移战略、战术和暴力。近些年，城市和地方分别对这些改变进行了分析，从而帮助我们认识到某些只在国家语境内进行描述会是小叙事的复杂性。不同的交战国的城市人口都面临着挑战，比较城市史呈现出它们之间令人惊叹的相似性。是否存在战争的都市史，现在我们能够对这个问题做出肯定的回答。在重要的方面，巴黎、伦敦和柏林三座城市的居民所达成的共识要多于各自国家城市居民与乡村同胞达成的共识。这些由于经历所形成的共同体有着一种本能的实在，在某种程度上，想象的国家共同体都缺乏这种实在。

这里我们一定能察觉到时人使用语言的方式，他们使用国家和帝国的语言 8
去描述一个层级要小很多的群体的忠诚和隶属关系。一位记者向一支西线的英国军队询问他们是否在为帝国而战，他从一个士兵那里获得了“是”的回答。他的同伴向他询问是什么意思。他回答说，他是在为位于伦敦工薪阶级所在的哈克尼地区的帝国音乐厅而战。这种对地方和熟悉事物的依恋完全是跨国的。[8]

在第三卷中讨论的战时妇女史更容易在跨国而不是国际史的语境下理解。父权制、家族的形成以及性别不平等的存留，都是大战时期的跨国现实，战争对平民生活的大规模影响引发了比例令人震惊的人口运动，这一话题将在第三卷中进行讨论。在法国、尼德兰以及英国，来自西线被占领地区的人口达到数

[7] Erez Manela, *The Wilsonian Moment: Self-Determination and the International Origins of Anticolonial Nationalism* (New York: Oxford University Press, 2007).

[8] Jay Winter, “British popular culture in the First World War”, in R. Stites and A. Roshwald (ed.), *Popular Culture in the First World War* (Cambridge: Cambridge University Press, 1999), pp.138–159.

百万。还有那些战争中逃走的人跨越了旧有的德意志帝国、奥匈帝国和俄罗斯帝国。一位学者估算，俄国大约有20%的人口处于迁移当中，他们在大战期间奔向那些他们能够找到的安全之地。围绕停战形成了一个混乱的时期，人流在整个东欧迸发。更糟糕的是，美国对这些移民关闭了国门，从而终结了跨国移民史上最为异乎寻常的一段。因此无论是战争的催化还是迫于战争，人口的转移改变了希腊、土耳其、巴尔干以及从波罗的海国家的大片土地到高加索等部分地区的种族特点。该运动的发生先于战争，但在1914年之后迅猛发展。大战产生了那些遗憾地肩扛车拉物品的难民，这就是为何有理由将大战引发的这一现象作为20世纪跨国史出现的标志。就像我们在所有三卷中配套的图片短文中所看到的，这一现象留下了庞大的摄影证据。

从其他方面审视，这套三卷工程也具有跨国的性质。历史学家在一国出生，根据他所从事的研究，他可以选择迁移，而后他或者留在他所选择的家里，或为了获得一个大学学位有必要再次进行迁移，这就是我们所生活的世界。在这些卷册中的很多作者都是跨国的学者，他们远离自己的出生地从事历史研究，
9 由此丰富了学术的世界。用希腊诗人卡瓦菲（Kafavy）的话说，离开原有角度，以一种开创的洞察力去审视我们生活的世界比从一个确定了的秩序去审视要难得多。可以用很多方式来描述今天的学术界，但唯独“确定”不在这些形容词之列。这种不确定具有极大的优势，其中之一就是某一天能够使得跨国史与民族国家历史互相融合，彼此丰富。

跨国史研究中的这些新举措建立在前三代学者的工作基础之上，重申这一点是非常重要的。近些年出现的大战史是增加的、累积的、多面性的。民族国家的历史与跨国史有着共生关系；一方越丰富，另一方就越深入。无论何种立场的文化史学家都不会忽视国家的历史，也不会忽视有时会推翻国家的社会运动，那样做会是荒谬的。没有任何军事史家会忽视语言文字，因为通过语言文字，命令能够被转变为战场上的行动。战争是如此变化多端的事件，触及人类生活的方方面面。之前的学者指出了道路；我们集体建构了这三卷的知识，在我们努力对该领域现有的知识做出评价时认识到了它们的存在。

位于法国佩罗讷的大战历史博物馆明确致力于走出严格划分国界的战争史，这一机构同样体现出跨国史方法的潜力。它是一座战争博物馆，由历史学家设计，用英语、法语和德语三种语言加以呈现。馆舍坐落于索姆河战役期间的德

国总部，德国作家恩斯特·云格尔（Ernst Jünger）将 1916 年这场导致大规模流
血的战役称作是 20 世纪的诞生之地。我加入了这个集体，与来自法国和德国的
其他四位大战史家——让 - 雅克·贝克尔、格尔德·克鲁迈希、斯特凡娜·奥
杜安 - 鲁佐以及安妮特·贝克尔——一起，跨越国家的疆界去建立这座将大战
视为跨国灾难的新型博物馆。[9] 这种对不同国家观点和重点的混合适应了 20 世
纪 90 年代以来的新欧洲，但显而易见的是，要在 20 世纪末去理解欧洲的一体
化，就不得不首先了解 20 世纪初欧洲的分裂。这三卷就是以此眼光为指导的， 10
就像它曾指导第一代史学家那样。

在这套书的长期酝酿过程中，大战历史博物馆国际研究中心的执委会一直作为编委进行指导。我们要指出，所有的作者和编辑都放弃了报酬，把这套书的版税转化成支持世界任何地方研究一战的研究生基金。这项跨国工程致力于支持年轻人，一些我们已经支持过，一些尚未资助但其观点已崭露头角。

---

[9] 对于创建历史博物馆的故事，参见 *Collections de l'Historial de la grande guerre* (Péronne, Somme: Département de la Somme, 2010); Jay Winter, "Designing a war museum: some reflections on representations of war and combat", in Elizabeth Anderson, Avril Maddrell, Kate McLoughlin and Alana Vincent (eds.), *Memory, Mourning, Landscape* (Amsterdam and New York: Rodolfi, 2010), pp.10–30。

第一卷导言 11

杰伊·温特

一场全球战争需要全球史来鲜明地展现出它的行为、特点以及多种多样的后果。这部有关1914—1918年冲突的全球史第一卷既关注战争的时间，也关注战争的空间。首先，我们将战争的叙事作为一种演变的大灾难来呈现，随着时间的逐年推移，大灾难的规模及其破坏程度远远超出了任何人在1914年的预期。其次，本卷在空间的层面思考战争，表现了冲突在全世界范围内的连锁反应。我们探究了帝国主义大国如何将大量的人员和物资用于战争，以及它们如何通过战争无意识地将1914年的全球秩序在四年之后彻底转化为某些不同的秩序。我们没有只将发生在西线的战事定义为战争，而是强调东欧和欧洲之外同样是战争的部分，从而避免了对战争的狭隘界定。

在我们看来，一场全球战争意味着一场持续了50个月的世界大帝国以及已经工业化或正工业化的经济体的冲突。全球化史家指出，1914年是全球化第一阶段的一个断裂的时刻，那种全球化已造成物品、资本以及人员以前所未有的规模发生流动。只有在1945年之后，第一阶段的全球化才被另一阶段的全球化接替，今天这一阶段的全球化仍在进行中。我们对全球战争的探讨因而也具有辩证的特点：它考察了战争如何终结资本主义扩张最为引人注目的一个时期，以及战争如何将世界经济显著的能量导入至今最具破坏性的战役。创新和结构变化从某种程度上弥补了战时对资本、土地和生命造成的破坏，并且形成了新形式的国家资本主义和社会主义，这两种形式在20世纪剩下的时间里统治着经济和政治生活。因此第一卷时间和空间两个维度的战争史为第二卷奠定了基础，因为在第二卷中，我们主要将关注点放在战时国家制度的转变上。

12 我们所呈现的历史无法局限在欧洲大陆。我们的目的是向读者介绍一场很可能是由全球化和帝国主义扩张导致的战争，一场从那时到现在对全球化事件的发展方式留下明显印记的战争。在本卷书的结尾，我们讨论了战争特点的变化中道德、政治和法律的隐含意义，尤其讨论了对民用目标和军用目标不做区分如何达到了种族灭绝这种最极端形式。

第一部分

叙述史

第一部分导言 15

杰伊·温特

对大战始于何时的问题，没有什么争议，但对它何时结束，却有很多疑问。观点变化的原因在于，一些国家通过一系列正式宣布的敌意行动所展示的战争的革命性特征，打破了把 1918 年 11 月 11 日的 11 点作为冲突终结日期的传统看法。无论是对东欧或俄国、土耳其，还是对从埃及到印度、朝鲜、中国这样的殖民地、半殖民地地区，这一天都不是冲突结束的日子。

我们仍把 11 月 11 日当作停战日的主要原因在于，在这一天，欧洲大国在邻近贡比涅的森林的一节车厢上，接受了德国的正式投降。但即便在那时，同德国达成和平条约的条款还用了 6 个月，在这 6 个月中，协约国对德国和同盟国的封锁断断续续维持着。而与德国的盟国，即奥匈帝国的继承国、保加利亚、土耳其达成和平条款耗时更长。1920 年在色佛尔与奥斯曼帝国达成协定，后来经过激烈的战斗，1923 年又在有利于土耳其的情况下，在洛桑重新磋商。

因此，大战的全球史需要编年的叙述，以把战争的爆发和冲突的终结置于一个框架之中，这一框架开始于 1914 年之前，终结于 1918 年之后。我们用 7 章进行阐述。头两章聚焦于冲突的远因和近因。1915 年和 1916 年两章叙述僵局和屠杀，而正如我们所看到的，在 1917 年和 1918 年两章中还会继续采取新的形式叙述美国的参战和俄国的退出。总的说来，同盟国在战争的头两年形势好于协约国，但自 1916 年后，战略力量的平衡转向有利于协约国。1919 年，在构建和平的努力中，更多的是糟乱而非秩序。本套书三卷本的其余部分，将用多种方式向我们阐明，这种总的叙述是如何、在何处以及为何展开的。

16

1 起源

弗尔克尔·R. 贝格豪

导 论

本书的下一章分析一战的直接原因，本章讨论造成乔治·F. 凯南（George F. Kennan）和其他人所称的“20 世纪的根本灾难”的更长期、更深层的因素。

在尝试探寻这些原因时，历史学家传统上尝试采用编年的方式，进行详细的叙述。他们的一些作品，今天仍具有相当的可读性；其余的则不那么吸引人。但这种方式的缺点是，考虑到 1914 年之前数十年国际政治和经济的复杂性，采用这种方式写出的、以 1914 年世界大战爆发为结局的历史剧，容易让观众迷失于事件和演员错综复杂的关系中。

另一种是采用主题式的办法来研究这个问题，每个单独的部分只讨论此时代的一个主要问题，如欧洲殖民主义、帝国主义、国内政治、文化发展以及军备。这种办法的优点是清晰易读。但它不可避免地更难描述事件之间连续的内在关联性。这种办法的最好例子是詹姆斯·乔尔的《第一次世界大战的起源》。[1] 乔尔是个非常老练的学者，并不认为所有的主题都应平分秋色。相反，在他看来，他列的所有主题都可以归结为最重要的一个。虽然并未给这些因素清楚地排名，但他确实强调了一个因素，认为它是理解一战起源和深层原因的关键。他在其著作的结尾以相当篇幅讨论了他称之为“1914 年情绪”的因素，其内容如下：

---

[1] James Joll, *The Origins of the First World War* (London: Longman, 1984).

> 这种情绪只能凭印象大致予以估计。我们对之研究越细，我们越会发 17
> 现它在国与国之间、阶级与阶级之间的差异。然而，大家都愿意冒险，或者愿意把战争当作解决政治、社会、国际所有问题的方式，更不用说在面对确切的直接威胁时，明确把战争当作唯一方式。正是这种态度使战争成为可能。要解释战争的起因，就需要调查欧洲统治者及其臣民的精神状态。[2]

本章也非常关注“情绪”、精神状态及其对1914年战争爆发的影响，但在社会学上相当明确地聚焦于导致战争爆发的政策决策中军事的角色，并把这一角色同一个主要的因素即1914年的军备竞赛的动力联系起来。这意味着在讨论我认为这个一定要排在第一位的因素前，先要分析其他与一战起源有关的因素。本章叙述像漏斗形展开，其最终目的是找到能理解1914年7、8月间欧洲发生事态的关键所在。

工业化、人口变化和城市化

要想理解欧洲社会在1914年前三四十年极为快速的发展，就要把工业化、人口变化和城市化的影响作为大的背景因素。正是在这一时期，众多欧洲大陆国家一个接一个地经历了两次工业革命。受纺织业、煤矿业和炼铁业推动，第一次工业革命开始于18世纪的英国。19世纪后半期，继之发生了通常所称的第二次工业革命，其特征是电气科学以及与电气科学无关的工程、化学的发展。对于这两次革命，也应该记得生产最初是在很小的部门，很多都开始于工匠的作坊。然而，19世纪末之前发生了并购和集中运动，从而出现了拥有成千上万工人的大公司。随着这些公司数量的增多，白领雇员、白衣科学家和白衫女员工也增加了。 18

其次，从18世纪开始，欧洲人口也快速增长。或早或晚，男男女女们在农业这一前工业时代的经济领域内将无法找到工作。他们开始走向当地的或遥远

[2] *Ibid.*, p.196.

的市镇，其中一些市镇变成了城市。实际上，19 世纪晚期许多城市社区的人口在十年内增加了两三倍。那时大部分移居者并未去北美、南美或澳大利亚，而是在制造业中找工作；即使报酬和工作条件好于他们已经抛弃的农业，其贫困水平仍旧让同时代人震惊。许多工人家庭平均有三四个孩子，住在非常狭窄的被称为租赁工棚的隔断房内。蓝领工人及其家庭的医护和口腔保健被维持在最低限度，而且经常负担不起。慈善事业不堪重负、缺乏资助。失业救济和社会保障计划在一些欧洲国家缓慢发展，但从未达到充分水平。

与此同时，工商业创造了新财富，促进了富裕的商业化和职业化的中产阶级（包括白领雇员）的增长。地区和国家官僚机构的增加及小学、中学和高等教育的完善，也提供了报酬更高、更安全的工作。贫富差距在居住地、衣着和购物习惯上清晰可见。相应地，1914 年欧洲工业社会根据经济社会地位、文化习惯被更严格地分层了。

政治动员和国内政治

除了东欧，政治体系开始出现，并努力把一个特定民族国家的国民整合成公民。政治经济条件差异有助于政治意识的觉醒，但这次不仅局限于已经获得国家权力并努力保住这些权力的自由资产阶级和上层，工人阶级的政治意识也在增加。随着选举体系的扩展和印刷业的发展，下层阶级也能够向当地政府和国家政府表达其希望和需求。像中上层阶级一样，他们创建政党和团体，作为
19 其公开场合的代表。

即便很多选举系统限制严格、对工人阶级并不公平，但到 19 世纪晚期由社会底层选出的地方的、地区的和国家的立法机构的代表人数增加了。不久之后，其他党派和阶级就会把他们视作威胁。不管是实行共和制的国家如法国和意大利，还是实行君主立宪制的国家，都面临着相当多的、数量不断增加的城市公民迫切要求改善其生活条件的诉求。觉察到这种对既定秩序的威胁后，政客和官员借助并改进了几种他们稳固政治状况的手段。其中之一是社会安抚，尝试用微不足道的让步去满足工人阶级的希望和要求，或许诺将来会有更好的生活。但也可以用警察力量和最后万不得已时使用军队作为镇压手段。

第三种办法是鼓动民族主义情绪，通过呼吁整合爱国主义的力量来赢得民

众。有两个例子展示这种方法如何奏效：一个是茹费理（Jules Ferry）领导的法兰西共和国，另一个是帝国宰相奥托·冯·俾斯麦（Otto von Bismarck）时期的普鲁士－德意志君主国。他们都在国民议会中面临着强大的反对派，都希望加强各政党对自己的支持。国家选举临近，俾斯麦发现其境遇同茹费理类似，德国社会民主党对自己的保守党在国会的多数席位造成了威胁。茹费理成功压制了保皇党人的反对，俾斯麦则通过宣布德国社会民主党及其工会组织、相关团体为非法来遏制威胁。

帝国主义和殖民主义

政客们认为，还有一种东西可以培育爱国自豪感和对民族国家的支持，那就是向海外扩张领土、建立殖民帝国的欲望。英国精英通过动员为帝国欢呼的“工人阶级托利党”实践了这一政策，那些人被告知帝国会给所有不列颠人带来物质的和非物质的利益。俾斯麦，这位保守的普鲁士地主，个人并不热衷于加入到 19 世纪最后数十年争夺殖民地的狂潮中。1884 年在柏林召开的关于刚果的 20
会议上，大国讨论了非洲领土的瓜分问题。比利时国王利奥波德二世（Leopold II, King of the Belgians）被给予了个人开发富含矿业资源的巨大刚果盆地的权力。[3]

不久，就在帝国国会选举来临前，多疑的俾斯麦显著地改变了他的立场。即使有少量的德国工人阶级托利党存在，俾斯麦关注的并不是他们，而是关注商业资产阶级中那些吵嚷着要获取殖民地的有影响的利益集团。正如帝国宰相一度以讽刺的口吻所说的，他知道要求获得殖民地是个圈套，但他需要这个圈套以便为其政府获得多数支持。[4]

无论是为了缓解国内商业压力，还是为了分散和平息国内的紧张局面，向众多从事国际贸易的商人许诺物质收益，“帝国主义”都是有用的工具，这种观念在 19 世纪 90 年代整个欧洲的政客和知识分子中都非常流行。英国的企业界巨

---

[3] 参见 Adam Hochschild, *King Leopold's Ghost* (Boston: Houghton Mifflin, 1999)。

[4] 参见，例如 Hartmut Pogge von Strandmann, “Domestic Origins of Germany's Colonial Expansion under Bismarck”, *Past and Present*, 42:1(1969), pp.140–159；亦参见 Sebastian Conrad, *Germany Colonialism: A Short History* (Cambridge: Cambridge University Press, 2011)。

头塞西尔·罗兹（Cecil Rhodes）称：

> 我钟爱的想法是找到解决社会问题的办法，如为了让4,000万英国居民免于流血内战，我们的殖民政治家就必须获得新的领土，以安置过剩的人口，为他们在工厂和矿山制造的产品提供新市场。帝国……是面包和黄油问题。如果你想避免内战，你就必须成为帝国主义者。[5]

不久将成为德皇威廉二世（Kaiser Wilhelm II）海军大臣的德国海军军官阿尔弗雷德·冯·提尔皮茨（Alfred von Tirpitz）于1895年写道："在我看来，除非我们积极地、系统地、毫不拖延地扩展海上力量，德国在即将到来的世纪中会迅速失去大国地位。"[6] 他补充说，这种扩张是必要的，"在很大程度上也是因为它所带来的极大爱国热情和经济利益可以作为应对受过教育和未受过教育的社会民主党人的有效手段"。这一因素对国际政治及最终导致一战起源的意义，也可以从意大利知识分子恩里科·克拉迪尼（Enrico Corradini）的发言中判断，
21 他认为："社会帝国主义的目的在于把所有阶级都聚拢起来捍卫国家和帝国，在于向不富裕的阶级说明其利益同国家利益密不可分，在于削弱社会主义者的论调，展现与马克思论断相反的情况，工人阶级失去的不仅仅是他们的锁链。"[7]

由于1914年前大国继续图谋获取殖民地，研究者也开始讨论欧洲殖民主义对非欧洲世界的影响。即便茹费理非常恬不知耻地宣称法国承担着欧洲人要履行的文明开化的使命，现在的学者们却一般都赞同，欧洲殖民主义给被殖民的民族几乎没有带来任何益处，总的来说极大地破坏了当地的经济、社会结构和文化传统。利奥波德二世的刚果估计有1,100万当地男人、女人和儿童或死于疾病和营养不良，或死于殖民军队的野蛮杀戮。亚洲的情况也好不到哪里去，在那里反对殖民统治者的、微不足道的暴动，像在非洲一样遭到残酷镇压。这让研究帝国主义的学者提出这种大规模暴力是否反过来影响了欧洲精神的问题。一些人走得很远，把这看作是二战时纳粹大屠杀的先兆；其他人则毫不犹豫地，

---

[5] 引自 Edward Tannenbaum, *1900: The Generation before the Great War* (Garden City, NJ: Anchor Press, 1976), p.349。

[6] 引自 Alfred von Tirpitz, *Erinnerungen* (Leipzig: Hase and Koehler, 1919), p.52。

[7] 引自 Tannenbaum, *1900: The Generation*, p.348。

例如把德国在西南非洲殖民地赫雷罗和纳米比亚的战争称为种族灭绝。伊莎贝尔·赫尔在其《绝对破坏》一书中，认为在这种战争中的暴力实践成为德国军事文化的一部分。[8] 换句话说，它在军官团的仿效者中是如此根深蒂固，以至于可以预见将来的欧洲战争会采取同样的种族灭绝方式，这一概念会在后文详细讨论。

1914 年前欧洲殖民主义的经济

殖民主义是危险的，而且事实上也是弄巧成拙的，因为它加剧了内在于越来越工业化的欧洲经济体系的紧张和对抗。经济制度本质上是资本主义的，因此它以国家的和国际的市场竞争原则为基础。然而，正如我们上文论及的，19 世纪晚期的资本主义并不单单是私人的事业。民族国家政府把征服和获取殖民 22
地作为它们自己的计划。它们在海外驻扎军队，派官僚去管理这些领土。麻烦就是，在 1914 年前的十年中，出现了几次涉及欧洲政府和某些商业利益的国际危机。

这些危机反过来影响到欧洲大国之间的贸易，与此同时美国也开始参与到这些贸易当中。19 世纪晚期，美国的工业化和城市化经历了至少像英国和德国一样的显著发展。到 1900 年，英美德之间的贸易利润丰厚，即使 1900 年前后由于英国和德国出现在拉美引起了几次外交危机，受到惊扰的美国政府根据门罗主义，认为欧洲的这些行动入侵了自己的“后院”。但到这个十年的中期，这三国之间以及欧洲其余地区国家之间的和平贸易加强了。它们通过设置代理和子公司进行直接投资。有些公司甚至把工厂建在海外。其余公司缔结专利协定和其他形式的合作协议。然后，由于下面要讨论的理由，从 1910 年前后开始，大西洋两岸的商界都对国际外交和军事局势愈发紧张。在讨论这个话题之前，分析 1914 年之前欧洲文化的发展将为理解大国为何会迈向一战提供另一条线索。

---

[8] Isabel Hull, *Absolute Destruction: Military Culture and the Practices of War in Imperial Germany* (Ithaca, NY: Cornell University Press, 2003).

在乐观和悲观之间的欧洲文化

翻阅一下媒体对1900年新年的报道，就会发现大多数欧洲人绝对是在庆祝，以绚烂的烟花和教堂的钟声来庆祝20世纪的来临。[9] 展望过去，这个世纪不仅给这些国家带来了工业化和城市化，而且带来了相对的和平与繁荣。19世纪中叶发生了战争但持续时间很短。在1870年导致德意志帝国建立的普法战争之后，更多的进步被取得，尤其是在科学和技术领域。在艺术、人文学和社会
23 科学方面的成绩同样让人印象深刻。在德国，保守的农民党报纸实际上并不像资产阶级自由派媒体那样，对新世纪抱着非常热情的态度。农民党对工人阶级提出的威胁发出警告，认为他们已经着迷于马克思的社会主义。同时，英国军队在对南非布尔人的战争中遭遇困难后，英国保守党报纸也对帝国的生存能力存有疑问。

欧洲文化从广义上来说包括科学、教育和流行文化，总的来说，依据其对待将来的态度，可以划分为乐观派和悲观派。乐观派存在于有专门职业的中产阶级，尤其是工程师和实验室人员当中。他们自信地认为，在大学的研究和学习中心，在公司附属的学术和研发部门，可以取得进一步的突破和成功，尤其是在化学和电气行业。通过提高税收而更加富裕的城市，解决了构建现代化基础设施的主要任务，如建设了煤气、水电工程和下水道等。他们自豪地资助音乐厅、电影院和歌剧院，以及休闲公园、操场和公共游泳池。英国的艺术及工艺运动和德国的工业联合会是这种乐观情绪的典型表达。也有一些建筑师设计现代化房屋、花园城市和宽敞明亮的工厂。他们尝试跨越国界的“国际风格”，试验采用诸如玻璃和混凝土等新的建筑材料。这些运动的跨大西洋联系体现在了美国建筑师身上，如弗兰克·劳埃德·赖特（Frank Lloyd Wright）关于现代房屋的观点给其欧洲同行留下了深刻印象。最后就是1815年开始于伦敦的世界博览会，到1900年的巴黎博览会达到了高峰，世界各国通过其建筑品味、工业机器及艺术创造的成就来展现自己。

然而，文化悲观主义者也始终存在。他们不仅仅担心在普遍男性选举时代

---

[9] 参见 Volker R. Berghahn, *Sarajewo, 28. Juni 1914: Der Untergang des Alten Europa* (Munich: Deutscher Taschenbuch Verlag, 1977), pp.16ff。

“大众”政治的激进化。认为在内部压力下工业资本主义和资产阶级时代必然走向灭亡的不单单是激进的马克思主义者，也有一些非马克思主义的知识分子和社会批评家预见到冲突和不稳定。在这些人当中，德国社会学家马克斯·韦伯（Max Weber）即便承认资本主义的财富创造和理性能力，但也警告大规模的、 24
也更为普遍的公众和私人组织的增长促进了世界的官僚化。[10]对他来说，这一趋势如此强大，以至于他担心人类会走向他称为的“奴隶的铁笼”。在那样的世界中，专家从顶层统治着、控制着个人生活的方方面面。同时，在维也纳，西格蒙德·弗洛伊德（Sigmund Freud）探寻人类灵魂中更阴暗和非理性的角落。

或许欧洲文化最引人注目的发展是艺术的转向。传统的音乐、喜剧和绘画强调人类经验中令人振奋的一面。正义必然战胜邪恶。这一时段致力于展现诸如美、英雄主义和宽宏大量等价值观。新一代的艺术家当时认为，当代艺术的使命有所不同，它让其观众和看客直视人类本性中的肮脏及不和谐的一面。不久，现实主义为表现主义所取代，后者的作品反映的并非肉眼看到的真实世界，而是反映作家内心之眼所创造的世界。对于这些艺术家而言，生活是碎片化的、无中心的、主观的，充满了相互矛盾和不和谐。对于一些文化创造者来说，从其现有立场和对世界或明或暗的批评态度，到相信欧洲文明从整体上已经腐朽、正陷入麻烦之中，只是一小步而已。

值得注意的是，在中欧经常出现世界末日来临的预测。一些知识分子和艺术家甚至开始预测，一场巨大灾难将带来世界末日，之后一个摆脱了过时的传统和价值观、摆脱了自负的资产阶级墨守成规的社会将会重生。对于正统的马克思主义者来说，这一灾难会以激烈的社会革命形式出现。而对一些并不激进的社会主义艺术家来说，重生是一场大战的结果。在德国，这些悲观论者从更加偏重政治的流行作家那里获得了侧面支持，如弗里德里希·冯·伯恩哈迪1912年出版的畅销书《德国的下一场战争》[11]。但当1914年临近时，也有其他声音存在。由于在欧洲国家内部以及部分由上文讨论过的殖民竞争所引发的国际政治间紧张局面的增加，有人提醒战争爆发的危险。在这些人当中，波兰银行 25
家伊万·布洛赫（Ivan S. Bloch）早在1898年即以俄文出版6卷本的研究著作

[10] 对韦伯思想的一个很好的摘要，见 Wolfgang J. Mommsen, *The Age of Bureaucracy* (Oxford: Blackwell, 1974)。

[11] Friedrich von Bernhardi, *Deutschland und der nächste Krieg* (Stuttgart: J. G. Cotta, 1912)，英译本，Allen H. Powell, *Germany and the Next War* (New York: Longmans, 1914)。

《技术、经济和政治关系中的未来战争》[12]。书中令人不安地准确描述了这会是场什么样的战争，例如在一战堑壕中真实发生的大屠杀。对他来说，工业化民族之间的战争等同于市民和文明社会的破坏。另一位商人诺曼·安吉尔 1912 年出版的畅销书《大幻觉》补充了布洛赫的可怕预测。[13] 他假定，随着全世界工业及和平商业的增长，未来可能是光明的。但至少在现在这种光明前景受到了现代社会中军事主义和沙文主义因素的威胁。因此，安吉尔成为另一位提出要防范笼罩在欧洲上空自我毁灭危险的作者。对他来说，大国之间的大战对所有参与者都是损失，即便是那些取得形式上胜利的参与者也是如此，这样的战争是如此消耗资源，以至于这一地区或将再也不能恢复。

察看 1914 年前欧洲文化的发展情况，会惊奇地发现明显的矛盾。一方面，大部分民众及知识分子、政治家看到了光明的前景。对他们来说，19 世纪是社会经济、技术、政治及人性本身取得进步的世纪，20 世纪在进一步改善和逐步变革方面也会毫不逊色。另一方面，1914 年前文化悲观主义者的数量增加了。他们怀疑欧洲自由资本主义社会的生存能力。他们中一些人不仅预测会出现大动乱，而且积极为之准备。他们当中的艺术家，即使常常是非政治性的，也把最近的趋势解释为大危机来临的前兆。即便大众文化仍继续着民间节日、民间音乐、民间艺术和民间传说的传统，高雅文化的分解者和前卫艺术家认为他们自己像地震仪一样预测到了即将爆发的动乱，这场动乱将埋葬欧洲社会。无疑，这些赞美不和谐、阴暗、堕落的作家、画家和作曲家并无能力和影响去发动他们预测的这种灾难。是那些致力于准备大战的陆海军军官，在 1914 年指挥凶猛的部队发动了这场灾难。

26

德国海军对英国霸权的挑战

19 世纪晚期，欧洲大陆上的强国以多疑的目光看待其竞争对手的军备政策。或许，它们之中的一个会取得军事优势，然后利用这种优势发动一场预防性的战争。在争夺殖民地的斗争已改变实力平衡后，海军军备政策也面临同样问题：

[12] Ivan Bloch, *The Future of War in Its Technical, Economic and Political Relations: Is War Now Impossible?* (New York: Doubleday & McClure, 1899). 该英文版由 R. C. 郎翻译，序言中有作者和 W. T. 斯特德的谈话。

[13] Norman Angell, *The Great Illusion* (London: Putnam's Sons, 1910).

现在人们认为海军实力将决定 20 世纪大国关系的进程。直到 1900 年，英国通过保持“两强标准”占据了第一的位置，也就是说，英国海军要强大到能同时对抗紧跟其后的两个最强大海军力量，从而能同时保护英国本土和海外属地。[14]19 世纪 90 年代，技术发展让海军战略家产生了争论。同时代海军战的惯常做法是用快速巡洋舰持久攻击敌人港口和海外殖民地。另一种战略出现了，它要求建造大型的、速度缓慢的战列舰，用它们与竞争对手在欧洲水域进行一场生死攸关的战斗。

到 1897 年，已是德皇海军大臣的提尔皮茨选择了后一战略。他认为，要想对英国这个第一海军强国保持足够强大的政治影响，唯一方式是扩大迄今为止最强大的帝国海军，以便在另一场“瓜分世界”的会议举行时，能将这种海军作为从英国那里榨取领土让步的主要工具。然而，如果英国拒绝此种让步，而且派舰队赴北海攻击威廉港的德国舰队，后者要足够强大和训练有素，从而在一场歼灭战中击败皇家海军。令人感兴趣的是，在普鲁士－德意志陆军中的歼灭战和全胜思想，如何激发了提尔皮茨在北海的歼灭战概念。一场胜利会导致国际力量平衡在一个下午完全改变。德国海军文件里确有这种在德国历史学家克劳斯·希尔德布兰德看来本来会变革国际体系的可笑想法。[15]

1899 年 9 月，提尔皮茨向威廉二世解释说，“由于我们的地理位置，我们的 27
兵役系统，动员能力，鱼雷艇，组织结构和君主的统一领导，无疑我们在与英国的对抗中更有优势”[16]。在另一份绝密文件中他补充道，德国所有的努力都应集中于创建一支战斗舰队，“这支独特舰队将让我们比英国更有海上优势”。当然，“战斗必须在最初就已经发生，而且在人想要利用它之前取胜”。事实上，“如果没有全胜”，通往大西洋的海路就不可能对德国开放。“‘胜利’是决定性的字眼。因此让我们聚集所有资源去获取这种胜利。”毕竟，“在没有杀死熊之前”，是没有办法去剥“熊皮”的。[17]

在自身也热衷于德国海外扩张和海军实力的威廉二世赞同其计划之后，提

[14] 参见，例如，Arthur Marder, *The Anatomy of British Sea Power* (London, Putnam & Co., 1940)。

[15] Klaus Hildebrand, “Imperialismus, Wettrüsten und Kriegsausbruch 1914”, *Neue Politische Literatur*, 2 (1975), pp.160–194.

[16] 引自 Volker R. Berghahn, *Germany and the Approach of War in 1914* (Basingstoke: Macmillan, 1993), p.51。

[17] *Ibid.*, pp.50ff.

尔皮茨和其德国海军部下属官员开始推行长期的建造计划。他们设想分几个阶段扩大德国的战斗舰队，最终让德国拥有 60 艘大型的战列舰，从而能够击败皇家海军。1900 年 2 月的一份文件批注想当然地认为：

> 英国舰队的扩大速度将无法与我们相比，因为其舰队的数量要进行更大规模的替换。[附]表……展示，如果英国想要……在 1920 年[!]有足够的舰队，它……要建造和替换的舰船数量是德国[在 1900 年]海军法所设数量的三倍。与英国战舰相比，我们的吨位劣势依然存在，但可以通过我们特别精良的个人训练及对大的战斗编队更好的战术操作予以弥补。……[附件]关于双方现役战舰吨位数，说明德国具备优势。考虑到英国在征召足够人员方面众所周知的困难，这一优势地位不可能改变。

这段引文足以说明柏林正在计划什么。通过到 1920 年之前每年建造 3 艘大的舰艇，提尔皮茨不仅可以获得他的 60 艘战列舰，而且也将为德国的钢铁业和
28 造船业提供经常的订单，从而让它们免遭变幻莫测的市场影响。另一个优点是这种建造速度在初期相当温和，不可能引起皇家海军的警觉。换句话说，在世纪之交德国开始了单边的、针对英国的提升军备计划，而德国要击败皇家海军的长期野心却不得不保持机密。提尔皮茨因此对保持机密的必要性保持清醒，也清醒地意识到帝国海军将不得不通过如他所称的“危险区域”。因为，一旦伦敦发现了最终目的，它就有可能会尽力通过突然打击的方式摧毁萌芽中的德国海军，如同英国 1805 年在哥本哈根外对丹麦舰队发动的预防性打击一样。为了避免此种“哥本哈根行动”，德国外交不得不与提尔皮茨的计划绑在一起，而事实上这也正是德国首相伯恩哈德·冯·比洛（Bernhard von Bülow）1900 年之后所做的。[18]

然而，未来总是难以预测，德国外交未能让德国置身于国际麻烦之外，从而未能给予（德国海军计划）必要的掩护。首先，英国开始怀疑大西洋对岸持续不断的造舰速度，并与德国在大陆的主要敌人法国达成了《英法协约》。这个协约不像 1893 年法俄联盟那样坚固有力，后一联盟让德国陷入了两线作战的噩

[18] Jonathan Steinberg, “The Copenhagen Complex”, *Journal of Contemporary History*, 1 (1966), pp.23–40.

梦当中。但1904年的协约让德国外交部惊慌失措，导致它想通过挑战法国在北非的地位来验证其可靠性。实践证明摩洛哥试验是非常糟糕的误判，德国并未从随后的国际会议上获取它想得到的东西。几乎与此同时，对提尔皮茨宏大计划更严重的威胁出现了，那就是英国决定建造更大的“无畏号”战列舰。长期以来一直密切关注德国造舰活动的第一海务大臣约翰·费舍尔（John Fisher）爵士，一直怀疑德国人正在做某种阴险的事情，怀疑他们希望在海军军备建造方面赢得隐蔽的数量优势。现在，费舍尔通过增加质量这一维度让竞争升级了，也就是说，通过建造排水量更大、火炮也更大的舰艇对抗德国装甲并不充分的船只。[19]

当提尔皮茨不愿意承认他雄心勃勃的计划真正失败，也开始建造无畏号时，费舍尔加快了建造速度。针对提尔皮茨每年造三艘的计划，他决定每年造四艘无畏号。提尔皮茨仍不愿放弃，再一次照做。但到1908—1909年，他显然已不 29
能保持这种加速建造无畏号的军备竞赛。原先的计划有着精确的预算，但额外的费用已让这种预算陷入混乱状态。

有两个陈述可以很好地说明1908—1909年所发生的故事。第一个来自伦敦自由党内阁成员理查德·霍尔丹（Richard Haldane）勋爵。由于许诺通过在海牙的国际磋商削减军备负担，自由党赢得了1906年的大选。节省下来的开支将用于新的社会保障和保险计划，以便吸引英国工人阶级的选票。（很大程度上由于德国拒绝加入任何军备削减方案）裁军谈判失败了，但自由党内阁又不得不兑现竞选时的承诺，因此它决定同时给升级海军军备和社会保障计划提供资金支持。正如霍尔丹1908年8月8日所宣布的[20]：“我们要勇敢地基于实际情况做出决定，宣布采纳一项主要基于直接税的政策，从财富的增长中获得税收，这将给我们提供：（1）增加的社会改革费用；（2）国防费用 [以及]（3）援助下滑的基金的储备金。”由于知道英国的富人并不欢迎从其收入中收取直接税，霍尔丹利用了中产阶级对工人运动的担心，他补充说，对那些受惊的人来说，这项政策就是反对财富国有化的一个保障。

与此同时，德国首相冯·比洛在德国面临着完全相同的困境。无畏号的费

[19] 参见 Volker R. Berghahn, *Der Tirpitz-Plan* (Düsseldorf: Droste, 1971), pp.419ff。

[20] 引自 H. V. Emy, *Liberals, Radicals and Social Politics, 1892—1914* (Cambridge University Press, 1973), p.201。

用增加了。他也希望继续增加 19 世纪 80 年代俾斯麦开始推行的社会保障费，以便把工人阶级从社会民主党和社会民主党工会吸引过来。社民党在 1903 年大选中选票增加很多，但在 1907 年失去了席位，部分是因为民族主义者焦虑的加强。这种焦虑让德国议会过去能为其增加的海军军备计划获得足够的选票支持。然而，当后续的财政议案要把扩展舰队的费用分散到不同人身上时，富人尤其是
30 农民党人拒绝了提高所得税和遗产税的办法。相反地，他们投票要求增加在食品和其他日常必需品上的间接税，从而让低收入群体受到不成比例的打击。霍尔丹为英国开的处方并不适合比洛。他面对着保守派的压力，征收更多直接税的法案最终未获批准。被政府拒之门外的社民党没有足够选票改变这一趋势，只能通过其媒体机构和发言人抗议这种不公平的税收负担，而这一负担是由他们一开始就反对的军事开支所引起的。他们的支持者觉察到了每周生活成本的上升，认为这些抗议是完全合理的。

就是在这一背景下，汉堡造船业巨头、威廉二世的朋友阿尔贝特·巴林（Albert Ballin）做出了另一种陈述。1908 年 7 月，他警告德皇及其帝国首相，“我们无法与更富裕的英国人进行无畏号的竞赛”[21]。他或许还可以补充说，英国并没有德意志帝国那样不公平的、充满冲突的税收体系。当然，巴林也反对英德继续进行海军军备竞赛，因为他担心这会导致因建造无畏号战舰所产生的紧张局势进一步升级。他觉得，一场大战对其造船业帝国和整个世界贸易都是场灾难，事实上，这也正是 1914 年出现的情况。

当德国看来正要输掉这场代价高昂的海军军备竞赛时，普鲁士－德意志陆军这另外一支非常强大的力量变得焦躁不安。部分原因是为了让提尔皮茨能优先使用帝国财政资源，但也由于担心陆军扩展超过 19 世纪 90 年代的规模会削弱其武装部队的独特性和可靠性，军官团在世纪之交决定，不补充新兵员以便把地面部队限制在应有规模。如果吸纳了更多的资产阶级背景人士加入，贵族背景军官的缺乏会削弱团队精神。还有一个问题是，不断增加的普通入伍者来自城市工人阶级，他们被怀疑已受到社会主义思想的影响。19 世纪 90 年代后期，陆军发起了爱国主义教育计划以应对这种威胁。士兵不能经常光顾其兵营附近

[21] 引自 *Die Grosse Politik der Europäischen Kabinette, 1871—1914*, 40 vols. (Berlin 1922—　), vol. XXIV, no. 8216, letter from Bülow to Wilhelm II, 15 July 1908。

的某些酒吧，他们的储藏柜屡屡被搜查是否有社会主义者的作品。总而言之，也不能招募更多的工人阶级了。

1914 年前欧洲转向陆军军备竞赛 31

1907 年，俄国与英国解决了它们在阿富汗的长期分歧，这为法国、英国和俄国《三国协约》的形成提供了便利。由此，受包围的凶兆在德国总参谋部和德皇心里确定下来。天平最终开始转向赞同重整陆军军备，而不是进一步扩大海军开支。由于 1911 年夏的第二次摩洛哥危机，这一趋势已非常明显。围绕北非领土的对抗加强了法国和英国联合起来的决心。柏林被迫屈辱撤退。总参谋长赫尔穆特·冯·毛奇（Helmuth von Moltke）在 1911 年 8 月 19 日给他妻子的信中愤怒地说：

> 对于令人不快的摩洛哥事务，我已失去兴趣，感到厌烦……如果我们再一次从这种事务中夹着尾巴溜走，如果我们不能提出以武力做后盾的坚决要求，我将对德意志帝国的将来感到绝望。那时我会辞职。只是在递交我的辞呈前，我会推动废除陆军，把我们自己置于日本的托管之下，从而可以不受干扰地赚钱，变成赚钱机器。[22]

这些话非常清楚地反映了重要陆军官员的情绪。不过，早在 1909 年已出现对帝国海军不满的最初信号。当年 3 月，有影响的半官方《军事周报》（*Militaerwochenblatt*）刊载了一篇题为《囚禁中的陆军》（“Army in Chains”）的文章。到 1910 年夏，不满已如此强烈，以至于陆军上校埃里希·鲁登道夫（Erich Ludendorff）更明确强调了陆军的作用：“任何为生存而战的国家，如果要履行其最高职责，必须最大限度地使用其部队和资源。”[23] 他补充说，德国敌人现在已是“数量众多”，“在某些情况下”从一开始就使用所有可用士兵“成为我们的必然责任”。因此，事态发展取决于“我们是否可以赢得最初的战斗”。

---

[22] Helinuth von Moltke, *Erinnerungen, Briefe, Dokumente* (Stuttgart: Der Kommende Tag, 1922), p.362.

[23] 引自 Gerhard Ritter, *Staatskunst und Kriegshandwerk*, 4 vols. (Munich: R. Oldenbourg Verlag, 1954—1968), vol. II, p.274。

32 这一论断的重要性体现在两个方面。首先，并非贵族出身的鲁登道夫主张放弃对征兵的所有限制，而这种限制一直支配着早先冻结陆军规模的政策。其次，它表明或早或晚总参谋部会坚持提出扩大本国陆军部队的法案。于是，陆军部长约西亚斯·冯·黑林根 1911 年 11 月宣布，“政治－战略形势”已“变得对德国不利”。[24] 要毫不拖延地增加对陆军的拨款。提尔皮茨立即辨明问题所在：陆军已被用作反对其海军计划的“攻城锤”。同样让他不安的是帝国财政部核查后的财政数据显示，德国不能同时负担起一个强大的海军和能与法俄联盟对抗的足够大的陆军。当财政部也愿意支持重新调整国家的军备政策时，提尔皮茨显然在跨部门之间的斗争中已然失势，这种斗争在 1911 年晚期如火如荼。当然，他也输掉了同英国的海军竞赛，因为英国已挫败了他想超越皇家海军的建造计划。[25] 与此同时，遭到边界内部斯拉夫的尤其是塞尔维亚的民族独立运动颠覆破坏的维也纳，正变得越来越焦虑不安。

在柏林和维也纳的宫廷和政府机构此种发展的背景下，陆军扩军 29,000 人和“多方面技术改善”的要求在 1912 年极为迅速地成为法律就不令人惊奇了。后续的财政法案获得了足够的帝国议会选票，但只是在大量的操纵下，并且以附录的形式才通过了巴塞曼－埃茨贝格尔法，该法要求德国政府在 1913 年 4 月 30 日前实施“能对所有形式财产征收税额的普遍财产税”[26]。像霍尔丹 1908 年在英国所面临的问题一样，1912 年冬天到 1913 年德国围绕征税问题的争论达到高潮。1912 年夏爆发了一场地区战争，保加利亚和塞尔维亚组成的巴尔干同盟（希腊几个月后加入）挑战了奥斯曼帝国在欧洲的领地。奥斯曼土耳其最终完败，塞尔维亚获得了联盟大部分领土战利品。此役后，维也纳政府对自己在巴
33 尔干领土的将来地位更为担心。1908 年哈布斯堡曾试图通过兼并波斯尼亚－黑塞哥维那来加强自己的领土地位。但事与愿违，此举反而激怒了俄国人，比起往夕，他们现在更把自己看作是巴尔干地区斯拉夫人的保护者。

惊恐扩散到柏林，其陆军正起草第二次扩军计划。像前一年一样，帝国议会在决定性的爱国主义情绪激励下再次以多数通过了扩军预算。资金问题又一次推迟考虑，但显然不得不找到更多的钱。前一年的巴塞曼－埃茨贝格尔法也

[24] 参见 Berghahn, *Germany and the Approach of War in 1914*, pp.126ff。

[25] Isabel Hull, *The Entourage of Kaiser Wilhelm II: 1888—1918* (Cambridge University Press, 1982).

[26] 引自 Fritz Fischer, *Krieg der Illusionen* (Düsseldorf: Droste, 1969), p.257。

被推行。这里不想讨论非常复杂的税法。除了征收惯常的、更高的间接税，面对着保守派人士的激烈反对，这次还包括了直接税，即便这种税只限于一年。

对一战起源来说，更重要的态势是法国和俄国的反应。[27] 它们迅速提出了各自的陆军法案，被英德放弃的海军军备竞赛现在为大陆上更危险的军事竞争所取代。在推进 1913 年陆军法案后不久，德国将领对第一次巴尔干战争越来越抱有这样的想法，即战争必然会很快爆发。德皇威廉二世受其周围军事人员的影响，也持有同样看法。

因此，当他得到消息说伦敦也正对其政策采取强硬立场时，要求早日对塞尔维亚发动一场战争的压力增加了，通过战争可以加强奥匈在反对斯拉夫民族主义中的地位，这也符合维也纳的要求。对于德皇来说，这是关乎其帝国存亡的问题 [28]："欧洲最终的战争将在德意志人（奥地利、德国）和罗曼人（高卢人）支持的斯拉夫人（俄国）之间展开，而盎格鲁－撒克逊人将站在斯拉夫人一边。"为了评估战略形势，1912 年 12 月 8 日威廉二世召集其海军、陆军的高层顾问开会。[29] 皇帝开场就说，奥地利应毫不拖延地对塞尔维亚采取行动，"以免它对奥匈君主国内的塞尔维亚人失去控制"。毛奇也认为战争不可避免，越早进 34
行越好。提尔皮茨主张推迟 18 个月，因为在 1914 年夏天前拓宽基尔运河从而让德国的无畏号战舰在波罗的海和北海之间穿梭的任务不可能完成。毛奇对提尔皮茨表示不耐烦，他插话说："海军到那时也不能准备好，而陆军的地位却越来越糟糕"，"由于我们缺钱"，本国的敌人"武装的速度比我们更快了"。最后并未发动战争，这不仅仅是因为提尔皮茨的反对和德皇的动摇，还因为人们发现，德意志"民族"尚未充分理解奥匈和塞尔维亚之间的战争对"大国利益"的重要影响。

---

[27] 参见 Peter-Christian Witt, *Die Finanzpolitik des Deutschen Reiches von 1903 bis 1913* (Lubeck: Matthiesen, 1970), pp.356ff。

[28] 参见 John C G. Röhl, "An der Schwelle zum Weltkrieg: Eine Dokumentation über den 'Kriegsrat' vom 8. Dezember 1912", *Militärgeschichtliche Mitteilungen*, 21 (1977), pp.77–134。

[29] *Ibid.*

1914 年预防性战争的准备

为了努力理解一战爆发的深层原因，本章一开始即考察了那些必须被研究的非军事因素。我们讨论了工业化、人口变化、选举政治、文化乐观主义和文化悲观主义。然而，导致一场大战爆发的最危险趋向是，在提尔皮茨挑战英国海军地位的雄心失败以后，欧洲大陆上开始出现的以法国、俄国为一方，以德国、奥匈为另一方的军备竞赛。而且，处于柏林和维也纳决策中心的职业军人，意识到了这一趋向，他们不仅认为前景悲观，无论如何都会爆发大的武装冲突，而且越来越被预防性战争的概念所吸引。没人知道未来会如何，但将军们倾向于在还不太晚之前打一仗，而胜利似乎仍然是可能的。因此，当我们讨论“1914 年情绪”时，重要的是要记住预防性打击的想法在柏林和维也纳军界非常流行。

自从 1913 年德国和奥匈各自的国内外形势进一步恶化后，1914 年春出现了两份重要文件。首先是奥地利总参谋长弗朗茨·康拉德·冯·赫岑多夫（Franz Conrad von Hötzendorf）和作战部主任约瑟夫·梅斯热（Josef Metzger）上校的通信。在信中，前者说出了心中的疑虑：“我们是想等法国和俄国准备好了联合
35 侵略我们，还是主动把这场不可避免的冲突提前一点？”[30] 他补充说：“对我们来说，斯拉夫问题变得越来越困难，越来越危险。”

1914 年 2 月 24 日，毛奇在致德国外交部的备忘录中总结了他的担忧，尤其是对俄国军备计划规模的担忧。毛奇决定于 5 月中旬在卡尔斯巴德会见康拉德，这次会面只是让双方进一步确认他们的固有想法，即时日已经不多了。到现在毛奇已完全相信“进一步等待意味着我们的机会进一步减少；就人力而言，没有人能与俄国竞争”。回到柏林后，毛奇去找了外交大臣戈特利布·冯·雅戈（Gottlieb von Jagow），后者对这次会晤记录如下：

> 将来的前景让他［毛奇］十分担忧。俄国将在两到三年完成其军备计划。届时我们的敌人在军事上的优越性是如此巨大，他并不知道我们怎么

[30] Franz Conrad von Hötzendorf, *Aus meiner Dienstzeit, 1906—1918*, 5 vols. (Vienna: Rikola, 1921—1925), vol. III, p.597. 对奥匈 1913—1914 年政策的杰出分析，见 Samuel R. Williamson, Jr., *Austria-Hungary and the Origins of the First World War* (New York: St Martin's Press, 1991)，尤其是 pp.143ff, 164ff。

才能应对。而现在我们或多或少还能与之比拼。在他看来，只要我们多多少少想要通过考验，除了采用预防性战争打败敌人外别无他法。总参谋长让我考虑，是否调整我们的政策，以适于早日发动战争。[31]

欧洲工商业精英没有积极参与这些讨论，他们大部分都是紧张的旁观者。他们知道，一场大战不仅对自己的生意，而且对整个地区及其人民，都将产生可怕的后果。这就是为什么他们之中部分与内部政治圈子有关系的人会尽力劝阻两个皇帝不要使用其独有的宪法权力宣战。最终，他们的观点被置之不理，而一旦德国开始入侵比利时和法国，这种情况也出现在法国和英国的商业圈。[32]

到 1914 年，许多欧洲普通“大众”被组织进大的社会党和工会，他们发现自己处于近似的情况。他们的领导人，即便并不了解政府的想法，但也隐约知道，几个工业国现在不计花费疯狂地把自己武装到牙齿，如果它们爆发冲突会导致什么。他们感到，这会是一场大屠杀，而自己的成员会是其中第一批受害 36
者。在军备方案通过后，战争的威胁更为临近，欧洲左翼领导人继续努力阻止事态向深渊发展，但却毫无成功的希望。法国社会党领导人让·饶勒斯（Jean Jaurès）呼吁在布鲁塞尔召开第二国际大会。7 月 31 日，他被狂热的右翼民族主义分子枪杀。与此同时，1914 年 7 月 23 日在奥匈向塞尔维亚递交了最后通牒后，担心战争会爆发的德国社会民主党在主要城市举行游行示威，警告维也纳不要侵略塞尔维亚。[33]

这些游行让帝国首相特奥巴尔德·冯·贝特曼·霍尔韦格（Theobald von Bethmann Hollweg）意识到，德国不可能加入奥匈一方作战，除非其民众能够相信，他们被召集起来是为了捍卫祖国不受专制沙皇的统治。他迅速与温和的社会民主党领导人展开谈判，以在本国对俄国的防御性战争中获取后者支持。这可以解释为什么德皇要等着沙皇首先宣布动员。德国在通牒中要求沙皇撤回动员，在最后期限过后并未得到俄国响应，威廉二世宣布了德国的动员。但毛

[31] 引自 Fischer, *Krieg der Illusionen*, p.584。

[32] 关于商界和金融界的态度，参见 Niall Ferguson, *The Pity of War: 1914—1918* (New York: Basic Books, 1998), pp.193f。

[33] 参见 Wolfgang Schieder (ed.), *Erster Weltkrieg* (Cologne: Kiepenheuer & Witsch, 1969), pp.174ff。关于奥匈政府在 7 月的行动，参见 Williamson, Jr., *Austria-Hungary and the Origins of the First World War*, pp.190ff。

奇并未向沙皇帝国进军，反而依据修订的施里芬计划（Schlieffen Plan）入侵了法国和比利时。这是他唯一的计划。所有的东线作战方案前几年已被放弃。而一旦部队被命令去荡平西部，政府则极大地解除了压力。正如海军大臣格奥尔格·亚历山大·冯·米勒（Georg Alexander von Mueller）在其1914年8月1日的日记中记录的："绝妙的状态。政府极为成功地让我们显得是受到了攻击。"[34]

当这些事态让本已很显眼的两国君主及其军事人员变得更引人注目时，我们必须最后考察下他们的"情绪"，这也是为了理解下一章。下一章将更详细地讨论和平最后几周的情况，包括柏林和维也纳是否在最初考虑了把冲突限于巴尔干地区，或者如弗里茨·费舍尔所认为的，从7月初德皇政府和军人的目标
37 就是一场全面战争。[35] 因此，本章最后要讨论的问题是兰斯洛特·法勒所称的"短期战争幻觉"[36]。为了理解这个现象，举出赫尔穆特·冯·老毛奇（Helmuth von Moltke the Elder）的警告是异常恰当的。老毛奇同名的侄子，1914年8月1日曾让德皇下令向西部进攻。当年老毛奇曾带领普鲁士战胜拿破仑三世（Napoleon III），但退休多年来他深入思考普法战争的教益却是，欧洲大国之间未来不能再打仗。他深信，这样的战争将会是全民的战争，没有一个交战国有获胜希望。因此，要做的所有事情都应是避免欧洲大战的爆发。[37]

问题是，如果这个老兵的继任者接受了他的洞见，是否就会让拥有大量军队和制定大战规划变得多余。即使他的侄子及其同仁从未公开反驳老毛奇的智慧，但似乎这些人出于职业原因更希望来一场可以打并且再次赢的大仗。因此，他们采纳了施里芬的歼灭战思想，并把闪电战的概念加诸其中。残酷的进攻、迅速向敌人领土推进和几周内的完胜，成为人民战争时代职业军人摆脱困境的出路。这解释了流传于西线士兵间的虚幻要求：胜利会在几个月内取得，他们在1914年圣诞节将再次回家。同盟国相信它们可以取得预防性战争的胜利，正是在这样的背景下，柏林和维也纳的少数人采取了致命的决定，把欧洲推向战争的边缘。这意味着学者没有必要继续在其他首都寻找比两国皇帝及其顾问更

---

[34] 引自 John C. G. Röhl, "Admiral von Müller and the Approach of War", *Historische Zeitschrift*, 4 (1969), pp.610ff。

[35] Fritz Fischer, *Grif nach der Weltmacht: Die Kriegszielpolitik des Kaiserlichen Deutschland (1914—1918)* (Düsseldorf: Droste, 1964[1961]).

[36] Lancelot L. Farrar, *The Short War Illusion* (Santa Barbara: CA: ABC-Clio, 1973).

[37] 参见 Stig Förster, "Facing People's War", *Journal of Strategic Studies*, 2 (1987), pp.209-230。

为一战负责的其他政策决定者。对历史学家来说，要解释缘何大战在 1914 年爆发，柏林和维也纳是可以继续找到密切线索之地。[38]

也有可能更起作用的是 T. G. 奥特提出的“不言而喻的假设”这一概念，以 38
指 1914 年前英国部长高层和内阁级之下的外交部流行的态度和心理。[39] 本章实际上聚焦于柏林和维也纳的心理、倾向和政策决定程序等“不言而喻的假设”。国际政治中的认知和假设，即便经常出现而晦涩难懂、相互关联，但无疑值得探讨。伦敦的爱德华·格雷（Edward Grey）爵士的措施让英国拖到 8 月 4 日才进入战争，这些措施很大程度上因英国内阁围绕是否要完全参战的分裂而加强。只要能完全清楚德国侵略的势头主要是比利时而非进一步向南进攻法国，格雷就能影响他的内阁同僚。与伦敦相同，巴黎也采取了类似的“观望”立场，而非像柏林和维也纳的决策者那样采取积极的行动。

无疑还可能有人继续争论说，不仅俄国，而且其他大国也要分担一战起源的责任。然而，正如本章所认为的，与德皇（以及追随它的维也纳）的侵略性外交和军备政策相比，它们的责任是次要的。这种政策始于世纪之交，由于上文所讨论的原因，到 1914 年同盟国决定发起一场预防性战争时达到其顶点。

---

[38] 很多年前 L. F. C. 特纳（L.F.C.Turner）曾在其著作 *The Origins of the First World War* (London: Edward Arnold, 1970) 中提出俄国应为 1914 年 7、8 月爆发的一战负有主要责任。最近，这一观点重新被肖恩·麦克米金（Sean Mc Meekin）提及，见其 *The Russian Origins of the First World War* (Cambridge, MA: Harvard University Press, 2011)。同样提出俄国责任问题的更近著作是克里斯托弗·克拉克的 *The Sleepwalkers: How Europe went to War in 1914*(New York: Harper Collins, 2012)。克拉克也讨论了塞尔维亚的角色及其在巴尔干的野心。本项研究可能在战争爆发 100 周年之际出版，希望能明确加重对作为其分析中心的三国政府产生的影响。

[39] T. G. Otte, *The Foreign Office Mind: The Making of British Foreign Policy, 1865—1914* (Cambridge University Press, 2011).

39

2 1914年：爆发[1]

让－雅克·贝克尔

格尔德·克鲁迈希

1914年7月28日，奥匈对塞尔维亚宣战。7月30日，俄国宣布总动员。7月30日晚上到31日，奥匈决定动员，接下来8月1日，德国和法国差不多同时动员。同样在8月1日，德国对俄国宣战，并于8月3日对法国宣战。8月4日，英国对德国宣战。8月6日，奥匈对俄国宣战。几天时间，几乎所有的欧洲大国都处于战争状态（暂时只有意大利是个例外，它直到1915年5月23日才对奥匈宣战）。

像这样的一场欧洲战争从最开始就是近一个世纪以来史无前例的，有诸多原因使任何其他冲突无法与它相较：战争爆发时的总动员，英国大规模征召志愿兵，有数百万人将被卷入战争。这一切是如何发生的？

似乎没有其他的历史事件引发过如此之多的疑问、争议和研究，这样的情况已持续了将近一个世纪。首先，围绕"责任"问题就存在激烈的争论。这场争论始于1914年8月，促使交战中的各国外交部编纂了第一批官方文稿（白皮书、蓝皮书、黄皮书、橙皮书）。某种程度而言，这些文件至今仍然有用，但由于伪造、反事实、故意删减，其价值遭到部分破坏。1918年之后，争论发展为政府政治与历史编纂并重，关注的焦点集中在《凡尔赛条约》的条款，尤其是那些将发动战争的责任单方归结于德国及其盟国的条款之上。迎合公众舆论的需求（战争中有1,000万士兵丧生）强化了这场讨论。另外，数以千万计的人

---

[1] 海伦·麦克菲尔将这章从法语翻译成了英语。

由于受伤和受毒气感染而遭受痛苦，其中包括大量永久性的残疾人和残肢人。由悉尼·法伊（Sydney Fay）、伯纳多特·施米特（Bernadotte Schmitt）和皮埃 40
尔·勒努万（Pierre Renouvin）发起的这场讨论，一直持续到20世纪30年代早期，直到那时，来自不同国家的历史学家才取得共识，即没有一个大国能够完全为自己开脱，它们或多或少都要承担战争责任。“不管是否情愿，绝大多数的历史学家（尽管数目多少并不重要）都认为，需要接受的观点是，各国都需承担（不同的）责任。”[2]

意大利记者路易吉·阿尔贝蒂尼1940年出版的著作，在1953年译成英文本后引发激烈辩论，并被奉为权威之作。[3] 该著作论及了数量庞大的相关研究，反映了两战期间，人们通过比较的方法，拓宽了对1914年七月危机中各国领导人行动的认识。这种方法总体的印象正如劳合·乔治在他的《战争回忆录》[4] 中所说，所有的大国“滑入了战争”。尽管如此，可能由于德国政府尤其不妥协，导致了战争最终的爆发。或许俄国应当首当其冲承担罪责：在朱尔·伊萨克看来，正是俄国7月30日的总动员使得战争不可避免。[5]

1961年，德国历史学家弗里茨·费舍尔凭借他的作品《争雄世界》[6] 打破了大战历史叙述的这种相对平衡。他利用当时能够利用的所有档案指控说，逐渐成为世界强国的德国为了夺取世界霸权，从1912年的冲突以来就开始蓄意筹划了这场战争。结果是引发了强烈的抗议，尤其在德国，彻底分裂成对立的“费舍尔派”和他的反对派。然而从长远来看，争议是有价值的：20世纪50年代一般认为对大战的历史叙述明显已趋于饱和，但费舍尔开启了一种全新的历史编纂方法。较之以往，研究的焦点更多紧扣1914年7月的具体行动和行为。从这时开始，“心态”开始出现在与大战起源和重大决策由来有关的历史作品当中。从此视角来看，詹姆斯·乔尔在伦敦经济学院发表的就职演说《1914：未言明的 41

---

[2] Jules Isaac, *Un débat historique: 1914, le problème des origins de la guerre* (Paris: Rieder, 1933), p.227.

[3] luigi Albertini, *The Origins of the War of 1914*, 3 vols. (London: Oxford University Press, 1953).

[4] David Lloyd George, *War Memoirs* (London: Nicholson& Watson, 1936).

[5] Isaac, *Un débat historique*, p.21.

[6] Fritz Fischer, *Griff nach der Weltmacht: Die Kriegszielpolitik des kaiserlichen Deuschland (1914—1918)* (Düsseldorf: Droste, 1961)；法文译本名为 *Les buts de guerre de l'Allemagne impériale*，雅克·德罗兹为该译本作了序（Paris: Éditions de Trévise, 1970）；英文版名为 *Germany's Aims in the First World War* (London: Chatto & Windus, 1967)。

假定》对于1914年7月的研究依旧如灯塔一样具有引领价值。[7] 法国方面，我们可以从让－雅克·贝克尔 [8] 的著作中了解到法国的公众舆论以及决策层和普通法国民众的心态——例如从那时起我们了解到1914年8月的“狂热”既非转瞬即逝也非虚构的存在。至于德国，沃尔夫冈·蒙森的文章（《1914之前的十年德国不可避免走向战争的路线图》）[9] 具有深远的影响，文章建立了总体“心态”和决定走向战争的决策者（尤其是在1914年7月）心智之间的密切联系。

还可以列举更多的著作，比如只限于“七月危机”，塞缪尔·威廉森、安妮卡·蒙鲍尔 [10]、安托万·普罗斯特以及杰伊·温特 [11] 最近的研究就加深了我们（对这段历史）的认识。塞缪尔·威廉森 [12] 个人重新展开了对1914—1918年战争之前的军事协定的研究 [13]，他发现奥匈对1914年7月国际危机的发生起了根本性的作用。在过去的历史编纂中，奥匈的角色一直为人所忽视，因而威廉森的研究具有特殊的价值。虽然在弗里茨·费舍尔和他的追随者们看来，奥匈只是追随了德国的侵略计划，但在过去的20年里，对奥匈作用的研究显出了重要性。[14] 至少可以说，奥匈皇帝和他的随从，以及神秘的总参谋长康拉德·冯·赫岑多夫，在萨拉热窝冲突爆发前后扮演了积极好战的角色。这尤其适用于外交大臣贝希托尔德（Berchtold），即便总参谋长康拉德也不断要求对塞尔维亚进行“正义”战争：巴尔干战争之后，这个“小国”极度膨胀，塞尔维亚对奥匈采取了
42 一种与日俱增的进攻性态度，以便挑起战争。自1912年12月以来，不正是康拉德至少三次要求，通过一场预防性战争来处置这个令人不安的邻国？

---

[7] James Joll, *1914: The Unspoken Assumptions* (London: Weidenfeld& Nicolson, 1968).

[8] Jean-Jacques Berker, *1914, Comment les français sont entrés dans la guerre: contribution à l'étude de l'opinion publique, printemps-été 1914* (Paris: Presses de la Fondation Nationale des Sciences Politiques, 1977).

[9] Wolfgang J. Mommsen, "The Topos of Inevitable War in Germany in the Decade before 1914", in Volker Berghahn and Martin Kitchen (eds.), *Germany in the Age of Total War: Essays in Honour of Francis Carsten*(London: Croom Helm, 1981).

[10] Annika Mombauer, *The Origins of the Great War: Controversies and Consensus* (London: Longman, 2002).

[11] Antoine Prost and Jay Winter, *Penser la grande Guerre, un essai d'historiographie* (Paris: Éditions du Seuil, 2004)；英译版，*The Great War in History: Debates and Controversies, 1914 to the Present* (Cambridge University Press, 2005)。

[12] Samuel R. Williamson, *Austria-Hungary and the Origins of the First World War* (London: Macmillan, 1993).

[13] Samuel R. Williamson, *The Politics of Grand Strategy: France and Britain Prepare for War* (Cambridge, MA: Harvard University Press, 1969).

[14] Manfried Rauchensteiner, *Der Tod des Doppeladlers: Österreich-Ungarn und der Erste Weltkrieg* (Graz: Styria Verlag, 1993).

萨拉热窝袭击给奥匈的军政领导提供了一个最终解决塞尔维亚（和泛斯拉夫）危险的便利口实。（正如在第一章所述）不管这场冲突或远或近的原因是什么，1914 年 6 月 28 日奥匈皇储弗朗茨·费迪南大公和他的妻子在萨拉热窝遇刺身亡，实际上成为导火索。刺杀是“塞尔维亚人”干的。波斯尼亚 – 黑塞哥维那省法律上长期属于奥斯曼，但从 1878 年柏林会议开始慢慢为奥匈兼并，到 1908 年成为奥匈统治下的行省。俄国作为斯拉夫人的保护者无法应对这样的局势：1905 年俄国在双重打击下遭到削弱，一是对日战争的失败，二是国内的革命运动，而其盟友法国表示，如果发生的事件与法国的核心利益无关，不要指望它的帮助，这进一步恶化了俄国的处境。

波斯尼亚 – 黑塞哥维那境内并不仅仅是单一的塞尔维亚人，还包括了信奉天主教的克罗地亚人和穆斯林。事实上，这些穆斯林绝大多数都是皈依了伊斯兰教的塞尔维亚人。然而总体上信奉东正教的塞尔维亚人数量最多，尽管奥匈当局主动示好，但年轻的塞尔维亚人还是对异族统治怀恨在心。此前策划了很多次刺杀军政要人的计划，但均未付诸行动，弗朗茨·费迪南宣布出访引发了新的暗杀密谋，这一次的主要人物是 19 岁的波斯尼亚人加夫里洛·普林西普（Gavrilo Princip）。令人惊奇的是，这场密谋通过一系列的巧合得以实现，甚至超出了密谋者的预期：载着弗朗茨·费迪南的汽车停在了普林西普的面前，他用左轮手枪打死了大公和他的妻子——霍恩伯格（Hohenberg）公爵夫人，而公爵夫人之死并不在密谋之列。

刺杀袭击旋即引发了谁是幕后策划者的疑问。在奥匈，所有的视线立刻转向了塞尔维亚：在塞尔维亚的刺杀密谋是否真的是在塞尔维亚政府知情的情况下进行的？普林西普是在贝尔格莱德读书的学生，当得知大公要出访萨拉热窝时，他立马产生了刺杀行动的念头，但三个问题仍有待解决。分别从贝尔格 43
莱德和萨拉热窝聚集一定数量的波斯尼亚学生作为密谋追随者，这件事看上去并不困难；另外就是要找到武器并运送至萨拉热窝。一个名叫“联合或死亡”（Ujedinjenje ili Smrt）的塞尔维亚民族主义组织提供了武器，这个组织更为人所熟知的名字是其敌人对它的称呼：黑手会。而正是黑手会的一个分支组织，成功使得普林西普和他的两名同伙携带武器进入了萨拉热窝。与此同时，黑手会与塞尔维亚军队也有密切关系：其首领德拉古廷·德米特里耶维奇（Dragutin Dimitrijevic）同时也是塞尔维亚军队总参谋部的情报长官。无法从这件事就推断塞尔维亚政府指使了这次刺杀袭击。黑手会的领导者认为，这次袭击会像此前的袭击一样以失败告终，最重要的是借此机会向总理尼古拉·帕希奇（Nikola Pasic）施压。该总理是塞尔维亚民族主义者的象征，现在由于他对奥匈表现出的被动和迁就而受到指责。显然他发现目前的形势很难应对，立刻反应过来这次袭击会为其强邻所利用，用以攻击塞尔维亚。第二天他制定了他的政治战略：塞尔维亚政府宣布由于这次刺杀袭击的有关责任人都是波斯尼亚人，也即奥匈帝国的臣民，因此它是奥匈帝国的“内部事务”，塞尔维亚政府并不关心。然而由于帕希奇也知道，塞尔维亚军队中的成员和边境官员协助普林西普和他的同伙，提供给他们武器并许其通过边境，显然奥匈会要塞尔维亚负责。尽管帕希奇和他的部下表达了他们的哀悼并表现出（或多或少真诚的）忧虑，但政府中其他成员在媒体上表现出截然不同的态度，他们代表了民族主义者，是泛塞尔维亚主义反对派。媒体欢欣鼓舞，祝贺了普林西普和他的同伴，他们被抬高到了“南斯拉夫”事业的英雄甚至是殉道者的位置。

很明显，俄国在当时火上浇油并无任何好处，因而帕希奇有理由保持他的立场。7月3日，帕希奇向俄国外交大臣萨佐诺夫（Sazonov）征询意见，他的答复与此前法国内阁总理勒内·维维亚尼（René Viviani）7月1日给出的答复一致：倾尽全力保持冷静。说到容易做到难，但帕希奇在没有太大把握的情况下仍旧进行了努力尝试。塞尔维亚告知奥匈，对这件事表示抱歉但对此并不负太多责任，同时声称无法完全封锁独立的塞尔维亚媒体，因为那样做会打破官员与媒体间“限制与合作的艰难平衡”。没有人会认真对待这一说法。[15]

没有进一步深究这些细枝末节，奥匈帝国的舆论很快对塞尔维亚表达了极大愤慨。奥匈政府认为正好可以借此机会好好教训一下塞尔维亚，它的嚣张行动，甚至它的存在，对于“多民族”帝国的稳定都是一个威胁。维也纳宫廷迅速决定以此为契机一劳永逸地解决塞尔维亚问题。由于塞尔维亚一些官员和主流媒体仍旧对刺杀袭击表示赞赏，7月7日，皇家部长会议因塞尔维亚缺乏真诚合作而动怒，在7月23日的最后通牒中再次重申了此种责备。德国“民族主义”的历史著作也收录了这份最后通牒，认为它虽然严厉但考虑到事态的严重

[15] 除了威廉森和劳赫恩施泰纳的著作外，参见马克·康沃尔的阐述，“Serbia”, in Keith Wilson (ed.), *Decisions for War, 1914* (London: UCL Press, 1995), pp.55–96。

性并未夸大。事实上，在7月7日的部长会议上与会者赞同向塞尔维亚递交一份它难以接受的最后通牒，以期发动一场惩罚性的战争，即便外交大臣贝希托尔德指出了这有挑起与俄国战争的内在危险，即使匈牙利议会首相蒂萨（Tisza）公开反对：

> 考虑到回报，除了作为议会主席的匈牙利首相外，所有与会者都认为单纯外交性质的成功并没有什么价值，即使这会让塞尔维亚蒙受极大的羞辱。因此很有必要当面向塞尔维亚提出大量的要求，可想而知，他们会加以拒绝，那时就可以进行激烈的军事干预了。[16]

尽管如此，没有德国的默许奥匈不会采取行动。塞尔维亚希望通过将领土扩张至亚得里亚海从而发展为一个海洋国家，此前一年奥匈和意大利表示明确反对，并通过创建阿尔巴尼亚的方式成功达到了这一目的。奥匈希望进一步利用有利局面从而一劳永逸地消除塞尔维亚这个危险，但是德国要求它们对此行动保持克制。

事件最终的结果就取决于德国。刺杀袭击对德国的冲击力较之其他欧洲国 45
家要强烈。袭击在各地都激起了不同的情绪，但焦虑只偶尔零星出现。例如在法国，克列孟梭在他的《自由之人》（*L'Homme libre*）报刊上针对刺杀袭击可能产生的深远影响所表达的担忧几乎无人响应。巴伐利亚王国长期以来一直是奥地利的盟友，因而在这里引起的情绪尤其强烈。同弗朗茨·费迪南过从甚密的德皇威廉二世也同样如此。

德皇的情绪反映在他对德国驻维也纳大使海因里希·冯·奇尔施基（Heinrich von Tschirschky）伯爵报告的著名评论上。6月30日，大使曾与奥匈外交大臣贝希托尔德进行了第一次谈话，后来他把谈话内容详细报告给了贝特曼·霍尔韦格首相，德皇也阅读并批示了这份报告。在其他建议方面，奇尔施基解释说，在维也纳，甚至是那些"严肃认真的人"，也明确希望能够彻底解决塞尔维亚问题。他努力确保首相相信，他会继续向所有相关方宣扬谨慎的做法。

---

[16] 参见 Immanuel Geiss (ed.), *Julikrise und Kriegsausbruch Eine Dokumentensammlung*, 2 vols. (Hanover: Verlag für Literatur und Zeigeschehen, 1963), vol. I, no. 39: Protokoll des Gemeinsamen Ministerrates…7 July 1914; *cit. ibid.*, p.110。

德皇在页面空白处写道：

> 谁授权他这么说了？太蠢了！这不关他的事，因为只有奥地利才能决定什么才是最好的选择。否则，如果这件事没有按部就班地发展，以后就会留下口实，说正是德国不希望如此。奇尔施基必须立即停止宣扬这些荒唐的事情。奥匈要了结塞尔维亚，尽快了结。

关于德皇就七月危机的评论对德国外交政策真实影响的讨论永远不可能有结果。他的大臣们习惯了他喜怒无常的爆发，奇尔施基似乎也并没有受到任何处罚；然而，值得注意的是在这件事上，德国政策紧跟德皇的指导。甚至有可能在旁批中为冲突"局部化"寻找理论来源。这并不是一个多么工于心计的计谋，仅仅是德国不希望像 1909 年、1912 年和 1913 年那样由于阻止奥匈对塞尔维亚采取行动而受到责备。因此，德皇的想法是简单的，也无疑广为接受：必须借刺杀袭击的机会，教训塞尔维亚——这件事也必须仅在二元君主的框架下解决，如果奥匈行动失败了，德国不必对盟友奥匈所遭受的新失败承担责任。

46 整个德国政府都迷信此种想法，从而给后续发生的事件带来了严重的后果。这是由一项重大事实所决定的，即奥匈是德国在欧洲唯一可靠的盟友。这项事实在相关历史著作中常常被忽略。尽管意大利由于三国同盟的关系也与德国联合在一起，但德国已经强烈感受到它是不可靠的盟友，并且很快就会得到确认。如果奥匈仍将作为一个重要的盟友，那么必定不能遭到削弱。7 月 5 日，奥匈外交官霍约斯（Hoyos）伯爵前往柏林讨论对塞尔维亚的报复行动，他得到了德国全力的支持——后来被称为"空白支票"（the blank cheque）的许诺。英国军事史学家休·斯特罗恩对"1914 年 7 月"的分析或许是目前最为完整的，他表达了可以理解的惊奇："空白支票最惊人之处并非在于它的签署，而在于它的确是空白的。"[17] 德国政府当时所做的，无疑是出人意料地"反常地放弃责任"[18]。即使冒着与俄国开战的风险，德国政府还是让奥匈继续干，而不是劝阻它们不对塞尔维亚采取行动（而这正是弗里茨·费舍尔和其学派的理论[19]）。霍约斯将皇

---

[17] Hew Strachan, *The First World War, vol.I: To Arms* (Oxford: Oxford University Press, 2001), p.95.

[18] *Ibid.*

[19] 参见 Geiss (ed.), *Julikrise*, vol. I, p.119；Fischer, *Griff nach der Weltmacht*, p.71 and *passim*.

帝弗朗茨－约瑟夫（Franz-Joseph）的一封信带到柏林（事实上是一份非常长的备忘录），解释奥匈面对巴尔干国家和俄国所处的形势，尤其是描述了一项总政策：削弱巴尔干同盟，引诱保加利亚，完全削弱泛斯拉夫运动，同时挫败俄国联合其盟国法国“包围”奥匈的明显用意。但这项长期战略只有具备下面两个条件才可能实现：一是除掉塞尔维亚这个巴尔干政治力量，它当时是泛斯拉夫政策的关键，二是皇帝弗朗茨－约瑟夫寻求其盟友德皇的支持，“三国同盟成员国，尤其是奥匈和德国，共同进行反击”。平息这场“由俄国有组织地发起和助长的”骚动符合两国的共同利益。这份备忘录的结尾提到，萨拉热窝的刺杀需要二元君主给出一个回应，从而对敌人“正对它们编织的包围圈”施以重大的破坏。[20]

奥匈备忘录涉及德国采取的行动仅居第二位，它的首要任务是阐明奥匈 47
必须利用这次危机摧毁泛斯拉夫运动，同时保卫自身不受其运动发起者俄国的入侵。霍约斯通过奥匈大使瑟杰尼－马里奇（Szögyeny-Marich）传递了这份文件。7月5日，德皇召集了掌权的军政大臣们。20世纪20年代人们常称为此目的建立了“皇家委员会”，但事实并非如此。会议召集了首相霍尔韦格，副外交大臣阿图尔·齐默尔曼（Arthur Zimmermann）（而不是外交大臣雅戈，值得注意的是他正在度假），普鲁士陆军大臣法金汉（Falkenhayn），普鲁士军事内阁大臣首席顾问莫里兹·冯·林克尔（Moriz von Lynker），与德皇关系密切的汉斯·冯·普勒森（Hans von Plessen）将军。毛奇和提尔皮茨二人都因休假而缺席。支持奥匈打算的决定显然很快就被做出，即便在俄国的干涉下也要支持。这次会议没有留下记录。1919年法金汉将军向德国议会调查委员会表明并没有讨论什么，德皇仅仅是询问他，如果需要，军队是否能准备就绪，而他对此做了肯定答复。

7月6日，在德皇召开的会议上，首相贝特曼·霍尔韦格向奥匈大使总结了这组人的想法。萨拉热窝袭击之前，德国的政策始终都在寻求与塞尔维亚和解，在此事件之后，所有的努力都化为乌有，德国将完全接受任何奥匈认为针对塞尔维亚的有效行动。首相再次向奥匈保证，德国会支持它们所决定采取的任何

[20] *Die Österreich-Ungarischen Dokumente zum Kriegsausbruch* (Berlin: National-Verlag, 1923), p.12.

行动，但他再次建议要尽快对塞尔维亚采取行动。[21]

德国政府一直以来因冒这场影响深远的战争的风险而遭到猛烈批判。弗里茨·费舍尔和他的学派夸大了这种许可，认为二元君主无法做出任何严肃的决定，仅德国的同意就为接下来的行动铺平了道路。事实上，这种风险并不巨大：唯一的风险是俄国的介入，但可能性很小，尤其是由于局势的起源以及某种君主团结的存在。首当其冲的风险是马上采取草率的报复行动。

48 尽管如此，分析德国首相的状况还是能找出若干问题。说贝特曼·霍尔韦格是“神秘的首相”[22]有充分的依据，据德国外交和政治通信显示，在7月23日最后通牒之前他很少表态，因此并不容易弄清七月危机期间他的政策。贝特曼·霍尔韦格上任以来从未显示出任何卷入战争的倾向甚至是愿意冒战争的风险，很有可能在危机的最开始，他仍旧试图缓和局势。他有意保持欧洲的和平，认为把冲突“局部化”于奥匈和塞尔维亚之间是有益的，也是可能的。因此德国应该待在幕后。但是，这是个重要的“但是”，1913年军备危机时他在德意志帝国议会上说，长远看“斯拉夫人和德国人”之间必将发生冲突。至少从那时开始，贝特曼·霍尔韦格完全确信“俄国的危险”。1914年春德国将军利曼·冯·桑德斯（Liman von Sanders）被任命为奥斯曼军队[23]长官后俄德间展开的新闻宣传运动，显著加强了他的宿命论。另外，他对德国间谍西伯特（Siebert）传递的关于英俄磋商海军协定的情报深表担忧，西伯特打入了俄国驻伦敦大使馆的心脏部门。尽管西伯特给出了言之凿凿的报告，但是英国在多种场合下否认（与俄国）展开过这种对话，这进一步加剧了这种担忧。1914年7月前，自从1904年的英法协定，1905年和1911年的摩洛哥危机，以及1912年底英国外交大臣格雷和法国驻英国大使保罗·康邦（Paul Cambon）互换相互支持的信件以来，贝特曼·霍尔韦格与日俱增地确信一直以来为德国人所惧怕的包围如今变成了现实。[24]从这些疑虑中他变得确信，它们正酝酿一些会严重伤害

---

[21] Szogyeny, report on the meeting, 6 July, *ibid.*, p.19.

[22] Konrad Jarausch, *The Enigmatic Chancellor: Bethmann Hollweg and the Hubris of Imperial Germany* (New Haven, CT: Yale University Press, 1973).

[23] 尤其参见 Klaus Wernecke, *Der Wille zur Welgeltung* (Düsseldorf: Droste, 1970)。

[24] 尤其参见 Stephen Schröder, *Die englisch-russische Marinekonvention: Das Deutsche Reich und die Flottenverhandlungen der Tripelentente am Vorabend des Ersten Weltkriegs* (Göttingen: Vandenhoeck& Ruprecht, 2006)。

德国的事情。6 月 24 日，即萨拉热窝刺杀的四天前，他再一次就俄国行为表现出极端的焦虑。[25] 这是否有充分的根据并不重要：重要的是德国当局的想法。 49

贝特曼·霍尔韦格的妻子于 1914 年 5 月去世，这件事进一步加剧了他个人的悲观情绪。他的秘书兼密友库尔特·里茨勒（Kurt Riezler）在他的日记中清楚地写明了此点。这种说法尽管有它的不足并经过删节，但这成为七月危机一个主要的原因。例如 7 月 7 日，贝特曼·霍尔韦格对里茨勒评论说，对他而言，英俄就海军协定的磋商令他忧心忡忡，因为（它们的协定）形成了“链条上的最后一环”。俄国的军事力量增长迅猛；奥地利在南北的压力之下变得愈加衰弱，无法跟随德国参战。7 月 8 日，里茨勒注意到首相的观点是，如果战争来自东方，德国会参战支持奥匈。德国获胜的机会还是很大的。“如果战争没有发生，如果沙皇不希望发生战争或者法国令人困惑地主张和平，我们仍旧有希望通过这种行动拆散协约国［即通过奥地利进攻塞尔维亚的战争］。”一周之后，7 月 14 日，里茨勒的记录显示，对于首相而言，奥匈的干涉以及德国的支持“就像跳进了未知深渊，那是最高的义务”。然而，首相考虑到，在普恩加莱（Poincaré）访俄前奥匈不便送达最后通牒，以便“苦恼于潜在战争威胁的法国”会要求俄国维持和平。

7 月 20 日，贝特曼·霍尔韦格被告知不会在 7 月 23 日前送达最后通牒，他显得“果断而沉默”。然而贝特曼对里茨勒说，俄国日益增长的野心以及令人印象深刻的扩张，几年之后将无法控制。7 月 23 日里茨勒注意到，“首相的观点是，如果发生战争，那将是俄国在盛怒之下进行动员的结果，即动员会在先期磋商之前。在那样的情况下，不可能进行任何磋商，因为我们不得不立即进攻。整个国家都会意识到危险并起来反抗”。

总体上，德国执政者确信迅速采取行动能够阻止其他大国干涉塞尔维亚与奥匈间的冲突。贝特曼·霍尔韦格向里茨勒解释了他的观点：“快速打击然后对大国表示友好——这是缓和打击的方式。”[26] 外交大臣雅戈将这种意向称为冲突
“局部化”。他在 7 月 15 日一份长备忘录中解释了他的计划：“局部化”同时也意 50
味着德国要求其他大国在任何方面远离，避免卷入这场冲突。由于僵硬的同盟

[25] 参见 Geiss (ed.), *Julikrise*, no. 6 (Hoyos report), vol. I, n. 1。

[26] Kurt Riezler, Tagebücher-Aufsätze Dokumente, ed. *Karl-Dietrich Erdmann* (Göttingen: Vandenhoeck& Ruprecht, 1972), p.190.

体系，如果导致欧战爆发的局势持续存在，仅仅通过他们的行动，就仍有风险。因此，依据欧洲协调的惯例，英国人被要求放弃，他们要联合“非利益相关大国”寻找友好的解决办法。雅戈和他的合作者于是尽全力避免此种大使会议，断言如果不通过这种“局部化”的方式解决塞尔维亚问题，有发生总体战的风险。他继续补充说，如果俄国不同意这种“局部化”的期望并且在军事方面支持塞尔维亚，这足以证明它制造战争和泛斯拉夫的目的。在这种情况下——这是老生常谈了，但在七月危机中升级——在俄国还没能利用它数量上的优越性以及其“战略”铁路完工前，立即走向战争是有利的。俄国的这些进展原先预计 1916 年左右会实现，它能让俄国迅速进攻，让施里芬计划破产。

最终，冲突“局部化”的构想因而成为冒险的政治策略。正如沃尔夫冈·蒙森所描述的，这意味着一个蓄意“孤注一掷”的高风险计划，其真正风险在于坠入大灾难。[27] 然而正如一直被询问的，这样的政治考量反映了缓和精神吗？当然，费舍尔及其学派断言，德国全力采取战争方式的目的在于谋求帝国主义。然而，将冲突仅仅局限于奥匈和塞尔维亚之间的“局部化”的期望本身能够反映出，缓和精神确实在柏林占上风。格哈特·里特和众多其他人确认了这一点——这甚至成为 20 世纪 60 年代“弗里茨·费舍尔争论”最显著的观点之一。[28] 事实上，最重要的是，对于贝特曼·霍尔韦格、雅戈和德皇来说，局部化只是试验俄国及其盟友意图的工具。确信俄国的进攻意图，以及几年内它的
51 军事优势前景，如此想法使得恐惧压倒了更为冷静、更加均衡的政治推理。显然在柏林，没有人想弄清战争局部化的严格概念，以及它是否可能把局势进一步推向战争，而这个概念也未被其他大国接受。要求这场冲突限于奥匈和塞尔维亚之间意味着不接受任何的调解。要求俄国放任奥匈进攻塞尔维亚不是一个试验，而是名副其实的大敲诈，以及应验自己对俄国人行为的预判。据里茨勒的记录，这种态度，给了首相贝特曼·霍尔韦格“我们最沉重的责任”的印象。无法将德国 1914 年 7 月的政策陈述得更清晰了。对行为的反思表明，战争局部

[27] Wolfgang J. Mommsen, *Die Urkatastrophe Deutschlands: der Erste Weltkrieg 1914—1918* (Stuttgart: Klett-Cotta, 2004), p.18.

[28] 参见 Gerhard Ritter, *Staatskunst und Kriegshandwerk*, 4 vols. (Munich: R. Oldenbourg Verlag, 1965), vol. II, p.314；Hans Herzfeld, *Der Erste Weltkrieg* (Munich: Deutscher Taschenbuch Verlag, 1974), p.38；Karl-Dietrich Erdmann, *Der Erste Weltkrieg* (Stuttgart: Klett-Cotta, 1918), p.80。

化的设想完全是推测性的甚至是不负责任的。

1918 年，在接受一位政治家朋友、自由党议员康拉德·豪斯曼的采访时，贝特曼·霍尔韦格总结了他的思考方式以及他在七月危机时所负的责任，他承认从 1914 年 8 月以来在战争中发生的可怕屠杀，但称："是的，上帝啊，某种程度上它是一场预防性战争。如果无论如何战争随时都有可能发生，但更加危险和不可避免的是，战争将在两年后爆发；倘若军事领导人宣布目前仍旧有不被打败的可能，但两年之后将不可能……是的，军队！"[29]

彻底改变所有的最后一根稻草是奥匈行动的缓慢：它们将事态拖延了近一个月，以便在其他地方尤其是在俄国缓和局势。奥地利政府本来就行动缓慢——但这次有着特殊的原因。外交大臣利奥波德·贝希托尔德伯爵是赞成奥地利进攻塞尔维亚最活跃的鼓吹者，按照皮埃尔·勒努万[30]以及陆军总参谋长弗朗茨·康拉德·冯·赫岑多夫的说法，他是一个缺乏经验和个性的人，"麻烦轻率"。赫岑多夫是弗朗茨－费迪南的朋友，曾受后者庇护，至少在部分上已经缓解了皇帝弗朗茨－约瑟夫对其的不信任。皇帝当时已 84 岁高龄，处在术后恢复期。但是他遇到的巨大阻力来自于奥匈首相伊什特万·蒂萨伯爵。蒂萨立场坚定，精力充沛，希望能够避免战争，因为他认为战争有可能扩大帝国内斯拉夫人的数量——斯拉夫人的数量已经太多了。直到 7 月 14 日他才接受了进攻塞尔 52
维亚人的计划。促使其思想转变的原因很长时间仍是个谜，但新近研究显示他是受了伊什特万·布里安（Istvan Burian）的影响，此人在 1903 到 1912 年间是负责波斯尼亚－黑塞哥维那事务的大臣。看上去布里安使他确信，只有对塞尔维亚人的军事进攻才能够避免奥匈的实力在此区域被永久地削弱。不管曾经的情况是什么，7 月 14 日之后蒂萨成了"军事解决办法的无情支持者"。[31]

进攻塞尔维亚的决定直到 7 月 19 日才确定下来。7 月 23 日，一份最后通牒送达塞尔维亚，如上所述，其设计初衷就是让塞尔维亚人难以接受。塞尔维亚

---

[29] 安妮卡·蒙鲍尔翻译的英文版，*Helmuth von Moltke and the Origins of the First World War* (Cambridge: Cambridge University Press, 2001), p.189。

[30] Pierre Renouvin, *Histoire des relations internationales*, 6 vols. (Paris: Hachette, 1955), vol. VI, p.378.

[31] Samual R. Williamson and Ernest R. May, "An Identity of Opinion: Historians and July 1914", *Journal of Modern History*, 79 (2007), p.357；参见莱斯利的著作，以及加博尔·韦尔姆撰写的沙皇传记 *Istvan Tisza: The Liberal Vision and Conservative Statescraft of a Magyar Nationalist* (New York: Columbia University Press, 1985)。

人有 48 小时接受条款，这些条款将使得奥匈成为它某种程度上的保护国。禁止针对奥匈的反动宣传，取缔民族主义者组织，作为一条补充条款，奥匈官员将参与镇压“颠覆”运动。塞尔维亚政府极其审慎小心，接受了除最后一款的全部条款。在奥匈政府看来，这个限制性接受是对最后通牒的拒绝：7 月 28 日，奥匈对塞尔维亚宣战，奥匈从多瑙河的对面向贝尔格莱德开炮。

德国政府不断抱怨奥匈行动迟缓，但对威廉二世来说，塞尔维亚缓和的反应才是一个巨大的成功，再也没有任何战争的理由：奥匈充其量是要求兑现义务的保证。但至今顺从的盟友奥匈拒绝了德皇的缓和建议——首相贝特曼·霍尔韦格以极其慢吞吞的速度传达德皇的想法鼓励了奥匈的立场，其中的原因仍旧不得而知。另外，与此同时，毛奇使得其奥匈搭档康拉德得知，德国支持奥匈的行动没有变化：毫无疑问，这是军事介入政治，从而引发了奥匈外交大臣贝希托尔德著名的感叹：“是谁在柏林实行统治，贝特曼还是毛奇？”[32]

53 现在的大问题是，俄国将会做什么？正如面对在 1908 年波斯尼亚－黑塞哥维那被兼并的局面，它会接受既定事实，还是会宣称它将履行巴尔干斯拉夫人保护者的职责？时过境迁，局势不一样了。1905 年日俄战争失败的影响在减弱，巴尔干战争期间时任法国内阁总理、目前为法国共和国总统的雷蒙·普恩加莱因为担心失去盟友，不再限制俄国的行动。因此，俄国政府能够想象无论法国作何表现，俄国都没有理由再惧怕克列孟梭 1908 年简单干脆的警告。

奥匈最后通牒送交的前几日，法国总理勒内·维维亚尼以及法国共和国总统普恩加莱在俄国的露面支持了这一假说。理论上这是两大盟友常规的交流，但由于当时普遍的局势产生了两种结果。维维亚尼和普恩加莱 7 月 15 日离开敦刻尔克，7 月 21 日至 23 日停驻圣彼得堡。他们对最后通牒还不知情，但在维也纳的法国外交官感觉到有一些事情即将发生。在此情形之下，普恩加莱提及“牢不可破的同盟”看上去不是单纯的例行公事，他对奥利地大使发出警告，确认如下言语能被听到，尤其是能被俄国听到：“塞尔维亚在俄罗斯民众中有热情的朋友，俄国有法国这个盟友。有很多复杂状况要考虑啊！”

总理和总统离开之后，法国大使莫里斯·帕莱奥洛格（Maurice Paléologue）或许加剧了这样的倾向，并且使得他的政府对俄国发生的事情知之甚少。因此，

[32] Isaac, *Un débat historique*, p.165；采访贝希托尔德－康拉德的全文，见 Geiss (ed.), *Julikrise*, vol. II, no. 858。

法国政府过了很久才知道俄国进行的总动员——但这些看上去没有对事态的进程有任何明显的影响。法国两位要员访俄的第二个后果是，最后通牒不无道理地在7月23日送出，而当时法国总理和总统正在海上，由于不可靠的交通方式，他们一直在海上待到7月29日。法国的作用很自然受到了影响。

俄国外交大臣谢尔盖·萨佐诺夫和沙皇尼古拉二世（Tsar Nicholas II）两人都希望息事宁人。无论是萨拉热窝袭击还是弗朗茨·费迪南的死亡都没有引发任何巨大的情绪波动，因为弗朗茨·费迪南被认为对俄国存有明显敌意。对塞尔维亚的某种警告或制裁能够被容忍，但最后通牒送达如此之晚以至于改变了局势，无法保证袭击不立即在地区或时间上引发有限报复。俄国不会允许塞尔维亚被击溃而无动于衷：军事长官和民众舆论（至少是城市舆论，广大农民 54
对所有的事情仍是漠不关心）无法接受他们觉得是国家新耻辱的事情。这件事也不会为尼古拉·马克拉科夫（Nicolai Maklakov）所接受，该人是主导其政府的内务部大臣、有几分坦率的民族主义者。唯一的问题是如何在不引发德国干预的情况下做出反应。第一个想法是仅发动明确针对奥地利的部分动员——但此想法从技术上无法实行。然而，需要强调的是，结果俄国成了所有大国中第一个动员军队的国家，它在7月24日决定对四个军区做出动员（华沙军区没有在这次动员之列，因为该军区对德国构成了直接威胁）。休·斯特罗恩认为，对萨佐诺夫而言，这场动员并没有排除政治谈判的可能性。但他同样提出，认为这是微不足道的事则是天真的想法。这难道不是给塞尔维亚某种“空白支票”吗？[33]

当然，大家知道，德国的战争计划乃是基于俄国的军事动员进展迟缓，德国无法接受对行动速度的错判。尽管贝特曼·霍尔韦格警告俄国，它的总动员会引发德国的总动员，会意味着某种战争，但他的说法被忽略，7月30日当俄国决定总动员时，事情变得更加棘手。德国政府何时得知俄国进行总动员的决定无从而知，但德国的动员无疑也随之做出。正如朱尔·伊萨克所写：“如果俄国没有在7月30日下达总动员令，战争就能够避免了吗？很可能是不可能的。俄国的总动员使得战争不可避免吗？当然，是。”[34]

---

[33] Strachan, *The First World War*, vol. I, pp.104–106.

[34] Isaac, *Un débat historique*, p.217.

第二个想法是德皇与俄皇这对表兄弟之间进行书信往来——开始于 7 月 29 日，但哪天结束不清楚。在奥匈对塞尔维亚宣战后，俄国外交大臣萨佐诺夫改变了立场，放弃了他此前的和解立场。沙皇尼古拉在多次拒绝之后屈服于此种压力，7 月 30 日亲自下达了俄国总动员令。

俄国做决定时并未与法国商讨，但确信会得到法国支持，因为普恩加莱与大使帕莱奥洛格已做出声明。这个决定的影响极其严重。需强调的是，到目前
55 为止仅希望这是一场局部冲突的奥匈，在 7 月 31 日，大约是俄国动员令的 18 小时之后，也下达了总动员令。与当时经常为人所说和认为的事情相反，俄国的军事动员发生在奥匈动员之前。

第一个大问题曾是俄国会怎么做？而现在则是德国会怎么做？俄国的行动解决了这件事。考虑到德国技术上极大的优越性，德国没有必要对必定进展缓慢的动员过度焦虑，但这并不是将军们的观点，从某种程度上说也不是舆论的观点。德皇威廉二世和民间力量尽管犹豫，但不断受到将军们的驱策，在此之前这些人一直保持克制。将军们有充分的理由认为，为执行特别大胆的施里芬计划，每一天都是有价值的，因为该计划打算在转向对付俄国之前结束对法战争。

这首先是德军首领毛奇的想法。像康拉德・冯・赫岑多夫一样，毛奇多年来一直坚持，面对斯拉夫民族主义者运动，要保住奥匈的地位，最终的事态必然会是一场预防性战争。他分别在 1909 年、1911 年和 1912 年提及此事。在这一点上，我们赞同他的传记作家安妮卡・蒙鲍尔（Annika Mombauer）的说法，她正确地指出了让老毛奇的侄子半着魔的信念。他认为，战争是必要的，德国及其盟友仍然有获胜的机会，但此种机会不会太持久，他反复向他的政治领导说到这一点。毛奇努力兜售他的信念是否跨越了其职责限制？安妮卡・蒙鲍尔认为是这样的，但是以塞缪尔・威廉森为代表的其他人却持反对意见。威廉森认为，毛奇与他的政治领导分享他的看法和希望的做法是正确的。如上所述，1917 年贝特曼・霍尔韦格确认必须遵循将军们的警告，但在整个七月危机期间这些警告得到遵循了吗？这提出了要弄清在柏林谁引导决策的问题。很明显，7 月 28 日，得知塞尔维亚对奥匈的最后通牒做出的反应后，德皇威廉二世表现出犹豫的迹象并赞同停止采取行动：口号是“止步于贝尔格莱德”。

此时毛奇无疑希望施加军方观点。7 月 30 日，他强烈要求进行动员，然而

贝特曼·霍尔韦格希望不惜以任何代价等待俄国的总动员。就像7月28日以来他反复重申的，这样做是为了显出德国被迫行动以维护国家防御，从而获得社会民主党的支持。但是毛奇是如此没有耐心，7月30日下午2时左右，他开始了行动，要求奥匈在柏林的军队代表奥匈立即总动员——这个行动能够迫使德 56
国政府紧随其后。[35]

进一步的问题出现了：即使俄国没有先动员，德国还会在7月31日一致同意动员吗？弗里茨·费舍尔和他的追随者确信这个观点，但这种说法非常值得怀疑。只要贝特曼·霍尔韦格确信举国一致对“国防”的重要性的话，没有理由认为如果俄国没有先行动，德国会真的动员。

俄国被要求停止动员。8月1日晚7时左右，德国在得到俄国的负面答复后，对俄宣战。另一个问题在德国出现了。普恩加莱曾说过，俄国有法国这个盟国。尽管法国并不与此事直接相关，德国将军们认为他们无法冒着两线作战的风险。必须毫不迟疑地实施施里芬计划；如上所述，该计划假设投入全部可用的武装对抗法国，几星期之内消灭法国，在这之后对全部德国武装进行重新调整，用来对付一个动员迟缓的俄国。可以理解，在这样的情形下，行动尽可能迅速是必要的。8月2日，德国军队跨出边境进入卢森堡，同时要求比利时允许他们自由过境。8月3日，德国对法国宣战。

法国在此期间做了什么？并没有做太多事情：正如英国历史学家约翰·基杰（John Keiger）所写，它遵循着一种“随波逐流的政策”，是大国中最“被动”的一个。至少有两到三个原因可以对此做出解释。即使拘泥于礼节的普恩加莱突破困难，在旅行中加速通过了斯堪的纳维亚一段，法国总理和总统7月29日才离开敦刻尔克。由于卡约（Caillaux）女士的异常行为吸引了法国舆论，包括政治家的关注，使他们转移了对国际事务的视线。卡约的丈夫约瑟夫·卡约（Joseph Caillaux）是激进党的领袖，是法国最具权势的人物之一。几周前卡约刺杀了《费加罗报》（*Le Figaro*）的编辑约瑟夫·卡尔梅特（Joseph Calmette）。而且，此次危机的演变以及俄国第一个动员的事实并没有使法国为了支持俄国而自动进入战争。事实上，法国的总动员几乎与德国的同时开始；德国的“侵略” 57

[35] 参见 Geiss (ed.), *Julikrise*, vol. II, no. 858; David Stevenson, *The First World War and International Politics* (Oxford: Oxford University Press, 1988), p.28 提及了“不服从上级的军事行动”。尤其参见 Mombauer, *Helmuth von Moltke*, pp.203ff。

使法国别无选择。

英国？尽管英国与法、俄都有协约，自由党领导人 H.H. 阿斯奎斯（H.H.Asquith）与伦敦城商界强烈反对战争，在他领导下，英国不会自动参战，尤其这一开始只是涉及塞尔维亚人的巴尔干事务。作为一个补充性的理由，英国十分看不起塞尔维亚。这确实是德国领导人重大决策失误，他们原本希望英国不会介入；失误还体现在，正如德皇的名句说的，立等可用的英国军队简直“不值一提”。传统的说法是（德国）对比利时的入侵极大转变了英国的态度。事实上，恰当地说，英国进入战争并非因为比利时，而是因为德国在西欧的胜利将意味着欧洲均势的破坏，英国无法接受这样的结果，也因为这种胜利会使德国控制海峡港口。8 月 4 日，英国对德宣战。

然而，理解为什么德国会对英国的态度产生误判是有益的。在威廉二世看来，由于两个皇室家族的密切关系，他确信英国不会参加任何针对德国的战争。根据福尔克尔·乌尔里希[36]的研究，并非所有的德国领导人都持有这种观念，贝特曼·霍尔韦格的观点就完全相反。他似乎完全相信英国“会站在”法国一边，七月危机前的所有事都是照此发展的。对英俄之间可能达成的海上同盟，贝特曼·霍尔韦格于 6 月 24 日（萨拉热窝刺杀发生的四天前）曾向英国表达了德国的担忧，因为这种同盟事实上让英国与法国和俄国有了非常密切的联系。对此，英国外交大臣格雷不是未曾回复吗？德国外交大臣雅戈的观点在危机中摇摆不定。副外交大臣阿图尔·齐默尔曼赞成贝特曼·霍尔韦格的观点，然而外交部政治领导、受敬重的英国问题专家威廉·冯·施图姆（Wilhelm von Stumm），倾向于赞同德皇的观点，认为英国会固守不参战立场。

事实上，从 1905 年以来就领导英国外交事务的格雷，其行为在危机中发生
58 了极大的变化——正因如此他在战后受到了严厉的责备。有人提出，如果英国态度坚定，或能使德国走向协商。事实上，就像很多研究强调的[37]，格雷的行为相当复杂，直到奥匈最后通牒之前他一直避免采取坚定立场。外交文件揭示，

---

[36] Volker Ullrich, “Das deutsche Kalkül in der Julikrise 1914 und die Frage der englischen Neutralität”, *Geschichte in Wissenschaft und Unterricht*, 34 (1983), pp.79–97.

[37] 细节参见威廉森和梅的历史编纂学的研究，“An Identity of Opinion”。

英国高级外交官对此评论相当少且影响不大。[38] 危机初始，英国政府考虑让奥地利惩罚塞尔维亚，认为那只是“局部”冲突，这种想法支持了德国的战略。7月 27 日，格雷陈述了他的观点，奥地利惩罚塞尔维亚是合适的，俄国应当置身事外。[39]

格雷及其顾问的态度因 7 月 23 日奥匈给塞尔维亚的最后通牒而发生根本改变。尽管格雷尚未采取坚定立场，但他对此表示了极大的愤慨。7 月 25 日，一名重要的外交官艾尔·克劳（Eyre Crowe）要求他：法国与俄国彼此关系非常密切，法国不会阻止俄国，英国需要向这些惯常的伙伴表明其团结态度。格雷判断这会引起战争，基于这个判断他在 7 月 27 日建议召集并无战争意图的大国开会，这个建议令其伙伴感到吃惊。德国坚持其“局部化”的愿望。贝特曼·霍尔韦格答复说，这个建议符合传统欧洲外交，但在他看来，让奥地利被大国“审判”并不合适。格雷虽然接受德国长久以来的“局部化”诉求，但他坚持希望这件事能够通过传统外交方针得到解决。但 7 月 28 日之后，英国政府的行为变得明朗。7 月 29 日，它拒绝接受贝特曼·霍尔韦格的如下要求：如果德国许诺不触动法国的领地，英国应在战争中保持中立。7 月 30 日，贝特曼·霍尔韦格对普鲁士国家领导人宣布，保持英国中立的希望“化为泡影”。

英国参战是必然的吗？当普恩加莱致信英王时，他对此表示怀疑。如果我们遵照赫伯特·巴特菲尔德（Herbert Butterfield）的研究，7 月 31 日，正如在内阁和议会成员中一样，英国舆论仍旧泾渭分明地分为中立和参战两派。这样的 59
对立是如此明显，以至于 1965 年巴特菲尔德总结到，我们现在依旧无从得知，如果德国没有侵犯比利时的中立，英国会做什么。

在不到七天的时间里，欧洲发动了目前所知规模最大的战争。只有意大利摆脱了与奥匈、德国的同盟关系，选择了中立。这并非草率的决定。包括罗马天主教在内的广泛“右派”都赞成遵从义务，然而包括社会主义者在内的“左派”倾向于中立。大众舆论同样广泛赞成中立，意大利的中立一直坚持到 1915 年。

欧洲国家陷入了这样一场残酷的战争，而几年前它们还能通过协商解决一

[38] 参见赫伯特·巴特菲尔德的经典研究，“Sir Edward Grey and the July crisis of 1914”, *Historical Studies*, 5 (1965), pp.1–25。

[39] George B. Gooch (ed.), *British Documents on the Origins of the War*, vol. XI: *The Outbreak of War: Foreign Office Documents June 28th-August 4th, 1914* (London: HMSO, 1926), p.130.

些严重的危机，对此该作何解释？对比其他事情，尤其是对比二战，我们可以看到，虽然二战后来的发展不可预见，但最初却是希特勒预谋发动的。一战时没有希特勒这样的人物；实际上没有欧洲领导人，无论是君主们还是民选政府，希望走向战争。但没有哪一个政治家的精力和能力足以阻止或推迟走向战争的进程，尤其由于危机的起源看上去是那么无足轻重。只有奥匈和俄国对巴尔干事务有直接利益。欧洲国家分裂成了三国同盟和三国协约两个阵营，这尽管是令人困扰的迹象，但加入这两个集团并不意味着要自动参战。最好的例子是意大利，后来它参加了相反的阵营。8 月 1 日，英国政府仍拒绝向法国做出一旦发生战争，将向其提供支持的保证。法国的立场最为模棱两可，普恩加莱这样的人物并不赞成战争，但他十分明显地为避免丧失俄国这个盟友的需求所困扰。

除了领导人，各国国民是否急于开始战争？在这个方面，每个国家的境遇各不相同。如果告知比利时人他们将被卷入一场欧洲战争，人们普遍会感到惊愕，同样的情况适用于英国人。要用一句话去描述法国人面对潜在战争的态度是更为困难的，尽管至少有一点可以付诸言语。“复仇”情绪在法国已极大地消减了，虽然这样的迹象并不能与丧失阿尔萨斯与北洛林两省的悔恨相混淆（将两种情绪混淆的事情经常发生）。然而，在 20 世纪最初几年并不平静的国际局势下，法国担心发生战争。这解释了法国对 1913 年恢复三年义务兵役制的态度。
60 针对此问题，国家明显分裂为对立的两派。三年义务兵役的法律仍旧是 1914 年选举的一个重要主题，竞选获胜的主要是那些反对此法的人和最不好战的人。另外，社会主义者及其主要领导让·饶勒斯不遗余力地在竞选中宣扬维护和平。然而自不必说的是，对战争和平的不断讨论以及组织和平会议意味着至少社会的一部分人认为有发生战争的可能性。正是因为地理原因，德国和德国人所处的境遇（同其他国家比）是不同的。德国夹在互为盟友的两国中间，西有法国东有俄国，对被包围的概念和恐惧非常敏感。例如，德国人有一种根深蒂固却完全错误的观点，那就是法国一有机会就打算进攻德国。法国关于三年义务兵役法所做的演讲和军事宣传，法国向俄国施压，要求其建造针对德国的战略防线，这一防线缺乏经济意图只有军事用意，所有现象合起来使得许多德国人确信，法国仍然存有报复的想法，甚至打算借助俄国的帮助及其相比德国巨大的人力优势来实现这些想法。俄国在失败之后正重建军队，过不多久就会达到其最高水平，德国了解的这一事实进一步强化了它的恐惧心理。

德国历史学家沃尔夫冈·蒙森[40]强调这导致的一个后果是"德国产生了战争不可避免的想法"。但蒙森从马克斯·韦伯的著作中汲取了灵感，对他而言，像德国那种半宪政体制的政治类型，比议会体制对公众舆论压力更为敏感。大部分民众确信德国受到威胁，甚至"被不怀好意的邻国包围"。尽管德国被大多数欧洲国家视为侵略者，但这并不适用于德国舆论：德国认为它仅仅是进行自我防卫，事实上年轻的德国士兵是怀着保家卫国的信念走向战场的。另外蒙森认为的"战争不可避免"综合征并非仅在德国存在，这样的现象也发生在包括法国在内的很多国家——至少在这些国家的领导人身上看不出他们想把事情推到突然战争的地步。

德国首相贝特曼·霍尔韦格一开始曾有尽力阻止战争的想法，之后又被迫放弃了这个立场，他在1914年7月27日宣布："超出人类力量的毁灭笼罩着欧洲和德国人。"[41]英国历史学家詹姆斯·乔尔就这一点表述如下："在1914年的七 61
月危机中，我们一次又一次遇到一些人，他们突然感到自己落入陷阱，在陷阱里他们呼喊着自己无法控制的命运。"[42]

然而并非所有的事情都是厄运或无能为力的结果。从某一时刻开始，出于容易理解的原因，军界在发动战争中起到了决定性的作用。所有欧洲军队都确信，任何潜在的战争都会是可怕的，但它会基于进攻性战术：在一场或数场大规模的战斗之后，几星期之内所有的事情都可以解决。关键在于不要落后于任何潜在的对手。奥匈军队总参谋长康拉德·冯·赫岑多夫是一个主张对塞尔维亚进行预防性战争的虔诚信徒，他竭力向弗朗茨－约瑟夫这个老人施压直到后者让步，从而很大程度上点燃了火药桶。除了赫岑多夫之外，欧洲还有三大军事力量：德国人、法国人以及俄国人。这些军队的领导人都是些战争贩子，由于这个时期的自然法则仍是靠武力说话，他们感到发号施令的时机到了，开始最大限度地对平民政府施加压力。在法国，从1911年开始任总参谋长的霞飞（Joffre）将军并非像他和蔼的外表那样热爱和平。1912年，有人对他说，"你没有考虑战争"，他迅速地反驳，"不，我正在考虑。事实上我总在想……我们

[40] Mommsen, "The Topos of Inevitable War in Germany", pp.23–45.

[41] 被雷蒙·普瓦德万引在 *Les origines de la Première guerre mondiale* (Paris: Documents d'histoire PUF, 1975), p. 97。

[42] Joll, *1914: The Unspoken Assumptions*, p.6.

将打一场战争。我将发动战争。我将赢得战争。”[43]危机期间，他针对继续拖延的潜在风险加强了对政府的警告，完全反对政府7月20日所做的决定，该决定要将军队保持在距离边界10公里的位置上，以便显示法国的友好，避免发生事端。最终，7月31日下午3点30分，他匆匆下达了总动员令。

俄国方面，也同样是司令部（在萨佐诺夫的协助下，如上所述，他已变换阵营）从十分犹豫的沙皇手里抢过了下达总动员令的权力。第一次获得动员令是在7月29日；之后沙皇取消了命令——7月30日重新确认。此时，司令部切断了通讯，避免任何进一步的变更。

然而，决定性的角色是由德军总参谋长赫尔穆特·冯·毛奇扮演的，他是
62 1871年胜利者的侄子，从1906年开始任德国军队的首领。至少从1912年阿加迪尔危机（the Agadir Crisis）后，毛奇已是战争的虔诚信徒。对他而言，“战争是不可避免的”而且“越快越好”。自从危机开始，德国司令部就不断对其奥匈盟友施压，要求其拒绝任何妥协；并对平民政府施压，要求首相贝特曼·霍尔韦格采取针对俄国的措施。他们没有掩盖事情的真相，即重要的是不能让法国军队紧随其后，因此他们必须一开始就将其清除出去。

毛奇所发挥的作用还需要进一步描述其微妙之处。我们知道，在紧要关头，他试图强加军事观点：7月28日，他向首相贝特曼·霍尔韦格[44]递交了长备忘录，其中开篇解释了总体的政治局势。五年以来，塞尔维亚是“欧洲骚乱之源”：奥地利对此忍受了太长的时间；仅仅从萨拉热窝事件开始，奥地利才打算“挤破这个脓肿”，在正常情形下，欧洲应对此行动表示感激。但俄国选择“加入这个罪恶国家的一方”，这一选择干扰了欧洲的局势。在政治分析这部分之后，毛奇接下来完全进行军事解释。奥地利针对塞尔维亚的动员仅牵涉了8个军团，因而是微不足道的，而俄国在短时间内准备动员4个军区。由于这个原因，如果奥地利想要对付俄国，它就会被迫实行全面动员。一旦奥地利决定实施总动员，与俄国的冲突将不可避免。由于德国与奥匈的同盟关系，德国也不得不做出动员的决定。而如果德国动员，俄国将宣称出于防卫会实施全面动员，这将会得到法国的支持。到目前为止，俄国否认已经开始了动员，但它前期准

[43] 引自 Henry Contamine, *La victire de la Marne* (Paris: Gallimard, 1970), p.58。

[44] Geiss, *Julikrise*, vol. I, no. 659.

备非常充分，一旦动员开始，几天之内就可完成军队部署。备忘录的结论是：

> 为实现我们所设想的军事措施，尽可能快地知道俄国和法国是否做好了与德国开战的准备是极其重要的。如果我们邻国的准备继续，它们将快速完成动员。出于这个原因，我们的军事形势一天天变得不那么有利，如果我们的潜在敌人已悄悄准备就绪，会导致有害的结果。

这份文本引发了大量的解释，尤其是说它反映出当七月危机达到顶峰时，63
军队夺取了权力。其实，毛奇对这件事情的唯一考虑，以及他不得不做的事情，是向政府解释局势潜在的军事后果，就这一点来说，难道不能与休·斯特罗恩和塞缪尔·威廉森展开讨论吗？事实上，正如已为人所知的，施里芬计划的成功依赖于俄国动员的迟缓，这也就很好地解释了德国将军们的焦虑。最后，根本的问题就在别处了。德国完全依靠这样一个死板的军事计划并且完全给予优先的军事考虑。"军事需求"限制了可能的政治讨论。正如我们所看到的，毛奇是如此焦虑，7 月 30 日大约下午 2 点他甚至敢要求奥匈在柏林的军事代表立即开始军事总动员，以便迫使德国政府做出反应从而下动员令。但并没有证据显示毛奇的呼吁对奥匈政府的决策产生任何影响，直到 7 月 31 日早晨奥匈政府对此干预才有所了解。[45]7 月 30 日，毛奇迫切地寻求实施最后不可避免的动员；但正如我们所知道的，贝特曼·霍尔韦格愿意不惜任何代价等待俄国的总动员。

但能说即使俄国没有首先动员，德国会在 7 月 31 日进行动员吗？这正是弗里茨·费舍尔及其学派所断言的，但或许这种认识值得怀疑，正如伊萨克的研究、路易吉·阿尔贝蒂尼在细节的补充以及马克·特拉亨伯格[46]（Marc Trachtenberg）再一次细致展示的那样。如果俄国没有最先动员，完全不确定德国会真的动员：相反的情况似乎是真实的。毛奇并没有在军事紧急事件发生前成功使贝特曼·霍尔韦格"让步"："直到俄国总动员的消息抵达柏林前，

---

[45] *Ibid.*, p.270；可与格哈特·里特的著作 *The Sword and the Scepter*, 4 vols 比较（Coral Gables, FL: University of Miami Press, 1970），见 vol. II, p.258，引自 Marc Trachtenberg, "The coming of the First World War: a Reassessment", in Trachtenberg, *History and Strategy* (Princeton University Press, 1991), pp.47–99（这一章是作者如下经常被人引用的文章的加长版："The Meaning of Mobilization in 1914", *International Security*, 15 [1990], p.89）。

[46] Trachtenberg, "The Coming of the First World War", pp.120ff.

冯·毛奇甚至都没有能够使得霍尔韦格同意‘受战争危险的威胁’。”[47] 然而，真实且值得注意的是，一旦贝特曼·霍尔韦格得知俄国决定实施总动员，他已无计可
64 施，只能完全听任局势的摆布。我们再一次引用马克·特拉亨伯格的论断：“没有‘失去控制’，只有放弃控制。”[48] 自俄国动员以来，贝特曼·霍尔韦格仍旧维持着习惯性的乐观，而且突然坚持单一的想法：竭尽全力使得社会民主党和国人相信，德国处在防卫的局面。贝特曼·霍尔韦格知道“举国一致”的好处。

事实上，在最为严峻的危机时刻，德国的军事人员并未主宰政治决策——但在实践中否认政治决策制定者会极大地受到军事警告影响的观点并不现实。最后，如果战争风险继续发展，确实是军队领导人通过对犹豫孱弱的文官政府施压而引发了战争。

对七月危机做出的认真研究显示，最终的结果是不可避免的。大多数欧洲领导人显然不希望发生这场战争，其核心人物沙皇尼古拉二世和德皇威廉二世在某些时刻极为犹豫。如果七月危机能够像其他此前发生的危机一样结束，那么世界的命运会有所不同。为什么没有那样？由于某些并不新奇的原因交织在一起，引领了事态发展。这同样适用于民族情感，俄国和德国的民众情感，都是不容忽视的因素。尽管公众舆论与政治力量中的重要分子（尤其是社会主义者，他们代表了众多国家中崛起中的力量）在其计划中都包含着对和平的争取，但国际上的普遍看法仍然认为战争并非全然邪恶。现实中即使战争受到越来越多的抵制，诉诸武装是合法手段，是不可否认的历史事实和惯例。当所有的解决办法用尽时，或者被认为用尽时，战争依然是解决办法。

最后的特点是实质性的。大家都说，也都认可，欧洲战争会是可怕的，但没有人，无论是军人或是平民，知道它会有多可怕。对此教训的理解，超过了战争所用的四年时间。

[47] *Ibid.*, p.89.
[48] *Ibid.*, p.91.

3　1915年：困境[1]

65

斯特凡那·奥杜安－鲁佐

爆发于1914年的欧洲战争在随后的一年获得其永久的名字：法国称它“大战”，在德国则为“世界大战”。那时大家才真正一致认识到，这的确是一种新型的战争，需要得到一个恰当的新称谓。战争第二年最显著的重要性在于，战争的形式发生了变化。然而集体的历史记忆目前看上去漏掉了1915年。此前的1914年夏秋发生了大规模的运动战，其后的1916年有巨大的物资战，夹在发生了重大事件的这两年之间1915年的战争看上去缺乏明确的自身特点，多少遭到忽视。

重新发现1915年意味着重新探讨战略僵持的成因，这种僵持催生了阵地战。重新发现1915年同样意味着重新探讨战争中广泛的社会动员，这种动员是延长这种新型战争必不可少的基础。这反过来需要考察战争活动渗透文化生活各个方面的方式。尽管截至1914年底已动员了每种资源——当然有人口上的，还有经济、精神以及文化上的——但其影响在1915年才为人所知。欧洲社会自1914年夏就处于战争状态，但到1915年才具有“战争社会”的倾向。1915年见证了这种新式战争的逐步形成过程，反过来，它永久改变了战争的实际图景。

静态战的见习期

“战争地图”勾勒了冲突的整体演变过程，先讨论它将是有益的。在这方

[1]　海伦·麦克菲尔把这章从法文翻译成英文。

66 面，1915 年具有强烈的对比意义。在西线这个“决定性的阵线”，决定性一词在某种意义上是说，在这条战线上对抗一方取得的胜利和失败，会引发另一方的失败或胜利——1915 年确认甚至强化了自 1914 年秋就明显存在的战略僵持。然而运动战在 1915 年并没有停止。交战国仍采取运动战形式，并在一些对抗强度稍逊西线的交锋中取得了一些成功：在东线，在巴尔干，在近东则更为明显，阵地战只是暂时地、局部地代替了运动战。

第一次世界大战军事行动的特点是防御优于攻击，这一特点贯穿始终。基于这种特点，西线长期挖掘堑壕，不知不觉陷入了静态战。顺便说明，这种新因素只是在 1915 年之前的十年才出现，具体说来就是发生于 1905 年日俄战争期间 2 月至 3 月进行的奉天战役，但规模小、时间短，因此让最高指挥部充分理解它就极其困难。

1915 年伊始，军队以有点草率的方式挖掘堑壕。起初的防御体系在地面部署，并未挖掘太深，类似于建立起石墙的设置。这种体系把野战转变为在 700 公里阵线上的露天包围战。战线的后面，为避免遭到纵向射击而蓄意设计了波形堑壕，这些堑壕一侧受到铁丝网、胸墙、沙袋以及开垛口的保护。为保护士兵免遭炮击，堑壕两边设置了防空壕，但到当时为止，没有人考虑到要在后方组织一个更为坚固的后备阵地。多数情况下，前线借助数百米长的交通堑壕与简单的支援堑壕相连。前线的这种变化表明，争取长期生存已成为战争策略的特征，这是对防御原则的生硬解读。这意味着，如果敌人进攻，必须守住前线阵地，不存在重新夺回阵地的危险。此外，也不会放弃延展过长、过于暴露的前线，也不会为了便于防御而缩短前线：阵地要一直保持在战斗开始建立的地方。

尽管如此，无论多么生硬和相对临时，从 1915 年伊始，相比进攻战术，这种防御体系显示了其优越性。许多因素促成了这一结果——铁丝网能够阻止任何人轻而易举地通过无人区；步兵团的步枪射击，尤其是机关枪射击，很明显地构筑了一个无法穿越的子弹墙；齐射式火炮的攻击，使得进攻部队一离开他
67 们的堑壕就被粉碎。1915 年，铁丝网与火炮机枪射击一并构筑了一个平衡，任何进攻部队都无法在西线打破这个平衡。一些因素强化了这一局势：由于普遍流行的有点简易的进攻技巧，尽管没有足够的火炮准备，派遣军队发动进攻的诱惑力依旧很大。没有任何希望能实质性初步破坏敌方防线，他们从一开始就注定失败，不可能抵达敌军阵地。1915 年最初的几个月，穿越无人区的步兵战

术同样大体上并不老练。

除了 1915 年 4 月的伊普尔袭击，德国将全部精力投入东线的攻势，这样协约国尤其是法国在 1915 年的主要攻势，进一步推动了防御性计划。进攻技术同样取得了进步，尤其是法国步兵在徐进弹幕射击的掩护下向前冲锋，这是两个军事部门之间极其紧密合作的结果。但是，堑壕中火炮的进步以及手榴弹的广泛使用强化了交战国的防御能力，使其水准与进攻能力持平。与此同时，前线防御组织的技术取得了更大的进步。德国人在数次战役中发现，在协约国猛烈的打击之下，前线战场会陷于崩溃（就像在阿图瓦和香槟地区所发生的），并从中得出结论：要强化支援堑壕，在后方布置好防御辅助线。1915 年 10 月，法国最高指挥部紧接着通过把多处连续的堑壕隔开，强化了纵深防御的原则。因此，到 1915 年底，即使能越过敌军前线，也没法扩大这最初的成功。后方阵线的阻截能力，以及快速填补的后备力量，能够阻止敌军的先头部队，修补受破坏的战线。

战争中的任何一方都不甘心单纯地防守：由于担心军队进攻精神的瓦解，司令部寻求通过维持永久的进攻状态从而保持军队的进攻精神，尤其是重复对敌军前线的袭击。同样，法金汉在 1915 年 9 月的一份指示中命令后方堑壕不许被称作“撤退堑壕”“反攻堑壕”“防御堑壕”或“保护堑壕”。[2]1915 年西线发 68
生了重大损失，主要原因在于对进攻的迷信一直保持下来而忽视一切其他因素，对取得决定性进展的希望并未因堑壕的挖掘而消除，但要达成此种进攻计划能力却有明显不足。这种范式并未在 1915 年发生改变，而这种僵硬的意识形态指挥让士兵们付出了代价。

在此战术和战略背景之下，1915 年西线的大规模进攻都遭遇了血腥的失败。德国军队为了能够将进攻力量集中在东部战线，在西线主要维持防御状态。尽管基奇纳（Kitchener）的军队逐渐进入前线，1915 年英国远征军与法德军队的规模仍旧差距甚远，所以协约国的主攻任务落在了法国军队肩上。

法国军队首先展开了一系列中等规模的袭击。在香槟地区，袭击于 1914 年 12 月开始，1 月中旬暂停，2 月中旬到 3 月中旬法国再一次发起了进攻，此时英

[2] Anne Duménil, “De la guerre de mouvement à la guerre de positions: les combattants allemands”, in John Horne (ed.), *Vers la guerre totale: le tournant de 1914—1915* (Paris: Tallandier, 2010), p.59.

国军队在新沙佩勒（Neuve Chapelle）短暂并行攻击（1915年3月10—12日）。5月9日至6月18日，英法联军在阿图瓦发动了大规模进攻：在一条长约15公里的阵线上局部取得突破，渗入敌方阵线长达4公里，但这并非决定性的——对静态战而言，此种穿透过于狭窄，无法产生持久的作用。从9月25日开始，尽管英国在洛斯起到重要作用，进攻再一次在阿图瓦发起。这次阵线比之前更长，达35公里；同时，在香槟地区沿着40公里的前线，发动了这一年最大规模的攻势。尽管法国军队第一次增加了战地火炮的数量以及运用了重型火炮，但没有实现预期的突破。尽管占领了德军前线并攻取了二线的几个地方，战地火炮并未对射程内的敌军防御阵地造成足够的破坏；德国依然完好无损的机关枪破坏了大规模的进攻，而他们未受损坏的火炮也表明仍有阻止进攻或者进行反击的火力。这两个攻势一直持续至10月中旬，慢慢地，人们从最初的失败中开始了解此类战争的特点。双方都损失惨重，从静态战的逻辑来看，协约国的死伤数量两倍于防守一方的德国。

双方谋求维持攻势但防守更具优越性，努力尝试突破同时扩大小规模的袭
69 击（法国总参谋长霞飞1914—1915年冬季倡导凶残的“蚕食”），不惜任何代价向前推进、重新夺取失地的信条，最后尤其是第一年堑壕里艰苦的生活条件，所有这些因素累加起来，可以解释1915年的伤亡规模。损失的数字低于1914年下半年，从一个角度证实了堑壕在保护士兵免受现代火力攻击方面的效用：1915年法德双方的月死亡率较之前一年惊人地降低了。然而，受影响最重的法国军队，仅1915年一年就损失了392,000人——这个数字比接下来三年里任何一年的暴力死伤数都要高。[3]

死伤数字并非事情的全部，特别是数字无法清晰显示1915年战斗的惨烈程度是如何逐步升级的。战场修筑的长期设施是第二年的明显特点，并且有助于将所有范围的实践制度化，这些实践加剧了战场内在的残酷性。炸药使用的逐步增多扩大了地雷战的规模，其他形式的破坏同样被制度化：手榴弹有大约70米的破坏范围，因而被越来越多地使用，成为步兵进攻与防守的基本作战工具。敌人距离拉得更近，像近身肉搏的武器变得越来越广泛。[4] 士兵可以得到分配的

[3] 这超过法国在这次战争中人员损失的四分之一。*Ibid.*, p.79.

[4] Stéphane Audoin-Rouzeau, *Les armes et la chair: trios objets de mort en 1914—1918* (Paris: A. Colin, 2009).

匕首和棍棒，然而他们常根据需要制造这样的武器。1915 年 9 月香槟攻势中，法国进攻部队配给了大量的匕首。10 月，德国人接着明确指示使用匕首和双面都锋利的铲子。无疑在 1916 年的巨大攻势中，双方都使用了极端的方法置对方于死地。

同年毒气和火焰喷射器的引入显示了不同类型的暴力，无须破坏皮肤这个生理组织屏障，也不会引发流血，就可致死或致伤。火焰喷射器最初由德国人发明，从 1914 年秋偶尔出现，1915 年年中被进攻部队大规模使用，随后法军也开始普遍配备。毒气作为一种战场上的武器在更大的范围内被使用。1915 年早 70
期，实现了第一次突破，此时期氯气这种窒息型的气体取代 1914 年秋使用的催泪瓦斯和窒息型气体制品。氯气首次在 1915 年 1 月底的维斯杜拉河投入使用，由于风和寒冷，这次使用遭遇了失败，然而德国西线唯一攻势期间的 4 月 22 日在伊普尔的第二次使用却造成惊人后果。气缸带至现场并放置在前线的隐蔽处，经由气缸发射到大气中的氯气漂移波在协约国军队中引发了大规模的恐慌：德军在 3 公里范围的前线取得突破，英法不得不放弃伊瑟河右岸，两国军队在前线具有高度战略意义的联系被切断。但是，德国人对自己的成就也感到吃惊，加之风向的改变，因此未能利用这种突破，从 4 月 26 日开始，前线再一次稳定下来。

之后毒气战升级了。到 6 月初，法国炮兵部队已经能够在阿图瓦攻势期间使用毒气弹来进行回击。9 月 25 日，轮到英国人首次在洛斯使用毒气。10 月在香槟地区，由于德国人使用添加了碳酰的氯气，“毒性竞赛”[5] 跨越了第一道门槛。

尽管 4 月 22 日伊普尔袭击引起了法军的恐慌，但英国人和加拿大人组织了反击并成功阻截了破坏：最后，直到 5 月底丧失的领地依旧是有限的，伊普尔突出部尽管遭到突破但完好无损。另外，防御措施，诸如毒气面具的进步速度超越了进攻方式的进步速度，因此降低了毒气作为进攻武器的预期效果。尽管当时它被视为一个主要的破坏，也因此协约国对德国旋即展开了猛烈的批判，但在这方面还是防御压倒了进攻：1915 年 12 月在伊普尔，新的毒气战遭遇了彻底的失败。

由于静态战的经验在其他堑壕中同样广泛适用，防御压倒进攻的优越性在

[5] Olivier Lepick, *La Grande Guerre chimique, 1914—1918* (Paris: PUF, 1998).

其他地方轻易地一再显现。这适用于德国人在东线、近东战线以及加里波利战线的情况。

由于英国海军大臣丘吉尔在政治上的推动和军方施加的影响，英法两国政
71 府分别在 1 月和 2 月接受了在达达尼尔行动的原则。这一有趣的尝试得到英国海军的支持，希望绕开在西部的封锁，计划控制达达尼尔海峡和君士坦丁堡，与俄国建立坚实而直接的联系。但严格说来，这次行动在 3 月 18 日由于英法舰队未能强行通过达达尼尔海峡已经失败。4 月 25 日开始，英国人、新西兰人、澳大利亚人以及法国人的军队费力地在加里波利半岛的登陆同样遭遇了失败：军队在海滩受到阻截，奥斯曼防御工事占据优势。8 月趁夜里对更北的地区进行的新的登陆同样未能打破僵持。截至夏季尾声，所有半岛上的军队深陷稠密的堑壕网无法行动，这与西线的情况相类似，只不过集中在一个更小的范围之内。11 月决定撤退，12 月底以娴熟的方式实现了撤退。因而 1915 年底见证了一个有战略想象力的任务的失败，之所以失败，一方面有着无法克服的战术障碍，另一方面在准备和执行任务的过程中出现了一系列的错误。

当 1915 年 5 月意大利加入了协约国一方时，奥意堑壕呈现出一种更为明显的僵持状态。由于多山的地形，伊松佐河地区成为唯一可能进行战略进攻的地形。但从 1915 年 6 月至 11 月，由于缺乏火炮的支援，意大利在伊松佐河边的四次攻势相继失利，伤亡与日俱增，但攻占的地方却十分有限。到年底，意大利军队的死伤人数超过了 200,000 人，奥匈的死伤数字为 165,000 人。奥意战线的行动鲜活地说明，在固若金汤的防御堑壕里不可能实现任何的突破，尤其是当地形的原因加剧了进攻本身的难度时。

保持势头

即使这样，1915 年运动战并未被废弃。交战国仍旧相信其效用，尤其是德军最高指挥部，它先将主要精力转向东线，寄希望之后在西线可以聚集全力。事实上，在长期的静态战间隔期，运动战在东线仍可以取得一些成效：缺少人
72 力，在火炮和后勤方面缺乏防御网络，东线没有西线对抗激烈。尽管出现了极端的天气状况，奥匈 - 德国最高指挥部还是在 1 月中旬发动了两场攻势，从喀尔巴阡山和东普鲁士对俄国人的两翼展开钳形攻势。第一次由于俄国人行进到

喀尔巴阡山并迫使德国人于 3 月 22 日在普热梅希尔投降，后者未能从俄国人那里夺回加利西亚。德国人第二次的攻势获得了成功，俄国人在 2 月初放弃了堑壕。发生在马祖里湖区的冬季战斗使得超过 90,000 的俄国人沦为战俘，并且德国人获得了大量的作战物资。俄国人后退了将近 130 公里。

4 月，德军最高指挥部再一次在加利西亚展开攻势。5 月初，奥匈－德国的进攻第一次在戈尔利采－塔尔努夫取得突破，迫使俄国人从 160 公里的战线初步撤退：最初是从普热梅希尔，之后 6 月份伦贝格陷落。德国人接下来向北移动，推向华沙突出部，7 月 13 日该城以北的俄国阵线被攻破，8 月 4 日该城被攻克，此时德国军队继续在前线进攻。8 月 26 日攻取布列斯特－立陶夫斯克，9 月拿下格罗德诺和维尔纳，同时将很长的战线继续推向明斯克。

是月底，德国人和奥匈的军队在 5 个月无间断的凶残厮杀后无法再继续前进。然而德国人的“大进军”是 1915 年的主要军事胜利：俄国在“大撤退”中丢失了加利西亚、波兰、立陶宛以及库尔兰，这意味着从 1 月至 9 月，俄国撤退了 250 公里，沙皇因此决定把军事最高指挥官投入监狱。自从 5 月开始，俄国军队人员减少了 200 万，其中包括 100 万的战俘。[6] 然而它并未崩溃且拒绝与德国的单独媾和。

奥匈和德国在东线的成功能够与巴尔干战线上取得的成功相提并论，后一战线是为了让同盟国、奥斯曼土耳其与保加利亚之间建立联系。9 月 1 日，保加利亚加入同盟国，10 月 6 日德国和奥匈的两支部队袭击了萨瓦河和多瑙河，此时英法部队刚在萨洛尼卡（Salonica）登陆，但对于援助塞尔维亚为时已晚。贝尔格莱德于 10 月 9 日陷落，之后 10 月 14 日轮到保加利亚上场，它从南部包抄塞尔维亚的军队。12 月初，由于塞尔维亚被完全占领，其剩余部队除了通过阿尔巴尼亚山脉进行凶险的冬季远征向亚得里亚海进军外，别无其他的选择，而 73
协约国部队也只能撤退至希腊边境。

在近东，军事行动甚至更多地被运动战主导。年初首先是奥斯曼土耳其对苏伊士运河的防御进行了毫无成果的进攻。1915 年 4 月至 11 月，英国军队在泰西封遭遇奥斯曼土耳其人的抵抗前，向底格里斯河下游推进至距离巴格达 30 公里的位置，迫使土耳其人艰难地撤退了 160 公里至库特阿马拉，该地区 12 月被

---

[6] Norman Stone, *The Eastern Front, 1914—1917* (London: Penguin, 1998), p.191.

包围。

因此截至 1915 年底，除西线外，运动战在各处都是司空见惯，而且就算是在西线，1915 年底显示出仍然有望回归运动战取得突破。事实上，截至 1915 年底，各国正为来年进行大规模战争准备物资：年度之交，德国人尚没有决定进攻凡尔登的计划，但 1915 年 12 月 6 日至 8 日协约国在尚蒂伊的会议上原则上做出了在所有阵线上同时发动总攻击的决定，期望在加利西亚和索姆河取得实质突破。对于协约国而言，这是联合战略合作的首次真正尝试。

针对非武装群体的暴力

1914 年的事态已让对非武装的平民的攻击非常流行。与“1914 入侵”相伴随的是连续的暴行，然而在西线由德国人制造的暴行数量比俄国在东线制造的要更为巨大：屠杀平民和缴械的伤兵，火烧村庄或者是整个镇，奸淫妇女，等等。[7] 所有这些做法刺激大批人移居国外：作为战争时代的一个核心特征，移民现象的影响在整个 1915 年能够继续被感知，搅动着战争大后方脆弱的平静。

尽管直到 1914 年西线对非武装群体的攻击是有限的，但 1915 年这种攻击的意识在交战国当中扩展：所有交战国都建立委员会调查影响“人权”的过失，
74 它们在战争的第二年初开始撰写报告。报告中的内容广泛为通俗文学、讽刺漫画、海报、电影等传媒所采用。对“他者”暴力“揭露”的运动，加之书面的和图画的记录，本身就十分暴力，构成了固化相互憎恨的一个主要阶段。例如，1915 年“战争文化”通过大量变化的主题、言论和图像持续具体化，这确认了战争本身的意义，既为战争的继续辩护，也为其会造就的新牺牲提供理由。尤其是种种暴行在功能强大的记忆接力中不断持续：对协约国而言，1915 年 5 月 7 日卢西塔尼亚号沉没导致 1,198 位平民的死亡，或者 10 月在比利时对伊迪斯·卡维尔（Edith Cavell）执行的死刑，[8] 其中的任何一件事情都能强有力地让人们回想起前一年发生的入侵暴行。在英格兰东南部、伦敦及巴黎对平民目标的轰炸造成了很小的人员伤亡和财产破坏，但还是预示了进一步的破裂：不再

[7] John Horne and Alan Kramer, *German Atrocities, 1914: A History of Denial* (New Haven, CT: Yale University Press, 2001).

[8] 伊迪斯·卡维尔护士是布鲁塞尔一家秘密组织成员，该组织帮助协约国战俘逃往荷兰。

瞄准真正的战略目标，他们表示将敌国的全部人口视为敌人，因此也就成了合法的目标。在基本相同的逻辑下，双方将自战争爆发之初开始拘禁本国领土上的非本国国民制度化，拘禁的时间也延长了。

不过，1915 年西线一定程度上稳定下来：占领区政权的建立意味着 1914 年夏秋直接暴行的终结，尽管它的必然逻辑是压制占领区的人民。而在巴尔干，战争的第二年，入侵的进攻仍旧是日常生活中的一部分。1915 年下半年，德国、奥匈和保加利亚组成的军队第三次入侵塞尔维亚，其中对平民进行了残忍处置。10 月，保加利亚军队入侵科索沃和马其顿，猛烈攻击了居住在这些地方的塞尔维亚人和希腊人。东线的局势再一次显示出不同：整个 1915 年，平民都遭受着长期运动战的折磨。战争导致大规模人口迁徙，总共 400 万人口出逃，其原因包括躲避德国军队，以及从 5 月开始俄国当局实行的“焦土”政策，更重要的是俄国民事和军事当局依据种族的国籍以及血缘所进行的攻击。俄国政策的目 75
标是奥匈和德国人以及有德国血统的俄国人，另外还有俄罗斯帝国上为数众多的犹太人，他们被视为“不可靠的因素”，因而有可能帮助入侵者。5 月至 9 月间俄国人的大撤退恶化了这一进程；仅 1915 年，134,000 德国人和奥地利平民被驱逐到俄罗斯内陆腹地。从夏天开始，西乌克兰的 700,000 德国定居者中的大部分人被驱逐，他们的财产被征用。在这些行动中，直接的身体暴力并未完全消失，偶尔还会出现，如 1915 年 5 月 26 日至 29 日莫斯科进行的大规模反德屠杀。而对加利西亚的犹太人采用了驱逐和极端对待，伴有系统性的屠杀和肉体的消灭（见下文）。[9]

从 1914 年末，占领政权在西线建立，其后一年又在东线和巴尔干建立，这是同盟国 1915 年征服领土的重要证据，这些领土月继一月地增加。是年初，德国部队占领了几乎比利时的全境（700 万居民）以及法国北部和东部的 9 个省的区域（300 万居民）；10 月，整个俄属波兰的领土（600 万居民）都处在德国和奥匈占领军的控制之下。10 月贝尔格莱德也陷落了，1915 年底前，轮到塞尔维亚处于被占领政权的统辖下。总之，是年末，1,900 万人生活在德国、奥匈和保

[9] Peter Holquist, “Les violences de l’armée russe à l’encontre des Juifs en 1915: causes et limites”, in Horne (ed.), *Vers la guerre totale*, pp.191–219.

加利亚人的占领区。[10]

在占领领地上建立了形式多样的监督机制，与入侵尾声阶段的暴力境况形成鲜明对比。对占领政权来说，首要的关心在于掠夺物资；占领区的当地人本身就是一种重要资源，可以作为入侵者战争努力的一部分来积极使用。暴力也是这个过程的一部分，比较而言，德国在比利时以及法国东北部的暴力相对较轻，而奥匈在塞尔维亚则要重些，保加利亚人在马其顿制造的最严重。在最后一地，占领并未终结入侵的暴力，而是创设了一种新形势允许暴力继续发展。

76 另一方面，战争第二年德国以及奥匈的占领尽管严峻，但还是构成了一个旨在重建秩序的阶段。军事交战、俄国人的焦土政策以及人口的大逃亡，使得占领地经历了可怕的痛苦。斑疹伤寒症、疟疾、霍乱等传染病肆虐。在被德国人称为“未开化”的民族聚集区，占领政权建立起来：俄属波兰地区被划分成两块，一是以卢布林为中心的奥匈管辖区，一是以华沙为中心的德国占领区。东线德军最高司令部将波兰北部、立陶宛、部分白俄罗斯以及库尔兰这些地区组合成一块真正的德国军事殖民地。[11]

尽管对中东欧地区的重组到 1915 年底尚未结束，占领国在占领区进行一定程度的安抚和立法努力却清晰可见。从这个意义上说，人们可以说，在转向激进的 1916 年之前，占领政权在“漫长的”1915 年 [12] 的特点是相对温和的。

某些交战国对部分自己的人口进行屠杀——俄罗斯犹太人、亚述基督徒尤其是奥斯曼帝国的亚美尼亚人——他们被认为太不可相信从而无法任由他们生活在自己的村镇里，对这些人施以空前的暴力同样成为 1915 年的特点。从这个意义上说，在战争总体化和“残酷性”的进程中，第二年扮演了中心的角色。

俄国军队首次集中驱逐犹太群体发生在 1914 年秋的波兰，从一开始就伴随着军队实施的暴力：除了传统上对犹太人的偏见外，这次增添了新的反犹主义形式，该主义的焦点集中在将犹太群体在政治和军事上都视作是“危险的”。1915 年初在奥地利加利西亚的临时占领区再现了这一举措。从 4 月底开始，驱

---

[10] Sophie de Schaepdrijver, “L’ Europe occupée en 1915: entre violence et exploitation”, in Horne (ed.), *Vers la guerre totale*, pp.121–151.

[11] Vejas Gabriel Liulevicius, *War Land on the Eastern Front: Culture, National Indentity and German Occupation in World War I* (Cambridge University Press, 2000).

[12] *Ibid.*, p.150.

逐转变为大规模的流放。从 5 月开始随着俄军的失败，对犹太人的袭击和流放随着“大撤退”而扩大，从而打击了离边境较远的犹太社区，强制废除了此前一直存在的对俄国犹太人的居住限制。1915 年总计一百万的犹太人以这样的方 77
式被强制性转移。

伴随着这些措施，饥饿和衰竭已造成了巨大死亡，而大规模流放过程中还有屠杀。政府在 1914 年前曾谴责反犹措施，但这次军队（在反犹中）起到了主要作用。然而，流放的进程在秋天中断，1915 年的反犹措施停止上升。与此同时，总体性的屠杀政策也停止了。[13]

与上述情况完全相反的进程发生在奥斯曼帝国，它对亚美尼亚人进行的大屠杀是 1915 年的主要事件之一。[14] 无须进行深入分析就可发现，帝国中的亚美尼亚人在战争爆发前就成了众矢之的，因为 1894—1896 年以及 1909 年已有对亚美尼亚人的大范围劫掠以及大规模屠杀。另外，尽管无法视战争为进行大屠杀的主要原因，但无疑青年土耳其党运动对战争的解读有着重要的影响，他们把亚美尼亚人指定成“内奸”。1914 年 11 月宣布圣战，由此东部的基督徒们（就像被屠杀的叙利亚基督徒一样）成为合乎逻辑的受害者。在泛土耳其种族的背景下，亚美尼亚人被视作要重建帝国的“土耳其种族”的潜在敌人。最后，战争的变幻无常也使屠杀螺旋上升。因而每出现新的军事威胁，反亚美尼亚人的政策就会变得更激烈：1 月，俄国人在高加索的萨勒卡默什（Sarikamish）取得胜利；3 月，俄国人在波斯的胜利以及英法对达达尼尔海峡据点的袭击；4 月，协约国在加里波利半岛的登陆以及奥斯曼在波斯遭遇的新挫折；5—6 月，凡城起义（一场防止大屠杀的防御性运动）以及俄国向安纳托利亚的进军，所有这些时候都是如此。面对外部军事计划的失败，青年土耳其党领导人某种程度上转向毁灭设定的内部敌人。

第一次大屠杀发生在 1915 年 1 月。接下来 4 月 24 日逮捕并杀害了超过
2,300 名在君士坦丁堡的亚美尼亚知识分子及名人。旨在大规模驱逐的命令直到 78
5 月底才在帝国的东部行省执行：正是这些命令发出了意图灭绝亚美尼亚人的信号。从 6 月开始，伴随着强制性迁徙的还有系统的屠杀，执行屠杀的人包括

[13] Holquist, “Les violence de l’armée russe”, pp.191–219.

[14] Donald Bloxham, “Les causes immédiates de la destruction des Arméniens ottomans”, in Horne (ed.), *Vers la guerre totale*, pp.247–270.

库尔德部落、工会主义代理人、警察以及土耳其人自己。所用手段残酷、系统：在押往美索不达米亚以及叙利亚集中营途中只有五分之一的人幸存，这些幸存者在集中营还是会由于饥饿、缺水以及患病而死，或者后来遭遇屠杀。“沿途临时发挥式”[15]和“累积逻辑式”的歼灭方式[16]，导致超过100万亚美尼亚人的死亡，而帝国内其人口总数1914年前在180万到200万之间。

对亚美尼亚人的种族灭绝，以及在战场上对付伤员和战俘、平民或者封锁这种间接隐蔽的形式（见下文）等种种暴力的变体，让极端暴力的运用达到高峰。运用这些暴力其中心都是双方要建立强大的、支持战争的社会。以此为背景，1915年能够被视作是不同国家“战争文化”百花齐放的一年，它们以不同的形式传播，同时代的人既向别人展示也向自己呈现这样一种冲突：在冲突中他们同时既是受害者又是施加者。他们都把极度的敌意传达给敌人。在此情形之下，对战争合法性提出异议的声音存在但极其微弱。媒体的自我审查大部分与普遍建立的信息管理机制串通一气；几乎没有知识分子、作家、科学家或者艺术家不自我动员起来，为各自的国家服务。支持现政权的政治同盟——法国的“神圣联盟”，德国的“国内和平阵营”，1915年5月在英国成立的阿斯奎斯联合内阁，8月俄国成立的管理战时经济的杜马政府联盟——普遍被理解甚至进一步强化，给对战争持不同意见人士留下的空间十分狭小。

奥匈以及俄罗斯帝国的心脏地区的“民族”诉求就是这样的例子：1915年4月一些捷克斯洛伐克军团的兵变敲响了令人不安的预警，但向前追溯，11月在伦敦成立的捷克民族委员会获得全面发展，该委员会希望将来建立捷克斯洛伐克国家。这同样适用于在劳工世界中心发生的第一次决裂。1914年冬，俄国爆
79 发了第一次罢工。在西欧，1915年3月在格拉斯哥和克莱德发生了第一次抗议运动，接下来7月威尔士矿工进行了罢工：然而同月的《军需法》建立起特别法庭用以处理工作纠纷，并制定了战时工业的工资和技术水平，显示出要英国工人参与工业努力，就需要与工会进行谈判。事实上，通过租金管制以及其他调解工人不满的手段，1915年的社会冲突得以避免。由于纸币的发行以及各种各样扼杀生产（农业尤为显著）的瓶颈，通货膨胀从1915年开始十分引人注目；

[15] *Ibid.*, p.266.
[16] *Ibid.*, p.270.

但协约国依旧能够保持食物供给，生活水平仍是稳定的。另外，战争爆发时不断出现的罢工，随着工业动员而消失。尽管从一开始同盟国的状况就更为艰难，因为封锁意味着食物供给问题会被很快感知（从 1915 年 1 月开始，面包定量供应），但一直到 1915 年之后才出现了真正的社会困难和舆论失和。

此时，直接反对战争的呼声在哪一方都不受欢迎。德国的社会党少数派即便从 1915 年初就反对继续进行战争，并于 12 月对军功（military credits）投反对票，但仍然比较克制。9 月，社会党少数派在瑞士齐美尔瓦尔德会议上对战争的谴责，同 7 月底教皇本笃十五世“对交战国人民及其政府的演讲”一样，都并没有赢得更多的响应。战争的第二年，这类呼声仍旧未被理睬。

战争逻辑的发展以及总体化进程

1915 年 1 月 24 日，发生在北海多格浅滩的一次短暂海军冲突证明了任何由德国舰队发起的针对英国海军的重大进攻都必然失败。从那以后，海军水面上的战事意义就十分有限。然而，制海权问题依旧在 1915 年占据着中心位置。因而，对同盟国的封锁以及为摆脱封锁而设计的潜艇战成为战争总体化中的决定性因素。封锁在三个方面确实造成了相当的影响：其一是食品供给以及经济方面，其二是军事和外交事务，其三是道德方面。它们注定将成为贯穿战争剩余 80
时期的长久负担。

随着英国宣布北海现在成为“战区”，封锁于 1914 年秋开始了。这个声明公开挑战国际法，它造成的结果是封锁了中立港口，以及德国进口运输中大部分的中立船只。1915 年 2 月初，此贸易禁令引发了一场抗议，抗议的人将其描述为野蛮的战争行径，因为它是通过饥饿的形式战胜敌人。潜艇战由此而来，它是对违反人权行为的合法回应。反过来，德国将英国周边水域划分为“战区”和宣布潜艇战，引发了英国 1915 年 3 月初颁布《报复令》，通过检查所有中立船，扣押任何来自或运往德国的商品，从而让经济战更为激化。

1915 年初，德国潜艇战依靠的潜水艇人员非常有限。从 2 月开始，随着德国人宣布英国海岸为“战区”，那些此前一直采取常规战对付敌军船只的人改变了做法：德国潜艇被授权可以在没有警告的情况下击沉英法平民的商船——2 月至 9 月间将近 580 艘船以这样的方式被击沉。在此背景下，5 月初英国商船卢西塔尼亚号被鱼雷击沉。包括128名美国人在内，将近1198名乘客遇难。对平民生命直接攻击所引发的震惊被协约国的宣传大为利用。迫于美国压力，德国政府放弃了这种国际外交风险过于明显的潜艇战，从此限制了它对英国向大陆运兵船只的攻击。当时最高指挥部要求无限制地使用海下武装，要求无限制地、不分国籍地对船只进行攻击，政治力量抵制了这种要求。

显然，渐进的总体战在1915年并非总是按累积逻辑来进行：尽管德国的供给面临严峻的形势，之前的某些步骤在战争第二年仍可能保留。然而占领区的民众和战俘营中的士兵很快感受到了封锁的后果。在这方面，封锁和德国早期的食品供应问题使得在占领区进行征用和对民众实行配给的行为合法化：总体
81 开发（因比利时救济委员会而一定程度改善）被建立起来。但是封锁同样使得向英法战俘提供严苛的食物的体制合法化：这个做法明确违反了海牙公约第7条对食物配给的规定，该规定要求战俘应享有同俘获国士兵相同的食物，但战俘营食物在数量和质量方面大幅度下降。[17]1915年中旬，由于交战国以及中立国途经瑞士进行的食品供给渠道被阻断，战俘营的形势进一步恶化。

1915年协约国建立了利用国际资源主要是美国资源（这主要多亏了摩根银行）为战争服务的体系。[18]同时，对德国的广泛海军封锁措施及其强化，德国对这些封锁的反应（包括在陆上和海上对占领领土和战俘营的行为），所有这些表明封锁强化战争暴力的范围、增强了它的强度到了何种程度。[19]同下一年相比，1915年德国和奥匈帝国的人所受限制（最重要的是在食品方面）仍是相对有限的，但同盟国的社会越发清晰地根据激进化的进程并入了战争逻辑。对战争结果的陈述是有意义的：从1914年出现的堡垒精神，因被包围而强力加强，封锁有效地促进了战争的总体化。[20]

尽管两个新的交战国加入战争（意大利5月加入协约国，保加利亚在10月加入另一方的同盟国），1915年欧洲战争领地的扩展仅仅是有限的。另一方面，在每一个处于战争状态中的国家，战争成为这些国家社会的中心，且根基越扎

---

[17] Uta Hinz, *Gefanen im Grossen Krieg: Kreigsgefangenshaft in Deutschland, 1914—1921* (Essen: Klartext Verlag, 2006). Heather Jones, *Violence against Prisoners of War: Britain, France and Germany, 1919—1920* (Cambridge University Press, 2011).

[18] Kathleen Burk, *Britain, America and the Sinews of War, 1914—1918* (London: Allen & Unwin, 1985).

[19] Gerd Krumeich, "Le blocus maritime et la guerre sous-marine", in Horne (ed.), *Vers la guerre totale*, pp.175–190.

[20] *Ibid.*, p.177.

越稳。

从 1915 年开始，伤亡巨大和代价高昂的战争的延长对人口造成了极大的挑战。采用普遍征兵制的国家如德国、法国、俄国可以不改变原有的征兵体系而 82
填补战争导致的缺口[21]，但英国的情况有所不同：尽管1914年进行了大规模的志愿兵招募，1915 年为基奇纳部队增加了一百万人，但这样的数目无法满足英国战争所需的人员数量。1915 年 7 月对全体成年男性进行强制性人口普查（《国家选民登记法案》），到年底就转变为从 1916 年 1 月 1 日开始进行强制征兵。

征募人员的努力同样直接牵涉到帝国领地。1915 年 7 月，由于西南非洲的投降，德国殖民地基本被征服。[22] 英国动员了它的殖民地，印度首当其冲（尤其是向中东派兵），自治领派遣了大批志愿者前往加里波利（澳大利亚人、新西兰人）以及西线（加拿大人）。对于法国来说，北非和撒哈拉以南的非洲（法属西非）成为募兵的主要来源，这些人被派去对抗德国人。从 1914 年 11 月开始一直持续了 9 个月，强制性募兵遍及新式国家西布基纳和东南马里，来自殖民军队的这种压力引发了非洲最大规模的反叛。

1915 年同样带来了经济的挑战。可能除英国之外，所有交战国的工农业生产都绝对下降，这成为构建战时经济的背景。[23] 最初，在战争头几个月，工业动员基本上与所有活跃阵线的军需消耗有关，但接下来所有参战国都经历了严重的供应危机。在这方面，尽管首次工业动员措施开始于 1914 年，但 1915 年间主要的后果才开始明显。

即使如此，有时它们看上去是逐渐形成的。例如，英国仅仅在 1914 年底才 83
真正转向战时经济，但进展缓慢。没有对本土构成直接威胁，总动员也未干扰农业和工业生产，开展战时经济的措施最初规模有限。然而，1915 年能够被视为转折点，这与英国远征军在作战中暴露出来的军需危机丑闻有关。1915 年 5 月建立起一个劳合·乔治任负责人的新部门军需部，该部门能够在军备、机械、原材料以及价格的监督等生产和管理方面起决定性的作用，扩展了国家控制重

[21] 然而，它们也在一直想办法征召尽可能多的人，如法国于 1915 年 8 月通过的《达尔比耶法案》。

[22] 抗争只在西南非持续，虽然它一直持续到战争结束。

[23] 与 1913 年相比，1915 年生产的下降在法国为 25%，在德国为 15%，奥匈为 10%，俄国为 5%。进口并未能弥补这个下降。(Theo Balderston, “Industrial mobilization and war economies”, in John Horne [ed.], *A Companion to World War I* [Chichester: Wiley-Blackwell, 2010], pp.227–249.)

要工业部门的职能。另外，由于1915年7月法案使得行政部门可以全权负责经济动员，几个关键部门以征用的形式移交国家监督，然而国家并未直接管理。在政府和工业的对抗中，国家因此对原材料和食品供应建立起稳固的监督，同时维持了总体上自由的体制，包括一定程度上以利益驱动企业主。

对法国来说，[24]1914年是工业动员的决定性时刻，更确切地说是在9月20日的波尔多会议上，法国主要的工业家与军需部一起寻求补偿弹药和枪支短缺的办法。与英国的情况相反，在法国启动战争工业遇到了双重的束缚：一方面是劳动力的短缺，另一方面是东部及北部工业区的丧失。这些导致了在煤炭、钢铁生产上的大幅减产（50%或更多）。1915年国家慎重且明智地对工业给予优先考虑，从而使得50万曾被动员的工人从军队回到了工厂。同时，大范围号召国外以及殖民地工人和妇女。面对原材料方面的巨大短缺，1915年11月开始了进口的计划。熔炉委员会起了决定性的作用，它垄断了进口以及分配。通过这样的方式管理对冶金方面的供给，法国工业产生了独立于国家的机构，在大的
84 商业"团体领导"下发展成制造集团。一种卡特尔形式的体系在1914年投入运行，1915年的发展卓有成效，这种形式使得大型的军备公司能够协调和集中化。由于巴黎及其地区成为一个主要的工业中心，从战争的第二年开始，军备生产实现了巨大的飞跃：尽管仍然供不应求，但从1915年夏开始，步枪生产增长了5倍，弹药增长了10倍，炸药增长了6倍。

法国军备计划的核心是陆军部的炮兵理事会。1915年5月这个理事会成为一个独立的国家副部级炮兵机构，由社会党人阿尔贝·托马（Albert Thomas）领导。1915年7月，负责机构的名称改为国立炮兵和军需处，依旧由阿尔贝·托马领导。这个机构在协调最高指挥部、国家和工业以及制订军备生产计划方面发挥了决定性的作用，同时维持着自由的框架，尊重私人的主动权，允许追逐利润。

同样在德国，在封锁和大规模征兵影响劳动力的情况下，经济动员确立了。1914年工业家瓦尔特·拉特瑙向陆军部提出必要方案。以此为基础，创立了"战争原料办公室"，准备采取经济计划的第一批措施；大公司被集中到一起形成强制性的卡特尔为国防效力，它们虽然为最大的康采恩所主导，但还是由企

[24] Patrick Fridenson (ed.), *The French Home Front, 1914—1918* (Oxford: Berg, 1993).

业和文职人员直接参与。大批征收的原材料进行了合理分配，优先交付参与军需生产的工厂。鼓励进行替代产品的研究。从1915年初开始，该体制至少暂时为德国的战时经济提供了一个解决方案，其特点是在战争原料办公室的军事领导下，军事对工业建立直接的管理。事实上，对于分割的战时经济来说，现在存在一个前提预设，即军队在各种机会下都能优先得到供给。这里所建立的战时经济模式与英法的有所不同，英法模式下国家能够在必要时调处军事和国内两方面的需求，即战时工业和国内工业供给。无论如何，1915年后第二种模式的优越性才充分显现出来。

各大国中，只有俄国面临的弹药供给危机从1914年9月之后愈加明显，在
1915年初开始达到了顶峰。同样也是俄国持续的时间最长，这在很大程度上归 85
因于运输问题：1915年5月俄国的大撤退和前线的崩溃，甚至能够被认为是戏剧性的。从1月至4月，俄国军队获得的总弹药少于200万枚，这还远远不够一个月的应有数量。

在战争爆发时，俄国同其他大国一样，都未曾想到要“深度”组织生产和分配体系：如同在别的地方一样，重心放在了原料储备上。但由于俄国在1915年构建战时经济的延迟决定了它在主要交战国中处于一个特殊的位置。俄国陆军部对掌管本国生产能力的不当抵制，以及它对盟友提供援助能力的不当自信，都大大延迟了建立以本国为基础的工业生产体系。1915年初向国外发送的大规模订单的交付情况十分令人失望，俄国材料的供应困难，运输问题，司令部、陆军部、企业和政府这些主要参与者彼此间的不信任，这一系列原因进一步恶化了这个局面。战时经济发展的过于迟缓导致军备生产不足，比起其他交战国经济，俄国的这种局面维持到相对晚的阶段。

然而5月，俄国最具实力的工业家们还是聚集在一个“旨在审查和协调国防所需要措施的特别理事会”中，以便控制战事。6月，这个组织把与地方自治会联盟的地方军事工业委员会吸纳进去。从这时开始，战争经济的框架得以建立。由大型企业和垄断企业主导的特别理事会下辖200万工人。它将国家划分为11个地区，每个地区都向总部派一名正式全权代表，这些代表设定价格和工资，如有必要则争取最大利益的征用。

因而1915年被视为是生产开始迅速发展的第一个拐点，[25]尽管它仍然受到加速发展危机中的多重困难的困扰。不管怎样，1915年的行动付出了巨大的工业代价，下一年继续维持这种状况，1916年不仅仅在人员方面，而且在物资方面，都向俄国军队倾斜。

86 作为回报，虽然1915年战争开支占据各交战国支出的四分之一，[26]但尚未到相同的临界点。英国在这方面最先进行了大规模的革新。借助1914年以前已有的有效赋税体系，英国选择增大财政压力：首先从战时预算开始，增加所得税，并于1914年12月1日提高税率。英国同时也是第一个对战争利润征收50%特别税的政府。

其他大国保持着更为传统的政策。法国已在战争前夜全面重组财政；另外，由于生产力最高的领土被占领，因而极大地减少了其财源。一开始，它拒绝增加已有税收，也不愿创立新的赋税。1914年7月15日推行的所得税直到1916年1月1日前并未征收。因此1915年法国的财源继续减少，俄国发生了相同的情况。德国的预算同样没能较好地适应现代战争，它在1915年3月宣布，为了避免国民背上赋税的担子，不会增加新的赋税。军事花销暂时由一种提前借贷的特殊预算加以解决，而这种借贷会由未来战败的一方偿还。间接征税只能使帝国在1915年维持稳定的税收，而不能增加其数额。

交战国的财政体系无法满足战争的消耗；全部都求助于贷款。法国从1915年初发行了国库债券和长期战争贷款。英国政府分别在3月和6月进行了两批大量的贷款，德国在同年也是如此。法国继1914年9月的“国防债券”后，1915年11月也发起了第一批大规模贷款。同时，协约国与美国银行签署了外国贷款协议：10月中旬，摩根领导的银行财团向英法政府提供了5亿美元的贷款。最后，英国除了很早时候对战争利润征税外，1915年没有出现其他旨在给战争花费提供资金的真正革新。同样，大规模财政压力和公开贷款的改变在稍后的阶
87 段才会显示出成效。在这方面，1915年可以被认定为介于和平时期财政准则与现代战争新需求之间一个比较温和的转换期。

---

[25] Stone, *The Eastern Front*, p.209.

[26] 包括英法的25%，德国的27%，奥匈的22%以及俄国的24%(Balderston, “Industrial mobilization and war economies”, p.222)。

结　论

历史学家约翰·霍恩恰当地写道，正是在1915年“战争成为自身的一个世界”[27]。不管怎样，战争的第二年显现了复杂、模糊的状态。这一年并非是战争史的快速转折点，而应当用一条曲线来描述。当然，在某些方面断裂是明显的。正是在1915年，首次开始大规模尝试对组织有序的防御堑壕进行突破，同样也是在1915年它们以巨大的牺牲为代价遭遇了失败，这成为后一年巨大的物资战的先兆；正是在1915年出现了诸如毒气战这种全新形式的战斗，给同时代的人带来了明显的历史断裂感；正是在1915年协约国加强了封锁，这种手段注定稍后在同盟国的心脏地带引发悲剧性的过高死亡率，同时开始引发了潜艇战这种极端惨烈的反措施。1915年在没有军事目标的情况下对平民进行了炮轰，有嫌疑的人被流放。1914年进攻的暴行在1915年各条移动的战线继续延续，这些新形式的战争行为标志着一种对“他者”深深的敌意，在这种情绪下无法饶恕“敌人”的人口：最后，正是在1915年，发生了20世纪第一次种族灭绝。[28]在极端“消极动员”的背景下，[29]1915年确认了敌人的全体居民——有时还包括了部分本国人——都成了敌人，而不仅仅是国家武装战斗的人员。

但1915年不能仅仅靠现代人明显感觉到的这些不可否认的进展就加以总结。这12个月至少在某些方面延续了早先的战事。在战略调动方面，骑兵继续在除西线外的全部战线上开展的战争中发挥着关键的作用。并非所有的地方都进行了人口动员，如在英国和英帝国自治领中志愿兵仍占据重要地位。1915年 88
的占领无论多么严苛，继入侵的反常行为后，建立了正常化的阶段，而不是新型的剥削。至于工业、社会以及财政动员，虽然其成效无疑为人所感知，但并没有使交战国成为充分准备战争的社会。

在1915年这一年，总体战大部分处于运转状态，但并未充分发挥它的破坏性作用。那种局面很快就会到来。

---

[27] John Horne, “Introduction”, in Horne (ed.), *Vers la guerre totale*, p.17.

[28] 这样的说法未将大战前十年现代纳米比亚对赫雷罗族人的屠杀列入其中。

[29] Horne, “Introduction”, p.24.

89 # 4 1916年：僵局

罗宾·普赖尔

1915年对协约国的事业是无益的。在英国给予一定协助的情况下，法国试图在春秋两季通过巨大的攻势在西线取得重大突破。他们的失败伴随着巨大的人员伤亡，却没有获得有价值的阵地。在法国给予一定协助的情况下，英国试图通过在加里波利对奥斯曼土耳其人作战而援助西线。他们甚至未能拿下能够俯瞰他们登陆地的山脊。意大利5月虽然加入了协约国，但没有起到任何作用。人们很快就会意识到，最不重要的大国不会改变平衡。

德国人在西线也没有取得更多的成功。他们在伊普尔使用了毒气这种新型的可怕手段，但除了推动协约国的宣传外几乎没什么影响。在东部他们取得了更多的成功。德军在戈尔利采－塔尔努夫战役上收获甚丰，夺得了全部俄属波兰。在巴尔干他们通过消灭塞尔维亚，援助了盟友奥匈。当然他们也知道，只要西线的英法军队未被打败，这些收获的意义就微乎其微。

1916年，为打破僵局，主要国家继续努力增加它们的军备生产。德国在这方面取得了最大的成功。它进入战争时重工业就非常强大，但1915年每月只能生产38门重型火炮。到1916年秋，这个数字增长了近10倍达到330门。弹药的生产也以相应比例上升。

法国的处境并不好。军队征召走了过多的本可用于军需生产的工人，且遣返他们的速度很慢。此外，部分法国东北部的工业中心地带现在由德国人占领。尽管有这些困难，法国人还是取得了一些进步。到这年年中，重型机枪的生产数量较之前一年增长了5倍。

与流行的看法有所不同的是，甚至俄国也取得了一些进步。虽然其军需工

业仍不足以与西欧国家的相比，但到 1916 年它生产的枪支和弹药数量已经能够满足庞大军队的经常性需求。 90

英国参战时的军需工业几乎是专为海军设计的。1915 年劳合・乔治被任命为军需大臣，以便为陆军创立类似的工业。他取得了惊人的成功。1914 年英国仅仅能够生产 90 种不同类型的枪支。到 1916 年年中，这个数字增长到了 3,200 种。所生产的武器越来越向重型化发展，这是击溃西线越来越复杂的堑壕系统所需要的。

英国转变为与海军大国相同的重要陆军大国，让柏林的决策者感到惊愕。他们推论，战争的时间越长，德国取胜的概率就越低。这一点尤其困扰德国的总参谋长法金汉。法金汉长久以来一直是西线作战的支持者。1915 年，当他的竞争对手兴登堡（Hindenburg）和鲁登道夫在东线取得巨大成功之时，他非常焦躁。年底，他就大战略写了一篇文件，而把这种战略规划托付给军事总是一件危险的事情。毫不奇怪，他将西线视为 1916 年采取决定性行动的地方。他也将英国视为最终的敌人，是联结协约国的黏合剂。乍一眼看去，法金汉文件的逻辑似乎是要对西线尚未训练有素、编制也不完善的英军发动进攻。但随着众多大战略的文件陆续出现，这一逻辑的问题就暴露出来了。法金汉用一些精巧的设计得出结论，在西线，法国是“英国最好的剑”，因此应当由法国承受德国攻势的冲击。因而，要打败英国，最重要的是打败法国。无须赘述，击败英国最直接最显而易见的方法是进攻英国人。但事实是，由法金汉所提出的战争新观点排除了这样一种行动。他的新想法是进攻一个一定会遭遇抵抗的位置，之后利用他在火炮方面的优势击垮抵抗者使他们投降。英国人未必会保卫位于法国或佛兰德斯的任何特别地点。如果在法国领土上能找到一个让法国人会誓死保护的地方，法国将更适合作为此种战略的目标。法金汉认为他找到了这样一个地方，那就是凡尔登，结果将证明他是对的。

确实，至少从查理曼时代开始，凡尔登要塞就在法国军事史上有一定地位。但同时存在的事实是，无论什么时候凡尔登被敌军围困，它都会陷落。在拿破
仑战争和普法战争中都是如此。那么为何法金汉当时正确地认为，法国会在 91
1916 年将它的陷落看成是灾难性的、事实上可能终结第三共和国的事件？实际情况是，考虑到 1916 年法国人中流行的军事教条，对法国国土的任何一点的攻击都将面临最大程度的保卫。他们会保卫凡尔登，但几乎一定会同样坚持不懈

地保卫贝尔福或兰斯或其他地方。法金汉之所以能够达到目的，并非是因为他进攻的是凡尔登，而是因为他进攻的是法国。

无需强调，法国本不必死守凡尔登。它的陷落影响微乎其微。在其背后没有像军需工厂或重要铁路枢纽这样的重大战略目标。如果德军占领了凡尔登，不会发生任何事情，因为他们没法利用这一胜利。对于日渐筋疲力尽的军队而言，城市西部的山丘显而易见是难以攻克的。对第三共和国而言，没有理由认为凡尔登的陷落就会导致它的覆亡。共和国挺过了1917年和1918年更大的灾难。实际上，凡尔登的神圣属性很大程度上是战后构建的——为了胜利而付出巨大牺牲的象征。凡尔登对于那时的法国兵而言就是“默兹河上的一架绞肉机”，死于此的人数量惊人。从凡尔登附近的突出部撤退或许事实上会提高法军的士气，而不是导致共和国的覆亡。

法金汉会因此进攻凡尔登。但他的最终目标仍旧不得而知。他是打算攻取这座城市？还是旨在耗尽法国军队？在他的文件里对这两个目标都有所涉及。如果法国人抵抗反击，他将粉碎他们。如果他们垮掉，他就赢得一场大胜。总而言之，无论计划如何展开，法金汉都会是胜利者。法金汉的文件唯一副本已收录在他已出版的回忆录中，所以很容易就能发现这些。可能的情况是，法金汉一直是打算攻取凡尔登，但战后为了辩解凡尔登战争的局面而把一些东西写入其文件。

不管如何界定胜利，法金汉寻求通过何种方式达到它呢？他提议，组建一支战争中所见最大规模的炮兵部队，这支部队拥有1,200门火炮，其中500门是重口径的，从而在相对短的时间内密集轰炸、摧毁法国防御者，直到以适当的步兵就能占领战场。为达此目的，德国为战争囤积了两百万枚弹药。一开始打算由王太子指挥的德国第五军执行这次行动，但事实上由他的总参谋长克诺贝尔斯多夫（Knobelsdorf）将军指挥。

92 协约国同样在制订计划。1915年12月，霞飞在巴黎北部的尚蒂伊召集了一次会议。会议上达成的共识是，协约国在1915年没有协调行动，这使得同盟国的部队从一个阵线转移至另一个阵线。为改变这种情况，会议决定协约国所有国家——俄国、意大利、法国以及英国1916年应同时发动进攻。但鉴于军需短缺，需要等到年中才能开展这样的行动。计划的中心行动是，由俄国人在东线的北部纳拉奇湖周围进攻德国人，同时英法联合行动跨过皮卡第的索姆河。这些看上去与法金汉所设计的行动大为不同，并未被设计成消耗战。大规模的骑兵能够横扫敌人防御的缺口到达德国人的阵地。不过，打开敌军防御缺口的方法同法金汉相同，那就是使用大规模火炮攻击消除防御堑壕阵地的优势。

这些计划注定会被德国人准备的速度打断。在（1915 年）12 月，法金汉还仅仅是在设想，但到（1916 年）2 月中旬就已将他的火炮和弹药准备就绪，并在凡尔登的对面集结了 500,000 人的军队。只是由于恶劣的天气，才把进攻行动拖延到 2 月 21 日发起。

法金汉将要进攻的防御看上去令人生畏。城市由 12 个主要的要塞防卫，包括外环的令人生畏的杜奥蒙（Douaumont）、蒂欧蒙（Thiaumont）和沃堡（Vaux），以及内环的瓦谢罗维尔（Vacherauville）、百丽维尔（Belleville）、苏维尔（Souville）和其他堡垒。还有 8 个小一些的要塞、众多多面堡以及堑壕需要攻克。就在战前，很多要塞得到了加固。杜奥蒙通过 3.5 米厚的混凝土和 4 米厚的泥得以加强。这样的加固即便遭到德国最猛烈的炮火攻击，也能够经受得起。但要塞堡垒实际上并不像表面看上去那样令人生畏。1914 年安特卫普要塞遭到德国重型臼炮和榴弹炮的破坏，这件事使得法国高级司令部多名官员确信，如此防御的时代已经过去。因此，许多最重型火炮被从凡尔登调走，安置在更活跃的前线。由于法国的人力危机加深，许多要塞的卫戍部队也同样被撤走。因而 1916 年的杜奥蒙，火炮数量减少到只有 1 门（155 毫米口径）和 4 门（75 毫米口径），卫戍部队只有 60 人。沃堡完全没有重型火炮，卫戍部队的人数也同样少得可怜。当地指挥官要求加强的呼吁被置之不理。但持续的压力最终使霞
飞于 1 月 24 日到达了凡尔登。他承认需要加强防御并增派了两个步兵师。但无 93
论是要塞还是野战炮兵都未增加火炮数量。

与一些解释相反的是，法国人并非没有意识到德国人准备发起的进攻。尽管德国占有空中优势，法国侦察飞机还是获取到了一些德国火炮和人员集中的照片。德国的逃兵确认了一场大的战争即将发生。他们甚至还讲述了可怕的新型武器——火焰喷射器以及一种杀伤力更大的新式毒气。这份情报促使霞飞向凡尔登增派一支部队，但没有提供更多的火炮。

即便面临争议，法金汉还是决定将他的进攻限制在距默兹河右岸 10 公里的区域。王太子（或克诺贝尔斯多夫）指出，这样会令进攻方遭到未受攻击的左侧河岸法方炮火的攻击。法金汉没有动摇。他认为，要彻底摧毁法国的防御者，必须要尽可能地集中炮火，这样想并非没有理由。将火力扩展至默兹河两岸可

能导致所有地方的火力都遭到削弱。然而，这种情况下，其努力能否成功就取决于他是否有足够的火炮对付右岸。他是否盘算过这件事值得怀疑。大战证明了双方的将军都厌恶计算他们手中的火炮和弹药对实现他们的目的是否足够。相反，他们中大部分所做的事情是仅仅在这之前装配空前数量的火炮并且认为这就足够了。考虑到法金汉的整个计划都基于集中的火炮，其缺乏计算就显得尤其异乎寻常。在凡尔登，法金汉不仅仅要对付堑壕防御，还有数量巨大的要塞和增强防御的村庄需要攻克。事实上，对付凡尔登，所需的是对介于堑壕和城市间的整个地区进行轰炸，这的确是个可怕的任务。

2 月中下旬天气状况有所好转，21 日开始了轰炸（地图 4.1）。轰炸的凶猛程度前所未有。总计 9 小时中，每小时有 2,400 枚炮弹落在法国的防御工事上。轰炸摧毁了铁路线，将树木连根拔起，消灭了堑壕中的军队，击中了野外的人马。一些法国守卫者因炮弹轰炸而休克，其他人逃往后方，但德国巡逻队侦测的结果令他们惊愕，很多法国的守卫者从轰炸中幸存下来，并正在使用他们的武器。
94 很快，数量稀少的进攻部队被阻截，甚至在一些区域为精神振奋的法国人所击退。总之，第一天收获很小。

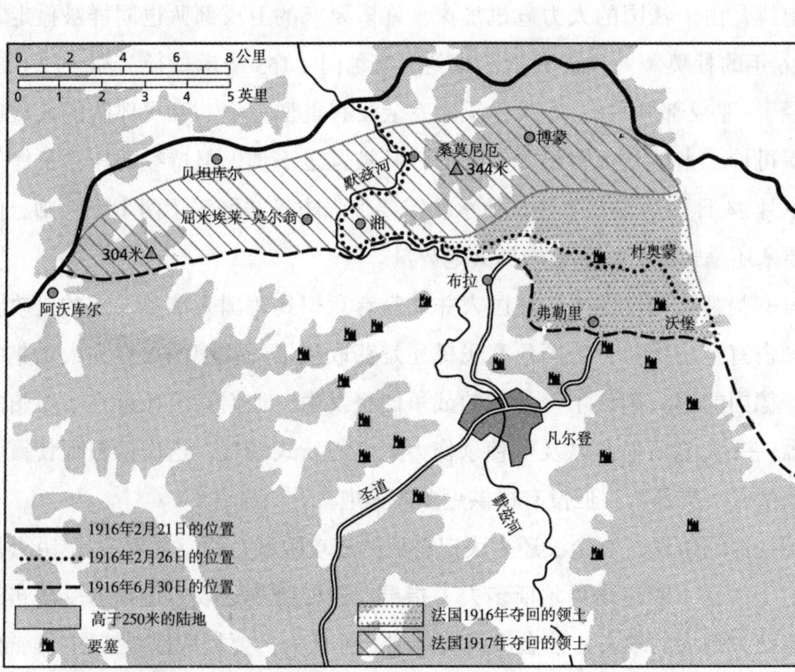

地图 4.1　凡尔登战役及其后果

然而接下来的4天则是另外的局面。每一次德国人进攻前都会进行密集的轰炸，这时又增派了更多的部队作战。他们也使用火焰喷射器这种新式武器。这种装置从装有汽油的汽缸中向部队喷射火焰。由于烧伤或毒气致死，或者是由于爆炸造成身体的肢解，增加了西线战斗的恐惧。对火焰喷射器的使用无疑是造成法国防御工事逐渐萎缩的原因之一。一个师完全溃败；其他的部队因轰炸而削弱。霞飞新近派往凡尔登的第三十军团在24日晚不再作为一个战斗单位存在。扛过第一天的主要防御地点相继陷落。到24日，布里昂上校和他的手下誓死保卫的布瓦迪科雷斯被攻占，博蒙、桑奥盖于和豪蒙特的村庄亦是如此。随后是25日灾难性的打击——一小撮德国军队潜入地道并控制了卫戍部队，杜奥蒙要塞遭到占领。杜奥蒙只靠所剩无几的火炮和20个疲惫的人守卫，对于 95
那些了解它真实状态的人来说，这种占领毫不令人吃惊。但对很多人来说，作为防御工事方面最好的要塞，其陷落震惊全国。更为震惊的事实在于左岸法国炮兵虚弱且失调的反应。个别的炮台尽力阻挡德国人，但火力是零星且杂乱无章的。

然而甚至在杜奥蒙陷落之前，法国人做出了反应。法国最高指挥官德卡斯泰尔诺（de Castelnau）将军要求霞飞向凡尔登派遣一名新的指挥官。贝当作为防御战的大师被选出且被告知带领他的第二军立即前往默兹河。同时德卡斯泰尔诺急忙亲自赶到凡尔登，得出的结论是仍有可能守住右岸，贝当到达时得到了同样意思的指令。

贝当很快因双侧肺炎而病倒，第一个星期被迫在病床上指挥战斗。在贝尔福领导的法军最优秀的部队之一第二十军团的帮助下，他取得了一些效果。贝当的行动之一是要求左岸的炮兵协调行动。不再是零星的炮火。炮兵被编组并被给予特定的目标。他请求了更多的炮兵，这一次没有任何迟疑——155毫米口径和75毫米口径的大量火炮很快开始到达。

同样重要的是，贝当不得不确保其要求增加的火炮和人员能得到充足的供给。这是件困难的事。战前有两条铁路补给凡尔登，一条在德国人手里，另一条经常处于德国炮击的状态下。这样就剩下一条从凡尔登至巴勒迪克的公路。问题是，尚处于初期的汽车运输是否能够补给整个军队？庆幸的是贝当的下属中有一位天才工程师，陆军少校里夏德（Richard）。里夏德计算出需要多少卡车能够满足凡尔登的供应，并开始着手搜集车辆。很快他聚集了一支规模庞大、门类不少于 3,500 种的车队。截至 2 月 28 日，25,000 吨的补给物资以及 190,000 人员通过这条路运送至此。到 6 月，每 14 秒就会有一辆车通过。那些出故障的车被推到旁边的壕沟里等待维修。军队经由与公路并行的田地到达凡尔登。一个师被转移仅仅是为了保证公路能得到及时的修复。1916 年法国全部军队的三分之二都是依靠这条路到达凡尔登的。战后这条路就成为有名的圣道。战争期
96 间它被叫作“路”，可以想见，战斗期间通过这条路行进的军队，对战后它的神圣化可能会是惊愕或嘲笑或者两者兼而有之。

贝当同样重新部署了凡尔登突出部的防御。该地区划分为四部分，每个军团指挥官负责一部分。军队只需在堑壕中停留十五天就可以休息。（这样的部署解释了为何凡尔登聚集了如此多的法国军队。这样的模式或许与德国的体制形成对照，德国将军队留在堑壕里，新的增援力量只替换掉死伤的部分。）

2 月 25 日之后，强烈的德国攻势消失了。这无疑与贝当的改革有关，尤其是其对法国炮兵的改革。然而，德国人有他们自己炮兵方面的问题。21 日大规模进攻之前，他们制订了一些为支援下阶段进攻向前移动火炮的计划。这些计划看来是破灭了。他们先前的轰炸已经开辟出德国人移动火炮所需的战场。2 月凡尔登的天气状况——雨加冰雹——让这些开辟好的战场变成了黏稠的泥地。尽管为每一门火炮设计了精准的位置，但德国指挥官发现在这样的战场上难以向前挪动火炮，特别沉的榴弹炮和迫击炮尤其困难。一些虽可移动但找不到可以安置的稳定平台。其他的火炮陷入泥沼之中，因过重无法快速挖出。出于这些原因，德军接收到的火力支援遭到残酷的削减，结果导致凡尔登第一阶段的行动最终失败。

失败导致德国一方痛苦地做出重新评估。王太子一直希望进攻左岸。现在那一地区法国炮兵的破坏性反应，促使他认为处理它的时机到了。法金汉虽有担忧，但还是同意了这个计划。某种程度上说，提议进攻默兹河左岸较之进攻右岸要容易一些。原先的进攻需要对付沟壑和水渠，伴有被树林覆盖的陡峭山脊。左岸有更多开放的乡村、和缓的斜坡以及草地。然而，有一处山脊在整个地区处于支配地位。其一端冠有不吉利的名称“死人峰”，另一端是 304 高地，其名字也表明了它高多少米。

3 月 6 日，德国人开始了最初的轰炸。轰炸是毁灭性的。一个法国师被毁；其他的军队放弃了战场。“死人峰”处于危险中。反击的命令被下达，并威胁如

果失败，将面临最严厉的惩罚。8日开始的反击并未失败，大部分丢失的战场被收复。德国人同样进攻了右岸但并无收获。关注点又回到了左岸。 97

事实上接下来的两个月，左岸的阵地几乎没有移动。整个凡尔登战役中一些最为激烈的战役都将发生在“死人峰”和304高地之间分散的斜坡上。阵线会前后摆动几米再重新建立。由德国人战争第一天使用的可怕的火焰喷射器，现在被法国人标记为非常重要的攻击目标。对于使用它们的德国人来说，它们现在成了自杀性武器。它们的使用概率越来越小。恐怖已经过去了。战争贯穿了整个4月，并进入到了5月。起关键作用的是集中在山脊后的主要法国炮兵。5月3日，德国人带来了新的部队并做出了最后的努力，500门火炮支援他们的进攻。这一次取得了部分的成功——夺取了304高地。这事实上是从左至右的山脊的锁钥所在。以这种姿态，德军在月底攻克了死人峰。现在王太子有了他想要的火炮观测区域。但他的成功付出了可怕的代价。在这次的战斗中，德国人的损失很可能超过了法国人。很值得一问的是，到5月底哪一支军队会流血而亡。

这场战斗也见证了贝当与战役密切联系的结束。或许由于左岸的损失，或许由于他稳定前线的成功，霞飞提拔他去指挥中央集团军。现在负责的指挥官是罗伯特·尼韦勒（Robert Nivelle）将军以及他最喜爱的军团指挥官芒然（Mangin）将军，后者的绰号叫屠夫。他们试图在5月底夺回杜奥蒙的努力遭遇血腥的惨败，对要塞发起了一场场自杀性反击。德国人早有准备。只有一次，法国军队短暂地占领了要塞的制高点，但很快又被击退了。芒然被解职，尼韦勒停止了进攻。

到此时，凡尔登的战斗已经丧失了所有明智的用途。对德国人来说，要攻取一座城市需要额外的7公里战场，其代价显然过于高昂了。很显然，要在默兹河上赢得胜利毫不轻松。芒然和尼韦勒至少说明，法国军队还远没有崩溃。然而法国人行动的失败以及额外得知英国人正在索姆河准备着一场大的攻势，法金汉决定在右岸进行另一次尝试。

攻势开始于6月1日。德国人占领了很多战场。他们使用了一种全新的毒气——光气或芥子气——荡平了法国人的炮兵，现有的防毒面具对这种毒气不起作用。德国人现在能够接近沃堡。该要塞实际只是个空壳。它完全没有任何 98
大型的火炮，只有雷纳尔（Raynal）少校和他剩余的一些士兵来戍守。无论如何它仍挺立着。几乎未付出什么代价，雷纳尔精疲力竭的卫戍部队致使德军数千人伤亡。由于战争开始前愚蠢地忽略，水资源补给的缺乏最终造成了要塞守军的投降。德国人进一步向苏维尔要塞进发，它是保卫凡尔登自身环形要塞当中的一个。

7月11日，苏维尔遭到突袭。但此时法国火炮手已经配备了更有效的防毒面具。德国人虽抵达了要塞但被法国炮火消灭，不会有后续力量。这时索姆河攻势已开展，法金汉将弹药供给转移到那个区域。正如我们将会看到的，东部的事件同样会从西线抽调部队。无论什么情况，法金汉看上去开始厌倦了他自己的想法。双方的损失都接近250,000人。德国人不会在凡尔登展开攻势了。

但法国人却不会如此。尼韦勒仍在那里，芒然又回来了。但这一次，贝当同样参与了计划的制订。这位前指挥官坚持认为，任何反击都要伴随猛烈的炮火轰炸，因而提出使用超重型法国火炮。仅仅在储备了300,000枚炮弹之后，轰炸就开始了。火炮被安置在狭长的5公里阵线上，以提升对德军密集轰炸的准确性。部队还会在轻型火炮火力的掩护下缓慢向前推进。这种令人毛骨悚然的徐进弹幕射击方式是吸取了索姆河的教训而引入凡尔登的。起初的轰炸开始于10月19日。24日，步兵跟进。法国人重获了他们在空中的优势，从而使德国炮兵相形见绌。进攻是成功的。他们重新夺回了杜奥蒙要塞。11月2日攻占了沃堡。相比于在2月份展开攻势的位置，德军现在后退了几公里。

随后几个月，尽管在凡尔登前线还有零星的战斗发生，但实际上战役已经结束。能够尽可能确认的损失非常惊人。法国人损失了351,000人，其中大概有150,000人死亡。即便这不足以达到“流血而亡”，至少意味着法金汉部分达成了其目标。问题是他自己的军队也遭遇同样境遇。德国人的损失几乎与法国人一样严重；他们的伤亡达到了330,000人，其中143,000人死亡或失踪。考虑到德
99 国目前在西线面对着两大军事力量，一点也不能确定法金汉把损失的平衡带向了正确的途径。

德国人要面对的另一支强大军队来自英国。但是，当凡尔登战役最激烈的时候，5月份法国总统普恩加莱发出了求救的请求，是沙俄这个比法国次一等的盟友首先做出了响应。俄国尚未准备好在纳拉奇湖周围对德国人发动北方攻势。但它打算在东线的南部区域对奥匈采取机会主义的进攻。事实上，俄国人早在凡尔登之前就一直在为这次进攻做准备，通过看似在回应普恩加莱请求的举动为自己赢得了最高的赞誉。前线负责该区域的是勃鲁西洛夫（Brusilov）将军，

他细心地注意到奥地利抽走部分老兵对意大利发动新攻势。1916 年 5 月 15 日展开的这次进攻，在初期取得了巨大的成功。两个意大利防御性的堑壕落入奥匈指挥官康拉德之手，400,000 名意大利士兵沦为战俘。康拉德一度看上去就要进入威尼斯平原了。现在意大利人也请求勃鲁西洛夫开始他的攻势。正当康拉德的攻势由于缺乏火炮支援而渐渐衰退时（这在大战中是常见情况），俄国人发动了进攻。

勃鲁西洛夫进攻的方式挑战了传统的方法。他并没有针对一个特别的中心集中他的部队，而是在 6 月 6 日沿着整个南线展开进攻。值得一提的是，他取得了突破。被康拉德抽走了人马去对付意大利的奥匈军队瓦解了。一个月的时间，勃鲁西洛夫沿着整个阵线挺进了 96 公里，沿路俘获了 300,000 名战俘。无疑，如果勃鲁西洛夫进攻的是德国人，结果将会完全不同。但他确实迫使德国人从西线调派援军去支援他们的盟国。然而，像许多其他的攻势一样，勃鲁西洛夫开始丧失势头。再一次是由于缺乏火炮支援，勃鲁西洛夫所面临的各种供给缺乏也减缓了他前进的速度。另外，奥匈从突然袭击中恢复过来，并得到德国军队越来越多的支持。

同时，俄国最高指挥部不确定应如何响应勃鲁西洛夫的初期成功。应该调拨军队保持势头还是遵守对其盟友做出的承诺完成北方攻势？ 7 月底做出推进北线行动的决定。这将被证明是一个错误。德国人立即在路上拦截了攻势。1916 年将不会再有俄国攻势。

然而，多亏了罗马尼亚，德国人的攻势复兴了。正值勃鲁西洛夫攻势进展 100
缓慢之时，罗马尼亚正好处在俄国人进攻的南部，其统治者认为他们的时机到来了。用丘吉尔的话说，时机不仅仅是来了，而且是来过了。罗马尼亚加入协约国一方参战时刚好遭遇了法金汉指挥的德国军队。由于兴登堡和鲁登道夫的联合，德皇已取消了法金汉总指挥一职。罗马尼亚人以惊人的速度败退，法金汉完全收回了被勃鲁西洛夫在这个过程中获得的战场。巨大的石油以及小麦储备由此落入了德国人之手。只要确保这些原材料的安全，德国就能够无限期地继续战争。这就是罗马尼亚对协约国事业的贡献。

再次回到西线，那里是战争胜负的关键，英国军队正缓慢增加到可以发动一场大规模攻势的规模。需要指出的是，此时的战争与英国先前所进行的战争大为不同。英国很少会把这么大的资源投入到在欧洲的地面部队中。现在，由于法国人和俄国人所遭受的压力，他们被明确要求这样做。截至夏天，英国在西线的总兵力有100万左右。他们将在哪里发动大规模的攻势呢？答案是跨越索姆河，法国人在其南边（和正北边），英国人把前线向北延伸23公里。由于德国人在该地区强大的防卫，对新的战争地点的选择引来了众多嘲笑。为何要在这个区域发动进攻呢？仅仅是因为这是英法军队的交汇点吗？然而要找到另外一处理想的进攻地点也并非易事。佛兰德斯地势太低——它的南边是朗斯附近的工业区，1915年在那里发动的攻势失败了。索姆河前线北方相邻的是维米岭周围令人生畏的防御工事。索姆河更南面是山丘和被树林覆盖的缓坡。总而言之，如果索姆河看上去有很多不利之处，那么在其他地方也一样。至少协约国发动的联合进攻能够迫使德国人在很宽的战线作战。

但由于凡尔登的杀戮在继续，很明显，协约国前线的进攻比最初设想的小。凡尔登继续进行的战斗逐步转移了本应被派往索姆河的法国军队。3月，法国在索姆河的军队为39个师，英国为14个师。到4月底，法军数量减少到了30个师，到5月20日为26个师，月底剩20个师。在那之后，霞飞不再计算援助英
101 国人还需要多少法国部队。英国自己正确地估计出，到发动攻势前，在他们南边的法国部队不会超过12个师。从这个意义上说，索姆河战役成了主要是英国人的战斗。

这并非是折磨道格拉斯·黑格（Douglas Haig）爵士的事情。这将是黑格在其新任上进行的第一次战斗。洛斯战役失败后，他接替了约翰·弗伦奇（John French）。自从1915年12月开始，他就为“大推进”逐步积累了人力和火炮。

黑格认为他将在宽阔的战线发动进攻的想法有稳健的基础。以这样的方式，至少核心部队将会受到保护，免遭敌军侧翼火力攻击。但要在一个宽阔的战线上组织进攻（这种情况下为11公里），必须囤积大量的弹药和火炮从而摧毁英国所要面对的德国广泛的堑壕以及筑有防御工事的村庄。囤积了足够的弹药，还必须确保英国的炮兵能够有熟练的技能将这些弹药准确地投放至德国的防御工事上。令人高兴的是，黑格和他的下属几乎准确地计算出弹药数量并且彻底评估了火炮使用的各种方法，以确保火炮能够完成任务。这虽然令人高兴但并不切合实际。黑格与凡尔登的法金汉非常相像，只是在英国军队中积累了前所未有的大量火炮和弹药，就想当然地认为它们是充足的。

后来证明不仅仅是火炮的数量不够，在质量、型号以及发射方式上都存在

着严重的不足。为了满足黑格的要求，英国军需部做出众多有问题的决定。为了提高产量，它不再检查质量，结果是很多炮弹不是无法爆炸就是过早爆炸，由此毁坏了发射炮弹的火炮。此外，提供给黑格的大部分是榴霰弹，这种弹药能够有效切断有刺铁丝网或者对付野外的军队。但对付索姆河大部分德军守军藏身的深堑壕及其下方的防空壕，这种弹药是无用的。通过积极的巡逻队，英国人熟知这些深处防空壕的存在，但他们没有意识到这对榴霰弹轰炸效果的影响，而榴霰弹恰是轰炸的主要手段。

在制订行动计划的过程中，即将负责指挥这次行动的罗林森（Rawlinson）将军一度似乎意识到英国的破坏性努力是不够的。他起初恳求黑格把目标限制在德国的第一道防御阵地。黑格没有这样的想法，他打算攻克德国人的全部三 102
条战线。他聚集的四个装甲兵师恰在前线后方，这些兵力如果不取得突破、朝海岸急速行进，从而击退德国人在西线北部的防御，还会做什么呢？

罗林森本可以建议，在1916年的西线，这样的行动是荒唐的。他本可以指出，野外大规模的骑兵会是德国机枪手和火炮手的理想目标，战争到目前为止，包括法金汉在凡尔登的努力在内的任何轰炸，能够完全消灭敌人的防御工事。他本可以继续指出，无论如何，能够摧毁骑兵的德国武器会在前线后方安放得很好，处于最猛烈的轰炸范围之外。他本可以做这些，但没有做。面对黑格质疑时，他的论点倒退到反复强调，缺乏经验的军队想推进到黑格方案要求的距离有困难。这是错误的行动方针。不管有没有经验，死亡的部队哪也去不了。这是英国方面未能抓住的问题。

结果，7月1日发起的巨大攻势所受灾难的规模是西线开战首日所未有的。（它会在余下的战争中保持着这个令人怀疑的荣誉。）这一天结束的时候，57,000名英国士兵伤亡，占到当日所有参战士兵的大约百分之四十。一度人们把如此可怕的伤亡归咎于步兵缺乏想象力的、让部队肩并肩缓慢前行的战术，而这样的战术是因为不合理的指挥强加到士兵身上的。事实上，部队指挥官似乎忽略了任何来自高层的战术指示并采取了他们自己的办法，大部分这些办法确实是十分有想象力的。然而，面临未受削弱的德国机枪和炮兵，步兵采用何种战术完全不相关。面对猛烈的炮火，士兵在无人区是走是跑还是从高处向下俯冲，并不重要。重要的是，并不充分也并不准确的轰炸，漏掉了德国人多数的防御系统，而大部分德国炮台部署在无人区。这就使得机枪手们（是他们那天造成了为数最大的伤亡）能够从深处防空壕的安全设施里冒出来任意残杀行进中的部队。令人忧伤的事实是，10,000 名英国士兵还没有到达自己的前线就伤亡了。核心区第三军的整个师几乎完全没有与敌人搏斗就被屠杀了。结果是截至夜幕
103 降临，英国人只在他们阵线的南部获得一点战场——在那里他们与火炮方面补给更为充足的法国人并肩作战，在那里有些师第一次使用了令人毛骨悚然的徐进弹幕射击。但在中心区和北部未获得任何战场。法国人在接近河流的南面有少许收获，但他们的努力在黑格看来总是细枝末节。

尽管存在这些损失，但从没有人对继续战争有过任何怀疑。法国人仍在凡尔登遭受压力，而做了那么长时间准备的黑格也几乎不可能只打了 24 小时就停止。霞飞会见了英国指挥官，要求黑格再次尝试攻占北方战场，也就是说，坚定不移地要取得那个在 7 月 1 日已经消耗掉他 13,000 名士兵的地方。黑格提出异议，并清晰地告诉霞飞，无法接受他的要求。黑格反而提出了继续开拓南方战场，直到他能够与德国人的第二道防御阵地拉开显著的距离。霞飞别无他选，只好同意。

黑格决定巩固胜利是有道理的。然而他进行这些行动的方式是毫不明智的。接下来两周的时间里，罗林森的第四军团在一系列狭窄的前线发动了小规模的进攻，使得他们能够向前少许移动，但为此付出了巨大代价，因为他们所采取的战术使得德国人能够将最大的火炮集中在处于威胁的前线上的小范围区域。由此，几个师无法继续作为战斗部队存在，其中最有名的是劳合·乔治热心建立的威尔士第 38 师。

然而 7 月 14 日，罗林森取得了一次成功。他终于足够接近德国人的第二道防线来发动进攻。他在夜间进行突袭行动。德国人未曾料到此举，由此其第二道防线完全落入英国之手。这是个好兆头，但试图利用这个战果让骑兵向前推进却并不顺利。一些攻击德国人的印度骑兵师十分不走运，被德军机枪和火炮扫射消灭殆尽。认为骑兵在诸如索姆河这样的战场上能够占有一席之地的想法很难根除。

要解释接下来的两个月索姆河发生的事情是现代军事史上最艰巨的任务之一。高夫（Gough）将军率领的后备军（澳大利亚军团在其中）位于前线左侧或北方，它在夺取了德国人波济耶尔附近的第二道阵地之后，试图再次尝试进一步向北进攻德国人的一个被称作穆凯农场的战略要地。这个战略要地并没有实

际的战术价值，直到9月才最终被拿下。正如一开始所预测的，它的陷落并没 104
有什么意义。然而，这场战役却消耗了澳大利亚军团23,000名士兵，最后该军团只好撤出了索姆河战役。这是一个如何漫无目的地慢慢浪费一支强大部队很好的例子。

穆凯农场行动还有一个奇怪的特征。后备军向农场推进的方向远离第四军试图前进的方向。当它们中任意一个取得重要突破时，就会与另一支队伍分开。在这种情况下，使用黑格和罗林森的战术必定不会有什么大的，或者说能在大地图上确实看到的收获。7月15日至9月14日发动的进攻，与7月2日至13日的进攻特点相同，同样是小规模的、发生在狭窄阵线上的战斗，结局同样悲惨。但后半期，故事增添了新曲折。第四军本身就尝试立刻从两个不同的方向前进。左侧的部队几乎正试图朝正北方向前进，右侧的军队尝试向东方进军。再一次，军队任一部分的前进都使得它们与彼此分开。再一次，小股人进攻的方法让每一方都根本无法前进。最终黑格注意到了所发生的事情，并竭力说服罗林森先停止一部分军队的进攻，直到另一部分部队进入堑壕之后再进行。但黑格的劝说失败了。罗林森看上去是听从了他的说法，但做出的事情就像没有听过一样。黑格之后又回到了沉默状态。与此同时战争急剧失去控制。甚至是沿着阵线攻占一片树林（高地森林）就让约100,000名英国士兵丧生，原因是在兵力明显不足、所受火炮支援也微不足道的情况下，还不断发动进攻。直到这阶段的尾声，右侧的军队才取得了足够多的收获，从而确保9月15日黑格发动大规模进攻时能够有个勉强令人满意的初始战线。

但这只是故事的一面。索姆河不能被视为是英国笨蛋与智慧的德国工事之间的较量。两边都有笨蛋。法金汉就下令，任何丢失的战场都要立即反攻重新夺回。由此少量英国部队向前的稍许推进遭遇了少许德国部队的类似反攻。法金汉就是以这样的方式，迎难而上，从而使得伤亡名单恢复了某种平衡。

另外，德国部队正经历着他们自己的某种烦恼。即便英国人考虑不周的进
攻未造成德军的大量人员伤亡，后者还是遭到英国火炮的持续轰炸。尽管黑格 105
在索姆河所采取的战略很不成熟，但还是反映出英国作为一个主要的军事国家到来了。德国人震惊于英国人在7月2日至9月中旬向自己投射了700万枚炮弹的事实。截至1916年英国聚集了一支大陆规模的军队，该军队军火供应很快将成为世界上最大的供应源。而且，英国的财政联系以及它的舰队切断了德国与

世界财政市场的联系，使得它能够畅通无阻地获得美国的财富。英国的部分资产不得不变卖用来偿付美国的原材料和资金支持，这是事实，但英国财力雄厚（1914 年它能够将 40 亿英镑用于对外投资），而德国人只能眼巴巴看着英国在美国的帮助下，军需生产再创新高。

与此同时，位于前线后方的黑格正在给德国准备着某种奇袭。英国秘密研发出一种新式的战争武器，那就是坦克，黑格希望能尽快使用。为此，他一直遭受谴责。有人说，他应该等到这种新武器数以百计时使用，那本可以赢得一次惊人的胜利，而不是在只有 50 辆的情况下于 9 月匆忙作战。但黑格利用少量的坦克进攻确实是正确的。这种武器并未经过试验，而想用没有经过检测的武器去赢得一场战役，风险十分巨大。事实也是如此，百分之五十的坦克在没有到达前线堑壕就出现了故障。如果使用了大规模的坦克再发生这种情况，注定会惨败。

结果，9 月 15 日的战役取得了非常有限的成功，并不是因为坦克的数量少，而是由于黑格使用它们的方式。明智的是，他把他的坦克集中在德国前线最坚固区域的对面。不那么明智的是，由于害怕击中坦克，他决定不采取令人恐怖的徐进弹幕射击方式，而这种方式到此时为止已成为进攻中保护步兵的一种标准形式。然而，即便是这里使用的马克 I 型坦克，它们也能够承受一些榴霰弹，因此有可能经过徐进弹幕射击的整条前线。战役中所发生的却是一些坦克由于机械故障没能到达，从而使得在它们对面的敌人战略要地完全没有受到任何火炮攻击。这些地方是德国机枪手们的栖身之所，防守者能够对进攻中的英军造成可怕的伤亡。只有在全部到达的中心区，坦克才能够没有损失地向德国人发起进攻。该区域的德国部队在恐慌中向后方撤退，由此，一些像弗莱尔这样的
106 小村子就落入了英国人之手。借助坦克获得了一些战场，但代价高昂。

不论什么情况，接下来 9 月 25 日的战斗证明，如果能够恢复传统保护步兵的方法，即使不用坦克有时也能获得更多的地盘。截至 25 日，大部分坦克都不再使用。因而，伴随着贯穿前线的令人恐怖的徐进弹幕射击，第四军压制了德国人的防御，而且从大战的角度看，以微小的代价获得了相当多的地盘。

黑格现在到达了山脊的顶峰。下面排列着更多的德国防御工事。但这已是战役季的尾声。雨季将很快到来，如果确实按时到来，山谷注定会变成无尽的泥淖，向前推进进入面前的山谷对黑格来说前景并不乐观。但黑格毫不犹豫地

考虑前行。正如他经常所评论的（也业已表明是错误的），德国人的士气正濒临瓦解。当胜利在召唤，为什么现在要停下来？

胜利当然并未以这种姿态出现。但得到英国政治家支持的黑格，一根筋地决心采取攻势。这是令人惊奇的。主管战争的军事委员会由少数几个政治家组成，他们并非庸碌之辈。阿斯奎斯、劳合·乔治、亚瑟·贝尔福（Arthur Balfour）以及其他人都是他们那个时代最为杰出的政治家。毫无疑问，在陆军大臣基奇纳看来，他们的军事知识水平还停留在殖民战争时期，对当时西线进行的工业化战争知之甚少。而在帝国总参谋长罗伯逊（Robertson）将军看来，他们有个顾问，其职责就是在任何情况下以全面支持黑格为己任。然而，当时的文职并非毫不重要，他们对任何问题有着自己的主张和判断。但在索姆河战役之前，他们没有问及，也并未被告知黑格想要采取的攻势类型，他们不了解或者不确切知道黑格打算如何使用劳合·乔治的军需部所提供的弹药。一旦战争开始，针对第一天出现的大屠杀局面，人们本预想会有文职人员提出某种形式的强烈抗议。7 月 1 日之后他们召开的第一次会议上，出现了沉默，部分是由于伤亡人数的全部恐怖情况尚未被揭示。但当事实明显时，接下来的会议上出现了更多的沉默。从军事委员会秘书汉基的日记中可以清楚地看到，委员会的很多成员对于高伤亡、低进展怀有不安。罗伯逊公然用假数据向委员会的文职代表保证说，尽管黑格遭受巨大的伤亡，但他让德国遭受的伤亡更大。对于这一说法，这些文职人员仍然态度消极。丘吉尔当时不是内阁成员，他写了份备 107
忘录反驳了罗伯逊的数字，指出德国每伤亡两人，英国就要伤亡三人，军事委员会的反应就是祝贺黑格正干的工作很出色。

但当黑格在 9 月底停下来的时候，他做的本可能会是个严重的错误。10 月初，他写信给军事委员会，请求他们同意继续攻势。这是文职人员重塑权威的机会。他们不必解雇黑格，只需感谢他到目前所取得的辉煌成果，下令结束战斗，因为战役季即将结束。那时，委员会当中的大部分成员都被总的伤亡数字彻底警醒，他们还困惑不解的是，当他们被保证说索姆河攻势至少把德军牵制在西线时，罗马尼亚是如何被击败的。但结果他们不仅错失了这个机会，甚至没在委员会讨论黑格的要求。他们完全丧失了质疑总军事顾问和西线总指挥的意愿。攻势会继续。黑格能够做他想做的事情。

黑格正是那样做的。尽管雨季恰好在 10 月开始，他却为另一个巨大攻势做着准备。这一次目标在阿拉斯周边，大约 112 公里的距离。尽管黑格用了 3 个月才将他的阵线向前推进了 16 公里多一点，但没有人试图质疑这个抱负。尽管骑兵认为很难通过泥沼进入阵地，但还是及时聚集了五个骑兵师以便扩大战果。伴随这次攻势的火炮轰炸遭遇了惨败。阴雨的天气让大炮无法对准任何远处的目标。军队无法在令人恐怖的徐进弹幕射击之后跟进，简单的原因就是士兵陷入了泥泞的堑壕无法脱身。他们只能在同伴的协助下摇摇晃晃地前进。与此同时，令人恐怖的徐进弹幕射击落在目标很远的地方。不仅看不到阿拉斯，也看不到德国前线的堑壕。获得的战场开始以英尺来丈量，在前线的某些区域甚至用尺来算都太大了。

随后的 11 月，黑格召集协约国在尚蒂伊开会。他拼尽全力要在开会前赢得一场胜利，一场能让自己被记住的胜利。因此他重新启动了长久以来被遗忘的
108 现在被命名为第五军的后备军。他们的目标是博蒙－哈默尔。没有人指出，这是很久以前从 7 月战争伊始就有的目标。高夫欣然接受了这个机会。尽管雾的出现使得天气状况雪上加霜，但还是做了充分的准备。尽管炮手很难分辨远处的目标，也很难在步兵中分辨敌友，但火炮支援还是相当可观的。这场战斗被认为是成功的，因为经过很多艰苦的战斗攻下了博蒙－哈默尔。关于这件事有两点需要说明。其一，战役到这个阶段，靠近英国前线堑壕的并不重要的村庄是否在德国人手里已经不重要了。其二，攻占这个地方付出了相当大的代价。为了黑格能够在尚蒂伊趾高气扬，大约有 10,000 人伤亡。这种代价并不辉煌，而是耻辱。

索姆河见证了 1914 年至 1916 年英国征集的志愿兵部队的牺牲。战役期间，他们当中的约 432,000 人或伤或亡，其中大约 150,000 人死亡，100,000 人因伤势很重而永远无法再战。总计 25 个师的英国部队，约半数在西线被消灭。以这样惨重的代价，黑格只造成了 230,000 名德国士兵的伤亡。另外，协约国方面，法国为了掩护黑格徒劳的努力，遭受 200,000 人的伤亡。仅从数字的角度看，哪方赢得了索姆河的战斗是毫无疑问的。是德国人。然而有理由推测其敌人感受并非如此。他们遭受了差不多 5 个月的炮击，而攻击方出乎意料是英国人。另外加上他们在凡尔登的伤亡人数，同盟国最大的战争发动机损失了 500,000 人。8 月，损失在增加却没有明显的收获，这造成了法金汉的去职。他的继任者兴登堡和鲁登道夫也一样，在 15 个月内未再发动攻势。尽管协约国伤亡惨重，1916

年底主动权依旧在它们手中。

1916 年的战役在战争史上是最为忧郁的故事。凡尔登战役总的伤亡人数大约接近 700,000 人，索姆河伤亡人数超过 100 万。在东线和意大利的伤亡总数大概也不少于 100 万。弹药消耗也同样巨大。英国仅在索姆河就向德国人发射了 1,500 万枚炮弹。加上法国的消耗，协约国在索姆河使用的总炮弹数大概在 2,000 万枚。除此以外，还有德国人不明总数的炮弹及所有东线交战方的弹药数，能够估计欧洲国家在这段时期所消耗的弹药十分巨大。

然而在其他方面，将 1916 年的战斗称为总体战的主要代表也是误导性的。109
在一天中使用的师的最大数量大概是英国在索姆河第一天所使用的，那就是说 14 个师。德国在同一天大约投入了 10 个师，法国为 6 个师。这样 1916 年西线战事最激烈的日子，安置在西线的 200 个师也仅有 30 个师投入了战斗。然而这个图景夸大了战争的总模式。索姆河战役的第一天以及凡尔登战役的第一天（投入战斗的兵力远少于 30 个师）都不是各自战役中最典型的。在索姆河以及凡尔登，普通的一天只有少量的部队参与进攻，随后的大型战斗的激烈程度很快降低。大多数时候，在西线大部分地区，大部分部队都没有参与进攻。士兵们的生存状况堪忧，因为他们随时都有可能遭受不同规模和强度的火炮轰炸或堑壕袭击。然而这样的图景还无法算是总体战。由于所有参加战斗的人都遭到损耗，它确实是消耗战。当然这并非他们的指挥官所要达成的目标。在凡尔登，法金汉的真正目标是城市本身，他的“流血而亡”战略是后退一步的权宜之计。黑格在索姆河发动的主要攻势中，他的目标是破坏德国的堑壕从而让骑兵部队作战。这样的作战意图体现在 7 月 1 日、7 月 14 日、9 月 15 日以及 10 月的各种战斗中。这些野心过大的计划失败后的结果就是消耗。但消耗并非黑格的主要目标，虽然他已经由于消耗过多而闻名。事实上他并非尤利塞斯 · S. 格兰特将军的现代化身，而更多的是一位拿破仑般的浪漫主义者，梦想着通过大规模骑兵推动阵线的前进。他的士兵在 1916 年为这样的浪漫主义付出了代价。他们会在即将到来的新一年再次付出代价。

110 # 5 1917 年：全球战争

迈克尔·S. 奈堡

灵魂的炼狱

1916 年 12 月 30 日，法国士兵马克·博阿松（Marx Boasson）坐在西线战场的堑壕里，一边努力使自己保持温暖，一边给家人写信。“生活如此沉重，”他写道，“我从未这般深刻地感受到人性的卑劣。生活是一项巨大的责任。”尽管对即将到来的 1917 年一无所知，但博阿松十分肯定，在这由战争所造就的“肉体的地狱和灵魂的炼狱”般的欧洲，会有更多毫无意义的杀戮和苦难。[1] 对士兵们来说，巨大的痛苦看不到尽头，而在战争的后方，生活一样艰辛无比。贫困侵蚀了整个冬天，以至于人们，特别是在德国，后来将其称为“芜菁之冬”和欧洲历史上最严酷的季节。

在 1917 年到来之时，总体战的逻辑使得各国除了继续战斗之外别无选择。虽然要取得胜利就必须付出更大的牺牲，但输掉战争则意味着接受敌方的毁灭性条款。这场战争不再关乎理想，而是关乎生存。回顾 1917 年，如果只从战争本身来看，其最主要的一个特点是战略的无效以及战争双方都无力将国家实力转化为胜利。在这一年里，更多的生命和财富被浪费，却没有实现任何新的战略目标，除非有人接受消耗战的冰冷逻辑，也就是战争一方必须通过大规模战役消耗对方以获得胜利。尽管一些历史学家曾试图证明消耗是一种取胜的战略，

---

[1] Benoist Méchin, *Ce qui demeure: lettres de soldatstombés au champ d'honneur, 1914—1918* (Paris: Bartillat, 2000), pp.254–255。

但事实上，1917 年没有一场战役是以消耗对方为主要战略目标的。[2]

因此，除了几个明显的例外，1917 年的战役都可以说是战略失败。甚至是 111
那些获得了作战胜利的战役也是一样，不管是 4 月加拿大 / 英国攻占维米岭的战役，还是 10 月德国 / 奥匈帝国粉碎位于卡波雷托的意大利战线的战役都没有取得任何有持久影响的战略胜利。尽管这些战役展示了合理计划和一点运气可能带来的成果，但总体来说，1917 年的主题是交战双方都无法打破敌方阵线并保持所取得的突破。无论是战斗在贵妇小径（Chemin des Dames）上的法军还是在比利时作战的英军都遭受了巨大的损失，却没有给西线的战况带来任何实质性的改变。不可否认他们打击了德国军队，但事实是，协约国在年末时认为，与年初时相比它们丝毫没有更接近胜利。实际上，许多身居高位的协约国将领都认为 12 月的时候他们的境况比 1 月的时候要糟得多。他们中没有人敢妄想能在来年取得胜利。更多的人则担心会失败。

如果从更大的视野来看，1917 年可以被看成是军事史上一个重要的分水岭。这一年开启了战场上的一个重要转变；康布雷、里加和卡波雷托战役标志着以步兵为基础的大规模攻击向机械化联合部队作战的转变，后者的主要特点是步兵与航空兵、炮兵和装甲兵以多种形式联合。这一转变显示了工业革命的完成及其对战争的影响。第二个转变在于美国和俄国向超级大国方向的崛起。尽管当时鲜有人意识到这一点，1917 年确实是欧洲帝国主义体系终结的开始和新体系的开端。而这一新体系，在一代人之后将美国和苏联置于欧洲之上。

在 1917 年 1 月（甚至是 12 月），美国和俄国崛起的想法简直是天方夜谭。1917 年年初时的俄国就像一个极其衰弱、步履蹒跚的巨人，无法利用其庞大的人力资源和丰富的自然资源在战争中取胜。即使 1916 年它在战场上取得了一些显著成绩，也还远不足以使德国或者奥斯曼帝国屈服，或实现任何主要战争目标。相反，随着沙皇政权失去合法性和民心，俄国濒临崩溃。1917 年 2 月，统治俄国长达三个世纪的罗曼诺夫王朝尴尬落幕，而接替政权的临时政府如此脆弱，即便有法国和英国的大力支持也还是只维持了不到一年。1917 年的俄国饱受革命震荡，内战一触即发，远非它即将成为的世界大国。

美国也完全没有显露出要崛起成为超级大国的迹象。当伍德罗 · 威尔逊 4 112

[2] 参见 David French, “The Meaning of Attrition, 1914—1916”, *English Historical Review*, 103 (1988), pp.385–405。

月宣布美国参战时，美军算得上可怜，位列葡萄牙军队之后。美军没有坦克，没有全副武装的师团，没有经验丰富的指挥官，也没有现代训练体系，有的只是 55 架飞机。在搜捕墨西哥匪徒庞丘·维拉的过程中，美军更是大为受挫，派出了 12,000 名士兵，却依然失败而归。美国人没有战斗经验，并且因为威尔逊对中立的严格定义，美国也没有派观察员到西线了解第一手战况。同时，美国还深受军需工业腐败横行、公众意见分化和其他组织性问题的困扰。[3] 美军对战争毫无准备，以至于参议院财政委员会主席托马斯·S. 马丁在回复一名少校的军费请求时惊骇万分地说："上帝啊！你们不是要把士兵送到那里去吧？"[4] 马丁和一些人认为，美国对协约国胜利的贡献是在经济和船舰上，即便是他也不认为美国陆军对战争结果会有多大影响。

然而毫不夸张地说，1917 年为这两个国家带来了巨变。俄国经历了两次革命，而后一次革命可以说是欧洲历史上自 1789 年巴士底狱陷落以来最重要的革命。布尔什维克最终得以驾驭其所控制土地上的能源和资源，这使得俄国成了 1917 年另一个赢家美国的对手。

就美国而言，1917 年美国在偶有反复和不甚情愿的情况下走向了世界大国。虽然战后美国遣散了军队，但毋庸置疑，它成了世界经济和工业大国。两战期间，美国不情愿地朝着世界大国的方向蹒跚前行。尽管大部分美国人民依然拥护孤立主义，大萧条也削弱了美国的国际影响力，但 1941 年之后，美国领导人开始对伍德罗·威尔逊 1917 年提出的以国家实力推进美国民主和自由的理念推崇备至。即便这个理念自相矛盾又是出于自私自利的目的，也没有阻挡一代又一代的美国人对它的热切拥护。这在那些在历史性的 1917 年提出这一理念的先
113 驱看来，想必是不可思议的。[5]

[3] 这些问题的详细介绍参见 Linda Robertson, *The Dream of Civilized Warfare* (Minneapolis: University of Minnesota Press, 2005)。

[4] 引自 David Kennedy, *Over Here: The First World War and American Society* (New York: Oxford University Press, 1980), p.144。

[5] 对于这一理念的局限性，埃雷兹·曼那拉做了精彩又令人信服的介绍，参见 Erez Manela, *The Wilsonian Moment: Self-Determination and the International Origins of Anticolonial Nationalism* (New York: Oxford University Press, 2007)。

废　墟

当然，战争是这些变化的主要催化剂。1917 年初，交战双方都深陷战略瘫痪。与很多战略家 1914 年的设想相反，三年的现代战争没有在经济上或者士气上搞垮任何一方。战争爆发前，诺曼·安吉尔、伊万·布洛赫等人都认为各国不可能承受得了长期战，但他们悲剧性地错了。[6] 尽管耗费了大量的人力财力，但协约国和同盟国都依旧坚持并有能力在战场上维持强大的军队，同时发展经济为战争提供支持。新武器的出现增强了战争的杀伤力，但即便是坦克和新型飞机也没有起到任何重要的战略意义。到 1917 年，双方仍然没有任何临近崩溃的迹象，战争仿佛看不到尽头。

德国战略家依然无法解决两线作战这一困扰了德军总参谋部几十年的难题。1916 年，他们把重点放在了西线的凡尔登，在东线则保持防御。然而当年夏天俄国在勃鲁西洛夫攻势中的惊人胜利却给德国，或者更重要的是，给摇摇欲坠的奥匈帝国造成了巨大压力。很显然，德国的战略行不通，并且德国决策者明白持久战会给德国后方造成压力，而德国后方可能已经禁不起这样的压力了。毕竟深受“芜菁之冬”之苦的是德国本土。

于是，德国决定组建新的指挥队伍，实行新战略。1916 年，凡尔登惨败的总指挥官埃里希·冯·法金汉将军被两位成功的东线指挥官保罗·冯·兴登堡将军和埃里希·鲁登道夫将军取代。他们带来了霍尔格·赫维希所谓的“新的精神和新的战争观”。新任指挥官的目标不仅是要坚持住，更是要改变战争的势头，获得全面胜利，进而为德国提供“经济赔偿和大面积土地吞并”，为 1914—1916 年间德军庞大的人员伤亡正名。[7] 114

要实现这一战略目标，必须设法为德国争取足够的时间从失败中恢复，并再次将重心转移到东方。兴登堡和鲁登道夫摒弃了德军先前奉行的理念，即要守住每一寸自 1914 年起攻占的土地。相反，他们明智地撤离了一些已经暴露的突出部和难守地带。这使得战线更加易于防守，并且需要的士兵相对较少。在

---

[6] 参见 Norman Angell, *The Great Illusion* (London: Putnam's Sons, 1910)；该书认为现代经济在战争的重压下很快就会崩溃。

[7] Holger Herwig, *The First World War: Germany and Austria-Hungary, 1914—1918* (London: Edward Arnold, 1997), p.229.

经历了 1916 年的血拼之后，减少所需士兵成了一项重要考虑。如此一来，德军撤退到了一条相对较直的防线，这条被强大的防御工事所保护的战线被统称为兴登堡防线或齐格菲防线，其本身就是一项伟大的军事工程。

新的防御工事令人生畏。这条防线主要由战俘组成的强迫劳工建设而成，实际上是五个不同的部署完善的军事区域，覆盖在西线 300 英里的土地上。每一套防御工事都近乎完美，先是一个前向的反坦克壕沟，3 码深 4 码宽，紧跟着是不少于 5 排带刺铁丝网，每排铁丝网高 4 码。之后才是防线的主要火力所在地，一座钢筋混凝土结构的碉堡保护着机枪。如果敌方成功穿越了前面的所有防线，他们接下来必须面对的是“之”字形的现代堑壕，这些堑壕对榴弹炮或者手榴弹几乎免疫。它们由交通壕、电报和电路连接在一起，内部设有战地医院、指挥所和武器库。堑壕的后方是炮兵部队，旨在远距离破坏敌军部队。

实施新计划需要德国放弃来之不易的 1,000 多平方英里位于法国境内的土地，但这具有战略意义。于是，德军摧毁了他们计划放弃的土地，能带走的全部带走，不能带走的全部毁掉。据恩斯特·云格尔回忆：“所有的村庄都沦为瓦砾，所有的树木都被砍伐，所有的街道都布满地雷，所有的水井都投放了毒药，所有的河流都被填埋，所有的地窖都被炸毁或藏满炸药，所有的金属和物资都被带回防线……简而言之，我们把这片土地变成了敌人即将走进的废墟。”[8] 当法国人来年起草和平条款时，他们没有忘记德军的这次蓄意破坏。

115 兴登堡防线进一步证明了 1917 年的主要格局是防御远比进攻强大。然而，协约国明白，要赢得战争并收复法国和比利时的失地，它们必须进攻。虽然协约国 1917 年发动的主要进攻都被证明是失败的，但有一点需要牢记，那就是协约国将领们并不能沉迷于防御。如果协约国保持防御，那么会给德国送上它急需的时间结束对俄作战，并进一步提升在西线的防御工事。虽然这一基本困境并不能为协约国在 1917 年的计划不周开脱，但确实是协约国在贵妇小径战役（尼韦勒攻势）和第三次伊普尔战役（帕斯尚尔战役）中遭遇失败的一个因素。

德军希望新计划的实施可以为他们争取时间，并挫败协约国 1917 年在西线的主要进攻。另外，德军 1 月份重启了无限制潜艇战，对英国造成了更大的压力。虽然德军深知此举可能会引发美国这一全球最大中立国的反对，但他们最

[8] 云格尔言论引自 *ibid.*, p.251。

终决定放手一搏。潜艇可以截断不列颠群岛急需的进口通道，因此德军希望没有了英国的支持，法国便会停战。起初，德军的策略好像有所成效，因为美国并没有对德宣战而是采取了断绝外交关系这样温和得多的举措。然而局势愈加紧张，并且 3 月份被公开的齐默尔曼电报好像向美国人证明了德国的确对美国造成了明确而现实的威胁。4 月，威尔逊总统向国会申请宣战，这对德国造成了灾难性的后果。[9]

为数不多的 U 型潜艇极大地限制了德军的战斗力，虽然它们的潜在威胁继续在协约国的海军官员中引发恐惧。用法国官方历史中的话说，德军 U 型潜艇的数量不足以使他们赢得战争，却刚好可以使德国“可以在一个对他们越来越有利的‘战争版图’的基础上进行和谈”[10]。击败 U 型潜艇迫在眉睫。为了解决这个问题，协约国海军制订了护航计划。此前，商船都是独自驶过大西洋，除 116
商业权之外没有任何保护，而德军对商业权一贯视而不见。按照护航计划，协约国把商船分成若干船队，每个船队由驱逐舰保护。驱逐舰灵敏快速，可搜捕潜艇。在美国参战之后，美国和英国海军联合行动确保大西洋航运安全。最终，来自北美的货物和美国士兵在 1917 年和 1918 年间安全穿越了大西洋。德军的潜艇之搏失败了。

然而德军的另一个冒险之举却出乎所有人的预料成功了。3 月，沙皇尼古拉二世退位，因为他领导的反动政权过于脆弱，无法承受现代战争的重负。[11] 几周之后，德军将 32 名俄国革命分子，包括最著名的 V. I. 列宁，用专列送往彼得格勒发动全面革命。虽然列宁离开祖国已逾十年，但他迎合了一批俄国民众，他们希望不惜一切代价改变并结束战争。

俄国临时政府领袖亚历山大·克伦斯基（Alexander Kerensky）希望证明列宁是错的。他受协约国支持，认为俄国士兵应当继续战斗，并且恳求俄军保持

[9] Jennifer D. Keene, *World War I: The American Soldier Experience* (Lincoln: University of Nebraska Press, 2011), p.10. 1917 年 3 月，美国民众获悉齐默尔曼电报的内容。此电报向墨西哥承诺，如果墨西哥在将来的德美交战中选择加入德国一方，德国将向墨西哥提供慷慨的资金援助，并将德克萨斯、亚利桑那和新墨西哥归还给墨西哥。电报中还提议由德国、墨西哥和日本成立反美联盟，令美国极为震惊。尽管墨西哥政府否认对加入德国同盟感兴趣，但伤害已经造成。

[10] Ministére de la Guerre, État-Major, Service Historique, *Les arméesfrançaisesdans la Grande Guerre*, Tome v, vol. II (Paris: Imprimerienationale, 1936), p.32.

[11] 对一系列导致沙皇退位事件的近期的解读，参见 Sean McMeekin, *The Russian Origins of the First World War* (Cambridge, MA: Harvard University Press, 2011)，尤其见第 9 章。

忠诚。克伦斯基找到了曾在1916年领导俄军获得胜利的阿列克谢·勃鲁西洛夫将军，希望他能再获成功。7月他领导两支俄国军队发起大规模进攻，虽然起初取得了一些胜利但最终因成千上万的士兵擅自离队而失败。克伦斯基攻势的失败使俄军士气大跌，也在实质上结束了俄国对继续战争的支持。很快，俄国中产阶级和温和派发现自己成了包括列宁领导的布尔什维克党人在内的激进分子攻击的对象，后者高喊“和平、土地和面包”的口号，承诺结束战争并在俄国开展社会改革。

德军趁俄国内乱之际，向东不断推进到补给可达的最远处。然而，奥匈帝国军队则显露出衰弱的迹象，同时德军将领拒绝从西线调派士兵和物资，而对德国决策者来说，重复拿破仑曾经犯下的错误一直如噩梦般萦绕在眼前。到
117 1917年末，布尔什维克已经控制了俄国政府，而德国人则决定，与在战场上多忍受一个俄国的严冬相比，谈判对他们更为有利。12月，德方基于实力地位开启谈判，而之后签署的《布列斯特–立陶夫斯克条约》使德国获得了100多万平方英里的俄国土地和足以弥补它因英国封锁而遭受的部分损失的原料。

德国领导人希望通过撤离它的最大战线获得巨大利益，但事情比他们预想的要复杂。俄国和乌克兰的政治动荡使东线不稳，而德军抢夺粮食的行为引发了当地民众的反抗，使德军没有办法如愿得到想要的一切。结果，即使那里的战事已经结束，德军也不得不在东线部署超出原计划数量的兵力。更加出人意料的可能是，被德军注入俄国的布尔什维克思想也感染了德国士兵，使曾经忠诚的德国左派激进化，他们在“布尔什维克革命里找到了新的榜样”。[12]

在西线，协约国也做出了战略调整，任命了新的指挥官。疲惫的法国指挥官约瑟夫·霞飞将军已是江郎才尽，并且过多地消耗掉了与政治领袖之间的情谊。他被送往美国，鼓舞美国人民并充当顾问。他曾经的门徒，与他相比更加精力充沛、智慧过人的费迪南·福煦（Ferdinand Foch）也风光不再，被指派为应对德军通过瑞士入侵法国制订作战计划。这是一项基本上毫无意义的任务，因为这种情况几乎不可能发生。[13] 两人都与1915年和1916年的战略失败有关。

---

[12] Roger Chickering, *Imperial Germany and the Great Wall, 1914—1918*, 2nd edn (Cambridge: Cambridge University Press, 2005), p.157.

[13] 伊丽莎白·格林哈尔希（Elizabeth Greehalgh）用更积极的态度描述了瑞士任务。她对霞飞和福煦的解职进行了论述，参见 *Foch in Command: The Forging of a First World War General* (Cambridge University Press, 2011), pp.200–207。

曾在 1914 年免去许多法国指挥官职务的霞飞，现在发现自己成了被免去职务的那个。而福煦 1917 年先是处理根本不存在的瑞士问题，之后因意大利的卡波雷托惨败前往意大利，最后于年末返回法国出任法军总参谋长。

接任霞飞出任法军指挥的是自信又油嘴滑舌的罗贝尔·尼韦勒将军。尼韦勒是新教徒，又说得一口流利的英语（这两点在法军最高指挥部中都非常少见）。1916 年法国在凡尔登战役后期取得的胜利为尼韦勒和他新颖的炮兵战术赢得了声誉。他的战术兼具科学性和攻击性，与霞飞、福煦和亨利－菲利普·贝 118
当偏爱的迟钝又拖沓的战术形成鲜明对比。尼韦勒对他战术的优越性毫不讳言，声称“经验毋庸置疑；我们的方法已经证明了自己”[14]。

尼韦勒的乐观感染了政客们，他们急切地想要相信他已经解锁了现代战争的秘诀。英国首相大卫·劳合·乔治也是他的拥趸，对陆军元帅道格拉斯·黑格爵士逐渐失去信心的劳合·乔治，认为尼韦勒是很好的接替人选。因此，劳合·乔治同意尼韦勒 1917 年的全面战略规划，并强迫黑格顺从这一战略，取代黑格偏爱的佛兰德斯军事行动。1 月中旬，尼韦勒提出了一项计划，以北起阿拉斯、南至兰斯延伸向巴黎的巨大突出部为目标。他试图“把敌军固定在一点，然后攻击另一点并从攻击的位置打入敌方，而后向前推进，直到消灭敌人的后备军”[15]。一旦春天天气情况允许，英法军队将联合袭击北部，将德军的注意力吸引到阿拉斯和附近的战略高地。而后法军将采用尼韦勒声称在凡尔登战役中完善了的战术，在埃纳河沿岸的复杂地形上打开一个缺口。埃纳河周围的高地会对进攻造成一定的困难，但尼韦勒认为德军应该不会料想到会在这里遭遇强攻。

政客们为尼韦勒的虚张声势所倾倒，但大部分军队将领却持反对意见。黑格反对被当作尼韦勒的下属，因为事实上他的级别比尼韦勒要高。更重要的是，法军将领反对尼韦勒的行动计划，认为他的计划缺乏保密性，对他选择的进攻地点也不敢苟同。尼韦勒计划进攻的山脊是一个名副其实的绝壁，上面有一条小路，也就是贵妇小径，为德军提供了山谷的绝佳视野。所以出其不意的进攻是不可能的。另外，山脊上有两个强大的防御编队，即西侧的马尔迈松堡垒和

---

[14] 引自 Robert Doughty, *Pyrrhic Victory: French Strategy and Operations in the Great War* (Cambridge, MA: Harvard University Press, 2005), p.324。

[15] 引自 *ibid.*, pp.329–330。

一个采石场，也就是已经被德军改造成地下要塞的龙窟。[16] 专业人士知道这个山
119 脊足以抵挡任何攻击，因为德军具备无可比拟的高地优势，而且德军阵地可以防御曾经在凡尔登战役里奏效的战术炮火袭击。

更重要的是，德军即将撤退至兴登堡防线，这使得攻占贵妇小径已经没有任何战略意义。为什么要攻打一个敌人正计划主动撤离的地区呢？对此尼韦勒表示反对，他认为显示德军正在建设新防线的航空证据并不能证明德军的意图，并且任何情况下德军也不可能从距离巴黎仅 75 英里的地点撤离。对于尼韦勒下属的高级将领的反对意见，法国政府十分关注，并着手了解具体情况。于 3 月新上任的法国陆军部长保罗·潘勒韦（Paul Painlevé）将自己的任命归功于他的前任，法国传奇帝国军人于贝尔·利奥泰（Hubert Lyautey）将军，后者宁愿选择辞职也不愿为他认为业余的、注定要酿成灾祸的计划负责。潘勒韦对他听到的各种消息感到困惑，甚至非同寻常地询问黑格对尼韦勒的看法。[17]

潘勒韦直接和尼韦勒对峙，而尼韦勒则为他的计划辩护，即使计划的关键信息已在本不应被包括在决策圈的人中传开了。尼韦勒声称他会在 48 小时之内获胜，否则将停止进攻。他还以辞职威胁法国政府，这引发了军事和外交危机，因为他已经得到了劳合·乔治的支持。潘勒韦不情愿地做出了让步，于是进攻如期进行。

进攻的第一个阶段是袭击一系列小山丘，即维米岭。这些山丘俯瞰阿拉斯城，是占领整个区域的关键。德军曾不惜代价改善高地所提供的天然阵地。他们挖了很深的防御阵地，德军将领认为这些阵地坚不可摧。自 1915 年法军在这一地区惨败多次之后，这些山岭变得极具象征意义。尽管对尼韦勒来说，进攻
120 维米岭只是为了分散德军的注意力，为他在贵妇小径的袭击做掩护，但结果证明，维米岭战役是这场惨淡的军事行动里唯一的亮点。

攻占维米岭的任务落在了英军身上，而负责执行任务的是加拿大军团。军

---

[16] 关于龙窟在 1917 年的作用，有一个网站提供了精彩论述：www.caverne-du-dragon.com/en/default.aspx。龙窟也对游人开放。

[17] Gary Sheffield and John Bourne (eds.), *Douglas Haig: War Diaries and Letters, 1914—1918* (London: Weidenfeld & Nicolson, 2005), p.277, entry for 24 March 1917。黑格对尼韦勒有所疑虑，但他并没有告诉潘勒韦。可能是因为他不希望对一个政客说自己战友的坏话。当劳合·乔治询问福煦他对黑格在索姆河表现的看法时，福煦也为黑格做了同样的事。黑格当时写道：“若非福煦将军本人告诉我他们的对话，我不会相信英国首相竟会如此有违绅士风度，向一名外国人了解自己的部下。” Entry for 17 September 1916，*ibid.*, p.232。

团的指挥官阿瑟·柯里（Arthur Currie）稍显业余，是一名民兵军官，并且曾被指控挪用军款。他身材魁梧，脸刮得干净，在其他出身贵族留着大胡子的英国军官里显得格格不入。柯里并不打算模仿英军的打扮或是战术。他花了更多的时间研究法军在凡尔登战役后期实施的成功战术，而不是研究英军在索姆河战役的失败。好奇、独立到违抗命令而又一丝不苟的柯里成了一战中最好的军团指挥官之一。[18]

或许对尼韦勒来说，维米岭战役是为了声东击西，但对柯里来说并非如此。柯里从尼韦勒的炮火攻击战术中吸取教训，并在此基础上进行改进，从而能够为他的军队提供足够的进攻掩护。他依赖的炮兵作战计划主要由未来在二战期间出任英帝国军队总参谋长的阿兰布鲁克（Alanbrooke）勋爵制订。柯里根据具体的任务要求训练士兵，并且因为他的目标非常有限，他可以把对士兵的要求和可用的资源匹配起来。结果，加拿大军团于 1917 年 4 月 9—12 日发起的维米岭进攻获得了惊人的成功。正如柯里写给英属哥伦比亚省省长的信中所说，“我们越过敌人的防线六英里多，捕获了所有目标，而比之更为非凡卓越的是，一切都按时完成”。特别令柯里感到骄傲的是，被捕获的一名德军战俘告诉他德军之前相信维米岭是坚不可摧的，而一名英国将军则称赞柯里的部队是“英军的奇迹”。[19] 以任何标准来衡量，加拿大军团的这次进攻都是整个战争中最令人印象深刻的成就之一。

维米岭战役的胜利和美国正式对德宣战鼓舞了士气，也提升了人们对尼韦勒行动的主要部分——贵妇小径进攻的期待。即使天气恶劣，并且有明显的迹象表明德军正期待着这次进攻，进攻依然在 4 月 17 日发起，虽然攻占了一些土 121
地，但显然没有取得尼韦勒之前曾傲慢地允诺过的胜利（地图 5.1）。按照尼韦勒的设想，坦克和飞机可以帮助炮火袭击变得更加有效，但实际情况是，阴雨天气使飞机无法起飞，大部分坦克也在复杂的地形里发生故障。结果，德军的机枪火力几乎没有受到任何损伤，而进攻的法军却死伤无数。尼韦勒继续派遣

[18] 见 Tim Cook, *The Madman and the Butcher: The Sensational Wars of Sam Hughes and General Arthur Currie* (Toronto: Allen Lane, 2010)。

[19] Currie to Harlan Brewster, 31 May 1917, in Mark Osbourne Humphries (ed.), *The Selected Papers of Sir Arthur Currie: Diaries, Letters, and Report to the Ministry, 1917—1933* (Waterloo, ON: Laurier Center for Military and Disarmament Studies, Wilfrid Laurier University Press, 2008), p.40.

增援部队，希望可以打破敌人的防线，但除了增加伤亡之外没有取得任何效果。尼韦勒先前承诺攻占六英里，事实是，进攻只帮助他的军队推进了不到600码。甚至像塞内加尔兵团这样历经战争洗礼的精英部队也被击溃。

然而，尼韦勒并没有像他先前对潘勒韦保证的那样48小时之后便结束战斗，而是选择了继续进攻。或许他是相信了指挥部收到的过度乐观的报告，其中声称德军已濒临崩溃，又或许是在为了取得胜利投入那么多之后，他在理智上已无法停止。不管是何原因，伤亡在毫无意义地增加。之前预期的伤亡人数是15,000人，但进攻期间，法军医护人员不得不处理超过100,000人的伤亡。因为尼韦勒不肯终止行动，法国政府最终出面下令停止进攻。

尼韦勒攻势的失败引发了严重后果。首先，它严重伤害了法英关系，一方面因为英国为了缓解来自法方的压力被迫重启在阿拉斯周围的进攻，另一方面，因为曾经毫不吝惜透漏信息的尼韦勒拒绝向黑格的指挥部提供这次失败的关键信息。其次，这次惨败也损害了英国对于法方提议在西线实施统一指挥的支持。在贵妇小径惨败之前，英军将领不愿将士兵交与外国将领指挥的态度就可以理解，而这次惨败之后，他们更是绝对不会妥协了，这也在1918年造成了严重后果。

然而尼韦勒宏伟计划的失败造成的最严重后果发生在法军内部。成千上万的法国士兵因对指挥的无能感到愤怒而拒绝进攻。少数士兵直言不讳，主张发起革命或兵变，但是大部分仍试图寻找除公开反抗和盲目屠杀之外的第三种选择。[20]虽然准确的数字依然很难统计，但明确的是，成千上万的士兵拒绝服从
123 军官的指挥发起进攻。他们大都待在自己的堑壕里，发誓会继续保卫法国领土，但不会再在这种被谋杀般的情况下进攻。另外，他们非常小心，没有让仅几百码之外的德军发现他们中间发生了什么。

[20] 最早的相关研究应该是 Leonard V. Smith, *Between Mutiny and Obedience: The Case of the French Fifth Infantry Division during World War I* (Princeton: Princeton University Press, 1994)。

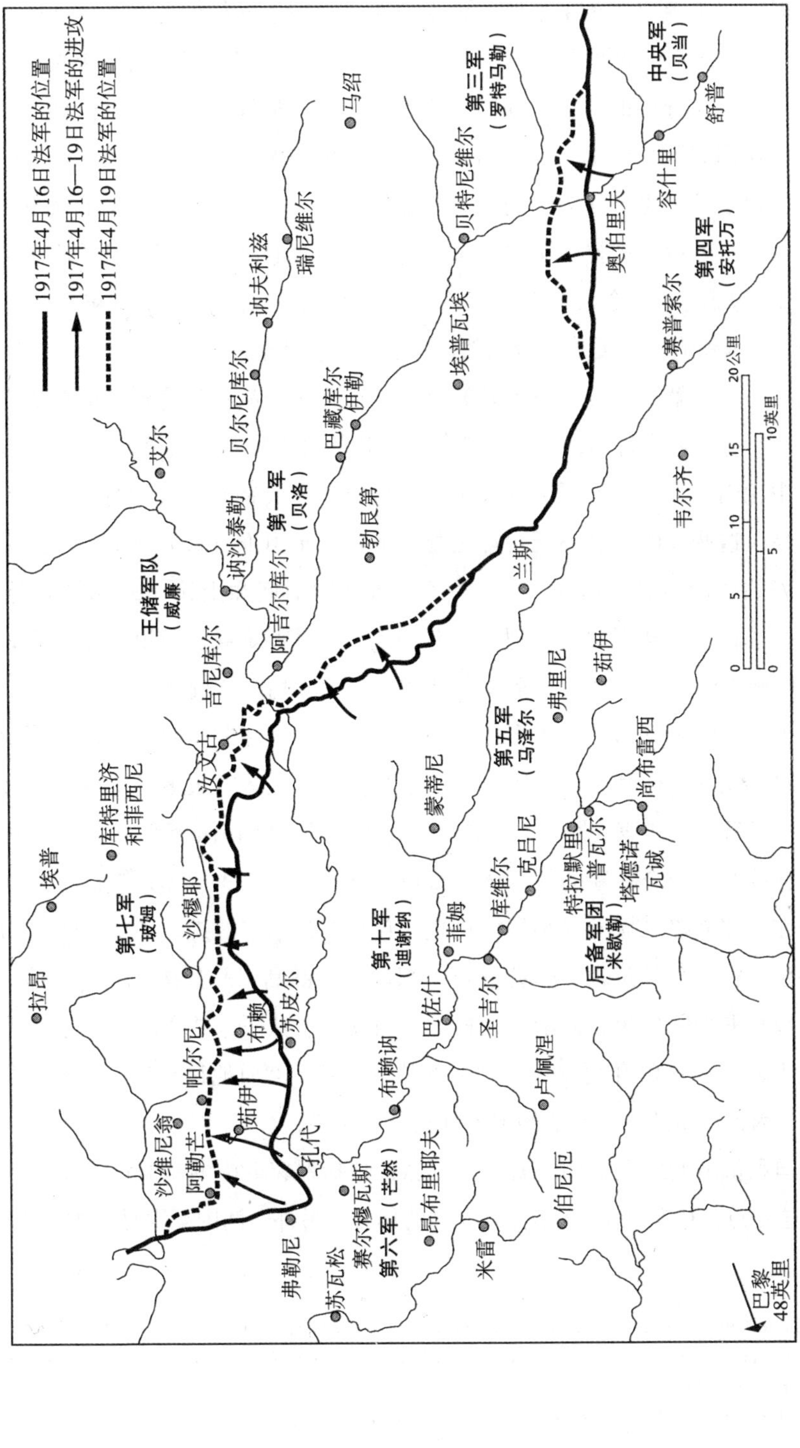

地图 5.1　尼韦勒攻势，1917 年 4 月

同时，罢工的浪潮袭击了法国各大城市，法国工人纷纷抗议通货膨胀，争取在战时产业体系中的话语权。[21] 尽管罢工和法国士兵的活动没有因果关系，但却加剧了法军领导层的恐惧，他们担心和平主义、失败主义或者更糟糕的共产主义正在法国蔓延。法军领导最初以为叛乱由极左派煽动少数不满和贫穷的士兵发动，但这种观点最终被证明缺乏事实根据。一些优秀的部队和士兵也参与了。当时，一名后来被授予十字勋章的士兵依然决心献身法国，但对法军将领却感到彻底失望。“太令人羞愧了，”他向家人写道，“看到我们竟然被如此指挥；我认为，除非所有人都死了，否则他们不会想到要结束战争。”[22]

危机需尽快解决。接任尼韦勒的是另一位凡尔登战役的英雄，沉默寡言的亨利 – 菲利普 · 贝当将军。以防御性思维著称的贝当将军是指挥官的最佳人选，在军队中相当有人气。他严厉处理了那些威胁军官或者鼓动叛乱的士兵，不过他也清楚，这些人的意见不乏合理之处。他在法军中推行重大改革，从给士兵提供更好的伙食和更多休假，到命令军官花更多时间和士兵一起待在堑壕里。他还推行了旨在将法军建设成现代军队的改革，强调炮兵、装甲兵和航空兵协同作战以减少伤亡。正如法军所称，“新首长、新计划、新战术”[23]。

贝当的战略理念旨在以更多的兵力，主要是炮兵和装甲兵，实现更小的目标。他希望发动时间和空间上都有限的攻势；如果进攻有失败的迹象，他会马上停止，然后转战其他战场。尤其是，他希望可以避免 1915 年和 1916 年那样的长期消耗战。他命令在新的战术体系就位之前停止所有大规模进攻，不过也的确下令在一些战略区域发动小规模进攻，包括在凡尔登的进攻和对位于贵妇小
124 径的马尔迈松堡垒的进攻。这些进攻大都取得了胜利，并且按 1917 年的标准，伤亡人数和取得的成果相匹配。这样，贝当安抚了法军，并实施了一系列重要改变，使法军在 1918 年再次成为强大的战斗力量。然而他很清楚，法军的人数在下降，因此美军的加入对协约国的胜利至关重要。

法国和俄国的叛乱证明，所有的军队，包括保家卫国的军队都有忍耐的极限。而这一点，德军在 1918 年会有深刻的体会。另外，两国至少是法国的叛乱，

[21] 参见 Patrick Fridenson (ed.), *The French Home Front, 1914—1918* (Oxford: Berg, 1992) 一书中的几篇文章。

[22] Martha Hanna, *Your Death Would Be Mine: Paul and Marie Pireaud in the Great War* (Cambridge, MA: Harvard University Press, 2006), p.205。

[23] *Les arméesfrançaisesdans la Grande Guerre*, Tome V, vol. II, p.v.

也证明了即使是在 1917 年 4 月和 5 月发生的那种绝望的情况下，士兵和支持他们的社会也都不愿意投降。20 世纪 30 年代，许多观察家认为第一次世界大战摧毁了法国的尚武精神，但并没有不可辩驳的证据证明法军的士气在 1917 年曾经崩溃过。然而，很显然，法军在接下来的很长时间里都不太可能发动另一次大规模进攻了。它需要时间休息，重整军纪和熟悉贝当的新体系。

兵败佛兰德斯

英军指挥官道格拉斯·黑格接到了许多令人沮丧的关于法军的报告，其中一些认为法国士兵正寻求和平并拒绝向他们的军官敬礼。这些报告使黑格相信，法军可能无法抵抗德军袭击。法军占领着协约国的大部分战线，没有了他们，英国也会失去胜利的希望。因此黑格决定，他渴望已久的佛兰德斯进攻是最好的选择，可以分散德军对法军的注意力，为盟军争取急需的喘息时间。[24] 实际上法军并没有黑格想的那样处境绝望，但是考虑到形势的严峻以及法军指挥部提供的信息不足，黑格的担忧是有道理的。并且，黑格对英军的信心有所提升，经历了 1916 年长达数周的索姆河战役的英军经受了战争的考验，变得更加训练有素。这支曾经由毫无部队经验的平民组成的军队，如今已成为一支易于领导的庞大力量。黑格希望这支军队可以在 1917 年结束之前赢得这场战争。

然而英国政客们并不像黑格一样乐观。大卫·劳合·乔治尤其怀疑这场进攻的有效性，并严重怀疑这次进攻是否应该由黑格领导。劳合·乔治多次表达 125
他对计划的反对，并威胁要把这次进攻所需的资源拨给其他战场，主要是意大利和巴勒斯坦。然而，最终首相和内阁都只是强调了对黑格计划的反对，只要求他避免发动像索姆河战役一样旷日持久的战役。

6 月 7 日，日后被称为帕斯尚尔战役或者第三次伊普尔战役的战斗在吉兆中展开。英军煞费苦心地在梅西讷山岭下，伊普尔突出部的南面埋下大量的地雷，而后引爆。巨大的爆炸简直使梅西讷山岭从比利时的景观中消失；远在伦敦的人们都听到并感受到了爆炸。成千上万的德军葬身瓦砾或死于冲击。进攻的开始出人意料，仿佛预示着胜利。

---

[24] Gary Shffield, *The Chief: Douglas Haig and the British Army* (London: Aurum Press, 2011), p.230.

然而，自此以后，几乎所有的事情都超出了黑格的计划。英军行动迟缓，没有好好利用梅西讷山岭的爆炸，致使德军援军到达这一地区。黑格将其中一支部队交由他的门徒休伯特·高夫爵士指挥。虽然高夫出身著名的军事世家，但他对于黑格给予的任务毫无准备。黑格的情报官员也一直对形势做出误判，尤其是他们多次断言德军的士气已濒临崩溃。

混乱的指挥、德方足以使士兵免遭炮火攻击的强大防守以及前所未有的降雨进一步拖慢了英军的速度。英军和支援的法军遭遇大规模伤亡，虽然法军的前来推翻了它无法进行作战行动的观点。攻占一小片比利时的泥泞土地完全不足以弥补进攻所造成的损失，也与黑格野心勃勃地要达成的突破性进展相去甚远。事实证明，德军在棋盘式布局的碉堡周围设置的纵深防御非常有效（地图5.2）。

虽然英军进行了调整并且在一些地区，包括梅宁公路、波利贡森林和布鲁兹埃因德取得了局部胜利，但整体来说这次进攻没有达成黑格的目标。随着秋

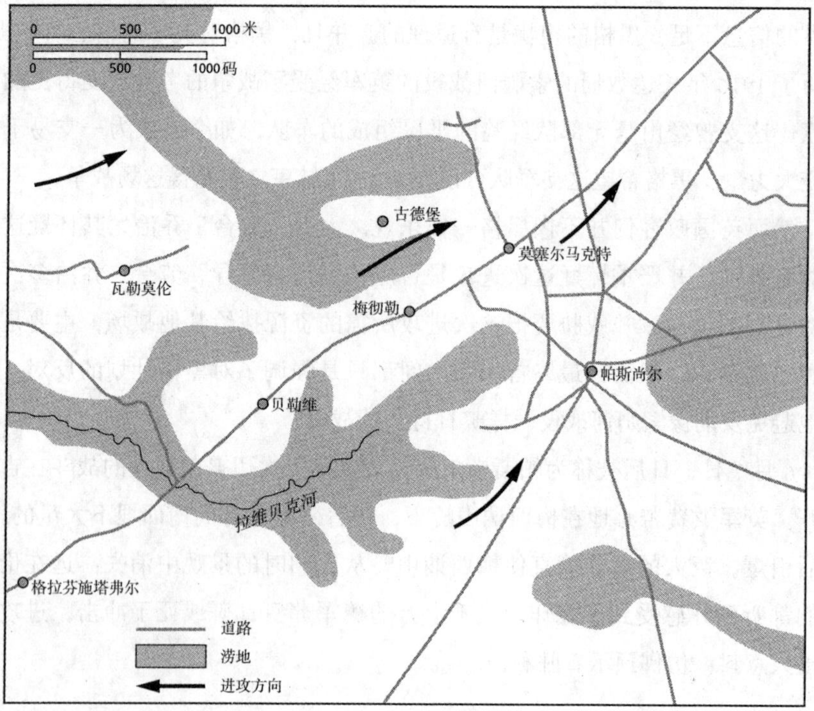

地图 5.2　帕斯尚尔涝地

季的到来，天气情况逐渐恶化，白天变短，英军逐渐再无进展。在10月下旬的一次战役中，英军将战线向前推进仅500码就损失了2,000名士兵。11月，黑格下令终止了一次对改善协约国战略境况几乎无用的进攻。另外，这次进攻给英军和德军造成的损失并不成比例。最近的估算显示，英军损失了275,000名士兵，而德军损失了200,000名。另外，英军不仅没有取得突破，他们的地理位置 126
与7月相比变得更加糟糕。他们缺少后备力量应对德军的再次进攻，而这种进攻将在来年春天发动。[25]

未来一瞥

1917年的三次小规模战役无疑更具前瞻性，使人们可以一瞥战争的未来。前两场战争由德军策划和发动，尽管法军和意军先前也在朝着相似的方向行进。新战术的核心在于改变火炮的使用方法。新的火炮系统主要由德军的格奥 127
尔格·布鲁赫米勒（Georg Bruchmüller）上校设计，主要特点是发动急剧而短促的集中炮火攻击和使用高浓度毒气。布鲁赫米勒的系统还强调在没有任何预警的情况下给予敌方短促的集中炮火打击，主要目的是保持出其不意的优势并阻止敌方紧急调派援军到达目标区域。这些新战术旨在误导而非打垮敌军。[26]在使用这些方法突破敌方阵线之后，德军派遣接受过特殊训练的士兵绕过敌军的堑壕，攻击后方的指挥部和控制中心。一旦敌军的指挥系统瘫痪，德军大炮便可以将目标锁定在到达的敌军增援部队，而德军步兵则可以以更大的胜算进攻敌方前线。

实施这一新的渗透战术系统需要训练有素的步兵和新的炮火攻击。在新系统下，双方不像在重量级拳击比赛一样通过相互攻击而取胜，而更像是在柔道比赛中一样通过利用对方的弱点取胜。三场战役中的第一场发生在9月，德军使用新的战术系统攻占里加。德军的行动获得了极大成功，双方的伤亡人数比为1：6，并且使恐慌在俄国部队里蔓延。里加战役的胜利足以使德军相信他们

---

[25] Sheffield, *The Chief*对这些事件做了相对积极的解读。批判性的观点参见Robin Prior and Trevor Wilson, *Passchendaele: The Untold Story* (New Haven, CT: Yale University Press, 1996)。

[26] 参见David Zabecki, *Steel Wind: Colonel Georg Bruchmüller and the Birth of Modern Artillery* (Westport, CT: Greenwood Press, 1994)。

应该扩大新战术系统的使用规模，于是德军发动了1917年的第二场前瞻性战役，即意大利前线的卡波雷托战役。

意大利前线已经陷入血腥的僵持，双方都遭受了巨大的人员伤亡，却没有移动战线半分。尽管奥匈帝国的防御部队成功抵挡了意军的不断进攻，但在山区的艰苦战斗也使其遭受了巨大损失。德军决定在意大利前线再次尝试它在里加战役中使用的新方法，希望能够帮助奥匈帝国盟军，为他们争取时间重整队伍和装备。

德军于10月24日在卡波雷托发动进攻，取得了超乎想象的胜利。德军的炮火摧毁了意大利阵地，而意方前线的迅速瓦解引起了意军的恐慌和溃退，致使150万意军士兵向所谓的安全之地皮亚韦河逃散。据估算，意军损失了28万战俘和成千上万无法携带的重型武器装备。虽然意军损失惨重，但实际上，如若不是德国太过惊讶于自己的胜利并且事先没有计划深入意大利领土，意军的损失会更加惨重。见证了新系统带来的两次胜利，德军进而将这一方法应用到
128 了西线并在1918年再次取得了战术成功。[27]

第三次战役发生在西线的康布雷。在这次战役中，英军试图发挥他们相对于德军的技术优势——坦克。英法两国在坦克上投入巨大，但因为机械故障和缺乏系统的使用理念，结果令人失望。一批年轻且富有创新精神的英国军官认为，主要问题在于英军最高指挥部在坦克的使用上缺乏想象力。他们认为，坦克以其机动性和出其不意的优势，能够很好地补充集中炮火的攻击。并且，坦克不会像炮弹一样毁坏步兵的阵地。同时，英军炮兵已经利用瞄准和准确度方面的技术进步提升了自身战斗力。

11月20日英军在康布雷将476个坦克分队，三辆一队。这些坦克给德军造成了极大的意外和恐慌，主要因为德军没有有效的反坦克武器。尽管这些坦克发生了一些机械故障，但是为步兵提供了急需的直接火力支援。德军阵线很快被打开了一个5英里的缺口，这正是黑格和英军指挥官努力了三年想要创造的情形。然而不幸的是，英军没有足够的后备力量穿过缺口，并且作战计划犯下错误，没有留下任何坦克作为后备力量，因此无法用坦克协助保持这一缺口。

---

[27] 参见 Mario Morselli, *Caporetto 1917: Victory or Defeat?* (London: Routledge, 2001)。埃尔温·隆美尔中尉是卡波雷托战役中最成功的年轻军官之一。

不过，即便他们预留了坦克，这些坦克也不足以维持突破。因此，英军具备了一个诱人的机会但却没有可以利用这一机会的工具。

康布雷战役是一次巨大的作战胜利，但英军却无法将它转化为战略胜利。黑格下令继续进攻，完全不顾进攻的回报在减少，以及有迹象表明德军正在准备反攻，袭击英军明显暴露的两翼。11 月 30 日，德军趁英军不备展开疯狂反攻，收复了英军在之前的 10 天占领的几乎所有土地。德军甚至攻占了一些英军 11 月 20 日之前占领的土地。英军的优势被迅速扭转，致使之后还成立了特别法庭来调查这次失败。虽然英军失败了，但康布雷战役指明了未来以装甲部队为基础的作战方法。交战双方都从中吸取了教训，并在两次世界大战期间重新书写了陆地战争的学说。

又一个挫败的战争年份的结束开启了某种竞赛。多数战争决策者相信，129
1918 年的关键在于德军是否能够在匆忙训练过的美国新军登陆法国之前将东线的士兵调往西线。如果德军赢得比赛，并且得以大规模运用新的炮火和渗透战术，那么他们就有可能在美军起到任何作用之前打赢这场战争。不过，如果他们输了，那么无数美军士兵的到来会给协约国争取时间，通过消耗、火力优势和正在进行的持续切断德军食物和燃料供给的海上封锁来碾压德军。

经济形势以及战争给德国民众带来的巨大压力在终结战争中起到了关键作用。罢工、物资短缺和对投机倒把的指控在法国和英国（程度稍轻）蔓延，不过两个民主国家尚可勉强应付。英法两国的经济之所以能够保持运行，得益于坚定而干练的国民，比如法国军需部长阿尔贝·托马和英国财政大臣（之后出任英国首相）大卫·劳合·乔治。[28] 来自美国的贷款和其他形式的经济援助，以及来自亚洲、非洲和美洲的原材料给西线的协约国带来了巨大帮助。

到 1917 年，随着美国正式宣战和 U 型潜艇危机的缓解，法军和英军可以最大限度地利用其所能获得的支持。相反，德军只能从已经穷困不堪的东线获取资源。[29] 除此之外，不像英国、法国和美国正在做的那样同盟之间可共享资源，德国却还额外肩负着支撑其摇摇欲坠的盟国奥匈帝国和奥斯曼帝国的责任。如

---

[28] 更多关于托马和法国经济的内容，参见 Leonard V. Smith, Stéphane Audoin-Rouzeau and Annette Becker, *France and the Great War, 1914—1918* (Cambridge: Cambridge University Press, 2003)，第 2 章。

[29] 更多内容，参见 Vejas Liulevicius, *War Land on the Eastern Front: Culture, National Identity and German Occupation in World War I* (Cambridge University Press, 2000)。

此巨大的挑战，德国经济已无力承受。

另外，在德国，军方越来越多地介入经济规划，造成了灾难性的后果。与巴黎或伦敦相比，柏林的决策者更多地将国民经济看成是为军队提供资源的工具。用杰伊·温特的话说，兴登堡和鲁登道夫掌握了德国政府实权之后，“一个新的优先顺序诞生了……军事是第一位的，而为了服务军事而创造的经济完全
130 扭曲了已然脆弱的国内经济体系”[30]。通货膨胀肆虐，吞噬了德国民众的购买力和储蓄。一支在 1914 年以 1,000 马克买进的德国战争债券，到 1917 年只值 300 马克。随着德国经济管理不当的急剧恶化，消费品和食品逐渐从市场上消失。[31]

实际上，德国的经济危机之深重使人们严重怀疑不管德军在战场的表现如何，德国在任何意义上都已无力赢得战争。正如面包暴动直接导致了俄国革命的爆发一样，德国日渐增多的罢工和城市动乱也可能引发国内革命，这种前景同在战场上失败一样，让德国领导人恐惧。[32] 1917 年的一系列事件证明，如温特所说，“平民相信他们能够以及应该为胜利或和平付出的代价不是没有限度的”[33]。因此，英法两国在管理战争后方上的出众能力对它们取得胜利起到了关键性的作用。

全球视角下的 1917 年

我们在将近一个世纪之后回顾 1917 年，会发现全球格局已经出现，而当年西线发生的一系列事件好像并没有那么重要。确实，透过更宽广的视角，1917 年不像是第一次世界大战最后阶段的起点，却更像是即将塑造 20 世纪及以后世界局势的一系列战争的开端。尽管 1917 年标志着德国在东线大规模作战的结束，然而对俄国来说，1917 年不仅意味着一场战争的结束，更预示着另一场战争的开始。在持续到 1921 年的俄国内战期间，死于战斗和疾病的人数，超过

[30] Jay Winter, “Paris, London, Berlin, 1914—1919: capital cities at war”, in Jay Winter and Jean-Louis Robert (eds.), *Capital Cities at War: Paris, London, and Berlin 1914—1919* (Cambridge: Cambridge University Press, 1997), pp.10–11.

[31] 更多关于德国经济的内容，参见 *Chickering, Imperial Germany and the Great War*, pp.102–107。

[32] 值得注意的是，在 1918 年 11 月 11 日的停战协定条款中，德国代表唯一试图修改的是要求其交出机枪的条款。他们成功辩称需要机枪镇压可能的国内革命。换句话说，他们需要机枪屠杀自己的人民。

[33] Winter, “Paris, London, Berlin”, p.17.

了1914—1918年间战争所造成的死亡人数。内战以布尔什维克的胜利终结，同时开启了俄国与波兰的战争，期间布尔什维克军队开至华沙，随后新的欧亚大国——苏联——诞生。历经两场严酷大战考验的苏联彻底改变了20世纪后半期 131
全球政治的性质。或许冷战在1917年还未开始，但我们却很容易在1917年找到冷战的种种起源。

1917年中东发生的重大事件在当时并没有吸引多少关注，然而回顾起来，我们会发现1917年对这个动荡之地的历史来说有多么重要。正在寻找西线的替代战场并急切希望可以挤掉法国和俄国这两个帝国对手的大卫·劳合·乔治将珍贵的英国资产投入到攻占中东的行动中。英军穿越美索不达米亚，为1915年遭受的一场惨败复仇，并在1917年3月占领巴格达。英军还开始从西奈半岛和加沙挺进，他们装备了坦克、飞机和增援部队，而这些都是道格拉斯·黑格在欧洲所急需的。有效利用炮兵和装甲部队的一场迅猛战役使英军于10月成功占领贝尔谢巴，然后在11月占领雅法。之后，在圣诞节的前两周，英军进入耶路撒冷。在阿拉伯延续了400多年的奥斯曼帝国统治实际上被完结，虽然即使在这块土地上经历了将近一个世纪的流血斗争之后，依然没有人能就之后的安排达成共识。

1917年的确终结了世界其他地区的大部分战争，但是在撒哈拉以南的非洲，1917年并不太平。11月，非洲和德国残余部队在保罗·冯·莱托－福尔贝克（Paul von Lettow-Vorberk）将军的带领下离开了德方控制区。他们一路避开英军，直到战争结束。这在当时被很多英国和德国民众看作是英雄事迹，即带领一小队忠诚的士兵通过艰难复杂的地形并避开大规模军队。然而实际上，福尔贝克只是延续了一场已经失去了战略目标的战役。人们（包括男人、女人和孩子，因为非洲军队一般以家庭为单位组织）不断死于疾病和疲劳，却毫无意义。虽然很难估算，但至少有数万非洲士兵伤亡。最终，非洲易主，控制者从德国人变成了新的一批人（大多是英国人），这片大陆迎来了被一些学者称为第二次瓜分的时代，并推进欧洲帝国主义向最终阶段的转变。[34]

[34] 简要介绍参见 Edward Paice, *World War I: The African Front* (New York: Pegasus, 2008); Hew Strachan, *The First World War in Africa* (Oxford: Oxford University Press, 2004)；亦参见贾尔斯·富登古怪又有趣的作品：*Mimi and Toutou's Big Adventure: The Bizarre Battle of Lake Tanganyika* (New York: Vintage, 2006)。

因此，要理解 1917 年，我们需要关注这场为将来的世界种下了冲突之根
132 的战争带来了怎样的全球影响。从军事角度看，这场战争既具有前瞻性，因为它使用了装甲兵和新的步兵战术，又具有某种倒退保守性，这一点可以从贵妇小径战役和帕斯尚尔战役中得到佐证。如果今天我们更多地是回顾后一点而非前一点，那么主要原因在于现代人们大多把一战和徒劳与失败联系在一起，而（不管公平与否）这种徒劳与失败大都和 1917 年的一系列事件紧密相关。

6　1918年：最后阶段

133

克里斯托弗·米克

导　论

咳，俗世永不消宁——

朝忧暮喜叫人腻。

甜美的和平啊，

来啊，来抚慰我心！

1918年1月，维也纳发行的奥地利自由主义报纸《新自由报》以约翰·沃尔夫冈·冯·歌德的《游子夜歌》第二部分作为头条，其标题是“通向和平”。此时，与苏俄的和约即将签订，作者希望英国和法国能被迫与同盟国和解。这份报纸并不是期望一场完全的胜利，而是希望奥地利人民可以得到无需赔偿的和平。此前，它就被警告将会有一个困难时期，战争结束后，奥匈的人民需要面对相当长时期的困难局面。这份报纸的标题反映了奥地利对战事的厌倦，但同时也说明人们还抱有这种希望，即认为某种形式的胜利仍然有可能。[1]

《泰晤士报》注意到，德国的报纸更为乐观，在1918年出版的第一期报纸头版，《泰晤士报》引用了《法兰克福日报》中的一段话：

[1] “Dem Friden entgegen”, *Neue Freie Presse*, 1 January 1918, p.1. “I am weary with contending/why this rapture and unrest/peace descending/come ah, come into my breast”.

> 因此，战争前景就看接下来的6个月了，这是同盟国拥有绝对确信的战略优势的关键时期，这是美国民众无论如何都无法履行西线国家对其寄予的希望的关键时刻——在接下来的几个月，同盟国将会集中所有力量进攻西线……这意味着西线国家在新一轮进攻中取得胜利的希望破灭了……
> 134 由此，西线的战略情况将会完全转折，战争将会转向攻打法国。[2]

在1918年，《法兰克福日报》不是唯一期待胜利的媒体，地区性报纸例如《弗莱布格尔日报》也希望局势能转向有利于同盟国，并且把即将到来的这一年称为“和平年”。德国报纸的头版充斥着对和平而非胜利的希望，但设想的这种和平也是基于德国的胜利，而不是基于战败的结果。[3]

这两份报纸反映了威廉皇帝和最高陆军司令部的乐观态度。这个司令部由陆军元帅保罗·冯·兴登堡指挥，但由第一军需总监埃里希·鲁登道夫将军实际操纵。最近东线发生的事件提高了德国军队和民众的士气。经过三年的艰苦斗争，俄国已经战败并陷入革命的混乱之中。

与苏俄的《布列斯特－立陶夫斯克条约》于1918年3月3日在白俄罗斯的一个小镇签订，但这个条约仅仅是确认了自1917年秋天以来每个人都知道的事实：同盟国赢得了东线战争。自1917年12月17日与苏俄的停火协议签订后，更多的德国军队转赴西线就只是一个时间问题了。但野心和时机同样关键。鲁登道夫和其他一些军队、政界、经济界的上层人物一样，有着帝国主义的梦想：他想通过充分利用沙皇俄国崩溃及随之带来的真空扩展边界、推进殖民，保障将来德国在东欧的主导地位，这些计划使大约100万士兵进驻到俄国的西部边境，他们被用作控制和盘剥所占领的领土，最重要的是，为向克里米亚和高加索山脉地区进军做准备。[4]德国的野心和前沙皇俄国复杂多变的情况阻碍了德国军队的全面调往西线。

时机也非常关键。美国于1917年4月参战，虽然美国军队数量较少而且未
135 做好战争准备，但这一世界最大经济体的加入仍极大提高了协约国的信心。巴

[2] *Frankfurter Zeitung*，引自 *The Times*, “Through German Eyes”, 1 January 1918, p.5。

[3] P. W., “Vor dem Tore der Jahre”, *Freiburger Zeitung-Zweites Abendblatt*, 31 December 1917, p.1.

[4] Winfried Baumgart, *Deutsche Ostpolitik 1918: Von Brest-Litowsk bis zum Ende des Ersten Weltkrieges* (Vienna and Munich: R. Oldenbourg Verlag, 1966), pp.93–207.

黎一份日报——《每日晨报》在1918年出版的第一期报纸上，印刷着一幅由自由女神像和一艘载着挥手示意的美国士兵驶向法国的船只所组成的拼贴画，这幅画的题目是《1918——决定性的一年》。《每日晨报》希望他们的新战友可以听到“专制德国”的丧钟，[5]这种乐观主义并不为政治和军事领导人所认同。当德国最高陆军司令部在1918年仍渴望胜利的时候，协约国期望的是，在新加入的美军的帮助下，1919年能够打败德国。战争的最后阶段开始了。[6]

只有在西线取得胜利才能赢得战争，鲁登道夫深知，但战争会因在其他地区的失利而失败。奥地利军队必须坚守意大利战线，否则德军自身将处于危险之中。1917年，奥匈帝国的经济和政治状况已处于崩溃边缘，但1917年10—12月间，在几个德国师的帮助下，奥匈帝国取得了卡波雷托战役（第十二次伊松佐河战役）的决定性胜利，这场胜利让奥地利军队得以喘息。马其顿（萨洛尼卡）战线的崩溃将迫使保加利亚退出战争并且切断德国和其奥斯曼盟友之间的联系。阿拉伯半岛和巴勒斯坦地区的失守将会对奥斯曼帝国造成更大的压力。但鲁登道夫顾不得这些，他冒险把德国军队从这些地区调走，从而把它们暴露在协约国的攻击之下。他进行了一场赌博，把所有的希望都押在春季攻势的胜利上。

乍一看，春季攻势十分成功。自1914年以来还没有哪一次攻势甚至哪一系列战争能像这次一样占领这么多领土。在某些时候，德国看起来马上就要取得军事胜利了。同时代人和军事历史学家都在讨论，为什么1918年春天德国在物力和人力上都占据优势，但还是没有打败协约国。德军为这场攻势进行了特殊训练，把最优秀、最强壮的士兵都集中在这场战役中，军事指挥也是最杰出的军官和士官，其能力被看作是德军强大力量的体现之一。经过特殊训练的突击队使用渗透战术，炮兵部署也大有改观，这似乎使德国的优势更加明显。此外，这个计划由埃里希·鲁登道夫构思提出并亲自监督实施，他因在东线取得重大胜利而闻名。因此，是什么原因导致德国没有在1918年春季攻势中赢得胜利 136
呢？我们会在本章最后回答这个问题。

---

[5] *Le Matin*, 1 January 1918, p.1.

[6] Bruno Thoss, “Militärische Entscheidung und politisch-gesellschaftlicher Umbruch.Das Jahr 1918 in der neueren Weltkriegsforschung”, in Jörg Duppler and Gerhard P. Gross (eds.), *Kriegsende 1918* (Munich: R.Oldenbourg Verlag, 1999), pp.17–40.

战争目标与和约

当德国和奥匈帝国战败后，它们把希望寄托在美国总统伍德罗·威尔逊1918年初提出的计划上。在1918年1月8日的国会演讲中，威尔逊列出了关于未来和平的十四点计划。威尔逊希望可以以此对抗同盟国的力量并赢得东欧已陷落国家的支持。他的演讲中一项最基本的原则就是尊重所有国家的民族自决权。这个原则与他的十四点计划其他部分内容无疑有冲突。虽然威尔逊仍把俄国看作潜在的盟友，但他没有把民族自决权应用在俄国，而只是把它部分用在奥斯曼土耳其帝国和奥匈帝国。与劳合·乔治1月5日在卡克斯顿大厅的演讲类似，威尔逊没有要求让两大帝国解体，但提议要让各自的民族都享有自治权。由于威尔逊对意大利参战要求的态度相当模糊，这个演讲让意大利政府感到失望。[7] 威尔逊提到重建比利时，提到要纠正“1871年普鲁士在阿尔萨斯-洛林问题上对法国做出的错误安排”，但并不是无条件地支持法国作战的核心目标。

第十三点涉及建立一个拥有出海口的独立的波兰，这被证明是对抗同盟国波兰政策的有效措施。1916年，他们许诺让波兰独立，但没有规定未来波兰国家的边界。某种作为波兰政府原型的临时王室委员会在华沙成立，但其行政权非常有限。德国从来没有想过放弃在瓜分波兰期间所得的领土，甚至还想通过兼并会议波兰（Congress Poland）（即俄属波兰）边界的带状地带扩展这一领土。波兰民族运动从同盟国的胜利中所能期盼的最好结果就是，在一个奥地利王子的统治下，统一奥地利王室领土加利西亚省、梅里亚省和俄属波兰。即便在1915年这对于波兰的爱国者还是很有吸引力的选择，但到1918年情况就完全改变了。经过两次俄国革命和威尔逊的演讲，协约国的胜利将会确保波兰的独
137 立——一个包括会议波兰、加利西亚和德帝国境内波兰省份的国家。[8]

1918年，捷克人和斯洛伐克人也希望获得独立国家的地位。同盟国含糊地许诺，一旦获胜，他们将获得更多的自主权，但面对协约国给予其明确独立的可能性，这种许诺被削弱了。背弃同盟国的人越来越多，斯洛伐克和捷克在意

---

[7] Mark Thompson, *The White War: Life and Death on the Italian Front*, 1915—1919 (London: Basic Books, 2008), pp.336f.

[8] David Stevenson, *The First World War and International Politics* (Oxford: Oxford University Press, 1988), pp.192–198.

大利和俄国的战俘纷纷参加捷克斯洛伐克军队对抗同盟国。在巴尔干半岛，转变立场的诱惑并不那么明显。在克罗地亚、斯洛伐克、波斯尼亚－黑塞哥维纳，相当多的人支持南斯拉夫国家的思想，而斯洛文尼亚人和克罗地亚人尤其畏惧意大利的野心。意大利政府将吞并亚得里亚海岸的东北地区作为它加入协约国一方作战的条件，因此，斯洛伐克人和克罗地亚人不仅是为哈布斯堡帝国而战，也是出于民族动机抵抗意大利军队。

俄国十月革命事实上结束了东线的战争。革命政府优先选择保存力量和宣传世界革命。1917 年 11 月 8 日，新政府发表《和平法令》，呼吁“所有交战国和其政府立即和谈”。这个和谈应是无条件的，并提议以不割地、不赔款为原则。和平还包括民族自决权，这为操纵开辟了可能性。虽然西线国家拒绝了这项邀请，但同盟国接受了这些内容，把它作为和谈的基础。1917 年 12 月 17 日，俄国和德国之间停火，一周之后，两国在布列斯特－立陶夫斯克开始了和平谈判。德国代表团不愿返还所占的任何领土，并以民族自决权为其和平提议辩护。2 月 9 日，苏俄代表团团长莱昂·D. 托洛茨基（Leon D. Trotsky）拒绝签署条约，退出谈判。这时的俄国政府还是与左翼社会革命派组成的联合政府，布尔什维克处在困境之中。人民委员会主席列宁主张签署和约，但是以尼古拉·I. 布哈林（Nikolai I. Bukharin）为首的反对派希望开展革命战争，并且寄期望于德国会爆发革命。托洛茨基“既不要和平，也不要战争”的思想取得上风。他正施行缓 138
兵之计，希望德国指挥官由于担心德国的亲布尔什维克工人起义甚至是普通士兵造反而不敢再进军。[9]

德国代表团内部也存在争执，主要是在外交大臣里夏德·冯·屈尔曼（Richard Von Kühlmann）和德国东线陆军参谋长官马克斯·霍夫曼（Max Hoffman）少将之间。屈尔曼建议采取更加宽厚的条件，从而保留将来与俄国结盟的可能，但他的反对失败了，因为霍夫曼得到了德国此时最有权势的人埃里希·鲁登道夫的支持。1918 年 2 月 13 日，屈尔曼在巴特洪堡的王室委员会上反对重新开战，但一天前德国军队已跨过停火线。

---

[9] *Ibid.*, pp.200ff. 关于和谈，参见 Baumgart, *Deutsche Ostpolitik 1918*, pp.13–29。关于苏俄的讨论，参见 Richard Pipes, *The Russian Revolution 1899—1919* (London: Fontana, 1992), pp.576–605。

霍夫曼在他的日记中把这场进攻描述为他见过的“最滑稽的战争”。[10] 德国的军队沿铁路线前进几乎没有遇到什么抵抗。革命的俄国正处于危急时刻，列宁最终在党中央委员会中赢得多数人支持其立场。一支新的苏俄代表团来到布列斯特接受了比之前更加严厉的条款。1918 年 3 月 3 日，苏俄和同盟国签署了和约（地图 6.1）。俄国失去了大部分非俄罗斯本身的西部边境土地，包括会议波兰和芬兰共约 130 万平方公里的土地，以及前俄罗斯帝国四分之一的人口和工业设施。苏俄政府放弃对芬兰、波兰、立陶宛、库尔兰和乌克兰的所有领土要求；利沃尼亚和爱沙尼亚虽然名义上仍是俄国的一部分，但仍由德军占领（地图 6.2）；将土耳其在 1878 年俄土战争中失去的土地归还土耳其帝国；承认外高加索地区的独立。同盟国已承认芬兰和乌克兰的独立，甚至在与苏俄签订条约前就与乌克兰拉达单独订立条约。[11]

和约让德国和奥地利的公众十分兴奋，政治、军事和经济界的上层人物都
140 开始讨论开拓殖民地以及在经济上开发东欧的计划。德国和奥地利的大部分民众希望用乌克兰的粮食结束饥饿状态，进而走向和平。德国社会民主党批评和约内在的帝国主义性质，但却不能投票去反对和平，因此其代表选择了弃权。1917 年 4 月从社会民主党中分裂出来的独立社会民主党（USPD）坚持原则，投票反对和约。但德国军队违背了——至少是在精神上背离了——此项条约，不
141 久重新向高加索和克里米亚地区进军。

研究《布列斯特 - 立陶夫斯克条约》的历史著述通常关注这项条约的以下三个方面：它对俄国大国地位的意义；苏俄的国家利益和革命理念之间的张力；最后，条约表明了德国战争目标太过宏大，也证明了东线德军最高司令部和国家社会主义总体规划指挥部之间的连续性。但研究一战的历史学家通常过于关注德国的帝国主义和俄国的革命而忽视了该条约对其涉及的其他民族的影响。俄罗斯帝国的战败是 6 个国家能够独立的前提。在苏俄失去的土地上，

[10] Max Hoffmann, *War Diaries and Other Papers*, 2 vols. (London: Secker & Warburg, 1929), vol. I, p.207.

[11] Baumgart, *Deutsche Ostpolitik 1918*, pp.27ff.; Stevenson, *The First World War and International Politics*, pp.186–203.

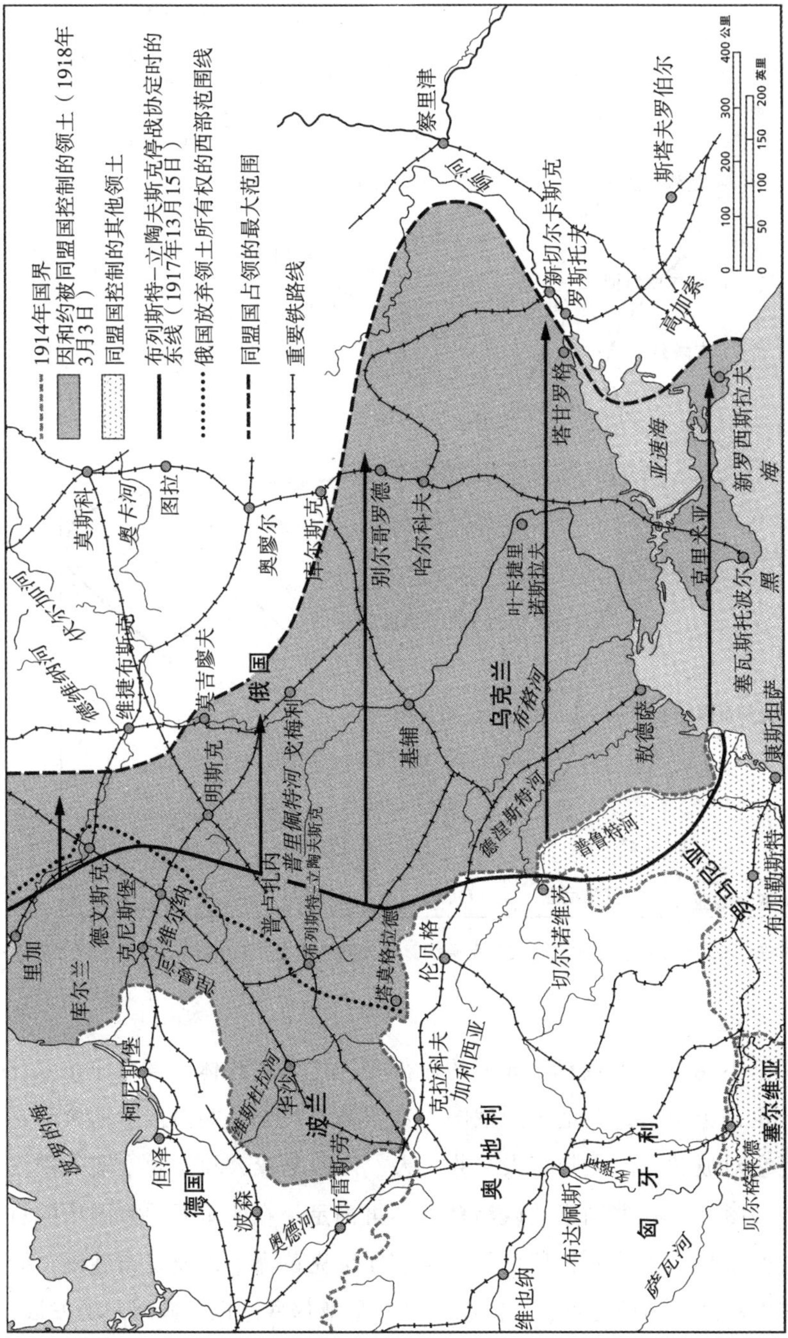

地图 6.1　同盟国在东线的推进

地图 6.2 《布列斯特 – 立陶夫斯克条约》下分割的领土，1918 年 3 月

大部分居民都不愿意成为俄罗斯国家的一部分，这无关政体。一个非布尔什维克的俄国也许会吸引这些地区的俄国少数族裔，甚至一些白俄罗斯人和乌克兰人，但它对波兰人、立陶宛人、芬兰人、爱沙尼亚人和拉脱维亚人则没有吸引力。1918 年，这些国家的政治精英不再满足于在改革后的俄国中的自治权，他们要求独立。芬兰和乌克兰在布尔什维克革命后迅速宣布独立，同盟国也允许库尔兰、利沃尼亚、立陶宛和爱沙尼亚这些地区民族组织的发展，

尽管是在德国严格控制下。[12] 德帝国打算在战争结束后，或者直接统治这些地区，或者与之建立密切同盟。同盟国已许诺给予波兰独立，这些地区可以成为抗衡波兰的力量。在德国打败这些地区的民族组织后，德国或直接统治或把部分权力赋予新的国家当局。从这些国家的角度看，同盟国的胜利也有有利的一面。[13]

乌克兰是一个绝好的例子，说明了德国和奥地利东欧政策的临时性质。占领乌克兰不是预谋的结果，而是同盟国一系列事件中的高潮。[14]1918 年 1 月和 142
2 月，当乌克兰拉达的代表团与同盟国单独谈判达成和平条约时，俄国和乌克兰的红军正试图推翻乌克兰政府。条约在 1918 年 2 月 9 日签订，也就是红军占领基辅的第二天。为了换取食物特别是粮食，同盟国承诺给予乌克兰军事援助。它们把乌克兰分成两个区域，并且派 45 万士兵加以占领。红军被迫撤离。1918 年 4 月 28 日，东线德军最高司令部干涉乌克兰内政，帕夫洛·斯科罗帕茨基（Pavlo Skoropadskyi）指挥官取代了软弱的拉达，后者的独裁统治完全依靠德国和奥地利的军事支持。奥地利政府希望威廉大公能成为乌克兰国王，希望乌克兰能够成为制衡德国野心的力量，但东线德军最高司令部掌握着乌克兰的实权。[15] 对于乌克兰的多民族人民（乌克兰人、俄国人、犹太人、波兰人以及其他民族）来说，占领是错综复杂、充满矛盾的。

尽管占领在一定程度上恢复了秩序，保护这个国家免遭苏俄入侵或布尔什维克动乱，但乌克兰人很快就对占领不满了，虽然最初他们十分欢迎德国和奥地利的士兵。由于占领者不能依靠现有的管理机构，所以资源运输就由军队组

---

[12] Vejas Gabriel Liulevicius, *War Land on the Eastern Front: Culture, National Identity and German Occupation in World War I* (Cambridge University Press, 2000), pp.176ff.；Stevenson, *The First World War and International Politics*, p.187; Abba Strazhas, *Deutsche Ostpolitik im Ersten Weltkrieg: Der Fall Ober Ost 1915—1917* (Wiesbaden: Harrassowitz, 1993)；和 Hans-Erich Volkmann, *Die deustsche Baltikumspolitik zwischen Brest-Litovsk und Compiègne: Ein Beitrag zur "Kriegszieldiskussion"* (Cologne and Vienna: Böhlau Verlag, 1970)。

[13] 在乌克兰的历史编纂中，《布列斯特－立陶夫斯克条约》的含义并不像在俄国、苏联或者西方史学中那么消极，例如 Orest Subtelny, Ukraine: A History, 3rd edn (Toronto: University of Toronto Press, 2000), 350ff。

[14] 关于德国对乌克兰的政策，参见 Frank Grelka, *Die ukrainische Nationalbewegung unter deutscher Besatzungsherrschaft 1918 und 1941/42* (Wiesbaden: Harrassowitz, 2005), pp.75–92, 113；和 Peter Borowsky, *Deutsche Ukrainepolitik 1918 unter besonderer Berücksichtigung der Wirtschaftsfragen* (Lubeck and Hamburg: Matthiesen, 1970)。

[15] 关于同盟国对乌克兰和波兰的政策，也可参考 Timothy Snyder, *The Red Prince: The Fall of a Dynasty and the Rise of Modern Europe* (London: Bodley Head, 2008)，pp.86–120；和 Baumgart, *Deutsche Ostpolitik 1918*, pp.123f。

织。军队以乌克兰为生，竭力攫取更多的资源尤其是粮食，这造成了当地人民的起义，虽然起义被德国和奥地利军队镇压，但却引发了更多的不满。[16]

犹太人这一少数民族在俄国军队和民政当局的控制下遭受了巨大的苦难。尽管在布尔什维克革命以前，犹太人在同盟国的占领区享有公正的待遇，但在东线德军最高司令部控制区，把犹太人和布尔什维克联系起来的报道逐渐增多。
143 这种“犹太布尔什维克”的反闪米特人的陈规旧习毒害了占领军和犹太人之间的关系，但是还未发展成系统的歧视政策。[17]在战争的间歇期，德国想象着，东线德军司令部管控的领土在经过一两年近乎绝对的管制后，能变成“梦境司令部”，那里的人民会期待着被德国殖民和统治。在东线德军最高司令部和国家社会主义总体规划指挥部之间存在着联系，但这种联系不能被过分夸大或被视作是一种简单的延续。东线德军最高司令部的政策是镇压性的、剥削的、帝国主义的——但不是种族灭绝的。[18]

在成功对付了俄国之后，同盟国也打败了罗马尼亚，于 1918 年 5 月 7 日在布加勒斯特签署了和约。保加利亚得到南多布罗加和北多布罗加的部分地区，多布罗加省剩下的地区由罗马尼亚和保加利亚共同管辖。[19]奥匈帝国得到喀尔巴阡山脉的通道。罗马尼亚将其石油交由德国开采 90 年，并不得不接受无限期占领。作为补偿，同盟国同意罗马尼亚兼并之前明确属于沙俄的比萨拉比亚。[20]8 月 27 签订的《柏林条约》对《布列斯特－立陶夫斯克条约》做了修订。它完全忽视相对温和的观点，反映了德国国家党的理念。苏俄不得不放弃对波罗的海地区的所有领土要求，承认格鲁吉亚独立，把所有的黄金储备交与德国，赔偿 50 亿马克。德国还得到了顿涅茨克盆地的煤矿开采权。由于准确地预料到德国会输掉这场战争，苏俄政府从未打算遵守这个条约。虽然在《布列斯特－立

[16] 关于德国和奥地利对乌克兰的占领情况，参见 Wlodzimierz Medrzecki, *Niemiecka interwencja militarna na Ukrainie w 1918 roku* (Warsaw: DiG, 2000) 和 Snyder, *The Red Prince*, pp.108ff。也可参考 Christian Westerhoff, *Zwangsarbeit im Ersten Weltkrieg* (Paderborn: Schöningh, 2012)。

[17] Grelka, *Die ukrainische Nationalbewegung*, pp.223–238.

[18] Liulevicius, *War Land on the Eastern Front*, pp.151–175; Manfred Nebelin, *Ludendorff: Diktator im Ersten Weltkrieg* (Munich: Siedler, 2011) , pp.193ff., 520；和 Gregor Thum(ed.), *Traumland Osten: Deutsche Bilder vom östlichen Europa im 20.Jahrhundert* (Göttingen: Vandenhoeck & Ruprecht, 2006)。

[19] 保加利亚要求根据 1918 年 9 月 25 日签订的协议对该地区实行完全统治。但这并没有什么用，因为四天之后保加利亚就向协约国投降了。

[20] Stevenson, *The First World War and International Politics*, pp.203–205.

陶夫斯克条约》中，最高陆军指挥部用自决权作为遮羞布掩盖其帝国主义野心，但柏林条约和布列斯特条约已展现出根据德国统治精英的思想治理的世界会是什么样子。最后，德国议会也受够了这种公开而鲁莽的帝国主义，投票反对 144
《柏林条约》。[21]

春季攻势 145

在《布列斯特－立陶夫斯克条约》签订之前，东线兵团已经把35岁以下的精壮士兵重新编排。从1917年12月到1918年3月21日进攻前，44个师抵达比利时和法国。鲁登道夫由于在东线（东欧、巴尔干、土耳其和俄国）留下150万士兵，包括大量骑兵部队，而受到批评。这些军队的战斗力虽然不如已转移的部队，但本可以解救其他受到攻击的部队。[22]然而，不能排除东线出现以下情况：力图促进德国革命的布尔什维克或捷克斯洛伐克军团支持的白军会重新反抗同盟国。英国军需大臣温斯顿·丘吉尔甚至考虑在俄国开辟一条对抗德国的新战线，由刚刚在俄国的远东地区登陆的日本军队提供支持。[23]

即使没有这些额外的部队，1918年3月同盟国在西线仍有明显优势（地图6.3）。总共191个德国师对抗协约国175个师。但是，德国每个师的人数比英法的人数少，所以就纯粹的人数来说，双方几乎势均力敌，大约都是400万士兵。[24]在炮兵方面，德国占据微弱优势。军事优势不在于人数，而在于战斗力。德国的优势虽不足以支撑它发动一次大范围的进攻，但却能使最高陆军指挥部在前线集中兵力和火力于一处而不致其他部分受到削弱。因而奇袭是关键的。德军最大的问题是机动性不足，协约国有相当于德军十倍数量的卡车，而

[21] Winfried Baumgart, “Die ‘geschäftliche Behandlung’ des Berliner Ergänzungsvertrags vom 27. August 1918”, *Historisches Jahrbuch*, 89(1969), pp.116–152.

[22] 道格拉斯·黑格爵士曾说，3月26日在亚眠或者4月10日在阿兹布鲁克有6个师的军队将会完全改变战局。同样的观点参见 Hans-Ulrich Wehler, *Deutsche Gesellschaftsgeschichte*, vol.IV：*Vom Beginn des Ersten Weltkriegs bis zur Gründung der beiden deutschen Staaten 1914—1949* (Frankfurt am Main: C. H. Beck, 2003), pp.154ff。

[23] Winston Churchill, *The World Crisis 1911—1918*, 6 vols. (London: Odhams Press Ltd, 1939), Vol.II, p.1331. 关于协约国的干涉，参见 Stevenson, *The First World War and International Politics*, pp.205–216。

[24] David T. Zabecki, *The German 1918 Offensives: A Case Study in the Operational Level of War* (Abingdon: Routledge, 2006), p.91; David Stevenson, *With our Backs to the Wall: Victory and Defeat in 1918* (London: Allen Lane, 2011), p.36.

德国军队连马匹都极度匮乏。[25]

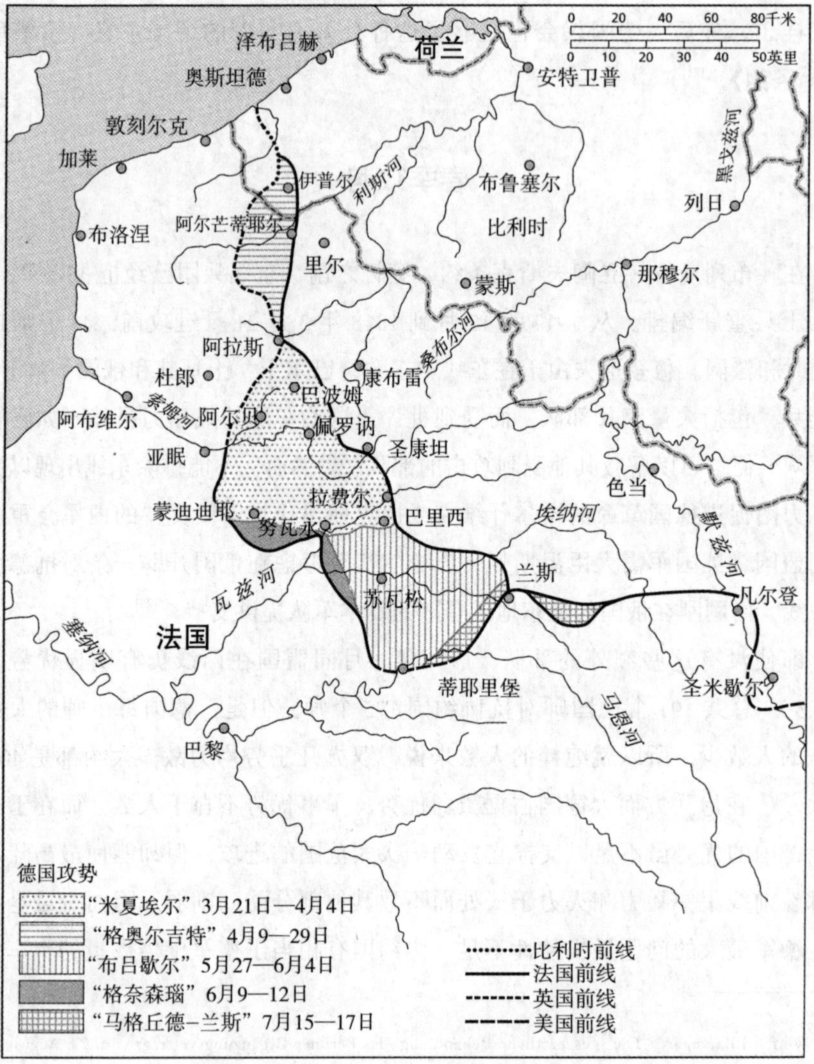

地图 6.3　德国春季攻势，1918 年

146　德军使用的是联合武装和渗透战术。奥斯卡·冯·胡蒂尔将军（Oskar von

[25]　Martin Kitchen, *The German Offensives of 1918* (Stroud: Tempus, 2005), pp.14ff.; Stevenson, *With our Backs to the Wall*, p.36.

Hutier）在里加战役中成功运用了此方法，随后这种战术又在卡波雷托和康布雷战斗中得到检验。在对协约国进行狂轰滥炸前，德军仅有非常短暂的时间准备炮兵部队，以防止对方预知哪个地区会遭受攻击。陆军上校格奥尔格·布鲁赫米勒担任第十八军的炮兵指挥，他发明了一种不需要测距就直接射击的新方法。炮兵把火力对准敌方的炮台、指挥部和通讯线。在步兵出动前的很短时间内，先使用催泪瓦斯和毒气弹（芥子毒气、光气或双光气），然后再由士兵匍匐前进，目的在于击晕敌方士兵而非摧毁敌军据点。鲁登道夫集中精锐士兵组成“突击队”，他们由6个至9个士兵组成，跟在匍匐的士兵后迅速前进。突击队的目标不是去摧毁敌方每个加固了的据点，而是接近敌人的炮兵部队和指挥部，摧毁敌方通讯线，在守卫者之间制造混乱。随后，由携带着轻机枪、迫击炮、火焰喷射器的机动部队和步兵营摧毁敌方的要塞。最后，由常规步兵处理残余的抵抗。在战争后期，随着突击队和机动部队的进步，传统的由士兵在堑壕中作战的方式在击退敌军方面作用有所下降。[26]

现在的问题是在哪里进攻。[27]德国陆军最高指挥部已经见识过法军战斗力的韧性，不再攻击在凡尔登的法军，虽然它可作为进攻的合理地点。鲁登道夫预计经过1917年频繁的进攻之后，英军士气会有所下降，因此决定首先攻打英国远征军。这是一个相当明智的决定，因为英军在人力方面严重不足。英国首相劳合·乔治可能是担心不能阻止他的参谋长道格拉斯·黑格将军发动新的进攻，把法国和比利时急需的物资扣在英国。由于兵员不足，英国远征军每个师的营由12个缩减为9个。[28]

巴伐利亚太子、陆军元帅鲁普雷希特（Rupprecht）和他的参谋长赫尔 147
曼·冯·库尔（Hermann von Kuhl）倾向于由他们的军队在前线发动一场战争。这意味着将会对伊普尔突出部发动进攻，但是每年的早春时节，暴雨都会把这里战伤累累的陆地变成巨大的泥坑，军队不可能在此快速通过。最后，鲁登道

---

[26] Zabecki, *The German 1918 Offensives*, pp.63–72; Stevenson, *With our Backs to the Wall*, pp.36ff.

[27] 关于这方面的讨论，参见 Kitchen, *The German Offensives of 1918*, pp.24–49。

[28] Gary Sheffield, “Finest Hour? British Forces on the Western Front in1918: An Overview” in Ashley Ekins (ed.), *1918-Year of Victory: The End of the Great War and the Shaping of History* (Titirangi, Auckland: Exisle Publishing, 2010), p.56。也可参考 Gary Sheffield, *Forgotten Victory: The First World War: Myths and Realities* (London: Headline, 2001), pp.224ff. 和 Dieter Storz, “Aber was hätte anders geschehen sollen?”, in Duppler and Gross(eds.), *Kriegsende 1918*, pp.165–182。

夫决定在位于阿拉斯和圣康坦之间的皮卡第地区发动攻击，这个地区在冬天和春雨过后很快就会变干。由此，德军不得不经过旧索姆河战场。这个地区的地形险峻，但不像“佛兰德斯战场”那样泥泞。从战术和可操作程度上来讲，这个计划是经过周密考虑的，但是要赢得战争，还需要一个清晰的战略。当鲁普雷希特质疑鲁登道夫攻击索姆河的计划时，此战略的“不明确性”开始显露出来。当巴伐利亚太子询问鲁登道夫他的战略目标是什么时，鲁登道夫根据他在东线的经验回答道：攻击，发现弱点，利用敌方弱点向前推进。这让进攻方有了高度灵活性，但这个计划的内在缺陷是进攻可能会取得多项进展，但无法取得决定性胜利。[29]

第一次也是最主要的进攻根据德国的守护神大天使米夏埃尔的名字被称为“米夏埃尔行动”，也叫“皇帝会战”。鲁登道夫制定了明确的目标：冲破英国防线的南部区域，接着向北推进，同时，攻打中部和暴露了的南部侧翼，拿下英国阵地。这个计划可能会有效果，但随后鲁登道夫走了与这个计划相矛盾的一步。3 支德国军队总计 67 个师用于发动攻击，它们配备 6,608 门火炮和榴弹炮（几乎是西线所有德国炮的 50%），3,534 挺迫击炮和 1,070 架飞机。英军在 60 英里的战线上只有 2,500 门火炮、1,400 挺迫击炮和 579 架飞机。[30] 炮兵准备工作
148 于 3 月 21 日凌晨 4 点 40 分开始，仅持续 5 小时。在进攻前，德国投放了芥子毒气、光气和催泪瓦斯，浓烟使英军失去目标。根据原始计划，在摧毁康布雷阵地之后，德军第 18 军应掩护左翼第二军和第十七军向西北部进军。但英军第三军的位置被英方牢牢掌控着。

英军在仅 28 英里的战线上布防着 14 个师，把守着战略要地维米岭，阻止德军接近目标。德军虽然取得了进展，但伤亡很大。由于不能在此丧失太多阵地，黑格把他的战略储备力量都投入到这一部分战线。

---

[29] Kronprinz Rupprecht von Bayern, *Mein Kriegstagebuch*, 3 vols. (Berlin: Deutscher National Verlag, 1929), Vol. II, p.322；Zabecki, *The German 1918 Offensives*, pp.97–123；和 Kitchen, *The German Offensives of 1918*, pp.38ff。也可参考 Robert T. Foley, “From victory to Defeat: the German Army in 1918”, in Ekins (ed.), *1918-Year of Victory*, pp.69–88。

[30] 对“米夏埃尔行动”的详细分析，参见 Zabecki, *The German 1918 Offensives*, pp.113–173。也可参考 Kitchen, *The German Offensives of 1918*, pp.66ff., Stevenson, *With our Backs to the Wall*, p.42, 和 *Der Weltkrieg 1914—1918: die militärischen Operationen zu Lande.Bearbeitet im Reichsarchiv*, 14 vols. (Berlin. E. S. Mittler, 1925—1944), vol. XIV, p.104 和 Erich Ludendorff, *Meine Kriegserinnerungen, 1914—1918* (Berlin. E. Mittler, 1919), pp.474ff。

在英方战线南部，英第五军的战斗出人意料地取得突破。他们仅靠 12 个师、976 门重炮，守卫着 42 英里长的战线，对抗有 2,508 门重炮支持的德军 43 个师。由于英国刚刚从法国手里接管了部分防线，所以深入防御的作战原则没有来得及全面应用。后方阵地尚未就绪，大约有三分之一的军队集中到了前线。由于遭受火炮打击和德军的第一次进攻，第五军损失了相当一部分。在战斗开始的第一天，德国俘虏了 2.1 万英国士兵，英军总伤亡 38,512 人。但德国死伤更多，达到 4 万人，这个数字本可能让最高陆军指挥部警醒。[31]

米夏埃尔行动是德军在无望取胜的那部分战线上取得的战略胜利。但是，鲁登道夫没有让德军第 8 师按计划向西北方向前进，而是转向南和西南方向。其中一个原因是英第三军顽固的抵抗，但鲁登道夫似乎也认为英军已被击败，现在是转过头来对付法国的时候了，以阻止法国增援英国。他看到了在英军和法军之间插入楔子的机会，希望借此给英法同盟致命打击。

面对这一突发事件，黑格和贝当终于不再反对建立联合的英法最高司令部。
3 月 26 日，费迪南・福煦受命协调英军和法军的行动。他的任期持续到 4 月 3 149
日，从而也可以协调美国远征军。福煦成为西线的最高军事指挥，后来成为盟军的最高指挥。由于战略预备役的缺失，黑格和贝当之前已同意在前线任何地方遭遇德军大规模进攻时都互相帮助。但贝当在多大程度上兑现了允诺仍是争论的问题。一些历史学家支持黑格的观点，即认为法国的支援缓慢且无效。另一些人指出这样一个事实：3 月 23 日晚，贝当派出 14 个师去抵抗德军的进攻；到 28 日，法军的一半都被调遣；31 日，有 21 个师都在支援英国远征军。他们帮助捍卫了索姆河与瓦兹河之间 36 英里长的战线。由于贝当预料到与此同时德军会在香槟区发动进攻，所以他拒绝派更多的援军。[32]

在米夏埃尔行动中，英军损失 177,739 人，法军损失 77,000 人，德军损失 239,800 人。让协约国担心的是，它们损失了 1,300 门炮，同时，7.5 万英军和 1.5 万法军成为俘虏。德军在 55 英里长的区域上越过英军防线，占领了 1.2 万平方

[31] Zabecki, *The German 1918 Offensives*, pp.160ff.; Sheffield, *Forgotten Victory*, pp.224ff.

[32] Hew Strachan, *The First World War* (Pocket Books: London, 2006), p.300; Elizabeth Greenhalgh, "A French Victory, 1918", in Ekins (ed.), *1918-Year of Victory*, pp.89–98; Stevenson, *With our Backs to the Wall*, p.58; Kitchen, *The German Offensives of 1918*, pp.77, 87ff.

英里的土地。但是对于德国来说，未取得战略胜利就是灾难。[33] 虽然在某些地方，德军把战线向前推进了 40 英里，但英军和法军并没有被永久隔离，亚眠重要的铁路通道也没有被占领。[34] 德国士兵能亲眼看到英方士兵的供给比他们好太多。德军士兵经常停下来，吃他们在英军堑壕和仓库里找到的食物。许多士兵开始酗酒，并被军纪处罚。这个问题在春季攻势期间一再发生。英国军事历史学家利德尔·哈特甚至认为是英方食物和酒精饮料供给充裕这一发现刺激了德军，侵蚀他们的士气，削弱了他们抵抗协约国夏季和秋季进攻的意志。[35] 然而，即便遭遇的抵抗更弱，即便德军在抢劫和饮酒上所花时间更少，他们也不
150 太可能维持长时间进攻，以彻底击败法国或英国军队。德军已精疲力竭，而且离铁路枢纽非常远。战线被拉得太长了，由于缺少足够的机动交通工具和马匹，新的军队和供给不能快速运送到前线。这给了协约国足够的时间重新分配资源，把预备役运往前线，增强前线防御力量。

米夏埃尔行动是系列进攻的第一场。4 月 9 日德军发动若尔热特行动，也就是英国所称的利斯河战役。战场从伊普尔以东 6 英里蔓延到贝休思以东 6 英里。前线上最薄弱的区域由英军第一军把守着，他们在那里布防的是两队人员不足并且疲惫不堪的西班牙军。德军计划冲破前线最薄弱的部分，夺取阿兹布鲁克这个重要的铁路交会点，把英军第二军向北逼退到海峡港口，切断它的补给线。战斗的第一天，德军第六军在前线 9 英里长的战线上与英军展开战斗，把战线向前推进 5 英里。但他们最终在英军后备部队的打击下停止前进。再向北，4 月 10 日，德军第四军的 4 个师打退了英第二军，后者已把后备部队派去帮助第一军。德军在 4 英里长的战线上把防线向前推进了 2 英里，夺取了梅西讷。到 4 月 11 日，英国局势已如此危险，以至于黑格下达了著名的“背水一战”的命令。由于再一步的退缩或许意味着失败，他激动地请求和命令军队，守住每一个据点。在随后的日子里，德国进一步突破英军防线，占领了更多领土，但是在法国预备役的帮助下，前线逐渐稳固下来。双方伤亡惨重。由于英军在这

---

[33] Stevenson, *With our Backs to the Wall*, pp.67ff。基钦引用的伤亡数字为：德军 23 万人，协约国士兵 21.2 万人：Kitchen, *The German Offensives of 1918*, p.99。

[34] Strachan, *The First World War*, pp.288ff.

[35] Basil H.Liddell Hart, *History of the First World War* (London: Papermac, 1970), pp.396ff. Kitchen, *The German Offensives of 1918*, pp.94ff,. 100,125ff.

里不能再失去任何土地，所以防御的深度和强度大大增强了。鲁登道夫在4月29日停止进攻。自3月21日起，德军伤亡32.6万人，英军26万人，法军10.7万人。[36]

鲁登道夫转向对付法国军队。5月27日，布吕歇尔行动和约克行动开始，这意味着将军队调离佛兰德斯，以及阻止法军对英军的支援，因为原计划英军才是主攻的方向。贝当预计到会有这么一场战争，但却怎么也没想到会发生在舍曼代达姆岭。4支精疲力竭的英国师被转移到这里休息，他们认为这是前线中的平静地带。携带3,719门火炮的41个德国师攻破这个由法第七军和四个英 151
国师驻守着的区域，前进到马恩河，此时，德军距巴黎仅有56英里。鲁登道夫再一次抵抗不住向巴黎进军的诱惑，把与英国对峙的德军师派去增援。5月28日晚，德国在英军和法军战线之间打入一条长40英里、纵深15英里的楔形战队，尽管维持时间很短。一天之后，德军打下苏瓦松。德军总计俘虏了超过5万名法国士兵、630门炮和2,000挺机枪。德军伤亡105,370人，协约国损失127,337人。[37] 此时巴黎已处于炮火打击的范围内，整座城市一片慌乱。法国政府甚至考虑放弃首都。总理乔治·克列孟梭在下议院发表演讲时表示，即使巴黎陷落，他也会坚持战斗："我会站在巴黎前线战斗，我会站在巴黎的大街小巷中战斗，我会在巴黎后方战斗。"

后勤尤其是运输，仍是妨碍德军抓住战略机会的主要问题。作战部队往往疲惫不堪，补给、军火和后备部队不能及时充足地运往前线。贝当借机加强了马恩河防线。在法国指挥下，8个美军师加入了战斗。布吕歇尔战役的相对胜利，已足以诱使鲁登道夫在诺扬和蒙迪迪耶之间再发动一场进攻，那就是6月9日开始的格奈森瑙行动。德国的胜利是暂时的，紧接着美军加入协约国军队，组织了一次成功的反攻。俘虏了大约1,000名德国士兵。[38]

7月15日到18日这几天是1918年战役的转折点，在某些方面也是整个战

[36] Zabecki, *The German 1918 Offensives*, pp.174–205; Stevenson, *With our Backs to the Wall*, pp.67ff.; Kitchen, *The German Offensives of 1918*, pp.99–136.

[37] Zabecki, *The German 1918 Offensives*, pp.206–232; Stevenson, *With our Backs to the Wall*, p.87; Liddell Hart, *History of the First World War*, pp.407–432; Martin Gilbert, *The First World War* (London: Henry Holt, 1994), pp.425–427.

[38] Zabecki, *The German 1918 Offensives*, pp.233–245; Stevenson, *With our Backs to the Wall*, pp.88–91; Kitchen, *The German Offensives of 1918*, pp.158ff.

争的转折点。7月15日，德军攻击香槟区，士兵紧紧聚集在最前线的堑壕准备冲锋。这时的法军已经从先前的战斗中汲取了经验，对这些德军聚集区进行轰炸。而在法国一方，最前线仅由少量士兵守卫。德国的炮火都浪费在空堑壕和阵地上。当德军发动进攻时，他们就掉进了法国战斗区域的圈套，德军的进攻
152 死伤惨重。7月18日，法国和部分美国士兵对德军第五军和第七军进行了一次成功的反攻，这场用到了坦克的战斗使德军后退到位于埃纳河的苏瓦松地区。在4天的战斗中，总计3万德国士兵阵亡。[39]

总之，德军的进攻使他们占领了数量可观的领土，但是却没有达到任何战略目标。英国远征军和法军没有被分隔开，英军未退到海港区，巴黎也没有被攻下。其他重要目标如摧毁伊普尔突出部这一要地或者夺取铁路干线枢纽亚眠，都没有实现。德军重新占领了被它自己的军队在1917年3、4月间向兴登堡防线（德方称之为齐格菲防线）战术撤退中破坏了的旧战场、旧领地。前线长度从390英里延伸到510英里（自6月25日起），而且德军守卫的阵地还需要加强，在这些阵地上的士兵，相比于春季攻势前，更容易受到协约国的攻击。德军损失了80万士兵，其中相当大一部分是精锐战士。6月份，德国军队还受到了第一次西班牙流感浪潮的影响，比协约国军队早3周受到冲击，这进一步削弱了德国的军队。如果把所有这些因素计算在内，那么丘吉尔所说的德军被一场防御战争打败了的说法是正确的。协约国建立在防御战胜利基础上的进攻（开始于7月中旬的香槟反击），了结了虚弱、消沉的敌人。[40]

德军的暗日

在1918年1月份看起来仍然形势大好的德国，其战略地位迅速恶化。鲁登道夫已无能为力。8月2日，他命令德军准备应对协约国的进攻。他希望遭
153 到持续打击和高伤亡的协约国无法发动大的攻势。这一观点并非完全错误。福

---

[39] Zabecki, *The German 1918 Offensives*, pp.246–279; Gilbert, *The First World War*, pp.440–443.

[40] Churchill, *The World Crisis*, vol. II; Wilhelm Deist, “The Military Collapse of the German Empire: The Reality behind the Stab-in-the-back Myth”, *War in History*, 3 (1996), pp.199–203; Sheffield, “Finest hour?”, pp.54–68; André Bach, “Die militärischen Operationen der französischen Armee an der Westfront Mitte 1917 bis 1918”, in Duppler and Gross (eds.), *Kriegsende 1918*, pp.135–144.

煦、贝当和黑格都不认为战争会在 1918 年取得胜利，但预料到反攻和攻击较小的目标会是有效的，这可以挫伤德军士气。[41] 现在协约国从它们之前的进攻以及德国今年的成败中汲取了经验。1918 年夏，它们重建了火力上的优势。鲁普雷希特比鲁登道夫更早意识到德军的士气正在下降，他听说越来越多的战地通信呼吁和平。士兵们抱怨贫乏的物资供应、协约国的空中优势和不断增加的美国军队。[42] 尽管前线逃跑的士兵很少，但令人非常担忧的是，从东线向西线转移时“走丢”的部队多达 20%。[43]

福煦提出一项包括一系列攻击的计划，其目标是占领铁路干线枢纽、增加通信线路。攻势接连迅速发动，以防止德国最高陆军指挥部对关键据点的增援。德国 1918 年春季攻势中的战略是，突击队甚至在没有炮兵支援的情况下也继续前进，以利用突破的势头；与之对比，协约国的进攻并没有超出他们的炮兵所能到达的范围。只有当火炮就位、准备发射时，进攻才继续。德军的战术使他们迅速占领土地，但造成了军队的高伤亡率，士兵也疲惫不堪。协约国的战略更适合 1918 年西线的实际情况。8 月 4 日，法军重新占领了苏瓦松，俘虏了 3.5 万名德国士兵和 700 门火炮。[44] 英军把亚眠作为进攻的第一个目标，因为德军在亚眠还没来得及建造坚固的防御工事。英军在炮兵和空军力量上的优势是压倒性的，进攻部队配备刘易斯式机关枪和迫击炮。每营配备 6 辆坦克。战斗取得了令人瞩目的胜利。8 月 8 日，进攻的第一天，德军伤亡 2.7 万人。约有 1.5 万 154
人投降，这是相当高的比例。后来鲁登道夫把这一天称为“德军的暗日”。[45] 此后，协约国迅速组织了一系列进攻，德军防线濒临崩溃。被俘虏的德国士兵数目超出预期。1918 年 8 月，德军受伤人数达 22.8 万人，死亡 2.1 万人，还有 11 万人失踪（大部分是被俘虏）。现在俘虏德军变得十分容易，这是德军士气下降的

---

[41] Strachan, *The First World War*, pp.302ff.

[42] Rupprecht, *Mein Kriegstagebuch*, vol. II, pp.424–430；Strachan, *The First World War*, p.311；和 Kitchen, *The German Offensives of 1918*, p.256。以及 Benjamin Ziemann, *War Experiences in Rurai Germany, 1914—1923* (Oxford and New York: Berg, 2007), pp.97ff。

[43] Kitchen, *The German Offensives of 1918*, p.185, 198ff. 关于德军和英国远征军逃兵的研究，参见 Christoph Jahr, *Gewöhnliche Soldaten: Desertion und Deserteure im deutschen und britischen Heer 1914—1918* (Göttingen: Vandenhoeck & Ruprecht, 1998)。

[44] Gilbert, *The First World War*, pp.447, 454.

[45] Strachan, *The First World War*, pp.310ff.; Stevenson, *With our Backs to the Wall*, pp.122ff.; J.P.Harris, “Das britische Expeditionsheer in der Hundert-Tage-Schlacht vom 8.August bis 11.November 1918”, in Duppler and Gross(eds.), *Kriegsende 1918*, pp.115–134.

一个标志。[46] 美军也有类似的经历。在 9 月 13 日对圣米耶勒要地的成功打击中，他们俘获了 1.3 万名德国士兵。[47] 直到此时，协约国才意识到德军实际上是何等虚弱，战争结束比它们之前预料的要快多了。

协约国一方拥有更多的人力、更强的火力和更多的坦克，士气也更盛。德军春季攻势的失败和协约国的成功攻势沉重打击了德军的士气，对最高陆军指挥部斗志的影响更是毁灭性的。鲁登道夫最终意识到，战争不可能取胜，但由于德军还占领着法国和比利时并控制着东欧大部分地区，他仍然希望在有利的条件下实现和平。[48] 即使是此时，无论是最高陆军指挥部还是德国政府都不愿意放弃阿尔萨斯 - 洛林。[49] 最高陆军指挥部把所有希望都寄托在防御工事坚固、有自然屏障的兴登堡（齐格菲）防线上。

后　方

当西线军队为德国春季攻势做准备时，后方也没有放松。1917 年 2 月到 12 月，德军潜艇击沉的英国船只已超过 400 万吨位（世界总损失 623.8 万吨位）。
155 但这种打击仅仅在 1917 年春季晚期显得有可能迫使英国退出战争。虽然英国造船业尚未完全重建损失的吨位，但通过更好的组织能力、利用美国和中立国船只，英国的进口量比 1916 年提升了 8%；而且英国还通过复垦大幅提高粮食产量，减少了粮食总量进口。[50] 此外，英国海军制定出了反德国潜艇威胁的有效措施。利用协约国的驱逐舰和护航队一道为商船保驾护航，使它们不易遭受攻击。1918 年只有 134 只由护航舰护送的商船被击沉。协约国失去的船只总吨位数为 390 万，但建造了总计 540 万吨位的船只。[51] 技术装备的进步也使发现潜艇变得更容易，并且研发出摧毁潜艇的新方法。在战争中发现的 320 艘潜艇中，有 200

[46] Stevenson, *With our Backs to the Wall*, pp.122–133; Kitchen, *The German Offensives of 1918*, pp.260–278; Gilbert, *The First World War*, pp.452–455.

[47] Gilbert, *The First World War*, pp.452ff.

[48] Deist, "The Military Collapse of the German Empire".

[49] Stevenson, *The First World War and International Politics*, pp.222ff.; Stevenson, *With our Backs to the Wall*, pp.311–349.

[50] 关于战争期间的英国社会，参见 Jay Winter, *The Great and the British People*, 2nd edn (Basingstoke: Palgrave Macmillan, 2003)。

[51] Stevenson, *With our Backs to the Wall*, p.339.

艘被击沉。潜艇战不能通过使英国人挨饿让他们屈服，也不能阻止美国军队开往法国。英国只有在1918年不得不转向全面配给，但面包除外。在法国，甚至意大利，虽然粮食状况不及英国那么乐观，但仍然比德国强得多，更不用说同奥地利、保加利亚或是奥斯曼帝国相比了，那些国家饿殍遍野。[52]

协约国的海军封锁也比无限制潜艇战要有效得多。1918年，协约国拦截从德国出发或去往德国的中立国船只，没收所载物资。在1916—1917年间所谓的“芜菁之冬”中，许多德国人挨饿；1917年冬到1918年略微好些，但仍有很多人营养不良。很难说清有多少德国人因为海军封锁而死去。据阿尔文·杰克逊估计，有75万平民或饿死，或因太虚弱而病死。根据理查德·贝塞尔和加里·谢菲尔德的统计，仅在1918年，直接或间接死于海军封锁的就有29.3万人，[53] 尼尔·弗格森质疑这些统计，但没有给出替代数字。[54] 156

巴兹尔·利德尔·哈特认为是海军封锁为协约国赢得了战争。他指出即使没有1916年和1917年代价高昂的进攻，海军封锁最终也会迫使德国投降。但正如英国一些历史学家所指出的，断言海军力量决定战争的说法有些夸张。[55] 如果没有西线战场的胜利，德国本可以长期持续作战，因为从东欧被占领区组织输送食物、原料和劳工会更有效率。要知道，法国和英国物资也同样紧张到了极限，两国政府一度担心它们再也无力支撑军队或人民的需求，因此，不得不寻求不利局面下的和平。在英国，罢工行为贯穿整个战争期间，比德国发生的次数还要多，但在关键时刻，工人通常会重返工作岗位。在法国，1918年5月13日至18日，10万名工人在巴黎罢工，只为呼吁和平以及要求政府澄清战争目标。德军重新开始进攻后，罢工才平息下去。[56]

由于日益恶化的生存条件，1月28日，柏林10万名工人罢工。饥饿、寒冷、厌战，与和谈暂时破裂后陷入困境的苏俄的联合，这些都动员了工人。几天后，40万工人走上街头，要求不割地、不赔款的和平，要求工人代表出席和

---

[52] Niall Ferguson, *The Pity of War, 1914—1918* (London: Basic Books, 1999), pp.276f.

[53] Alvin Jackson, “Germany, the Home Front: Blockade, Government and Revolution”, in Hugh Cecil and Peter H. Liddle (eds.), *Facing Armageddom: The First World War Experienced* (London: Leo Cooper, 1996), p.575; Richard Bessel, *Germany after the First World War* (Oxford: Clarendon Press, 1993), pp.35–44; Gary Sheffield, *Forgotten Victory: The First World War: Myths and Realities* (London: Headline, 2001), p.93.

[54] Ferguson, *The Pity of War*, pp.276–281; Sheffield, *Forgotten Victory*, pp.102f.

[55] Ferguson, *The Pity of War*, p.253.

[56] Stevenson, *With Our Backs to the Wall*, pp.460–467.

平会议。德国居民每日食物摄入量从1914年的3,000卡下降到1918年的1,400卡。官方配给只能满足每日饮食需求的50%。其他城市的工人通过罢工和游行支持柏林工人，德国社会民主党中相对温和的政治家加入到罢工委员会中，试图安抚工人。最终，由于鲁登道夫施压，德国首相格奥尔格·冯·赫特林（Georg von Hertling）决定武力镇压罢工。柏林有150名工人领袖被捕，3,500到6,000名罢工者被发配前线。政府的残酷镇压终结了罢工。[57]

157 德国后方在接下来的几个月里保持了平静。在1917年，共有667,229名工人参加了总计561场罢工；1918年11月前，总计只发生531场罢工，共391,585人参加。[58]每个人似乎都在等待春季攻势的结果，但是德国各地的新闻报道都透露出人民对战争的厌倦不断增加，并且转化成对普鲁士军国主义、容克和战争受益者的普遍仇恨。供应体系的不公平和某些特定人群获得的利益激怒了大量民众。黑市兴盛，但也只有富人才消费得起。不公平的食物分配加剧了阶级间的紧张。中产阶级受害最深。他们不像部分产业工人那样，对战争来说不可或缺，因此没能得到较多的配给。民众觉得，战争的负担并未公平分配。[59]

堡垒停战仍在维持，但一切都取决于春季进攻的成功。政治生态两极分化。1917年，海军上将阿尔弗雷德·冯·提尔皮茨成立反动的德意志祖国党，现在已成为大党，它组织力量反对普鲁士和德意志地区的民主改革。该党致力于宣扬战争目标，使得与协约国通过妥协达成和平成为不可能。政治光谱的另一极是独立社会民主党，该党于1917年从社会民主党中分离出来，致力于不割地、不赔款的和平。独立社会民主党与自由的进步民主党（Fortschrittliche Volkspartei）和天主教中央党（Zentrum）一起，曾在1917年7月19日支持德国议会的和平决议，但该联盟现因在《布列斯特－立陶夫斯克条约》上的不同意见而被削弱。中央党和进步民主党直到社民党弃权时才支持这项条约。外交大臣里夏德·冯·屈尔曼因在6月24日告诉议会不应期待"仅凭军事决定就可以

---

[57] Wehler, *Deutsche Gesellschaftsgeschichte,* vol. IV, pp.83, 143ff.; Herwig, *The First World War*, pp.378–381; Volker Ullrich, "Zur inneren Revolutionierung der wilhelminischen Gesellschaft des Jahres 1918", in Duppler and Gross (eds.), *Kriegsende 1918*, pp.273–284; Stevenson, *With Our Backs to the Wall*, pp.468–477.

[58] Wehler, *Deutsche Gesellschaftsgeschichte*, vol. IV, p.135.

[59] Jürgen Kocka, *Klassengesellschaft im Krieg: Deutsche Sozialgeschichte 1914—1918*, 2nd edn (Göttingen: Fischer, 1978)；英译本：*Facing Total War: German Society 1914—1918* (Cambridge, MA: Harvard University Press, 1984); Wehler, *Deutsche Gesellschaftsgeschichte*, vol. IV, pp.70–93; Ferguson, *The Pity of War*, pp.278f.。

结束战争”而被迫辞职。他被指控犯了失败主义错误，被海军上将保罗·冯·欣策（Paul von Hintze）取代。

奥匈帝国和意大利战线 158

当1918年春季和夏季德国后方看上去相当稳定的时候，奥匈帝国的情形却完全不同。1917年对二元君主制国家已是非常困难的一年。帝国人民忍饥挨饿。厌战情绪蔓延到军队。士兵叛乱和逃跑的数量急剧增长。仅从好的方面看，奥地利的战争目标大部分都实现了：俄国被打败，塞尔维亚被占领，罗马尼亚被打垮。1917年和1918年初，外交大臣切尔宁（Czernin）伯爵和奥皇卡尔（Karl）通过调停人接触协约国。它们召开了一系列秘密会议，大部分是在瑞士。卡尔甚至暗示会支持法国对阿尔萨斯–洛林的领土要求，但是最后，他还是为避免冒犯与德国之间的联盟而退缩了。德皇和最高陆军指挥部不打算恢复比利时的独立，也不想把阿尔萨斯–洛林地区归还法国。而不满足这两项要求，法国和英国是不会停战的。[60]

卡波雷托的胜利为奥匈帝国赢得了喘息时间，但1918年，城市居民，特别是奥地利的民众仍忍饥挨饿，工业产量持续下降，在意大利作战的军队严重缺少衣物、装备、食物和弹药。1918年，国内更加混乱，各民族日趋激进化，这削弱了他们对哈布斯堡帝国的忠诚。经济状况已令人绝望。奥地利的居民每人每天只能吃上23克肉和70克土豆。当政府宣布将每日的面粉配给量从200克削减到165克时，维也纳工人开始罢工。1月17日，20万工人参与到罢工浪潮中，2天后，在波西米亚和奥地利的其他地区，罢工运动达到高潮，工人甚至模仿俄国模式成立委员会（苏维埃），政府在满足了工人的一些主要要求（至少是在纸面上）以及承诺更多的食物后，罢工最终平息下去。政府寄希望于利用乌克兰和波兰的物资来解决食物问题的愿景也落空了。尽管增加了对会议波兰的征用，但这些物资远远满足不了奥匈的军队和城市民众所需。除此之外，主要由于交通的破坏，1918年，预计有100万辆运粮车从乌克兰发往奥匈，但实际到达的

[60] Strachan, *The First World War*, pp.270–274.

159 只有 11,890 辆。[61]

橡胶、铜、铅、锌的供应量几近枯竭，煤炭每月的供应量下降了 40%。不可能提供足够的武器和弹药以填补前线消耗。举例来说，机枪的子弹日产量从 1916 年秋天的 600 万发下降到 1918 年初的 150 万发。尽管有从俄国返回的战俘，人力危机还是削弱了军队力量。奥匈帝国最高指挥部估算士兵人数存在 600 万缺额，许多师的兵力不得不减少了近乎一半。[62]帝国境内斯拉夫地区城镇的粮食短缺比奥地利中心区域还要严重，这进一步损害了该地区对帝国的忠诚。整整一年，奥匈帝国都处于内部崩溃的边缘。只要德国取得胜利，崩溃就可以避免，但仅凭奥匈帝国本国的资源，它无法再支撑太长时间。[63]

经过卡波雷托的惨败之后，英国和法国派军去加强意大利战线。阿曼多·迪亚斯（Armando Diaz）将军取代路易吉·卡多尔纳（Luigi Cadorna）成为意军的总参谋长，他没有前任那么鲁莽，能够确保士兵都可以吃饱穿暖、装备精良，很少有士兵被处死或遭严厉处罚。迪亚斯有能力重振意大利军的士气。[64]

1918 年 6 月，奥地利发动攻势，以阻止协约国军队向西线转移，但奥地利没有准备充分，因此虽然发起了进攻，但没有产生大的作用。奥地利没有足够的炮弹持续轰炸意大利，且军队由于营养不良和疾病变得十分虚弱。部队也人员不足。让局势更糟糕的是，陆军元帅斯韦托扎尔·博罗艾维奇·冯·博伊纳（Svetozar Boroevic von Bojna）没有听从在意大利作战的最出色的奥地利指挥官的建议，把火力集中于一处，而是分成两组进攻，导致奥匈帝国军队实力不够强大。前总参谋长弗朗茨·康拉德·冯·赫岑多夫从阿齐亚哥高地发动进攻，博罗艾维奇受命在皮亚苇河发动攻击。在迪亚斯认真的防卫部署下，意大利军
160 队作战勇猛，几乎未丢失阵地。这场攻势给奥地利军队造成了 11.8 万人伤亡，提升了意大利军队的士气。[65]

1918 年 4 月，作为卡尔之前秘密尝试单独媾和的第二个后果，他的外交大臣切尔宁伯爵不得不辞职。同协约国几个月的接触失败了。至此，奥匈帝国的

[61] Herwig, *The First World War*, pp.354, 357, 361–365.

[62] *Ibid.*, pp.356–360.

[63] *Ibid.*, pp.352–373.

[64] Thompson, *The White War*, pp.328–368.

[65] *Ibid.*, pp.356–378.

命运完全有赖于德国的胜利了。

全线崩溃

保加利亚是同盟国中第一个投降的国家。把兵力集中在西线以及将德国统治扩展到前俄罗斯帝国地盘的企图，削弱了其他战线的力量。人民厌战，通货膨胀严重，粮食短缺。1918 年，德国减少了对保加利亚的财政和军事支持，保加利亚军队士气低落。没有德国的稳固支持，保加利亚无力守卫萨洛尼卡战线，抵抗英法支持的塞尔维亚和希腊军队。法国弗朗谢·德斯佩雷将军（Franchet D’Esperey）率领协约国军队在 9 月 15 日发动进攻，两周后保加利亚不得不请求停战。

（英国）埃及远征军的指挥官埃德蒙·艾伦比将军（Edmund Allenby）及其阿拉伯盟友的成功进攻，给奥斯曼帝国造成巨大压力。土耳其最强大的军队此时正在外高加索作战，以期从俄罗斯帝国的覆灭中捞到尽可能多的好处。1917 年结束时，奥斯曼帝国在巴勒斯坦处于不利地位。12 月 9 日，艾伦比占领耶路撒冷，同时阿拉伯游击队由南向北推进。[66] 直到埃及远征军的几个师被派往西线，进攻才停止下来。在得到来自印度、加拿大、澳大利亚军队的补充后，艾伦比在 1918 年 9 月继续进攻。奥斯曼帝国的军队在美吉多战役（9 月 19—21 日）中遭遇重创。7.5 万土耳其士兵成为俘虏。埃及远征军几乎未遇任何阻碍就长驱直入。远离土耳其中心地区作战的士兵士气低落，而国内的经济状况日益恶化。君士坦丁堡通货膨胀严重，人民忍饥挨饿。10 月 1 日，大马士革陷落，紧接着阿勒颇在 25 日被攻陷。5 天之后，奥斯曼帝国投降。[67]

意大利军总参谋部首领迪亚斯直到 10 月份才进攻奥地利。意方的宣传和协 161
约国在西线的胜利，削弱了奥地利军队的斗志。迪亚斯开始进攻，他知道意大利未来的边界取决于它的军队可以到达哪里。奥地利军队陷入军需供应短缺的局面，士气迅速下降。波兰、斯洛文尼亚、克罗地亚、捷克、斯洛伐克和乌克兰的士兵知道，新的政治选择开始出现。匈牙利士兵预感双君主政体命不久矣，

[66] Strachan, *The First World War*, pp.274–279.

[67] Edward J. Erickson, *Ordered to Die: A History of the Ottoman Army in the First World War* (Westport, CT: Praeger, 2001), pp.169–206, 237ff.

一些部队拒绝到前线去。意大利军在10月24日发动攻击，经过激烈战斗，5天后维托里奥威尼托战役取得决定性胜利。奥地利军队瓦解了。许多士兵在试图逃跑时被杀害。这个多民族帝国的士兵只是想回家。由于奥地利最高指挥部未能告知军队正确的停战日期，这一悲剧性错误导致奥地利士兵在停战协议生效前24小时就停止了战斗。在这24小时里，35万奥地利士兵被俘。到11月11日，总共有43万奥匈帝国的俘虏关押在意大利，其中至少有3万士兵在战俘营中死去，实际数字可能更高。艾伦·克雷默认为意军共俘虏了奥匈士兵46.8万人，其中至少有92,451至93,184人在意大利战俘营中死去。[68]

1918年9月，奥皇卡尔和他的新外交大臣斯蒂芬·布里安伯爵意识到德国已输掉西线的战争。布里安和卡尔与协约国接触，但他们的和平提议被拒绝了。协约国不再对把奥匈帝国从与德国的联盟中分离出去抱任何希望，也不再认为奥匈帝国会在战争中幸存。6月3日，英、法、意表示全力支持波兰、捷克和南斯拉夫的国家地位。卡尔绝望地想要保住他的王位，许诺奥地利联邦制和民主化，但改革来得太迟了。哈布斯堡帝国内的捷克、斯洛伐克、塞尔维亚、克罗地亚和斯洛文尼亚于10月29日宣布独立。塞尔维亚军队还去帮助南斯拉夫人巩固未来南斯拉夫国家的边界。[69]

当奥匈帝国分崩离析的时候，德军仍在战斗。从9月27日到10月4日，协
162 约国军队在西线发起三次成功的进攻。虽然奇袭无法突破坚固的兴登堡防线，但物资优势还是扭转了战局。在3万英尺长的战线上，1,637门火炮连续56小时轰炸德军驻地。在圣昆廷运河地区8小时的攻击中，每165英尺土地上就落下近5万发炮弹。几乎没有德国士兵在这样的轰炸下幸存。9月29日，英国第46师攻破兴登堡防线，从侧翼包围了北部的德军驻地。德军只好撤退。[70]在这次突破前几天，德军最高陆军指挥部已意识到战争失败了。虽然仍留有军队驻守前线，但他们知道，协约国下一次进攻就会完全冲破德军防线。

保加利亚投降的消息给了德国最后一击。鲁登道夫和兴登堡在9月29日告知德皇西线的情况。鲁登道夫现在相信只有立即停火才能阻止更大的灾难，他

[68] Thompson, *The White War*, pp.363ff.Alan Kramer, *Dynamic of Destruction: Culture and Mass Killing in the First World War* (Oxford University Press, 2007), p.65.

[69] Stevenson, *The First World War and International Politics*, pp.228f.

[70] Robin Priors, "Stabbed in the Front: the German Defeat in 1918", in Ekins (ed.), *1918-Year of Victory*, p.50.

敦促德皇任命一位得到议会支持的首相。鲁登道夫并非突然变成了民主主义者，只是希望一个民主的德国可以得到更好的战败条件，但也希望民主人士特别是社会民主党能承担战败责任。他到处为灾难找替罪羊，愤愤责怪后方没有向前线军队提供足够的支援。由此，德军“在战场上保持不败”但被国内敌人“背后捅刀”的荒诞说法出现了。[71]

鲁登道夫和外交大臣保罗·冯·欣策打算同美国总统伍德罗·威尔逊联系。面临战败，现在，威尔逊的十四点计划比在1月份对德国更有吸引力。德皇任命的新首相是开明的马克斯·冯·巴登（Max von Baden），他把社会民主党、中央党和进步民主党的代表纳入到自己的联合政府。几天之后，德国成为议会君主制国家。鲁登道夫一直认为前线随时可能崩溃，不断催促首相向协约国要求立即停战。德国军队承受着来自协约国的无情压力但仍在苦苦支撑。虽然迫不得已时也会撤退，但他们没有放弃战斗。

鲁登道夫并未意识到，由于战线过长，协约国的军队很快就会停下来休整。德国新政府的谈判地位并不太好，鲁登道夫坚持立即停战这一主张使其形势更 163
为不利。10月3日至4日的晚上，德国政府向威尔逊总统发去一封电报，请求他帮助安排一场基于十四点计划的停战。协约国明白德国政府已认识到战败不可避免。威尔逊总统和德国政府之间进行了官方的照会交流。在前两封照会中，威尔逊仅要求德国立即从比利时和法国撤离，停止潜艇战，但在劳合·乔治、克列孟梭和奥兰多的干预下，威尔逊在10月23日回复马克斯·冯·巴登的第三封照会里增加了条件。他明确表示协约国不想同最高陆军指挥部或德皇和谈，如果德皇不退位，最高陆军指挥部不停止独裁，协约国会持续施压，直到德国投降。

协约国的意图十分明显，必须让德军不可能东山再起，与协约国作对。在了解到这些条件后，鲁登道夫突然对德军继续战斗的能力更乐观了。他和兴登堡在没有告知首相和皇帝的情况下，向前线指挥官下达指示，命令他们做好最后一战的准备。全国总动员的想法在德国传开了，但已太迟了。新政府不会再把德国的命运和更多年轻人的生命放在不负责任的军事指挥官手里了。10月

[71] Wehler, *Deutsche Gesellschaftsgeschichte*, vol. IV, pp.174–177。关于“背后捅刀”的说法，参见Boris Barth, *Dolchstosslegende und politische Desintegration: Das Trauma der deutschen Niederlage im Ersten Weltkrieg 1914—1933* (Düsseldorf: Droste, 2003)。

26 日，鲁登道夫被迫辞职，他第一军需总监的位置被威廉·格勒纳（Wilhelm Groener）取代。德国恢复了政治的主导地位，最高陆军指挥部的独裁最终结束。[72]

就好像是要证明德国军事首领不负责任、完全脱离现实一样，10 月 30 日，德国海军指挥官建议派舰队攻击皇家海军，以此作为其最后的英雄主义式的壮举。水兵拒不履行，熄灭了船只发动机。他们建立了水兵委员会并同基尔市的工人联合起来。很快工人、水兵、士兵都建立起自己的委员会，这种组织遍布全国。11 月 7 日，巴伐利亚国王在慕尼黑退位，巴伐利亚宣告成立苏维埃共和国。德国掀起革命浪潮。基尔水兵叛乱发生（像野火一样在德国迅速蔓延）之后，工人和士兵委员会建立，罢工和大规模示威游行此起彼伏，这一切都使停
164 战刻不容缓。[73]

11 月 8 日，中央党政治家马蒂亚斯·埃茨贝格尔（Matthias Erzberger）率领德国代表团穿过前线来到贡比涅森林福煦的火车上，福煦元帅草拟的停战条款被递交到德国代表团手中。德国只有 72 个小时选择接受或拒绝。根据这些条款，德国将被部分解除武装，在两周内归还在西欧占领的所有领土；莱茵兰被划为非军事区，莱茵河左岸由协约国军队占领，右岸由协约国建立少量桥头堡；德国的海军舰队必须关押在中立国的港口内或者移交英国保管。[74]

在马克斯·冯·巴登和威尔逊之间互换照会时，当贡比涅森林的和谈在进行时，德军仍在反击，双方前线的士兵在停战前最后一刻还在不断死去。马克斯·冯·巴登已授权德国代表团可以同意任何条件，在无法收到新的政府指令的情况下，11 月 11 日下午 5 时，艾尔吉贝格签署了停战协议。6 小时后协议生效（地图 6.4）。

---

[72] Stevenson, *The First World War and International Politics*, pp.223–227; Michael Geyer, "Insurrectionary warfare: the German debate about a levée en masse in October 1918", *Journal of Modern History*, 73 (2001), pp.459–527.

[73] Heinrich August Winkler, *Von der Revolution zur Stabilisicrung: Arbeiter und Arbeiterbewegung in der Weimarer Republik 1918—1924*, 2nd edn (Berlin: J. H. W. Dietz Nachf, 1985), pp.34–61; Wilhelm Deist, "Die Politik der Seekriegsleitung und die Rebellion der Flotte Ende Oktober 1918", *Vierteljahreshefte für Zeitgeschichte*, 14 (1966), pp.325–343.

[74] Stevenson，*The First World War and International Politics*, pp.229–236。关于德国革命、停火协议和凡尔赛条约的研究，参见 Klaus Schwabe，*Deutsche Revolution und Wilson-Friede* (Düsseldorf: Droste, 1971。

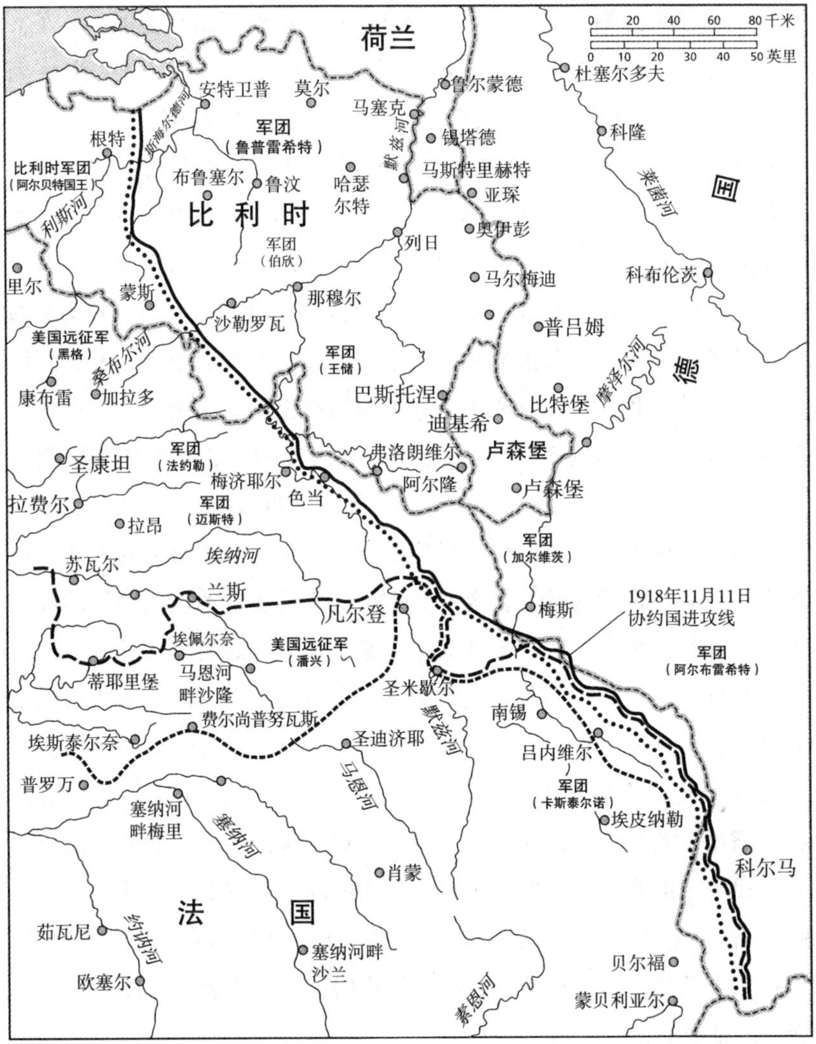

地图 6.4　1918 年停战协定与法、比双方军力位置

与此同时，一系列事件接踵而至。德皇威廉离开革命中的柏林，逃往斯帕的德军司令部，梦想着重掌军队镇压革命。德国这时有两个权力中心：一是在斯帕的最高陆军指挥部及德皇，二是在柏林的由旧帝国和普鲁士官僚机构支持的文职政府。一时间，军事政变极有可能发生。[75] 但经过与军事指挥官商议后，

[75] Wehler, *Deutsche Gesellschaftsgeschichte*, vol. IV, pp.184–197.

鲁登道夫的继任者威廉·格勒纳通知德皇，军队已经不站在他那一方了，军队将会跟随他们的将领，“而不是陛下”。失去了军队的支持，德皇于 11 月 9 日宣布，他自己以及他的儿子们放弃皇位，随后逃往中立国荷兰。同一天，马克斯·冯·巴登把首相职位唐突且违宪地移交给社会民主党领导人弗里德里
165 希·艾伯特（Friedrich Ebert），同时另一位社会民主党杰出成员菲利普·沙伊德曼（Philipp Scheidemann）宣布德国为共和国，随后斯巴达克同盟的领导之一卡尔·李卜克内西（Karl Liebknecht）宣布德国为社会主义共和国。权力掌握在得
166 到军队支持的社会民主党和独立社会民主党的新联合政府手中。右翼团体并未抵制革命，军队、政客、容克和大工业家围绕在祖国党周围，希望民主、合法的政治家能同协约国达成容易接受的停战与和平条件。旧的统治集团由于战败一蹶不振，只希望温和的社会民主党人至少能阻止布尔什维克式的革命。[76]

新政府（自称人民代表议会）得到柏林工人和士兵委员会的承认，这加强了它的合法性和革命代表性。新政府的主要任务是和协约国谈判缔结和约，维持公共生活和经济秩序，防止出现共产主义革命。在最后一项任务上，政府需要军队的帮助。两者都担心共产主义革命，政府还利用忠诚的军队对抗激进左翼的威胁。在同军队合作还是同旧官僚合作之间几乎没有选择的余地，社会民主党总理错误地以“战场上未败”的名义来欢迎归来的军队。这就给背后捅刀的神话增添了新的证据。这一说法有助于旧的统治集团把战败责任转移到年轻的德国民主政府身上。按照这个理论，崩溃的是后方而不是前线，是太多的“犹太人、社会主义者和社会民主党人”给了士兵背后一箭。这当然不是真的，但众多德国人却相信这个说法。在战争结束时，犹太人和社会民主党人已成为战败责任的替罪羊。[77]

---

[76] Winkler, *Von der Revolution zur Stabilisierung*, pp.25–32.

[77] Wehler, *Deutsche Gesellschaftsgeschichte*, vol. IV, pp.128–134。关于兴登堡在战时和战后的角色以及对“坦能堡胜利”狂热崇拜的研究，参见 Wolfram Pyta, *Hinderburg: Herrschaft zwischen Hohenzollern und Hitler* (Munich: Siedler, 2009)；Jesko von Hoegen, *Der Held von Tannenberg: Genese und Funktion des Hindenburg-Mythos (1914—1934)* (Cologne: Böhlau Verlag, 2007)。

同盟国为什么输掉了战争，或者说，为什么是协约国胜了？

在充满希望的春季攻势结束不到6个月，德皇和奥皇退位，奥匈帝国解体，
土耳其帝国除了保留君士坦丁堡以西的一小块土地外，其领土削减到只在小亚
细亚上。但是协约国的胜利不是民主压倒独裁政权的结果，也不是自由主义胜
过专制主义的结果。如果没有专制的俄罗斯帝国的帮助，西方联盟也许会输掉 167
战争。有几次，如果再多二三十个师就会完全改变战局，德国有可能取得决定
性胜利。俄国在西线压力最大的时候发动了进攻。在1914年夏末、1915年以及
1916年的勃鲁西洛夫攻势期间就是如此。当俄国被打败后，美国的介入才挽救
了协约国。

德国和奥匈帝国的联邦结构让它们处于不利地位。在德国很难提高税收，因为各州阻挠国家层面的直接税；在哈布斯堡帝国，匈牙利就像一个独立国家。匈牙利领导人小心翼翼地捍卫着他们的特权，不愿为帝国的利益做出牺牲。[78]

1916年到1918年间，德国的最大灾难是最高陆军指挥部独揽了政治和军事大权。鲁登道夫（有时）或许是一位优秀的军事家，但他是一个无能且短视的政治家。他没有意识到德国力量的限度，甚至在战争失败后，他仍然固守——就像他在德国党中志趣相投的朋友一样——不切实际的战争目标。1918年，当协约国占据人力和物力方面的优势后，一场妥协的和平是同盟国所能期盼的最好结果。春季进攻失败后，失败就已经不可避免了，但无论是最高陆军指挥部还是政治、经济精英都不愿接受失败，因为那意味着他们要归还所有被占领的土地，恢复比利时的国家地位，失去阿尔萨斯－洛林。他们抱着不切实际的幻想，认为下一场进攻就会带来胜利。[79]在东线，无论是与苏俄缔结和平条约还是全面应用自决原则，都比在这些地区不顾后果的榨取、殖民和实行政治、经济渗透计划，更能加强同盟国的地位。

德国政治、经济和军事领导人相信，德国的未来取决于它的世界大国地位，
而只有胜利后的和平才有可能实现这一目标。对他们而言，德国的安全和其欧 168

[78] Stevenson, *With our Backs to the Wall*, pp.416–419, 422.

[79] Kitchen, *The German Offensives of 1918*, pp.244ff.；和 Michael Epkenhans, "Die Politik der militärischen Führung 1918: 'Kontinuität der Illusionen und das Dilemma der Wahrheit' ", in Duppler and Gross (eds.), *Kriegsende 1918*, pp.217–233。

洲大国地位危如累卵。只要他们还相信协约国会首先屈服，他们就不会降低战争目标，更不会放弃领土。

双方的政治家都面临同样的问题。如果他们战胜了，或者和约能反映这种胜利，他们就可以为成百上千甚至百万人的牺牲做出辩护。任何未能实现关键战争目标的事情都会破坏政治体系的稳定。[80] 只有在春季攻势失败后，德国的一些主要政治家和军事指挥官才得出结论，那就是德国不得不在协约国意识到德军到底有多虚弱前求和。[81]

不明智的军事独裁也逐渐使德国无法维持前线和后方之间的平衡。[82] 野心勃勃的兴登堡计划成功生产了大量的武器和弹药，但却没有配备足够的车辆、飞机和坦克以满足机动化需求，同时忽视了平民的基本生活需求。米夏埃尔行动就是因为缺少马匹和机动化运输工具而失败。当法国一国在西线有 10 万辆卡车时，德国军队只有 2 万辆。新的武器系统也扮演了重要角色。坦克虽不足以赢得战争但却有助于赢得一些具体战斗。1918 年，法军拥有 3,000 辆坦克，英军有 5,000 辆，德国仅生产了 20 辆重坦克，德军使用的大部分坦克都是从英方缴获的。[83] 此外，德国的经济不仅仅支撑着德军的用度。如果它不向同盟提供稳定的财政和原料支持，不向它们输送武器、军需品和士兵，许多条战线就不可能维持。这意味着德国的资源紧张到了极限，1918 年当德国减少救济的时候，它的同盟国很快就崩溃了。一旦其同盟被打败，德国也就不可能坚持太久了。[84]

169 美国对战争最重要的贡献在参战前就已开始。美国向英国提供贷款，以使英国向它的大陆盟国提供财政支持。美国和加拿大的食物尤其是谷物的出口，使英国的经济得以维持，人口得以供养。协约国能从英帝国和法兰西帝国获得人力、原材料和食物等资源。来自澳大利亚、新西兰、纽芬兰、印度和帝国其

---

[80] Storz, " 'Aber was Hätte anders geschehen sollen?' ", pp.51–97; Arno J. Meyer, *Politics and Diplomacy of Peacemaking: Containment and Counterrevolution at Versailles, 1918—1919* (New York: Knopf, 1976).

[81] Kitchen, *The German Offensives of 1918*, pp.48ff., 138, 161, 235, 244ff.

[82] 关于军事在德国国内政策中的角色，参见 Wilhelm Deist (ed.), *Militär und Innenpolitik im Weltkrieg, 1914 bis 1918*, 2 vols. (Düsseldorf: Droste, 1970), vol. I, part ii.Nebelin, Ludendorff, pp.339ff.；Martin Kitchen, *The Silent Dictatorship: The Politics of the German High Command under Hinderburg and Ludendorff, 1916—1918*（London: Taylor & Francis, 1976）。

[83] Strachan, *The First World War*, pp.395ff.

[84] Stevenson, *With our Backs to the Wall*, pp.404–419, 431ff.; Gerald D. Feldman, *Army, Industry and Labor in Germany 1914—1918* (Princeton University Press, 1966), pp.513ff.; Nebelin, *Ludendorff*, pp.245ff.

他地区的士兵有助于战争获胜。法国军队中总计有47.5万殖民地士兵。而同盟国不得不依靠他们自己的人力和物力资源——从欧洲中立国的进口是重要的，但远不能满足需求。另一方面，同盟国几乎完全依靠陆路运输，而美国和英国的商船以及大部分的中立国船只都交由协约国使用。虽然法国、英国和意大利在1918年的一些时刻出现了严重的粮食、煤炭供应困难，但所有这些问题可以被克服，或者至少可以被控制，直到获得胜利。[85]

但为什么协约国是在1918年而不是一年之后取胜？鲁登道夫由于他在1918年春季攻势中制定的路线而饱受诟病。军事历史学家批评他一有机会就改变战争计划，而没有连贯的战略。[86]德军的进攻在战术上通常是成功的，但没有达到战略目标，而且高伤亡率极大地削弱了德军。相反，英军和法军的战斗力没有被破坏，1916年和1917年的士气低落已经过去，亚眠、伊普尔和阿拉斯的成功守卫以及马恩河第二战场的胜利，都为协约国士兵注入新的信心。

美军对战争胜利的贡献是巨大的，它在心理上的显著作用更甚于在军事方面。美国士兵的到来大大鼓舞了他们英法战友的士气。约翰·潘兴（John Pershing）将军最初坚持建立一支独立的美国军队，但最终还是同意了法国和英国的迫切要求，允许18万美国步兵（按美军编制）于5月份和另外15万于6
月份加入英法军队。当同盟国的人力资源几近枯竭、兵力损失无法弥补的时候， 170
美国的参战保证了协约国似乎有源源不竭的新士兵。停战的时候，大约有42个师，150万美国士兵驻扎在法国——每个师的人数是英法军队编制的两倍，有29个师曾投入了战斗。[87]

协约国在1918年胜利的更深层原因是它们发动攻势的方式。贝当和黑格制定了有限的战争目标，充分发挥空中、炮兵优势及坦克作用。德军在完好无损的情况下或许是难以战胜的，但此时的德军已千疮百孔、精疲力竭，不再对胜利抱有希望。协约国军直到正式停火的那一天才结束进攻，这一系列攻击给前线德军带来了长久、无情的压力。在100天的时间里，协约国俘虏了36.3万德国士兵（相当于战场上士兵的25%），缴获6,400门火炮（是西线德军火炮数量

---

[85] Strachan, *The First World War*, pp.308ff.

[86] 例如Sheffield, *Forgotten Victory*, pp.226ff，也可参考Storz “ ‘Aber was hätte anders geschehen sollen?’ ”. pp.51–96。

[87] Strachan, *The First World War*, p.204.

的 50%）。这些数字充分显示出协约国战略的高效和德军士气的低落。[88]

德国的士兵和民众都殷切期望 1918 年的春季攻势会胜利，因此他们对结局非常失望。3 月到 5 月，报纸上充斥着对胜利的报道。后来的报道虽不像之前那样乐观，但无论是普通民众还是士兵都未准备接受最终的战败。到 1918 年秋天，所有阶层——从军事指挥到前线士兵，从政客到工人——的信心都跌落最低点。士气在战争中非常重要，包括最高指挥官的斗志，但现在连鲁登道夫都认为不可能取胜了——这虽然不是德军最终崩溃的原因，但反映出笼罩在德军中的惨淡气氛。弗格森认为，促成协约国胜利的不是战术优势，而是德军斗志的衰竭。[89] 尽管军纪松弛、士气低落、逃兵增加，但直到 1918 年 10 月、11 月，德军前线部队仍然是一支有力的战斗力量。另外，革命在相当大程度上影响了
171 后方的部队，那里的军事权威受到挑战，工人委员会建立。[90] 尽管德国士兵仍坚持战斗，但这在军事上已没有什么意义了。可以说，在德国公海舰队的水兵叛乱引发革命之前，德国就已经失败了。在胜利的所有希望都化为泡影后，德国后方瓦解了。

11 月 11 日的停火协议结束了西线的杀戮，但在东欧，大战转变成一系列内战、建国战争和革命战争。德军和奥匈帝国军队的突然撤退留下了权力真空。乌克兰和白俄罗斯成为俄国内战的战场；波罗的海地区的爱沙尼亚人、拉脱维亚人和立陶宛人在德国自由军团支持下同红军作战，捍卫国家；在东加利西亚，战争从波兰蔓延到乌克兰西部。第一次世界大战不是“结束所有战争的战争”，即使在短期内也不是。

---

[88] 数据来自 Gilbert, *The First World War*, p.500。

[89] Ferguson, *The Pity of War*, pp.310–314；Gary D. Sheffield, “The Morale of the British Army on the Western Front, 1914—1918”, in Geoffrey Jenson and Andrew Wiest (eds.), *War in the Age of Technology: Myriad Faces of Modern Armed Conflict* (New York and London: New York University Press, 2001), pp.105–131. 也可参考 Benjamin Ziemann, “Enttäuschte Erwartung und kollektive Erschöpfung: Die deutschen Soldaten an der Westfront 1918 auf dem Weg zur Revolution”, in Duppler and Gross (eds.), *Kriegsende 1918*, pp.165–182。

[90] Scott Stephenson, *The Final Battle: Soldiers of the Western Front and the German Revolution of 1918* (Cambridge: Cambridge University Press, 2009).

7 1919年：影响[1] 172

布鲁诺·卡巴奈斯

第一次世界大战结束的时间不能被简单地确定在某一日期。一战带来的毁灭性长远影响使战争本身和战后之间没有明确的分界线；近百万的人也就是七分之一的士兵死去；2,100万人受伤；留下数百万的寡妇、孤儿以及悲痛的亲人哀悼逝者。战争造就了无尽的人间悲剧；在战争结束后的许多年里，几乎所有的家庭都持续承受着情感上和精神上的巨大痛楚。[2] 传统的编年史把1918年11月11日签订的停战协议和随之而来的各项和平条约看作重返和平的两个标志性事件，但把1919这一年单独挑选出来，根据其自身特点把它当作一个特殊历史主题，这对传统编年史形成了挑战。实际上，1919年是现在历史学家所称的“从战争向和平过渡”（用法语的说法，叫“走出战争”）的关键步骤，但也只是其中一个步骤。这个短语指几年的过渡时期，其特点是士兵和战俘重返家园，交战国和解，以及更为缓慢的精神和态度的恢复，或称之为“文化复员”。[3] 这个过程远非一帆风顺，而是时断时续，复员和动员交替进行，和平的态势和拒绝复员的情况同时出现。

从战争到和平的复杂过渡的另一个难题是多种多样的国内环境。在法国和英国，1919年是军事复员和重建的一年。退伍军人不得不重新回到普通百姓的生活，这对他们来说比其他人更困难。国家和慈善机构为战争受害者制订了援 173

[1] 海伦·麦克菲尔把这章从法文翻译成英文。

[2] Stéphane Audion-Rouzeau and Christophe Prochasson (eds.), *Sortir de la Grande Guerre* (Paris: Tallandier, 2008).

[3] John Horne (ed.), “Démobilisations culturelles après la Gande Guerre”, *14–18: Aujourd’hui, Today, Heute,* 5 (Paris: Noêsis, 2002), pp.43–53.

助方案，同时幸存者竭尽全力重建被战争破坏的地区。但在其他国家，1919年，暴力冲突仍在军事集团和民间组织中进行：协约国军队占领莱茵兰地区；德国有革命和反革命的斗争；俄国和爱尔兰充斥着内战；希腊和土耳其之间（1919—1922年）以及俄国和波兰之间（1919—1921年）的边界冲突。所有这些冲突，都在一定程度上延长并扩大了战争的影响，以至于各国历史有时把大战和后来的对抗合并起来，作为同一编年序列来叙述。比如希腊认为，它的战争时期始于1912年的巴尔干战争，结束于10年后的希土战争。在1919年，一些军队只是简单地变了敌人。比如罗歇·韦塞尔（Roger Vercel）在小说《科南上尉》（*Capitaine Conan*）中，描述了来自法国部队“东方军”的老兵们现在正抗击布尔什维克。简而言之，从“战争向和平过渡”这个观点来看，1919年似乎仅仅是一个更大事件的开始：一场漫长而混乱的恢复。

1919年并不仅仅是不断发展的进程中的一个步骤，它还是一个重要时刻，埃雷兹·曼那拉将之描述为“威尔逊的时刻”，这个短暂时期汇合了重要的集体期望。这不仅发生在意料之中的西方世界，也在世界范围内产生。[4] 这些和平条约被视为新时代的曙光，体现了对国际关系发生深刻变革的集体希望。在俄国、奥匈、德国、奥斯曼等帝国的废墟上，新的国家形成或重生了。1919年的前6个月里，来自世界各地的代表齐聚巴黎，公众也普遍密切关注和平谈判的进展，这些谈判成为全球化世界中的重大事件。1919年6月28日在镜厅签订的《凡尔赛条约》代表了一种典范，被随后所签订的一系列条约所仿效，它们是：与奥地利签订的《圣日耳曼条约》（1919年9月10日），与保加利亚签订的《纳依条约》（1919年11月27日），然后是与匈牙利签订的《特里亚农条约》（1920年6月4日）和与土耳其签订的《色佛尔条约》（1920年8月10日），最后这个条约在1923年被《洛桑条约》取代。1919年秋天，美国为争取让国会批准《凡尔赛
174 条约》开展了一场运动，但参议院在1920年3月的最终投票表决中仍然拒绝了和约。[5]

1919年在某种程度上体现了战后时代的所有希望：基于世界和平和集体安

---

[4] Erez Manela, *The Wilsonian Moment: Self-Determination and the International Origins of Anticolonial Nationalism* (Oxford University Press, 2007).

[5] John Milton Cooper, Jr., *Breaking the Heart of the World: Woodrow Wilson and the Fight for the League of Nations* (Cambridge University Press, 2001).

全的新外交；重要国际组织例如国际劳工组织 1919 年初在日内瓦的成立；对民族自决权的承认。但是，1919 年也是危机和幻灭的一年，这削弱了战后重建的动力。

《凡尔赛条约》，或威尔逊主义令人失望的梦想

1919 年 6 月 28 日下午 3 点整，两个衣着正式的德国使节在协约国士兵的护送下，进入凡尔赛宫的镜厅，走到房间中心。这两个使节分别是新任德国外交部部长赫尔曼·米勒（Hermann Müller）和交通部长约翰内斯·贝尔（Johannes Bell），他们来此是为了签署结束第一次世界大战的和约。“这一切都是精心设计好的，来尽可能羞辱敌人。在我看来，这与我们已公开表示强烈支持的新时代精神相去甚远”，美国总统威尔逊的外交顾问豪斯上校（Colonel House）这样写道。[6] 法国总理乔治·克列孟梭设计了一场名副其实的罗马式胜利。这两个德国使节不得不在“丑八怪”代表团旁经过，这个代表团的人已被永久毁容，他们的存在就是作为同盟国造成伤害的活见证。[7] 相机拍摄下了签署条约的历史性时刻，“那两个德国人经过时离我很近，这情景就像两个囚犯被带进来去听他们的审判记录一样”，一个英国外交官报告说。米勒和贝尔在当天晚上返回柏林，而在巴黎，缴获的敌军枪炮正被游街示众。

和平谈判早在 5 个月前就在位于奥塞滨河街法国外交部的一个钟表厅中展开了。克列孟梭特地选在威廉一世加冕礼的周年纪念日——1919 年 1 月 18 日这 175
天开始，他还坚持和约必须要在镜厅签订，这正是德意志帝国最初宣布成立的地方。英国代表团成员约翰·梅纳德·凯恩斯（John Maynard Keynes）给我们留下了一段对克列孟梭刻薄的描述：“他沉默着，带着灰色的手套，坐在铺着锦缎的椅子上，毫无热情和希望，老态龙钟，疲惫不堪，用怀疑的还有点顽劣的眼光审视周围的环境。”[8] 事实上，最近的历史著作很大程度上对待克列孟梭更加公

[6] Edward M.House, *The Intimate Papers of Colonel House Arranged as a Narrative by Charles Seymour*, 4 vols. (Boston and New York: Houghton Mifflin, 1926-8), vol. IV, p.487.

[7] Stéphane Audion-Rouzeau, “Die Delegation der ‘Gueules cassées’ in Versailles am 28.Juni 1919” , in Gerd Krumeich et al. (eds.), *Versailles 1919: Ziele, Wirkung, Wahrnehmung* (Essen: Klartext Verlag, 2001), pp.280–287.

[8] John Maynard Keynes, *The Economic Consequences of the Peace* (New York: Macmillan, 1919), p.32.

正，质疑“黑色传奇”的说法，这种说法倾向于把这位法国总理描述成应为和平条约的所有缺陷负责的那个人（用凯恩斯的话说就是“他之于法国，就像伯里克利之于雅典”）。

被征服了的帝国及其继承国——德国、奥地利、匈牙利、保加利亚和土耳其都没有被邀请，俄国也被排除在外。在这方面，巴黎和会与19世纪欧洲最大的和平会议即1815年和会有着显著区别。还有一个不同是参加国的数目：1815年维也纳会议有5个参加国，而巴黎和会有27个。巴黎和会的代表团也大得多，包括平均几百人的成员，还有司机和秘书，再加上500多名记者。用玛格丽特·麦克米伦的话说：

> 自1月到6月，巴黎一度是世界的政府，是世界的上诉法庭和议会，是世界上恐惧和希望的焦点。和会一直持续到1920年，但前6个月是至关重要的，在此期间做出了关键决定，并开启了一系列重要事件。世界上从未出现过这样的事情，将来也不会再发生。[9]

巴黎和会是一个精心构筑的等级森严的会议，大国的代表控制着和会。1919年1月到2月，法国、英国、意大利、美国和日本的代表团分别派出两名成员在法国外交部的各会议室里集会，克列孟梭任会议主席。小国代表也可以参加的十人委员会，影响不及由克列孟梭、英国首相劳合·乔治、意大利首相奥兰多和美国总统威尔逊（他是第一个在任职期间出访外国的美国政府首脑）
176 组成的四人委员会。到1919年4月末，重大事务就主要由克列孟梭、威尔逊和劳合·乔治来决定了，但激烈的讨论体现了三人之间的紧张关系。[10] 在这里，专业外交家把他们的权力让渡给政客。这些外交官的影响反而体现在52国委员会中，这个委员会集中于讨论广泛的技术问题，包括：新国家的边界、少数民族的命运和赔偿问题。

会议进程在某些方面仍存在混乱。没有人认真考虑协商如何进行以及以什么样的速度取得进展。重要成员因有其他事务不得不长时间离开，如威尔逊总

[9] Margaret Macmillan, *Paris 1919: Six Months That Changed the World* (New York: Random House, 2001, Introduction, p.xxv.

[10] Paul Mantoux, *Les délibérations du Conseil des Quatre*, 2 vols. (Paris: CNRS Éditions, 1995).

统在 2 月中旬返回美国待了将近一个月的时间。直到 4 月中旬，议事日程及每次会议的准确时间才被确定。最后，和约及其 440 个条款匆忙拟就。在把和约送达战败国代表的前几个小时，战胜国的代表团才通读了全文。

每个代表团团长都带着他们自己的目标来到巴黎，他们承载着祖国的众望。但所有的代表团都有一个共同关心的问题：德国在战后欧洲的命运。对于法国来说，安全和公正同等重要：法国有十个省直接经历了战争或占领，整个国家失去了四分之一 18 岁至 27 岁的青年人。面对四年来国家遭受的如此巨大的牺牲，克列孟梭却表现出一个现实主义者的姿态，他暗地里向法国总统雷蒙·普恩加莱吐露心声："我们或许不能要求你我希望的和平，法国必须让步，不是向德国，而是向我们的盟国。"对于怀疑法国有吞并莱茵兰野心的英国来说，法国在欧权势的加强至少同德国权势加强一样令人担忧。首相劳合·乔治寻求把他认为的对同盟国战犯的正义惩罚与维持欧洲经济稳定协调起来。意大利想要协约国兑现在 1915 年伦敦会议上的承诺，尤其是占领特伦蒂诺、的里雅斯特、伊斯特里亚和达尔马提亚。威尔逊总统一直认为，和平应是"公正的和平"，建立 177
在他称之为"契约"的某种道义公约上，它不应以过分削弱德国为代价，应该把德国人民和他们的统治者区别开来，只有统治者对战争负有责任。[11]

条约签订后，第 231 条和第 232 条成为最受争议的话题。第 231 条要德国和同盟国承担协约国损失的责任，第 232 条得出的结论是有罪的德国需要为它所造成的破坏提供赔偿。伟大的历史学家皮埃尔·雷诺万，一个退伍军人，很早就解释说，"责任"和"赔偿"这些词不应在道义基础上，而应放在民法基础上理解。但这种区分是没有意义的。[12] 事实上，无论是对德国，还是对它的大多数同盟来说，第 231 条和第 232 条都被看作是一种道义谴责，尤其对自身也损失了超过 200 万士兵的德国来说无疑更是不可接受的。奥地利人也不得不承受这种混杂着羞辱的道义谴责，这种屈辱比领土丧失和伟大帝国终结带来的更甚。

---

[11] Manfred F. Boemeke, "Woodrow Wilson's image of Germany, the war-guilt question and the Treaty of Versailles", in Manfred F. Boemeke, Gerald D. Feldman and Elisabeth Glaser (eds.), *The Treaty of Versailles: A Reassessment after 75 Years* (German Historical Institute and Cambridge University Press, 1998), pp.603–614.

[12] Pierre Renouvin, *Histoire des relations internationales*, 3 vols. (Paris: Hachette, 1958, republished 1994), vol.III, p.446.

要理解协约国对德国显而易见的无情，重要的是把战后时期的道德氛围尤其是1918年冬到1919年协约国盛行的心理状态考虑在内。[13] 协约国发现了德国军队在1918年秋天撤退途中所造成的损害，[14] 被占领地区平民的待遇和对战俘的处理，[15] 换句话说，“德国暴行”这一主题在1918—1919年有相当的影响，在巴黎和会的各国首脑和外交官的头脑中占据重要地位。另一个问题是对德皇威廉二世的态度，他这时已逃往荷兰，协约国几乎一致把他当作有史以来最大的战争罪犯之一。但并不令人感到惊奇的是，当等待复员的法国军队首次听到和约
178 的条款时，他们在家信中谈及，条约条款并非过分苛刻，而是不够严厉。[16]

关于赔偿问题的文献众多。最早是1919年夏天出版的畅销书——凯恩斯的《和约的经济后果》，这本小册子最早强调了赔款对德国经济和年轻的魏玛共和国所带来的毁灭性后果。但在第二次世界大战后情形完全相反，凯恩斯发现自己的观点受到很多人的批评，特别是艾蒂安·芒图在其名作中，指责凯恩斯同时散布了《凡尔赛条约》的“黑色传奇”，诱导了美国参议院拒签条约，并鼓励了绥靖纳粹德国的态度。[17] 这种观念的逆转长时间影响了史学著述，[18] 直到现在尼尔·弗格森在最近的著作中 [19] 注意到，从1920年到1932年，经过一场又一场谈判，德国实际支付的赔款总额不足其国内生产总值的8.3%，而并不是凯恩斯所记录的20%到50%之间。德国有支付赔款的手段吗？答案是肯定的。凯恩斯受到德国银行家宣传的影响了吗？也许是。但无论如何，赔款问题毒害了两次世界大战之间的外交关系；赔款数额成为后来很多次会议无休止讨论的主题，也催生了德国的民族主义情绪。

---

[13] Gerd Krumeich et al., *Versailles 1919: Ziele, Wirkung, Wahrnehmung* (Essen: Klartext Verlag, 2001).

[14] Michael Geyer, “Insurrectionary warfare：the German debate about a levée en masse in October 1918”, *Journal of Modern History*, 73 (2001), pp.459–527.

[15] Annette Becker, *Oubliés de la Grande Guerre: humanitaire et culture de guerre, 1914—1918: populations occupées, déportés civils, prisonniers de guerre* (Paris: Éditions Noêsis, 1998).

[16] Bruno Cabanes, *la victoire endeuillée: la sortie de guerre des soldats français (1918—1920)* (Paris: Éditions du Seuil, 2004).

[17] Étienne Mantoux, *La paix calomniée ou les conséquences économiques de Monsieur Keynes* (Paris: Gallimard, 1946). 雅克·班韦尔在其名作中首次对凯恩斯进行了批评。Jacques Bainville, *Les conséquences politiques de la paix*（Paris: Nouvelle Librairie Nationale, 1920）.

[18] Sally Marks, “Smoke and mirrors, in smoke-filled rooms and Galerie des Glaces”, in Boemeke, Feldman and Glaser (eds.), *The Treaty of Versailles*, pp.337–370.

[19] Niall Ferguson, *The Pity of War* (London: Basic Books, 1998), chapter 14.

从现在来看，经常被视作是胜利者的和平的《凡尔赛条约》，事实上是相互妥协的和平：是威尔逊理想主义的愿望和战后实际状况的妥协；是各个国家的目标和维持同盟需要之间的妥协；是战后达到高潮的对德国的仇恨和把战败国逐步整合到更大的国际体系中的妥协。确实，巴黎和会宣称的目标不仅是严惩战争发起国，更重要的是实施威尔逊在1918年1月8日演讲中提出的“十四点计划”中的理念，永久地消除战争。[20] 一个年轻的英国外交官哈罗德·尼科尔森 179
写道：“我们不是在为暂时和平而是在为永久和平做准备。我们周围环绕着神圣使命的光环。”[21] 美国总统在欧洲土地的出现，给人们带来了希望，这是其他任何外国首脑都无法企及的。在赴巴黎的旅程中，威尔逊受到了热情的欢迎。1919年12月13日，威尔逊一到达法国的布雷斯特，该市市长就把他称为把欧洲人民从苦难中解救出来的“自由的传播者”。20世纪30年代初期英国作家H.G.韦尔斯在其作品中这样写道：“在这一时期，威尔逊不再是一个普通的政治家，而是救世主。”[22]

尽管国际关系史的学者投入了很大精力研究和谈的欧洲方面，但这些和谈对西方世界之外的影响一直到最近都被忽视。[23] 然而1919年标志着民族自决权在世界范围内开始觉醒，这个词首先出现在1917年列宁和托洛茨基写的谴责沙皇俄国的文章中。随后，威尔逊在1918年把这一原则推广，把它视作合法政府的表现。[24] 事实上，比起亚洲和非洲的殖民地，威尔逊更关心三大帝国——德国、奥匈和土耳其的领土。[25] 在欧洲的经历以及战争的创伤，深深影响着殖民地的战士；战士们为参战感到自豪，希望在返回后看到自己的处境得到改善，但殖民社会仍然一成不变，这种幻灭折磨着他们。“当幸存者在1918年和1919年返回家园的时候，他们面对的是全新的社会现象……关于白人无所不敌、诚

---

[20] Jay Winter, *Dreams of Peace and Freedom: Utopian Moments in the 20th Century* (New Haven, CT and London: Yale University Press, 2006), chapter 2.

[21] Harold Nicolson, *Peacemaking, 1919* (London: Constable, 1933), pp.31–32.

[22] H.G.Wells, *The Shape of Things to Come* (New York: Macmillan, 1933), p.82.

[23] Erez Manela, “Imagining Woodrow Wilson in Asia: Dreams of East-West Harmony and the Revolt against Empire in 1919”, *American Historical Review*, 111: 5 (2006), pp.1327–1351.

[24] Arno Mayer, *Wilson vs. Lenin: Political Origins of the New Democracy, 1917—1918* (New York: World Publishing Co., 1967).

[25] Michla Pomerance, “The United States and Self Determination: Perspection: on the Wilsonian Conception”, *American Journal of International Law*, 70 (1976), pp.1–27; William R.Keylor, “Versailles and International Diplomacy”, in Boemeke, Feldman and Glaser (eds.) *The Treaty of Versailles*, pp.469–506.

实友爱的神话荡然无存”，一个来自马里的大战退伍老兵、作家阿马杜·汉帕特·巴（Amadou Hampate Bâ）回忆。他补充道：

> 180 现在，黑人士兵和他们的白人战友在一条堑壕中并肩战斗。他们看到了英雄和勇士，但也看到了因为恐惧而哭泣或尖叫的人们。正是在那时，在 1919 年，解放的精神和要求独立的呼声开始出现。[26]

几乎世界各地都有使者汇聚巴黎和会，他们有的是为了争取妇女选举权[27]、争取非裔美国人的权利和工人权利，有的是为了争取建立国家的权利，这包括犹太复国主义者、亚美尼亚人以及许多其他民族。里兹饭店里一个年轻的副厨给伍德罗·威尔逊写信要求其国家获得独立，为此他租了套西装以期与威尔逊单独会面，这个年轻人就是将来的胡志明（Hô Chi Minh）。穿着东方服饰的 T.E. 劳伦斯（T.E.Lawrence）是费萨尔（Feisal）的翻译和顾问，费萨尔在 1916 年 6 月领导了阿拉伯反抗土耳其统治的起义，战后成为伊拉克的首任国王。还有其他很多没有机会来巴黎和会捍卫他们的人民权利的人，比如李承晚，他未拿到护照。1948 年，李成为韩国的总统。

由于埃及、印度和中国新闻业的发展，尽管殖民当局有审查制度，威尔逊的演讲和咨文还是被翻译并广泛传播，在民族主义者之间引起广泛讨论。在中国一些学校，学生们把十四点计划的主要内容铭记在心。[28] 由于见识到威尔逊的计划在印度取得的成功，V.S. 斯里尼瓦萨·萨斯特里（V.S. Srinivasa Sastri）想象着这位美国总统在亚洲各国的首都将会受到何种欢迎：“他将会被看作是人类的伟大导师之一，基督或佛陀重返人间，沐浴着自从他离开地球起千年来时代

---

[26] 引自 Thomas Compère-Morel (ed.), *Mémoires d'outre-mer: les colonies et la Première Guerre Mondiale* (Péronne: Historial de la Grande Guerre, 1996), p.64. 对于非洲的退伍军人，也可参见 Marc Michel, *Les Africains et la Grande Guerre: l'appel à l'Afrique, 1914—1918* (Paris: Publications de la Sorbonne, 1982; republished, Paris: Karthala, 2003)；和 Joe Lunn, *Memoirs of the Maelstrom: A Senegalese Oral History of the First World War* (Portsmouth, NH: Heinemann, 1999)。

[27] 在法国，关于女性选举权的法律在 1919 年为国民议会提议，但随后在 1922 年即遭放弃。英国和德国的妇女在 1918 年获得选举权。

[28] Guoqi Xu, *China and the Great War: China's Pursuit of a New National Identity and Internationalization* (Cambridge University Press, 2005), p, 245.

给予他的荣耀。”[29]1919 年 1 月，很多人都把巴黎和会看作是西方是否决心把民族自决权付诸实际的考验。中国代表团由一群受过西方教育的年轻外交官组成（在哥伦比亚大学学习的顾维钧、在耶鲁大学学习的王正廷），他们要求把德国 181
在中国的前殖民地交还中国。和谈拒绝了这一要求，把山东半岛交由日本控制，这摧毁了中国民族主义者的希望，他们由此拒签和约。很快，反日游行遍及中国，特别是 1919 年 5 月 4 日，北京 5,000 多名大学生上街游行。4 月中旬，印度民族运动在阿姆利则大屠杀中被暴力镇压，英国上将威廉·戴尔（William Dyer）爵士派出军队连烧带杀，共几百人在示威中被杀害。威尔逊主义曾给人带来高度期望，但现在《凡尔赛条约》几乎在亚洲和非洲各地都引发失望和革命。

关于《凡尔赛条约》的最新研究拓宽了我们对其深远影响的看法，展现了战争的影响不仅仅局限于西方，而是波及全世界。最终，《凡尔赛条约》的真正失败和 1919 年这一转折点的影响远超欧洲和大战战场。由于漠视殖民地人民的期望、拒绝承认各种族间的平等，[30] 巴黎的磋商让所有那些对威尔逊主义寄予厚望的人大失所望。这些行动随之点燃了民族主义，导致亚洲第一次共产主义运动。[31]

哀痛和思考的时代

从国际上来看，巴黎和会的召开及其缺陷，以及各个国家签署或拒签和约，所有这些，共同界定了 1919 年。但是，战后的直接影响远远超出了国际外交的范畴。对于许多家庭来说，1919 年更重要的是等待的一年，等待战士和战俘回家；等待无名士兵遗体身份的确认；等待已确定身份但还未被带回家乡陵园的士兵躯体的送回；等待被战争摧毁的家园的重建。直到 1920 年夏末，法国法律才准许归还士兵遗体。在几个月的时间里，整车整车的棺材被送回，这无疑标志着许多悲痛的家庭生活的重要转折点。 182

[29] V. S. Srinivasa Sastri, “Woodrow Wilson’s Message for Eastern Nations”, quoted by Manela, *The Wilsonian Moment*, p.55.

[30] Naoko Shimazu, *Japan, Race and Equality: The Racial Equality Proposal of 1919* (London and New York: Routledge, 1998).

[31] Jonathan D. Spence, *The Search for Modern China* (NewYork: W. W. Norton, 1991), chapter 13.

为了更好地理解1919年的大事，我们必须把大战的幸存者置于他们国内生活的环境下观察，无论是普通平民还是退伍军人。仅仅军人复员就是一项庞大的工作，单就幸存士兵的数目来说，法国有500万，德国有600万，远比1914年夏天进行战争动员时多得多。对英国和美国来说，战争复员是一个相对简单的过程，尽管速度远不够快。欧内斯特·海明威在他1923年出版的短篇小说《军人之家》（*Soldier's Home*）中描写了各种各样被用来迎接复员士兵浪潮的欢迎仪式：

> 当克雷布斯回到他位于俄克拉马州的家乡的时候（1919年夏），欢迎英雄的庆典早已结束，他回来的太晚了。从这个小镇招募的人在返回时，都受到了热烈、几近疯狂的欢迎。现在，这种反应已经消逝了。人们都觉得克雷布斯回来这么晚太可笑了，战争已经结束好几年了。[32]

在德国，失败加上政治革命，军队实际上在两个月内就溃散了。大约有50万德国士兵就像他们穿过莱茵河一样迅速离开军队，以自己的方式回家。他们的返乡受到了热烈庆祝，与纳粹党后来宣称的“背后捅刀”的谬论形成鲜明对比。[33] 主要是在法国，复员工作有所拖延，这一冗长的工作自1918年9月开始，1919年5月到6月间有所停滞，但很快就又重新开始并一直持续到1920年初。为顺应平等、共和的原则，法国军方决定按照年龄开展复员工作，但是由于每个年龄段军人的复员取决于上一年龄段的进度，所以每个士兵都无法准确预知自己能在什么时候回家。当读到他们在1919年写的信时，就会觉得1919年更像是一个未定的时期，是战争与和平之间的某种过渡时期。当一些士兵去占领莱茵兰的时候，其他人继续驻守在兵营，等待着被复员，他们慢慢厌倦，士气也被消磨殆尽。

183 1919年伊始，对未来的计划和担心同时出现。复员工作所持的承诺是回到日常生活，但是退伍军人能重返战前的生活吗？关于退伍士兵回家时发现自己被不忠的妻子抛弃或是被周围市民忽视的传闻，传遍了等待复员的士兵队伍。

---

[32] Ernest Hemingway, “Soldier's Home”, 1923, in *The Complete Short Stories of Ernest Hemingway* (New York: Charles Scribner, 1987), pp.109–116.

[33] Richard Bessel, *Germany after the First World War* (Oxford: Clarendon Press, 1993).

法国 1918 年 9 月 22 日出台的法律规定，每个雇主都必须雇用他们战前的员工，但这个法律的前提是，每个工厂和它们的老板都在战争中幸存下来。法国各处都留下了战争的痕迹，来自这些地区的退伍老兵回到家乡看到的只是成为废墟的房子，有的连家人也没有了，一切都需要重建。[34] 不多久，在战争中逃走的难民战后也会返回家乡：在被战争完全摧毁的法国北部城市列万，到 1919 年 10 月已有 7,000 居民。1919 年 4 月 2 日，法国出台了“受害者法案”，为受战争损害的受害者提供大量赔偿开辟了道路。该法案深刻改变了法国的行政管理传统，承认国家对战争破坏所负的责任，是向受害者显示国家团结的形式。

因此，“战争受害者”的概念本身，以及与之相伴的赔偿权利，不得不被重新定义。大战造成了如此巨大的破坏，以至于整个法律类别体系和已有的救助体系必须要更新。在英国，主要由慈善组织向受伤的退伍军人和受害家庭提供救助。在德国和法国，这个角色主要由政府承担，它们修改了 19 世纪的抚恤金法以适应征兵的新需要。[35]1920 年 5 月，魏玛共和国通过了改革抚恤金分配体系的法律，其适用范围扩大至伤残老兵、寡妇和孤儿。[36] 法国在 1919 年 3 月 31 日出台的法律建立了“赔偿权”，它赋予每个伤残的退伍军人，无论军衔大小，都享有“战争受害者”的地位，享有抚恤金。后来，到了 1923 年，出现了专门为伤残士兵提供的工作。在战争中受了重伤的法官勒内·卡森（René Cassin），是为伤残士兵争取权利的突出代表之一。同时，仍在为内战中的老兵每年支付 184
200 万抚恤金的美国，寻求一种基于受伤士兵康复的新模式，发展专业医院（就像在华盛顿特区的沃尔特·里德医院），使士兵迅速重返积极的生活。[37]“要权利，不要施舍”这个退伍军人组织的口号，其社会影响日益扩大。1919 年，各个退伍军人组织召开了第一次大会，随后，它们相互联合起来。

修建战争纪念碑的同时，出现了新的纪念仪式，通过这些仪式，战士和

---

[34] Huge Clout, *After the Ruins*: *Restoring the Countryside of Northern France after the Great War* (University of Exeter Press, 1996)；Frédérique Pilleboue et al. (eds.), *Reconstructions en Picardie après 1919* (Paris: RMN, 2000); Eric Bussière, Patrice Marcilloux and Denis Varaschin (eds.), *La grande reconstruction: reconstruire le Pas-de-Calais après la Grande Guerre* (Archives départementales du Pas-de-Calais, 2000).

[35] Deborah Coben, *The War Come Home: Disabled Veterans in Britain and Germany, 1914—1939* (Berkeley and Los Angeles:University of California Press, 2001).

[36] Sabine Kienitz, *Beschädigte Helden*: *Kriegsinvalidität und Körperbilder 1914—1923* (Paderborn: Schöningh, 2008).

[37] Beth Linker, *War's Waste: Rehabilitation in World War I America* (Chicago:University of Chicago Press, 2011).

平民联合起来纪念大战的死者。[38] 这种国家形式的纪念活动很快加速了民族认同。以澳大利亚和新西兰来说，澳新军团的战争经历为这些新国家提供了真实的奠基神话。[39]1919 年夏天，协约国组织了一系列盛大的胜利检阅：7 月 14 日在巴黎，7 月 19 日在伦敦，7 月 22 日在布鲁塞尔，9 月 10 日在纽约。纪念活动的每个场合都与国家象征联系起来：在巴黎，游行队伍从凯旋门下走过；在伦敦，为了谴责战争罪行，沿着游行的路线，建起由数千顶被穿孔的头盔组成的墙；在纽约，组织了 6 次游行，第 1 师成千上万的伤员参与了游行，在纵队的最前面，骑兵手持标语，例如："第 1 师：4,899 人战死，21,433 受伤"。在巴黎，1,000 名伤残士兵在队伍前端开启了沿香榭丽舍大街的游行，这一气势恢宏的景观被让·加尔捷 - 布瓦西埃（Jean Galtier Boissière）在著名画作《胜利大游行》（*The Victory Parade*）中记录下来，这幅画描绘两个士兵，一个腿部残疾，一个失明，他们相互搀扶向前行进。

在每个国家，大战民族记忆的构建与对战争死者的记忆密不可分。1919 年龚古尔文学奖授予了《花影中的少女》（*A l'ombre des jeunes filles en fleurs*）的作者马赛尔·普鲁斯特（Marcel Proust），而不是给战争小说《木十字架》（*Les*
185 *croix de bois*）的作者罗兰·多热莱斯（Roland Dorgelès），这个决定被视为"文化复员"继续进行的标志，人们想读一些战争题材之外的作品。但 1919 年也是伟大的电影《我控诉》（*J'accuse*）上映的一年，电影在 4 月份上映，导演阿贝尔·冈斯（Abel Gance）采用扣人心弦的现实主义的手法，展示了在凡尔登战役中死去的士兵从地上爬起、他们的鬼魂在人间游荡的画面，这些军人面对民众的不道德行为，控诉自己的牺牲不值得。冈斯探讨了"亡者归来"这一主题，它生动地展现了战后初期人们的心理：社会深受纪念死者活动的折磨，深受无数生命的牺牲所施加的道德责任的折磨。[40]

对死者追思的忠诚导致两种相互矛盾的言论。冈斯的电影表现了和平主义

---

[38] 总体情况参见 Stephen R.Ward (ed.), *The War Generation: Veterans of the First World War* (Port Washington, NT: Kennikat Press, 1975)；法国的情况参见 Antoine Prost, *Les anciens combattants et la société française, 1914—1939* (Paris: Presses de la Fondation Nationale des Sciences Politiques, 1997)。

[39] Alistair Thomson, *ANZAC Memories: Living with the Legend* (Oxford: Oxford University Press, 1994).

[40] Jay Winter, *Sites of Memory, Sites of Mourning: The Great War in European Culture History* (Cambridge University Press, 1995), chapter 1. 关于 20 世纪 20 年代战争影片在德国上映的情况也可参见 Anton Kaes, *Shell Shock Cinema: Weimar Culture and the Wounds of War* (Princeton University Press, 2009)。

者的观点，这种观点在20世纪20年代后半期最终形成某种公共理念，用前士兵的话来说，就是“永不再战”。同时，对敌人的仇恨情绪仍然非常强烈。某种形式的动员在战后仍然可见，这也延缓和阻碍了悼念工作的进行：把战争一页翻过去是对死者的背叛。在法国，公众的复仇情绪或许比在其他协约国强烈的多。占领莱茵兰的法国军队显然通过各种各样的方式使德国人民受到屈辱。1918年12月，最早接受威尔逊和平观点的前战俘、小说家雅克·里维埃出版了《敌人》一书，书的扉页描述了他对德国人民的感受：

> 我对德国人的谴责主要不是因为他们的所作所为……我痛恨的是更深层的，他们的存在就让我痛恨，宁愿他们不存在。我最恨的是德国人什么都不是。[41]

在战后长期憎恨敌人的悲痛家庭有多少？1925年，在战争中失去了三个儿子的伟大数学家埃米尔·皮卡尔（Émile Picard）认为，德国的科学家应继续被排除在国际研究会之外。战争结束后的6年代表了“一个揭开大量可憎的、有 186
罪行为面纱的短暂时期”，他解释说，“特别是他们没有表现出悔意”。[42]

战后的跨国危机

然而，在许多西方人眼里，最大的威胁来自中、东欧帝国的瓦解和共产主义的扩张。对“赤色”、布尔什维克和革命的惧怕深刻影响了很多人。战后多国发生的大规模罢工加剧了这种恐惧。在法国，1919年春天巴黎地区发生了历史上规模最大的金属加工业工人的罢工。[43] 由于战后通货膨胀的肆虐，发生在1919年5月15日—6月25日的温尼伯总罢工，成为加拿大工人运动史上的重要

[41] Jacques Rivière, *L'ennemi* (Paris:Gallimard, 1918).

[42] International Research Council, Third Assembly, Brussels, 1925, 引自 Brigitte Schroeder-Gudehus, “Pas de Locarno pour la science: la coopération scientifique internationale et la politique érrangère des É tates pendant l'entre-deux-guerres” , *Relations Internationales*, 46 (1986), p.183。

[43] Jean-Louis Robert, *Les ouvriers, la patrie et la Révolution, 1914—1919* (Annales littéraires de I'Université de Besançon/Les Belles Lettres, 1995)。关于法国共产党的诞生，参见 Romain Ducoulombier, *Camarades: la naissance du parti communiste en France* (Paris: Perrin, 2010)。

事件。在美国，仅1919年一年就发生了近3600起社会冲突事件。当1920年9月16日一枚炸弹在华尔街爆炸、造成38人死亡上百人受伤的时候，“恐赤”几近疯狂。[44]这场一直未得到明确解释的袭击最初被归因于无政府主义者，后来又被归在列宁主义者的代理人头上。

因此，当白军在俄国内战中战败，大量俄罗斯难民涌入西欧时，他们的出现引起了很大的焦虑。1919年春天，包括6000多名白军士兵和长官在内的共一万多人从敖德萨逃往土耳其；1920年11月，总共有15万难民跟在战败的弗兰格尔将军（General Wrangel）的军队后面。绝大多数难民一贫如洗，他们有的居住在君士坦丁堡郊外拥挤的营地里，比如临近加里波利战场的帐篷，或安顿
187 在马尔马拉海岸边的小船上。正如红十字国际委员会的让-夏尔·德瓦特维尔（Jean-Charles de Watteville）在1921年的人道主义使命中记录的：

> 这些难民就像是战争中的俘虏，君士坦丁堡是他们无法逃脱的监狱。［这些难民］居住在完全陌生的环境里，导致他们情绪持续低落，行为也日益消沉。[45]

一些支持白军的政府，特别是法国和英国，在组织俄国难民向巴尔干半岛撤离以前，就提供食品和援助。得到帮助的同样还有一些在1915年种族大屠杀中幸存下来的亚美尼亚人。

一些难民越过俄波边界，逃离种族屠杀的浪潮，1919年，10%左右的乌克兰犹太人在大屠杀中失踪。1919—1921年俄国和波兰之间的战争也造成了大量的人口迁徙，最初是波兰人因战争而背井离乡，然后是1921年，伏尔加河流域、外高加索和乌克兰地区的居民因饥荒肆虐不得不离开，逃往西方。两股巨大的难民潮，一支来自波兰，一支来自波罗的海国家，他们一直向西，在德国主要是柏林停止前进，超过50万人在1920年秋天到达这里。[46]他们中最富裕的不久

---

[44] Beverly Gage, *The Day Wall Street Exploded: A Stroy of America in its First Age of Terror* (Oxford University Press, 2009).

[45] International Red Cross Archives, Geneva, CR 87/SDN, 1921.

[46] Annemarie H. Sammartino, *The Impossible Border: Germany and the East, 1914—1922* (Cornell University Press, 2010).

再次出发，有的去法国，大约有 8 万俄国难民在 20 世纪 20 年代早期定居在这里，有的是去英国。对于所有这些难民来说，其中一个最主要的困难就是他们没有能够跨越边界的移民证件。一些人有沙皇俄国的身份证，但沙俄已不存在了；有的人在内战中失去了一切；还有一些人在 1921 年 12 月苏俄当局对政敌的斗争运动中失去了公民权。一种新的法律类型产生了，即无国籍人，这些人没有属于自己国家公民的任何权利。

难民危机的管理包括几个要素：一种是慈善性质的（通常是在紧急情况下，向一无所有的人提供救助）；另一种是法律性质的（最基本的是迅速创建法律框架，形成对无国之人的国际承认规范）。许多国际组织采取了人道主义的措施，比如在 1914—1918 年救助战俘的活动中发挥了重要作用的红十字国际委员会，贵格会，慈善家埃格兰坦·杰布（Eglantyne Jebb）在 1919 年成立的拯救儿童基 188
金会，以及近东救济组织。盎格鲁－撒克逊的人道主义传统可以追溯到 19 世纪，并在战后重新得到发展。虽然如此，现有的救援活动仍属急就章，尽管它日益动员了社会活动家和医疗救助。

从法律层面来讲，难民的流动与身份控制之间产生了冲突，在大战期间确立国际护照后，对外国人的管理就更加严格了。对于无国籍人来说，解决问题的唯一办法就是建立国际认可的证件，以使他们可以自由通行并在他国找到工作。1922 年 7 月，"南森证书" 创立，其名字来自 1921 年起在国联的俄国难民高级委员会工作的挪威外交官弗里乔夫·南森（Fridtjof Nansen）。"南森证书" 并不是护照，因为持有人并不能返回颁发此证件的国家。而且，"南森证书" 的受益者同其他人一样受到同样的限制性移民法律的约束，比如美国在 1921 年和 1924 年通过的限额法律。然而，这份文件很快扩展到亚美尼亚人，然后延伸到亚述－迦勒底人，代表了国际法的一场革命，巩固了德佐维纳尔·凯沃尼昂所说的"国际人道主义领域的制度化"。[47]

对于 20 世纪 20 年代许多法律学者来说，从战争向和平过渡时期出现的跨国问题需要对国际法进行深刻的重新定义。难民、战俘重返家园、经济重建、流行病和人道主义救援物资的分配等问题不再能在单一的国家框架内处理。在赫

---

[47] Dzovinar Kévonian, *Rèfugiés et diplomatic humanitaire: les acteurs européens et la scène proche-orientale pendant L'entre-deux-guerres* (Paris: Publications de la Sorbonne, 2004).

伯特·胡佛（Herbert Hoover）、弗里乔夫·南森、阿尔贝·托马、勒内·卡森和埃格兰坦·杰布这些人的工作中，无论是出于人道主义还是外交背景，都对国际主义精神作了最好的诠释并促进其蓬勃发展。[48]“我们必须谨慎地、明确地拒绝主权的概念，因为它是错误的、有害的”，法学家乔治·赛勒表示，他把一战视作“自罗马帝国覆灭以来史上最重大的事件”。[49]而赛勒只是那些不仅反对
189 国家主权，而且反对绝对主权的激进思想家之一。用他的话来讲，国联诞生是“国际司法组织的最初发端”，因而带来了巨大的希望，尽管国际法学者最初对这个组织的真正影响有些怀疑，因为它既没有制裁违反法律者的手段，也没有维持和平的武装力量，用莱昂·狄骥（Léon Duguit）的话说就是国际联盟“无法达到其建立时要追求的国际高级道义”。新的国际关系史已深入研究了诞生于战争的这种新国际秩序的局限性，用扎拉·斯坦纳的说法就是“灭掉的灯塔”。[50]但这段历史也强调了在国联倡议下实现更好的世界治理目标的广泛程度，特别是在社会领域。[51]

从这个观点来看，战后最有活力的组织无疑是国际劳工组织。这个组织依据《凡尔赛条约》第13项条款建立，在1919年由法国前军需部长阿尔贝·托马管理。托马的日常工作范围十分广泛。即便简单查看1919年10—11月在华盛顿召开的第一次劳工大会讨论问题的清单，也会令人印象深刻：8小时工作制、失业、保护孕妇和产妇、妇女儿童不上夜班和不从事不健康的工作、产业工人的最低年龄等等。通过建立旨在提高工人生活水平、保护工人权益的标准，国际劳工组织赋予在一战废墟上诞生的普遍公正观念以实实在在的内容。阿尔贝·托马在1921年出版的《国际劳动杂志》的第一期中写道：

> 是战争让劳工立法成为最重要的问题；是战争促使政府开始消除工人所承受的贫穷、不公、匮乏；同样是战争使工人们意识到，国际范围内的

[48] Bruno Cabanes, *The Great War and the Origins of Humanitarianism, 1918—1924* (Cambridge University Press, forthcoming).

[49] Georges Scelle, *Le pacte de la Société des Nations et sa liaison avec le traité de Paix* (Paris: Librairie du recueil Sirey, 1919).

[50] Zara Steiner, *The Lights that Failed: European International History, 1919—1933* (New York: Oxford University Press, 2005).

[51] Susan Pedersen, "Back to the League of Nations:Review Essay", *American Historical Review*, 112:4 (2007), pp.1091-1117.

法律保护是至关重要的，这有助于实现他们的诉求。

国际劳工组织不仅继承了自19世纪末以来欧洲出现的改良主义，还带来了通往更好世界的期望；工会与雇主之间的沟通，国际专家这一新社会团体在战 190
后全面展开的工作，这两者都加强了这种期望。在对社会公正的寻求背后是对无战世界的期望。“想要和平，就要播撒正义”是国际劳工组织的格言。

对于阿尔贝·托马和他来自战前的“改革者组织”（reformist nebula）的团队来说，1919年是一个明显的转折点，是一个新时代的黎明。但是，研究国际劳工组织的历史学家越来越倾向于强调跨国理念和民族国家的持续对抗之间的张力，这深刻影响了组织的内部工作。德国和其他同盟国在1919年迅速加入国际劳工组织的事实，并不意味着战争的惨痛记忆已经消退。战争结束不久就召开的双方退伍军人团体的会议，讨论了伤残士兵的权益。在这种会议第一次召开的时候，在战争中严重受伤的国际劳工组织成员阿德里安·蒂克希尔（Adrien Tixier）评论道：

> 面对不久以前还向你开枪射击扔手榴弹，而我们也向他们开火的人，我知道这并不是一件愉快的事，但正是对世界和平的渴望使我们认识到这种会议是有必要的。[52]

国际组织框架内的和解思想并不明显，而在许多国家，其他形式的冲突——边界冲突、内战等——延长了一战的暴力。

战后暴力形式：一个类型学的试验

最近几年，战争史专家逐渐开始一项新的研究领域：大战在20世纪的地位

[52] Archives of the International Labour Office, Geneva, A/B.I.T/MU/7/5/1, Tixier to Albert Thomas, letter dated 31 October1922.

191 和它对战后暴力形式的影响。[53] 沿着乔治·莫斯的传统，一些历史学家强调战后出现的“暴行”的发展趋势，[54] 尽管尚不清楚这种现象是主要影响战后社会和政治生活，或前战斗人员个人，还是以类似的方式影响所有的国家。[55] 事实上，战时暴力向战后的转变是一个复杂的机制，“暴力”或“暴力形式”的术语被用来指代非同寻常的现象：常规军队之间的战斗如希土战争；反对“内部敌人”的意识形态斗争如俄国内战；战争遗产的清算如比利时的清除内奸活动；准军事组织的暴力如德国反革命镇压；种族或团体暴力活动如在波兰和爱尔兰发生的；等等。这些冲突的具体特征很大程度上取决于一战中每个国家的经历（是征服、入侵还是占领，是战胜还是失败），取决于国家在战争中引导或更改暴力方向的能力和国家在世界舞台上的地位。殖民地斗争的再起是战后时期的一大特征，尤其是在英国殖民地印度、埃及和伊拉克，[56] 以及法国殖民地阿尔及利亚和中南半岛地区。[57]

几个因素可以解释战后时期的暴力，这些因素有时是协同起作用的。比如说，1917 年俄国革命对俄国和其他国家的影响，以及从失败中产生的挫折感。除此之外，由四大帝国（德国、俄国、奥匈和奥斯曼）的崩溃所引发的各种各样的国家和民族紧张：领土要求、边界紧张、人口移动……在急剧变化和错综复杂的局势下，要清楚地描绘 1914—1918 年的“战争文化”与战后暴力之间

[53] Mark Mazower, *Dark Continent: Europe's Twentieth Century* (New York: Knopf, 1998)；Stéphane Audoin-Rouzeau, Annette Becker, Christian Ingrao and Henry Rousso (eds.), *La violence de guerre 1914—1945* (Brussels: Éditions Complexe, 2002)；and Roger Chickering and Stig Förster (eds.), *The Shadows of Total War: Europe, East Asia and the United States, 1919—1939* (Cambridge University Press, 2003)。最近的关于这一问题的历史研究，参见 Robert Gerwarth and John Horne, "The Great War and Paramilitarism in Europe, 1917-23", *Contemporary European History*, 19:3 (2010), pp.267–273。

[54] George Mosse, *Fallen Soldiers: Reshaping the Memory of the World Wars* (Oxford: Oxford University Press, 1999).

[55] 关于对乔治·莫斯著作的评论，参见 Antoine Prost, "The Impact of War on French and German Political Cultures", *Historical Journal*, 37:1 (1994), pp.209–217。

[56] David M.Anderson and David Killingray (eds.), *Policing and Decolonisation: Politics, Nationalism and the Police, 1917—1965* (Manchester University Press, 1922).

[57] 现在关于最后这个问题的研究相对较少，关于战前及战后殖民地的暴力和战争暴力之间的联系，仍有很多工作可做。对阿姆利则大屠杀引起的“残暴化”的担心，参见 Derek Sayer, "British Reaction to the Amritsar Massacre, 1919—1920", *Past and Present*, 131:1 (1991), pp.130–164；Jon Lawrence, "Forging a Peaceable Kingdom: War, Violence and Fear of Brutalization in Post First World War Britain", *Journal of Modern History*, 75 (2003), pp.557–589；和 Susan Kingsley Kent, *Aftershocks: Politics and Trauma in Britain, 1918—1931* (Basingstoke and New York: Palgrave Macmillan, 2009), pp.64–90。

的关联并非易事。多种研究路径经常是必需的：实地情况调查、[58]退伍军人和退 192
伍军人团体的发展、战时拒绝迁徙的百姓、[59]在战争中首次使用的战术、武器在20世纪20年代的重新使用、暴力表现及语言、战争中的神话——比如“战争经历的神话”（乔治·莫斯）成为德意法西斯主义关于种族意识形态的核心要素。意大利的勇敢者组织、德国的自由军团和爱尔兰黑棕部队（Black and Tans）都是由一战的退伍军人组成的，而贝拉·库恩（Bela Kun）的匈牙利人民共和国（1919年3月至7月）是在从俄国返回的战俘的基础上建立起来的。

在这里我尝试简要概括战后暴力的类型。一个国家是战胜国还是战败国，以及停火条款的实施，是产生某些形式的暴力的直接原因。在1919年，大战中被占领的国家解放了，莱茵兰地区被战胜国占领，这两种情况都造成了对个人和财产的暴力冲突。比利时抓获了许多勾结外国的叛徒，特别是奸商和“逃兵”。1919年春，埃诺地区的大雇主——科佩斯父子被指控向德国人供应煤炭来赚钱。对他们的审判激怒了民意，民众认为法律对叛国者的处理不够严厉。当一些告密者被判无罪时，人们也有同样的情绪，特别是在1919年审判背叛伊迪斯·卡维尔的加斯东·奎恩（Gaston Quien）时。在被战争严重分裂的地区，比如1914—1918年，比利时的佛兰德斯和瓦隆，战后就是清算敌人的时间。1918年冬到1919年，阿尔萨斯地区有德国血统的人都被驱赶到德国，尽管他们已和那个国家没有任何关系。[60]在莱茵兰地区，众所周知的，占领军在小规模基础上上演了一战的对抗：和德国平民的冲突、破坏埃姆斯1870年的战争纪念建筑、
侮辱莱茵兰地区的居民。 193

另外一些情况是，国家结构的崩塌和重大混乱是暴力活动蓬发的原因。在许多国家，伴随着战争结束而来的是，集体创伤的打击和“战争文化”的重新

[58] 比较历史学的一个很好的例子参见 Timothy Wilson, *Frontiers of Violence: Conflict and Identity in Ulster and Upper Silesia, 1918—1922* (Oxford: Oxford University Press, 2010)。

[59] 微观史的视角很有前景。举例来说，克里斯蒂安·英格劳的研究路径已为奥斯卡·迪尔乐万格的研究所遵循。奥斯卡的研究包括一战的步兵长官、自由军团的首领和已被判定为犯罪组织的武装党卫军头目。参见 *Les chasseurs noirs* (Paris: Perrin, 2006)。

[60] David Allen Harvey, “Lost Children or Enemy Aliens? Classifying the Population of Alsace after the First World War”, *Journal of Contemporary History*, 34 (1999), pp.537–554；和 Laird Boswell, “From Liberation to Purge Trials in the ‘Mythic Provinces’: Recasting French Identities in Alsace and Lorraine, 1918—1920”, *French Historical Studies*, 23:1 (2000), pp.129–162。

形成，并转化成革命与反革命运动。[61] 在意大利，“勇敢者”和法西斯运动夺取政权总的说来是由于军队和政治精英的士气崩溃：国家取得了胜利，但这胜利是不完全、不明确的，不足以抹去卡波雷托之战的屈辱。[62] 德国的情况与众不同，它把战败归结于背叛，从而容易把外战转变成内战。[63] 在柏林，1919 年是以斯巴达克团起义（1 月 5—11 日）和 1 月 15 日自由军团成员极端残忍地杀害罗莎·卢森堡（Rosa Luxemburg）和卡尔·李卜克内西开始的。接连几个星期，德国首都的大街上都被战争暴力的恐怖气氛所笼罩。一位柏林市民在日记中写道：

> 这场冲突从美盟广场旁的柱廊开始，然后蔓延到狙击手所藏的屋顶，最后到外有围墙、内有重重院落的《前进报》总部。人们使用大威力的炸弹和火焰喷射器。房门被手榴弹炸开，防守者只能按照攻击者的条件投降。抓获了 300 名俘虏，缴获了 100 挺机枪。

德国不再对合法的暴力机制拥有完全控制。自从战败后，它的大部分军队被解散了。为了解除革命威胁，它只能依靠刚退伍的军人，依靠那些年纪太小还无法打仗但热心用他们的力量抗击“赤色革命”的学生团体，[64] 依靠呼吁摧毁
194 “布尔什维克暴徒”的民兵。看起来一切都朝着政治暴力激进化的方向发展：由战败引起的末世论的痛苦；对被共产主义者和犹太人污染的恐惧，希望在面对共同的敌人时可以重建堑壕中的相互友爱。一位自由军团的志愿者宣称：“人们告诉我们战争结束了，我们都笑了，我们自己不就是战争么。”[65] 在这种环境下，魏玛共和国宣布放弃追查杀害两个斯巴达克团领导人的凶手。在卡尔·李卜克

---

[61] Wolfgang Schivelbusch, *The Culture of Defeat: On National Trauma, Mourning and Recovery* (London: Granta Books, 2000).

[62] Adrian Lyttelton, “Fascism and Violence in Post-war Italy: Political Strategy and Social Conflict”, in Wolfgang Mommsen and Gerhard Hirschfeld (eds.), *Social Protest, Violence and Terror in Nineteenth and Twentieth-Century Europe* (New York: St Martin’s Press, 1982), pp.257–274; 和 Emilio Gentile, *Le origini dell’ideologia fascista, 1918—1925* (Rome and Bari: Laterza, 1975)。

[63] 这是乔治·莫斯在《陨落的士兵》(*Fallen Soldiers*) 中提出的观点。

[64] Christian Ingrao, “Etudiants allemands, mémoire de la guerre et militantisme nazi: étude de cas”, *14–18: Aujourd’hui, Today, Heute*, 5 (2002), pp.54–71.

[65] 引自 Peter Gatrell, “War after the War: Conflicts, 1919—1923”, in John Horne (ed.), *A Companion to World War I* (Oxford: Blackwell, 2001), p.568。

内西和罗莎·卢森堡的葬礼上，近30万参加者表达了他们对社会民主党政府的愤怒。1919年3月6日已被正式解散的自由军团，两个月后重新活动，血腥镇压了慕尼黑“共和国”，造成了650人死亡。在德国的东部边界，同样存在布尔什维克主义威胁，自由军团也被用来对抗革命扩大的风险。

在俄国，国家权力的虚弱为军阀割据提供了可能，这些军阀用私人军队抢劫，对民众实施恐怖统治和多次大屠杀，例如在乌克兰。[66] 内战时，协约国站在白军方面进行干涉，使战争的暴力冲突更加激进化。面对外国部队的干涉（1919年已近2万人）和“国内敌人”的压力（高尔察克、邓尼金、弗兰格尔的白党军队、富农和少数民族），布尔什维克政权感到它是为生存而战的。在这特殊时期，共产主义者和（真正的和想象的）反革命势力之间的政治分裂、城乡社会之间的敌对趋势、种族斗争和国家对抗，所有这些造就了长期的不同种类的暴力环境。在俄国与波兰之间的这类战争中，1919—1921年就有25万人死亡。1919年9月，亲白军的前布尔什维克、哲学家彼得·司徒卢威（Pyotr Struve）在顿河河畔罗斯托夫的演讲中说：

> 随着停火协议签订，世界大战正式结束……但事实上，我们所经历的
> 一切并没有停止，我们还在继续忍受痛苦，这是世界大战的续篇和变种。[67] 195

在因征收谷物爆发的所谓“农民战争”期间，肃反委员会（契卡）的特别部队政治警察用极端残忍的方式来镇压造反的农民。屠杀百姓，炮轰村庄，还用上了芥子毒气——这些都显示了，从大战中继承下来的战争实践完全被应用在国家的内部斗争中，同时，对内部敌人的看法也变得激进了。[68]

战后暴力冲突的第四个也是最后一个因素是民族冲突。沙皇俄国的崩溃首先导致高加索、新波罗的海国家和波兰的民族紧张关系增强。这种紧张主要集中于具有重要象征意义的小地方，例如波兰和立陶宛有争议的维尔纽斯市，或

---

[66] Joshua Sanborn, “The Genesis of Russian Warlordism: Violence and Governance during the First World War and the Civil War”, *Contemporary European History*, 1993 (2010), pp.195–213.

[67] 引自 Peter Holquist, *Making War, Forging Revolution: Russia's Continuum of Crisis, 1914—1921* (Cambridge, MA: Harvard University Press, 2002) , p.2。

[68] Evan Mawdsley, *The Russain Civil War* (Boston: Allen & Unwin, 1987); 和 Vladimir N. Brovkin, *Behind the Front Lines of the Civil War* (Princeton University Press, 1994)。

者在《凡尔赛条约》中被置于协约国委员会管制下的港口城市梅默尔。波兰和立陶宛都对梅默尔提出领土要求，最终立陶宛在 1923 年 1 月接管了该城市。阜姆市是存在领土冲突的另一典型代表。根据 1915 年 4 月 26 日的《伦敦条约》，阜姆划归克罗地亚，[69] 但意大利随后在巴黎和会的磋商中要求获得阜姆，理由是该城市中有相当多的意大利居民。1919 年 9 月 12 日，民族主义诗人加布里埃尔·邓南遮（Gabriele D'Annunzio）带领志愿军非法占领了阜姆，并在自己担任该城临时政府首脑一年多的时间内赞同把它交归意大利控制。

在 1919 年和 1920 年，为了减少战争风险，和约的签字国以更好的民族同质性为依据来重新分配居民。但语言、民族和文化相互混合的复杂局面，尤其在中欧和巴尔干地区，意味着事情极其难办。除此之外，和约为保护少数民族设有专门条款，由国际联盟保证条款的执行。而且，条约规定，个人取得一个国家的国籍后才能在此国定居。总共有大约 1,000 万人因国家领土落入第三国手中
196 而背井离乡。1919 年 5 月爆发的希土战争，最终以基马尔主义者的军队占领了士麦那结束，他们火烧亚美尼亚人和基督徒居住区，在 1922 年 9 月屠杀近 3 万平民，这一系列活动把战斗推向高潮。战后希腊和土耳其立刻爆发了种族暴力，这一暴力的显著结果是，1923 年在国际联盟主持下两国之间强制转移人口，因为它使对领土的种族界定合法化。

在这种背景下，准军事团体也开始出现，它们对战后的多数暴力冲突负有责任。平民和士兵之间的区别在一战期间已模糊不清，在这种冲突中区别已完全消失了。爱尔兰内战是说明这一点的很好例子，无论是 1919 年反对英国的叛乱还是小团体领导的反叛乱，都未把它们的目标限于另一方的武装人员。为独立而战的武装人员的妻子和家庭，同样被视为正当的攻击目标。得到爱尔兰黑棕部队支持的英国士兵，对平民犯下种种暴行。相应地，爱尔兰共和军（IRA）也对那些它视作叛徒的人实施恐吓和报复政策。被它处死的人的尸体经常被扔在公共场所，上面贴着这样的纸条："间谍。根据爱尔兰共和军的命令。严重警告。"最终，爱尔兰内战造成的损失比一战还要惨重。[70] 之所以会这样，是以下

[69] 关于少数民族和国家认同关系的比较研究，参见 Tara Zahra, "The 'Minority Problem': National Classification in the French and Czechoslovak Borderlands", *Contemporary European Review*, 17 (2008), pp.137–165。

[70] Julia Eichenberg, "The Dark Side of Independence: Paramilitary Violence in Ireland and Poland after the First World War", *Contemporary European History*, 19:3 (2010), pp.221–248.

几个因素在起作用：准军事部队比常规部队更多地攻击平民，并且毫无内疚之意；在战争中，身份认同的力量强化了双方的对立地位；还可以确信的是，一战中形成的残暴行为，在20世纪20年代的欧洲已经复兴。

结　语

1919年不是自1914年起开始的那段时期的结束，事实上，这一年也没有显示出战争暴力有任何变化。恰在全世界的外交官齐聚巴黎商讨结束敌对状态时，在许多国家，战争造成的紧张局势，在战后初期似乎扩展了。在被战争摧毁的四大帝国的废墟上，民族主义情绪膨胀。革命热潮席卷中欧，引发了同样暴力 197
的反革命运动。有时，人们会觉得第一次世界大战仍在继续。从1914年开始被应用于战场的军队和战争策略，转而用于国内战争，用来对付平民。有时，不同情况的冲突相互交织。比如在俄国，四种不同类型的斗争相互联系、相互推进：对波兰的战争；布尔什维克政权对白军及其西方同盟的战争；反对富农的阶级斗争；莫斯科中央政府镇压少数民族的斗争。

1919年是和平的一年，还是不可能从战争过渡到和平的一年？关于1919年形象的比喻就是，它像是许多线逐渐汇聚终消失于一点的影像。确实，1919年勾画了各种不同的路线，说明了在接下来的几年中，从战争到和平的艰难过渡：一个被共产主义和自由主义之间强大的意识形态紧张搅动得不得安宁的世界；由于内战、饥饿或宗教迫害而导致的大规模人口流动；大战遗留下的仇恨……但是，1919年也是巴黎和会召开的一年，是国际联盟奠定和国际劳工组织创建的一年。在这一年，经历过战争的人开始意识到他们正生活在一个已经全球化的世界，因此希望据此重建国际秩序。对于那些幸存者，1919年最重要的是等待、悲痛和幻灭的一年。也是在这一年，许多退伍军人和平民开始意识到他们永远无法摆脱战争。在战后过渡时期的1922年，T.E.劳伦斯在致朋友罗伯特·格雷夫斯的信中，写下了让人不安的观察：

> 是什么造成了你、西格弗里德·沙逊（Siegfried Sassoon）和我……无法摆脱战争？这些思考充斥着你的头脑，就像老旧的桌子腿上爬满了蛀虫；沙逊就像是一只逆风、偏离的小船；而我，在队伍中站着，发现被允许经

历的只是悲惨和暴虐。我们都怎么了？这像是血液中的毒虫，年年岁岁、周而复始地攻击我们。[71]

1919年何时结束的？无人知晓。

[71] *T. E. Lawrence to His Biographer, Robert Graves: Information About Himself, in the Form of Letters, Notes, and Answers to Questions, Edited with a Critical Commentary* (London, Faber&Faber, 1938), p.31.

第二部分

战　场

第二部分导言 201

罗宾·普赖尔

正如本卷的章节所表明的，第一次世界大战的军事史书写受到国家差异和不同作者对同一事件写作差异的影响。然而，与纪念大战50周年时的普遍观点不同，本卷各章展示出了一种新的共识。当时，人们多半是按照所谓的国家特性对参战各方在军事上的表现进行了排序。德国和英国是头一档，法国紧随其后，美国排名较高，但是由于参战较晚，因此关于它的表现还存在分歧。意大利和奥匈之后是俄国、罗马尼亚，奥斯曼土耳其几乎垫底。而现在的排序标准不再是国家特性而是工业化水平。虽然现在的排序状况与之前相比并无本质不同，但至少这份榜单是以坚实的数据统计为基础的，而非基于刻板印象。

接下来的章节将体现这种新的范式。在海战方面，早先的研究中因英国未能制造出像样的“无畏舰”而产生的绝望已经让位于承认英国在战时拥有绝对的制海权。现在看来，英、德海军在日德兰海战中并非势均力敌。不论双方的相对损失如何，战役结束后，只有英国舰队游弋在北海水域，德国海军已不见踪影。英国海军部也不需要平民的介入来推动他们组成护航队来对抗德国的无限制潜艇战。单靠它的海军系统便足以提供行之有效的解决方案。

至于空战，它也已不再被认为是一场“雄鹰间的决斗”——一组“王牌”飞行员试图将另一组击落。讲述红男爵的故事已经让位于研究一战中空中力量的真正目标——为直接的炮火打击提供更为准确的空中侦察，通过高空拍照识别敌人的防御阵地，并定位其炮兵阵地。

在军事问题上，至少俄国档案的部分开放最为广泛地扩展了我们的相关知识。虽然很多工作尚待开展，但是新的信息表明俄国军队在作战和装备方面都

202 大大好于前人的认知。新的研究表明，真正给俄国的战争努力造成致命打击的，在很大程度上是它缺乏一个现代化的官僚结构、管理技术和适宜的政治体系。

那些“次要的”战线也在得到重新审视。意大利和奥匈工业实力的不足明显是它们陷入僵持的主要因素，但是双方缺乏在该战场所在地形上制胜的军事技巧，也是同样重要的原因。另外似乎无需怀疑的是，即便主要的欧洲工业国在相同情况下作战，其结果也不会相差太大。两国的政治架构明显不足以有效应付大规模战争需要，尽管这种观点在一定程度上已经遭到一个显而易见但又被官方忽视的事实修正，那就是意、奥两国的军队在战场上维持了三四年，并没有完全崩溃。

对奥斯曼土耳其的战争似乎也形成了一种共识。人们不再认为它有可能对更广泛的战争产生决定性影响。而且，奥斯曼帝国的军队并不会被英国派来的那些在西线不被需要的小股部队所击败。虽然英国的工业实力最终拖垮了奥斯曼土耳其，但它也在长达四年的光景中付出了巨大代价。

西线仍然是主要战线，也是人们关注的中心。那些将战斗中的指挥官比作“驴子”的观点早已过时。西线是整个大战的胜负手，这一点是毋庸置疑的，人们将重点转移到探讨西线的战役是如何进行的。学界对此还没有达成完全的共识。大多数学者都认为应该摒弃“城堡将军”的概念。指挥官们被安置在一个适当的地点，同时处在一个前所未有的通讯系统的最底端。多数学者也还认为，将军们（或许）格外擅长处理后勤事务——军队极少耗尽食物和弹药，尽管这两种必需品都存在很大的变数。武器在决定战役甚至是整个战争结果的作用终于得到了应有的评判，评价指挥官的能力或其他方面也依据他们如何使用手中的武器。一些共识在这里被打破。凡尔登战役是第一场以消灭法国军队为唯一目标的纯粹的消耗战吗？哪支军队从过去的经验中学到了最多，并且如何把这些经验应用到后来的战斗中？在一支军队中谁能从过去的错误中学到正确的经验？
203 指挥官们是否在乎）诸如凡尔登、索姆河、第三次伊普尔、贵妇小径等战役给自己军队造成的巨大的伤亡规模？我们只能说，关于这些问题的争论还会继续下去。对不同层级特定指挥官的研究可以为现有作品提供有益补充，但是仍然无法有效解决上文提出的诸多重大问题。我认为这些争论还将继续，之所以难以解决是因为各国的视角不同，再加上历史学家们对人性的认识大不相同，他们不可避免地把各自的认识带入研究的主题中。

未来会怎样？我们期待可以从俄国的档案，从奥地利和意大利等次一级列强保存的档案，以及从东欧各继承国的档案中获得更多真相。我期待，将来有关西线战场研究的著作能更多关注技术问题，而不是传记。现在我们已经有了黑格的新传记，至少在10年内不需要再做类似的工作了。虽然火炮在大战中造成的伤亡超过伤亡总数的60%，但是我们却缺乏对火炮的严肃研究，这种现象是不正常的。对英国的军需部（或许是对西线战事起到决定性作用的部门）的研究也应得到重视。美国到底为协约国的最终胜利做出了怎样的贡献？这需要认真研究以深化我们对美国参战的认识。这至少可以让我们从那些以美国赢得大战胜利为前提的著作中解脱出来。接下来的10年，让我们饶有兴趣地观察，在这个经常被业余人士占据的领域，学术界能否承担起这些具有挑战性的课题或者在这些领域取得新的进展。

204 # 8 西线

罗宾·普赖尔

从瑞士边界蜿蜒到尼乌波特（Nieuport）附近的英吉利海峡的西线堑壕和堑壕系统，成为第一次世界大战中最具代表性的画面。但如果各主要参战国最初的作战计划能够顺利实施，那么西线可能就不会存在了。按照法国的第17号计划，法军以迅雷不及掩耳之势进军阿尔萨斯–洛林，一举将德军赶回德国本土——经历如此惨败的德国很快便会投降。德国实施施里芬计划横扫中立的比利时和巴黎附近，将法军赶至他们的边境防线。如此一来，法国也将迅速投降。众多原因导致法、德两国的作战计划以失败而告终。在开阔地带展开大规模进攻的法军很快成了德军机枪和炮火的活靶子。他们的计划完全是基于拿破仑式的冲锋，没有考虑敌人防御火力的状况，进攻很快便停滞了。在德法边界战役（Battle of the Frontiers）中，法国军队的伤亡超过30万人。

导致德军作战计划未能取得预期效果的原因稍有不同。德军的作战计划是由总参谋长冯·施里芬元帅在1905年设计的。但施里芬自己曾明确指出，他的计划只限于理论层面，德国并不具备实施该计划的足够兵力。然而在他退休后，德国人把施里芬的这一重要警告抛诸脑后。继任总参谋长的小毛奇修改了施里芬计划，削减进攻比利时的德军右翼兵力，增加了防御德法边界的兵力。当然，这一计划至少看上去是有可能实现的，因为它在某种程度上意识到了铁路系统向前线运兵的能力。但实际上却并不可行。由于德军右翼需要展开长距离进攻，因此很快就会面临补给供应不上的问题。事实证明德军右翼兵力不足以越过巴
205 黎而是滑向巴黎以东，追击它认为会被击溃的法军和英军。如此一来，德军在法军的反攻下容易遭受重创，而当时法军总司令霞飞正把在东部进攻不顺的军

队调回巴黎的西部和南部。在铁路的帮助下，法军比疲惫不堪、大规模行军的德军更快抵达了目的地，且状态也好于后者。霞飞的这一部署使协约国有足够的兵力把德国人挡在马恩河一线，甚至迫使德军后撤。

自此，战争进入了一个新的阶段，即我们所熟知的“向大海进军”（race to the sea），因为到了大海（或者说是英吉利海峡）双方就不得不停了下来。事实上，敌对双方的真正目标并非大海，而是对方脆弱的侧翼，但没有任何一方能够超过对方足够距离从其侧翼展开进攻。德军在 1914 年 11 月进行了最后一次尝试。当时，接替小毛奇——现在人们认为正是他毁了施里芬的伟大设计——担任德军总参谋长的法金汉将军把由大量年轻预备役组成的新部队投入战场。这支稚嫩的部队采取了和法军进攻阿尔萨斯－洛林时几乎一样的进攻方式。与德军对阵的英军隐蔽在比利时村庄伊普尔附近尚未完善的堑壕里。德军遭到兵力处于劣势的英军阻击，伤亡惨重。这一战例再次证明，防御火力对在开阔地带展开进攻的部队是多么恐怖。也就是从这一次战役开始，堑壕向北和南延伸，由瑞士延绵至英吉利海峡东岸。西线至此形成（地图 8.1）。

西线的问题看似简单；但要解决这一问题却又极其困难。问题是，无论哪一方想取得进展都得走出自己堑壕的安全区，穿过后来被形象地称为“无人区”的带状区域，攻击躲在对面堑壕里的敌人。这种带状区域的宽度从 10 码至 1,000 码不等。穿越这段距离的攻击部队要面对堑壕中敌人恐怖的防御火力。躲在堑壕里的步兵可以以最快每分钟 15 发子弹的速度进行射击，机枪手则是更令人生畏的死神。当时的机枪每分钟可以射出 600 发子弹，而且机枪位由钢板和混凝土掩体防护。再往后——大约 4,000 码至 10,000 码的位置——部署的是敌军的炮兵部队。由于某些原因，大炮并不足以精确击中较小的目标，下文中我们会做解释。但是向无人区这样的大面积开阔地带开炮，其准确度已经足够了，足以对那些实施大规模冲锋、试图穿越无人区的部队造成巨大杀伤。进攻一方步兵的武器装备与防御一方的步枪、机枪和火炮形成鲜明对比，他们手里只有步枪 206
和（在战争初期）尚处于原始阶段的手榴弹，这种手榴弹对投掷者的杀伤力甚至比对他们的敌人更大。而且即便能到达敌军堑壕前，进攻的士兵很快还会面对带有锋利钩刺的铁丝网的考验。事实证明，在抵御敌人进攻方面，这一工业 207
社会的产物十分奏效，就像它在之前保护牛羊时发挥的作用一样。

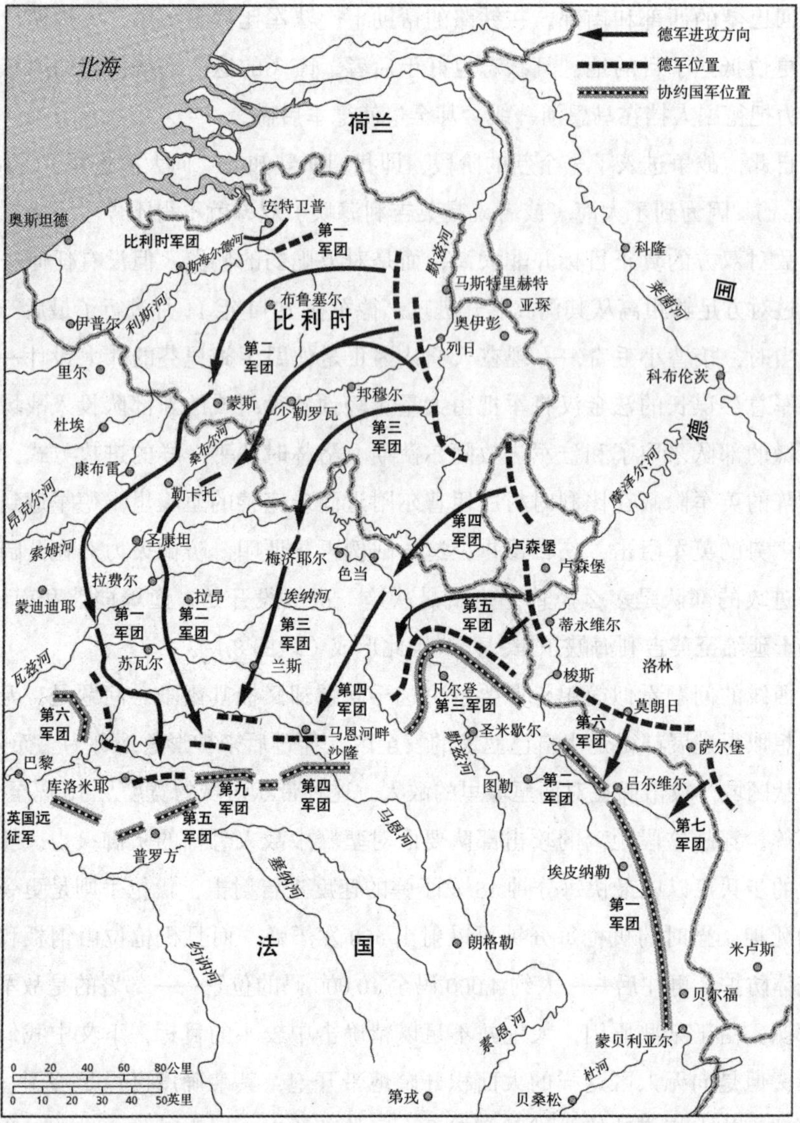

地图 8.1　德军在法国和比利时的行动，1914 年

堑壕带来了攻守双方火力上的不对称，如何解决这一战术难题成为 1914 年底至 1918 年 11 月间整个西线的中心议题。双方指挥官很早就提出了一种办法。防御一方杀伤力最大的武器是火炮和机枪。进攻一方通过友军部队的炮火打击，至少可以把敌人大炮和机枪造成的压力减少至可以接受的程度，甚至把

它们清除掉。尤其是英军和法军，在1915年初期的一些战役中都尝试过这种办法。虽然从理论上看这种方案很简单，但实施起来要面临很多困难。首先，无论是英国还是法国，能够摧毁对方堑壕防御，进行长距离射击清除敌人炮兵的武器数量都很有限。战前英、法都按照运动战的要求武装军队，因此它们的小型武器具备高度的机动灵活性，但射程较短，火力有限，无法胜任战场上的新形势。

此外，这还不是炮火方面存在的唯一问题。当时的大炮还不能做到精确打击。从同一门大炮中打出的炮弹并不能击中同一个目标，而是落在一个大约40码乘80码的区域。这就是所谓的大炮的百分百区域，这听起来像是一个专业性很强的术语，但其真实含义其实就是，在同等条件下从同一门炮中发射出来的100发炮弹都能够落在这一区域内。问题就显而易见了，由于堑壕都被故意设计得很窄，因此战场对大炮的要求是能够击中较小目标。1,000码甚至更远距离以外的炮兵绝对也是极小的目标了。所以解决这一问题的方案是发射大量炮弹，确保其中一部分能够命中目标。但在1914年和1915年，世界上还没有能够生产这么多炮弹和大炮的军工业。而到1916年，当各主要参战国的兵工厂不约而同扩大规模的时候，它们要摧毁的堑壕防御体系也在日益扩展和完善。所以在1915年，一支进攻部队可能要面临的是一条主堑壕和几条辅助堑壕，可是到1916年，即便只是前沿防御也有可能包括完整强大的战堑体系，通过交通壕彼此连接。而且，在前沿防御堑壕体系后，每隔几千码之后又会有第二道、第三道堑壕体系。

如果大炮和弹药的数量不是实际问题，那么答案是否就在于炮火打击的精 208
确度？如果攻击者发射的炮弹能够精确打击到目标，敌军的防线不就可以轻而易举被攻破了吗？但是要做到精确打击，确实面临着很多困难。回到上文谈到的百分百区域，应该记得我们说的是，如果在“相同条件”下发射，炮弹才会落在同一区域。但事实上，战场上各种因素总是瞬息万变，其中最大的变数就是天气。轰炸时顺风的情况下炮弹会超过百分百区域，如风向突然转为逆风炮弹可能到不了。炮弹在温度高的天气条件下比在低温条件下飞行得更远，因为气温越高炮弹穿越的空气密度越小。

影响炮火打击精度的因素还有很多。连续射击会造成炮的磨损。炮筒发生磨损后，炮弹发射时会在炮筒内产生轻微晃动，从而缩短射程。此外，多次爆炸会略微把炮筒上折，造成炮弹飞得更远。而且，炮弹的重量也完全不一样。标准为18磅重的炮弹，其实际重量可能相差1盎司上下。炮弹越重，飞行距离越短，反之则距离更长。

对远距离目标的攻击还要面临其他问题。要想准确实施炮击，确定攻击目标在地表的确切位置至关重要。但在1915年，很多作战地图都是绘制于拿破仑时代，并不精确。要知道哪怕仅仅是几码的误差，也会使对敌人远距离炮兵的打击变得毫无意义。航空拍照是解决这一问题的富有想象力的方案，由飞机携带原始相机拍下战场照片，然后按照这些照片绘制地图。但这项技术在当时并不成熟，人们甚至还没有完全意识到利用从不同高度拍下的照片绘制的地图可能产生很大的差异。而且把曲面拍成平面的照片，也造成了视差。因此，当时很难获得十分精确的战场地图，这也不可避免地影响了炮火打击的精确度。

当时的战场侦察也存在难题。如果战役发生在平坦的乡村地区，就很难判断炮弹是否打在了目标区域。距离也给侦察带来了很大的障碍。对方的炮兵阵地当然是重要的攻击目标，但由于距离太远，肉眼很难看到。如果敌人把炮兵阵地部署在更靠近前线的位置，他们会想方设法将其隐蔽在山脊之后，避免被对方直接侦察到。克服这个困难的办法之一是利用携带无线电设备的飞机进行
209 侦察。这些飞机可以指引炮兵打击即使距离很远的目标。参战双方很快就意识到空中侦察的重要性。所以当一方派出飞机为其炮兵进行侦察时，另一方会派出配备机枪的战斗机将对方的侦察机击落。被称作空中格斗的空战很快在侦测点上空展开，如果一方失去了战场上空的控制权，就相当于失去了关键的空中之眼。

当然，天气因素可以使所有的空中行动都无法成行。西线战场所在区域向来不以阳光明媚著称。即使在夏季，低矮的云层和降雨都可能使空中侦察难以进行。但是为了调集必需的军队和弹药，每次战役的时间都是早就确定的。战斗打响前几天的侦察直接影响炮火打击的精确度，但这受制于天气。当然，在冬天，雾、雨夹雪、降雪这样的天气甚至影响飞机的起飞。

一场关系重大的战役诠释了炮兵面临的种种技术困难，也在一定程度上为人们展示了应该如何应对这些困难。由于新沙佩勒战役是西线战场最早发生的堑壕遭遇战之一，因此它更具有特殊意义。1915年3月，罗林森将军指挥的英军第四军团准备占领一些被夸张地称为欧贝岭（Aubers Ridge）的低矮山冈。这

原本是一次英法联合行动，但在霞飞拒绝参加后变成了英军的单独行动。第四军团面对的是一个由单一堑壕和简陋的铁丝网路障防御的小村庄，即新沙佩勒。罗林森研究后派出了一支突击队近距离对德国堑壕进行了侦察，了解其特点。然后他下令在本方防线后开掘相似的堑壕，并对这些堑壕进行炮击，直到将其摧毁。罗林森仔细评估了摧毁他面对的这条大约 2,000 码长的堑壕所需的弹药量和火炮口径。下一步就是调集足够数量的大炮，在快速炮击中发射所需要的炮弹，以摧毁德军的堑壕，不让敌人有恢复时间。英军在 3 月 10 日实施了上述计划，总体上实现了预期目标。除因为侦察困难英军没能在左翼取得进展外，英军摧毁并拿下了德军的堑壕，巩固了对新沙佩勒的控制。但是此后，英军的计划落空了。罗林森的指挥官黑格将军坚持集结骑兵来利用夺取村庄后的优势。而且有一个问题是罗林森始料未及的，他的炮兵无法准确定位并摧毁德军隐藏于欧贝岭后面的大部分炮兵阵地。面对纵横交错的堑壕和铁丝网，英军士兵尤 210
其是骑兵步履维艰，遭到德军炮火的猛烈打击。在经过三天毫无进展且损失惨重的攻击后，英军骑兵不得不撤出战场。

这次战斗的教训是显而易见的。在经过仔细的计算后再发动攻势，使突破堑壕防御并以可接受的代价向前推进 1,000 码至 2,000 码成为可能。但除非对方的炮兵已经失去了战斗力，否则初期的胜利局面不会持续太久，随后进攻方的伤亡会迅速增加。而且由于骑兵目标太大，很难灵活突破堑壕防御体系，因此它在现代战场上的作用受到了质疑。

新沙佩勒战役还有其他值得总结之处。已经不能再把军队推进的距离作为战争收益的唯一标准了，否则要经历多少次战斗才能把德军从法国和比利时的土地上赶出去呢？但这些指挥官仍然信奉这一标准，这种偏执甚至让他们忽视了一些常识。他们成长于防御武器还没有成为战场主导的时代。人们普遍认为，法国之所以在普法战争中战败，是因为它的步兵行动迟缓。在回忆历史上的那些伟大指挥官时，他们首先想到的并不是美国内战时期的格兰特将军，而是拿破仑大帝，前者采用了与英军在新沙佩勒战役第一天使用的相似战术，率领联邦军拖垮了南方同盟的军队，后者则是运动战的大师。尽管如此，他们还是轻易忘记了这样一个事实，拿破仑输掉了他的最后一场战役，因为事实证明他的骑兵战术无法穿透英国的步兵方阵。按照计划，西线战场会以前工业时代的方式进行几次大决战，迅速分出胜负，然而，结果并非如此。

所以，当霞飞制订1915年的作战计划时，他追求的便是拿破仑式的宏大目标。霞飞的方案是在由维米岭到阿拉斯（Arras）一线的阿图瓦（Artois）展开攻势。按照他的推测，法军如能占领维米岭，骑兵便可纵马杜埃平原，进而控制对西线德军补给至关重要的铁路枢纽。整个西线德军必然阵脚大乱，一场大胜——或许是决定性的——唾手可得。英军在法国北部展开攻势，也可做出一定贡献。

炮击于5月9日开始。法军十分用心地部署炮兵，调集的大炮数量史无前例（超过1,000门，其中300门是大口径炮）。炮火轰炸了德军的堑壕防御线以及从空中侦察到的、山脊后的德国炮兵。5月16日，步兵投入战斗。法军初期进展顺利。由于要在东部支援奥匈，德军在这个区域的兵力遭到削弱。尽管已
211 经遭受了7天的炮轰，德军还是显得措手不及。法属摩洛哥师甚至进抵维米岭主峰。然而随后堑壕战的铁律便得到了应验。尽管法国炮兵已经竭尽全力，但也只是摧毁了山岭后面的少量敌军大炮。在德军炮火的攻击下，摩洛哥士兵被迫后撤。而再往南的地区，法军炮火完全漏掉了德军的一大片堑壕。恰好在这一区域，德军准备十分充分。法军寸土未获便铩羽而归。在侧翼展开攻势的英军——无视新沙佩勒战役中的经验教训——使用更少的大炮轰炸德军更为坚固的防线，结果也是大败。

但令人难以理解的是，霞飞竟因这次战役受到鼓舞。他的军队曾一度控制维米岭，这可是整个西线战场最难啃的骨头之一。他决心再次尝试，5月和6月，霞飞又两次命令法军发起攻击。在6月的战斗中，英勇的摩洛哥师再度占领维米岭，而未受削弱的德国火炮再次将他们打退。战役结束。霞飞的春季攻势让法军付出了伤亡10万人的代价。德军虽有伤亡，但不像法军那么惨重，只损失6万人。战场局势基本维持了此次战役前的面貌。

这场战役的损失引起了英国政要的格外不安。一向反对在西线展开大规模进攻的丘吉尔认为，在西线每前进一步就如同“人在咀嚼铁丝网”一般。现在，由于丘吉尔正筹划加里波利行动这个替代方案，他甚至想把更多的兵力调离西线。但是有着欧洲最大规模陆军，继续主导战场战略的法国却不这么想。法军计划发动秋季攻势，实现在春季攻势中没有实现的目标。英国陆军部大臣基奇纳勋爵无可奈何地告诉他的同僚们，“我们应以应该而非想要的方式进行这场战争”。

这种应该的方式远超出了基奇纳最初的想象。俄军在戈尔利采－塔尔努夫遭遇的大败意味着英法需要采取行动把俄军战线上的敌军吸引过来。霞飞在香槟地区的秋季攻势应运而生，但其结果与他早些时候的行动一样没有价值。法军以及在洛斯（Loos）的英军，调集了大量炮火进攻德军阵地，并突破了 5 英里的防线。但是德国的防御系统越来越精密，在第一道防线后 2,000 码至 3,000 码的第二道防线相当坚固。而且法军炮火几乎打不到这条防线上。按照正常逻辑，法军应停止进攻，巩固战果，霞飞却命令部队继续攻击。但是德国援军已经到来，而且法军对德军的远距离炮火毫无办法，经过四天激战，法军伤亡惨重，霞飞这才不得不下令停止进攻。英国在北部的进展也没有好到哪里去。英
法的伤亡总数高达 20 万人，德国是 8.5 万人。消耗战有所成效，但未达到协约 212
国指挥官的要求。他们中必须有人为此付出代价。毫无建树和想象力的英国远征军司令约翰·弗伦奇爵士被撤职，取而代之的是道格拉斯·黑格爵士，英国的政治领导人们期盼后者能够改善战局。

1915 年，双方在战场上使用了新武器。在 4 月的伊普尔突出部战役* 中，德军使用了毒气（氯气）。这种新式武器十分奏效，使协约国军队的士兵窒息，不得不撤退。德军乘胜追击，但遭未受到毒气影响的协约国军队的阻击，而且他们的毒气已经用完。虽然德国人因引入了这种恐怖武器而受谴责，但由于毒气数量有限并未起到多大作用。而且他们的逻辑也是有问题的。因为西线的大部分地区有四分之三的时间风是由西向东刮的，即刮向德国的阵地。因此，协约国在 1915 年秋使用自己的毒气对德国进行报复。毒气战收效甚微。原始的防毒面具开始出现，可以过滤掉空气中的大部分毒气。在有的地方，毒气被风吹散。英国人甚至错误地在风向不利时释放毒气，因此伤到了自己的而不是德国的士兵，这真是个壮举。尽管在大战后来的阶段中毒气一直被使用，但并没有扮演至关重要的角色。

在某种意义上，1916 年整个西线战事进入白热化。这一年先后进行的凡尔登战役和索姆河战役都是整个大战期间最著名的重大战役，投入的兵力均以数十万计，枪炮弹药的数量更是惊人。但人们常常忽视为什么除西线外的其他战场没有发生如此大规模的战役。对战双方利用西欧复杂的铁路网运送人员、食

---

* 即第二次伊普尔战役。——译者注

物、马匹（可以把大炮和弹药拖至靠近各自前线的位置）所需的草料。迅速且巧妙构建起来的轻轨把必要的战争物资运往前线。这是具有相当重要意义的创举。指挥官们或许还不能制订有效的战役计划，但是要保证本方的军队获得足够的给养和弹药，即使不进攻，至少也要打退敌方的进攻。

德军在 1916 年率先发动攻势。当兴登堡和鲁登道夫在东线与俄国的战斗中多次取得重大胜利时，作为他们竞争对手的德军总参谋长冯·法金汉将军毫不掩饰他的不耐烦和嫉妒。法金汉认为，战争的胜败取决于西线战场——最后的结果表明他的论断完全正确。1915 年末，他向德皇提交了一份进攻法国要塞凡尔登的计划。该计划的目标是夺取被认为是法国防线关键一环的凡尔登要塞，
213 但法金汉同时两面下了赌注，他认为法国会死守凡尔登。在这一点上，法金汉的论断没有错，只是考虑到法国人的主流观念，他们会誓死防御一切目标。不管怎样，法金汉认为，即便不能夺取凡尔登，德军计划集中的炮火打击也足以把法国陆军消灭殆尽。因此，不管能否如愿拿下凡尔登，他都是胜利者。德皇被这套说辞说服，此外，在法金汉的计划中德皇的儿子将率第五军发动进攻。

这场战役（前文第 4 章已经深入探讨）的过程可以很快概括出来。法金汉调集了约 1,200 门大炮——数量之大前所未有。但他同时给炮兵下达了一个从未有过的任务。他要求炮兵轰炸两翼守卫凡尔登的堡垒，摧毁德军前进道路上的设防村庄，以及在德国进攻意图已经十分明显时法国构建起来的堑壕。

法军的懒散本来为法金汉取胜提供了一个机会。自从 1914 年德军摧毁比利时防守安特卫普要塞的部队后，法国宣布要塞是多余的，而后从凡尔登撤走了许多大炮和守军。凡尔登指挥官的警告被当成了耳旁风。到 1916 年 2 月德军发动进攻时，很多堡垒几乎都已是空壳，即便像杜奥蒙和沃堡这两座被法国公众认为是登峰造极之作的堡垒也不例外。

与其他人一样，法金汉的计划也没有逃脱堑壕战的教训。为了集中足以摧毁凡尔登法军防御力量的炮火，他把打击的重点放在默兹河右岸，法军的主力兵力集结在这里。该方案一度获得成功。轰炸过后，德军缓慢前进的同时法国防御人员不得不退出原有阵地。危难之时，法国任命防御战大师贝当为新任凡尔登指挥官。贝当重新组织了默兹河左岸的法军炮兵，这样德军每前进一步，它的侧翼就会更多地暴露在法军炮火之下。虽然德军夺取了杜奥蒙堡垒，但是法军炮火让德军付出了恐怖的代价，以至于法金汉不得不重新审视他的策

略。他把炮击的范围扩展至默兹河左岸对付法军的炮兵，并使用了一种新式毒气（光气）。德军一度再次夺取阵地，拿下了沃堡。但事实上，德军已经越来越难以为他们的部队提供足够的炮火支援了。泥泞的道路成为德军前移重炮的 214
障碍。而法军开始得到大量火炮的支援。法国还通过即兴的创举运送人员和大炮。这就是历史上首次用连续不断的卡车在一条公路上运输一整支军队的壮举。这条在战后为人们所知的圣路使法国能够继续战斗。当英军在索姆河发动的攻势把德军的预备队从凡尔登吸引走后，法军新任指挥官（罗伯特·尼韦勒和夏尔·芒然）得以发动反攻。到 1916 年 11 月，德军基本上撤退到离最初发动攻击时几英里的位置。在这场战役中，双方伤亡均超过 30 万人，却没有取得任何战果。

与此同时，英国制订的计划丝毫没有比法金汉的更高明。英军新任总司令黑格与霞飞协商后决定在皮卡第跨索姆河发动联合攻势。然而，在计划实施过程中，本应参与这次行动的法军被调往凡尔登，到 1916 年 5 月，很明显，这场攻势主要是英国人的任务。

黑格面临着德军三道相隔 2,000 码的堑壕系统，虽然第三道堑壕系统仍在构筑中，不如前两条那么坚固。而且，德国在这一地区的村庄里构筑了防御工事并深挖隐蔽壕保护守军，只有最猛烈的炮火才能攻克这些隐蔽壕。总而言之，德军把索姆河变成了整个西线最易守难攻的地区之一。黑格与他的指挥官、因新沙佩勒战役而闻名的亨利·罗林森将军商讨对策。罗林森愿意吸取新沙佩勒战役的经验，建议先进攻德军的第一道堑壕系统。一旦占领德军阵地，就将英军大炮向前移动，对德军接下来的阵地发动类似的进攻。他指出，英军的目标应该是射杀德国士兵而非向前推进。这是很有道理的，罗林森倡导的是真正意义上的消耗战。按照罗林森的计划，英军在炮兵支持下夺取一小片区域，确保他们的伤亡比德军小。只要能够保证这种局面反复出现，那么英军自然会取得最后的胜利。黑格完全拒绝了这一方案。他考虑的不是消耗战，而是拿破仑式的骑兵以排山倒海之势横扫敌军，全部拿下西线的德军阵地。为解开骑兵的束缚，必须毕其功于一役，将德军的全部三道堑壕系统一举摧毁。黑格犯了一个和法金汉类似的错误。他同样调集了大量大炮，但大多数都是小口径。用于摧 215
毁堑壕和德国士兵藏身的隐蔽壕的重炮十分缺乏。能够压制和消灭德国炮兵的炮则数量更少。黑格倚仗于大炮，但对它们面临的任务缺乏准确的评估，事实证明这是致命的。

这场战役于 1916 年 7 月 1 日打响，它成了英国军事史上最大的灾难之一
216 （地图 8.2）。黑格试图全面摧毁德军防御，实际上他离这个目标相去甚远。许多德军的机枪毫发未损，铁丝网也保持完好，德军炮兵部队几乎没有受到任何影响。英国步兵并非以缓慢的速度肩并肩走向末日，而是尝试了一切创新策略穿

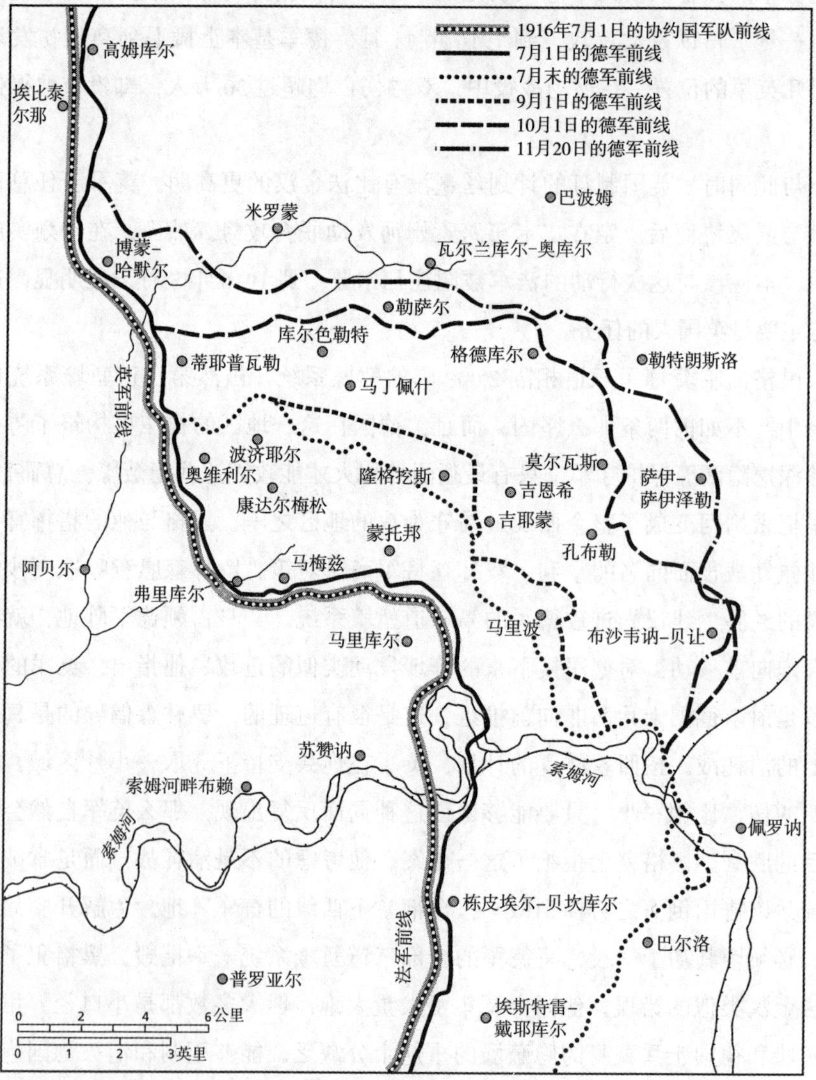

地图 8.2　索姆河战役，1916 年

越无人区，但都没有带来任何希望。午餐前，12 万人中就已至少伤亡 3 万人，其中很多人还没有到达其前线。到这一天结束时，伤亡人数已升至 5.7 万人，其中两万人战死。只有南部的英军，在法军大量炮火的支援下，（和法军一起）取得了一定进展。

按照常理，英军应该停止进攻并从根本上重新评估作战计划，而事实上并没有。法国恳求英国继续进攻以减轻其在凡尔登的压力。黑格不需要任何推动。战斗仍将继续，持续了差不多 5 个月。对英国来说也有一些鼓舞人心的信号。战斗第一天，部分英军借着落在他们面前但恰好打在德军阵地上的炮弹完成了占领。后来为人们所知的“徐进弹幕射击”以预先设定的速度推进，以便使进攻部队在炮弹落在德军阵地时到达。防御者因而没有机会使用武器，进攻者打在德军阵地上的、落在隐蔽壕里没有爆炸的和正在发射的炮弹都给德军带来了巨大风险。很快，这种保护步兵前进的方式成为英军进攻的标准模式。当然，这种模式也有其弱点。大炮的打击精度有限，不能保证所有炮弹都落在本方步兵前方，因此大炮打得过近可能造成本方步兵的伤亡，而打得过远则起不到保护的作用。而且在初始阶段，弹幕中打出的炮弹少之又少，对防御方的杀伤十分有限。更严重的是，徐进弹幕射击在天气状况较差时不起作用。泥泞的道路意味着步兵很难跟上弹幕，低云和下雨也让炮兵和飞行员很难判断炮弹投在何处才有利于步兵推进。不管怎样，这是重大突破，在接下来的战争中成为保护步兵前进的最有效方式。

英军的第二项创新是坦克——一种装备小口径炮或机枪的装甲车，步枪和机枪几乎无法对其造成杀伤，而它可以粉碎带刺钢丝网并向堑壕内的防御人员射击。9 月，英军在索姆河战役中的弗莱尔－库尔瑟莱特之战（the Battle of Flers-Courcelette）中第一次使用了坦克，事实证明其性能并不稳定。参战的 50 辆坦克中有一半在还没有到达敌军阵地前就发生了故障。这种武器尚处在原始阶段，内部环境恶劣，其温度甚至达到了 140 华氏度，舱内的汽油味同样考验着 217
操作人员的耐受力。坦克的确在战场的某些地方引起了恐慌，使英军以较小的代价占领了诸如弗莱尔这样的村庄，但坦克的技术还不完善。即便它们开足马力，也只能以步行速度前进，但是坑洼不平的战场意味着它们不可能全速前进。德军也适应了英军的坦克并立刻生产了穿甲弹，给坦克里的英军造成更大杀伤。

徐进弹幕射击和坦克的使用是英国在索姆河战役中的全部成就。但在大多数战斗中英军都是由小规模的部队迎着坚固的堑壕艰难前行。他们按照以往的方式发动攻击，其结果也只能是惨死在战场上。在这次战役中，黑格的军队一度试图从三个不同的方向发动进攻。只不过，彻底的失败才避免了英军阵地被分割成相距甚远的三部分。进入秋季，雨水把战场变成了内陆湖。黑格仍然信心满满，按他的设想，德军的斗志已经处在崩溃的边缘，虽然在外部观察者看来这种趋势的证据并不明显。在伦敦，尽管已经得到了准确的统计数字，即每牺牲 3 个英国士兵才能消灭 2 个德国士兵，但政府却无所行动，反而任由战斗继续，并且向黑格取得的战绩表示祝贺。黑格的战绩就是史无前例地消耗自己的军队。到战役结束，英军总共伤亡超过 40 万人，德军总共伤亡超过 20 万人。具有讽刺意味的是，英国在战场上只前进了 10 英里，其战略意义几乎为零。

1916 年底，德军对索姆河防线进行了整顿，向后退却数英里重新组织防御（地图 8.3）。英法军队缓慢向前推进，前方是一片被敌人破坏的乡村。破坏引起的交通问题意味着 1917 年他们不可能在索姆河发动新的攻势。

实际上在协约国方面，1916 年的结束带来了高层的变动。霞飞已经竭尽全力，但是由于在凡尔登准备不足，在索姆河战役中也没有取得成绩，他被尼韦勒将军取代。乐观地讲，尼韦勒在凡尔登战役最后的反攻阶段表现得很出色。在英国，变动发生在政治层面，阿斯奎斯被认为已经丧失了继续领导战争的精力和决心，劳合·乔治取而代之，后者很快就承诺给与德国“致命一击”。但是
218 劳合·乔治并没有支持黑格，他认为索姆河战役就是英国军队的灾难，试图在其他地区发动攻势。事实证明这同样是徒劳。意大利从加入大战之日起就不愿把他们的士兵消耗在战场上，1916 年西线的攻势已经证明这种消耗的规模异常
219 庞大、难以估量。俄国看上去也很脆弱。与此同时，尼韦勒将军制订了他的西线计划。劳合·乔治在没有详细了解这一方案的情况下就贸然公开宣布支持。而这一方案之所以对劳合·乔治有如此大的吸引力是因为它并非黑格主导的计划。英国首相试图让黑格服从尼韦勒的领导，此举并没有成功，反而伤害了英国军政之间在接下来战争中的关系。最终黑格在战役进行过程中会由尼韦勒“指导”，但这个词十分模糊，几乎没有任何意义。

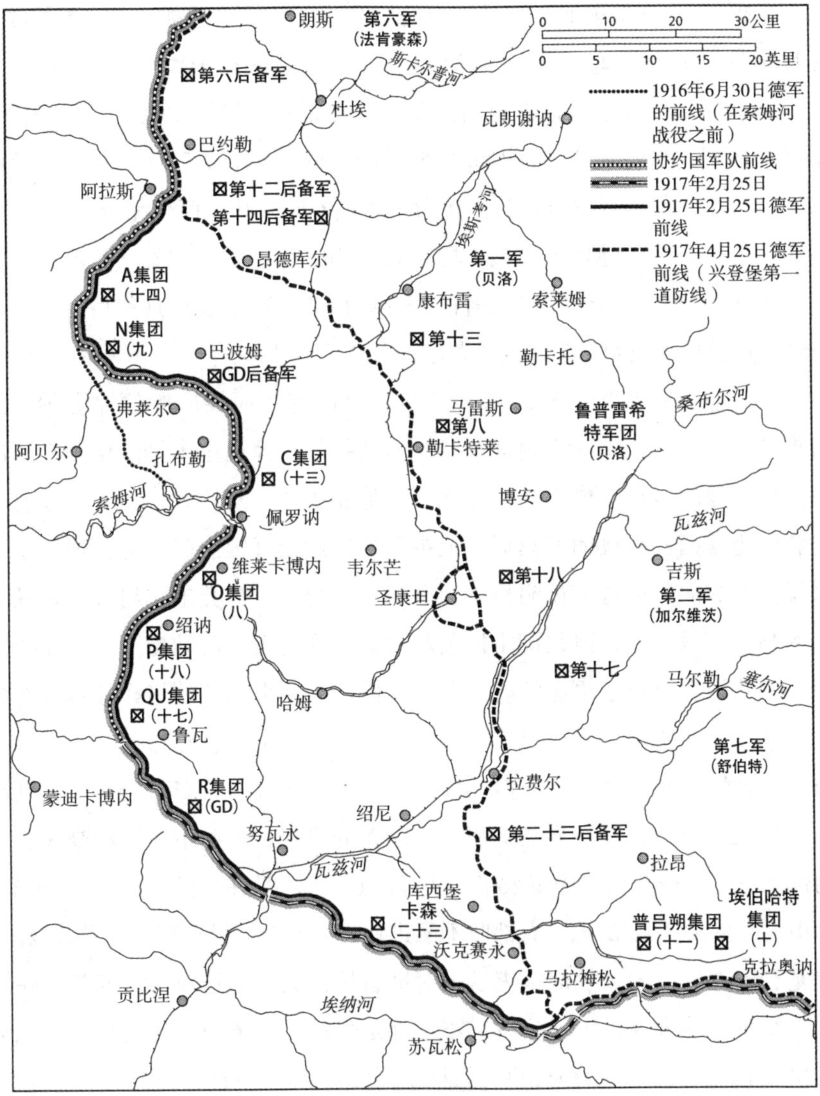

地图 8.3　1917 年德军撤退，阿尔贝里希行动

黑格将于 1917 年 4 月在法国北部阿拉斯附近发动进攻。同样是在 4 月，法国的主要攻势随后将在贵妇小径发动。黑格的进攻计划表明英国方面有些人仍在学习战争经验，但黑格自己并不在这些人当中。进攻的关键阶段由加拿大军团夺取维米岭高地，这个坚固的阵地需要最周密的火炮计划才能攻克。计划的主要设计者是阿兰·布鲁克少将（就是那位在第二次世界大战时期声名显赫的

阿兰·布鲁克）。这次前期轰炸的特点是综合使用了徐进弹幕射击、轰炸敌方堑壕和谨慎地压制敌方炮火等措施。4月9日加拿大军团发动攻击，夺取了维米岭。黑格抓住这一有限但很重要的战果让骑兵跟进。很显然他没有从索姆河战役中吸取教训，当时一些在短时间内向前推进的英军骑兵瞬间被德军的机枪和大炮消灭。这一幕在阿拉斯重演。作为重要武器的骑兵在西线完全丧失了作用。他们尚未夺取一寸土地就死于敌人的枪口之下。协约国继续尝试让步兵进攻却遭遇德军的预备队，虽然这些预备队一开始部署在离前线很远的后方，但是现在已经大规模抵达战场。黑格煞费苦心，却也无济于事。

4月17日，尼韦勒发动攻势。他声称自己有在西线取胜的锦囊妙计。他的炮火准备显然比法军在索姆河战役中有所提高。而且尼韦勒承诺不会再有消耗战，如果他的策略不能成功，那么就会停止进攻。对政客们而言，经历了凡尔登和索姆河两次战役的煎熬后，尼韦勒的态度无疑很有吸引力。但对于德国人来说，他的战争准备太过明显了。事实上，德军一个突击小组已经截获了尼韦勒的整个作战计划。因此德军提前从可能受到炮击的阵地撤下了多个师，并
220 在原来的阵地上修筑了更深的防御工事。因此，尼韦勒新的炮兵技术轰炸的更多的是空地而非德国士兵。但获得了足够多阵地的尼韦勒宣布，军队只需要奋勇进攻，就一定能大获全胜。但几周后，尼韦勒所说的“奋勇进攻”呈现出与1916年霞飞的失败行动相同的局面。问题首先出现在那些不断发动毫无意义进攻的部队身上。普通士兵中爆发了“集体不遵守军纪”的自发行为。在法军112个师中，至少68个师出现了有部队不愿进攻的情况。如果这算是一种兵变的话，那也是有条件的。大多数部队表示随时准备抗击敌人的进攻，保卫阵地——但他们不愿意发动进攻。法国政府宣布这都是煽动者和革命者的责任，但他们的行动相当不同。一些头目被处决（根据不同资料，被处决的人大概在50至70人之间）。尽管处死了一些人，但反响整体上比较温和。部队被承诺有更好的休假条件，质量更好的食品以及更多的休整。最重要的是，进攻被取消了。最关心普通士兵生命的贝当将军取代了尼韦勒。这结束了士兵的哗变。但在可预见的未来，法军无力再发动大规模进攻。西线的主要负担都压在了英军身上。

这种局面并没有因为1917年4月发生的一件大事——美国加入协约国一方作战——而有所改变。U型潜艇击沉美国商船事件频发，而且德国荒唐地策反墨西哥，这一系列行为激怒了威尔逊，他在1916年还自豪地宣布不参战，现在却

把整个国家都拖进战争。但是美国的军队规模较小，1918 年之前并没有大规模出现在欧洲西线战场。英国考虑到这个事实后似乎应该采取谨慎政策，直到美军抵达。但这并不是道格拉斯·黑格考虑问题的方式。他提出了一个从比利时的伊普尔突出部发动大规模攻势的计划。方案的第一步是横扫比利时海岸，而后挥师南下席卷整个德军防线。听上去这与索姆河战役的作战计划很像，只不过是把主攻方向由左翼换到了右翼，事实也的确如此。但黑格现在宣布，他有足够的兵力，更重要的是有足够的弹药，在 1917 年完成一年前没有完成的任务。令人颇为不解的是，之前一直反感黑格的劳合·乔治竟然同意了这个方案。另一方面，首相有可能认为，不管怎样，黑格或许可以给德国致命一击，就像他取代阿斯奎斯时承诺的一样，又被称为帕斯尚尔战役的第三次伊普尔战役一触即发。

这次战役的准备工作让人们看到了希望。从与伊普尔突出部北部相邻的梅
西讷山岭上俯视能够看到步兵穿越战场，因此必须在主攻发动前就将其拿下。 221
英军碰巧从 1915 年起就在这座山岭施工，并在竖井里存放了大量炸药或者地雷。到 1917 年 6 月，据说这里大概存放了 100 万磅 TNT 炸药。在梅西讷指挥第二军的普卢默（Plumer）将军于 1917 年 6 月 7 日将它们引爆。与此同时，英军向德国炮兵发动了大规模的炮击。炸药和炮弹的联合使用让英军以较小代价拿下了梅西讷山岭。

按照常理，拿下梅西讷后奉命执行主攻的第五军应该立即利用有利时机迅速对已经筋疲力尽的德军展开行动。然而事实并非如此。这中间有七周的停顿，在此期间，黑格任命高夫为第五军新的指挥官，而到当时为止高夫在战争中并未做出任何贡献表明他可以就此高位。他的主要资质是骑兵将领和黑格的爱将。黑格认为只要有高夫在，骑兵一定能势如破竹迅速进抵比利时海岸。

战役于 1917 年 7 月 31 日打响。开始的炮击比索姆河战役首日更显老练。英军沿整个前线进行徐进弹幕射击，并调集更多的重炮轰炸德军炮兵阵地。高夫理所当然取得了进展，占领了位于进攻左翼的皮尔克姆山岭（Pilckem Ridge）的大部分。但在右翼的盖吕维尔特高原（Gheluvelt Plateau），这一德军大炮最集中的区域没有任何斩获。从 8 月 1 日起开始，整个 8 月份一直都在下雨。高夫虽然获得了新式坦克、越来越多的大炮和更精确的徐进弹幕打击能力，但在很快变成泥潭的战场上，这都无济于事。军队在泥泞的路上寸步难行。低云天气意味

着飞机无法为炮兵的进攻提供精确的情报。士兵们甚至无法走出堑壕，更不要说紧跟弹幕前进。虽然高夫仍然保持乐观，但当失败已经无法掩盖之时，他便把失败归结于部队缺乏活力。在长达一个月的时间里，战线几乎未曾移动。即便对黑格而言，这也是无法接受的。高夫被撤下，他去负责指挥战役北部的进攻。普卢默将军临危受命，承担主攻，即夺取盖吕维尔特高原。

普卢默在行动前提出了几项关键的要求。他坚持需要足够的时间做全面的准备，并坚持必须在天气条件允许的情况下才能发动进攻。他还强调，他的目标不是夺取远距离目标，例如进攻至比利时海岸，甚至也不是本计划在战役
222 的第一天就要夺取的七英里外的帕斯尚尔村。黑格默许了这些要求。经过9月末和10月初的3次战斗——梅宁路之战（Menin Road）、波利贡森林（Polygon Wood）之战和布鲁兹埃因德（Broodseinde）之战——普卢默拿下了盖吕维尔特高原。这些战斗完美诠释了“咬住不放”战术，利用数量庞大的大炮猛攻德军阵地。徐进弹幕缓慢且密集，有利于夺取德军最新的防御工具——混凝土碉堡。然后，当步兵抵达目标时——距离他们通常不超过3,000码，在他们面前的是持续数小时的弹幕。德军原想通过减少前线人数来减少伤亡并布重兵于后方，以求在英军占领阵地但立足未稳时向其发动反击，但是英军的攻击使德军的这种新战术失去了意义。要想发动对英军的反击，德军首先要做的是穿透对手的弹幕，但是他们很快就打消了这样的念头，因为代价实在太过高昂，而且攻到英军新阵地的德军人数还不足以发动有效攻势。在普卢默三次战役的最后一场（布鲁兹埃因德）中，德军再次把部队集中到前线，试图阻止英军夺取阵地。然而，这些战术意味着当普卢默炮轰阵地时，德军会遭受更严重的伤亡。这些战斗产生了另外一种积极信号，在英军攻势的北部，法军的6个师与盟友一起向前急速推进。尼韦勒给法军带来的创伤正逐渐消退，在适当条件下，法军仍然会在战斗中展现出坚毅和决心。

德军指挥官对英军的新战术一筹莫展。英军攻击的炮火有着压倒性优势，使他们无力反攻。英军的有限目标确保他们可以守住已经赢得的胜利，他们找到了碾碎德军的方案并进行了成功验证。但是英军战术的成功是以良好的天气状况为前提的，普卢默指挥完三次进攻后，天气状况就不再有利于英国了。10月份雨又下了起来，战场再次变成泥潭。但是现在包括普卢默在内的英国指挥官们认为已控制了局势。9月和10月初那样有利的客观条件已不复存在，但基

于德军士气已在崩溃的边缘这一惯常的推测，战斗还在继续。如此乐观的情形并未发生。相反，像 8 月那样不利的情况再次出现，甚至更加糟糕。战场地势低洼，持续的炮击毁了佛兰德斯这一地区残余的沟渠。英军现在的目标降低到夺取帕斯尚尔山岭，这个没有什么重要战术价值的地方。士兵们在难以想象的 223
条件下，爬行、匍匐或游击前进。11 月 17 日，黑格宣布英军已经夺取帕斯尚尔山岭。事实并非如此——英军只是勉强控制住了山岭的一部分。英军以 25 万伤亡为代价夺取的战果却不得不在第二年德军发动进攻 3 天后被放弃。尽管这场战役曾给协约国带来了巨大的希望，但到头来还是像 1916 年的行动那样一无所获。

然而这一年将在一种充满希望又模棱两可的基调中结束。在佛兰德斯南部的康布雷附近有一片尚未触及的区域。黑格暗中调集了部队、坦克和大炮。战场地面坚硬，可以大量使用坦克，更重要的是新的炮兵技术也一起被尝试。英军使用了可以提高炮兵打击精度的声波测距技术，有关这项技术的细节会在下文中提到。当然还有提高炮兵打击精度的其他方法。这些新技术意味着没有必要再对德军进行预备性的炮击，这样反而会提醒敌人本方要发动进攻。突然袭击再次被应用于战场。新的技术使英军在对德军发动的第一次突然袭击中以较小代价获得了可观的战果。如果黑格见好就收，或许能收获一次体面的胜利。但是他一如既往地希望骑兵发挥作用。所以英国步兵继续战斗，不幸的是，英军面临越来越多的不利因素，例如坦克发生故障，炮兵的支持越来越没有把握。德军对战线过长的英军发动反攻，几乎重新夺回了所有丢掉的地盘。最初胜利时，英国教堂的钟声曾经敲响，但失败迅速来临，很快令人感到不安。不管怎样，英国从 1917 年吸取了一些有价值的教训。问题是，1918 年是吸取了教训的英军先出手还是德军率先发动攻击？

事实是，1918 年德国率先在西线发动进攻的可能最大。英国的军队已经被黑格在帕斯尚尔消耗殆尽。法军在经历了士兵哗变后也没有做好发动进攻的准备；美军的训练情况还不足以让他们扮演主要角色。而鲁登道夫已经对美军在法国不断增加有了非常清醒的认识，决心在美军全面部署前发动进攻。而且现在鲁登道夫可以从东线调集军队。布尔什维克革命让俄国退出了大战，东线潜在的数以百万计的士兵可以调到西线。然而不出所料，鲁登道夫只把其中的一部分调到西线，剩余的仍留在东线去实现德国未达成的战争目标。

224 鲁登道夫会在哪里发动进攻呢？山川纵横的西线南部区域很快被排除。法国的防线倒是很诱人，但其后并无具有重要战略意义的目标。在任何情况下，鲁登道夫都把英国作为最主要的敌人，因此他下定决心进攻英军防线。有两个地区成为进攻的备选目标。伊普尔周围因靠近英吉利海峡港口而很具吸引力，但是正如帕斯尚尔的战斗证明过的那样，那里可能会十分泥泞。阿拉斯和圣康坦（Saint-Quentin）之间的地面更加坚实，年初也更干燥。这有利于在春季之初发动攻势，因此德军把 1918 年第一次进攻的地点选在了这里。

鲁登道夫在西线可以支配 6,600 门大炮。为了实现大规模炮火集中，他把四分之三的大炮用在了即将发动进攻的前线，还调集了大量步兵。不少于 75 万人被囤积在英军对面，鲁登道夫会用新的方式使用这些人员。他把精锐都集中在了担任突击任务的师，这些突击部队不会按照陈旧的连贯一字队形推进，而是会尽量向英军防线的纵深突击，避开要塞和防御中心，放弃对进攻侧翼的保护，那些被避开的区域将由跟随突击队而来的步兵攻占。按计划，一旦突破英军防线，德军将直接向英吉利海峡方向进发，进而向北，包围英国远征军和一部分的法国、比利时军队，胜利便易如反掌。

德军集中的大炮数量足以在较短时间内实施异常猛烈的轰炸。为了摧毁英军的指挥系统，德军对英军后方和指挥部进行狂轰滥炸。然后，大炮指向前线阵地，攻击敌方防御士兵，为进行攻击的步兵提供支持。

历史学家们已经对这些战术的革新性有了很多研究，但这些战术在某些方面仍具有极其陈旧的面貌。为达成目标，初始阶段结束后，鲁登道夫不可能再为其步兵提供炮火支援。尤其是重炮很快就会被远远留在后方。这一切都意味着突击部队必须靠自己努力以最快的速度完成任务。鲁登道夫设想的是（在最初炮击完成后）只用步兵赢得战役。一个西线指挥官认为他可以依靠步兵赢得胜利的时代早就结束了。除非他的敌人已经崩溃，不然鲁登道夫是在冒着全军覆没的风险。

1918 年 3 月 21 日，鲁登道夫发动了进攻（地图 8.4）。德军进攻了英军刚刚从法军那里接管过来的薄弱防线。在防线后面英国几乎没有预备队，因为黑格
226 在帕斯尚尔就把预备队挥霍殆尽了。在南部，突击队迅速取得突破。他们在一周内推进了 40 英里，打破了双方从 1914 年末开始在西线形成的僵持局面。德军很快到达重要的铁路枢纽亚眠。鲁登道夫的策略似乎成效显著。但是这种战术

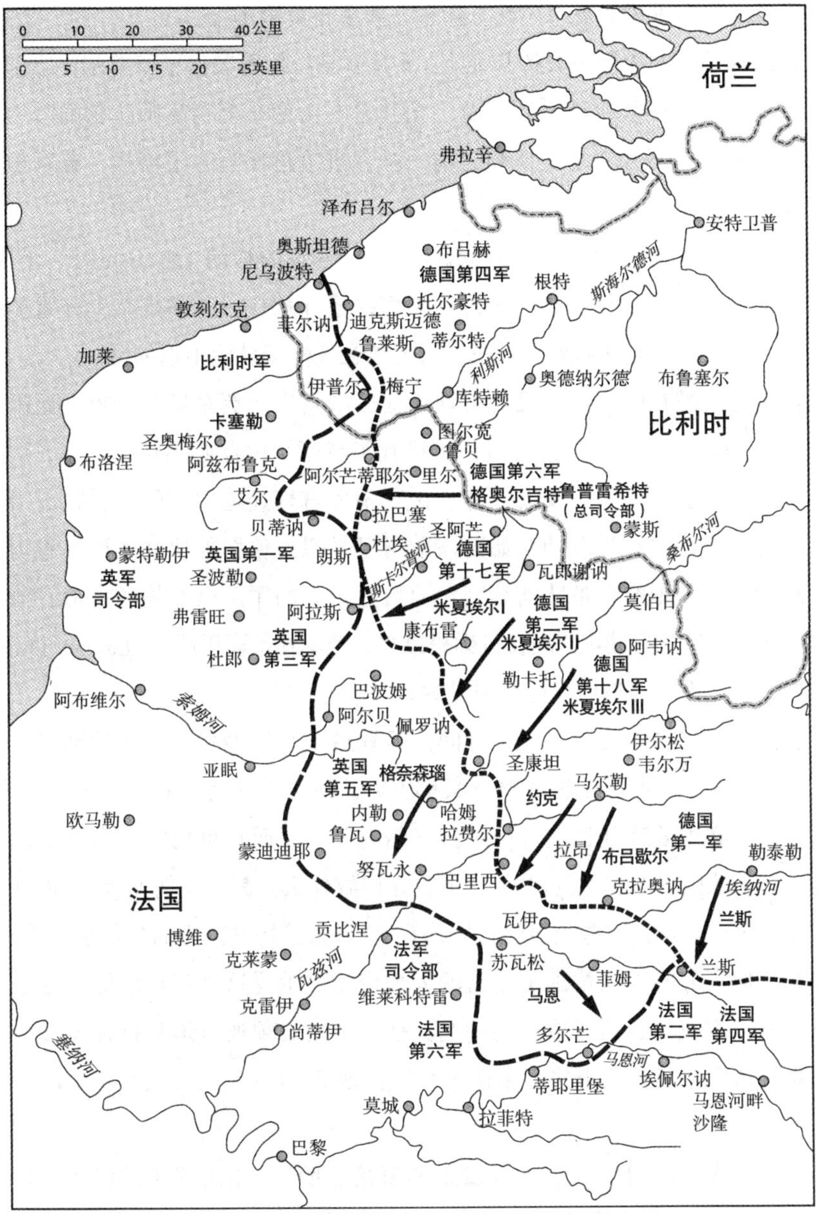

地图 8.4　德国攻势

的致命弱点很快就暴露了出来。向前推进的德军已经成了强弩之末。德军，尤其是德军精锐伤亡巨大。炮兵艰难地向前推进。步兵只有轻型武器作为火力支持。另一方，协约国通过铁路把增援部队送到战场，他们大部分来自法军，也有些来自未遭到进攻的英军，甚至还有一些来自英国本土。

在南部受挫的鲁登道夫挥师北上，4 月 9 日，德军袭击了伊普尔突出部南部地区，像之前一样很快就有所斩获，尤其是在由两个葡萄牙师防御的阵地，德军的进攻使他们不知所措。但和之前一样，进攻再次陷入了停顿，英军虽遭重创但是元气未伤。

协约国也没有放弃战斗的意思。在 3 月 26 日的杜朗（Doullens）会议中，英法两国摒弃分歧，任命福煦为协约国西线最高司令。此举具有十分重要的象征意义。福煦决心为胜利战斗到底，只要他在任一天就绝不退缩。

鲁登道夫现在陷入了两难的境地。他已经两次向英军发动进攻，但都失败了。现在他宣称由于是法国的预备队挽救了英军，因此必须进攻法军。5 月 27 日，鲁登道夫在贵妇小径发动攻势。法国指挥官愚蠢地把部队部署在前沿，鲁登道夫的方案再次在进攻的初始阶段取得了效果，德军很快就重返马恩河，巴黎近在咫尺。法军的预备队陆续到达而鲁登道夫的军队已经精疲力竭。他在这时候接着发动进一步进攻，现在目标是巴黎。美军在蒂耶里堡（Chateau Thierry）的介入在一定程度上造成了德军的失败。

总而言之，1918 年 3 月至 6 月间，鲁登道夫指挥德军在西线发动了 5 次攻势。虽然夺取了一些土地但战略意义都不大。协约国阵地上的重大优势意味着，德军在 7 月必须要守住比 3 月份时长一倍的阵地，而且可用的兵力更少。这些进攻证明了法国将军芒然的口号："不管你们做什么，都会死伤无数。"鲁登道夫确实做到了这一点。这些攻势让德军伤亡 80 万人。协约国方面虽然也损失 90 万
227 人左右，但它们有着比德国更丰富的人力资源，承受这种消耗的能力更强。鲁登道夫也没有找到在西线取胜的钥匙。他很清楚必须通过炮兵打开突破口，但也只知道这么多了。至于接下来该怎么做，他像 1916 年的霞飞和法金汉一样毫无头绪。

鲁登道夫的攻势完成后不久发生的事情表明协约国的军队绝非强弩之末。已从 1917 年的低谷中恢复过来的法军率先开战。7 月 18 日，两支法国军队在 750 辆坦克的配合下进攻鲁登道夫在 5 月和 6 月推进时构建起来的突出部的侧翼。德军瞬间被打垮，不得不撤退。法军乘胜追击，不断扩展战线。至 8 月，德军已经退至埃纳河（Aisne）。

法军随后停止了行动，但英军在索姆河南部接过了接力棒。在接下来的战

役中，他们将向世人展示在过去的一年里都从战场上吸取了哪些经验教训——至少在中级指挥层面。关于炮兵打击的精确度问题，在康布雷尝试过的方法开始盛行。声波测距装置由放在被攻击前线的一系列麦克风组成。麦克风可以对远距离炮火的低沉声音进行探测。这些声波被绘制下来，就像地震仪监测地震一样。通过对声波的对比可以确定敌军炮兵阵地的位置。战役爆发前，英军通过声波测距已经比较精确地掌握了德军几乎所有炮兵阵地的位置。此外，其他已经成熟的技术也得到了应用。英军使用比之前更多的炮弹对德军整个阵地进行徐进弹幕射击，弹幕以适当的速度推进，以便使进攻部队的各个方面得以保证。而且，战斗前他们会对同一批炮弹进行称重，以确保不会因为炮弹重量不同而影响打击的精确度。除此之外，炮兵每天可以收到至少六次天气预报，他们可以根据天气条件的变化随时进行调整。战斗之前对每门炮的损耗程度进行测试并做相应调整。这就意味着炮兵终于有了精确打击目标的合理机会。

相比之前，英国步兵部队装备了更强的火力。英军从 1915 年起开始陆续配备手提式机枪（刘易斯轻机枪），到 1918 年这种机枪在英军中已经十分普遍，其效果相当于从步枪中发射手榴弹。迫击炮的数量也日益增加。所以，虽然步兵数量相比 1914 年有所减少（这种减少是由于黑格进攻失败造成的），但是他们的战斗力增强了。与这些部队配合的还有大约 450 辆马克 5 型坦克，这种武器比在 228
索姆河战役以及 1917 年战役时使用的那一批可靠性更高。这一切都意味着现代战争中第一次出现了武器系统，系统内各种武器相互支持，并且要想打退进攻就必须使所有的武器都失去作用。

这都得益于协约国军工产业令人印象深刻的努力。它们不仅为在年初德军猛烈攻势中损失装备的军队补充了新武器，而且很多情况下还提供了更好的装备。德军方面的情况就大不一样了。自 1916 年兴登堡和鲁登道夫掌权以来处于军事管制下的德国经济已经逐渐走向崩溃。德国经济的总体原则就是军事要求绝对优先。在此背景下，德国的铁路转归军用并且已经破旧不堪。军队也没有能力运营现代兵工产业，以至于发生了生产炮弹的工厂是由用来生产炮弹的特种钢建造的这种荒唐事件。这些工厂中的一些不得不被拆除，为生产亟需的炮弹提供原料。

战场上，德军的总体颓势日益显现。由于鲁登道夫造成的伤亡以及他醉心于实现在东线的战争目标，西线步兵师的规模遭到了削弱。但与英军和法军不

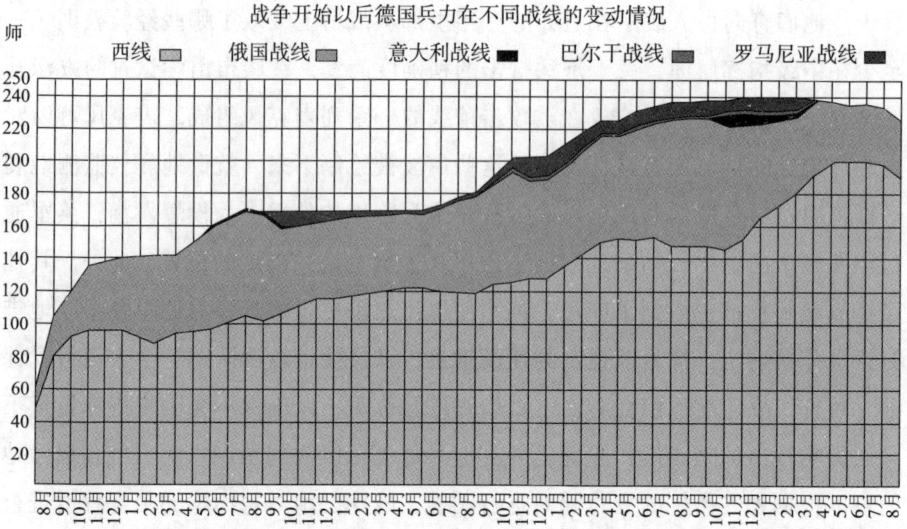

表 8.1　德国前线兵力分布，1914—1918 年

229 同，德国日益衰落的军工业无法为德军升级武器装备。所以当协约国发动进攻时，德军损失的武器装备得不到补充。

1918 年 8 月 8 日，英第四军发动攻击。在此之前的 7 月 4 日，协约国在哈默尔（Hamel）为这次重要战役进行了一次小规模的演习，其中包括美国和澳大利亚军队，演习结果证明了新战术的有效性。现在要大规模使用它们了。加拿大和澳大利亚军团进攻索姆河南部，这是两支令人生畏的军队。它们没有在年初的德军攻势中遭受损失，因此仍然满员。英国的第三军团和法军将分别在索姆河北部和南部保护侧翼。到 8 日傍晚，德军沿 9 英里长的阵地向后撤退了 8 英里。协约国军队缴获 400 门大炮，以 9,000 人的代价换取了德军伤亡 2.7 万人的战果。

这次战役胜利的关键是新武器系统的采用。通过战后对战场的考察可以发现，大多数德军大炮已被声波测距技术准确定位，并在战争开始时被协约国的炮火摧毁。有了这种技术就不必再在进攻前通过炮火试射来对敌军大炮进行定位。奇袭重返了战场。

徐进弹幕射击让阻止步兵的另一工具机枪无用武之地，它让防御者一直低头躲藏，直到紧贴弹幕后的进攻者可以袭击到他们。至于那些弹幕没能打到的区域，可以通过步兵从侧翼投射手榴弹和使用迫击炮来弥补。最后，那些躲过德军炮火的坦克也抑制了德军的抵抗，在某些情况下迫使德军士兵逃离战场。坦克只是这套武器系统中的一种武器，但毫无疑问，它使进攻突击的深度超过以往。

这次战役标志着攻击手段方面的突破。如果能够控制德军的大炮和机枪，那么西线就再也不会回到僵持的状态。只要防御部队失去了抵抗的主要武器，那么它的士气如何已无关紧要了。除非德军能够找到对付这种新战术的方法，不然战争的结束是不可避免了。

心灰意冷的德国人仍然认为他们能够再次在战场上形成僵持局面，这样至少可以与协约国达成妥协的和平。德军在亚眠的防御并不完善，但在它后面是令人生畏的兴登堡防线，这是索姆河战役后德国人构筑的复杂防御系统。协约 230
国的新战术能够啃下这块硬骨头吗？

问题并没有很快浮现出来。亚眠战役之后的一段时期内，第四军仍然高歌猛进。但是几天以后，进攻变得越来越难以协调。指挥出现更多困难，许多坦克出现故障，声波测距系统向前移动需要时间，因此很难对新到达这一地区的德军大炮进行定位。伤亡日益增加而夺取的地盘却在减少。在帕斯尚尔胜利阶段的那一幕会重演吗？福煦和黑格会失去理性强令军队继续前进吗？答案是否定的。黑格和福煦的确有过这样的计划，但是他们的下级指挥官们强烈拒绝这么做。指挥加拿大军团的柯里将军表示，如果被迫继续，那么他会向本国政府反映情况，柯里得到了罗林森的支持。黑格让步了，尽管这遭到了福煦的反对。黑格重新选择了进攻区域，在那里协约国的准备更加充分，但他不再坚持在亚眠继续前进。福煦感到满意。

所以，在亚眠的攻势停止了。英第三军在亚眠以北地区开辟了一条新的战线，它采用与之前相似的战术，同样也取得了进展。进攻结束时，英第一军已经蓄势待发。通过这一系列途径，协约国步步为营把整个战线向前推进。亚眠北部具有重要战术意义的蒙特圣康坦（Mont Saint-Quentin）被协约国军队占领，宣告了德军遭遇全面溃败，为了在佛兰德斯保持一条完整的防线，德军被迫撤退。8 月中旬，协约国军队来到了坚不可摧的兴登堡防线的外围。

接下来的一系列战役使西线的战事进入高潮。美军和法军率先行动，9 月 26 日，他们在默兹河－阿尔贡（Meuse-Argonne）地区展开攻势。至此，美军只是发挥了很小的作用。战场经验不足的美军在面临久经沙场的德军时仍觉力不从心。因此，攻击虽有所进展，但也付出了沉重的代价。

但他们的努力与接下来的行动相比黯然失色。9月27日，英军5个军和法军2个军，以及比利时军队和美军的2个师开始在北部行动。兴登堡防线固若金汤，这条防线的部分区域纵深达3英里，配有铁丝网和混凝土机枪射击位。其中一些区域由两岸陡峭的坑道防御。面对这样的障碍，根本无法使用亚眠战役和其他战役中那样的突袭战术。长时间轰炸是必要的，以摧毁尽可能多的铁
231 丝网和机枪射击位，从而为步兵前进扫清障碍。而且，由于圣康坦运河穿过这次行动的主要区域，坦克能发挥的作用有限。

但对再次担任主攻任务的英国第四军来说，也有一些利好因素。它截获了德军的防御计划，而且拥有和亚眠战役时相同的确保炮兵打击精度的方法，英国的军工业提供的炮弹数量也是前所未有的。

9月29日开始的战斗反映了这些因素的威力（地图8.5）。与8月8日的情
232 况一样，反炮兵火力相当有效，所以大多数的德军大炮瞬间就哑火了。当然并不是所有的攻势都顺利。在北部，美军和澳大利亚军队的进攻遭遇顽强的阻击，失去了弹幕火力的支援，几乎未取得任何进展。好在稍南一点的进攻弥补了这一问题。1个英国师在数量空前的炮弹支援下穿过圣康坦运河，对阻击澳大利亚和美国军队的德军防御实施侧翼包抄。在这次战斗中，德军每500码的堑壕每分钟遭到126枚野战炮炮弹的袭击。这种密度在8个小时的进攻中一直保持了下来。这是任何防线都无法承受的，德军不得不退却。澳、美军队再次掌握主动，到10月5日，德军在西线的最后一条主要防线——兴登堡防线被攻破了。

不管德军是否埋伏在坚固的防线后面，协约国军队开发的新战术现在都能应付自如。但这种战术也有局限性，即如果超过了大炮可以保护的距离，进攻就无法进行。10月和11月初之间，协约国军队沿着他们的整个防线向前取得了一系列并不引人注目的胜利。到11月初，德军除了加快撤退速度，已经别无选择了。

在难得的清醒时刻，鲁登道夫也会意识到败局已定。9月28日，他建议讲和，但很快又改了主意。刚刚上任的文官政府没有采纳他的意见，而是希望停战，这种停战实际上就是按照由英法修改过的伍德罗·威尔逊的“十四点计划”的条款投降。1918年11月11日，双方达成停战，西线终于恢复了平静。

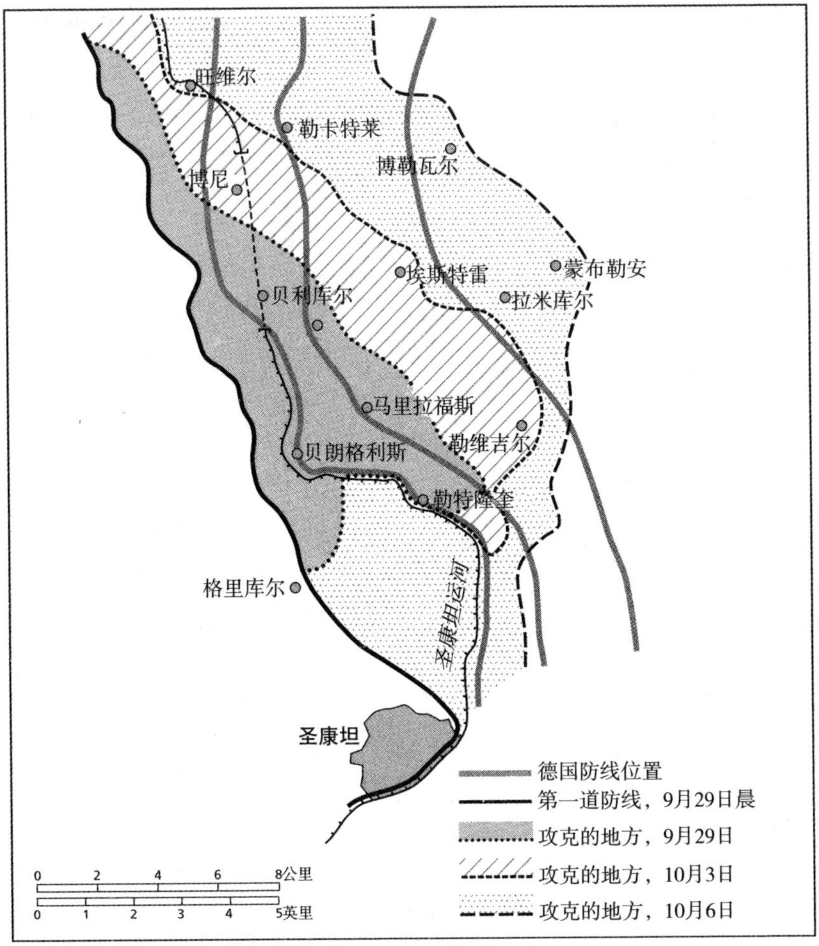

地图 8.5 攻陷兴登堡防线，1918 年秋

协约国在西线花了相当长的时间才吸取了教训，即步兵必须在炮兵的保护范围内发动进攻。黑格、霞飞、尼韦勒和福煦在太长的时间内都信奉拿破仑的信条，即要赢得战争就要依靠骑兵的大规模进攻。对此他们有自己的理由。在过去，所有的军队通常都利用骑兵作为完成突击的武器，而在这场战争中没有这样的武器，坦克还太不可靠，骑兵只能是机枪的活靶子。占领地盘远没有消耗敌人重要，没有哪个协约国的指挥官意识到这一点。所有的战役都是按照他们自己的设想去赢得或有利于赢得战争。当这些计划失败后，就会面临消耗。但至少协约国在最后确实把握住了新的现实情况。德国就没有人拥有这样的见 233
识。鲁登道夫在 1918 年的攻势是消耗德军的主要因素。那种孤注一掷的陈旧方

式给德国已经日益枯竭的人力资源造成了灾难性打击。德国最高统帅部似乎从未有过这样的意识，只是在事后抱怨国内的崩塌从背后捅了他们一刀。其实他们是自己愚蠢行为的受害者。对方军队的谋略和思想占据上风。德军高层拒绝承认这一事实对未来造成了可怕的影响。

9 东线 234

霍尔格·阿夫勒巴赫

“欧洲国家现在的力量不可能正式征服——也就是占领——俄国……能够征服这个国家的只有它自己的衰弱以及内部的纷争。”[1] 卡尔·冯·克劳塞维茨从1812年拿破仑东征莫斯科的失败中得出了这样的结论。他认为，如果拿破仑要发动对俄国的进攻，他没有做错什么，但“之所以在1812年失败，完全是因为俄国政府仍然保持清醒，俄国人民仍然效忠他们的政府”。[2] 同样重要的是，克劳塞维茨在“以打垮敌人为目标的战争计划”一章中叙述了拿破仑东征俄国的行动。[3]

克劳塞维茨的分析在第一次世界大战中同样得到了印证。实际上并非只有他自己认识到了俄国是不可能被完全征服的。1914年之前整个欧洲都因拿破仑的经历相信这样的观点。虽然沙皇俄国输掉了一些战争，甚至像克里米亚战争和日俄战争这样的大战，但是这些都发生在俄国的外围。1914年之前，拿破仑是最后一个试图征服俄国的人，之后便“没有人效仿他”。[4]

第一次世界大战最重要的影响之一是俄国无法被征服的观念开始改变——
这极大地影响了20世纪的历史进程。另一个同样重要的事实是，沙俄政府在太 235
长的时间内迷信战胜拿破仑和其他侵略者的经验了，却忽视了内部的脆弱也可

[1] Carl von Clausewitz, *On War*, edited and translated by Michael Howard and Peter Paret (Princeton University Press, 1976), *Vom Kriege* (Bonn: Ferd Dümmlers Verlag, 1980), p.627. 为了精确，作者对译文进行了改动。

[2] *Ibid.*, pp.627ff.

[3] *Ibid.*, p.617.

[4] Erich Von Falkenhayn, *Die Oberste Heeresleitung 1914—1916 in ihren wichtigsten Entschliessungen* (Berlin: E. S. Mittler, 1920), p.48.

能摧毁政权的警告，没有在刚刚出现苗头时就退出战争。

东线战场是一个很值得探讨的重要话题，而现在的研究却远远不足。[5]1914年至1916年的东线战场从波罗的海延伸至罗马尼亚边界地区（详见地图9.1）。1916年8月底罗马尼亚参战后，战线进一步延伸到黑海沿岸。在广袤的东线战场上爆发了大量战役和遭遇战，重要战役有1914年的伦贝格（Lemberg）战役和奥古斯图夫（Augustow）战役，1915年初的喀尔巴阡山战役以及这一年的维尔纳（Vilna）战役，1916年的赫曼施塔特战役（Hermannstadt）、布加勒斯特战役（Bucharest），1917年的里加战役和克伦斯基攻势（Kerensky offensive）等，当然这只是其中的一部分。东线的大部分战役与欧洲其他地区（巴尔干，达达尼尔海峡，意大利和西线战场）的军事行动和政治事件联系密切。显然，在这个大背景下可以提出很多其他问题。

笔者无意面面俱到地考察整个东线战场，而是重点讨论能够反映东线战场总体军事发展状况的三个事件。首先我会简要描述东线三大重要战役的基本情况；然后我想解释为什么这三大战役是东线战场的转折点，并且对东线战局的进程和结果产生了怎样的影响。这三大战役是1914年的坦能堡（Tannenberg）战役；1915年3月的普热梅希尔失守（the fall of Przemyśl）和同年5月的戈尔利采－塔尔努夫战役（Gorlice Tarnów）；1916年的勃鲁西洛夫攻势（Brusilov offensive）。这三场战役不仅改变了东线战场和第一次世界大战的历史，也改变了20世纪的欧洲史。

坦能堡

1914年8月26日至30日，大战刚刚爆发的第一个月德国就在坦能堡战役中取得了对俄国的重要胜利，这场在东普鲁士进行的战役让人印象深刻。首先，没有人预料到德军能在这里取胜。大战的前几周，绝大部分德军正集中精力向比利时和法国北部部署，包围法军。德军有7个军在西线作战，只有1个军担负东普
236 鲁士的防御任务。俄国不只面对德国，还得应付奥匈。位于巴拉诺维奇（Baranovichi）俄军最高统帅部的强势人物是总军需官丹尼洛夫将军。正如诺

[5] 本章不会尝试涉及1914年至1918年东线战场的方方面面——实在太过庞杂。重要书目详见后附文献评论。

曼·斯通指出的那样，该指挥部受制于阴谋，相对软弱无力，无法锁定一个主要目标。沙俄军队被分成了两部分（两个战线），并且各部分保有很强的独立性。重要问题由各自指挥官决断。[6] 西北战线由雅科夫·日林斯基（Jakow Zhilinski）指挥

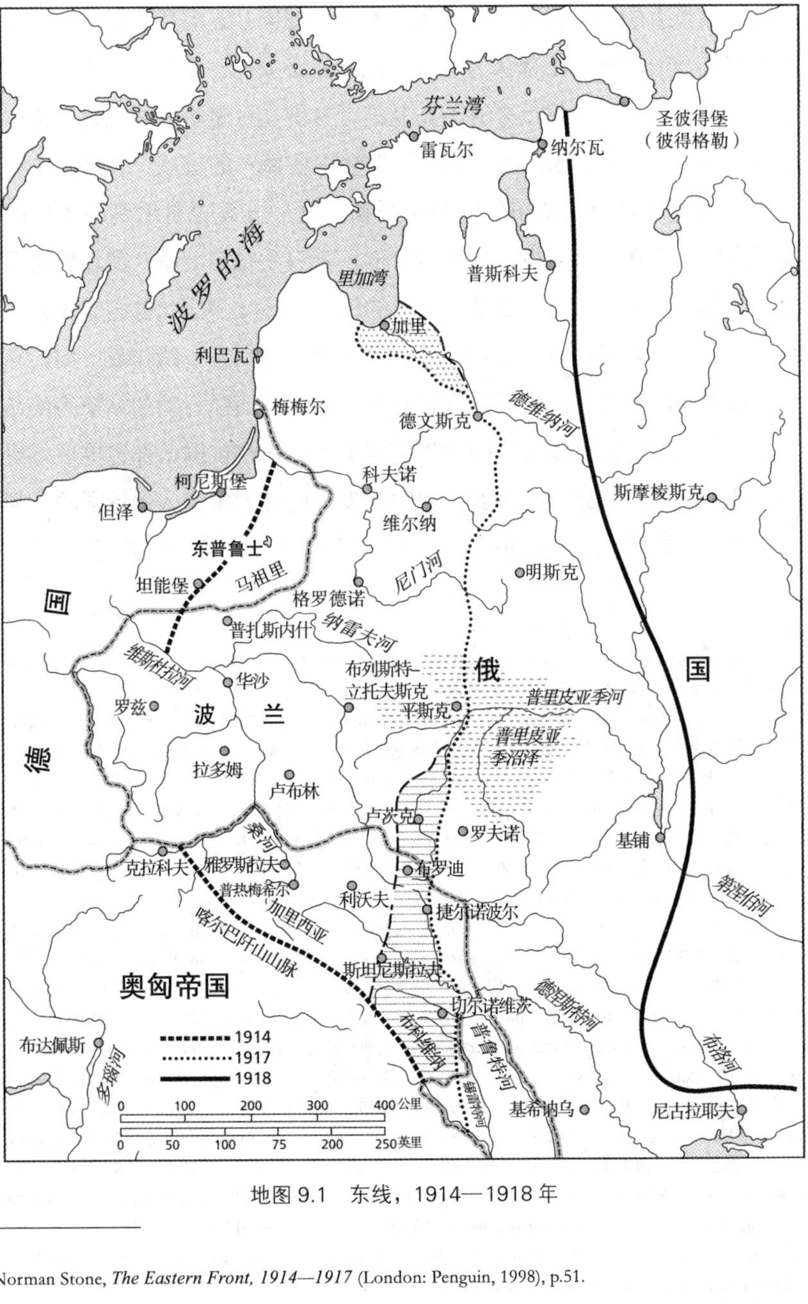

地图 9.1　东线，1914—1918 年

[6] Norman Stone, *The Eastern Front, 1914—1917* (London: Penguin, 1998), p.51.

3 个军与德军作战。尼古拉·伊万诺夫（Nikolai Ivanov）在西南战场指挥 4 个军与奥匈对峙。[7] 沙俄军队面临的最重要问题是从哪里展开攻势，围绕这个问题他们做出了一系列糟糕的决策。[8] 尽管沙俄在西北战线部署的兵力相对较少，但实际上仍对德军有着数量上的绝对优势。在俄国人看来，德国在东普鲁士的第 8 军不足以形成有效抵抗；但德军司令部认为有效抵抗不是必要的。德军的作战计划——通常被称为施里芬计划，虽然近来有关其制订者身份甚至是否存在该计划都引起了
238 很大的争议 [9]——只需要东部的防御部队能够拖住俄军的进攻，直到德军在西线取得胜利后挥师东进，改变东线的战略平衡。这一方案也是毛奇和奥匈的康拉德·冯·赫岑多夫在大战爆发前就商定好的；不仅是德第 8 军，就连奥地利人也盼着德军能在西线速战速决，以减轻他们的压力。1914 年之前德国有关俄国的军事考量值得注意并独具特点，在预设的西线胜利后如何在东线作战，如何赢得东线战争，德国并没有制订具体计划。所有的计划都以西线行动的结束为终结，并未涉及东线。我们猜测参谋人员的计划是与奥匈合作在俄国西部边界取得决定性的胜利后就可以逼迫俄国缔结和约。德国并没有制订大规模入侵俄国的计划，所有针对俄国的计划要么是纯防御性的，要么就是只限于在俄占波兰开展行动。

---

[7] *Ibid.*

[8] Bruce W. Menning, "War Planning and Initial Operations in the Russian Context", in Richard F. Hamilton and Holger Herwig (eds.), *War Planning 1914* (Cambridge University Press, 2010), pp.80–142.

[9] Gerhard Ritter, *The Schlieffen Plan: Critique of a Myth* (London: Oswald Wolff, 1958). 2002 年，美国历史学家特伦斯·朱伯的观点震惊了世界，他认为施里芬计划不存在，见 Terence Zuber, *Inventing the Schlieffen Plan: German War Planning, 1871—1914* (Oxford University Press, 2002)。争议主要刊载于《战争史》杂志，但并未结束。T. Zuber, "The Schlieffen Plan Reconsidered", *War in History,* 3(1999), pp.262–305; T. Holmes, "A Reluctant March on Paris", *War in History,* 2(2001), pp.208–232; T. Zuber, "Terence Holmes Reinvents the Schlieffen Plan", *War in History*, 4(2001), pp.468–476; T. Zuber, "The Real Thing", *War in History*, 1(2002), pp.111–120; T. Zuber, "Terence Holmes Reinvents the Schlieffen Plan-again", *War in History*, 1(2003), pp.92–101; R. Foley, "The Origins of the Schlieffen Plan", *War in History,* 2(2003), pp.222–232; T. Holmes, "Asking Schlieffen: AFurther Reply to Terence Zuber", *War in History*, 4(2003), pp.464–479; T. Zuber, "The Schlieffen Plan was an Orphan", *War in History*, 2(2004), pp.220–225; Schlieffen Plan: R. Foley, "The Real Schlieffen Plan", *War in History*, I(2006), pp.91–115; T. Zuber, "The 'Schlieffen Plan' and German War Guilt", *War in History,* I(2007), pp.96–108; A. Mombauer, "Of War Plans and War Guilt: the Debate Surrounding the Schlieffen Plan", *Journal of Strategy Studies*, 27(2005), pp.857–885; T. Zuber, "Everybody Knows There Was a 'Schlieffen plan': AReply to Annika Mombauer", *War in History*, I(2008), pp.92–101; G. Cross, "There Was a Schlieffen Plan: New Sources on the History of German War Planning", *War in History*, 4(2008), pp.389–431; T. Holmes, "All Present and Correct: the Verifiable Army of the Schlieffen Plan", *War in History*, 16:1(2009), pp.98–115; T. Zuber, "There Never Was a "Schlieffen Plan": AReply to Gerhard Gross", *War in History*, 17: 2(2010), pp.231–49; and T. Zuber, "The Schlieffen Plan's 'Ghost Divisions' March Again: AReply to Terence Holmes", *War in History*, 17:4(2010), pp.512–521. 2006 年的一本重要论著将施里芬和朱伯的观点一分为二，见：Hans Ehlert, Michael Epkenhans and Gerhard Gross(eds.), *Der Schlieffenplan: Analysen und Dokumente*(Paderborn: Schöningh, 2006)。

但是1914年8月大战爆发后，战局并没有完全像德国计划的那样发展。到9月初，西线战局的顺利发展让德国人认为胜利指日可待。但是俄军的动员速度远超预期，在法国的急切要求下俄军迅速开赴东普鲁士。这在民众中引发了恐慌。这种恐慌也是可以理解的，尤其是从军事角度：德军10.5个师要面对俄军19个师，而且炮火配备方面也处于劣势。[10]东线德军的总兵力只有17.3万人，与之相对应的俄军兵力则达48.5万人，兵力之比为1：2.8，俄军占优。[11]双方的第一次交火带来的影响是多方面的，德军指挥官普里特维茨·冯·加弗龙（Prittwitz von Gaffron）率先下令停止战斗。德军实施撤退，俄国大军“势不可挡地”向西挺进东普鲁士，占领德国的领土。与德军在西线的暴行相比，俄军占领东普鲁士的行径同样是很有历史研究价值的课题。[12]出于对俄军残酷暴行的恐惧，超过80万德国人背井离乡向西迁移。[13]难民的队伍越来越长，阻塞了 239
道路，马车载着他们慌乱中收拾起的行囊和居家用品，甚至有时候难民队伍里还跟随有家畜。人流偶尔会妨碍德军防御部队的行动。哥萨克骑兵洗劫并摧毁了3.4万间房屋。平民百姓和总参谋部都想知道东线德军是否有能力阻止俄国人蹂躏整个东普鲁士甚至是西里西亚。一时间惊慌失措的普里特维茨计划把部队撤退到维斯杜拉河一线。

震惊的小毛奇决定立即更换东普鲁士的指挥官。他把最有才华的军事家鲁登道夫派往东线；由于鲁登道夫级别太低，因此由保罗·冯·兴登堡担任指挥官，但他得到的命令是不允许干涉他的参谋长（即鲁登道夫）。[14]普里特维茨和原参谋长瓦德西（Waldersee）被免职。当兴登堡和鲁登道夫乘火车抵达东普鲁士时，他们发现包括马克斯·霍夫曼[15]在内的第八军参谋人员已经草拟了一份对

[10] Fritz Klein *et al.* (eds.), *Deutschland im ersten Weltkrieg, 3 vols.* (Berlin: Akademie verlag, 1968), vol. I, p.322.

[11] *Der Weltkrieg 1914—1918: die militärischen Operationen zu Lande. Bearbeitet im Reichsarchiv, 14 vols.* (Berlin: E. S. Mittler, 1925—1944), vol. II, p.238.

[12] Alexander Watson, " 'Unheard of Brutality': Russian Atrocities Against Civilians in East Prussia, 1914—1915", *Journal of Modern History*, forthcoming, See John Horne and Alan Kramer, *German Atrocities, 1914: A History of Denial* (New Haven, CT: Yale University Press, 2001).

[13] Walter Elze, *Tannenberg, Das deutsche Heer von 1914: Seine Grundzüge und deren Auswirkungen im Sieg an der Ostfront* (Breslau: Ferdinand Hirt, 1928), p.112; Peter Jahn, " 'Zarendreck, Barbarendreck-Peitscht sie weg!' Die russische Besetzung Ostpreussens 1914 in der deutschen Oeffentlichkeit", in *August 1914: Ein Volk zieht in den Krieg*(Berlin: Herausgegeben von der Berliner Geschichtswerkstatt, 1989), pp.147–155.

[14] Wolfram Pyta, *Hindenburg* (Munich: Siedler, 2007); and Manfred Nebelin, *Ludendorff Diktator im Ersten Weltkrieg* (Munich: Siedler, 2010).

[15] Max Hoffmann, *Der Krieg der versäumten Gelegenheiten*, 2 vols. (Munich: Verlag für Kulturpolitik, 1923).

俄作战计划，这份计划将充分利用俄军因仓促激进的进攻而暴露的弱点。[16]

暂且不说有关俄国军队和参谋人员因储备丰富的酒窖而停止前进的故事，俄军的进攻在战略上还有其他几个弱点。俄军的无线电通信没有加密，但德国的一些通信也没有加密；当时的无线电操作还处于不成熟阶段，德军可以轻而易举地获得俄军的行动计划。[17]

更重要的是，东普鲁士的地形严重阻碍了俄军的进攻。向前推进的俄第一军（涅曼，由伦嫩坎普夫将军指挥）和第二军（纳雷夫，由萨姆索诺夫将军指挥）被马祖里湖区（Masurian Lakes）分割开来。如果一部分在某一时间遭到攻击，另一部分无法立即提供支援。而南北向的铁路也对德军有利，可以帮助德军以最快的速度部署军队。负责指挥进攻纳雷夫军的是兴登堡，这位名义上
240 的指挥官冷静而坚定，与他神经质的参谋长相得益彰。按照霍夫曼的说法，在军事上兴登堡是一个可有可无的人物（“这家伙就是一个可悲的配角；从来没有一个伟大指挥官和人民的英雄因如此少的实际和精神贡献而获得如此高的声誉。”）。[18] 近来佩塔（Pyta）和内贝林（Nebelin）有关兴登堡和鲁登道夫的研究也认可这一颇具争议的观点。兴登堡只是一个名义上的指挥官，[19] 作战计划主要由鲁登道夫、霍夫曼和其他军官制订。

德军战术的效果超乎所有人的预期，但正如诺曼·斯通准确强调的那样，德军的获胜不仅得益于他们良好的军事素养和得当的战术，还因为他们得到了好运的眷顾。[20] 一方面，萨姆索诺夫的军队钻进了德军的圈套使德国人有机可乘，另一方面，德军中以弗朗索瓦（Francois）为代表的军官们不愿合作的态度和行为产生了无心插柳的效果，使德军因此获利。[21] 虽然在军队数量上，德军15.3万人的兵力与纳雷夫军的19.1万人相比居于劣势。但是，德军在靠近奥特尔斯堡－尼德堡－霍恩斯坦因（Ortelsburg-Neidenburg-Hohenstein）的马祖里沼泽和湖区包围了大量敌军。俄军司令萨姆索诺夫在绝望中饮弹自尽，其部下仓

---

[16] Max Hoffmann, *Tannenberg wie es wirklich war* (Berlin: Verlag für Kulturpolitik, 1926).

[17] Stone, *Eastern Front*, p.51.

[18] 引自 Karl-Heinz Janssen, *Der Kanzler und der General: Die Führungskrise um Bethmann Hollweg und Falkenhayn (1914—1916)*(Göttingen: Musterschmidt, 1967), p.245。

[19] Pyta, Hindenburg and Nebelin, *Ludendorff*.

[20] Stone, *Eastern Front*, pp.44–69.

[21] *Ibid.*

皇逃散。这场包围歼灭战创造了"坎尼战役式"的胜利。[22] 俄军被摧毁了，超过10万人被俘；[23] 德军缴获数百门重炮和机枪。战役并没能解放东普鲁士——俄军的占领一直持续到1915年——但却暂时消除了俄军继续进攻的威胁。而且，另一支俄军也在马祖里湖区战役中遭到德军进攻，涅曼虽然没有被歼灭，但也损失惨重，不得不撤退。

对东普鲁士的德国人来说，俄军最初的到来给他们带来了痛苦的经历。战役结束后，当地政府撰写了成百上千的报告，并把这些报告发给德皇内阁，描 241
述当地遭遇的巨大灾难，并对东普鲁士得到拯救表示感激。

考虑到德军的数量劣势，当时的人们谈到坦能堡战役时都认为德军的胜利是一个"奇迹"。同时，人们开始讲述一个新的故事，认为坦能堡战役是德军对俄作战战术转变的重要原因。兴登堡和鲁登道夫都善于自我宣传，前者尤其如此，虽然作为一个军事指挥官显得有些迟钝，但是作为一个独立个体他在这方面绝对是个行家。[24] 德国人赋予这次战役一个极具象征意义的名字：兴登堡和鲁登道夫建议威廉二世用"坦能堡战役"命名，在1410年的坦能堡战役中，日耳曼骑士团败于波兰立陶宛联邦军队之手。[25] 在1914年之前，1410年的这场战争都被民族主义者错误地描述成斯拉夫人对抗日耳曼人的永恒之战。波兰人和日耳曼人都这样认为。波兰的民族主义画家马泰伊科（Matejko）创作了多幅有关这场战役的作品；1910年，克拉科夫（Krakow）的波兰人举行活动纪念格林瓦尔德战役（Battle of Grunwald，坦能堡战役在波兰的叫法）胜利500周年，据称有15万人参加。1914年8月，俄军统帅尼古拉大公（Grand Duke Nicolai）曾试图通过发表《格林瓦尔德宣言》，在俄罗斯人和波兰人之间建立"斯拉夫纽带"，赢得波兰人对沙皇的支持。兴登堡指出，他还在孩提时候就写出过这样的词句："在古老的战场上，1410年战败之仇必将得报。"

坦能堡战役的胜利对德国来说意义非凡。它使德国得到喘息，重新组织东

[22] 详见 *Der Weltkrieg 1914—1918,* vol.II, pp.242ff.:"坦能堡战役是继莱比锡、梅斯和色当战役后世界历史上最大的包围战之一。与上述战役不同，这场战役中，德国打败了在人数上占优势的敌人。同时，德国在东西两翼都受到占优势的其他大国的威胁。人类战争史还从未有过类似的例子。即使在著名的坎尼战役中，迦太基也没有面对腹背受敌的情况。"

[23] *Ibid.*, p.243.

[24] See Pyta, *Hindenburg, Passim*，主要观点认为兴登堡是一个积极的舆论操纵者和自己形象的制造者。

[25] *Der Weltkrieg 1914—1918*, vol. II, p.238.

线的防御，而且事实上，在此之后的重大战役中俄军再也没有战胜过德军。这次胜利产生的心理作用比其现实意义更为重要。其中之一就是关于兴登堡的神话（Hindenburg Myth），德军不可战胜的神话，这甚至给之后的德国历史带来了灾难性的后果。

1914 年 10 月，兴登堡和鲁登道夫开始以东线德军最高司令部的名义指挥全部东线德军。他们利用自己的声望和指挥权与帝国总参谋部针锋相对。在坚信自己比其他人更了解德国的胜利之道的情况下，兴登堡和鲁登道夫立即开始一
242 意孤行。1916 年 8 月起，他们接管了整个军队的指挥权。1918 年的战败和“背后捅刀”都是他们的责任。尽管在一战中战败，但兴登堡还是担任了魏玛共和国的总统——并于 1933 年任命希特勒为总理。坦能堡的胜果在今后的岁月里灾难性地成熟膨胀。[26]

还有一个原因令坦能堡战役的胜利有着重要意义。这既与德国领导层的正确决策有关，同时得益于运气的眷顾以及仍然强大的敌人犯下了一个可能再也不会犯的巨大错误。事实上，坦能堡战役是大战期间德军对俄军实施的唯一一次成功的包围歼灭战，但是越来越多的德国军事家，尤其是鲁登道夫和他的信徒们都认为德国赢得这场战役并不是因为获得了有利的条件，而是得益于他们制订了天才的作战计划。他们坚信这是取胜的良方，并且可以进行更大规模的复制。50 多年前，杰胡达·沃勒克称这种理念为“歼灭战的信条”（Das Dogma der Vernichtungsschlacht）[27]。卡尔－海因茨·弗里泽尔在他论述 1940 年西线战场局势的《闪电战神话》（*The Blitzkrieg Legend*）[28] 一书中也使用了类似的概念，他在书中阐述了如何能把一个出其不意并极其幸运的成功军事行动转化为歼灭战信条的有效证据，并且可以在下一次行动中复制。

这一立场最早可以追溯到 1914 年末，当时，在兴登堡和鲁登道夫的煽动下，东线德军司令部鼓吹“超越坦能堡”的思想，即实施大规模包围俄军的行动。坦能堡战役的重要性就在于此：德军逐渐放弃了俄国是不可能被征服的观

[26] Anna von der Goltz, *Hindenburg: Power, Myth, and the Rise of the Nazis* (Oxford: Oxford University Press, 2009)，本书是研究兴登堡热的最新成果。

[27] Jehuda Wallach, *Das Dogma der Vernichtungsschlacht: Die Lehren von Clausewitz und Schlieffen und ihre Wirkungen in zwei Weltkriegen* (Frankfurt am Main: Bernard und Graefe, 1967).

[28] Karl-Heinz Frieser, *Blitzkrieg Legende Der Westfeldzug 1940* (Munich: R. Oldenbourg Verlag, 1995).

念；这一改变产生了里程碑式的影响。但兴登堡、鲁登道夫和霍夫曼在大多数情况下都不相信可以轻而易举战胜俄国。这种把问题过于简单化的行为是危险的。有关争论我们还可以在德军上层鲁莽而又危险的权力斗争中看到。[29] 由于不可克服的时间和空间问题，东线德军最高司令部也看到了击败俄军的任务十分艰巨，甚至有时候认为这是不可能完成的任务。霍夫曼曾经在1915年春表示："完全歼灭俄军是不可能的。"[30] 不管怎样，坦能堡战役后，在德国人心中，这种不可能正在逐渐变成可能。 243

某种程度上，德国对击败俄国没有丝毫犹豫和顾虑的大胆态度令人更为惊奇。历史上普鲁士一直在军事上对俄国强大的力量心怀敬畏甚至恐惧。七年战争中，由于女沙皇去世和新任沙皇放弃了与普鲁士的敌人结盟，弗雷德里克大帝才免遭灭顶之灾，他对俄国日益增强的力量心有余悸。俾斯麦也长期意识到俄国力量的强大，并深知"通过亲善条约"与俄国维持友好政治关系的奥妙。奥匈吞并波斯尼亚造成危机，引发了大战爆发前的最后一轮军备竞赛，俄国开始大规模重整军备，[31] 这引起了德国的不安。德国总理冯·贝特曼·霍尔韦格说道，俄国"这样一个庞大帝国的经济开始了令人惊叹的发展，取之不尽的资源让它如虎添翼，与此同时俄国的军队以前所未见的方式进行了重组和建设"。[32] 在萨拉热窝事件爆发1个多星期后的1914年7月7日，霍尔韦格得出结论："未来取决于逐步发展的俄国，它越来越成为我们沉重的梦魇。"[33] 对俄国重整军备的恐惧也是毛奇认为战争"越早越好"的主要理由。[34] 德国的军事家们相信，时间拖得越长，越是对俄国和协约国，而非对德国有利。1914年之前，对俄国

---

[29] Ekkehard P. Guth, "Der Gegensatz zwischen dem Oberbefehlshaber Ost und dem Chef des generalstabes des feldheers 1914/1915: Die Rolle des Majors v. Haeften im Spannungsfeld zwischen Hindenburg, Ludendorff und Falkenhayn", *Militärgeschichtliche Mitteilungen*, 35(1984), pp.75–111.

[30] 引自 Karl-Heinz Janssen, *Der Kanzler und der General: Die Führungskrise um Bethmann Hollweg und Falkenhayn, 1914—1916* (Göttingen: Musterschmidt, 1967), p.90。

[31] David Stevenson, *Armaments and the Coming of War: Europe, 1904—1914* (Oxford University Press, 1996).

[32] Andreas Hillgruber, "Deutsche Russland-Politik 1871—1918: Grundlagen-Grundmuster-Grundprobleme", *Saeculum*, 27(1976), pp.94–108, 103.

[33] Kurt Riezler, *Tagebücher, Aufsätze, Dokumente*, ed. Karl Dietrich Erdmann (Deutsche Geschichtsquellen des 19. und 20. Jahrhunderts, Band 48)(Göttingen: Vandenhoeck& Ruprecht, 2008), p.183.

[34] Holger Afflerbach, *Falkenhayn: Politisches Denken und Handeln im Kaiserreich* (Munich: R. Oldenbourg Verlag, 1994), p.147.

“势不可挡”的力量与日俱增的忌惮是影响德国官方心态的重要因素。[35]

244 因此，值得注意的是，单单一场战役就改变了这种长久以来的假设，取而代之的是逐渐出现的对俄国的心理优势，但其实这场战役并未改变俄军的数量优势，也没有消除俄国的领土优势，而且战役本身的意义也被俄军在与奥匈的战斗中大获全胜所抵消。安德烈亚斯·希尔格鲁贝尔令人信服地指出，在德国人看来，俄国身上的标签瞬间从“势不可挡”变成了完全相反的“泥足巨人”。[36]这一改变正是从 1914 年开始的。

战时德国人对俄国人、波兰人及其他东欧人[37]的态度，其特点是一种混合着德意志人优越感的疏离感。最好的例子就是《法兰克福报》记者西奥多·贝尔曼对 1914 年 8 月底在东普鲁士被俘的 10 万俄军的描述：

> 俄军战俘排着看不到头的队伍从我身边走过，形成了单调乏味的苦难镜像。我开始同情这些活着的炮灰。毫无疑问，这些俘虏并非被捕获的雄狮和恶狼。我的脑海中浮现出托尔斯泰的小说中的马，一匹疲惫不堪、肋骨清晰可见的马，用阴郁的眼神四处张望，一步步走向屠宰场……俄国的农民，本质上既非英雄又非骑士；他在战场上所做的并不是战斗，而是单纯的屠杀和谋杀；因此注定了他在战场上的失败、阴险和无谓的暴行。[38]

所以贝尔曼相信，俄国没有从日俄战争中得到任何教训：整个俄军组织腐败透顶，前线军官和惯搞阴谋的后方指挥部均胆小怯懦。贝尔曼还声称他的观点一向如此。或许是吧；但德国政军两界的上层在仅仅几周前还未料到俄国会如此不堪一击。现在，坦能堡战役的巨大成功让西线的最终胜利看上去近在咫

[35] Wolfgang J. Mommsen, “Der Topos vom unvermeidlichen Krieg. Auß enpolitik und öffentliche Meinung im Deutschen Reich im letzten Jahrzehnt vor 1914”, in Mommsen, *Der autoritäre Nationalstaat: Verfassung, Gesellschaft und Kultur des deutschen Kaiserreiches* (Frankfurt am Main: Fischer Taschenbuch Verlag, 1990), pp.380–406. 另见 Holger Afflerbach, “The Topos of Improbable War in Europe before 1914”, in Afflerbach and David Stevenson (eds.), *An Improbable War? The Outbreak of World War I and European Political Culture before 1914* (New York and Oxford: Berghahn Books, 2007), pp.161–182。

[36] Hillgruber, *Deutsche Russland-Politik 1871—1918*, pp.98ff.

[37] Vejas Gabriel Liulevicius, *War Land on the Eastern Front: Culture, National Identity and German Occupation in World War I* (Cambridge University Press, 2000).

[38] Theodor Behrmann, *Frankfurter Zeitung*, August 1914.

尺，贝特曼·霍尔韦格的秘书提出了“九月计划”。虽然该计划的重要性不应被高估；[39]但是它反映了德国已经把在沙俄西部建立缓冲国当成了自己的战争目标之一。一开始这种要求还相对有节制，但随着战争的进行变得愈加膨胀。 245

有一部分德国人相信可以一劳永逸地消除俄国对德国的军事压力。一开始，德国希望实现一个建立“波兰边界地带”[40]的有限计划，在大战期间计划随着战争的推进变得越来越宏大，这也反映了战场局势的发展。坦能堡战役和“九月计划”拉开了序幕，随后德国产生了可以击溃俄国的想法，最终以与俄国签订《布列斯特－立陶夫斯克条约》结束。但这是后来的事情。坦能堡战役后，德国试图用另一场坦能堡式的战役击溃俄国并迫使它媾和。贝特曼·霍尔韦格与东线德军最高司令部，尤其是兴登堡形成了同盟。东线德军最高司令部制订了打一场歼灭战的方案，其立足点是：很明显俄军不堪一击，无法抵挡德国军队。1914 年秋季，鉴于西线攻势的失利，德军第一次考虑把重点转移到东线战场，并在东线实施决定性的军事行动，按照计划，德军将在 1915 年夏季对俄军实施一场大规模歼灭战并给俄国致命一击，将俄军踢出战场。[41]

但是兴登堡和鲁登道夫鼓吹的计划遭到了那些受到过普鲁士传统军事训练的军官们的反对，在他们心中俄国的体量太大，根本无法征服。坦能堡之战也不可能轻易重演，而且德国很难解决俄国广阔国土带来的地缘挑战，尤其是德国还得在西线发动攻势。自库图佐夫时代起，俄国的军事信条就是除非整个俄国领土都被征服，否则俄国不会缔结和约，而征服俄国几乎是不可完成的任务。总参谋长法金汉认为虽然有可能取得对俄军的胜利，但无法征服俄国。他强调德军不能重蹈拿破仑的覆辙。[42]法金汉还认为，俄军已经深知德军包围战术的厉害，在必要时他们会撤回辽阔的内陆腹地。

但康拉德·冯·赫岑多夫和兴登堡、鲁登道夫都赞同对俄军实行大规模包围战术。对东线德军最高指挥部和康拉德而言，波兰突出部是实施大规模包围战术的一个巨大诱惑。总体看来，自 1914 年秋开始，各个计划都遵循着一个基

[39] Fritz Fischer, *Griff nach der Weltmacht: Die Kriegszielpolitik des kaiserlichen Deutschland 1914—1918* (Düsseldorf: Droste, 1961).

[40] Immanuel Geiss, *Der polnische Grenzstreifen 1914—1918: Ein Beitrag zur deutschen Kriegszielpolitik im Ersten Weltkrieg* (Hamburg and Lubeck: Matthiesen, 1960).

[41] Afflerbach, *Falkenhayn*, pp.259–265, 286–315.

[42] Falkenhayn, *Die Oberste Heeresleitung*, p.48.

246 本的理念。康拉德的设想是向东北部进军，兴登堡和鲁登道夫向东南进攻，两军在华沙以东会合，分割包围大部分俄军并将其歼灭。法金汉认为此方案并不可取：俄军会逃出包围圈，而且他并没有足够的兵力来完成这一行动。他预计俄军会在必要的情况下撤退，逃脱一切包围。在这里我们注意到康拉德的设想脱离了现实，即使是他的支持者也持类似观点。鲍尔（Bauer）上校谈道："他的行动计划总是视野宏大，但不幸的是他忽略了一点，即奥地利的军队没有能力实现这些目标。"[43]

法金汉是一位清醒的军事家，采纳了另一个方案：在对俄国取得一定的军事胜利的情况下向俄国提出优惠的政治条件。1914 年 11 月之后，法金汉开始主张单独对俄媾和，甚至在可能情况下与法国媾和。兴登堡和鲁登道夫认为他不称职，嫉妒他们的战功，是个失败主义者，双方开始了无休止的争论。在一次争论中，法金汉重申俄军是不可能被彻底击败的："我们不具备完成这一任务的先决条件，因为要歼灭一支数量上占绝对优势的军队是不可能的，况且对方还有完备的铁路运输系统，在必要情况下有足够的时间和空间实施撤退。"当兴登堡再次坚持可以"歼灭"俄军时，法金汉在 1915 年 8 月 31 日以嘲讽的口吻回应道："对于这样一个在遭到猛烈进攻后不顾领土和人民执行撤退的敌人，我很怀疑能完成歼灭，况且它还有辽阔的领土可以利用。"[44] 鲁登道夫谴责法金汉是在贻误战机，会成为让德军失去最终胜利机会的罪人，他应该被撤职；不然德军必将战败。法金汉倾向于用政治手段结束战争，但鲁登道夫希望在东线取得军事胜利，然后再挥师西进。他不愿意与俄国进行任何妥协，"因为我们很强"[45]。

普热梅希尔：第一次世界大战中的斯大林格勒？

这都是后话。我们把视线转回到东线战场的南部，那里的战局展现出不一

[43] Quoted by Günther Kronenbitter, "Von 'Schweinehunden' und 'Waffenbrüdern': Der Koalitionskrieg der Mittelmächte 1914/1915 zwischen Sachzwang und ressentiment", in Gerhard Cross (ed.), *Die Vergessene Front: Der Osten 1914/1915: Ereignis, Wirkung, Nachwirkung* (Paderborn: Schöningh, 2006), p.135.

[44] Afflerbach, *Falkenhayn*, p.309.

[45] *Ibid.*

样的情况。1914 年 8 月，奥匈发动了对俄攻势，但在经历了几场代价惨重的胜仗后终究还是归于失败。[46]1914 年秋，德国对俄国的军事行动只是取得了部分 247
成功。1914 年末至 1915 年初的冬季，在兴登堡和鲁登道夫以及奥匈帝国总参谋长康拉德·冯·赫岑多夫等人的计划和策动下，德奥联军试图对俄军实施大规模包围，但仍以失败告终。失败的后果之一是奥匈普热梅希尔要塞中仍有 13 万守军被俄军包围。[47] 这座要塞带来的战略困境在 1915 年 1 月之前已经出现，从 1914 年 9 月初奥匈军队败退时就已经开始了，随后奥匈军队撤退至喀尔巴阡山。

普热梅希尔是一个庞大的要塞，由库斯马内克（Kusmanec）将军指挥防御，奥匈决定死守该要塞，而不是尽可能地保存有生力量。虽然这里的危机一度得到缓解，但俄军迅速实施了第二次行动，并于 1914 年 11 月 11 日完成包围。由于普热梅希尔要塞坚固异常，因此俄军并没有尝试向要塞发起进攻，而是采取围而不打的战术，静待奥军弹尽粮绝。守军人浮于事也在一定程度上帮了俄军：按照当时的标准，守军中的半数就足以守卫要塞。奥匈的救援和突破俄军包围的尝试也缺乏有效组织。派往增援的奥匈军队遭遇了大雪，即便是最近的援军距离要塞也还有大约 30 英里。1915 年 2 月，哈布斯堡最高统帅部通知要塞指挥官不会再派出增援部队。库斯马内克于 3 月 22 日命令部下销毁军备物资后向俄军投降，近 13 万奥匈士兵落入俄军之手。[48]

美国战地记者斯坦利·沃什伯恩（Stanley Washburn）描写到，成群结队的奥匈战俘在少量俄军士兵的押送下走向伦贝格。[49] 他表达了对战败者性格的刻板印象，就像贝尔曼前一年提到俄国战俘时指出的那样。虽然战俘穿着的军装不 248
一样，但是胜利者的傲慢都是一致的。

普热梅希尔要塞的失守本来很可能让它成为第一次世界大战期间的斯大林

---

[46] Stone, *Eastern Front*, pp.70–121; Lothar Höbelt , "'So wie wir haben nicht einmal die Japaner angegriffen': Österreich-Ungarns Nordfront 1914/1915", in Gross (ed.), *Die Vergessene Front*, pp.87–120; Günther Kronenbitter, "Von 'Schweinehunden' und 'Waffenbrüdern': Der Koalitionskrieg der Mittelmächte 1914/1915 zwischen Sachzwang und ressentiment", in Gross (ed.), *Die Vergessene Front*, pp.121–145.

[47] Graydon A. Tunstall, *Blood on the Snow: The Carpathian Winter War of 1915* (Lawrence, KS: University Press of Kansas, 2010); Franz Forstner, *Przemyśl: Oesterreich-Ungarns bedeutendste Festung* (Vienna: Österreichischer Bundesverlag, 1987).

[48] Dennis Showalter, "By the Book? Commanders Surrendering in World War I", in Holger Afflerbach and Hew Strachan (eds.), *How Fighting Ends: A History of Surrender* (Oxford University Press, 2012), pp.279–297.

[49] Stanley Washburn, *On the Russian Front in World War I: Memoirs of an American War Correspondent* (New York: Robert Speller, 1982).

格勒。起初，这场战役的失败似乎是奥匈和同盟国末日到来的开始。可以理解的是，奥地利人极端沮丧，失败似乎已经不可避免，这让他们第一次感到了痛苦。中立国，尤其是意大利也开始相信奥匈必将灭亡；在普热梅希尔的奥匈军队投降前后的几周，意大利政府做出了参战的关键决定。[50]

戈尔利采－塔尔努夫战役

普热梅希尔战役没有彻底击垮奥匈，也没有成为第一次世界大战期间的斯大林格勒战役，这都源于戈尔利采－塔尔努夫战役，这场战役或许是整个东线战场在 1914—1917 年间最具决定性的军事事件（地图 9.2）。与坦能堡战役和勃鲁西洛夫攻势相比，这次战役可能不为人知——至少在军事史学家范围之外是这样的，但其重要性或许有过之而无不及。这是整个第一次世界大战期间最具决定意义的战役之一。虽然这次战役获胜的一方——德国和奥匈——并没有最终赢得大战，但使德奥避免在当时就被彻底击溃，并得以在超过三年的时间内继续战斗。这次战役也是沙俄走向灭亡的开始——沙皇俄国再也没从这次打击中完全恢复。

这次攻势与奥匈在普热梅希尔的失败紧密相连。法金汉一开始无意过多介入奥匈的东线战场。他认为西线才是整个大战的关键所在，而协约国军队在西线巨大的兵力优势给德军造成了持续性压力。德国的外交官们还有其他的紧急
250 议题；他们试图迫使总参谋部攻克塞尔维亚，以便能把德国的物资运往达达尼尔海峡，支援在那里面临协约国强大压力的奥斯曼土耳其。[51]

---

[50] See Holger Afflerbach, *Der Dreibund: Europäische Großmacht-und Allianzpolitik vor dem Ersten Weltkrieg* (Veröffentlichungen der Kommission für die Neuere Geschichte Österreichs, Band 92)(Vienna: Böhlau Verlag, 2002), epilogue; Holger Afflerbach, "Vom Bündnispartner zum Kriegsgegne: Ursachen und Folgen des italienischen Kriegseintritt im Mai 1915, in Johannes Hürter and Gian Enrico Rusconi(eds.), *Der Kriegseintritt Italiens im Mai 1915* (Schriftenreihe der Vierteljahrshefte für Zeitgeschichte)(Munich: R. Oldenbourg Verlag, 2007), pp.53–69; Holger Afflerbach: " '...vani e terribili olocausti di vite umane...': Luigi Bongiovannis Warnungen vor dem Kriegseintritt Italiens im Jahre 1915", in Hürter and Rusconi(eds.), *Der Kriegseintritt Italiens*, pp.85–98.

[51] Volker Ullrich, "Entscheidung im Osten oder Sicherung der Dardanellen: Das Ringen um den Serbienfeldzug 1915", *Militärgeschichtliche Mitteilungen*, 32(1982), pp.45–63.

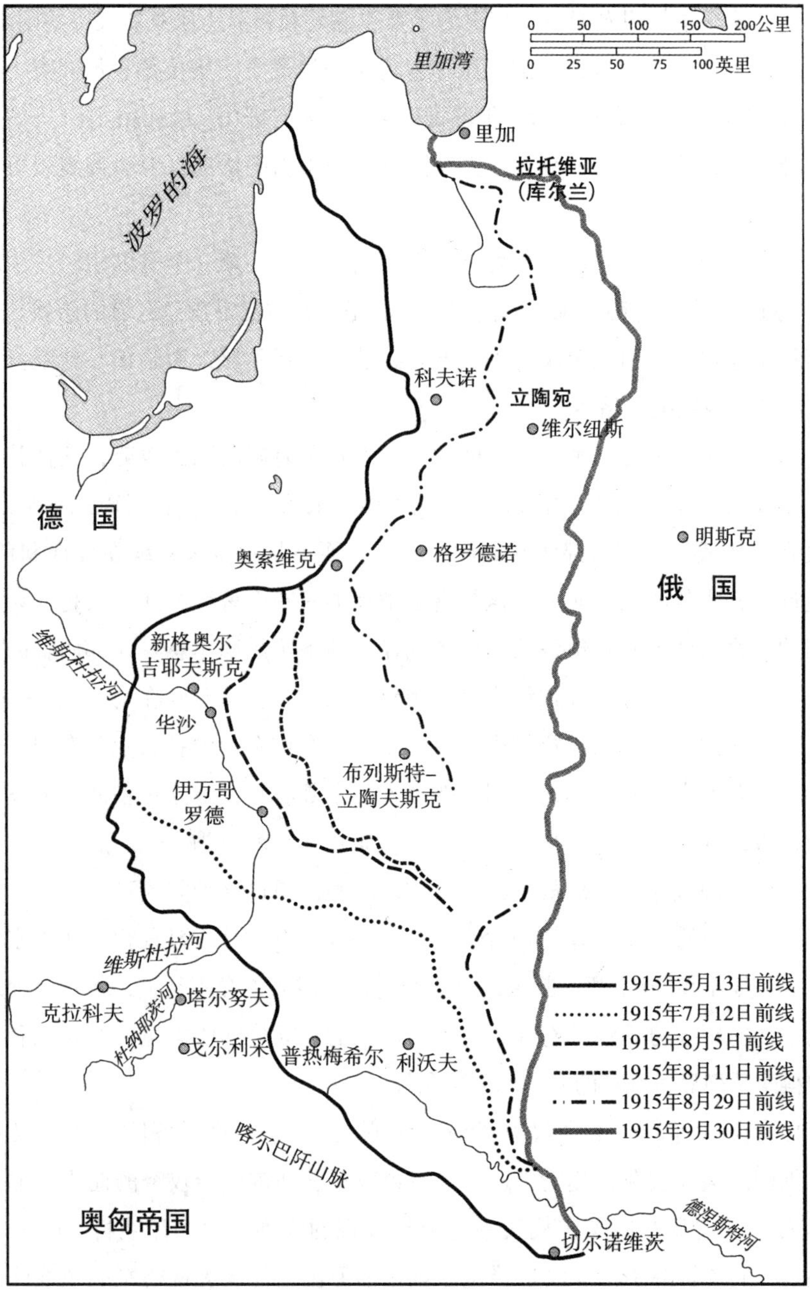

地图 9.2 攻陷波兰与戈尔利采 – 塔尔努夫战役

但是普热梅希尔的投降似乎比帮助奥匈更重要。有两大主要原因：首先是避免奥匈这个主要盟友崩溃，其次为了阻止意大利和罗马尼亚加入协约国阵营。法金汉认为意大利加入协约国就意味着德国输掉战争。康拉德表示同意（只有一次）。[52] 攻克普热梅希尔后，俄国试图突破喀尔巴阡山（Carpathian）一线并进攻匈牙利，康拉德·冯·赫岑多夫紧急请求德国出手协助保卫奥匈岌岌可危的防线。

从德国的角度，它有几个可以帮助奥匈的方案。第一个是以相对较少的兵力（1 到 4 个师）协助奥匈稳固防线，尤其是加强情况最危急区域的防线。这也是康拉德建议的，但法金汉并不认同。他认为这还不够，而且担心他宝贵的预备队在奥匈战线损失殆尽。

法金汉倾向于另一种方案，即发动一场规模有限的正面攻势。这样就可以有效减轻俄军对奥匈的压力。在达成明确而有限的目标后，他可以把军队撤回，投放到其他战场。这些部队将回归预备队，而不是被永久束缚在奥地利前线。法金汉以吝惜他的预备队——这是合乎情理的——而著称。预备队是一切行动计划的先决条件，而且预备队，或者说建立预备队是德军总参谋部面临的关键问题。1914 年底通过仓促训练志愿者组织起来的预备队已经在 1915 年 2 月和 3 月并不成功的大规模东线攻势中被使用了。现在德军的预备队十分有限，这严重制约了总参谋部制订作战计划。普鲁士陆军部有一个建立预备队的方案，他们建议重组西线军队，把每个师里团的数量由 4 个减少为 3 个，然后补充新兵和大炮以稳固战斗力，被裁下的团组成新的师。通过这种方式可以在不严重影
251 响部队战斗力的情况下建立 14 个师作为预备队。在西线发动任何一次决定性的行动都需要至少 30 个师，裁下的这点兵力对西线来说微不足道，但在其他地方发动一场有限攻势则绰绰有余。这支新部队的建立是同盟国军队在东线和巴尔干取得一系列显著胜利的开始和先决条件。[53]

1915 年 3 月底，法金汉开始计划在哪里使用他的预备队。他不仅要解除“俄国对盟友奥匈的压力”；还想摧毁俄军发动进一步攻势的能力。但是从哪里发动进攻呢？后来在战役中有突出表现的汉斯·冯·泽克特（Hans von Seeckt）上校解释了法金汉选择戈尔利采的原因，他认为从德军的东线阵地发

---

[52] Afflerbach, *Falkenhayn*, pp.266–285.
[53] *Ibid*., p.286.

动进攻无法减轻奥匈的压力，由于糟糕的交通系统，奥匈战线东部的布科维纳（Bukovina）和加利西亚（Galicia）也被排除。在喀尔巴阡山发动进攻不可能很快取得成功。因此，法金汉决定在俄国阵地的中间发动正面进攻，突破俄国在喀尔巴阡山北部的防线，迫使俄国在喀尔巴阡山的整个阵地后撤，这是陆军大臣维尔德·冯·霍恩博恩对整个事件的概括。泽克特后来说，看看地图上的东线阵地，想想军事和政治上的限制，发动进攻的地点就显而易见了。[54]

这个行动计划得到了德国总参谋部的广泛同意；主要的争议是应该在皮利察河（Pilica）与维斯杜拉河（Vistula）之间的北部还是在维斯杜拉河与喀尔巴阡山脉之间的南部发动进攻。法金汉一开始倾向于前者，但其顾问们认为南部进攻方案的把握更大，法金汉被说服了。一旦在戈尔利采－塔尔努夫的进攻取得成功，那么俄国将无法攻击德军前进的侧翼，因为南部的喀尔巴阡山和北部的维斯杜拉河可以为德军提供保护。这条前进路线直接威胁俄军的侧翼和后方，意味着将喀尔巴阡山的俄军置于险境，俄军将不得不撤退。喀尔巴阡山复杂的地形以及俄军糟糕的交通状况将妨碍他们及时重组。总而言之：这就是整个俄军阵地的阿基米德支点。一旦德军的攻击获得成功，如果俄军想避免被从后方 252
包围，那么就必须迅速撤退。

我们必须要问一个在军事史中会被经常提出的问题：当时防御一方在做什么。如果危险已经显而易见，那么俄国为什么没有尽早做出反应？其实这个问题甚至更加紧迫，因为俄军已经在喀尔巴阡山的激烈战斗中被严重削弱了。但是俄国最高统帅部仍然没有放弃自己的进攻计划，低估了面临的危险和奥匈的能力（尽管奥匈逃兵已经向俄军透露了即将发动的进攻[55]），并且寄希望于意大利——此时已经承诺至迟在1915年5月中旬参战——施以援手，造成俄国从东部，意大利从西部夹击奥匈的局面。俄国最高统帅部已经做好了打垮奥匈的准备。为了在喀尔巴阡山给奥匈施加足够的压力，他们甚至从加利西亚调来了军队。

但一切因素都对法金汉的计划有利，很显然俄国在加利西亚的防线十分薄弱而且没有采取任何补救措施。俄第三军司令德米特里耶夫（Dmitriev）意识到

---

[54] "Seeckt an das Reichsarchiv, 13.II.1927", in *Der Weltkrieg 1914—1918*, vol. VII, p.439.

[55] Manfried Rauchensteiner, *Der Tod des Doppeladlers: Österreich-Ungarn und der Erste Weltkrieg* (Graz: Styria Verlag, 1993), p.212.

他的部队会遭到攻击，但是曾经在这里获得过胜利的经历让俄国最高统帅部认为这里是安全的——特别安全。

此时的德奥一方又在干什么呢？1915年3月中旬，法金汉向指挥部成员之一的冯·洛斯贝格（von Lossberg）上校询问在戈尔利采地区取得突破的可能性，并要求总参谋部的铁路处做好向戈尔利采运送四个德国军团的准备，[56]同时要求驻奥匈总参谋部的德国联络官冯·克拉蒙（von Cramon）秘密搜集这一地区的道路状况和俄军情况。1915年4月8日，克拉蒙汇报称，“俄军……无法承受优势兵力的进攻”[57]。他认为四个军团足以胜任这项任务。法金汉一直对康拉德·冯·赫岑多夫保密，直到1915年4月13日才透露了他的意图。此时德军已经登上了准备发往戈尔利采的火车。

253 有关谁是这次胜利缔造者的争论持续了很长时间，其实并无意义；泽克特认为非法金汉莫属，当然他有充分的理由得出这样的结论。康拉德虽然对德军在战场上帮助他渡过难关很满意，但却依然在最高指挥权问题上斤斤计较。在短暂的争吵后法金汉和康拉德达成一致，德军新成立的第十一军由一级陆军上将冯·马肯森（Generaloberst von Mackensen）和他的参谋长冯·泽克特指挥，但名义上还是由康拉德下达作战命令，因为毕竟是在奥匈战线作战。奥匈第四军同样接受马肯森的指挥。

法金汉对这次行动的目标进行了限制：将西加利西亚从俄国手里解放出来并向前推进到武普库夫山口（Lupkov Pass）。这一目标看上去真的十分有限，尤其是与这次行动最终的丰硕战果相比。但是法金汉对这次进攻面临的风险深感忧虑，不仅因为意大利的态度并不明朗，尤其还因为德军在西线战事吃紧。1915年5月，西线190万德军士兵要面对245万英法军队。[58]法金汉对西线的担忧不难理解。

同盟国在进攻区域集中了优势数量的兵力。整个东线战场俄军的兵力是180万，同盟国是130万，但在进攻地区法金汉和康拉德创造了局部优势：17个步兵师和3个半骑兵师对阵俄军15个半步兵师和2个骑兵师。从数量上看，德奥

---

[56] Oskar Tile von Kalm, *Gorlice* (Schlachten des Weltkriegs in Einzeldarstellungen, vol. XXX)(Berlin: Gerhard Stalling Verlag, 1930), p.13.

[57] Afflerbach, *Falkenhayn*, p.289.

[58] Falkenhayn, *Die Oberste Heeresleitung*, pp.247ff.

共 357,400 人，俄军只有 219,000 人。而且同盟国拥有更多的大炮，后来的战役进程证明这种优势是决定性的：重炮的对比是 334 : 4，此外同盟国还配备了 96 门迫击炮，而俄军一门都没有。[59] 不仅在大炮数量上处于绝对劣势，俄军还缺少炮弹（诺曼·斯通认为，出现这种情况更多是由于俄军后勤的无序而非真正的物资短缺）。

1915 年 5 月 2 日早晨开始，德奥进行了四个小时的炮轰，俄军无力还击。俄军的一线部队和预备队还没有参与战斗就遭灭顶之灾。随后德奥步兵对少数负隅顽抗的俄军发动进攻突破了俄军防线。在三天时间里，俄军三道防线失守。最高统帅部（Stavka）禁止部队撤退的命令给俄军防御造成了更大的损失，统帅 254
部认为这只是一场局部失利。这种观点在俄军中很流行，但他们慢慢认识到重大失败的到来。[60] 没有接受第三军指挥官德米特里耶夫撤退至桑河（River San）的建议绝对是一个重大失误：至 5 月中旬第 11 军向前推进了约 180 公里，而戈尔利采附近的俄军几天内就损失 21 万人，其中 14 万成为战俘。[61]

德皇威廉二世把在戈尔利采的胜利称为“拿破仑式的胜利”，法金汉获得了黑鹰勋章。毫无疑问德奥在这场战役中大获全胜。物质上收获丰厚，但心理上的收获更为重要，尤其对奥匈而言。一位观察家写道：“只有体会过喀尔巴阡山战役失败带来的沮丧的人才能理解戈尔利采战役（对奥匈）的意义：从无法承受的压力和焦虑中获得解脱，重获希望，重获胜利的希望。”[62]

德奥的胜利来得有些晚，没有对意大利的参战决定产生影响，意大利政府已经在戈尔利采战役爆发前 6 天的 1915 年 4 月 26 日签订了《伦敦条约》（Treaty of London），承诺加入协约国一方参战。但不管是从长期还是短期看，戈尔利

---

[59] 这些数字来自于 *Deutschland im ersten Weltkrieg*, vol. II, p.75。

[60] Washburn, *On the Russian Front, Passim.*

[61] Holger Afflerbach, “Najwieksze Zwysciestwo Panstw Centralnych Wi Wojnie ‘Swiatowej-Bitwa Pod Gorlicami’ ”, in Andrzej Welc (ed.), *Militarne I Polityczne Znaczenie Operacji Gorlickiej W Dzialaniach Wojennych I Wojny “Swiatowei”* (Gorlice: Tow. Opieki nad Zabytkami d. Powiatu Gorlickiego i Upiekszania Miasta Gorlic z Okolica, 1995), pp.85–95, 92.

[62] August von Cramon, *Unser Oesterreichisch-Ungarischer Bundesgenosseim Weltkriege: Erinnerungen aus meiner vierjährigen Tätigkeit als bevollmächtigter deutscher General beim k.u.k. Armeeoberkommando* (Berlin: E. S. Mittler, 1922), p.15.

采战役给了同盟国承受意大利这个负担的机会。[63]也给哈布斯堡王朝军队带来更强大的战斗力，更重要的是给了他们面对新的敌人并御敌于国门之外的自信。

战役达成了战前的目标，德奥军队于 5 月 10 日抵达武普库夫山口。由于战役进展太过顺利，法金汉和康拉德决定让军队继续向前推进，放弃了其他计划。
255 因此起初只是一次有限规模行动的戈尔利采战役变得具有战略意义。5 月 8 日，德军司令部移至西里西亚的普勒斯（Pless），这反映了总参谋部希望未来几个月内可以在东线取得更具决定意义的胜利。戈尔利采战役只是马肯森指挥的军队在东线取得一系列胜利的开始，俄军被迫从喀尔巴阡山，随后从俄占波兰撤退。俄军开始通过“大撤退”来保存兵力，不得已放弃了华沙和波兰，立陶宛和库尔兰。俄军撤退时采用焦土政策，数百万人成为难民（到 1915 年底有 330 万人随俄军向东逃难）。[64]从 1915 年 5 月至 9 月，俄国军队损失 141 万人；从战争爆发至 1915 年底，俄军损失兵力 220 万人。[65]

俄军人员的损失只是其中一个重要方面。另一个同样重要的影响是政治方面的。法金汉和康拉德都在 1915 年春末向各自的政治领导人建议，军事上的胜利使他们有资本向俄国提出慷慨的单独媾和条款。尽管在东线占据主动，但他们仍不建议要求俄国割地或赔款，而是希望与俄国结盟甚至许诺给俄国在达达尼尔海峡的自由通行权。[66]但俄国政府仍未屈服，沙皇在给德国人的回复中表示俄国誓与自己的盟国共进退，不会单独媾和：“我的答复只可能是否定的。”外交观察家们的报告称，俄国并未感到被击败，因为俄国人不认为库尔兰或者波兰是俄国，他们相信可以继续战斗，因为俄国有着辽阔的国土。

这指向了一个非常重要的论点。俄国人对过去的军事事件有着特殊的解读，回顾曾经入侵的拿破仑大帝或是查理十二世这些战败的入侵者，俄国人认为自己是不可战胜的，而且广阔的国土让所有来犯之敌没有任何获胜的机会。但如前文中克劳塞维茨所说，俄国获得胜利需具备两个条件：一个强有力的政府

---

[63] Höbelt,“Österreich-Ungarns Nordfront 1914/1915”，称意大利人效率很低，危险被过分夸大；这只在一定程度上符合事实。我认为，意大利的介入对一战的结果有着重要的影响，参见 Holger Afflerbach,“Entschied Italien den Ersten Weltkrieg?” in Rainer F. Schmidt (ed.), *Deutschland und Europa: Außenpolitische Grundlinien zwischen Reichsgründung und Erstem Weltkrieg* (Stuttgart: Franz Steiner, 2004), pp.135–143。

[64] Vejas Gabriel Liulevicius, “Von ‘Oberost’ nach ‘Ostland’ ? ”, in Gross (ed), *Die Vergessene Front*, pp.295–311, 298

[65] *Deutschland im ersten Weltkrieg,* vol.II, p.81.

[66] Afflerbach, *Falkenhayn*, p.301.

（1915 年时的俄国政府是强有力的，但可能过了头）和“忠诚坚定的”人民。这恰恰是俄国的弱点。俄国政府已经脱离了俄国人民，并且忽视了日益加深的国内困境和革命风潮带来的影响，它已经不得人心。还有一种印象在人们心中日 256
益发展，即像俄国这样的多民族帝国已经时日无多。

1915 年是关键时刻，沙皇政府错过了多次以有利或至少是可接受的条件退出大战的绝佳机会，从而使俄国免于崩溃。因为俄国担心单独媾和会遭到西方盟友的外交孤立，到那时就得任凭傲慢、强势的德国摆布了。[67]

由于俄国的坚持，德国也改变了态度，实施将边界向东推进的计划——波兰边界——的态度也日益明朗。鲁登道夫开始征服波罗的海地区——被鲁登道夫称为“他的王国”；贝特曼·霍尔韦格被怂恿打“波兰牌”。军事事件的政治背景已经与戈尔利采战役爆发前完全不同了。

而且德国的进攻使士兵们更加了解了东部地区和那里的人民。就像几乎所有材料显示的那样，德军士兵感受到了疏远、陌生以及对污秽、肮脏的东部地区的厌恶。[68] 但关于这个主题最近的研究无疑警告了我们，不要夸大这种情绪在两次世界大战之间的延续性。一战期间的德军士兵对和他们说同一种语言的犹太人总体上持友好、宽容的态度。[69]

勃鲁西洛夫攻势

在大撤退期间，俄国丢掉了像法国那么大面积的国土。750 万人口向东逃难；这么大的难民规模极大地扰乱了俄国社会的稳定。[70] 国内经济还面临着巨大问题：车辆没有得到好的维护，食品和军火无法进行有效调配，通货膨胀速度惊人。[71] 政府和军队的声誉遭到严重损害，但领导层仍然迷信库图佐夫 257
（Kutusov）留下的经验，没有放弃获得最终胜利的希望。

---

[67] 这种观点详见：Alexander Kerensky, *The kerensky Memoirs* (London: Cassell, 1966); and Alexander Isvolski, *Recollections of A Foreign Minister* (New York and Toronto: Doubleday, Page&Co., 1921)。

[68] Liulevicius, *War Land, Passim.*

[69] Peter Hoeres, “Die Slawen: Perzeptionen des Kriegsgegners bei den Mittelmächten.Selbst-und Feindbild”, in Gross (ed), *Die Vergessene Front*, pp.179–200.

[70] Peter Gatrell, *A Whole Empire Walking: Refugees in Russia during World War I* (Bloomington, IN: Indiana University Press, 2005).

[71] Stone, *Eastern Front*, pp.194–231.

尽管国内困难越来越多，但是大撤退当时在军事上仍是一场胜利。[72] 俄军总司令阿列克谢耶夫将军放弃了波兰突出部，缩短了俄军防线，而随着进攻的深入，同盟国的补给线也出现了严重问题。俄国获得了喘息的机会，在次年逐渐恢复，甚至可以为新的攻势做准备。出于对被孤立的恐惧，俄国仍没有退出大战，它担心被同盟国控制，同时也感到只能与它的盟友并肩战斗。因此，俄国在大战中的最后一次重大胜利与它向盟友承诺的一次军事行动密切相关也就不足为奇了。

1915 年 12 月 6 日至 8 日，协约国各国军事长官在尚蒂伊召开协调会议，制定 1916 年的军事战略。他们认为同盟国 1915 年取得的成功——对达达尼尔海峡和法国阵地的防御，在俄国的胜利和征服塞尔维亚——都有赖于能够通过内部交通线迅速部署部队，形成局部优势并且总能在需要的地方及时投入预备队。为此，协约国决定在所有战线同时发起进攻。这样可以阻止同盟国把预备队从一地调往另一地；协约国在兵力上的巨大优势产生的压力会让同盟国阵地在某些点上崩溃。这个计划的成功取决于共同的努力，各国分别展开的行动——1916 年 7 月的索姆河战役，意大利战场的伊松佐战役，东线的勃鲁西洛夫攻势（地图 9.3）——使这一计划更为著名。

这次在西南战场对奥匈发动的攻势以俄国最有才干的将军勃鲁西洛夫命名。一开始俄军的主要目标是德军，但 1916 年 3 月在北部纳拉奇湖（Lake Naroch）的大规模攻势遭遇惨败。埃弗特（Evert）将军和他的同僚模仿西线战场在密集炮轰后展开进攻。和西线的攻势一样，他们也失败了。结果，很多俄军将军产生了明确的失败主义情绪，不相信能够取胜，或许他们是对的。

勃鲁西洛夫曾是俄第八军司令，自 1916 年 3 月任整个西南战场司令，他提
258 出用他自己的预备队发动进攻并获准许。他决定采取奇袭战术。勃鲁西洛夫认真训练部队——甚至使用奥匈堑壕模型训练士兵——挖掘进攻堑壕，但没有进
259 行长时间初期炮火轰炸的准备。他同时决定在相当大的广阔区域发动进攻，使奥匈军队无法从其他地区调集军队堵上俄军撕开的口子。他的攻势比其他战役开始得早，目的是减轻在蒂罗尔（Tyrol）遭到奥匈进攻的意大利的压力（所谓的惩罚或远征）。

[72] *Ibid.*, pp.165–193.

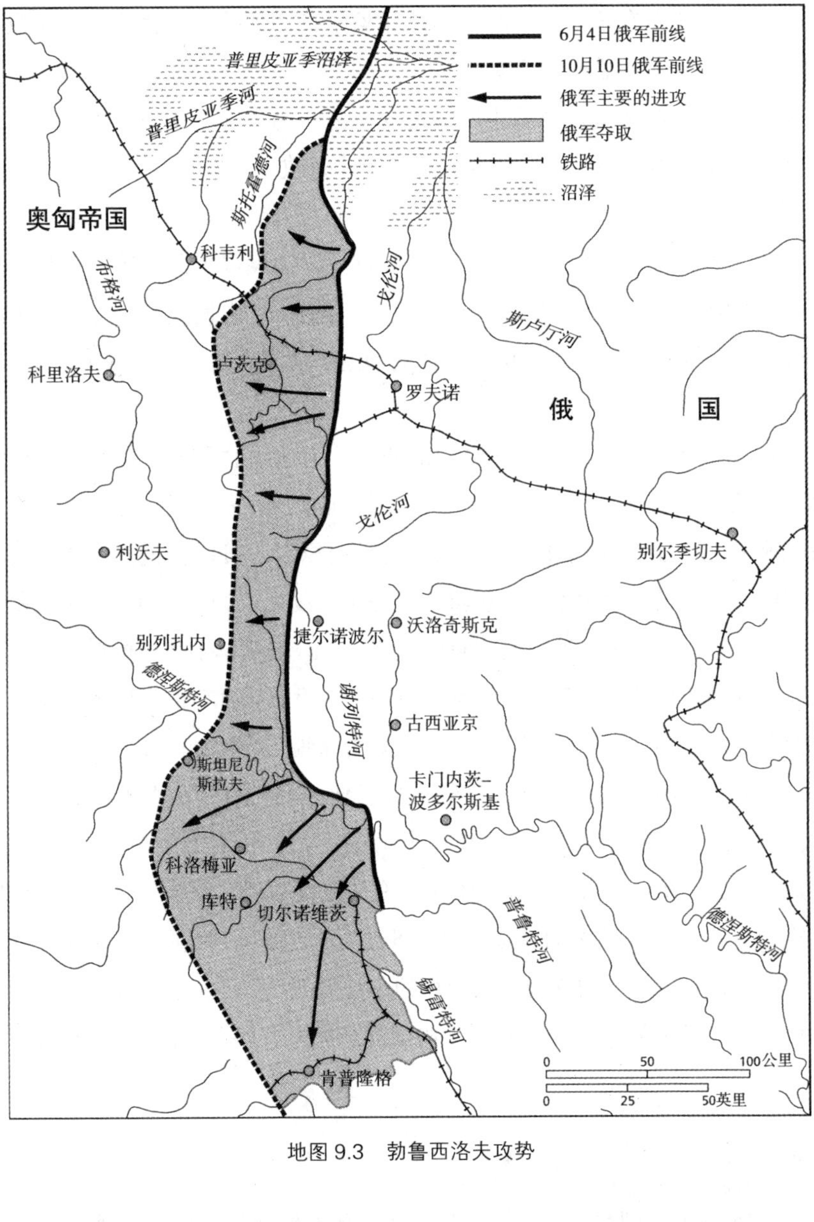

地图 9.3　勃鲁西洛夫攻势

勃鲁西洛夫攻势最突出的特点是俄军兵力并不具备明显优势。俄军在进攻区域投入了 60 万人，与驻扎在堑壕内装备了优势中型和重型火炮的 50 万奥军作战。[73] 俄军在较大面积的区域袭击了奥军前线，很快获得巨大成功。取得这

[73] Stone, *Eastern Front*, p.239.

一效果的原因还存在争议。当时人们的印象是俄国炮兵占据优势，这是没有根据的。但两大互不矛盾的因素是俄军取胜的主要原因。首先，勃鲁西洛夫决定采取突袭而不是按部就班地调集压倒性的优势兵力发挥了作用。他没有把所有进攻兵力都集中到一小块区域，也没有在正式进攻前进行长时间的大规模轰炸，避免了向敌人暴露自己的意图，而是命令部队在短促的炮轰后冲出事先准备好的攻击壕，在敌军阵地的大面积区域展开进攻。突袭取得了完美的效果；奥匈第四军（由约瑟夫·费迪南大公指挥）兵败撤退；这也使奥匈第七军（由普夫兰策耳·巴尔廷将军指挥）经历了相似的命运。奥军在短短几天内损失 20 万人；其中很多向俄军投降。

因此，以诺曼·斯通为代表的一部分人认为这场胜利要归功于革命性的新战术的使用，以及才能出众和富于想象力的领导。另一方面，也有人认为奥匈的虚弱和它犯下了错误同样是俄国取胜的重要原因。奥匈在这一区域构筑了坚固的堑壕，在战役爆发前不久的视察中获得了高度评价。[74] 德国将军施托尔茨曼（Stolzmann）1916 年 3 月视察奥匈堑壕时指出，只要俄军不大规模增加援军，就不可能在这里取得重大突破。[75] 但有关奥匈军队及其指挥官的深度分析指出，奥匈方面存在严重的轻敌情绪，充斥着“假日野营地”的氛围。[76] 这里我们提出一种假设：在奥匈前线的这一部分已经形成了像托尼·阿什沃思描述的在西线运
260 行的高度成熟的“和平共存”。[77] 奥匈士兵——从士兵到指挥官——在堑壕系统里安逸享乐。[78] 勃鲁西洛夫的新战术不会在战役前数周甚至数月就为大规模炮火准备进行筹备，所以俄军的进攻完全出乎奥军的意料。奥匈军官没有命令进攻壕内的俄军，“无疑担心被拖入令人厌烦的小规模战斗”[79]——反映了奥匈不愿参与代价高昂的激进行动，这是另一种典型的“和平共存”。很明显，奥匈军队认

---

[74] *Ibid.*, p.242.

[75] *Der Weltkrieg 1914—1918*, Vol. X, pp.442f.

[76] Stone, *Eastern Front*, p.241.

[77] Tony Ashworth, *Trench Warfare 1914—1918: The Live and Let Live System* (London: Macmillan, 1980). 我认为对东线进行类似分析似乎很迫切。例如其中一个事实，俄、德、奥三国招募了 150 万左右波兰士兵，因此对前线波兰人之间非正式“安排”的研究是一个有趣的课题。皮奥特·萨兰塔提到，1914 年圣诞节，双方的波兰士兵在堑壕内同唱圣诞歌。Piotr Szlanta, “Der Erste Weltkrieg von 1914 bis 1915 als identitätsstiftender Faktor für die moderne polnische Nation”, in Gross (ed.), *Die Vergessene Front*, pp.153–164.

[78] Rudolf Jerabek, “Die Brussilowoffensive 1916: Ein Wendepunkt der Koalitionskriegfüh-rung der Mittelmächte”, 2 vols. (PhD thesis, University of Vienna, 1982). 很遗憾，这个出色的研究从未以正式图书的形式出版。

[79] Stone, *Eastern Front*, p.241.

为东线战场不会爆发重大战役，将在平静中结束。

奥匈最高指挥部也要承担很大的责任。康拉德·冯·赫岑多夫痴迷于惩罚意大利，把部分精锐部队从东线调往蒂罗尔组织新的攻势。因此他自己也承认此举“严重削弱了”东线的兵力。[80] 对意大利人的远征一开始很顺利，但很快就举步维艰。勃鲁西洛夫攻势充分利用了康拉德的错误。

综上，至少有两大因素促成了俄军的成功：奥军阵地的脆弱，俄军的新战术行之有效。勃鲁西洛夫给奥军造成了巨大伤亡。法金汉并不想用德军预备队支援奥军——当时他正深陷凡尔登战役的泥潭——而是首先向康拉德施压让他停止在意大利的攻势。只有到了奥匈军队的崩溃迫在眉睫时，法金汉才会动用德国军队予以帮助。动用的几个德军师原本是要为奥匈提供更坚固的防御；用通俗的话讲，这些部队就是奥军的军事“紧身衣”。

下一步是在东线建立德军指挥部。康拉德和法金汉提出反对，因为很显然 261
兴登堡会担任总司令。法金汉明白他在东线德军最高司令部的反对者会阻碍他部署预备队，这种指挥体系将给进一步的战略计划带来巨大障碍。由于勃鲁西洛夫攻势和索姆河战役给同盟国带来了巨大压力，他和康拉德最终做出了让步。兴登堡成为大部分东线战场的指挥官——不久后成为德军总参谋长，取代了法金汉。

1916 年 8 月 27 日罗马尼亚的宣战导致了法金汉被解职。罗马尼亚政府犹豫了很长时间才走出这一步，但现在勃鲁西洛夫攻势的成功似乎给奥匈敲响了丧钟，它也想来分一杯羹。罗马尼亚宣战的消息就像宣告了同盟国的末日。法金汉不得不下台，由兴登堡和鲁登道夫接替。

但事实很快就证明，罗马尼亚的威胁完全被夸大了。马肯森和法金汉指挥的军队分别从南部和西部发动攻势，短短几个月内，德国、奥匈和保加利亚军队攻占了罗马尼亚的大部分领土。装备落后的罗马尼亚军队不能在一条战线集中兵力只能前后来回移动，但均遭惨败。1916 年 12 月 6 日布加勒斯特失守，同盟国很快提出缔结和约。

诺曼·斯通认为罗马尼亚参战给协约国带来了巨大负担。虽然不是在关键时刻决定了战争的结果，但是罗马尼亚被占领后同盟国控制了它的资源——斯

---

[80] Afflerbach, *Falkenhayn*, p.412.

通认为这为同盟国把战争坚持到1918年提供了保证。对俄国而言，罗马尼亚的确为它已经过长的阵地和紧张的资源造成了额外的压力。

如果说罗马尼亚参战是勃鲁西洛夫攻势成功的结果，那么这场攻势也并非像斯通所说是“整个大战中最辉煌的胜利”[81]，而是一场并不值得称道的灾难。在很多方面的确如此，但也有例外：勃鲁西洛夫的确给奥匈军队造成了巨大损
262 失。他以一种决定性的方式给奥军毁灭性打击。与此同时也带来了军事和政治上的灾难。军事上，勃鲁西洛夫攻势和索姆河战役一样都没有达成目的和战略目标——对同盟国的全面胜利。德国和奥匈赢得了巨大的防御胜利。1916年夏发生的战役证明协约国还没有完全击垮同盟国的足够实力。

但另一方面，防御胜利给同盟国带来了巨大的消耗，人力物力的匮乏让同盟国觉得取胜无望，让它们在似乎无休止的战争中孤注一掷。其中一步就是放弃与俄国单独媾和。这里需要提到东线战场的另一个决定性特点：同盟国曾经为俄国退出大战提供了绝佳机会。如果早一点达成政治和约，或许可以使俄国避免惨败、内战以及后来的共产主义时期。但这已经不可能了，东部达成妥协的和平的机会在1916年10月彻底失去了。

即使在此之前的1915年8月，同盟国已经占领了华沙和俄属波兰。问题是如何处理这些地区。8月19日，贝特曼·霍尔韦格炮制了《波兰公告》并承诺让波兰从“俄国的束缚下”解放出来。[82]尽管有这样的公告，但只要存在与俄国达成政治和约的希望，那么波兰的命运就无法确定。毕竟，恢复波兰独立意味着重新商讨德国和奥匈控制的波兰领土问题。同盟国的计划缺乏想象力，只涉及与俄国分割波兰，而且德国和奥匈已经开始计较今后谁来控制俄占波兰。[83]俄国越固执，德国就越坚定地向前推进，并试图把波兰置于它未来的东欧政治设计中。

与波兰计划紧密相关的是建立对抗俄国的波兰军队的计划。1915年秋，德国总参谋部就已经产生了这种想法；这在1916年11月同盟国宣布建立“波兰王

[81] Stone, *Eastern Front*, p.235.

[82] Afflerbach, *Falkenhayn*, p.314.

[83] Still excellent, Werner Conze, *Polnische Nation und Deutsche Politik im Ersten Weltkrieg* (Cologne and Graz: Böhlau Verlag, 1958)；亦参见 Heinz Lemke, *Allianz und Rivalität: Die Mittelmächte und Polen im ersten Weltkrieg (bis zur Februarrevolution)*(Berlin: Akademie Verlag, 1977)。

国”时得以实现，虽然没有向波兰人做出实质性承诺。按照所谓的“奥匈－波兰方案”，奥匈设想把加利西亚和俄属波兰合并后置于哈布斯堡王朝的统治下，至少可以在回答下一步如何处置加利西亚时获得符合逻辑的优势。不利的是，奥匈在联盟中是一个相对弱势的盟友却要求获得更多的战利品。在大战剩下的时间里，波兰问题是德国和奥匈之间的主要矛盾。德国和奥匈军事政府在波兰和波罗的海问题上的故事相当有趣，只是无法在这里详细论述。[84] 但值得一提的是，《波兰公告》中关于征召大量波兰志愿者的条款简直就是灾难。 263

波兰对第一次世界大战有不同的看法。波兰人认为，三大帝国之间灾难性的争斗给他们带来福音，因为三大国纷纷战败波兰重新获得了统一和独立。从同盟国和俄国的角度，双方寻求媾和的希望已经越来越渺茫，即便希望仍然存在。

这是评判勃鲁西洛夫攻势对战争结果影响的背景。有人对其推崇备至。诺曼·斯通写道，他是“那种最好的指挥官——让属下敬畏上帝，却不害怕承担责任”，[85] 但他的胜利与鲁登道夫 1918 年在西线的攻势一样：成功地给敌人造成了巨大损失，却没能实现目标。俄国政府在太长时间里都相信拿破仑兵败的经历几乎肯定会重演：俄国幅员辽阔的领土注定了同盟国的败局；俄军可以一直撤退；时间和空间都完全对它有利。但国内局势的恶化使以上因素毫无意义，俄国遭遇惨败。虽然必须承认俄国经济在大战期间经历了增长，但其战事被交通危机阻碍了；车辆状况不佳，虽然粮食和弹药充足，但无法被运到最需要的地方，大城市物资紧缺，日益严重的混乱和饥荒引发了 1917 年 3 月的革命。沙 264
皇退位，但新的政府，尤其是克伦斯基决定将战争继续进行下去。1917 年夏，克伦斯基发起了对奥匈的攻势，还是由勃鲁西洛夫指挥的这场攻势起初进展顺利，但很快就兵败如山倒。克伦斯基坚持不退出大战让整个国家坠入了第二次革命，布尔什维克掌权并与同盟国签订了《布列斯特－立陶夫斯克条约》，俄国在签订这一条约时完全处于劣势，但条约结束了东线战场的灾难。

---

[84] See Liulevicius, *War Land, Passim*; Conze, *Polnische Nation*; Stephan Lehnstaedt, “Das Militärgeneralgouvernment Lublin: Die ‘Nutzbarmachung’ Polens durch Österreich-Ungarn im Ersten Weltkrieg”, *Zeitschrift für Ostmitteleuropa-Forschung*, 61:1(2012), pp.1–26. Lehnstaedt 推翻了奥地利对波兰有“仁慈”的设想的观点（这可与德国的观点与政策对比）。

[85] Stone, *Eastern Front*, p.238.

结 论

人们称第一次世界大战期间的东线战场为“被遗忘的战线”。[86] 这里发生的种种事件的复杂程度令研究者望而却步，造成这种局面的部分原因是东线战场的多民族特性，这要求研究者掌握多种语言，理解全面的史实和观点以及不同民族的变迁兴衰。

东线战场产生了显而易见且重大的长远和直接影响。在东线战场我们发现了俄国被彻底击败以及耗尽整个国家军事能量的俄国政府崩溃的根源。俄国的战败，伴随着革命和政权变动，是沙皇政权和克伦斯基政府持续固执的结果。与鲁登道夫在德国的做法相比，沙皇政府在俄国更为过分：他们的战争努力都超越了军队赢得战争的能力。德国和俄国不同，敌人从来没有向它提出过以维持现状为基础的从战争脱身的方案。俄国政府多次获得这样的机会但拒绝了，从历史来看，俄国这样做的原因比起从战争的困境中脱身是次要的。俄国遭遇彻底失败的首要原因并非诺曼·斯通认为的组织运输和后勤能力差（这是斯通的主要观点之一），而是不顾即将到来的灾难的所有迹象，盲目决定继续战争，幻想着拿破仑和库图佐夫的故事能够重演。结果这并未出现，俄国陷入内战，共产党控制了这个国家。

奥匈帝国在东线获胜，但还是分崩离析，一方面因为——相对较小的原
265 因——意大利施加的压力，更重要的是国内各民族的离心力。1918 年初，随着帝国的分裂，奥匈军队已经成为空壳。

德国方面，大战的结果同样是毁灭性的，并在 23 年后带来了更大的灾难。俄国就是“纸牌屋”，可以给它致命一击并将之彻底击败的观念成为德国 1941 年发动灾难性的巴巴罗萨行动的前提条件。将军们总是模仿上一场战争制订计划。1914 年至 1917 年俄国人满脑子都是库图佐夫；1941 年希特勒和他的将军们想到的是一战期间的东线战场——结果都证明如果你太过相信过去胜利的价值，那么历史有可能成为非常危险的指南。

[86] 详见 Gross(ed.), *Die Vergessene Front* 被引用卷的标题。

10　意大利战场[1] 266

尼古拉·拉班卡

被忽视的战场

即便是最好的通史或国际史类著作也都很少涉及一战中的意大利－奥匈战场，而这些少有的论述常常不准确。[2]这种忽视不只是国际史学家造成的，也不能仅仅用语言障碍来解释。产生这一问题的根源既有全球性的也有本土性的因素。

原因之一是从很早开始，这场战争在意大利和奥匈都很少获得制度上的支持。与在欧洲的其他国家不同，在这两个国家这场战争从一开始就不受欢迎，因此也容易被遗忘。1918 年和 1919 年奥匈帝国解体了，法西斯政权在意大利的兴起从长远看来淡化而非加深了意大利人对他们曾经参加第一次世界大战的记忆。在 20 年的时间里，意大利独裁者允许建立各种有关大战的纪念并帮助创造有关战争的神话，但是社会与个人有关战争的记忆并不一致。随后，冷战期间虽然意大利和奥地利都成为民主国家，但民族主义的偏见和语言障碍在很长一段时间阻碍了两国历史学家之间和两国公众之间的对话。冷战结束后，前东欧阵营各国在 20 年里忙于国家复兴以及南斯拉夫内战，并没有使这种状况得到改

[1] 作者希望感谢奥斯瓦尔德·于贝雷格尔（希尔德斯海姆大学）博士和马提亚斯·艾格尔（因斯布鲁克大学），没有他们的出色帮助，就无法完整地利用必要的德文文献。

[2] Gerhard Hirschfeld, Gerd Krumeich and Irina Renz (eds.), *Enzyklopädie Erster Weltkrieg* (Paderborn: Schöningh, 2003); and John Horne (ed.), *A Companion to World War I* (Chichester: Wiley-Blackwell, 2010) 是例外。后者收录了 Giorgio Rochat, "The Italian Front, 1915—1918", pp.82–96, and Mark Cornwall, "Austria-Hungary and 'Yugoslavia' ", pp.369–385。

善。所有这些因素都使研究和阐述第一次世界大战期间哈布斯堡王朝为战争做
267 的努力十分困难。总而言之，意大利和奥地利民族的特殊性，使我们对大战期间意大利－奥地利战场的理解模糊不清。

另一个原因是两国之间的不平衡。对战的双方一个是古老的帝国，另一个是曾经击败过它的年轻的民族国家。奥匈至少要在三条战线作战（分别是东线的俄国，西南的意大利，南线的巴尔干），而列强中最弱的意大利几乎只需要把注意力放在阿尔卑斯山－喀斯特（Alpine-Karst）战线；因此两国的战争努力有明显不同。尽管如此，它们在战争中面临着共同的挑战并在一些时候找到了类似的解决方案。显然，现在不应该只是从传统的民族仇恨视角来看待两国间的战争，实际上两国人民都在这场战争中历尽艰辛。

对于全面理解第一次世界大战的历史，并对这段历史进行全球性解释而言，意大利战场的历史无疑具有重要意义。虽然西线战场的确对大战的最终结果起到了决定性作用，但关于西线战场的讨论已经主导有关一战史的讨论太长时间了。一旦我们把注意力转移到南部和东部的意大利－奥匈战场，更多有关大战的史实就会越来越清晰。[3]

异于其他战线的战场

意奥战场与其他战场的第一个显著差异是意大利和奥匈都必须克服复杂地形带来的挑战。它在许多方面与东线和西线战场都不相同。意奥战场并不是一条直线，而是一条长达约 600 公里的巨大的双曲线（一个大 S 形），两个主要焦点位置一个是奥匈控制下的、直插波河谷地的蒂罗尔－特伦蒂诺（Tyrol-Trentino）地区，另一个是意大利的弗留利（Friuli），由延伸至北部和东北部的阿尔卑斯山和东南部的喀斯特组成。由西向东通观整个战场，有很多地区——例如卡多雷（Cadore）——的关口和山谷都在 2,000 米以上。当时的边界有 80% 在山地地区，而且通常是在高山地区——有时，这些山地地形使边界无法真正通行。这是一场在积雪与冰川间，在斯泰尔维奥山口（Stelvio Pass）和阿达梅洛山脉（Adamello range）之间的“白色战争”。向东的卡尔尼克阿尔卑斯山脉（Carnic Alps），这场

[3] Jay Winter(ed.), *The Legacy of the Great War: Ninety Years On* (Columbia, MO: University of Missouri Press, 2009).

战争采用了最著名的山地战形式，即阿尔卑斯山小股部队作战。

再向东，在从博韦茨/普莱佐（Bovec/Plezzo）到托尔明（Tolmino）的谷地，耸立着尼禄山（Monte Nero），再到贝恩西查（Bainsizza）和戈里齐亚（Gorizia）高原才开始有了展开大规模军事行动的可能，即便如此，这些行动还是会被穿过谷地的索卡河/伊松佐河（Soca/Isonzo）阻碍。从奥军角度看，他 268
们的阵地足以防御敌军的优势兵力：他们身前有河流阻挡，背靠山脊，可以像在十层高楼上那样向意军射击。从某种意义上来说，奥匈军队的阵地就是由天然山脉构筑起来的要塞。

最后是喀斯特高原地形区，即意大利语中的“卡尔索”（Carso），这里是贫瘠之地，遍布典型的侵蚀地貌和灰岩坑。战场上很难形成堑壕系统，因为炮弹砸起的岩石碎片十分危险。这一区域由处于低矮区域的意大利军队控制，但是在处于较高位置的奥匈军队的火力压制下，意军很难向上攀爬。

总而言之，意军很明显并且天然地处于不利位置，更为不利的是，奥匈帝国在特伦蒂诺突出部拥有众多装备精良的战略据点。与此形成鲜明对比的是，意大利的要塞工事都是最近匆匆修筑起来的，质量堪忧。意奥战场上的交通线同样对奥匈有利。意方只有少量的单线铁路，大战开始阶段很难把军队运往前线。而奥匈方面则拥有方便运送军队的多线铁路。[4]

与西线战场相比，地形以及后勤方面的限制从一开始就使在意奥战场的一切变得更原始且更困难。这里的堑壕系统不同于法国和佛兰德斯的。与奥匈方面相比，这种对比在意大利方面更加明显。后来，当1916—1917年新的战术在战场上得到运用，以及1917—1918年间新的武器（从大炮到坦克）在一定程度上取代人力时，意奥战场与西线战场之间的差异性更显突出了。在喀斯特高原使用坦克，用坦克跨越皮亚韦河（Piave River）和伊松佐河比在法国和比利时完成类似任务难得多。地形地貌方面的多样性使当时的国际观察家们（以及后来的历史学家们）很难理解意奥战场的特殊性，因此相对而言低估了意奥战场的困难性。

---

[4] *Österreich-Ungarns letzter Krieg*, 1914—1918, Hrsg. vom österreichischen Bundesministerium für Heereswesen und vom Kriegsarchiv, 8 vols. (Vienna: Verlag der Militärwissenschaftlichen Mitteilungen, 1930—1938), vol. II, p.352, vol. V, p.632; and Ministero della guerra, Comando del corpo di stato maggiore, Ufficio storico, *L' esercito Italiano nella Grande Guerra (1915—1918)*(Rome, 1927—1988).

269 ## 不同的战略和不同的战争目标

然而，虽然说地形地貌把意大利和奥匈双方都钉在了这个山地地区，但是双方的战争目标却相去甚远。1914 年 7 月，奥匈为了维护它在巴尔干和中欧的地位而参战[5]，奥匈幻想着在短时间内打赢一场局部性战争——这在当时参战各国中是很普遍的想法。但到 1916 年，奥匈发现这其实是一场事关生死存亡的战争。考虑到令人沮丧的总体局势，奥匈的目标是与它曾经的盟友，现在被它蔑视的敌人意大利达成妥协。

另一方面，意大利本不想参战，因为自由派统治精英清楚意大利还没有做好参战的准备。[6]因此，1914 年大战爆发后，意大利的政策是保持善意中立。1915 年，西德尼·松尼诺（Sidney Sonnino）和他的同僚们看到了通过战争夺回特伦蒂诺、南蒂罗尔、的里雅斯特、伊斯特里亚、达尔马提亚（当然还有一些殖民地）的机会。击败奥匈帝国、实现其巨大野心成为意大利的主要目标。对意大利的统治精英而言，赢得战争既能强化意大利国内的国家认同，又能够巩固它作为大国的声望。即便不能战胜意大利，奥匈依然可以生存；但对于极度保守的西德尼·松尼诺和他的民族主义支持者们来说，败给奥匈就意味着灭亡。虽然在罗马一度出现有关到底是击败还是肢解奥匈的争论，但意大利必须压制奥匈却是争论者们的共识。考虑到双方战争目标的不同——这种差异在 1917 年后更加明显，双方的军事战略也大相径庭。

意奥的经历在有一点上是一样的：战争都没能按照双方 1914 年夏天之前制订的作战计划发展。1914 年 7 月，意军总参谋长路易吉·卡多尔纳将军从三国同盟（该同盟包括奥地利）的坚定支持者阿尔贝托·波利奥（Alberto Pollio）那里继承了“战争计划”：但是该计划立足于防御战。1914 年 8 月至 9 月间卡多尔纳开始准备一份新的进攻计划。奥匈方面，康拉德·冯·赫岑多夫在数年前就已经制订了惩罚意大利这个背信弃义的盟友的计划：他的计划是从特伦蒂诺和伊松佐对意大利迅速采取决定性的联合进攻，甚至在与俄国和塞尔维亚作战前

[5] Manfried Rauchensteiner, *Der Tod des Doppeladlers: Österreich-Ungarn und der Erste Weltkrieg* (Graz: Styria Verlag, 1993).

[6] Mario Isnenghi and Giorgio Rochat, *La grande guerra 1914—1918* (Florence: La nuova Italia, 2000).

就完成这一行动。但是像意大利一样，到 1914 年他也不得不改弦更张，把对付 270
俄国和塞尔维亚放在第一位。康拉德不得不对意大利采取守势。

双方战略的不同很快就表现了出来。哈布斯堡帝国在东线要对付俄国，还要在巴尔干对付塞尔维亚。在 1914—1915 年间意奥战线形成防御僵局的情况下，奥匈还有可能被要求支援西线战场。虽然奥匈也偶尔在阿夏戈（Asiago）战线发动像“惩罚之战”或惩罚性远征这样的进攻，但在 1917 年底为卡波雷托战役做准备之前，奥军的总体原则仍然是坚守阵地。奥匈的战略就是维持现状，对于一个试图维护自己优势地位的大帝国来说，这是很典型的做法。

而对于相对弱小的意大利而言，战争就意味着进攻。其他欧洲国家的很多指挥官都信奉“进攻精神”。口号不在于是用民族主义者松尼诺“神圣的利己主义”，还是用民主派干涉主义者的“消灭奥地利”，意大利必须进攻。失地收复运动者中最信奉民主的领袖们呼吁发动对奥匈的进攻，“解放”塔伦特（Trent）和的里雅斯特。可以确定的是，1917 年底在卡波雷托战役中遭遇大败后，意大利不得不暂时把精力放在防御上：但是很快意大利人发动另一次进攻变得更为必要，收复失地——开拓疆土，获得他们认为合理的边界。

战争结束后，意奥两国的处境大不相同。奥匈帝国被击垮，领土被分割。意大利作为大国中最弱的一个，与英、法、美等列强一起来到了凡尔赛，参与决定战后欧洲事务。但对意大利而言，巴黎和会的结果并没有完全如其所愿。

两支不同（即便不是完全不同）的军队

让我们先回到不同战争目标下双方不同的战略这个问题。奥匈和意大利的军事结构有着很大的区别。两国人口数量都不大——奥匈人口大约 5,000 万，意大利大约 3,400 万——人口数量的差异是造成军事结构差异的关键因素。事实上，两国的征兵体系都结合了征召国民兵和非本地征兵，这样做可以让奥匈控制来自不同民族的士兵，而意大利也可以降低原来分裂地区的势力干扰当前军事计划的风险。

即便双方直接对战军队的数量接近，但仍然有着很大的差异。战前，奥匈
拥有 44 万常备军，大战爆发后迅速增长到 200 万。和平时期意大利有军队 27.5 271
万人，但到 1914 年 12 月，意军规模急速扩张至 110 万人。虽然奥军有绝对的

数量优势，但是考虑到意大利只需要面对一个战场，而奥匈要面对三个，这样的数量优势就毫无意义了。奥匈作战面临的问题通过如下事实也可以展示出来，即战前奥匈军费支出占国民收入的比重与意大利完全相同——10.6%。

双方军队在传统、政治角色和军人职业文化方面存在差异。从传统角度看，数个世纪以来奥匈军队一直是维护帝国政权的支柱。而意大利军队则是在意大利统一过程中成长起来的，象征着民族国家的力量。而且从战前的历史来看，意军并没有什么光辉的战绩，更糟糕的是，从 1898 年国内困境到 1914 年红色周期间，意大利军队被频繁用作镇压工人运动和工人抗议。

正是由于这些原因，军队在这两个国家的政治地位完全不同。与德国一样，奥匈军队与皇帝保持紧密关系。[7] 和平时期，议会尤其是陆军大臣在自由意大利比在奥匈扮演着更重要的角色。由于一向敌视军国主义化的政治，因此自由意大利国内可以利用一些政治资源抵制出现一个普鲁士（部分奥地利）式的军人政权国家。[8] 即便曾经一度遭到削弱，但是议会仍然在意大利发挥作用，而从 1914 年至 1917 年间，奥匈的议会活动被中止了。因此，弗朗茨·康拉德·冯·赫岑多夫在奥地利有着强大的政治权力并不令人吃惊；当然路易吉·卡多尔纳在意大利的政治权力弱小得多也就不难理解。[9]

两国军官的社会结构也不相同。在奥匈，虽然贵族的作用像在其他地方一
272 样正在日渐减弱，但他们在奥军军官中仍占四分之一。相反，意军军官更多来自中产阶级。但更重要的是，困扰奥匈的民族问题在意大利并不存在。奥匈帝国皇帝要指挥三支军队，而非一支：统一联邦的常备军，还有奥地利和匈牙利

---

[7] Gunther E. Rothenberg, *The Army of Francis Joseph* (West Lafayette, IN: Purdue University Press, 1976), pp.177, 180, 218, 198, 202.

[8] John Gooch, *Army, State, and Society in Italy, 1870—1915* (Houndmills: Macmillan, 1989); Giovanna Procacci, *Soldati e prigionieri italiani nella Grande Guerra, con una raccolta di lettere inedite* (Rome: Editori Riuniti, 1993); Giovanna Procacci, "La Prima Guerra Mondiale", in Giuseppe Sabbatucci and Vittorio Vidotto (eds.), *Storia d'Italia*, Vol.IV: *Guerre e Fascismo*(Rome and Bari: Laterza, 1997); and Nicola Labanca, "Zona di Guerra", in Mario Isnenghi and Daniele Ceschin (eds.), *Gli italiani in guerra: conflitti, identità, memorie dal Risorgimento ai nostri giorni*, vol. III: *La Grande Guerra: dall'Intervento alla 'Vittoria Mutilata'* (Turin: Utet, 2008), pp.606–619.

[9] Hermann J. W. Kuprian, "Warfare-welfare: Gesellschaft, Politik und Militarisierung Österreich während des Ersten Weltkrieges", in Brigitte Mazohl-Wallnig, Hermann J. W. Kuprian and Gunda Barth-Scalmani (eds.), *Ein Krieg, zwei Schützengräben: Österreich-Italien und der Erste Weltkrieg in den Dolomiten 1915—1918* (Bolzano: Athesia, 2005); and Hermann J. W. Kuprian, "Militari politica e società in Austria durante la Prima Guerra Mondiale", *Memoria e Ricerca: Rivista di Storia Contemporanea*, 28 (2008), pp.55–72.

的各一国民军，以及一支后备部队。这三支部队之间身份的差异一直到战争结束都没有消失，这种差异也在一定程度上加速了帝国的解体。尽管如此，部队军官和掌控陆军部的关键人物主要都是讲德语的奥地利人。[10]

意大利不存在这样的问题。虽然对皮埃蒙特军官数量远超来自其他地区的军官这种现象抱怨颇多，但是意大利军队不像奥匈军队那样受到民族问题的困扰。[11]

然而，社会和民族方面的相对和谐并不能保证军队形成高效和职业的文化。意大利军队官僚体系中越来越中产阶级化的特点使乔万尼·焦利蒂（Giovanni Giolitti）注意到，军队成为那些最好家庭中“顽劣且有缺陷”子弟的聚集地。这带来了一系列的后果：军队中形成了一股强大的守旧官僚主义势力，阻碍了军队改革进而按照古老的方式把传统的职业文化植入军队。例如，正像长期以来康拉德所认为的，意大利的低级军官在训练部队和战斗指挥中几乎没有自主权。确切地说，这些权力很多——或者说过多——掌握在意大利高级军官手中，导致的恶劣影响是，意大利军队中很少有士官存在。

总而言之，意大利战场与其他几大战场差别很大：军队不同，战争目标和战略不同，战场地形也与东线和西线完全不同。对相当一部分外国的军事观察家（以及后来的军事史学家们）来说，这些差异造成了一种特殊的情形，有时 273
令人难以理解。陈腔滥调或对民族性的偏见取代了深思熟虑的分析，或者干脆得出意大利战场无足轻重这样简单的结论。这简直大错特错，因为这个战场的进程直接影响了战争的结果。

[10] Holger Herwig, *The First World War: Germany and Austria-Hungary 1914—1918* (London: Edward Arnold, 1997); Richard Georg Plaschka, Horst Haselsteiner and Arnold Suppan, *Innere Front: Militärassitenz, Widerstand und Umsturz in der Donaumonarchie 1918* (Vienna: Verlag für Geschichte und Politik, 1974), p.35; and Ernst Zehetbauer, *Die 'E. F.' und das Ende der alten Armee: der Krieg der Reserveoffiziere Österreich-Ungarns 1914—1918* (Vienna: Staatprüfungsarbeit, Ist. f. öst. Gesch., 2000), pp.7, 19, 24, 28, 64, 70, 77, 100, 133, 163.

[11] G. Caforio and P. Del Negro (eds.), *Ufficiali e società: interpretazioni e modelli* (Milan: Angeli, 1988); and Piero Del Negro, "Ufficiali di carriera e ufficiali di complemento nell' esercito italiano della grande guerra", in Gerard Canini (ed.) *Les fronts invisibles: nourrir fournir soigner* (Nancy: PUN, 1984).

构筑战线，1914 年

1914 年 7 月大战刚刚爆发之际，还不存在所谓的意大利战场，但它的出现是必须的。[12] 当政客们仍在权衡利弊之时，军队已经跃跃欲试了。奥匈方面，康拉德料定意大利会背叛三国同盟，他计划从伊松佐和特伦蒂诺展开钳形攻势，惩罚“叛徒”。但在罗马，意大利总参谋长阿尔贝托·波利奥仍倾向于留在三国同盟条约体系内，为此他计划向莱茵河派遣三支部队与法军作战。该计划可以追溯到 1888 年的密约，但因 1911 年意大利入侵利比亚而暂停。[13] 只是到了 8 月底，意大利已经确定保持中立，波利奥的继任者卡多尔纳才开始计划与奥匈帝国的战争，但他同时通知政府军队还未做好准备。

奥地利已经全面投入与俄国和东部巴尔干战场的战争。不管是在塞尔维亚还是加利西亚的早期行动中，奥军都没有值得夸耀的战绩。对意大利而言战争已经间接爆发：贸易和出口不得不发生变化；德国撤出了投资；如我们所见，军队已经在准备战争；国内整体的政治氛围也因为中立派（国内和议会多数派）和主张参战一派（民族帝国主义者或民主派）之间的斗争而日趋紧张。由于这些原因，虽然战争还未打响，但意奥战场已经出现：至少可以假设存在了。战争计划逐步付诸实施：1914 年夏至 1915 年春，意大利政府为加强军备花费了 200 万里拉。[14]

274 从某种意义上来说，意奥双方都没有做好充分的准备。首先我们看一下准备在未来发动进攻的意大利。1914 年 7 月至 8 月，决定中立的意大利没有像总参谋部要求的那样宣布进行战争动员。总理安东尼奥·萨兰德拉（Antonio Salandra）担心在没有正式宣战的情况下进行动员会给维也纳提供进攻意大利的借口，但意大利现在还没有为战争做好准备。这种决定或许在政治上是正确的，

---

[12] Holger Afflerbach, *Der Dreibund: europäische Grossmacht-und Allianzpolitik vor dem Ersten Weltkrieg* (Vienna: Böhlau Verlag, 2002).

[13] Massimo Mazzetti, *L' esercito italiano nella Triplice Alleanza* (Naples: Esi, 1974); Maurizio Ruffo, *L'Italia nellaTriplice Alleanza: i piani operativi dello SM verso l'Austria Ungheria dal 1985 al 1915* (Rome: Ufficio storico, Stato maggiore dell' esercito, 1998); and Nicola Labanca, "Welches Interventionstrauma für welche Militärs? Der Kriegseintritt von 1915 und das italienische Heer", in Johannes Hürter and Gian Enrico Rusconi (eds.), *Der Kriegseintritt Italiens im mai 1915* (Munich: R. Oldenbourg Verlag, 2007), pp.73–84.

[14] Mario Montanari, *Politica e strategia in cento anni di guerre italiane*, vol. II: *Il periodo liberale*, t. II, *La grande guerra* (Rome: Ufficio storico, Stato maggiore dell'esercito, 2000).

但却使卡多尔纳面临更多困难。例如，意大利要想在全国范围而不是地区范围征兵、集结和动员军队，短时间内是很难完成的。而且意军还没有从远征利比亚行动的巨大开支中恢复过来，战前和大战第一阶段，意大利的军工业在先进程度和专业化程度上也都落后于奥匈。

但这不仅是一个政治决策问题，也不仅是因为意大利的工业落后，军队职业文化也是问题的一部分。例如，在 1914 年夏和 1915 年春之间，卡多尔纳通过收到的报告得知了西线战场的战斗方式。[15] 但 1915 年 2 月，他仍然墨守成规制订出进行正面进攻的方案，忽视了在堑壕战出现后应该采取新的战法。某种程度上这并不奇怪。西线的将军们直到大战结束还在（不同程度地）坚持正面进攻。所以当 1915 年 5 月宣战之时，虽然大战已经爆发了 9 个月，意大利仍没有在备战中根据战争的进程做相应的改进。

越过边界，1915 年

1915 年 4 月 26 日，意大利驻英国大使古列尔莫·因佩里亚利（Guglielmo Imperiali）与协约国签订秘密条约，承诺在 30 天内加入协约国参战。至此，奥地利战线（对意大利而言）或者说西南战线（对奥地利而言）正式形成。

对同盟国来说，意大利加入协约国无疑是它们外交上的失败，进而在军事上带来威胁。1915 年 5 月，哈布斯堡帝国已经在两大战场上疲于应付，现在又要在意大利面对第三个战场。虽然奥地利仍然能够动员一部分人力，但其工业-经济资源已经十分有限，此外它还必须考虑国内爆发动乱的危险。除此以外， 275
意大利控制亚得里亚海，它的参战加强了协约国对同盟国尤其是奥地利海军的封锁。

意大利的参战迅速引发了德奥两国的战略分歧。维也纳方面，康拉德的意图仍然是从特伦蒂诺-蒂罗尔地区和伊松佐对意大利展开钳形攻势；柏林更关注东线和西线战场，而对意大利战线不以为意，这让维也纳大为恼火。巴伐利亚阿尔卑斯山地师是德国在战争第一阶段给予奥匈的唯一实质性帮助。虽然没

[15] Giorgio Rochat, “La preparazione dell’esercito italiano nell’inverno 1914—1915”, *Il Risorgimento*, I(1961), pp.10–32; and Giorgio Rochat, “La convenzione militare di Parigi, 2 maggio 1915”, *Il Risorgimento*, 3(1961), pp.128–156.

有德国的支持奥匈也有能力守住防线，但是考虑到自己糟糕的军事素质和民族状况，它仍然十分担忧。奥匈已经无力实现康拉德进攻意大利的设想了。

最初，意大利投入了28个师（还有7个后备师），奥匈达到了25个师，这意味着意大利所有的560个营与奥匈作战，而奥匈到1915年5月在该战线投入了125个营，到7月达到了275个营。

很显然，意军面临的任务远没有奥匈军队的那么艰巨。意军只需确保伊松佐和喀斯特高原防线的安全（还有一小部分任务在阿尔巴尼亚、利比亚和塞萨洛尼基）。而且，萨兰德拉和松尼诺希望他们发动的是一场严格意义上的民族战争——除了部分武器、原料和财政支持外——自由意大利似乎并不想要求它的盟国派兵支援。

在罗马，意大利最高统帅部也制订了一份钳形攻势的作战计划，即使规模较康拉德的小，但野心并不亚于后者：从菲拉赫（Villach）到的里雅斯特的喀斯特高原，随后直通维也纳和卢布尔雅那。虽然意大利在政治宣传中声称它的目标是塔伦特和的里雅斯特，但为了赢得战争，军队把战争目标夸大为卢布尔雅那和维也纳。

很明显，意奥两国都很难实现各自的目标，也都缺乏实现目标的能力。柏林没有给维也纳派去增援部队，后者没有足够的兵力给予意军致命一击。另一方面，意大利也无法从“最初的变局”获得优势。在战争的最开始阶段，哈布斯堡军队总体从边界后撤——罗马竟声称这是它取得的第一个胜利（其实并不是）。事实上，奥军此举只是为了撤退至一条更容易防御的“军事边界”。意大利的宣传故意给人造成一种奥匈要塞固若金汤、任何人难以攻破的印象。而奥匈的宣传则以意军占据数量上的压倒性优势为奥军的不作为开脱。事实上，尤其是在战争的最初阶段，奥军的要塞十分脆弱，但意军的数量从来都不足以发动一场决定性的战役，这在一定程度上是由意大利基于全国而非地区征兵的复杂的动员机制造成的。而且在相当长的时间内，意大利军队没有重武器支援，奥军的情况要好一些。在这样的背景下，速胜、战略运动和进攻无法从设想转化为现实，战场陷入僵局和堑壕战也就不足为奇了。

军事行动

从 1915 年起，意大利的进攻可以被细分为几个阶段（地图 10.1）。由于战场太小，大多数战役都无法像西线那样以地名命名。意大利和奥匈后来用数字来为战役命名。伊松佐爆发了四场战役。特伦蒂诺和卡尔尼亚（Carnia）也爆发了战斗，但伊松佐是双方争夺的焦点。四次伊松佐战役的时间分别是：1915 年 6 月 23 日至 7 月 7 日，7 月 18 日至 8 月 3 日，10 月 18 日至 11 月 4 日，11 月 10 日至 12 月 2 日（此时天气已经十分寒冷）。双方指挥官在这四次战役中的表现可谓不分伯仲：卡多尔纳坚持正面进攻，斯韦托扎尔·博罗艾维奇·冯·博伊纳寸土不让。双方都收获甚微，但却损失惨重，意军伤亡 20 万，奥军伤亡 13 万。 277

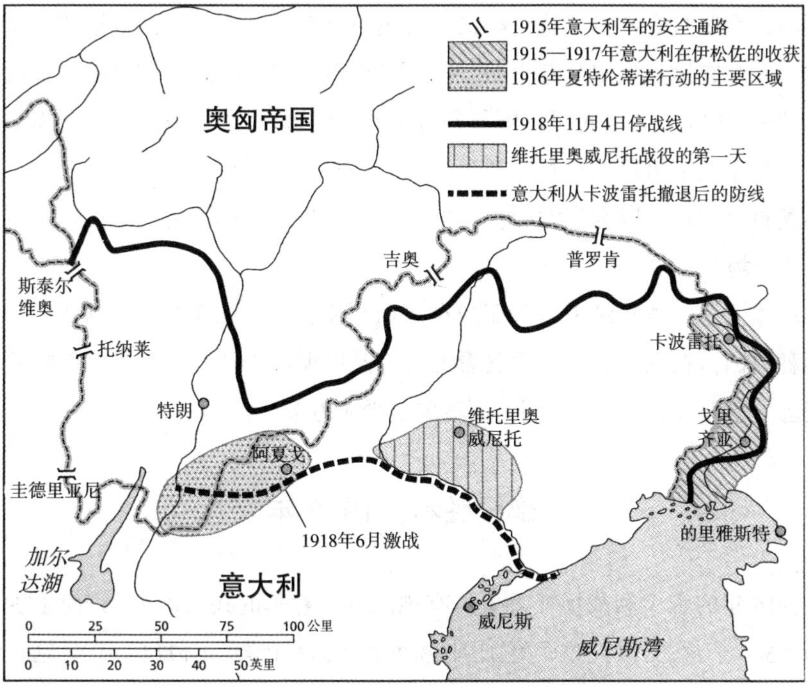

地图 10.1 意大利的战争，1915—1918 年

双方都在战术层面积累了一定的经验。例如，按照奥军的判断，在第二次

伊松佐战役中，意军的战术目的比在第一次战役中更加现实了；至少在某些区域，意军步兵已经不再跟着重炮打击的方向进攻，以迷惑对手；在第三次战役中，一些低级别的军队单位避免完全摧毁敌人的阵地，而是试图渗透堑壕系统；第三次和第四场战役的时间比前两次更短，而且双方伤亡也更小。与此同时，奥匈改进了他们的堑壕系统，指挥官博罗艾维奇决定在部分情况下保存兵力，减少对意军的反击，把主要精力用在防御上。不过看上去意大利并没有像奥匈那样清醒。对奥匈来说，意大利战场居于次要地位，远没有其他战场重要，而意大利还没有完全意识到这场战争与以往的差异，虽然它从西线收到了很多报告，但仍没有理解战争的新特点。

兵源很快成为困扰奥匈的问题。相反，工业化程度较低的意大利在初期面临的基本问题是武器而非人员短缺。我们看到这种情况在大战结束时发生了变化：意大利拥有了充足的武器和兵员，而奥匈则缺兵少枪。1915 年刚刚参战时意军的每个团只有两挺机枪，相比而言奥军每个营就有两挺。意军装备了大量轻型炮，这在运动战中是有用的，但是对付布满铁丝网的复杂堑壕系统所需的重炮却极度匮乏。[16] 这也可以解释为何意军伤亡如此之大。从奥匈在防御战中的巨大伤亡中我们可以看出意军并不缺乏决心和斗志。事实上，军队的伤亡对卡
278 多尔纳更为致命，因为意大利可以把更多士兵投入意奥战场，而奥匈则需要面对多个战场。

总体上，1915 年结束时同盟国在保加利亚和塞尔维亚战场占据优势。但由于种种原因，在意大利战场意奥看上去都难以彻底击败对方，双方面临着不同的问题（意大利工业基础薄弱，而奥匈缺少人力）。

部分胜利，1916 年

1916 年的意大利战场变得更具有挑战性。意军的兵力由 1915 年的 35 个步兵师（560 个营，515 门炮）增加到 43 个师（693 个营，1,122 门炮）。这一年意大利也明确了对德国的态度，8 月 27 日向德国宣战。意大利战场已经不再仅仅

[16] Filippo Cappellano and Basilio Di Martino, *Un esercito forgiato nelle trincee: l'evoluzione tattica dell'esercito italiano nella Grande Guerra*, con un saggio di Alessandro Gionfrida (Udine: Gaspari, 2008).

局限于奥匈和意大利两国之间，而是完全融入到了整个欧洲大战之中。

在奥意双方的官方史学家和民族主义史学看来，1916 年通常被认为是各自获胜的一年，尽管只是部分胜利。的确，通过从特伦蒂诺发动的春季攻势，奥匈给意大利沉重打击；但此后，意大利在喀斯特高原战线一举拿下重镇戈里齐亚。两次战役中，两军都付出了沉重代价。1916 年的战斗凸显了奥匈和意大利军队各自的缺陷，再次印证了这一战场与西线和东线战场有着巨大差异。

在阿达梅洛（Adamello）作战的双方军官和士兵很快就注意到了意大利战场与欧洲其他战场的显著差异。这是一场山地战，适合小规模——而非大兵团——军事行动。在贵妇小径或者凡尔登可以开掘堑壕，但在冰天雪地里做这种事是完全不同的。单单是在这种恶劣的环境下为战斗部队提供补给和装备就面临一系列问题。现代技术在这场战争中发挥了重要作用。要确保炮兵补给，交通顺畅，还要确保军需专列运送的食物顺利到达前线，对军需后勤部门而言，这场“白色战争”简直是它们的梦魇。精确的狙击，狡诈的地雷战，尤其是山地部队需要长期部署在爆破产生的冰穴里，这些都体现了这场战争的残酷性。[17]

如果说 1915—1918 年意大利战场的“白色战争”是低音通奏的话，那么 279
1916 年最重要的篇章就是奥军的春季攻势和意大利夺取戈里齐亚。现在历史学家们一致认为，春季攻势是大战中奥匈的最后一场胜仗。[18] 然而，过程也非一帆风顺。1915 年出现的一些积极迹象使康拉德得以说服奥匈皇帝，击败意大利可以提升奥匈的声望。但是他没能说服德国人接受击败意大利可以为同盟国带来战略优势的观点；因此在春季攻势中德军的参与仍然十分有限。当康拉德下达进攻命令时（1916 年 5 月 15 日），他不得不修改之前的战略计划：奥匈并没有在东西两翼同时行动，而只是从特伦蒂诺一线发动进攻；这不是奥 - 德大规模

[17] Luciano Viazzi, *La guerra bianca in Adamello* (Trent: Arti Grafiche Saturnia, 1965); Luciano Viazzi, *La guerra bianca sull'Adamello* (Trent: G. B. Monauni, 1968); Gunda Barth- Scalmani, “Kranke Krieger im Hochgebirge: Einige Uberlegungen zur Mikrogeschichte des Sanitatswesens an der Dolomitenfront” and Luciana Palla, “Kampf um die Dolomitentiler: Der Gro β e Krieg im Grenzgebiet”, both in Mazohl-Wallnig, Kuprian and Barth-Scalmani (eds.), *Ein Krieg, zwei Schützengräben*, pp.341–360 and 361-376 respectively; and Mark Thompson, *The White War: Life and Death on the Italian Front, 1915—1919* (London: Basic Books, 2008).

[18] Vittorio Corà and Paolo Pozzato (eds.), 1916, *la Strafexpedition: gli altipiani vicentini nella tragedia della grande guerra*, preface by Mario Rigoni Stem, introduction by Mario Isnenghi (Udine: Gaspari, 2003).

的联合行动，而只是奥军在部分德军支持下的进攻。而且，康拉德犯了一个错误，他没有集中使用兵力，而是把兵力浪费在一条较宽的战线上。因此奥军的攻势没能撕破意军的防线，康拉德在 6 天内直捣威尼斯的美梦也迅速破产。由于两个原因，奥匈对意大利的惩罚之战（或者意大利所说的“远征”）至迟在 6 月 27 日就结束了：首先是意军阵地得到加强，卡多尔纳投入了预备队；其次是奥军很难将堑壕战转化为运动战。进攻的步兵得不到炮火的掩护，也就无法向前推进；而且物资给养没有及时送达，部队也没有足够的物资储备。由于这些原因进攻难以为继。但是康拉德还是收获了意想不到的战略效果，给意大利造成了巨大威胁：奥军可以虎视意大利平原地区，威胁从波河谷地和意大利工农业产区，即意大利内陆到喀斯特高原阵地的补给线。

但奥匈在春季攻势中本就打了对折的胜利又被意军的反击抵消了。几周后，卡多尔纳成功控制了戈里齐亚。意军从这里威胁的里雅斯特，给奥匈的喀斯特
280 高原防御带来困境。意军在第六次伊松佐战役中取得的这场胜利得益于卡多尔纳大规模投入人力和资源。与 1915 年时的情况不同，意大利已经有了充足的大炮储备。而且，1916 年春的惨败直接导致了政府下台，自由意大利亟需在夏季作战中取胜以挽回颜面。战斗异常激烈，战争爆发以来第一次出现双方损失接近的情况（意军伤亡 5.1 万人，奥军伤亡 4 万人）。但是与春季攻势中奥匈面临的情况相似，意大利也很难再向戈里齐亚以外的其他地区前进，进攻不得不结束。

不管是奥军的春季攻势还是意军夺取戈里齐亚，战术上的胜利都没能打破战略平衡。1916 年底的战局与 8 个月之前没有太大差别。意大利又在伊松佐发动了五次战役：第五次战役的时间是 3 月 11 日至 29 日，为夺取戈里齐亚的第六次战役从 8 月 6 日至 17 日，第七次战役从 9 月 14 日至 17 日，第八次战役从 10 月 10 日至 12 日，第九次战役从 11 月 1 日至 4 日。意军虽略占上风，但损失超过 28 万人，而奥匈的损失也达到 23 万人。卡多尔纳再次犯了同样的错误，并没有集中兵力，而是在不同的点发动攻势——在打击敌人的同时也挥霍了自己的力量。看上去意军高层的目标并不是攻取土地，而是削弱奥军的防线，这对双方而言都是巨大的消耗。

国家的努力与联盟

尽管在 1916 年发生了凡尔登战役和索姆河战役，两大集团却越来越难以击败对方，这种局面在西线战场更加明显，意大利战场对参战双方就变得越来越重要了。罗马方面，中右翼的萨兰德拉政府被具有更广泛政治基础（虽然从未有过“神圣的统一”）的保罗·博塞利（Paolo Boselli）取代，自由意大利的国家威望取决于战争。这个国家需要做更多的努力：战争期间动员了 590 万人；100 万人因医学原因或其他原因没有进入军队。1916 年底，前线约有 200 万意大利人。大战刚刚开始时意大利有 90 万常备军，而到战争结束时意军兵力达到了 230 万，如果我们稍加对比就很容易理解在 1917 年之前意大利为战争所做的努力的程度。

维也纳方面，在春季攻势和意军夺取戈里齐亚之后，尤其是在俄国和罗马尼亚战线受挫之后（被俄军的勃鲁西洛夫攻势击败），如果奥军再在意大利战场 281
失败，那后果将不堪设想。康拉德不会忘记 1866 年萨多瓦战役和 1859 年索尔费里诺（Solferino）战役中惨败的经历。在第一次世界大战中，奥匈无法承受再次败给意大利的打击。

而且，意大利战场并非孤立存在，意大利和奥匈分属于不同的联盟集团，两大集团的命运在不同程度上受意大利战场的影响。两国也都是战时同盟的组成部分，意大利严重依赖盟国的经济和财政援助，但在军事层面几乎没有提出过要求（也从来没有获得过盟国军事方面的援助）。奥匈在这方面有所不同。奥匈和德国的军事力量从一开始就不平衡，由于 1916 年奥匈的惨败，这种不平衡进一步加剧，9 月至 12 月间，维也纳内部失望地认为奥匈已经丧失了军事独立。德奥联盟的军事指挥权已经完全转移到德皇威廉二世，也就是鲁登道夫和兴登堡手中，德军派出参谋人员担任奥军的顾问：这虽然并不是完全意义上的主从关系，但已经十分明显了。[19]

---

[19] Manfried Rauchensteiner, “Österreich-Ungarn”, in Hisrchfeld, Krumeich and Renz (eds.), *Enzyklopädie Erster Weltkrieg*, pp.68, 76; Graydon A. Tunstall, *Blood on the Snow: The Carpathian Winter War of 1915* (Lawrence KS: University Press of Kansas, 2010), pp.12, 209; Günther Kronenbitter, “The Limits of Cooperation: Germany and Austria-Hungary in the First World War”, in Peter Dennis and Jeffrey Grey (eds.), *Entangling Alliances: CoalitionWarfare in the Twentieth Century* (Canberra: A. C. T., 2005), PP. 74–85; Günther Kronenbitter, “Austria-Hungary”, in Hamilton and Herwig (eds.), *War Planning 1914*; and Wolfgang Etschmann, “Die Südfront 1915—1918”, in Klaus Eisterer and Rolf Steinenger (eds.), *Tirol und der Erste Weltkrieg* (Innsbruck: Studienverlag, 2011).

在这种不平等的同盟关系中，奥匈还是从它最强大的盟友那里有所收获的：在德军中接受过训练的奥匈军官可以借鉴德军1916—1917年冬季之后在西线战场上总结的攻防战术经验。渗透技术，小股部队进攻，纵深防御，这些1918年改变西线堑壕战的战术在1917年就被运用到了意大利战场。奥军把德国人的经验牢记于心，这也可以解释1917年末卡波雷托战役的结果。

地形地貌的特殊性仍然是左右意大利战场战局的决定性因素。在“白色战争”和高山地带的僵持中，其他战场可供借鉴的经验并不多。不过，意军面对奥军时效率的提高使喀斯特高原战场的局势发生了变化。意大利军事史权威学者乔治·罗沙（Giorgio Rochat）指出，1915年意军在战术上处于劣势，但到1916年这种劣势已经得到了弥补。正如罗沙所言，意军夺取戈里齐亚以及1916
282 年的各个战役给双方造成了巨大的伤亡，“双方伤亡数量的接近是意大利炮兵效率和奥匈依靠堑壕坚决防守的体现”。

第一次世界大战是一场总体战，战场上的胜负不是决定战争结果的唯一因素，正是一战的这一特性挽救了意大利和协约国。动员更多人力物力的作用并不亚于战场效率。因此，尽管意军在卡波雷托遭遇惨败，但到1918年意大利仍能向战场投入新的军队，并为他们提供装备，而奥匈已经做不到这些了。

士气

兵源至关重要，但军队的士气同样不可忽视。尤其是1916年之后，一时间放弃战争比坚信胜利更为流行。在经历了1914—1916年大屠杀似的战争后，能把士兵们留在战场上的唯一可能的办法是告诉他们战争是为了实现某一目标，而且这种目标是切实可行的。但是意大利战场的对战双方起初都没有向它们的士兵组织系统的宣传，卡波雷托战役后意大利方面才出现类似的宣传。[20]

但即便做了宣传，向士兵们灌输他们正在打一场正义的战争，他们会接受吗？卡多尔纳军队里的很多士兵都不知为何而战。在康拉德的军队里，虽然在精英阶层中本应该更容易进行宣传，但不同民族的士兵仍然对哈布斯堡王朝的

[20] Mario Isnenghi, *Giornali di Trincea 1915—1918* (Turin: Einaudi, 1977).

战争目标持怀疑态度。[21]

像大战中的其他地方一样，士兵的士气取决于很多方面，堑壕的布局设计，武器和食物的质量、数量，军队邮政系统的效率：总而言之就是指挥官对士兵“福利”的关切程度以及军纪和军事法庭的严明（懈怠）程度。就这些因素而论，很明显奥军[22]能够比意军提供更好的条件，[23]但也并非总是如此。1917年，当意大利士兵的处境日益恶化之时，失败主义的宣传有了生存的空间。[24]恶劣的 283
条件也可以解释为什么越来越多地出现士兵自残事件甚至战场神经症。

意大利战场经常会出现军事审判。意军共进行了26.2万次审判，对其中的17万起案件定了罪。被控告的4,280人中有1,061人被判处罚金，750人被处决。另至少有290人未经审判被就地正法。[25]奥匈方面，单是经过正式审判后被处决的就有至少1,913人。[26]意奥两国军事法庭处决本方人员的数量都超过了除俄国外的其他国家。或许处决是为了恐吓，但却无法提升士兵的士气。

更重要的是，奥军的战斗力和可靠性因为其复杂的成分遭到了削弱——三支军队（常备军、匈牙利军和预备役）要使用三种语言才能完成对其多民族士兵命令的下达。最终，这一因素被证明是决定性的。在每一个战场都有逃兵返回家园或者逃离战场（而非向敌人投降）：临近战争结束时，奥匈的逃兵格外多，成千上万人成群结队，成为散兵游勇。奥匈军队中的民族问题成为意大利

---

[21] Mark Cornwall, *The Undermining of Austria-Hungary: The Battle for Hearts and Minds* (New York: St Martin's Press, 2000).

[22] Plaschka, Haselsteiner and Suppan, *Innere Front*, pp.148, 90; Lawrence Sondhaus, *In the Service of the Emperor: Italians in the Austrian Armed Forces, 1814—1918* (Boulder, CO: East European Monographs and New York: Colombia University Press, 1990), p.104; and Mark Cornwall, "Morale and Patriotism in the Austro-Hungarian Army, 1914—1918", in John Home (ed.), *State, Society and Mobilization in Europe during the First World War* (Cambridge University Press, 1997), p.175.

[23] Giorgio Rochat, "Il soldato italiano dal Carso a Redipuglia", in Diego Leoni and Camillo Zadra (eds.), *La Grande Guerra: esperienza, memoria, immagini* (Bologna: Il Mulino, 1986), pp.613–630; Enzo Forcella and Alberto Monticone, *Plotone di esecuzione: i processidella prima guerra mondiale* (Bari: Laterza, 1968); Lucio Fabi, *Gente di trincea: la Grande Guerra sul Carso e sull' Isonzo* (Milan: Murisa, 1994); and Vanda Wilcox, "Generalship and mass surrender during the Italian defeat at Caporetto", in Ian F. W. Beckett(ed.), *1917: Beyond the Western Front* (Leiden: Brill, 2009).

[24] Bruna Bianchi, "La grandeguerra nella storiografia italiana dell'ultimo decennio", *Ricerche Storiche*, 3(1991), pp.698–745.

[25] Procacci, *Soldati e prigionieri italiani nella GrandeGuerra*; and Marco Pluviano and Irene Guerrini, *Le frucilazioni sommarie nella prima Guerra Mondiale*, preface by Giorgio Rochat (Udine: Gaspari, 2004).

[26] Karl Platzer, *Standrechtliche Todesurteile im Ersten Weltkrieg* (Berlin and Stuttgart: WiKu-Verlag, 2004).

宣传攻击的绝好目标，尤其是在1918年4月8日至10日于罗马召开的“被奥匈压迫诸民族大会”后，这次大会达成了《罗马条约》。战争打到这个阶段，很明显与单纯的士兵数量相比，士气的作用即便不是更重要也是同样重要的。德军在法国攻势受挫进一步瓦解了奥军的士气。

1917年的疲惫、筋疲力尽与巨大打击

1917年，参战各方即便不是筋疲力尽，也是在疲于应付。西线尼韦勒攻势
284 期间法军的兵变凸显了军队的厌战情绪：意大利战场也离爆发类似的兵变不远了。1917年初的冬天异常艰苦，从山地到喀斯特高原的部队都没有得到任何喘息的机会。随之而来的是两次伊松佐战役，这两次战役比之前都更加艰难。再后来就是卡波雷托战役。

我们不能草率地得出1917年奥匈取得全面胜利的结论。首先，1916年底至1917年3月间，奥匈政权——与意大利不同——经历了一系列重大变化。奥皇弗朗茨－约瑟夫去世，新皇卡尔一世登基，康拉德被阿图尔·阿尔茨·冯·施特拉森堡（Arthur Arz von Straussenburg）取而代之。而且，德奥同盟原本希望利用俄国革命结束东线战场以减轻负担，但与此同时美国参战了。协约国既可以获得来自美国的大量生力军，同时可以得到美国的财政和工业支持。

与此同时，意大利战场在军事层面进入了关键时期。卡多尔纳并不满足于1916年的战果。现在他把意军的攻势称为“推进”，其明确目标是逐步削弱——而非彻底击垮——敌人，以相对较小的代价把敌人拖垮。现在，意军士兵的武器装备更加先进，数量也更充裕。由于这些原因，后来的伊松佐战役持续的时间更短，但更为惨烈——对双方来说都是如此。第十次伊松佐战役（从1917年5月12日至6月8日）意军出动了430个营的兵力，奥军兵力规模是意军的一半，意军伤亡16万人。第十一次战役（从8月18日至31日）给人留下的印象更为深刻，意军投入大概600个营，而奥匈方面是大约250个营：但意军再次损失16万人。奥军损失应在15万至25万人之间。

第十一次战役后意大利控制了贝恩西查（Bainsizza）。尽管意军使用了最新的大炮，但他们的伤亡却是史无前例的——而且仍然没有意义。在这样的条件下，用懈怠和极度疲惫这样的词语来形容军队的状态都是委婉的说法。意军士

兵对战争和他们的指挥官无声的反抗日益增多，虽然没有像法国那样公开爆发兵变。

奥匈的损失产生了更为严重的后果。奥匈军政当局告诉奥匈皇帝奥军已经无法再承受类似的损失了。在维也纳，认为可能战败的悲观情绪日益发酵。

在这样的背景下，柏林终于同意以显著的军事方式给深陷困境的盟友帮 285
助。在高度保密下，成千上万的德军向意大利战场运动。奥匈也向意大利战场调集了尽可能多的军队，使德奥能够组织一次总兵力大约为 35 万人的联合进攻。[27]

除了兵力和大炮，新的战术成为又一决定性因素。根据东线和西线战场的经验，柏林和维也纳的指挥官们同意在发射短促的弹幕后开始进攻，并以大规模释放毒气作为辅助。联军制订了新的渗透战术，减少高级军官的干预，给下级军官和部队更多的自主权。允许小股部队在山谷底部而非山顶自由、迅速行动，粉碎敌人的战术和抵抗。深入渗透的目的是分割意军后方的部队——这就是巧妙之处——然后从意军身后而非从正面发动阵地进攻。联军的渗透与卡多尔纳在伊松佐战役中反复徒劳无功的"推进"方案完全相反，使按照最高指挥官命令摆出进攻态势的意大利军队为之震撼。

联军的进攻从 10 月 24 日开始。[28] 在没有真正的堑壕体系和灵活的纵深防御、后方缺乏足够预备队的情况下，意军指挥部很快意识到应该下达撤退命令。虽然德奥联军只在卡波雷托的博韦茨（Bovec）和托尔明（Tolmino）之间渗透了一小部分意军阵地，但意军通往前线的道路已经受到被联军切断的威胁。来自"卡尔尼亚地区"、低地伊松佐喀斯特（Lower Isonzo Karst）甚至特伦蒂诺的军队都处在危险境地。

真实情况是，制订进攻计划的指挥官们——奥匈的博罗艾维奇、德国的奥托·冯·贝洛（Otto von Below），以及以克拉夫特·冯·德尔门斯因根（Krafft von Dellmensingen）为代表的参谋人员，他们的目标仅仅限于塔利亚门托河（Tagliamento），即让意军退回到 1915 年 5 月 24 日参战前的政治边界。他们没有

---

[27] Oskar Regele, *Gericht über Habsburgs Wehrmacht: Letzte Siege und Untergang unter demArmee-Oberkommando Kaiser Karls I. Generaloberst Arz von Straussenburg* (Vienna and Munich: Herold, 1968), p.68.

[28] Nicola Labanca, *Caporetto: storia di una disfatta* (Florence: Giunti, 1997); and Manfred Rauchensteiner(ed.), *Waffentreue-Die 12: Isonzoschlacht 1917* (Vienna: Fassbänder, 2007).

286 想到的是，意军尤其是意第二军如此不堪一击，在其影响下，意军其他部队也兵败如山倒，一直退至皮亚韦河一线。意大利指挥官被德奥的渗透打得手足无措，通信被切断，根本无法与自己的军队取得联系，也不知该如何战斗、敌人在哪。士兵们意识到他们输掉了战役，甚至很多人产生了战争已经结束的念头。战败的、孤立无援的军队丢盔弃甲，逃离战场。仍有一部分部队在下级军官的指挥下继续战斗，但是除了撤退他们也无能为力。目睹了军队失利的民众试图逃亡，避开前进的敌军。民众和军人阻塞了道路，他们成群结队蜂拥到桥上，从山地奔向平原和波河谷地。直到越过皮亚韦河后才停了下来，与此同时卡多尔纳在这一带组织起了新的防御。这场战役对意大利来说是灾难性的：意军伤亡 4 万人，30 万人成为战俘，另有 35 万名士兵被打散，损失了超过 3000 门大炮——相当于意军所有重型火炮储备的三分之二和所有武器库里中程火炮的一半（地图 10.2）。

总而言之，卡波雷托战役的失败抵消了意军在过去两年内为战争付出的巨大努力和代价。意军前线被缩短了 200 公里，并向西移动了 140 公里，约 38,850 平方公里的领土被敌人占领，200 万人生活在敌占区。自 1915 年以来意军一直都在进攻，但在两周内就不得不为阻止敌军跨过皮亚韦河，威胁波河谷地转为全面防御。卡多尔纳的言行更是雪上加霜：在 1917 年 10 月 28 日发布的声明中，他并没有把失败的责任揽到自己身上，而是指责士兵们没有竭力为祖国而战。综上，这就是卡波雷托战役（地图 10.3）。

认为意大利士兵反战的“军事罢工”导致卡波雷托战役惨败的观点很快散播开来。[29] 事实上，还是要从军事层面寻找卡波雷托战役惨败的根源。不过，军队整体上十分疲惫，而且被迫要打一场看上去不会有收获（除了攻取戈里齐亚、贝恩西查以及一些小的边界变动外）的消耗战使军队士气低落，这些都与军事因素相互交织。针对军事罢工的论调，很快出现了第二种说法：意大利士兵在
287 卡波雷托战役中拼死搏杀。[30] 毫不奇怪这种观点被后来的法西斯政权，以及现代人接受并支持。它的出现只是为了维护意大利军人的荣耀，与它想反驳的观点

---

[29] Mario Isnenghi, *I vinti di Caporetto nella letteratura di guerra* (Padua: Marsilio, 1967).

[30] Paolo Gaspari, *Le bugie di Caporetto: la fine della memoria dannata, preface by Giorgio Rochat* (Udine: Gaspari, 2011).

一样是片面的。事实上很明显，至少有一部分部队是在有指挥的情况下坚持战斗的，还有一部分部队并没有被完全击溃，也没有与指挥部失联，能够较为有序地撤退。但不能否认的是，卡波雷托战役的失败把意军从山地和喀斯特高原赶到了平原，在这一过程中，他们丢盔弃甲，狼狈不堪。

地图 10.2　卡波雷托战役及余波

在诸如德军在马祖里湖区战役（1914 年 9 月）以及勃鲁西洛夫在俄国西南和加利西亚（1914 年 9 月）的胜利等东线的大胜后，卡波雷托战役是大战到目前为止规模最大、也是最令人意想不到的运动战胜利。

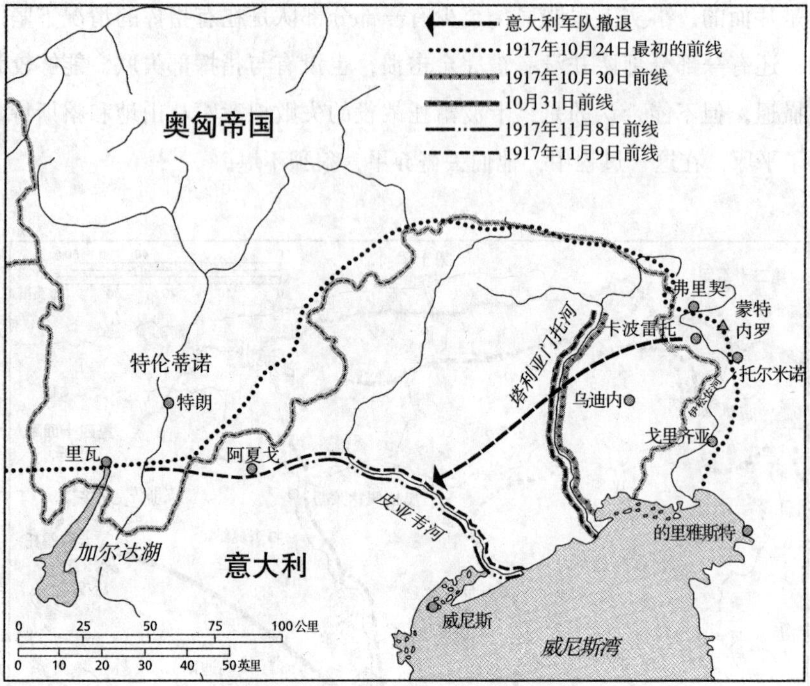

地图 10.3 卡波雷托战役后意军的撤退

288 ## 战胜者和战败者，1918 年

从战术上看，奥匈和德国获得了胜利。但是让我们冷静下来思考一下意大利损失了什么。由于其巨大的规模和影响，人们的确很难在有关意大利战场或者意大利战争的历史上忽视卡波雷托战役的存在。但是著名学者霍尔格·赫维希认为这场战役对维也纳而言只是“表面上的胜利”。[31] 为什么呢？

巴黎和伦敦都担心意大利的惨败会引发灾难。因此协约国向意大利提供了大量的军事和经济援助。卡多尔纳，这位整个大战中任职时间最长的最高军事长官被意大利政府免职，取而代之的是更听话的阿曼多·迪亚斯。相比军事援助，协约国给予意大利最重要的帮助来自经济上和政治信心上。

289 意大利首相维托里奥·埃马努埃莱·奥兰多请求盟国支援 15 个师；迪亚

[31] Herwig, *The First World War*, p.336.

斯则希望 20 个。最终，法军和英军分别派出 6 个和 5 个师。英法援军的指挥官担心自己的军队被“卡波雷托病毒”和失败主义情绪传染，因此把部队部署在远离前线的地方。与此同时，在英法援军到来前后的 1917 年 11 月至 12 月，意军在皮亚韦河组织防线，阻挡奥匈最后一次过河的尝试——英法军队并没有直接参与其中。除了在皮亚韦河的防御，新任意大利总司令必须重新组织整个军队，同时国内已经分成了完全对立的两派，一派坚决支持死守到底，另一派则主张议和，后者中很多都是之前的中立主义者，他们曾经以种种方式反对意大利参战。

另一方面，维也纳在卡波雷托战役中取得了用以装点门面的胜利，因为这可以暂时掩盖帝国内部日益凸显的结构性缺陷。毫无疑问，同盟国在 10 月 24 日取得了巨大胜利，但之后没能再在意大利战场取得任何进展。1918 年上半年的战斗中奥军无功而返，6 月 15 日至 22 日大举进攻皮亚韦重现了之前在喀斯特高原的情景，只不过双方调换了角色：奥匈损失 15 万人，意大利损失 9 万人。总之，奥军无法取得突破。就像 3 月份德军在西线战场发动的大攻势“皇帝会战”（Kaiserschlacht）一样，被意大利命名为“夏至战役”（Battle of the Solstice, 1918 年 6 月 15 日至 22 日）的行动是奥匈最后一次尝试突破意军防线。此后，对维也纳来说战败的结局就已经注定，只是时间早晚的问题。德军在西线的进攻失败了，奥军在意大利战场同样没能幸免。

从 1915 年到 1917 年底，意大利和奥地利有着很多相同的经历，或许比两国历史学家承认的还要多。但在卡波雷托战役后，意大利和奥地利的命运变得完全不同并且不可改变。

事实上，奥地利发现它亟需更多人力，但却无可奈何；它需要更多武器和资源，但是不堪重负的国内经济已经难以提供。另一方，得益于统治阶级的内部反应以及重新做好战斗准备并组织防御，当然也得益于盟国的支持，依靠其工业经济非凡的努力，意大利还能够为军队提供给养和装备。到战争结束前夕，意军在战场上仍有 220 万人。6,970 门大炮、5,190 挺机枪和 650 架飞机（290 架战斗机，74 架轰炸机和侦察巡逻机）；而奥匈已经没有也负担不起规模如此巨大的军队了。

1918 年意大利国内民众的生活十分艰苦，但战争期间这种对比是相对的， 290
而非绝对的，奥地利国内民众的生活更为糟糕。从 1 月开始，尤其是 7 月输掉

“夏至战役”以后，多种族多民族的奥匈帝国开始解体。有的民族发动叛乱，工人罢工，士兵逃跑，军队丧失战斗力。9、10月间，加利西亚的波兰人、捷克人、斯洛伐克人、斯拉夫人、克罗地亚人和匈牙利人都开始疏远“说德语的”奥地利。在国内濒临崩溃的同时，奥匈在战场上同样面临毁灭。为避免灾难降临，奥皇卡尔于1918年10月16日发表宣言，给予治下的人民独立或者自治的权利。但效果微乎其微，而且为时晚矣。

如果说奥匈现在身处水深火热之中，那么意大利则是蒸蒸日上。新任意军总司令成功地重组并精明地管理了军队。1918年夏，协约国敦促意大利发动进攻。但是由于担心军队仍然虚弱，而且无论如何都要避免失败，迪亚斯希望在百分百确保胜利的情况下再发动进攻。为此他等待了相当长的时间。9月至10月期间，即便当时的奥匈正走向分裂，迪亚斯仍未做出反应。他承诺在10月15日发动进攻，但中止了计划。直到10月24日，卡波雷托战役爆发一周年那天他才采取行动：迪亚斯给了奥匈致命一击，不接受来自柏林或者维也纳的任何停战请求。这就是维托里奥威尼托战役（Battle of Vittorio Veneto）。即使在11月3日奥地利已经宣布投降之后，迪亚斯为了显示意大利的军力并且羞辱对手，意军仍然继续前进直至收复一年前的失地，1918年11月4日下午，战役终于结束了（地图10.4）。

考虑到奥匈军队的解体，大多数评论者拒绝把维托里奥威尼托战役看成是一场真正意义上的战役。奥地利人一直拒绝，甚至在名字上也宁愿将之称为“第三次皮亚韦战役”。1918年6月之后，奥匈就被认为必败无疑（或许他们自己也这样认为），这可能已经关系到西线战事以及德军在西线的行动。维托里奥威尼托战役被频繁地误解。一位严肃的学者在他严肃的研究中认为这次进攻是意大利－英国－法国的联合行动[32]——国际和国内的定式思维以及精确知识的缺乏完全让作者误入歧途，这种情况在历史书写中比比皆是，这便是其中一例。
291 不管怎样，维托里奥威尼托战役是一场意军发动的战役。夸大其规模（这是老派意大利民族主义历史学家们一贯的作风）同样是错误的。这场战役是第一次世界大战结束中的独特插曲。

[32] Tim Travers, “The Allied Victories, 1918”, in Hew Strachan (ed.), *The Oxford Illustrated History of the First World War* (Oxford University Press, 1998), p.288.

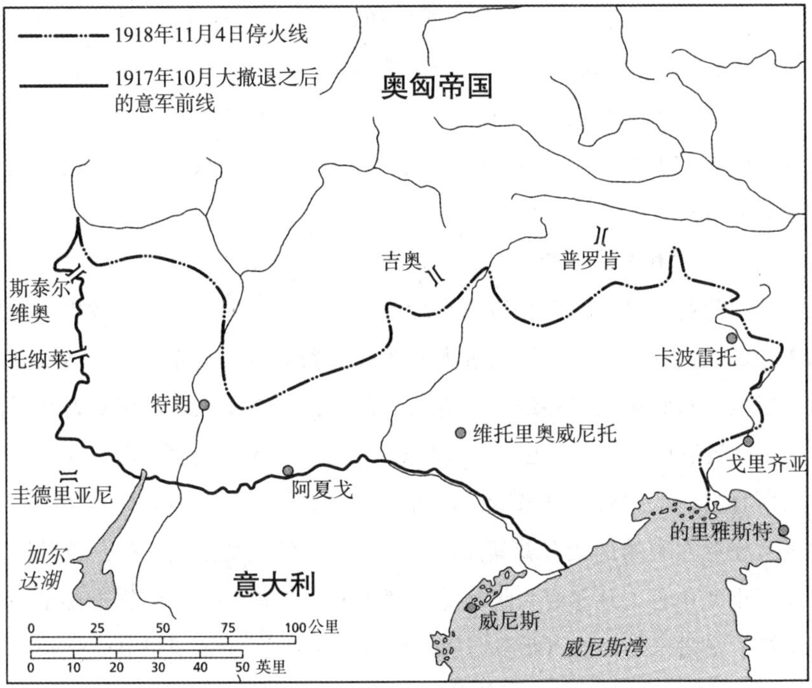

地图 10.4　意大利军队抵达位置，1918 年末

意奥两国都为这场战争付出了沉重的代价。总体上，大战期间奥匈动员了 800 万人：140 万人死亡，200 万人受伤，170 万人成为战俘；还有接近 400 万人遭受疾病和其他因素的折磨。意大利为战争招募了 590 万人，约 100 万因健康和其他因素被退回或留在工厂。意大利在大战中损失 60 万人；100 万人受伤，28 万儿童成为孤儿，大战还造成了大量寡妇。是的，意大利赢得了战争，奥匈战败，但是战争给两个国家都带来了灾难。

告别战争？1919 年的军人复员

1918 年 11 月，战争正式结束。但从国内社会层面来看，大战的影响持续了相当长的时间。军人的复员需要一定的时间。意大利直到 1920 年才完成这一过程；1919 年底，意军中仍有 50 万人服役。[33] 在前哈布斯堡王朝，战争事实上在 292

[33] Giorgio Rochat, *L'esercito italiano da Vittorio Veneto a Mussolini (1919—1925)*(Bari: Laterza, 1967).

正式停战前就已经结束了，当时帝国军队和政治机构正在瓦解。[34]

大战结束后，奥匈和意大利的命运截然相反。哈布斯堡王朝面临的不仅是战败，还有被摧毁。在巴尔干地区，新成立了塞尔维亚－克罗地亚和斯洛文尼亚王国，随后在 1929 年更名为南斯拉夫王国。捷克斯洛伐克、加利西亚和布科维纳也分裂出去。

战后的意大利看上去更稳定——其实不然。尽管经历了卡波雷托的惨败，意大利还是赢得了战争，但是自由派统治阶级没有时间庆祝。大战极大地削弱了意大利的政治体系。大战导致意大利政权向独裁主义转化，议会虽没有完全沉默，但其力量和影响已经越来越有限。而且，大战使人和准则野蛮化，激励了对政党（贝尼托·墨索里尼的法西斯党）进行军事化的小规模运动。

简而言之，从内政角度来看，自由意大利赢得了战争但丢掉了和平。即便自由主义在意大利的崩溃有着其国内根源，但是像在奥地利一样，外部因素同样扮演了重要角色。凡尔赛会议拒绝了意大利在亚得里亚海的领土要求，而是把这里给了南斯拉夫。法西斯声称意大利是“受害者”，而且胜利是残缺的。一场世界大战结束了，但是另一场战争的祸根已经埋下。

记　忆

在人们的内心深处，有关战争的记忆需要许久才能消散。相比以往战争，第一次世界大战的特点之一就是其难以置信的人力成本，除了士兵在前线遭到大规模屠杀之外，还有大量士兵和平民因为战争而疯掉。[35] 对他们中的很多人来
293 说，战争永远都不会结束。

如此重要的事件需要一个解释。这就是相关图书和出版物大量涌现的原因。在意大利和奥地利（或许在意大利更多），那些经历过大战的将军们率先出版了回忆录，对他们自己的功过得失展开辩论。但不是最高统帅部，而是军官或者预备

[34] Reinhard Nachtigal, “The Repatriation and Reception of Returning Prisoners of War 1918—1922”, *Immigrants & Minorities*, 26: 1–2(2008), pp.157–184.

[35] Antonio Gibelli, *L’officina della guerra: La Grande Guerra e le trasformazioni del mondomentale* (Turin: Bollati-Boringhieri, 1991); and Bruna Bianchi, *La follia e la fuga: nevrosi di guerra, diserzione e disobbedienza nell’esercito Italiano, 1915—1918* (Rome: Bulzoni, 2001).

军官，打算构建有关胜利（在意大利）或者失败（在奥地利）的国家叙事。

与德国不同，奥地利很难出现类似“背后捅刀”这样的说法。大战最后几周尤其是最后几天奥匈兵败如山倒的局面，让士兵们无法想象还会有哪支部队拼死抵抗到最后。[36] 制造一种帝国怀旧情绪，或许在奥地利更有市场，这种情绪在说德语的奥地利人中间可以获得完美的共鸣，但却不可能在新成立的国家得到同样的认同。在 1918 年之后，奥匈帝国进行的这场战争已经很难在原来的奥匈帝国范围内达成共识了。[37]

在意大利，卡波雷托战役的幽灵仍在意大利军中游荡。不解释卡波雷托战役失败的原因就很难解释意大利为何取得最后的胜利。整体而言，预备军官和辅助军官掌控了主流的战争叙事。他们讲述了穿着军队制服的社会团体为战争做出的巨大的全国性努力。总而言之，这一公众叙事提出了一种民主干涉主义的版本，这让法西斯很快适应并采用。所有其他的战争回忆录——来自被孤立的和平主义者、社会主义者和激进的共产主义者——其吸引力都极为有限。之后政治的发展掩盖了意大利战场有关战争的回忆：意大利是在 1922 年之后，[38] 奥
地利至迟在 1932 年。与西线战场相比不同的是，正是有关回忆的缺乏导致了意 294
大利战场被人们遗忘。

不知道广大士兵是否或者在何种程度上认可他们曾经的将军们或者军官们（常备的或预备的）书写的有关他们的那部分内容。或许广大士兵有关战争的回忆与军官们的完全不同。或许他们会借助于文学。但是谁会告诉他们或

[36] Oswald Überegger, “Tabuisirung, Instrumentalisierung, verspätete Historisierung: die Tiroler Historiographie und der Erste Weltkriege”, *Geschichte und region/Storia e regione*, II: I(2002), pp.129, 133; Christa Hammerle, “ ‘Es ist immer der Mann der den Kampf entscheidet und nicht die Waffe’: Die Männlichkeit des k.u.k. Gebirgskriegers in der soldatischen Erinnerungskultur”, in Hermann J. W. Kuprian and Oswald Überegger(eds.), *Der Erste Weltkrieg in Alpenraum* (Innsbruck: Wagner, 2011), p.36; and Oswald Überegger, *Erinnerungskriege: der Erste Weltkrieg, Österreich und die Tiroler Kriegserinnerung in der Zwischenkriegszeit* (Innsbruck: Wagner, 2011), p.84.

[37] Rudolf Jerabeck, “Die österreichische Weltkriegsforschung”, in Wolfgang Michalka(ed.), *Der Erste Weltkrieg: Wirkung, Wahrnehmung, Analyse* (Munich: Piper, 1994), p.955; and Oswald Überegger, “Vom militärischen Paradigma zur ‘Kulturgeschichte des Krieges’? Entwicklungslinien der österreichischen Weltkriegsgeschichtsschreibung zwischen politisch-militärischer Instrumentalisierung und universitärer Verwissenschaftlichung”, in Überegger (ed.), *Zwischen Nation und Region: Weltkriegsforschung im interregionalen Vergleich.Ergebnisse und Perspektiven* (Innsbruck: Wagner, 2004), pp.63–122.

[38] Gianni Isola, *Guerra al regno della guerra! Storia della Lega proletaria mutilati invalidi reduci orfani e vedove di guerra (1918—1924)*(Florence: Le Lettere, 1990).

者其他人关于意大利战场及其独特特点的内容呢？或许亨利·巴比塞（Henri Barbusse）、埃里希·玛丽亚·雷马克（Erich Maria Remarque）和厄内斯特·海明威可以，他们既非意大利人，也非奥地利人。

研究历史

有关战争的出版物中有一小部分出自历史学家，尤其是军事史学家之手。奥地利和意大利有关大战的历史著作很多在细节上经不起推敲，但是可以再次强调的是，意大利战场的对战双方有着很多相似的经历和特点。

很明显，意大利和奥地利历史学家们在不同的背景下从事研究，并且有不同的任务。在奥地利，他们不得不解释古老帝国战败的原因；在意大利则要探寻这个年轻国家获得有问题的胜利的原因。奥地利官方于 1930 年至 1939 年发布了军事报告，这可以被看作是帝国的最后作为，也是为建立新国家而做出的努力（其作者无法从新成立的奥地利政府以外获得资料），因为这些报告更多是从新成立的奥地利民族国家，而非帝国的视角来书写。在意大利，1922 年后对战争期间国家努力的推崇成了政治宗教的一部分。这就使意军总参谋部战后设立的历史办公室很难实事求是地解释意大利失败和胜利的原因。据说墨索里尼曾在 1925 年宣称现在是神话而非历史的时代。因此在 20 世纪 30 年代中期，意大利的一战官方报告只发布到 1917 年卷，直到 1968 年官方报告才得以恢复，1988 年宣告完成。

只有少数学者试图在截然不同但又并行的两国民族主义军事历史学家之间搭建交流的桥梁。两次世界大战之间，路易吉·卡多尔纳（随后的彼得·皮耶里）和克拉夫特·冯·德尔门斯因根曾互通书信，内容还被刊登在学术刊物或
295 时事通讯上。[39] 除此之外，奥地利和意大利军事史相互之间的隔绝愈演愈烈。这种隔绝的发展——比语言的障碍更为严重——使我们想深入了解意大利战场更加困难，也使向奥地利和意大利以外的其他国家介绍意大利战场并将之融入整个第一次世界大战的通史更加困难。

---

[39] Piero Pieri, *La prima guerra mondiale 1914—1918: problemi di storia militare*, new edn, ed. Giorgio Rochat (Rome: Ufficio storico, Stato maggiore dell'esercito, 1986[1947]).

而且，从国家层面看，不管是在奥地利还是在意大利，军事史研究都不流行。第二次世界大战后，军事史研究风靡整个欧洲，但在奥地利直到40年后的1993年才出现了一本军事史方面的重要著作——出自曼弗雷德·劳赫恩施德奈（Manfried Rauchensteiner）之手。[40] 意大利的情况也好不到哪去。彼得·皮耶里在1958年至1965年间出版了一部大战简史，[41] 皮耶罗·梅洛格拉尼在1969年出版的著作更为详细和全面。[42] 但在梅洛格拉尼的书中，我们仍然能听到古老神话的回音，因此要想得到真实的历史，在意大利等待的时间要比在奥地利等待的更长：直到20世纪90年代出现了焦万纳·普罗卡奇（1997年）、安东尼奥·吉贝利（1998年）以及乔治·罗沙和马里奥·伊斯内什（2000年）等人的著作，[43] 尤其是最后两人的著作，在出版12年后仍难被超越。

结　论

决定第一次世界大战胜败的最后阶段，意大利战场关系重大。有一位学者指出，“如果没有奥匈的支持，德国或许早就投降了”。这位学者还指出：“与其说意大利给它的盟友带来了好处，还不如说是带来了负担。”[44] 这两个观点都需要纠正。事实上，奥匈逐渐衰弱对英国－法国－德国交战的西线战场——也就是一战的中心战场——造成了直接影响。我们不应忘记的是，在世界大战的50个月里，有39个月意大利都在消耗和削弱奥地利军队。这是促成奥匈帝国解体不可忽视的因素，奥匈的逐渐崩溃也注定了同盟国在1918年失败的命运。

另一方面，一个曾经的多民族帝国和一个年轻的民族主义王国的确有着 296
巨大差异。但是它们又的确有着很多比它们的历史学家们——长期以来彼此忽视——愿意承认的更多的共同点。在有关第一次世界大战的跨国史和全球史中，或许现在是时候从这场战争的军事和编年角度来完善意大利战场的历史了。

---

[40] Rauchensteiner, *Der Tod des Doppeladlers*.

[41] Piero Pieri, *L'Italia nella prima guerra mondiale* (Turin: Einaudi, 1965)

[42] Piero Melograni, *Storia politica della grande guerra 1915—1918* (Bari: Laterza, 1969).

[43] Antonio Gibelli, *La grande guerra degli italiani 1915—1918* (Milan: Sansoni, 1998); Procacci, "La prima guerra mondiale"; and Isnenghi and Rochat, *La grande guerra 1914—1918*.

[44] L. L. Farrar, "The Strategy of the Central Powers, 1914—1917", in Strachan (ed.), *The Oxford Illustrated History of the First World War*, pp.28, 32.

297

11 奥斯曼战场

罗宾·普赖尔

在过去的100年中，英国一直试图为奥斯曼土耳其这个“欧洲病夫”对抗它的敌人提供帮助，颇具讽刺意味的是现在英国却成了土耳其的主要交战国。到20世纪初，情况已经发生了变化。1908年爆发的青年土耳其革命几乎没能兑现其改革承诺。1912年至1913年的巴尔干战争让奥斯曼帝国丧失了在欧洲的大部分财产，只剩下阿德里安堡附近的一小块领土。英法已经注意到阿拉伯半岛各部落对土耳其统治的离心倾向。奥斯曼帝国是否已经处在崩溃的边缘？如果它崩溃，尤其对英国而言，是否意味着在经过苏伊士运河通往东方交通线的侧翼会出现一系列敌对国家？显然，英国将密切注视奥斯曼帝国各省的动向。对现在黎巴嫩和叙利亚两国所在的区域，法国在此之前很久就宣布它关注这里的命运。奥斯曼帝国尚未倒下，像秃鹫一样等待分享尸体的列强似乎就已经聚在了一起。

青年土耳其党政府并非没有意识到英法对其命运的关注。为了巩固地位，1913年他们在君士坦丁堡发动政变，军政大权集中到了恩维尔帕夏（Enver Pasha，军事大臣），杰马勒（Jemal，现代土耳其语拼写为Cemal）帕夏（海军大臣）和塔拉特帕夏（Talat Pasha，内政大臣）三人之手，形成三头政治局面。恩维尔尤其亲德，曾担任驻德使馆武官的他对德国的军事效率倍加推崇。杰马勒亲法，而塔拉特亲俄。事实很快证明，协约国并不准备接受土耳其政府提出的条件，这些条件包括归还在巴尔干战争中被希腊夺走的爱琴海诸岛屿，废除不平等条约（条约中列强强加给奥斯曼土耳其一系列税收减让政策），协约国仅仅表示一旦爆发战争会保证奥斯曼土耳其的主权。

同盟国承诺的更多。利曼·冯·桑德斯是德国驻奥斯曼土耳其军事顾问团团长，德国表示会为土军重新训练和装备军队提供更多帮助。这很合恩维尔的胃口，他在1914年7月就向德国提出结盟请求，并于8月2日与德国签署结盟条约。 298

8月爆发的世界大战使所有这些行动都暂停了下来。土耳其暂时中止了与德国的结盟宣布中立。奥斯曼三巨头左右为难，一方面土耳其最主要的敌人俄国已经站在协约国一方，另一方面这意味着英法的力量得到加强，协约国获胜的可能性大增。青年土耳其党决定相机行事。到10月，他们终于下定决心履行对德同盟义务。德海军戈本号（*Goeben*）战列巡洋舰和布雷斯劳号（*Breslau*）轻型巡洋舰在袭击了英国地中海舰队后开赴君士坦丁堡，取代了英国原为土耳其建造但在对德宣战后转为自用的两艘无畏舰。德国人向土耳其承诺废除不平等条约，而且如果希腊介入战争，会迫使其归还土耳其丢掉的爱琴海岛屿。

促使大战爆发的事件笼罩着一层神秘的色彩。10月29日，土海军上将威廉·安东·苏雄（Wilhelm Anton Souchon）率戈本号和布雷斯劳号（这两艘军舰都有了土耳其语名字）炮击敖德萨（Odessa）和俄国在黑海的船只。三巨头私下里已经就这次行动达成了一致，而在此之后，政府内持不同意见者被说服留在政府以展示国家的团结。继11月2日俄国对土宣战之后，英法也在11月5日对土宣战。事实上，达达尼尔海峡附近的英国海军早在宣战之前就已经炮击了土耳其的外围要塞。

虽然得出英法都不想与奥斯曼土耳其开战的结论看上去是合理的，但两国几乎也没有为避免这种局面做任何努力。或许在它们看来奥斯曼帝国的崩溃已经在所难免，它们只是希望在这一刻到来时尽量维护自己的利益。另一方面，恩维尔格外坚信同盟国必胜，只有与同盟国站在同一堑壕才能保证土耳其的长远利益。之所以出现这种致命的误判，是因为恩维尔忽视了英国强大的海军力量以及英国保护它通往印度交通线的决心。但这都是在今后相当长的时间内发生的事情。考虑到英法仅在西线战场遏制德国都面临大量困难，东线俄军又过早在坦能堡战役中遭遇惨败，协约国还能派出哪些军队并且如何部署这些军队来对付土耳其呢？

事实上，与土耳其的战争是在不同地区逐渐发展起来的。初始阶段（1914—1915年），除加里波利战役外，只有相当少的军队涉及其中，而且很多都不是

299 来自英国。但到战争结束时，已有50万军队投入到与奥斯曼土耳其的战争，埃及成为一战期间英军规模最大的海外基地。英国对土作战主要集中在四个区域，虽然在四个区域行动的时间时有交错，但仍可粗略地按照时间顺序进行排列——美索不达米亚、加里波利、西奈半岛、阿拉伯半岛。土耳其和俄国之间的战争已经在有关东线战场的第9章中涉及了。

虽然英国在美索不达米亚（现在的伊拉克和伊朗的一部分）的行动最终取得了胜利，但起初英国内部的意见并不统一，而且也没有明确的目标。一般认为英国在美索不达米亚的行动是为了保护位于波斯湾顶部阿巴丹（Abadan）的炼油厂。毫无疑问，这是原因之一。但事实上英国在当时出手干预主要是出于以下考虑：向土耳其证明英国可以对奥斯曼帝国的任何部分发动进攻；鼓励阿拉伯人支持英国；维护英国在波斯湾的利益，这里被看作是防御印度的一个外围阵地，不管有没有阿拉伯人的支持都要归属于英国。石油问题刚才已经提到了，但事实上石油供应主要掌握在对英友好的酋长手中，而且英国还可以轻而易举地从美国手中获得石油，因此这一因素也就显得没那么重要了。

伦敦主动挑起干涉——从后来发生的一系列事件看这非常有讽刺意味。印度陆军（主要由印度部队组成，但由英国军官和部分英国营作为补充"强化"）的两个师已经跨过波斯湾被运往欧洲西线战场作战。在内阁的坚持下（但令驻印度总督哈丁爵士恼火），第6师（蒲那师）的一个旅被派往波斯湾。该旅于10月23日抵达巴林港外待命。与土耳其的战争爆发时，他们即受命在护航舰队的护送下前往阿拉伯河口，进而占领阿巴丹。

与英军作战的奥斯曼陆军第35师和第38师并非精锐；土军最好的军队都集结在更靠近君士坦丁堡的地区。这两个师各有大约5,000人，并装备32门轻型火炮。土军几乎没有军队驻守在波斯湾顶部，英军轻松完成登陆后继续前进，直到产油区以北两英里处。阿巴丹的安全得到保证。

300 此时，第6师余部也已经抵达，其指挥官巴勒特（Arthur Barratt）将军得到新的命令。为更好地确保巴林的安全，他奉命占领巴士拉。对英军来说这也并非难事。根据情报，奥斯曼土耳其正从巴士拉撤退。巴勒特迅速派出几个营的兵力，1914年11月21日，巴士拉落入英军之手。

此时，给英国的美索不达米亚政策造成困难的因素开始显现出来。夺取巴士拉是为了保护阿巴丹；位于河上游30英里，底格里斯河和幼发拉底河交汇处的克尔那（Querna）现在又成了保护巴士拉的关键。英军向北派出了一支部队。克尔那的 1,000 名守军于 12 月 9 日投降，与其说这是因为英军指挥官锐意进取，倒不如说是当地的奥斯曼土耳其军官无能。

另一个限制英国的长期因素也在克尔那显现了出来。洪水会把整个两河流域变成巨大的洪泛区。但是英军几乎没有水上运输工具。他们只有少量可以运输一小队士兵和两门 18 磅炮的小型炮艇。而且，虽然到处都是水但又不深。看来唯一的办法是使用数百个当地的小独木舟。每个独木舟能容纳大约 8 名士兵，他们既要划桨又要作战。英国军队中第一次（当然也是最后一次）出现了独木舟运输步兵的奇特现象。

当英国人为下一步筹划时，奥斯曼土耳其也在为重夺巴士拉做准备。土军在纳西里耶（Nasiriyah）集结了一支杂牌军，开始向目的地挺进（或者说跋涉），结果遭遇惨败。由于事先得到了土军计划的准确情报以及来自印度的 1 个师兵力的增援，英军向土军发起进攻。3 月份，经过 3 天的战斗土军被瓦解，他们损失惨重并向纳西里耶方向撤退。缺乏运输工具的英军无法继续追击，幸存的土军还能择日再战。

土耳其策划了更具威胁的行动——但不是在美索不达米亚，而是在苏伊士运河地区。从法律上讲，运河区穿过的埃及仍然是奥斯曼帝国的一部分，但实际上已经在埃及总督的统治下实行半自治，自 1883 年以来被英国控制。运河区的防务也就由英军埃及总司令约翰·马克斯韦尔（John Maxwell）将军负责。他手里掌握着一支约 3 万人的印度军队。另外，从 12 月起一支本应前往英国的澳新军团特遣队因为装备繁多在埃及训练。一支土耳其军队已经为进攻运河准备多时。到 1915 年 1 月，土军在贝尔谢巴（Beersheba）地区集结了 2 万名士兵、1 万头骆驼和一些驳船，这支队伍名义上由杰马尔帕夏指挥，而实际的控制 301
者是赫赫有名的弗里德里希·克雷斯·冯·克雷森斯泰因（Friederich Kress von Kressenstein）将军。这支军队的组织与在巴士拉的那群乌合之众相比简直有天壤之别。为穿越沙漠，土军认真准备了充足的水和食物。为了躲避英军的侦察和高温，他们选择夜间行军。在周密高效的组织下，土军以良好的状态顺利抵达了运河地区。

但当土耳其人抵达运河后很快就发现，只有良好的组织是不够的。防守部队沿着平均 150 英尺宽的运河两岸挖好堑壕严阵以待。运河上穿插有一些更宽的湖泊，但是由英军的小型炮艇控制。土军不得不爬下陡峭的河岸，并尝试派出他们数量有限的小型船只。他们根本没有任何获胜的可能。大多数驳船在还没下水之前就被英军的步枪和机枪击穿。到2月4日战斗完全结束，英国人突然发现土军已经有秩序地退回到了贝尔谢巴。土耳其原本指望埃及人奋起反抗英军，但这种情况没有发生。到1915年6月，克雷斯的军队从西奈半岛撤退，转而支援加里波利。苏伊士运河安全了。

英军没有尝试追击土耳其军队。因为他们机动性不足，而且无法为穿越100英里的沙漠储备足够的水和食物，也没有足够数量的骆驼，因此双方在西奈半岛暂时形成了僵局。

当美索不达米亚的早期行动正在进行，土耳其对苏伊士运河的进攻正被击退时，英国海军大臣温斯顿·丘吉尔想方设法动用海军影响陆上战局。但由于两方面的原因，他提出的一系列方案均未成行。首先，丘吉尔的海军顾问们认为他的方案会使英国大舰队的舰艇在遍布水雷和鱼雷的水域面临威胁；其次，陆军部及其难对付的长官基奇纳勋爵坚持认为不会使用任何军队在任何地点登陆。[1]

1915年1月，丘吉尔把目光投向了奥斯曼土耳其。一支英国舰队正在守卫达达尼尔海峡的入口，丘吉尔向海军上将卡登施加了巨大压力，尽管卡登很不情愿，丘吉尔还是迫使他同意尝试进攻达达尼尔海峡。他的计划是，在行动中
302 只使用那些不足以在北海与德国现代化海军作战的老旧军舰。这一方案可以在很大程度上平息海军的反对声音。由于不动用士兵——也可以让陆军满意。所以当1月13日他带着这份方案来到隶属内阁、负责监督英国战争事务的军事委员会时，军事委员会表现出极大兴趣。他们设想这些军舰可以摧毁奥斯曼土耳其的堡垒，直抵君士坦丁堡，威慑土耳其并迫使其退出战争。

但结果是，只靠军舰发动进攻的行动以惨败而告终。丘吉尔也因此遭到指责，但事实上，海军部的顾问们为他提供的建议堪称拙劣。这些人本应该清楚地意识到这些旧军舰上的大炮太过陈旧，其精度根本不足以打击土军要塞（以

[1] 关于这一时期，参见 Robin Prior, *Gallipoli: The End of the Myth* (New Haven, CT and London: Yale University Press, 2009), chapter I。

及要塞里的大炮）。[2] 而且，即便可以清除土军炮火，海军部也几乎没有考虑如何排除同样可以为海峡提供保护的水雷区。卡登可用的排雷部队只不过是由渔民驾驶的北海拖网渔船，他们行动迟缓，甚至无法穿过达达尼尔海峡的湍流到达雷区。两周后，虽然海峡入口处的一些大炮被清除了，但完成这一任务的并不是军舰，而是海军的登陆部队，水雷则依然没有被排除。

这次无关痛痒的行动使丘吉尔催促卡登在 3 月 18 日动用他所有的军舰发动大规模进攻。卡登打算逃避，把任务交给了他的副手德罗贝克（de Robeck）。英军的大规模行动没能摧毁土军的要塞和水雷，却使英法舰队三分之一的军舰或沉没或因遭到水雷和火炮打击而丧失战斗力。这次失败标志着丘吉尔海军冒险计划的终结。其实海军部和军事委员会内部之前就有人主张由海陆军联合执行这次任务。现在德罗贝克也在声明中表示单凭海军无法取得胜利。

虽然一开始有人呼吁在海军发动攻击时不使用陆军，但毫无疑问，伦敦的决策层现在把整个行动的重心转移了。仅仅几周之前陆军大臣基奇纳还声称没有军队能够用于对土作战，现在在他领导下开始快速寻找兵力。几天内，英军
拼凑了一支部队：包括在埃及训练的澳新军团中的 1 个半师；英军第 29 师；战 303
前组建的最后一支正规军，由大舰队过剩的水手组成的皇家海军师（RND）；法军也派出了 1 个师，以便在取胜后分享战利品。这支部队总兵力约 8 万人，被认为足以推翻奥斯曼帝国。所以，1915 年 3 月底，英国开始准备把在加里波利的行动转变成一场海陆军联合行动，并在 4 周后实施了第一次登陆（地图 11.1）。

奉命指挥的是伊恩·汉密尔顿（Sir Ian Hamilton）将军，他在南非战争（英布战争）中是基奇纳的参谋长，自大战爆发以来，担任没有威望的英国本土陆军总司令一职。

汉密尔顿被派往达达尼尔海峡后恰好目睹了海军进攻的失败。他很快制订了陆军登陆计划。这份计划很大程度上是由加里波利半岛的地形决定的。沿爱琴海一侧崎岖的海岸几乎没有海滩，可以进行登陆的最明显的两个地点——靠近伽巴帖培（Gaba Tepe）的布赖顿（Brighton）海滩和位于加里波利半岛颈部的布莱尔海滩——都有土军重兵把守。可供选择的只剩下位于加里波利半岛底部

[2] 关于这一点，参见 “Report of the Committee Appointed to Investigate the Attacks Delivered on the Enemy Defences of the Dardanells' Straits” (London: Naval Staff Gunnery Division, 1921), p.78. 这一报告通常被称作米切尔报告。

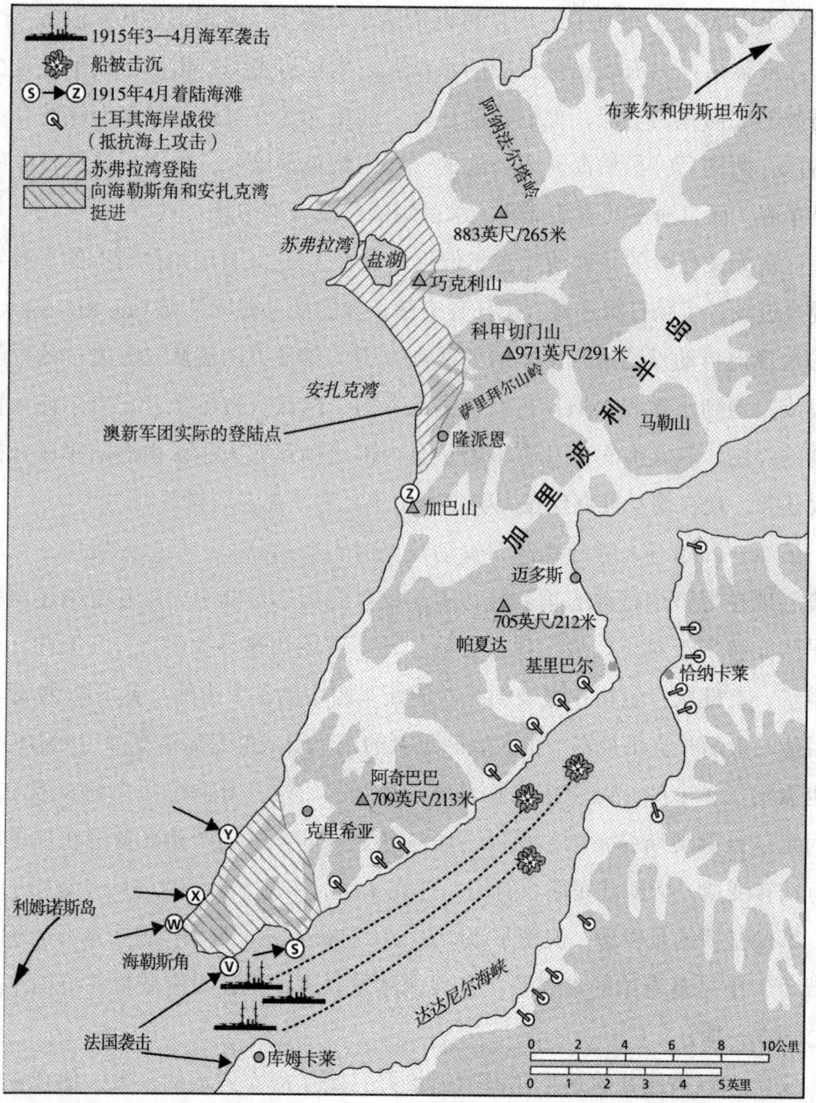

地图 11.1 加里波利战役

海勒斯角（Cape Helles）附近的一些小块海滩以及伽巴帖培北部的一段较窄的海滩。英军很快证实，在任何一块海滩上都无法完成所有部队的登陆，因此汉密尔顿决定在不同地点实施登陆。澳新军团在伽巴帖培以北登陆，第 29 师在海勒斯角附近的五块海滩登陆。他们将在军舰炮火的支援下向加里波利半岛北部进发，而澳新军团穿过半岛以防止土耳其援军增援海勒斯守军。为了迷惑土军，皇家海军在布莱尔、法国海军在亚洲海岸的库姆卡莱（Kum Kale）分别展开佯攻。

这个计划表现出一定的想象力。汉密尔顿希望通过在6个不同的海滩登陆来迷惑土军防御，并趁其顾此失彼时迅速推进。但该计划也存在弱点。在海勒斯，两支规模较大的部队会在Y和S海滩登陆，而主登陆会在位于侧翼的X、W和V海滩实施。只要Y和S海滩的登陆部队稍向前进攻，就可以轻易消灭在主登陆点对面的土军。但这个很有希望成功的方案却被汉密尔顿和他的参谋人员否决了。在Y和S海滩登陆的部队得到的命令是原地等待与在南部登陆的主力部队会合。也就是说登陆后他们要留在原地等待南部登陆的成功。他们本来可以为主力部队的登陆做出更直接的贡献，但是并没有。这一疏忽对登陆当天 304
的局势产生了令人沮丧的影响（地图11.2）。

在北部，澳新军团的目标再清楚不过了——这支部队的任务是穿过半岛，占领马尔泰佩（Mal Tepe）的制高点并阻击南下的土耳其增援部队。但问题是 305
并没有有关澳新军团确切登陆地点的命令，而只是说澳新军团在伽巴帖培北部、渔夫小屋（Fisherman's Hut）南部登陆。两地间大概相距1.5英里。汉密尔顿并不准备下达更精确的命令。伯德伍德（William Birdwood）将军也没有要求澄清。这就像后来执行诺曼底登陆任务的部队被告知在科唐坦半岛（Cotentin Peninsula）和卡昂（Caen）之间的某个地点登陆一样。

协约国采取了很多应急方案来把部队从船上运送到海岸上。在一些海滩，部队被从军舰或者货轮转移到救生艇上，拖网渔船牵引着救生艇直到海水太浅 306
无法继续前行为止。然后救生艇上的士兵自行划桨到岸边。在执行主登陆任务的海勒斯角V海滩，2000名士兵由一艘旧运煤船克莱德河号（*River Clyde*）运送。该船会在赛德埃尔巴尔堡（Sedd-el-Bahr）附近停止航行，船上的登陆部队从船两侧的暗门下船。协约国方面希望主力进攻部队能在土耳其守军投入战斗前就解决战斗。

土耳其能动用哪些部队来对付汉密尔顿组织的登陆行动呢？遭到协约国海军的进攻后，土耳其在加里波利的防御必然得到增强。到1915年3月18日，土耳其决定组建新的第5军（辖两个军团共6个师），由原德国驻土耳其军事代表团团长利曼·冯·桑德斯指挥。防御半岛登陆地点的是土军第3军团的第7师和第9师。第19师将作为中部预备队，可按情势需要派往南部或北部地区。第5师和一个骑兵旅被留在更靠后的位置，保护易受攻击的布莱尔（Bulair）地区。

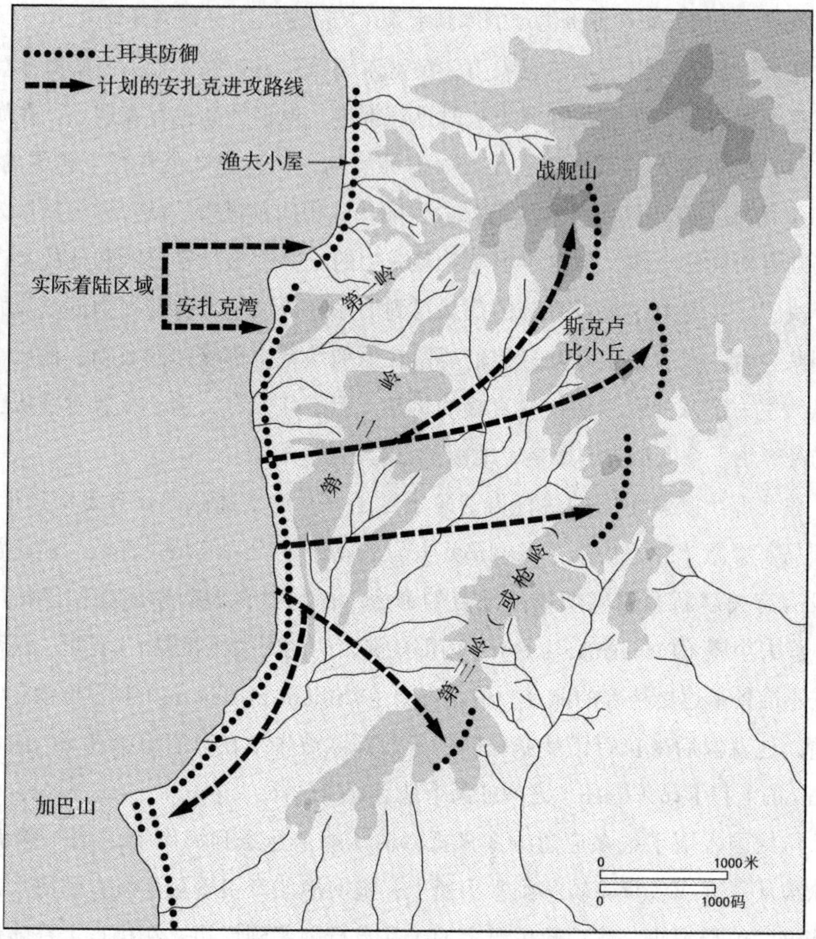

地图 11.2　安扎克登陆区

第 15 军团部署在亚洲海岸，其第 3 师和第 11 师位于靠近主要海滩的位置。到协约国登陆时，土军在半岛或附近地区共有 4 万兵力和 100 门大炮。在亚洲地区也有 2 万步兵和 50 门大炮。海峡防御工事内的移动排炮——共约 60 门炮——也可供使用。

防守半岛的土耳其军队部署在沿着海岸的一个个小型警戒幕中，阵地挖好堑壕，设置铁丝网，阵地上的守军可以清楚地瞭望海滩的情况。这些部署既有优势也有弱点。从莫尔托湾（Morto Bay）到伽巴帖培的大部分海岸都部署着小规模的部队。然而这些负责防守的部队数量少，如果被登陆部队击溃将很难及时组织反击，也没有足够的力量把入侵者赶回大海。

1915 年 4 月 25 日，英军和澳新军团在加里波利半岛登陆（地图 11.3）。尽管英军严重缺乏组织且不称职，但土耳其军队仍没能阻止他们。佯攻的作用令人怀疑；法军在亚洲海岸的登陆没能成功误导土耳其人。结果法军撤退并于 4 月 28 日和英军一起在海勒斯登陆。在布莱尔，海岸附近出现的英国船只引起了利曼·冯·桑德斯的警觉。他让原本可以在澳新军团登陆时与之作战的第 5 师留在这一地区，这常常被认为是协约国佯攻计划的成功之处。但事实上，桑德斯执着 307
地认为布莱尔关系重大，即便没有协约国的佯攻，他仍然会把第 5 师留在这里。

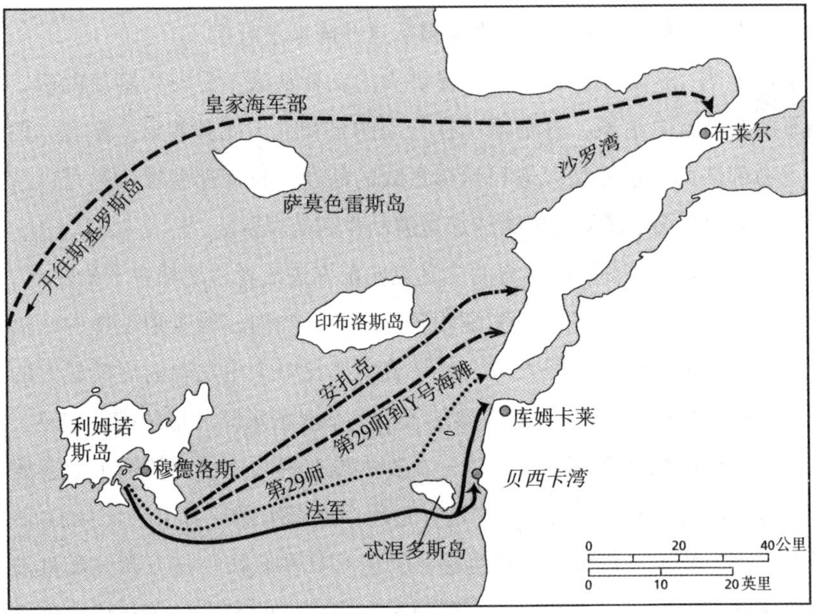

地图 11.3　在加里波利登陆的盟军的进展，1915 年 4 月 23—25 日

登陆部队虽然在海勒斯上岸，但却付出了惨重的代价。英军主力部队在位于半岛最底部的 W 和 V 两处海滩登陆。这里有土军最强大的守备部队（有一些隐藏在赛德埃尔巴尔堡附近的要塞里）和由刺铁丝网以及铁桩构筑起的坚固的海岸防御工事。汉密尔顿对这些情况了然于胸，但按照当时的主流信条，他认为最好的方式就是进攻土军最强的防守部队，而不是采取更间接的方案。因此，整整一天时间内，虽然伤亡不断增加，汉密尔顿仍然向 W 海滩和 V 海滩增

加进攻兵力。克莱德河号在V海滩的行动效果令人质疑。事实证明，从暗门出来的英军成了岸上土军机枪手和步兵绝好的射击目标，到傍晚时，还未受伤的上岸英军还剩大约200人。最后，人多势众的英军占了上风。到26日，英军有12,000人登岸，而这一地区防守的土军士兵只有几百人。

在因这次战役而得名的安扎克湾（Anzac Cove），情况与传说相反，澳新军团在命令中要求的模糊区域内登陆。崎岖的乡间小路和几百名土耳其士兵的顽
308 强防守阻止了澳新军团的快速前进。战场上出现了土军的增援部队。到这一天结束时，土耳其人的防御在一些关键位置，例如战舰山（Battleship Hill）、贝比600阵地（Baby 600）和左侧的乔鲁克拜尔（Chunuk Bair）得到了充分加强。在这场战役中的大部分时间，他们都未被从这些阵地上赶走。

事实证明，在加里波利为步兵提供火力支持从来不是一件容易的事。炮兵对陆军的支持十分有限，这种情况在行动的最初几天尤其明显。毕竟，西线的英军主力部队此时也面临大炮和弹药短缺的问题，只有那些被认为可以从主要战场省出来的军火才能被提供给在加里波利作战的军队。

协约国军队从在登陆中获得的立足点向前推进或者移动都将十分困难。5月19日，土耳其人已经在安扎克湾证明了这一点。当时，君士坦丁堡的政治掌权者们命令土军把入侵者赶回大海。这是整个战役中土军发动的规模最大的攻势之一。土军大约有3万至4.2万人参加了沿整个澳新军团环形防御的进攻。澳新军团几乎没有挖掘任何连续的堑壕，在基本没有炮兵支援的情况下，还要面对至少两倍于自己的敌军。但是，在这一过程中澳新军团发射了至少948,000发轻武器子弹，多数来自机枪。这就足够了。土耳其军队伤亡过万却几无进展。这也说明在没有重炮支持的情况下，即便是轻型武器的炮火对在开阔地进攻的部队来说也是灾难性的。

到5月底，加里波利战役发展成了艰苦的步兵对抗战。所以安扎克湾的澳大利亚和新西兰军队仍像5月19日那样稳稳控制住小环形防线。南部，亨特－韦斯顿（Hunter-Weston）在克里希亚（Krithia）指挥了三次未经慎重筹划的战斗，但只是以高昂的代价换来了一些无关紧要的战果。6月底7月初，海勒斯出现了更有希望的信号。亨特－韦斯顿和法军指挥官吉罗（Giraud）发现通过集中使用炮火并把进攻目标限制在土耳其的一部分堑壕，他们就能够以适当的代价获得一定程度的战果。因此，加里波利半岛出现了“咬住不放”行动，但行动

的两位倡导者很快就返回了国内——亨特－韦斯顿不堪忍受疾病的折磨，而吉罗则是因为严重受伤。与此同时，鉴于伦敦已经决定向加里波利派出新的部队，汉密尔顿要求重新制订计划。

有关向加里波利派遣援军的争论十分激烈，并且此时自由党政府刚刚倒台，被有保守党成员参加、阿斯奎斯担任首相的联合政府取代。这本来很有可能敲 309
响加里波利战役的丧钟，因为很多像博纳·劳（Bonar Law）这样的保守党领导人从一开始就反对这次行动。但官僚政治明显影响了政策决定者，让他们不敢采取行动。不管战役进展多么糟糕，对于新政府来说，他们没有勇气做出“匆忙撤退”的决定。在军事事务上人们再一次认为，继续发动大规模攻势（在当时情况下，或许是“潮水般的攻势”）或许可以获得成功。因此伦敦决定为汉密尔顿派出 3 个师，并承诺如果需要，还会再派出 2 个师。

汉密尔顿现在需要决定如何使用这支重要的增援力量。澳新军团指挥官伯德伍德给出了一个令他满意的方案。伯德伍德的设想是在澳新军团的环形防御周围向北打出一记左勾拳，穿过不易通行但却无人防守的乡村地区，向左快速移动然后夺取 971 高地和乔鲁克拜尔之间的萨里拜尔岭（Sari Bair Ridge）诸高地。再从山岭向下发动进攻，与已经在安扎克湾的军队形成呼应。土耳其军队必将阵脚大乱，然后动用 1 个师的援兵冲向海峡地区夺取各要塞。在联军掌握的防御阵地的配合下，英海军直捣君士坦丁堡，土耳其投降也就顺理成章，或许还能形成一个对抗同盟国的大巴尔干同盟。作为计划的补充，伯德伍德建议应再派出一支部队从苏弗拉湾（Suvla Bay）登陆，把这一相对平坦的地区变成所有在北部的军队的补给基地。

伯德伍德的计划在提出当天就得到认可，7 月又由澳新军团司令和汉密尔顿司令部的参谋发展完善。然而在这一过程中，发生了一些特别的事情。原计划在苏弗拉湾进行一次小型登陆，但按照后来的计划，三个增援师中有两个都要参与这次登陆。这样留给伯德伍德实施左翼进攻的兵力就只剩下了他原有的部队和新到的 1 个旅，但是对这次行动研究越多，人们就愈加觉得伯德伍德需要更多的兵力。最终，他的所有兵力都被用在了夺取萨里拜尔岭。兵团司令部和总司令部都没人意识到已经没有用于穿越半岛和夺取海峡的部队。换句话说，这次进攻的全部目标只剩下萨里拜尔岭。而在萨里拜尔和海峡间还有更多的山岭，所以伯德伍德的计划已经严重缩水，从一场战役的胜利变成仅仅是战术胜利。居然没有人注意这一点。

新战役确定在8月初援军抵达并适应好新环境后打响。不管怎样，当澳新
310 军团沿着沟壑深谷向萨里拜尔诸高地蜿蜒前行时，苏弗拉湾登陆战也于1915年8月6日开始了。

苏弗拉湾登陆由前伦敦塔驻军司令官斯托普福德（Frederick Stopford）指挥的新编第9军团执行。组成第9军团的是第11师和第10师（爱尔兰师）两个师，它们同属于基奇纳在大战爆发时组建的新军。这次行动的计划被严重误读了。其本意是为北部的军队建立一个基地，清除土军部署在澳新军团侧翼的一小部分大炮，一部分多余的部队沿可以瞭望苏弗拉湾的山岭前进，并尽可能支援澳大利亚军队夺取971高地。但是当斯托普福德看到作战计划时，他迅速意识到他的兵力将被完全用于抵挡土军、夺取大炮和占领诸高地上。任何协助澳新军团的想法都是不现实的。

在某些方面，从4月25日起对从苏弗拉湾登陆的组织日益周密。英军特地制造了具备轻装甲和吃水较浅的登陆设备，名为“甲壳虫”，用来把士兵从大型运兵船运到岸上。但在其他方面并没有吸取太多经验。他们没有像在原来的登陆地点那样通过近海侦察对苏弗拉湾地区的航海图进行核对。因此，很多登陆设备因触到图上没有标注的暗礁而受阻，耗费数小时才得以脱险。淡水供给同样出现了问题，在登陆的第一天和第二天，淡水的缺乏严重阻碍了英军向内陆前进。而且他们对土军防御的细节也知之甚少。第一批登陆队伍中的一支甚至为进攻一块无人防守的沙丘浪费了时间，直到在稍远内陆地区真正的土军目标出现才让他们停止进攻这块山丘。而且，他们经过周密部署后才发现，第一天的主要目标——大炮——根本就不存在。运送第10师的运兵船迷了路，这支部队被放在了指定区域对面的位置，和指挥官斯托普福德分开了。

登陆后，情况也没有更顺利。大多数旅的旅长都缺乏主动性，部队行动几乎陷入瘫痪停滞状态。坐镇离海岸不远的皇家海军长寿花号（Jonquil）上的斯托普福德同样如此。汉密尔顿完全专注于安扎克湾的局势，没有注意到苏弗拉湾的英军毫无进展。在登陆9个小时后，汉密尔顿终于出手干预，中断了斯托普福德随意组织的进攻。结果直到8日晚，苏弗拉湾都没有取得任何战果。事实证明这也无关大局。英军在向能够瞭望到海滩的山岭行动时，土耳其军队被
311 打了个措手不及，其组织反击的速度像英军的进攻一样迟缓。当土军在9日大

规模抵达时，英军的防御已经足以打退他们的进攻，并给其造成巨大伤亡。结果土耳其没能把英军赶回大海，而英军也无力夺取对确保基地安全有关键作用的有利地形，最后证明这同样无关紧要。土耳其从未具备足以给基地带来威胁的炮兵资源。英军虽连遭攻击，但还是把基地建了起来，并且一直维持到撤退。尽管英军指挥官在行动中表现消极且英军的登陆混乱不堪，但苏弗拉湾行动仍被证明是协约国在加里波利执行的一次成功的两栖登陆。

在安扎克湾尝试的左勾拳失败了，但从某种意义上可以被描述为“几乎胜利”。开始阶段的确是失败了。英军三队人马在地图没有标注的地区摸黑前行，终于迷路了。只有廓尔喀特遣队（Ghurkhas）* 和一部分新西兰军队移动到了距离山岭很近的位置。第二天，由于土耳其一方的混乱，这两支部队的一些人曾短暂占领两个重要的高点（Q 高地和乔鲁克拜尔），但还是被迅速派往这里的大规模土耳其援军击退。在 Q 高地的战斗中，海军——他们的炮火在支援陆军时几乎不起作用——被指责向廓尔喀开炮，这支部队在遭遇土耳其反击时也确实遭到了本方误伤。但不是来自海军，几乎可以肯定是来自澳新军团的榴弹炮。而且在大量土军进攻的情况下，单以山岭上的廓尔喀军队无论如何都不足以守住 Q 高地。

这两个事件让一些历史学家认为澳新军团“几乎”拿下了山岭，但事实并非如此。这两个高点都容易受到山岭其他高点的炮火攻击。所以澳新军团被击退是迟早的事情。要想拿下山岭就必须夺取所有的高点。澳新军团是否具备完成这一任务所需的足够兵力，即便能够完成是否有足够的给养和武器弹药，这都是十分值得怀疑的。事实就是他们从来没能夺取山岭。8 月的攻势并非功亏一篑，而是彻底的失败。

1915 年的 8 月攻势实际上是在加里波利的最后一次战役。虽然英军又调来了 2 个师，而且又为夺取萨里拜尔部分地区做了一些漫不经心的努力，但军事行动实际上已经结束了。

虽然伦敦讨论了撤退事宜，但却遭到内阁的反对。他们认为，英国的声望无法承受这样的羞辱。事实上英国的声望取决于能否赢得战争，但很多人都清楚战争的胜利并不取决于加里波利。基奇纳在实地考察了半岛情况后也建议撤 312

---

* 尼泊尔雇佣兵。——译者注

军，内阁的阻挠声音才被平息。

剩下要做的是使军队从加里波利抽身。这项工作分别于1915年12月和1916年1月在安扎克湾和海勒斯完成。联军在撤退过程中没有损兵折将，这也成为他们吹嘘自己足智多谋迷惑土军的好机会。难道这就可以掩盖失败吗？对一场进行了8个月的军事行动而言，这点成绩简直太微不足道了。加里波利战役失败了，土耳其能否被踢出战争就要看现在在西奈半岛和美索不达米亚的行动了。

美索不达米亚的情况看上去大有希望。新的部队到来后，一个名为约翰·尼克松（John Nixon）的“钻营者”被任命为指挥官。他手下的部队包括汤曾德（Townshend）指挥的第6师（蒲那）和戈林奇（Gorringe）指挥的第12师。尼克松很快发现，他能得到的这些军队都是他需要的。1915年4月，他收到了来自英印政府的指令，主要任务是占领整个巴士拉省。这远远超出了现在已经控制的范围，向北已经到了纳西里耶。这是总面积达16,602平方英里的区域。更令人担忧的是，下一条指令是让他制订一个夺取巴格达的计划。至于保护石油管道，指令只是偶尔提到。这预示着英印政府，尤其是总督哈丁在美索不达米亚有一个宏大的计划，不过这个计划是什么，尼克松和伦敦可能都不清楚。事实上，英印政府和哈丁希望在战胜后兼并这一地区，然后把这里发展成为适合吸收印度过剩人口的地方。简而言之就是印度的殖民地。西姆拉的次级帝国主义者打定主意一意孤行。

尼克松报告称，他需要更多的畜力运输工具，一条轻轨，装甲车，飞机，大量河流运输工具来完成任务。但当他向伦敦提出这些要求的时候，伦敦还没有意识到他们印度同僚日益膨胀的野心。雪上加霜的是，尼克松是通过普通邮递发送这些要求的。所以当伦敦收到时，没有人意识到这些在他们看来很蹊跷的条件是用来实现英印政府的野心的。所以大多数被否决也就不足为奇了。

与此同时，尽管印度有优先权，但尼克松不得不推迟这些计划，他首先要确保那些遭到阿拉伯部落威胁的石油管道的安全。戈林奇完成这一任务后，尼克松才准备进攻。他的第一个目标是距离巴士拉60英里的阿马拉（Amara）。
313 5月，汤曾德的部队由小舟运送，在3艘吃水量较浅的炮舰护送下出发，6月3日，阿马拉守军投降。紧接着尼克松发兵纳西里耶，在他的命令末尾出现了不祥的预兆，命令提到，如果能够夺取约120英里以外并不在巴士拉省的库特阿马拉（Kut-al-Amara），那么纳西里耶的安全可以得到更好的保障。

和在巴士拉和阿马拉一样，英军轻而易举攻下纳西里耶。毫无疑问，这些轻松的胜利鼓励了尼克松尝试攻下库特阿马拉，在他看来这是很有“战略必要”的。印度事务大臣奥斯丁·张伯伦（Austen Chamberlain）不情愿地批准了他的行动。但是他并没有意识到，英印政府只是把库特阿马拉看作是夺取巴格达这个终极大奖的中间站而已。

问题很快出现了：率军前往库特阿马拉的指挥官反对整个计划。汤曾德认为，加里波利战役悬而未决，应该巩固美索不达米亚的战果。他很清楚自己的部队长期缺乏水上运输工具，这可能对他控制纳西里耶造成威胁，更不用说沿河继续前进了。但不管怎样，他不得不执行命令。8 月 28 日，汤曾德率军出发，这一次没有使用小舟——因为旱季已经到来——但是要在 116 华氏度的高温下行军。

而且，土耳其军队正在恢复。他们派来了 2 个师增援，总司令努尔丁帕夏（Nureddin Pasha）已经在离库特阿马拉 7 英里处的河两岸都挖好了坚固的防御工事。

汤曾德对攻破土军防御工事持典型的悲观态度。但是英军用一个聪明的计划成功骗过了土军，使土耳其人错误地把兵力和炮火都集中在了河岸的一侧，而汤曾德的主力却在河的另一侧发起进攻，英军获胜。经过激烈战斗，9 月 28 日汤曾德发现土军已经撤退。伤亡对比方面，土军损失 4,000 人，而汤曾德的部队只有 94 人战死。英军沿河缓慢追击到离巴格达 60 英里处。但由于追击行动过于迟缓，土军主力再次逃脱。

现在的问题就是巴格达了。汤曾德和陆军部反对进攻巴格达。但是不久之后当英军从加里波利撤退已成定局，伦敦决策者们改变了主意。到 10 月，外交大臣（格雷）提出在美索不达米亚的胜利可以冲淡加里波利的失败。显然内阁无法达成明确的决定，所以他们批准了对巴格达的“突袭”，而不管结果如何。

与此同时，尼克松仍然无忧无虑地沿河前进。这令印度总督很满意。他批准了夺取巴格达的行动，条件是尼克松的兵力足够强大，而且承诺会在适当的 314
时间增加 2 个师作为支援。因此，11 月 14 日汤曾德开始行动。他在古亚述都城泰西封（Ctesiphon）击败了一支土耳其军队，但意义并不大。由于部队本就脆弱的物资供应链已经难以为继，因此，虽然巴格达已经近在咫尺，汤曾德毫不犹豫地下达了撤退命令。他要撤退到能够确保获得充足给养的地点——其实就是撤回到他的出发地，库特阿马拉。12月4日，汤曾德率部抵达库特阿马拉并宣布——不是没有原因的——他的部队已经疲惫不堪。他们将固守库特阿马拉，如果遭到土军包围（很快就发生了）就等待援军。包围一直持续到1916年5月。为打破包围，尼克松进行了三次并不充分的努力，但都以失败而告终。汤曾德的宣传攻势把遭遇包围的责任推给了他的上司。英军弹尽粮绝，这就意味着投降已经成了唯一选择。最终，英军第6师13,000人被俘。本人并没有过错的汤曾德获得了优待，被安排在马尔马拉海的一个小岛上，生活相对舒适。但他的部下就没有那么幸运了。德国人对集中营里的犯人实行过“死亡行军”，而在此之前几十年土耳其人就对库特阿马拉的英国战俘执行了相似的政策。大约1万英军从库特阿马拉出发，穿越炙热的沙漠，土耳其人似乎故意忽视了沙漠恶劣的条件，大多数英国士兵死在了路上。这次行军其实没有目的地，沙漠是他们唯一的归宿。这一事件使土耳其成为20世纪第一个实施大屠杀政策的国家，它同时也发明了向死亡进军这种形式。

对库特阿马拉的失守，英国政府迅速做出反应。尼克松被免职，莫德（Stanley Maude）成为继任者。他手上有4个满员师——共计5万人。英国人对低效、破败的巴士拉港进行了重新组织。河运运力由每天450吨增加到每天700吨。12月，莫德率领新的部队向库特阿马拉进发。英军装备精良，情绪饱满，但他们取胜的真正功臣是炮艇，其炮火迫使土军仓皇撤退。1917年1月，英军重返库特阿马拉。

即便后勤状况得到极大改善，英军给养还是消耗殆尽，迫使他们暂停行动。但3月份再度得到补给后，英军就势不可挡了。他们太过强大，在这一地区土军根本没有军队可以与之匹敌。3月9日，英军占领巴格达。

美索不达米亚战役剩下的部分就有些平淡无奇了。莫德派兵进攻巴格达以
315 外的其他地区，但是土耳其已经缓过神来并进行了坚决抵抗。11月中旬，莫德死于疟疾。但他的工作实际上已经结束了。埃德蒙·艾伦比将军在巴勒斯坦的行动是现在的重点，而且美索不达米亚的行动在1918年停顿了下来。在停战协定正式缔结前的11月份，英军保卫摩苏尔（Mosul）时又在美索不达米亚进行了一次行动。但仅此而已。自从重心转移后，这里已经不再引人关注。

正是巴勒斯坦局势降低了美索不达米亚的重要性，但不得不说的是，这个

过程花了很长的时间。土耳其进攻苏伊士运河失败后，英军谨慎地进入西奈半岛。克雷斯试图将英军赶出去，但 1915 年 8 月在罗马尼（Romani）遭到毁灭性失败。现在的问题是，英国在这一地区的政策到底是进攻还是巩固战果？事实上两者兼而有之。马克斯韦尔奉命回国，取代他的新任指挥官是前任总参谋长阿奇博尔德·莫里（Archibald Murray）。莫里谨慎而又理智。他并不急于让英军穿越西奈半岛荒芜的沙漠，然后再因缺乏物资供应而被迫撤退。在这一点上，他和在美索不达米亚的同事们的做法截然相反。所以他坚持铺设穿越沙漠的输水管道，铁路以及简易通电公路必须与穿越西奈半岛的行动同步进行。这些建设都需要时间。到 1916 年 12 月，英军仍然在西奈半岛的埃尔阿里什（El Arish）附近，与他们配合的是两支强大的骑兵部队，沙漠纵队和澳新骑兵师。事实上，这两股力量在埃尔阿里什的行动中扮演了重要角色，这次行动也见证了土军被赶出埃及。

下一个目标是加沙（Gaza），这是土军防御南部巴勒斯坦的重镇。莫里为第一次加沙战役制订的计划颇具想象力。英军从正面进攻的同时骑兵部队从侧翼进行包围。1917 年 3 月 24 日行动开始时进展顺利。骑兵将其作用发挥得淋漓尽致，并且已经抵达加沙以北地区。但是情报失误让骑兵误以为正面攻势遭遇失败（其实并没有）。结果，骑兵部队撤退，土军仍牢牢控制着加沙。

在伦敦，内阁对这一结果并不满意并敦促莫里再战。莫里以缺乏支援和大炮为由进行拖延，但政治压力还是起了作用。第二次加沙战役于 4 月 17 日开始，英军使用了少量的坦克和毒气——这种武器第一次在欧洲以外地区使用（由于毒气在沙漠高温中扩散更快，因此并没有发挥作用，土军甚至没有意识到英军使用了毒气）。英军这次行动的计划毫无创意可言。3 个师从正面进攻加沙，没 316
有取得任何进展。英军损失达到 6,500 人，而土军的损失只有英军的三分之一。莫里的任务结束了。他证明了自己是一个出色的管理者，但却是一个糟糕的将军。劳合·乔治希望扬·史末资（Jan Christian Smuts）取代他，但这个南非人拒绝了，最后上任的是当时正在西线指挥第 3 军的艾伦比将军。事实证明这是个明智的决定。

艾伦比很快发现，在亚喀巴（Aqaba）的英军西奈半岛基地，他有一位精力充沛甚至有时会带来麻烦的助手。此人便是劳伦斯和他的阿拉伯军——名义上由汉志的谢里夫·侯赛因（Sharif Hussein）指挥。在英国人的引诱下，侯赛因从1916年开始参加了对土耳其的战争。侯赛因曾与英国驻开罗的高级专员亨利·麦克马洪（Henry McMahon）有过书信交流。虽然通信内容晦涩难懂，但表面上看，英国向侯赛因许诺了现在叙利亚和阿拉伯半岛周围的一些土地以换取侯赛因的支持。当时作为阿拉伯局（Arab Bureau，位于开罗）成员的劳伦斯的鼓励也促使侯赛因乐于效劳。19世纪起阿拉伯民族主义日益高涨，对土耳其统治的幻想也逐渐破灭。

1916年6月5日，阿拉伯人在汉志掀起了反抗土耳其统治的起义。土耳其在这里只有1个师的兵力，侯赛因和他的4个儿子——最著名的是费萨尔（Feisal）——几天内就夺取了麦加。逐渐在阿拉伯半岛取得领导地位的费萨尔随后包围了麦地那，虽然他的军队人数众多，但军纪涣散且缺乏武器装备，因此并没能拿下麦地那。

回归后的劳伦斯充当了类似费萨尔的参谋长的职务，这改变了费萨尔军队行动的指挥方式。劳伦斯采取了双重战略。他只允许足以对抗土耳其军队的物资通过汉志铁路运送给费萨尔的军队，但这些物资并不足以使其强大起来。这样可以在劳伦斯和费萨尔率军队沿岸边向北部亚喀巴进军时，把土军尽可能多地限制在汉志。劳伦斯明白，如果阿拉伯人要获得麦克马洪可能已经许诺给他们的土地，那就很有必要尽快与巴勒斯坦的英军完成对接。劳伦斯之所以这么认为，是因为他已经了解到英国和法国达成的另一项有关中东的协议，即1916年5月的《赛克斯－皮科协议》（Sykes-Picot Agreement）。按照该计划，法国将在叙利亚和黎巴嫩居于优势地位，而英国将成为巴勒斯坦、约旦、美索不达米亚和波斯湾的主导力量。很显然，如果这一协议付诸实施，那么对于已经获得
317 英国承诺的阿拉伯各政权来说，空间就很有限了。劳伦斯认为，确保阿拉伯人实现自己目标的最好办法是由他们自己占领大马士革、阿勒颇和霍姆斯这些关键城市。

劳伦斯实现了他的第一个目标。获得英国物资的阿拉伯军队在皇家海军的支援下沿红海海岸前进，并于1917年7月6日占领了亚喀巴。至于第二个问题就看新上任的艾伦比如何解决了。

艾伦比的到来极大地提振了英军士气。他与部队保持紧密联系，并确保有足够的时间为第三次进攻加沙－贝尔谢巴（Beersheba）做准备。这一次的进攻方案显示出一定的想象力。虽然会对加沙进行正面进攻，但这只是佯攻。与此

同时，骑兵部队将通过突袭夺取贝尔谢巴和宝贵的水井。随后英国陆军从中右发动总攻，在席卷从加沙到贝尔谢巴的土军防线的同时，骑兵部队切断土军所有的逃跑路线。艾伦比总共掌握 7 个步兵师、3 个骑兵师和 300 门大炮。英国向中东派出新型战机后他还拥有了制空权。

行动从 1917 年 10 月 31 日开始。澳大利亚轻骑兵团奋力冲刺，夺取了贝尔谢巴的水井，保证了从中右进攻部队的淡水供应，后者同样不费吹灰之力完成了任务。对加沙的进攻开始于 11 月 1 日，并取得了意想不到的胜利。虽然按照计划实施的是佯攻，但实际上击垮了整个土耳其防线的侧翼，迫使土军全线撤退。在右翼，土耳其的反击被打退，但是由于淡水供应出现问题，骑兵没能切断土军的退路。虽然进攻仍在继续，但速度有所放缓。到 11 月 16 日，英军平均前进了 50 英里，耶路撒冷也已进入他们的攻击范围。

耶路撒冷成了艾伦比的难题。英军不可能对这座三大主要宗教的圣城进行轰炸。艾伦比设计了向城东进行包围的行动，但土军的防御异常坚固，英军进攻被打退。对西部包围的尝试获得了成功。拥有 1.6 万人的土军防御部队第 7 军虽未被完全击溃，但英军的打击大挫其士气。因此，12 月 8 日这支潜在的强大战斗力量从耶路撒冷撤退了。12 月 11 日，艾伦比脱帽徒步进入耶路撒冷成为佳话。劳合·乔治让信奉基督教的英国人占领耶路撒冷的自私愿望实现了。

冬天的到来让这一地区趋于平静，英军需要休整和补给。常规行动因此暂 318
时停止。劳伦斯继续发动突袭，给土耳其军队制造麻烦。其中最引人注意的一次是对耶尔穆克铁路大桥（Yarmuk railway bridge）的进攻，但是以失败而告终。尽管如此，劳伦斯组织的行动确实把相当数量的土军拖在了约旦河以东地区，使艾伦比能够在巴勒斯坦继续完成主要任务。虽然劳伦斯的贡献被过分夸大了（主要是被他自己），但毫无疑问他在土耳其撤退中发挥了重要作用。

在耶路撒冷，艾伦比开始计划 1918 年的行动。但一些因素使他的计划被推迟了。首先是英军夺取约旦东部重要枢纽安曼的行动未能成功，但这至少让土耳其把更多兵力从海岸地带（艾伦比一直希望从那里发起最后一击）集中到这一地区。另一个因素是法国的局势。1918 年 3 月 21 日，鲁登道夫发动了总攻的第一场战役，艾伦比不久被要求派兵去阻止德军攻势。3 月 23 日，艾伦比向西线派出 3 个师，当有了运兵船后又派出了炮兵部队和更多陆军。除了意义不大的几次小规模突击行动，英国在巴勒斯坦的主要行动停止了 4 个月。

事实上，英国直到1918年9月19日才在巴勒斯坦发动了新一轮的大规模战役。大部分土耳其军队都被吸引在约旦以东地区，艾伦比沿海岸发动了进攻。他的部队战斗力极强。英军有步兵3.5万人，骑兵9,000人，并在只有15英里的前线布置了383门大炮，而对面的土军兵力只有1万人，另有130门大炮。战役开始前，英国皇家空军发挥了重要作用。连续轰炸后英军切断了从北部到巴勒斯坦的所有铁路交通，使土军无法增援。英军取得了毫无争议的大胜。炮火轰炸阶段，英军每分钟向土军阵地发射1,000枚炮弹。步兵在美吉多（Megiddo, ancient Armageddon）附近突破土军防线，骑兵这次也包围了试图逃跑的土军。到9月21日，土耳其第7、第8军全军覆没。意识到胜利已经唾手可得的艾伦比决定一鼓作气。10月1日，澳大利亚轻骑兵团进入大马士革，劳伦斯的阿拉伯军队紧随其后迫不及待要夺取自己的应许之地。随后的战事波澜不惊，英军对溃不成军向阿勒颇逃窜的土耳其军队展开追击，10月26日，不发一枪就拿下
319 该城。停战谈判于同一天进行，10月31日，双方缔结停战协议。英军取得了对土战争的胜利。

对这场战争的一致看法是，这是一场本不该打的战争；从更长远来看，因为中东局势的不稳定，西方得不偿失，而如果让奥斯曼土耳其帝国顺其自然，中东局势或许可以好些。虽然这种观点得到了广泛认同，但是仍有值得怀疑之处。显然在谁会控制奥斯曼土耳其各继承国的问题上，西方列强的表现表里不一。它们一面向劳伦斯的阿拉伯人承诺了一个领土解决方案（在麦克马洪－侯赛因通信中承诺把叙利亚、黎巴嫩可能还有巴勒斯坦给阿拉伯人），一面又按照自己的利益行事。劳伦斯和费萨尔很快发现，《赛克斯－皮科协议》让对阿拉伯人的承诺变得毫无意义。法国将统治叙利亚和黎巴嫩，英国控制巴勒斯坦，事实上还有伊拉克，虽然费萨尔会是名义上的统治者。为满足阿拉伯人的要求炮制的新国家外约旦（Transjordan）实际上也在英国的控制下。西方列强确实把汉志给了侯赛因，但他在那里统治的时间也很短。经过1919年至1925年的持久战，伊本·沙特（Ibn Saudi）把侯赛因赶出了汉志，并建立了新的沙特阿拉伯王国。与此同时，1917年的《贝尔福宣言》（Balfour Declaration）进一步搅乱了局势，因它一面承诺犹太人在这一地区建立民族家园，一面又保证阿拉伯人的领土权利，这是一个充满诡辩而无法履行的法案。

我们不禁要问，还有什么能比这些行为更容易酿成更大的动荡呢？答案是

还有很多。1914 年，奥斯曼帝国已经日薄西山。毫无疑问，即便没有第一次世界大战，它也会在短时间内走向崩溃。结果可能是出现一批与西方列强制造出来的国家不同的继承国。当然也无法确保这些继承国就一定能够稳定、民主、彼此和平共处。毫无疑问，中东仍会陷入动荡，只不过与我们今天看到的局面不同而已。而且，随着战后这一地区发现丰富的石油资源，以及西方列强的经济越来越依赖石油，中东迟早会把它们吸引到这里。

最后，我们很难为奥斯曼帝国的崩溃感到惋惜。这是除了非洲的独裁者第一个在 20 世纪纵容大屠杀行为的国家，第一个仅仅为了杀死俘虏而让他们在沙漠中行军的国家。而且，甚至在战争刚刚结束后开明的凯末尔时代，就有超过 100 万希腊人被逐出土耳其。简而言之，这不是一个让曾经生活在它统治下的人 320
回忆起来时能够感动得泪眼蒙眬的政权。除非德国获胜或者两大阵营达成妥协的和平，抑或土耳其转化为一个依附于获胜的帝国主义德国的激进共和国，否则自 1918 年之后，奥斯曼土耳其帝国就不可能再存在于这个世界上了。

321

12 海战

保罗·肯尼迪

在20世纪20年代末期，一场酝酿已久的争论终于公开爆发，令公众疑惑的是，英国海军的退休将军、海军史家和报纸编辑们都在为一个最令他们困扰的问题争论不休。这就是：海军的作用为什么没有在第一次世界大战中赢得更高的声望；更具体的是，为什么1916年的日德兰海战没能像1805年纳尔逊在特拉法加战役击溃法西联合舰队那样彻底打垮德国海军？这场辩论的参与者们都是A.T. 马汉（A.T.Mahan）的信徒，看重“海权对历史的影响”，认为其他因素都无足轻重。这是事关存在意义的讨论，尤其是它提出了一个有关大型舰队在现代技术导向型战争中的前途的棘手问题。如果它们没能赢得日德兰海战，那么存在的意义是什么呢？

不论当时还是现如今，问题是所有这场激烈辩论的参与者，以及后来的海军史家们都没能提出（进而说明）一个真正重要的问题，即与法国大革命/拿破仑战争和第二次世界大战时期发挥的伟大的、无可争议的巨大作用相比，海权在第一次世界大战中发挥的作用为何如此有限呢？纵观历史，自1789年以来人类见证了三次全球性的、越来越接近总体战的大规模战争，在第一次和第三次中，强大的海军都发挥了至关重要的作用。那么为什么在第一次世界大战战局的发展过程中海军仅仅居于次要地位呢？这就是本章试图解答的谜题。

对于1793年至1815年那场史诗级的战争，或许拿破仑本人概括得最为准确，他不无苦涩地说道：“不管我走到哪，英国海军总会挡在面前。”当然，他最终还是败于陆地上的莫斯科、西班牙半岛、莱比锡和滑铁卢。但在当时，远在马汉普及海权这个词之前，人们就已经感受到了它对历史的影响。[1]1794 年“光荣的 6 月 1 日海战”（Glorious First of June）中法国海军就遭到了打击，之后再也没能在至关重要的西部航道或者英吉利海峡与英国争斗。在 1797 年的圣文森特角（Cape St Vincent）海战中，纳尔逊才华横溢，英国海军对法西联合舰队的战术优势十分明显。他在 1798 年尼罗河口海战中的成就——派出最重型军舰中的 6 艘从靠近陆地一侧的浅水区进攻抛锚的法国舰队，与此同时从向海的一侧发起进攻——无人能及。一年前，邓肯（Adam Duncan）在坎珀当战役（Battle of Camperdown）中彻底打垮了荷兰海军这个更加强悍的对手。随后，皇家海军控制了波罗的海，1801 年，英国在哥本哈根摧毁了丹麦海军，这还多亏了一只眼睛失明的纳尔逊无视命令。1805 年 10 月，英国海军迎来了最伟大的时刻，它在特拉法加彻底击败了法西联合舰队，把它的海洋霸权延伸到地中海、西印度群岛、菲尼斯特雷（Finisterre）沿岸和东部海域。这就是为什么坐落着独臂将军纪念柱和将军雕像的特拉法加广场时至今日仍然是伦敦最有吸引力的中心。纳尔逊的军事才华能够在长达一个世纪的时间里令后世的海军将军们敬畏也就不足为奇了。 322

第二次世界大战把海权的重要性展现得更加淋漓尽致。如果大同盟（Grand Alliance，丘吉尔的表述）没有竭尽所能地控制住大西洋、地中海和太平洋，那么最终击败日本、意大利和德国这三个侵略国家是不可想象的。斯大林的农夫大军可以在特定条件下抵抗侵略，但单靠他们自己是不可能打败轴心国集团的。只有当纯粹的陆上作战获得大规模海军力量支援后，这一任务才可能完成。大西洋战役中的胜利至关重要（主要由英国皇家海军完成），这是持续时间最长的战役，不管是北非、地中海还是最后在诺曼底登陆的胜利都有赖于这场战役。由于太平洋和东亚地区独特的地理特征，1941—1945 年间在这里进行的大规模行动的结局取决于海空军联合行动：1945 年 6 月，当美国和英国的大量航空母舰抵达冲绳时，（胜利的）信号就已经十分明确了。具有象征意义的是，日本在美军战列舰密苏里号上投降，就像 1815 年拿破仑登上伤痕累累的英国皇家海军

[1] A. T. Mahan, *The Influence of Sea Power upon History, 1660—1783* (Boston: Little, Brown, 1890).

舰艇柏勒洛丰号（*Bellerophon*）向英国人投降一样。[2]

323 从海军角度，我们没有从第一次世界大战中发现可以相提并论的记载。那么我们是否可以就此断言海权在一战中毫无价值呢？当然不是。对依赖海外资源输入的海岛国家而言，海权仍然至关重要；甚至对法国、比利时和意大利这种依靠英国开采或运输煤炭资源的国家也至关重要。显然，海军力量对日本海军影响力向亚洲水域和印度洋的扩张同样十分重要，终于，日本的驱逐舰中队从马耳他的格兰德港（Grand Harbour）出发采取行动。

但如果按照通常进攻式海权表现的标准来衡量的话，第一次世界大战的记录确实非常有限。下文会逐一展现各个方面的细节，不过现在我们就可以从整体上做一简单概括。第一次世界大战中几乎没有大规模的海军行动，即便是最大规模的日德兰海战也不是决定性的。至于两栖登陆行动——不仅是沿海岸进攻，还包括发动大规模、持久地攻入敌人领土的行动——我们能想到的只有1915—1916 年英军远征达达尼尔海峡这个悲伤故事，这或许是自雅典人毁灭性的西西里远征后最耻辱的失败。在保护自己海洋航路或破坏敌人海洋航路方面，协约国喜忧参半，1917 年它们几乎败于德国的 U 型潜艇攻击，直到第二年才战胜了这一挑战。同盟国的经济封锁是一个被严重误解的课题，并且这种误解一直延续至今。如果说在 1914—1918 年世界大战的海军史上有什么值得关注的，那一定是各国海军在敌方海岸的自由行动受到越来越多的限制：鱼雷快艇、潜艇和（或许尤其是）水雷都是造成这种局面的原因。只要他国还拥有战列舰，那就必须保留自己的战列舰，即便如此，它也日益失去了"海上霸主"的风采。

海军均势

1914 年 8 月列强海军的总体均势可以解释很多——虽然不可能是全部——谜题。显然，当时美国的海军还不够强大；只有英国海军的情报机构关注着新世界的动向。由于意大利在大战初期保持中立，奥匈海军（3 艘无畏舰，3 艘准
324 无畏舰，6 艘前无畏舰，7 艘巡洋舰，18 艘驱逐舰，61 至 70 艘鱼雷艇，10 艘潜

[2] 笔者在最新著作 Paul Kennedy, *Engineers of Victory: The Problem Solvers Who Turned the Tide in the Second World War* (New York: Random House and London: Penguin, 2013) 第 1 章（大西洋战役），第 4 章（两栖战争）和第 5 章（太平洋战争）中阐述盟军竭尽全力控制大西洋、地中海和太平洋的不朽意义。

艇，3 艘海岸护卫舰）发现自己没有用武之地，除非英法战舰鲁莽至极，进犯易守难攻的亚得里亚海岸港口；仅仅是封锁那些水域的港口，在整个大战期间实施奥特朗托封锁（Otranto Blockade），这对协约国来说都更有利。[3] 帝俄海军（10 艘前无畏舰，1 艘海岸护卫舰，12 艘巡洋舰，25 艘驱逐舰，72 艘鱼雷艇，22 艘潜水艇，12 艘炮艇）被分成了波罗的海舰队、黑海舰队和远东舰队，这种分割毫无前途，用腓特烈大帝的话说，可谓是“处处不强，处处虚弱”。日本海军（2 艘无畏舰，1 艘战列巡洋舰，10 艘前无畏舰，4 艘海岸护卫舰，33 艘巡洋舰，50 艘驱逐舰，12 艘潜艇）主导着东方的海洋，而且 1914 年 8 月，日本以英国盟友的身份迅速参战，俄国海军也已经不可能在那片海域有所作为。

自 17 世纪末就排名世界第二的法国海军，当时从战略上已经黯然失色。[4] 巴黎投资海军除了维护其帝国财产外，还为了对抗德国（英国可以独力完成），确保意大利不轻举妄动（在新的联盟形成后就没有这个必要了），协助俄国（1914 年 11 月土耳其参战后从地理上不再可行）。法国海军还能参与东地中海的一些行动（加里波利，萨洛尼卡）并且有限地执行反潜艇巡逻任务。但这仍然是一支无用武之地的海军，这与它处于优势地位的搭档——法国陆军——形成了鲜明对比。海军实力的这种对比把事态带回到了原有的样子：英国皇家海军对阵德国公海舰队，双方水面舰艇在北海作战，1917 年之后德国 U 型潜艇与协约国逐渐穿越大西洋执行护航任务的舰艇之间发生战斗。首先，皇家海军占据绝对数量优势，他们拥有 22 艘无畏舰，另有 13 艘在建，9 艘战列巡洋舰，另有 1 艘在建，40 艘前无畏舰，121 艘巡洋舰，221 艘驱逐舰，109 艘鱼雷艇，73 艘潜艇。德国海军几乎在所有对比项上都居于劣势：15 艘无畏舰，另有 5 艘在建，325
5 艘战列巡洋舰，另有 3 艘在建，22 艘前无畏舰，8 艘海岸护卫舰，40 艘巡洋舰，90 艘驱逐舰，115 艘鱼雷艇和 31 艘潜艇。

---

[3] 关于 1914 年各国海军规模的详细数字，可参考 Paul Halpern, *A Naval History of World War I* (Annapolis, MD: Naval Institute Press, 1994)。

[4] 即便它的规模在 1914 年仍是相当可观的：3 艘无畏舰，3 艘准无畏舰，14 艘前无畏舰，28 巡洋舰，81 艘驱逐舰，187 艘鱼雷艇，67—75 艘潜艇，3 艘海岸护卫舰。

海外和欧洲海域的早期行动

本节的六个片段足以展现1914—1915年海军行动是如何收缩化的：协约国早期在海外的战果和胜利；协约国海军日益加强对德军从多佛尔（Dover）、斯卡帕湾（Scapa Flow）和罗赛斯（Rosyth）出入北海的封锁；一支鲁莽的德国舰队沿地中海逃跑，进入博斯普鲁斯海峡的安全地带；在南大西洋海域，德军先是取胜，然后遭到更加令人震惊的惨败；U型潜艇的新时代给英国近距离封锁带来的令人悲伤的灾难性经历，以及德国从海上对约克郡沿岸城镇进行轰炸给英国人带来的震动。虽然有太多的用“戈本号的飞跃”“科罗内尔和福克兰”为标题的单一民粹主义叙事，综合考虑第一次世界大战的地缘政治和海军地形，除了1917年后的大西洋战役外，这种状况一直到1918年11月德国要求停战前几乎没有什么变化。

摧毁和清除德国的海外据点完成得既迅速又彻底，这也没有什么可吃惊的。英国的“新”帝国主义者们，英国各自治领以及它的盟友法国的海军部和殖民地事务部已经被德国的殖民主义困扰30年了。1884年，俾斯麦“第一次争取殖民地”；30年后英法迎来了对这个年轻帝国的清算，当英法两个争吵的帝国已经完成和解并且形成对抗德皇野心的统一阵营时，德国已经完全没有机会了。很少有人认识到海军元帅提尔皮茨在这种地缘政治困境形成过程中发挥的作用，但正是他以坚定的决心反对在海外大规模部署海军，其观点在他著名的1897年备忘录中体现得淋漓尽致，提尔皮茨认为通过北海这个“杠杆”，日益强大的德国公海舰队总有一天可以与英国海军相匹敌，并且迫使英国承认第二帝国拥有与之平等的世界地位。1914年，结果正如我们下文中详细论述的那样，无论德国对自己分布广泛的海军进行多么巧妙的经营，都难逃被英法两大帝国组成的联盟任意摆布的
326 命运，英法在重新开启的争斗中动用所有王牌争夺对中东、南亚、西南太平洋和整个非洲的控制权。[5]

如果德国军舰在海外被击败，那么它脆弱的海外殖民地也难逃类似的命运。自宣布参战之日起，伦敦和巴黎就已经制订了夺取德国海外殖民地的初步计划。

---

[5] “重新开启”，因为欧洲列强间的全局性战争可能开始于路易十四、威廉和玛丽时代，到18世纪又经历了至少7次大规模战争，1871年后各国为争夺殖民地以一种不太暴力的形式重启争端，直到1904—1906年间，意识到德皇野心的英法在殖民地问题上达成一致，签订了英法协约，英法之间的矛盾才得以平息。

新西兰兴奋地进攻德属萨摩亚，与此同时，澳大利亚军队夺取了德属新几内亚：澳新两个英国自治领都对德国在南太平洋的存在有着非同寻常的恐惧，现在当然很乐意得到这个清除其影响的机会。在西非，占据优势的法国和英国军队迅速进入多哥兰（Togoland）和喀麦隆（Kamerun）。南非同样急于消除因德国控制西南非洲（现在的纳米比亚）给它带来的威胁，虽然史末资和博塔（Botha）直到1915年才完成这一任务。只有在德属东非，一代名将保罗·冯·莱托－福尔贝克（Paul von Lettow-Vorbeck）率军与数量远超德军的南非、印度和英国军队在乞力马扎罗山附近周旋，直到停战。莱托－福尔贝克回国后在充满战败沮丧情绪的柏林受到了英雄般的欢迎。[6]

当我们从这些活跃的陆海军行动中抽离出来后，一个基本的战略点就会浮现在脑海中：没有一场“东太平洋的战争”，或者对加勒比海产糖岛屿的激烈争夺，甚至在北非也没有海上行动。在这些地区德国当然是最大的失败者，但法国追求发展大海军的理由同样不存在；对幻想围绕建设快速、航程远的战列舰，把皇家海军变成统治世界遥远海域的费舍尔的信徒们来说，同样是失败，至少在福克兰海战之后是这样（见后文）。斯卡帕湾、多佛尔、直布罗陀和亚历山大里亚可以做得很好。

在远东，欧洲爆发的危机让日本看到了进一步扩张自己势力的机会，像以往一样，它向着自己的目标前进。日本进攻并占领了之前由德国控制的青岛及其势力所及的山东省。东京对重订的《英日同盟条约》进行扩展解读后加入同盟国一方参战，英国外交部对日本的魄力都有些震惊。对冷漠、慎重、奉行中立主义的美国人而言，日本准备夺取德国在中太平洋的岛屿属地——马绍尔群 327
岛、加罗林岛、马里亚纳群岛——从战略层面引起了他们的关注。更重要的一点当然是，当（或如果）海上强国赢得大战，德国的殖民地会被如何安排。当然几乎不可能被还给柏林；后来，失去殖民地的泛德意志主义把目标瞄准了乌克兰的产粮区和顿巴斯的煤田。

这些海外行动之所以能进展如此迅速，是因为德国海军无法走出北海（奥匈海军即便能够走出亚得里亚海也无处可去）。1914年8月3日英国最后通牒

[6] Leonard Mosley, *The Duel for Kilimanjaro* (London: Weidenfeld& Nicolson, 1963). 有关第一次世界大战的有趣著作并不多见，这是其中之一。

到期后，皇家海军封锁了多佛尔海峡以及苏格兰和挪威之间的海域。与此同时，德国通向外部世界的海底电缆被英国的专业电缆铺设船封锁或截断，除了像斯堪的纳维亚半岛和巴尔干这样的次要战略中心外，第二帝国与外界的联系被隔绝了。不仅德国的军舰无法增援它的海外据点，由于令人窒息的封锁，德国商船也不能进入。中立国的商船弥补不了封锁给德国带来的“缺口”，因为英国会把中立国商船护送进入本国港口，并对其进行检查（没收运往德国的货物），然后才会放行它们去阿姆斯特丹或其他地方。就如下文中表明的那样，中立国的资源究竟能否满足德国对粮食和原材料的大量需求值得怀疑，但是海上封锁的确使这样的选择变得毫无意义。

然而在北海，英国的海军政策仍然有瑕疵。对海军高级指挥官们来说这本该是显而易见的，基于多弗尔海峡和斯卡帕湾，并附带警告的“远距离”封锁才是明智的战略。但是海军部没有放弃愚蠢的“近距离”封锁，1914 年 9 月 22 日，灾难发生了。英军三艘老旧的大型巡洋舰（阿布基尔号、霍格号和克雷西号）在一小时内被德海军一艘名不见经传的老旧 U 型潜艇击沉：令人震惊的是与它们一同沉没的还有 1,400 名水手。正如科尔贝特（Julian Corbett）在他的官方史中所说：没有什么能比这更明确地宣告海战的变革已经到来。[7] 随后不久，英国新建无畏舰大胆号（*Audacious*）于 10 月触雷并迅速沉没。此后，潜艇、鱼雷和水雷对大型无畏舰的威胁困扰着海军司令杰利科（John Rushworth Jellicoe）。
328 如果他的大舰队在没有扫雷舰配合的情况下出海行动，就可能会毁于敌人新布设的雷场。如果跟随扫雷舰出动，那么舰队的航速会被限制在 10 节，又容易遭到 U 型潜艇的攻击。而如果战列巡洋舰和快速战列舰（伊丽莎白级）为了安全或者追击敌舰开足马力全速前进，除非在最平稳的水面，否则负责保护的驱逐舰无法跟上它们的速度。

除此之外还有两个困难。首先，德国公海舰队到达并轰炸英国东海岸港口跨越的距离要比英国大舰队经斯卡帕湾到这里的距离短。其次，北海中部长年有大雾，使能见度和通信都十分困难——这里不是文森特角和阿布基尔湾！英国海军部第 40 室的解码团队逐步解决了第一个问题，因为德国舰队在做好出海

[7] Julian S. Corbett, *History of the Great War Based on Official Documents by Direction of the Historical Section of the Committee of Imperial Defence: Naval Operations*, 2 vols. (London: Longmans, Green and Co., 1920—1921), vol. II, p.389.

准备时各舰之间会进行频繁的无线电通信，这一点尽人皆知。但是解码系统不可能做到尽善尽美，而且没人能解决北海大雾带来的问题。所以，1914 年 12 月 15–16 日发生了荒唐可笑的一幕，双方舰队同时出海，像往常一样由一队快速战列舰开道，紧随其后的是一支规模更大的舰队。希佩尔（Franz von Hipper）的战列巡洋舰轰炸斯卡伯勒（Scarborough）、哈特尔浦（Hartlepool）和惠特比（Whitby）震惊了英国，要不是随后比提（David Beatty）的旗舰与前方负责侦察的巡洋舰通信不畅，德海军差点就陷入英国海军的圈套。而在德海军指挥官担心遭到成群驱逐舰 / 鱼雷攻击并返回威廉港之前，英国海军的先锋也险些与整支德国公海舰队遭遇。双方海军部都因前线没有采取果断措施而愤怒异常，但实际上双方舰队的指挥官们都对在北海中部开展行动焦虑万分。

伦敦命令比提的战列巡洋舰向南部署，以福斯河上的罗赛斯（Rosyth）为基地，并在哈里奇（Harwich）部署大量的巡洋舰、驱逐舰和潜艇。但这仍然只是预防性的行为，除了各自的潜艇胆量越来越大外，双方都不愿意出海。现在英国的潜艇正前往波罗的海行动。危险的多格浅滩，新雷区的威胁，可能突然从雾中出现进行攻击的驱逐舰，恐怖的潜艇——一艘英国潜艇意外失去控制，然后突然浮出水面，导致许多德国重型战舰惊恐地逃散——现在令人生畏。大战刚开始时的骄傲口号是“国王的军舰在海上”，但是海上的军舰已经越来越少。最初几个月的海上战争就已经预示了日德兰海战令人失望的结果。

在地中海，也有令英国人失望的消息，虽然南大西洋的情况要好一些。1914 329
年，德军在海外有两支规模较小但却很重要的舰队。第一支由苏雄（Wilhelm Anton Souchon）指挥，包括新型战列巡洋舰戈本号和僚舰布雷斯劳号巡洋舰，但却自负地称作地中海舰队。它们从西地中海出发，勇敢地向东航行，在数量占优但笨拙的英国海军追击下平安抵达君士坦丁堡，从而大大推动了战争的升级，促使土耳其加入同盟国一方，孤立并慢慢勒死俄国的黑海和它在波罗的海出口贸易，打破俄国邀请英法横穿整个奥斯曼土耳其控制中东的计划。英国的海军将军（特鲁布里奇）并不像他 18 世纪时的前辈那样有魄力，这也难怪，海军部自己的指令本就令人十分困惑；事实上，每个人的无线电信息都不清楚。但所有这些都证明，在经历一个世纪的相对和平以及技术的革命性进步后，指挥大规模海战有着巨大的困难。

1914 年德国的第二支海外舰队是其东亚舰队，由马克西米利安·施佩

（Maximilian Graf von Spee）指挥，基地位于中国北方的青岛，这支舰队虽然规模不大，但现代化程度很高且极富战斗力。而当日本海军统治这一海域，加入大战占领德国在山东的殖民地，日本远征军夺取加罗林群岛、马里亚纳群岛和马绍尔群岛后，施佩和他的舰队已经无法在此立足。施佩开始了穿越广阔太平洋的宏大行动，在此过程中他们不得不一直寻找燃料，并且时刻感到自己像一只被越来越多的狩猎者包围的狐狸；但他拥有两艘航速较快的装甲巡洋舰沙恩霍斯特号（*Scharnhorst*）和格奈泽瑙号（*Gneisenau*），另有几艘可用的新式轻型巡洋舰——这正是提尔皮茨新海军的优点之一。这与分散在海外的英国皇家海军各舰队情况完全不同：极其缓慢的前无畏舰，旧式重型巡洋舰和轻型小舰艇。当 1904 年至 1906 年费舍尔推行海军改革时，他主张报废一些老旧舰艇，一方面是为了让这些船上的水手到新的北海舰队上服役，另一方面因为这些舰艇有被敌人的快速舰队消灭的危险，这就如同犰狳吃蚂蚁那样轻而易举。但到大战爆发前，英国海军中仍有太多老旧舰艇服役。

1914 年 11 月 1 日，在智利中部海岸的科罗内尔发生的事恰可说明新旧战舰的威力差异。施佩的舰队发动突然袭击，英国海军遭受重创，超过 5 艘舰艇沉没。这次失败使英国人颇为震惊，伦敦迅速采取重大举措，派出两艘航速最快、
330 战斗力最强的战列舰无敌号（*Invincible*）和不屈号（*Inflexible*）经斯卡帕湾开赴南大西洋。如果它们与德国海军舰队遭遇（这在 12 月 8 日发生了），后者将无生还可能；现在是德国人去见上帝的时候了，德军遭遇了比英军在科罗内尔更彻底的失败，其轻型巡洋舰只是暂时幸免于难。甚至到第二次世界大战，南部大洋都被英国主宰，德国只是偶尔进行袭扰，但持续时间并不长。虽然具有传奇色彩的埃姆登号轻型巡洋舰直至在印度洋遭遇澳大利亚巡洋舰悉尼号后才失败，但这只是一个浪漫的插曲。这与七年战争中对西印度群岛、加拿大和印度的旷世之争迥然不同。

问题是什么？地形，地形，地形

对《泰晤士报》的读者们而言，不管过去 6 个月里在福克兰群岛（马尔维纳斯群岛）、黑格尔兰岛、青岛和地中海的海上战斗看上去是多么随机，它们都指向了一个将塑造一战海军史的单一结论。那就是马汉和麦金德（Mackinder）

关于海权能否构建全球史和大国政治的永无休止的争论。[8]对1914年至1918年的战争，麦金德的观点最具说服力。对拿破仑战争而言，两个观点都是正确的：只有通过联合使用强大的海军力量和按地形因素部署的陆军才能阻止、然后击败法国迅猛发展的扩张主义。如上文提到的，第二次世界大战中的情况也是一样，尤其是在对付日本扩张的过程中。但是在一场由萨拉热窝刺杀事件引起的以大工业为基础的冲突爆发后，德国入侵比利时和法国北部，俄奥在加利西亚交锋，德国和俄国在坦能堡和马祖里湖区开战；1914年11月奥斯曼土耳其参战后，巴勒斯坦和伊拉克也成为战场，再往后，贸然参战的意大利在伊松佐河周围进行了17次惨烈的战役；这些战场的结局都取决于各国陆军的艰苦努力。当然，英国是一个依赖进口的岛国，而且在1917年前，英国还要通过海运向法国和意大利输送煤，因此对它来说控制海洋当然至关重要。但是强大的、组织有 331
序的德意志同盟最终是被福煦和霞飞所喜欢说的“流血努力”打败的。这是真正的流血。

不只西线、东线、意大利和巴尔干诸战场的宏大战役掩盖了一切；同样令人遗憾的是，庞大且昂贵的各国海军没有获得机会展示它们空前的军备力量。考虑到1914年各国海军的规模（如上文所述），海军力量的平衡很难像太平洋战争时那样经历一两场战役——像太平洋战争中的珍珠港战役、中途岛战役那样——就被彻底改变。1914年的各国海军陷入到了地缘政治的宿命中。

德国总是面对地缘政治困境，凡是读过卡莱尔的经典传记《弗雷德里克大帝》的人就会知道：德国东面是俄国（或者说俄属波兰），西面是法国；还要经常在北方和南方分别面对敌对的瑞典和奥地利。到1914年，瑞典和奥地利已经不再是威胁，但是德国建立强大的北海舰队和入侵比利时刺激了一个更强大、更难征服的敌人：英国及其帝国。受到奥匈这个急速衰落的帝国拖累，还要面对三个无可置疑的强国，所以它虽有强大的工业基础，以及极其高效的国内运输体系，也无法改变平衡。地缘政治的影响，尤其是对海军的影响是十分巨大的。哈尔福德·麦金德在他1914年之前的众多著述中——尤其是在那部现在被忽视的经典《英国和英国海军》(*Britain and British Seas*)[9]中——认为除非德皇

[8] Paul Kennedy, “Mahan Versus Mackinder: Two interpretations of British Sea Power”, in Paul Kennedy, *Strategy and Diplomacy, 1870—1945: Eight Studies* (London: Allen & Unwin, 1983), pp.41–85.

[9] Sir John Halford Mackinder, *Britain and the British Seas* (London: Heinemann, 1902).

的海军能够取得数量上的绝对优势——如上文所见，并没有——否则就是没有价值的。哈布斯堡王朝被包围得更彻底，当奥斯曼土耳其参战时，它都无法进入地中海。俄国和德国、土耳其分别在波罗的海和黑海开战，意大利和奥匈在亚得里亚海开战。这都对战争的结果影响不大。关键是，英国和日本当时正称霸海洋。这一局面直到 1942 年 6 月的中途岛海战才发生变化。

加里波利和冲绳

在艾斯利和克劳尔有关 1942—1945 年太平洋战争期间美国海军和两栖登陆
332 战的经典研究中，[10] 他们以对两次战役的直白对比开篇："冲绳的胜利——加里波利的失败。"两次战役都是异常惨烈的两栖登陆行动，后者的结果是灾难性的，而美军最终在冲绳的行动中获得胜利。两位作者的目的并非是吹嘘他们深爱的美国海军，而是煞费苦心地强调两栖登陆行动——所有的两栖登陆行动——是多么困难。理想状态下，进攻部队希望抵达一个安全的、组织有序的港口，就像潘兴率军抵达勒阿弗尔和瑟堡、艾森豪威尔抵达格拉斯哥一样。但敌人控制的港口城市通常都做了严密的防御部署，对海岸进攻舰艇而言十分不利；或许是脑海中浮现出 1741 年两万英国士兵和 186 艘军舰进攻卡塔赫纳（Cartagena）的不幸经历，纳尔逊认为"军舰对堡垒"的战斗是荒谬愚蠢的。1915 年，进攻像君士坦丁堡这样的大城市的难度和进攻伦敦的难度是一样的。如果协约国想通过夺取奥斯曼土耳其首都来减小它们日益脆弱的俄国盟友的压力，那么也应该采取其他方式。

而且，英法 1915 年鲁莽地发动这场战役的重要原因是两国政府都被丘吉尔说服，后者主张由军舰承担主要进攻任务，部分海军登陆部队进行协助。因此 3 月 18 日，超过 18 艘英法大型军舰（它们中很多对执行北海任务而言都是多余的）开赴土耳其海峡。对它们来说不幸的是，一艘陈旧的土耳其布雷舰——原属德国，奉命缓缓前往多瑙河——已经布下了十行水雷，毫无防备的英法舰队闯入雷区，到 18 日晚些时候，3 艘军舰沉没（英国两艘，法国 1 艘），另有 3 艘

[10] Jeter A. Isley and Philip Crowl, *The U.S. Marines and Amphibious Warfare* (Princeton: Princeton University Press, 1951).

无法继续执行任务，4 艘损坏严重。协约国的损失比日德兰海战时还要大，并且产生了一系列政治影响。此后英法无力再给陷入挣扎的俄国直接支援，奥斯曼土耳其现在是一个活力充沛的敌人。海军进攻的失败导致了另一个愚蠢的行动，即英法军队和澳新军团被派往令人痛心、沟壑纵横、荆棘丛生的加里波利，最终不得不在 1916 年撤退。为何会出现这种史诗般的失败呢？因为没有进行系统的准备，没有配备特殊装备的部队，没有建立指挥和控制系统，几乎没有情报，没有使用迷惑战术，也没有指挥中枢。陆海军控制系统非常糟糕。无论怎样进行分析，得出的结论都是海军部再次遭到惨痛打击。

整个达达尼尔海峡 / 加里波利战役是一次里程碑式的失利。难怪美国海军陆战队在两次世界大战之间一直都在研究这场战役。然而从我们的角度，这只是在水雷、鱼雷、牢固的海岸炮火、鱼雷快艇和潜水艇出现的新时代，海军影 333
响力遭到限制的又一例证。德国人用小规模战争来定义这种类型的战事，但到了 1914—1915 年，它已经变成了大规模战争。虽然潜艇的活动越来越多，但地中海的水面已成了某种“死寂的海洋”，这在数千年的历史里还是第一次。英法在这一地区的下一次重要行动在陆上：加沙、巴勒斯坦、美索不达米亚、黎巴嫩、叙利亚。未来属于艾伦比们、劳伦斯们、格林曼特尔们；而非特鲁布里奇（Troubridges）们或者贝雷斯福德们。

北海及其限制，1915—1918 年：理解日德兰 334

德国和英国海军都没能做到对北海了如指掌，法国无意去那。信号旗在北海的大雾里根本无法发挥作用。司令部通过闪光信号灯发送的摩斯信息反复无常。简短的无线电报总是含糊不清。杰利科对此有深刻的体会。他从海军部收到的信息可能已经是过时的，他需要通过哈里奇的巡洋舰来评估北海南部局势的发展，与比提刚愎自用的战列舰保持联系，决定是否在大舰队之前派出快速战列舰队，密切关注 U 型潜艇的动向。大战结束很多年后，桀骜不驯的军界新星路易斯 · 蒙巴顿开始格外推崇杰利科，推崇他在相互矛盾的环境中表现非常伟大。不过在当时，其他人会很遗憾他为什么未像约翰 · 宾一样被枪毙，以鼓舞其他人的士气。

1915 年 1 月，双方海战终于爆发，虽然多格浅滩战役（Battle of Dogger

Bank）只是一场小规模的海上冲突，还算不上是全面开战（地图 12.1）。德国战列巡洋舰采用的是一种“诱饵转向”的方式，但其更强大的英国对手在第 40 室的警告下没有轻举妄动；德海军布吕歇尔号（*Bluecher*）被炸成碎片，赛德利茨号（*Seydlitz*）也变成了一堆缓慢行驶并且侧倾的钢铁。英国人欣喜若狂，结果德国公海舰队有长达 17 个月的时间没有进入北海中部——或许是可以理解的，但在欧洲各国陆军展开殊死拼杀的情况下，这令人非常沮丧。

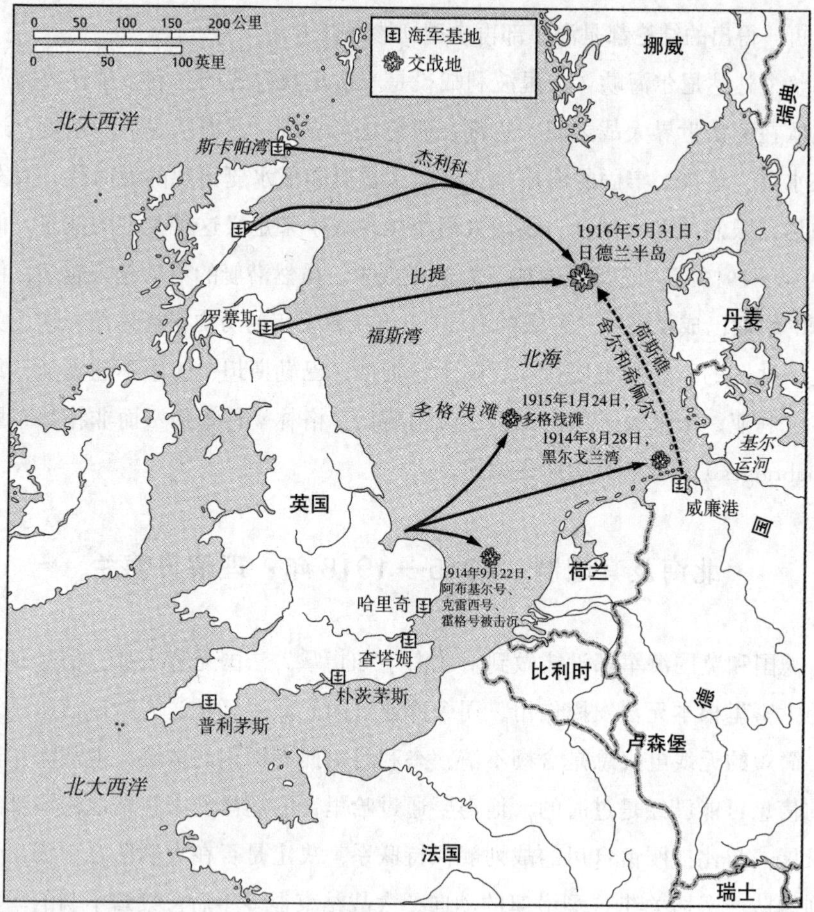

地图 12.1　北海主要海战，1914—1916 年

北海水面战斗重启后，双方都渴望获得决定性大胜，但是这种渴望又与双方指挥官的谨慎相交织，这种谨慎源自对新的、不可预测的战斗条件下意外损

失的担忧。从某种意义上说日德兰海战的故事不难讲述，令人难以置信的是关于这个问题的论著竟如此之多。1916 年 5 月底，如今已经闻名于世的英国海军部第 40 室截获了大量进出威廉港基地的德国海军无线电通信，海军部认为德国公海舰队即将发动突袭，遂命令部署在斯卡帕湾的杰利科、在罗赛斯的比提和他们的战列巡洋舰，在哈里奇的蒂里特（Reginald Tyrwhitt）和他的巡洋舰、驱逐舰，全部开始行动。舍尔（Reinhard Scheer）派遣希佩尔（Franz von Hipper）率战列巡洋舰在公海舰队主力之前执行侦察任务。两支战列巡洋舰队在大雾中又打了一场多格浅滩海战式的战役，舍尔迅速回到主舰队，但给比提的轻装甲和草率补给的船只以沉重打击（英海军玛丽女王号、不倦号、无敌号沉没——为福克兰群岛［马尔维纳斯群岛］的战役报了一箭之仇）。战前的设计者们似乎 335
没有意识到在极限距离情况下，炮弹可能几乎垂直落在敌人薄薄的甲板上，而且在每一暴露的位置，英国都存有大量弹药。

急于解决问题的比提对希佩尔展开追击，但他很快发现自己要面对超过 20 艘德海军战舰。猎狗变成了狐狸，比提向北逃跑。追击的舍尔也陷入险境，因为他遭遇了杰利科率领的实力强劲的大舰队。当舍尔的舰队熟练地实施了“全力调转”策略后驶向威廉港时，英国信号系统的糟糕程度令人震惊。但舍尔的驱逐舰小分队仍向前冲击，决意发动大规模鱼雷攻势，而杰利科下达掉头的重要命令。此时，大舰队被完全迷惑，然后返航，它的各瞭望台可能发现周围到处都是 U 型潜艇。没有出现第二次特拉法加海战，也不会再有。

我们能从中得到哪些结论呢？首先，日德兰海战后皇家海军对北海的控制已经不再是问题。皇家海军损失了更多的舰艇，尤其是薄装甲的战列巡洋舰（40 年后*，皇家海军胡德号战列巡洋舰与德国海军俾斯麦号交战后的结果也是一样），但从战略上看没有发生任何改变。正如《纽约时报》所说：“德国海军进攻了看管它的狱卒，但仍然身陷牢笼。”还有什么要说的吗？如果公海舰队损失了 15 艘主力舰，会发生什么变化吗？黑格会从伊普尔突出部抽出部队然后派他们去守卫风雨飘摇的弗里西亚群岛（Frisian Islands）海岸吗？当然不会。如果杰利科损失 15 艘主力舰，德国最高统帅部会在索姆河战役（1916 年 7 月 1 日）前一周左右的时间从西线战场抽调兵力派往约克郡或者苏格兰吗？显然也不会。

---

*　原文“40 年”应该是错误的，这场海战发生在 25 年后的 1941 年。——译者注

日德兰海战对德国的意义在于，它加速了海军元帅提尔皮茨的失势，并使德国最高统帅部孤注一掷，实施无限制潜艇战这种新的商业封锁，但是导致的唯一结果可能就是美国的参战。英德两国海军的将军们在1916年并没有像这样思考。后世的历史学家们几乎也没有。

很显然，费舍尔关于快速、轻装甲战列巡洋舰的设想破产了；在南大西洋它们可以轻而易举地击溃德国的装甲巡洋舰，但在北海的大规模舰队对决中却落于下风。1916—1918年间，英国的造船厂里仍存有很多速度更快、装甲更轻的舰艇。在达达尼尔海峡战役遭遇重挫后东山再起的丘吉尔曾戏称它们为皇家海军“不可能号”“不可靠号”……直到1944年夏，海军有了自己的空
336 中力量前，昂贵但拥有强大装甲的快速战舰才是解决问题的出路。以厌战号（*Warspite*）为例，它在日德兰海战中遭到重创，但得以幸存；1943年在罗马沿岸被滑翔炸弹击中，1944年底在瓦尔赫伦（Walcheren）再次遭遇打击，这是它14次战功中的一部分：一艘战列巡洋舰经受不起这样的打击。而且，更重要的一点是主力舰现在真的容易遭到攻击——炮火、水雷、鱼雷、潜艇、驱逐舰和鱼雷艇。轰炸机也已经进入设计师们的视野。陈旧的战术教科书应该被撕碎了。

需要解答一些关于“游戏规则”的严肃问题，安德鲁·戈登（Andrew Gordon）在他的创新研究中阐述了文化因素的限制和战役战术的分歧，在多大程度上伤害了大舰队大量理论上的战斗力。[11] 人们很容易批评杰利科下达“掉头”命令，甚至20世纪20年代一些纸上谈兵的战略家呼吁把他送上军事法庭。但是当一支舰队已经不是以4节航速平稳地行驶在天气状况良好的海面上（圣文森特角），而是在北海的大雾中以20节的航速前进，巡洋舰中队分散侦察，驱逐舰试图跟上，受创的战列巡洋舰编队面临陷入困境和返航的选择，如此状况之下一位海军将军如何才能恰当地指挥他的舰队呢？而且看上去周围到处都是潜艇，德海军驱逐舰的鱼雷威胁同样令人生畏。除了实施多次演习过的“掉头”和“向前”战术，一个人又如何能控制所有这一切呢？德雷克（Francis Drake）、霍克（Hawke）、纳尔逊和坎宁安（Cunningham）将无视敌人的驱逐舰，一往无前。杰利科认为暂时后退是明智的，战斗就此结束了。

[11] Andrew Gordon, *The Rules of the Game: Jutland and the British Naval Command* (London: John Murray, 1996)；在海军研究著作中，没有与之类似者。

传说中日德兰海战后公海舰队没有再向北海出击，但事实并非如此。1917年，公海舰队曾两次尝试，但因犹豫不决和组织不力而一无所获。巡洋舰对所谓“挪威渡口”（Norwegian Ferry）的突然袭击取得了比较好的效果。但是战略上的僵持一直持续到战争结束。大舰队仍然在斯卡帕湾，比提取代了杰利科成为司令，他因没有行动而感到沮丧。他在给妻子的信中写道：“灰色的天空，灰色的海洋，灰色的战舰。”德国人始终无法从海上打破战略包围，直到他们夺取布雷斯特和卑尔根，而这已经是25年之后的事情了。

事实上，日德兰海战后北海发生的最重要事件与海军无关。1917年5月25 337
日白天，21架哥达轰炸机对肯特郡的海岸城市福克斯通实施了一次成功的突然袭击，造成165名平民丧生，432名平民受重伤。这次轰炸和随后对伦敦的轰炸给英国人带来了恐慌和骚乱，促使劳合·乔治政府行动起来提供阻塞气球、高炮和其他防御装备。1909年，法国飞行员路易·布莱里奥特（Louis Blériot）飞越海峡，具有象征意义地降落在多佛城堡附近，当时的媒体宣称英国“已经不再是一个岛屿”。现在这真的变成了现实，即便英国皇家海军的主力舰占据压倒性优势也无济于事。

更糟糕的是，至少在海军至上论者看来是这样，帝国战时内阁迅速研究了1917年8月提出的《史末资报告》（以其主要作者的名字命名，史末资曾是南非将军，当时是内阁的重要成员）。报告得出关键结论的一段话是这样说的：

> 与炮兵不同，飞行编队可以远离并独立于陆军和海军实施大规模行动。或许在不久的将来，空军行动会成为战争中的主要军事行动，而古老的陆军和海军行动将居于次要和附属地位。[12]

这就是1918年4月英国建立起第三个军种，与陆海军竞争的皇家空军的背景。这也是空军的推崇者们（比利·米切尔、特伦查德、杜黑）在战后鼓吹战列舰脆弱、低效、已经过时的背景。当今的海军将军们要面对一批新的批评者，但他们没能从接受的死板的马汉派训练中获得进行回应的力量。

---

[12] 引自Kennedy, *Engineers of Victory*, pp.82–83。

德国转向潜艇战

所以，德国海军在北海水面上的行动实质上已经破产，那么除了实施无限制潜艇战，公海舰队还能做什么呢？无限制潜艇战针对的不仅仅是有限的北海贸易，还向大西洋扩展。如果中立国的公民妨碍德国行动并因此而丧生，会有影响吗？一支欧洲军队已经在凡尔登战役和索姆河战役各伤亡 50 万人。中立国
338 家的损失又会有什么要紧呢？问题在于大多数中立国的公民是美国人，但在决定 U 型潜艇战向什么地方、如何发展时（地图 12.2），德国人已经没有时间考虑这些。帝国海军必须切断协约国的海上通道，否则德国永远不可能赢得战争。1941 年希特勒也面临着同样的问题。

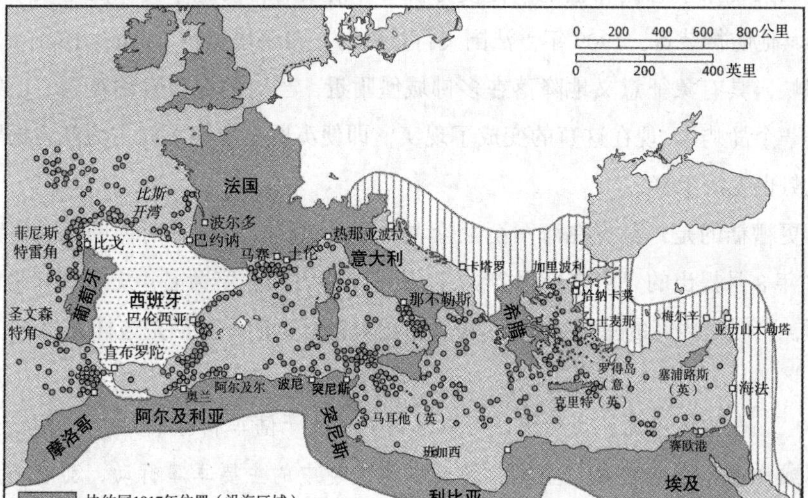

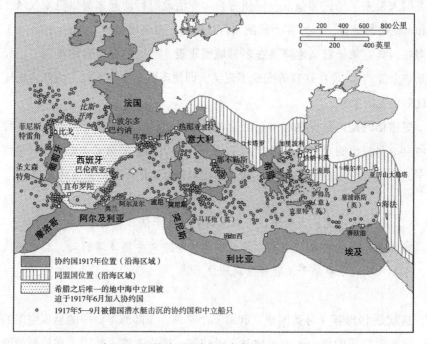

地图 12.2　协约国军队在地中海的损失，1917 年

还有一个很少在著作中得到阐述的复杂问题，在装甲舰时代人们对敌人舰艇的态度发生了变化，是俘获敌舰还是将它们摧毁？在帆船时代，海军与敌人交火的目标是俘获敌船，而非将其摧毁！胜者拆除败者的桅杆，登船人员穿过敌船，迫使敌人投降；然后把俘获的船拖回去据为己有，甚至连名字都基本保

持原样——例如光荣号（*La Gloire*）变成了皇家海军荣耀号（*La Glorious*）。在铁甲舰和高爆炮弹时代，这是不可想象的。1941 年 6 月皇家海军还能对已经被炸成碎片的俾斯麦号做什么呢？即使在多格浅滩海战或者日德兰海战期间，双方的目标也是炸沉敌舰。同样，早些年在俘获悬挂敌国国旗载满货物的商船的 339
同时，会俘虏它们的船员，然后把基本的船员留在被俘船只上驶往最近的友好港口。1914 年之后，德国仍然秘密从事一些这样的商业抢劫行动，但是由于自身船员数量有限，而且德国在世界范围内的"友好"港口很少，所以对每天在大海上航行的 1 万多艘悬挂英国国旗的商船，几乎很难有实质影响。这对 U 型潜艇的指挥官们来说，不管是从后勤上还是战术上都是噩梦。难道真的要在浮出水面后迫使协约国的商船停止前进，要求他们的船员登上救生船，击沉他们的商船，然后把愤怒的印度或者菲律宾水手带上 U 型潜艇？《海牙公约》在这里完全不起作用。显然，德国的 U 型潜艇要做的只是炸沉商船，然后离开事发地点。

另一个经验来自大航海时代。没有战舰的保护，荷兰满载货物的东印度帆船不可能穿越海峡；在没有护航的情况下，英国的商船也无法从新大陆返回利物浦和南安普敦。这一经验在第一次世界大战期间同样适用。[13] 所以这就陷入了一种僵持的局面：德海军潜艇要击沉它们发现的协约国商船，协约国回到了古老的护航行动。当后者的计划实施之后，U 型潜艇的威胁被大大抵消了。现在美国参战了，这是同盟国为无限制潜艇战付出的沉重代价。

回归护航：遏制威胁

关于海权的核心是什么，马汉和科尔贝特已经有明确的表述：本质上与战舰的设计和炮火控制无关，而与"如何支配大洋"有关。至少对那些见过牧羊犬把羊群赶到安纳托利亚山坡上的羊圈然后转身冲向贪婪恶狼的人，这是很容易解释的。轻型巡洋舰、单桅帆船和护卫舰都是海上牧羊犬，它们被用来对抗后来被邓尼茨（一战时在潜艇部队服役）称为狼群的 U 型潜艇群。

保护英国的大量商船对联合王国的供应至关重要。首先，德国的激进政策

[13] Jay Winton, *Convoy: Defense of Sea Trade 1890—1990* (London: Michael Joseph, 1989).

使威尔逊和美国国会产生分歧，这种冒险似乎是值得的。1917年2月，被U型潜艇击沉的商船运输量达到令人震惊的52万吨，4月份这个数字达到不可思议的86万吨（地图12.3和地图12.4）。专门研究德国帝国海军的英国战略家指出，
340 商船成群结队前行会引诱敌军潜艇寻找目标！还不如独自行动，即便被潜艇击中，也只是损失一艘船。

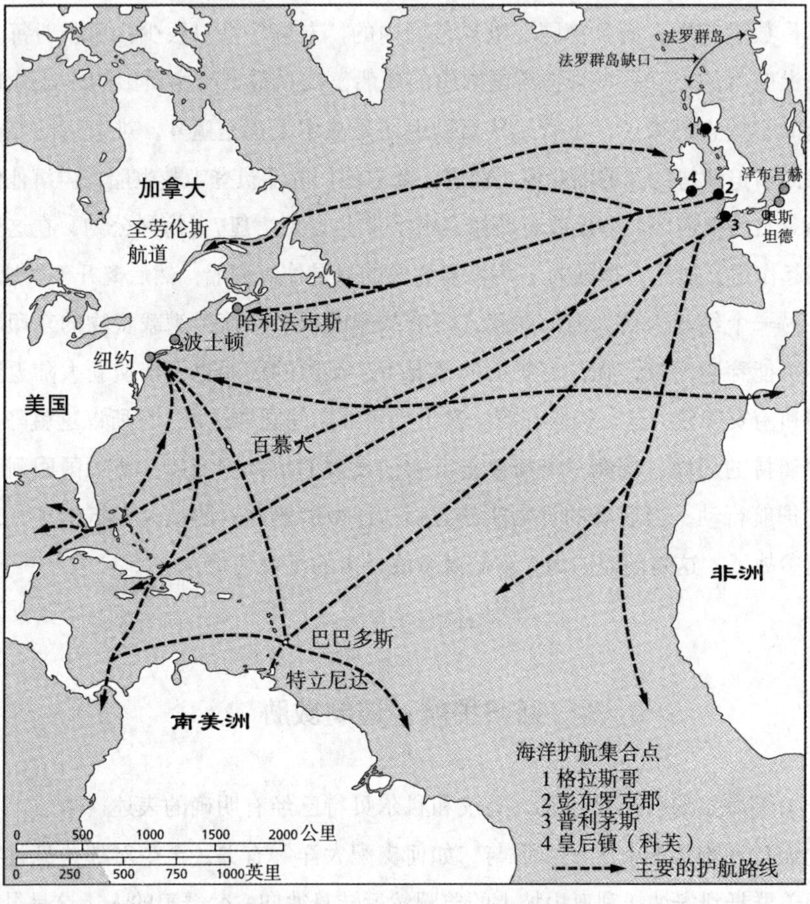

地图12.3　协约国在大西洋上的护航路线

慢慢地，在劳合·乔治本人和新成立的航运部的压力下，进行了合理评估的海军部决定进行护航；既然可以对关键的法国煤炭贸易和挪威航线进行护航，那么为什么不能在大西洋和比斯开湾也这样做呢？到12月，损失已经减少到40万吨；到第二年春天就已经低于30万吨了，损失占海运总量的比例与8个月前

相比已经大大下降。航运危机结束了，但皇家海军的相关记录远不像他们 1943 342
年那几个月在大西洋的英勇事迹那样令人印象深刻。这只是另一个没能恰当运用海军力量的可怜故事。

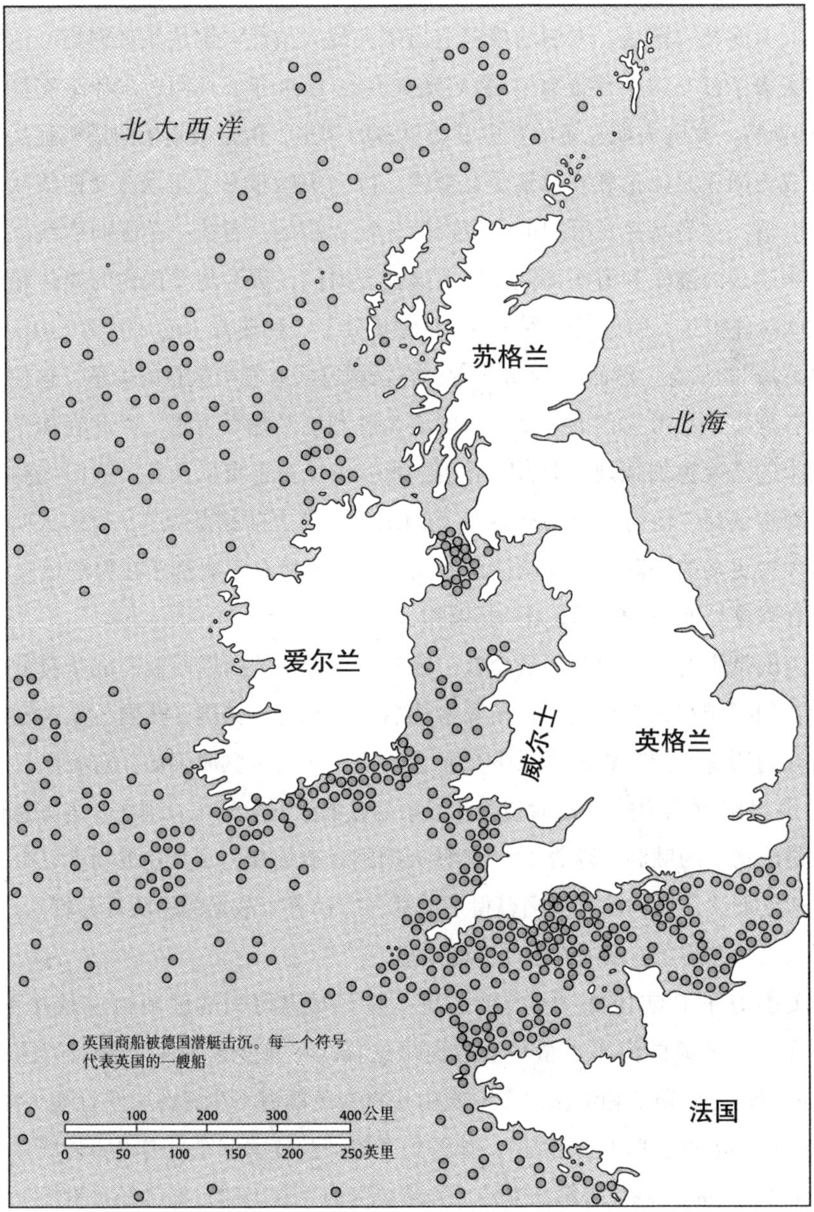

地图 12.4 英国商船沉没，1917 年

美国海军参战及其无关紧要的战略作用

在德国发动无限制潜艇战，暗中勾结墨西哥民族统一主义者及德国其他愚蠢行动的刺激下，1917 年 4 月，美国作为合伙人站在英国和法国一方加入大战，与此同时腐朽、落后、专制的俄国退出了大战。虽然法国决策者们担心他们在东方失去了沙皇这个“依靠”，鲁登道夫会在 1918 年 3 月和布尔什维克签订的《布列斯特－立陶夫斯克条约》中获得更多的领土，但是战场上的搭档猛然由沙俄变成美国还是让伦敦和巴黎受益匪浅。因为美国带来了足以改变西线战局的两大利器，这是乌克兰平坦的小麦产区无法比拟的。首先，美国向西线战场派出越来越多的陆军和海军部队。当然这需要时间，因为尽管国内的媒体和政客们鼓吹对外扩张，但美国已经在半个世纪里处于一种瑞普·范·温克（Rip-van-Winkle）式的状态。然而到 1918 年春，在法国已经有相当数量的美军，这使其他参战各国重新思考它们的处境。法国认为胜利已经唾手可得，因此在和平安排问题上的态度愈加强硬。劳合·乔治、米尔纳、史末资以及英国战时内阁其他成员都意识到，他们必须在 1918 年美国统治世界之前赢得战争。德国人明白他们必须把更多的部队从东线调往西线战场，并把所有筹码都压在鲁登道夫 1918 年的春季攻势上——实际上是一场赌博。

美国带来的第二把利器是金钱、金钱、金钱，美国以同盟间战争贷款的形式为协约国带来大量资金。自美国参战后，比利时、英国、法国、意大利就可以将国内所有产能都转向军工生产而且不再为如何付款而烦恼。这些账目将出现在 20 世纪 20 年代有关战时债务和战争赔款的激烈争论中。现在，各方急切盼望的是战场上的胜利，随着 1918 年秋天德国、奥匈和土耳其在战场上以令人震惊的速度崩溃，协约国和美国赢得了大战。它们各个战场的军队开始打点行装，返回家园，在此之前俄国人已经这样做了。

美国海军（与 1942—1945 年之间不同）对赢得一战胜利的贡献并不大，
343 至少在改变北海的海军力量平衡方面是这样。尽管美国海军普遍对英国有偏见，美国还是向斯卡帕湾派出了一支由一贯亲英的海军少将休·罗德曼（Hugh Rodman）指挥的战列巡洋舰队，他得到了美国驻英国海军代表团团长威廉·西姆斯（William Sims）将军的支持。虽然美国海军在当时可能已经是世界上第二大海军（37 艘战列巡洋舰，7 艘海岸警备船，33 艘巡洋舰，66 艘驱逐舰，17 艘护卫舰，44 艘潜艇，42 艘巡逻艇，96 艘辅助舰艇和 160 艘其他水面舰艇），而且还在一艘艘地制造昂贵的军舰，但它并未形成可怕的战斗力。以大西洋为基地的美国军舰两年的时间里都没有以舰队的形式执行过任务。美国海军的打靶和训练都很糟糕——它得到了轻松的任务，待在斯卡帕湾；到第二年，监督公海舰队的投降。它的驱逐舰舰队的贡献更大一些，在像皇后镇（Queenstown）这样的爱尔兰港口外与 U 型潜艇作战。美国海军在另外两个方面的辅助作用还是十分重要的，而且经常被海军叙述忽视：首先是在北海北部布设大规模水雷区（水雷被布设在不同的深度），阻止 U 型潜艇进入大西洋；其次是为超过 90 万前往法国的士兵护航，并且没有损失一人。只要能发挥作用，那么海军做配角也没有什么不妥。

令人好奇的协约国海军封锁神话与德国大饥荒

如果有一件事情是为以海军至上论者、“大战中的英国道路”的参与者利德尔·哈特（Liddell Hart）为一派和以阿道夫·希特勒、纳粹宣传为另一派都认可的，那就是协约国（主要是皇家海军）的商业封锁切断了德国经济的命脉，它们也因之赢得了战争。对海军至上论者，这就是海军发挥作用的明证，尽管没有取得过纳尔逊式的胜利。对希特勒而言，这是他东进抢占必需的“生存空间”的原因。协约国海军对所有进出第二帝国的船只进行封锁。到 1919 年中期，第二帝国的百姓处于饥荒、绝望的境地。西方的海军因此赢得了战争。

这种论点漏洞百出：通常没有对停战前和停战后的封锁进行区别，太急于得出结论，缺乏经济学意识。或许 1918 年初鲁登道夫征用所有农用马匹和其他牲畜为他最后孤注一掷的攻势提供后勤保障是德国 1918—1919 年“大饥荒”的最重要原因；没有这些牲畜，德国农业生产遭到严重破坏。在英国和美国投入 344
越来越多增援力量的情况下，经历了激烈、血腥的消耗战的德国春季攻势停止了。鲁登道夫的独裁管理在国内也遭到了失败，因为德国的工人、水手和士兵已经忍无可忍。得不到食品供给，又如何能打仗（1 年前，俄国的士兵和工人已经给出了答案）？这个阶段已经为 11 月的起义（包括德国水兵因反对舍尔疯狂的“自杀行动”爆发的暴动）[14] 埋下了伏笔。但是德国国内粮食短缺的灾难与协约国海军对战争的影响有什么关系呢？

有观点认为，如果没有海军封锁，德国可以从中立国家进口需要的粮食。（这种观点似乎忽视了一个问题，因德国的行动失去数以万计人力的加拿大或澳大利亚还会向德国出口粮食吗？）但由于以下几个很明显的原因，这就成了关于海军封锁的这个观点中最重大的缺陷。首先，粮食从哪里来？鲁登道夫已经完全摧毁了乌克兰的粮产区，波兰已是废墟一片，匈牙利也遭遇灭顶之灾。美国、加拿大、新西兰和澳大利亚的粮产区属于对手，阿根廷的粮食储备又与英国联系紧密。其实外部已经“没有”粮食供应地。其次，即使有这样的供应地，谁去运输呢？谁去充当船员？如何下订单？谁来为它们提供保险服务？英国、美国、意大利、希腊和法国的商船大概占全世界的 85%；而且德国的商船已被锈蚀。它的水手早已解散了。德国所有与外部通信的海底电缆都已经在 1914 年 8 月 3 日被专业的英国大东电报局的船只切断，所以德国如何从类似蒙得维的亚这样的地方订购粮食？战前为德国运粮船提供保险服务的伦敦劳埃德公司（Lloyds of London）现在与之敌对。即使美国、英国和法国已经解除了实际的海军封锁，情况也不会有本质不同。那里什么也没有。是德国人以最愚蠢的方式让自己挨饿。

偶尔也会有一些大胆的“突破封锁者”试图让他们的磷酸盐和铜矿穿越封锁线。但大多数还是在海上被抓获，其实抓不抓无关紧要。因为这相对于鲁登
345 道夫的消耗战的需求来说实在是杯水车薪。总之，协约国海军封锁的强大和残酷效果被神话了。但它仍然是海军史上最大的神话之一。

斯卡帕湾和艺术的渲染

这是 3,000 年海军史上最非凡的事件；超越萨拉米湾海战、勒班陀海战、英西大海战，甚至超过特拉法加海战。1919 年 11 月 21 日上午晚些时候，已经在几个小时前离开福斯湾的英国皇家海军加迪夫号轻型巡洋舰向驶来的军舰发出

[14] Gerd Hardach, *The First World War 1914—1918* (Berkeley and Los Angeles: University of California Press, 1977). 这是最好的资料来源。

信号，在收到确认后，加迪夫号引导它们进入福斯湾。它引导的是公海舰队剩下的舰艇（即还能开动的），它们的舰身布满锈和盐，最近刚受到兵变的冲击：总共有 9 艘无畏舰，5 艘战列巡洋舰，7 艘轻型巡洋舰和 49 艘巡洋舰（另外投降的 U 型潜艇主要驶往哈里奇港）。随后，雄赳赳、气昂昂、全副武装的美英军舰驶出港口，分居德国军舰左右，使德国的投降比以往更引人注目。一切都结束了。1918 年 8 月以后协约国在西线战场频频取得重大突破，鲁登道夫意识到他的春季赌博已毫无胜算，遂向柏林建议投降；德皇逃往中立的荷兰，第二帝国覆灭。协约国的胜利主要是在陆上取得的，而不是在海上，虽然艺术家们把罗伊特的大船到苏格兰海岸投降渲染得令人印象深刻并且颇具特纳风格。但海军力量确定已经取得了优势地位吗？德国的军舰和骨干水兵被埋葬在斯卡帕湾的大型基地就足以说明问题。

如何处置德国投降的军舰——战胜国各分得德国多少艘主力舰，如何瓜分这块大蛋糕？——一定会在错综复杂的和平安排中成为一个引起巨大争议的问题，但是德国人自己解决了。1919 年 6 月 21 日，在这个星期天的上午，德国海军秘密组织了大规模自沉行动，将所有的德国军舰沉入海底，负责警卫的英国舰艇仓皇逃离并毫无目的地开炮。法国和意大利的海军部门都怀疑英国皇家海军默许了德国海军的这次自杀行动，但这种想法恐怕太高看白厅了。不久后，协约国都认为这可能是最好的结局。唯一真正的受益者要数一位以格拉斯哥为基地的废金属商人了，在接下来的 30 年，他持续从斯卡帕湾冰冷的海水中打捞和切割德国军舰。

这就是后来将近 20 年削减海军军备以及以陆军为根基的独裁者们（斯大 346
林、希特勒）没有耐心去了解马汉、科尔贝特等人的著作或类似观点的背景。

有关这场最艰难的海战的思考

人们往往贬低第一次世界大战在海军通史中的重要性，本章从来无意这样做。海军作战的历史恰好与工业革命的众多影响相遇，而这些影响以其本质塑造和修改了海权对历史影响的轮廓。这比在克里米亚战争、美国内战、意大利－奥地利战争甚至是日俄战争中都更明显。人们无法想象那些退休的英国和德国海军将军在整个 20 世纪 20 年代重新打一场日德兰海战，或者那些 60 年代业余的海军历史学家[15]能够捕捉到这一历史性的改变，因为他们没有接受过世界史和地缘政治方面的训练。但是令笔者失望的是，现在太多的海军史家都没能摆脱对例如火力控制、战列巡洋舰、信号情报、海军财政、武器采购和设计等的执迷，简直是一叶障目，不见森林。这毋宁说：帝国史在很多方面再度勃兴了，但是严格意义上的海军史却萎缩了。

就算我们仍暂时停留在技术层面而非更广泛的地缘政治层面，那只需要想想哪些新的、更致命的武器在武装冲突中被发明、被提高杀伤力。这种杀伤力是强大海军和弱小海军都可以拥有的。水雷盛行，制造了名副其实的“禁航区”，即便是纳尔逊也会对此赞叹不已。到 1918 年底，英国在航空母舰技术上显示出进步的可能，但直到 1943 年后才在太平洋战场上得以真正实现。U 型潜艇已经从海岸防御舰艇——一种具备潜水能力的摩托鱼雷艇——变成了打击商
347 船最有效的武器，在此之前这是难以想象的。鱼雷可以通过多种平台（鱼雷艇、驱逐舰、飞机、潜水艇和巡洋舰）发射的特点令人印象深刻。无畏舰已经被淘汰，鱼雷历经革新仍然不可或缺。随后空军出现了。1921—1922 年签订《华盛顿海军条约》的谈判者们拼命理解这一切，这有什么好奇怪的吗？海军的世界发生了天翻地覆的变化。重点是，如果你不了解之前海军战斗可以被人理解的 1793—1815 年，以及后来海军战斗再次为人理解的 1939—1945 年（美国向直布罗陀、加罗林岛等地进发），你怎么能理解这场特殊的革命呢？一战期间的海军并没有那么容易让人理解。

仅仅因为这是一个如此勇敢且令人迷惑的新世界，甚至是最缜密的战略评论家都不能完全正确地从 1914—1918 年的海战中总结出所有经验教训。怎么可能呢？例如，有些结论既有可取之处也有谬误。用拿破仑战争时期的护航经验在大西洋和北海保护商船无疑是正确之举，第二次世界大战中对海洋航线的激烈争夺再次证明了这一点。但试想即便像 1918 年英国海军部那样，通过使用声呐解决了探测 U 型潜艇带来的挑战，人们仍然忽视了一个事实，1939—1945 年，面对邓尼茨的狼群战术对海面舰船的进攻，对手仍然一筹莫展。一方成功解密

[15] 理查德·霍夫的 *The Great War at Sea 1914—1918* (Oxford: Oxford University Press, 1983) 一书第 321 页的结论或许是最惊人的：“说皇家海军为战争胜利做出了最大贡献，没有考虑在法国和其他战场的军队所做的巨大的、持续的努力，以及空军提供的勇敢支持……”这话很肯定，却未被证明，这个武断的意见并非建立在既定事实基础上。

敌人密码会促使另一方大规模升级其密码系统。伴随无线电探测技术出现的是无线电静默。进攻军舰的战斗机会被守卫舰队的战斗机击退。技术并不会偏爱某一方，从某次战争中“获得的经验”可能在下一次战争中必须被抛弃。1919年有哪一位海军将军预见到塔兰托和珍珠港战役了吗？仅仅作为对比，又有哪位将军在1919年预见到了法国的覆灭？

对胜利者和认为自己不是胜利者的国家来说，这些都意味着什么呢？诚然，日本海军收获颇丰，但是持欧洲中心论的海军史学家们几乎不会想到那些远离欧洲的战利品。[16]美国同样有所斩获，但无论如何它都正在建造一支大规模的海军；对美国一些极端的海军至上论者来说，1919—1923年有关全球事务的种种和平安排毁了他们成为无可争议的世界第一海军强国的雄心壮志。德国、俄 348
国都以失败而告终。由于整个帝国都土崩瓦解了，因此奥匈海军的崩溃也就未引人注意。法国海军颇为失落，意大利海军感到自己遭到了抢劫。剩下的英国皇家海军既是胜者，又是输家。说它是胜者因为这个岛国没有遭到入侵，它保卫了本土与全球其他领地之间的海洋航线，它能够把自己的军队运送到遥远的战场。但皇家海军又因没能完全展示自己的统治力而感到没有取得真正的胜利，它也没能彻底击溃敌人的主力舰队。

这个令人失望的故事有一个标志性的结局，后来发生了更为激动人心、规模更加宏大的海战。据说最后两艘全新的乔治五世级战列舰原本被命名为皇家海军杰利科号和比提号，但是首相丘吉尔在1941—1942年敏锐地意识到，在本土舰队竭尽所能追击德国的俾斯麦级主力舰，坎宁安的地中海舰队在希腊和克里特不惜一切代价浴血奋战之时，这些名字可能会遭到蔑视。所以这两个名字被18世纪英国皇家海军两位安全至上、沉稳、勇敢和成功的将军的名字安森（Anson）和豪（Howe）所取代。现在可以忘记第一次世界大战的海军史了。

---

[16] A. J. Marder, *Old Friends, New Enemies: The Royal Navy and the Imperial Japanese Navy*, vol. I: *Strategic Illusions 1936—1941* (New York: Oxford University Press, 1981) 是例外。

349

13 空战

小约翰·H. 莫罗

战 前

人类拥有飞行器为开辟新的战争竞技场提供了可能，19 世纪后半叶欧洲各国陆军使用观测气球为它们后来使用动力飞行铺平了道路，促使一批民用航空协会和小规模军事航空单位的形成。19 世纪 80 年代和 90 年代，随着小体积、可靠、高效率的高速汽油发动机的发明和改良，法国人在 1884 年造出了飞艇，美国人在 1903 年发明了飞机。1883 年，阿尔伯特·罗比达（Albert Robida）在其著作《20 世纪的战争》（*War in Twentieth Century*）中设想了一场具有毁灭性效果的空中突袭，而 1898 年伊万·布洛赫（Ivan S. Bloch）在他发表的有关战争的论著中预言，不久的将来会出现由飞艇实施的轰炸。

1906—1908 年间欧洲军队第一次得到了飞艇——法国军队购买了勒博迪兄弟（Lebaudy brothers）生产的软式飞艇，德国军队购买了费迪南·冯·齐柏林（Ferdinand von Zeppelin）的巨型硬式飞艇。英国现代新闻事业创始人艾尔弗雷德·哈姆斯沃思（Alfred Harmsworth）、诺思克利夫勋爵（Lord Northcliffe）和劳斯莱斯的查尔斯·罗尔斯（Charles Rolls）爵士等英国名流都认可前文中的那个著名论断，即“英国已经不再是一个岛”，虽然“敌人空中战车降临英格兰”这种对威胁的认知是对空战性质经典的、不切实际的评价。[1]H.G. 韦尔斯

[1] Alfred Gollin, *No Longer an Island: Britain and the Wright Brothers, 1902—1909* (Standford: Standford University Press, 1989), p.19.

（H.G.Wells）1908 年出版的畅销著作《空中的战争》（*The War in the Air*）对未来空战中大型飞艇和飞机摧毁城市并最终毁灭人类文明的情景进行了引人入胜的描绘。欧洲的其他作者们宣告航空将把各国绑在一起，战争太过残酷使它们难以承受。但不管怎样，飞艇和飞机在 1907 年底才刚刚脱离实验阶段。

1908 年，齐柏林的飞艇飞行 12 小时，第一次穿越全国，飞机完成超过两个小时的闭路飞行，这些引发了公众对航空的极大兴趣。1908 年 1 月，法国人亨利·法曼（Henry Farman）驾驶一架依靠自身动力起飞的瓦赞双翼飞机，第一次在官方监督下完成一公里的闭路飞行。10 月 30 日，他又进行了第一次越野飞行，从布伊（Bouy）到兰斯（Reims），总计约 27 到 30 公里。法德两国的军事观察家们认为这两次行动的成功标志着航空技术已经成熟，可以被用于军事目的。虽然他们承认，莱特兄弟的飞机能够连续在空中飞行两小时二十分钟的成绩令人惊叹，但美国的飞机需要一个发动装置，而且飞行只是在试验场而非在陆上进行（横跨陆地）。 350

即便在航空器出现的早期，国际法学家们就已经认为其潜在的破坏力足以让他们重新评估空中战争给国际法带来的影响。他们对在战争中合法使用航空器问题无法达成一致意见——一部分倾向于允许空中轰炸但反对进行空中战斗，而另一部分则主张允许空中侦察、通信和勘探，但不允许进行轰炸。1899 年和 1907 年举行的海牙和平会议涉及对空战的讨论。由于飞艇有被用于轰炸的潜力，因此 1899 年的会议决定未来五年内禁止从热气球上发射炮弹和炸药，禁止对无防御的城镇进行轰炸。当时还没有有效的、经过检验的轰炸设备，因此法国、德国和俄国的代表都没有承诺不在未来战争中使用新武器。1907 年的与会者们仅就禁止轰炸无防御的城镇村庄达成一致。飞行器越来越被证明是一种有效的武器，国际法学家们也逐渐倾向于承认它们作为武器的合法性。1909 年初，航空飞行技术已经处在被各国军事机构接受的边缘；1909 年到 1914 年它转化成为现代战争中萌芽阶段的工具。

1909 年，法国人的创举——路易·布莱里奥特在 7 月飞跃英吉利海峡以及 8 月在兰斯举行的航空周——刺激了欧洲航空事业的发展，也激发了公众的热情和军方的兴趣。众多军事航空社团和飞行俱乐部成为议会之外推动军用航空业发展的压力集团，还有像普鲁士亲王海因里希、俄罗斯大公亚历山大·米哈伊洛维奇（Alexander Mikhailovich）、英国海军大臣温斯顿·丘吉尔这样的达官贵人为他们提供支持。成千上万的欧洲人争相观看飞行表演，飞行员成为当时最受欢迎的英雄，飞行竞赛也取代赛车成为最受欢迎的运动。

兰斯航空周后，法军购买了第一批飞机。1910 年 9 月进行的演习证明飞
351 机能够为军事侦察和联络提供有效支持。在 1911 年的演习中，飞机对 60 公里外的敌军进行了准确定位，促使陆军军官们考虑对密集阵形部署的敌军进行空中打击和轰炸。在 1911 年出版的《航空军事概论》（*Revue générale de l'aéronautique*）杂志中，比利时军官普特林（Poutrin）中尉认为对城市中心和敌国首都进行空中轰炸可以扰乱敌国的国家生活并削弱其意志。[2]

当法国把精力集中在飞机上时，德国则把资源平分在了飞机和飞艇上——前者用来执行战术侦察任务，后者用来实施战略侦察并有可能执行轰炸任务——即便飞艇可靠性较差，这一缺陷在恶劣天气下尤为明显。德国陆军部把飞艇看作是它空中优势的标志，同时也是向其他国家施加政治和军事压力的手段，却拒绝承认飞艇反复失败的事实。具有讽刺意味的是，英吉利海峡对面，赫恩（R. P. Hearne）1909 年出版的《空战》（*Aerial Warfare*）一书宣称，一切都在齐柏林飞艇面前无可奈何，它的突袭足以摧毁敌人的意志，使敌方军事力量陷入瘫痪。到 1911 年，欧洲列强都在发展军用航空，即便观察家们预测对空战的恐惧可能使陆军和海军解散，空战如此令人生畏，它的过度发展可能导致战争的终结。[3]

事实上，1911 年摩洛哥危机后，欧洲爆发战争的可能性越来越大，各国军队开始研究和测试武装了机枪和机关炮，以及能投掷炸弹、箭弹（装有六英寸金属飞镖的筒）的飞机。1912 年米其林兄弟发起了一次年度轰炸竞赛，并出版宣传册鼓吹飞机可以超过炮兵射程的距离对军队和物资进行轰炸。尽管如此，法军 1914 年参战时的 141 架飞机主要用于侦察，而非作战。

相反，德军总参谋长赫尔穆特·冯·毛奇渴望为未来的战争准备尽可能多的可以执行任务的飞艇，对齐柏林飞艇被夸大的“先发制人能力”坚信不疑。1912 年 12 月 24 日，他通知陆军部：

---

[2] Philippe Bernard, “A propos de la stratégie aérienne pendant la Première Guerre Mondiale: mythes et réalités”, *Revue d'Histoire Moderne et Contemporaine*, 16(1969), pp.354–355.

[3] Felix P. Ingold, *Literatur und Aviatik: Europäische Flugdichtung* (Basel: Birkhäuser Verlag, 1978), pp.96, 104, 116–117.

> 我们拥有的最新式齐柏林飞艇与对手的类似武器相比具有绝对优势，如果能积极对其进行完善，那么在可预见的未来我们的飞艇是不可能被模仿的。要以最快的速度将其发展为武器，使我们在战争一开始就能实施先发制人的打击，这种打击无论是实际影响还是对士气的影响都是非同寻常的。[4] 352

德国的航空杂志回应了毛奇的观点，畅想齐柏林飞艇在深夜对敌军目标进行精确的、不可阻挡的打击。[5] 按照德国1913年制订的作战计划，硬式飞艇直接隶属于最高指挥部，并负责执行战略侦察和轰炸任务，虽然硬式飞艇在战争前只进行了一次轰炸试验，而且在1914年夏天军方只有7艘这样的“野兽”。其实德军有245架飞机可用于战术侦察、通信和为炮兵轰炸定位。

尽管海军大臣温斯顿·丘吉尔是航空事业坚定的支持者，但英国在航空设备方面的发展速度落后于法国和德国。英国航空媒体把备受它们推崇的丘吉尔称为海军航空事业的“梦想教父”，1914年1月，它们宣称航空技术的巨大驱动力来自军事方面和军事用途，在这个国家，“海军和陆军……必须是航空事业发展的主要推动力”[6]。海军和陆军都认为飞机的首要任务是进行侦察，虽然海军飞行员们也希望能够拥有战斗机。

在意大利，有远见的陆军少校朱利奥·杜黑（Giulio Douhet）预言，飞机会成为现代战争中的决定性因素，他支持飞机设计师詹尼·卡普罗尼（Gianni Caproni）设计并建造一支由多引擎轰炸机组成的机队，用于执行战术和战略任务。到1914年，备战的欧洲列强的陆军都拥有一支空中部队，如果一个国家的海军规模足够大且需要侦察机的话，那么该国海军也会有一支相比陆军而言规模较小的空中力量。但其中四个国家尤其关注军事航空领域的进展：法国、德国、英国和意大利。军事采购刺激了飞机和飞机引擎制造业在法国和德国的发展，英国和意大利的速度稍缓。其他国家则落在了后面。1913年，俄国发明家 353

[4] Kriegswissenschaftliche Abteilung der Luftwaffe (KAdL), *Die Militärluftfahrt bis zum Beginn des Weltkrieges 1914*, 3 vols., 2nd rev. edn, ed. Militärgeschichtliches Forschungsamt (Frankfurt am Main: E. S. Mittler, 1965—1966), vol. II, p.86.

[5] Jürgen Eichler, “Die Militärluftschiffahrt in Deutschland 1911—1914 und ihre Rolle in den Kriegsplänen des deutschen Imperialismus”, *Zeitschrift für Militärgeschichte*, 24:4(1985), pp.407–410.

[6] *Flight*, 5:10(7 March 1914), pp.248–249.

伊戈尔·西科尔斯基（Igor Sikorsky）发明了一架四引擎双翼大型飞机——伊里亚·穆罗梅茨式双翼飞机，并在6个半小时的时间内飞行了2,575公里，但对俄国工业来说，生产这样大的机器并非易事。美国远离日益军国主义化和好战的欧洲，缺乏发展军用航空的动力，虽然飞行家格伦·柯蒂斯擅长发展水上飞机和飞艇。很显然，理论并不必然与航空技术和工业状态相一致，德国对硬式飞艇的期望就证明了这一点。整体而言，有限的理论把飞机的功能限制在了侦察和通信领域，当然这也与大战爆发前飞行技术的现实状况有关。

1914年：战争工具

1914年9月马恩河战役开始，法国侦察机在发现德军转向巴黎东北过程中发挥了重要作用，这使法英军队能够从德军侧翼发动进攻。在战术层面，一些炮兵指挥官会使用空中侦察来确定轰炸目标，飞行员们也会伺机向敌军投放90毫米口径的炸弹和箭弹。

11月，法国最高指挥部开始考虑对德国工业中心实施战略轰炸。早在8月2日，陆军部长保罗·潘勒韦以及米其林兄弟、飞机制造商保罗·施米特（Paul Schmitt）这样的实业家，都表达过对克虏伯工厂所在的埃森这一鲁尔区的核心地带进行轰炸的兴趣——但小型空中武装不具备完成这一任务的能力。11月23日，最高指挥部将4队共18架瓦赞双翼飞机组成第一轰炸组。它们在12月4日袭击了弗莱堡的火车站，又在年底制定了一份目标名单，这些目标既重要又易于袭击。

德国最高统帅部在8、9月份使用了4艘齐柏林飞艇执行侦察任务，并对安特卫普、泽布吕赫（Zeebrugge）、敦刻尔克、加莱和里尔等地进行轰炸。4艘飞艇全部被敌人摧毁，最后一艘毁于10月8日英国对飞艇基地的轰炸中。1914年底，德国陆军已经放弃了飞艇，但是海军飞艇指挥官彼得·施特拉塞尔（Peter Strasser）仍坚持袭击英格兰，虽然他已经没有合适的飞艇了。

354 在西线和东线战场——尤其是在俄军骑兵部队超过德军的东线坦能堡——德军飞机承担了重要的侦察任务，到8月底，飞机已经从“对信息进行确认的辅助手段”发展成“战役侦察的主要途径——影响陆军指挥官做决定的重要因素”。[7] 在 8 月底的两次独立事件中，德国飞行员向巴黎投下了小型炸弹和传单，宣告“德军已经兵临巴黎城外。除投降外你们别无选择”[8]。这些或可作为飞机用于心理战的早期的，但并不成功的例子。

德国议会代表们反映了军界、外交界和商界的观点，他们主张通过空中轰炸“摧毁英国的抵抗”。8 月底，德国驻斯德哥尔摩公使弗朗茨·冯·赖歇瑙（Franz von Reichenau）表示，他“真心希望德国可以派出飞艇和飞机定期在英格兰上空投弹”直到那些“懦弱刺客”中的“下流贩子的灵魂”忘记“如何做算式”。实业家瓦尔特·拉特瑙（Walther Rathenau）也鼓吹“系统使用具有绝对优势的空中力量制造英国城市的恐慌”[9]。德国最高指挥部的确成立了一支具有想象力和迷惑性名字的轰炸部队，奥斯坦德信鸽队。但是，由于德军从未占领加莱，他们的轰炸没能到达英格兰，也没能对敦刻尔克、法国港口和铁路枢纽实施令人满意的突袭。

9 月 7 日，英国皇家飞行队得到了英国远征军司令约翰·弗伦奇的高度赞赏，它“令人钦佩的工作”为弗伦奇提供了“最完整准确的信息，对他指挥战役有着不可估量的价值”。[10] 皇家海军航空队（Royal Naval Air Service, RNAS）忙于执行不受欢迎的本土防御任务，尽管英国海军相对陆军的优先地位使海军的航空力量几乎与陆军的对等，这可以解释为何其在本土防御任务上的积极进取态度，并能够对德国的齐柏林飞艇进行进攻。

尽管有这样的进攻努力，但在 1914 年飞行员对战争最重要的贡献仍是空中 355
侦察，当然，飞机要想成为真正有效的侦察工具仍然需要更先进的拍照和无线电通信技术。即便在初期，飞机也能迫使敌人更大规模地隐蔽自己的行动。10 月初，在阿尔贝（Albert）附近的佩罗讷公路，一位法军炮手指着飞过去的德国飞机向英国记者评论道：“这些卑劣的鸟一直缠着我们。”[11] 1914 年，战争之鸟已经展开双翼，在欧洲战场留下了自己的身影。1915 年，它会生出利爪成为猛禽，

[7] John R. Cuneo, *Winged Mars*, 2 vols. (Harrisburg, PA: Military Service Publishing Co., 1942—1947), vol. II, pp.92–94.

[8] Charles Christienne et *al*., *Histoire de l'aviation militaire française* (Paris: Charles Lavauzelle, 1980), p.88.

[9] John H. Morrow, Jr., *German Air Power in World War I* (Lincoln, NE: University of Nebraska Press, 1982), pp.16–17.

[10] Peter Mead, *The Eye in the Air: History of Air Observation and Reconnaissance for the Army 1785—1945* (London: HMSO, 1983), pp.51–58.

[11] *Flight*, 3: 41 (9 October 1914), p.1026.

天空将和陆地、海洋一样成为激烈的战场。

1915 年：空中利器

1915 年，尤其是下半年，侦察、空中驱逐和轰炸成为空军的三大用途。空军任务集中在侦察和为炮兵定位两大方面，而且进展显著。而空中驱逐和空中格斗虽有明显进步，但仍处于较低水平。

法国最高指挥部把主要精力集中在空中轰炸领域，把战场推向敌人的国土。1915 年和 1918 年，法国最高指挥部集中力量发展轰炸力量，重视研制轰炸机和推力更大的飞机引擎。意识到这场战争已经演变为资源之战后，最高司令部开始选择工业目标进行战略轰炸，以期尽快结束战争。法国采用的瓦赞推进式双翼飞机动力强劲，可以携带 40 公斤 155 毫米口径炮弹，从 1915 年 5 月到 9 月，法国轰炸了路德维希港（Ludwigshafen）、卡尔斯鲁厄（Karlsruhe）、特里尔、萨尔布吕肯（Saarbrücken）等德国西部城市。

7 月，德国的武装飞机，包括新型的福克单翼战斗机令法国缓慢且易受攻击的瓦赞和法曼式双翼飞机付出了更高的代价，虽然法军轰炸机以"V"型防御阵型组队飞行。作为回应，法国最高指挥部决定把轰炸机的突袭行动更多安排在夜间，把它们当作具有更长射程的炮兵对敌军阵地后方的军事目标进行轰炸。为了装载更多炮弹，夜间行动牺牲了飞行速度，这也使飞行面临更多复杂状况，降低了突袭的准确性和强度。

6 月初，法国最高指挥部曾提出一个用 50 个轰炸机编队（500 架轰炸机）对
356 埃森（克虏伯工厂的老巢）进行轰炸的方案，但是这需要更强大的轰炸机、推力更大的飞机引擎。7 月和 9 月，法国议会的航空委员会要求轰炸德国的工业中心并为完成这一任务生产大量能进行远程飞行的轰炸机。甚至一位大学教授也在给政府的信中建议生产 1,000 架可以携带 300—400 公斤炸弹的飞机，对莱茵河地区的德国交通设施、车站、军需军火库进行昼夜不停的轰炸。[12] 由于成本高、原料短缺等原因，法国最高指挥部最终放弃了空中战略行动的希望，更重

---

[12] Bernard, "Stratégie aérienne", pp.359–360. Correspondence of Flandin to D'Aubigny, 21 Sept 1915, File A81, Service Historique de l'Armée de l'Air (SHAA, in service historique de la Défense(SHD)).

要的是他们意识到在任何战略性空战中，巴黎都会成为德国人报复的首要目标。

1914—1915 年之交的冬季，德国陆海军开始着手使用飞艇对英格兰进行战略轰炸，海军认为轰炸伦敦带来的物质和精神效果足以消磨英国人继续战争的意志。1915 年*1 月，两艘德国飞艇的确轰炸了英国海岸，但出于对中立国尤其是美国态度的重视，德皇一开始不同意轰炸伦敦。4 月底，德皇同意使用空袭来打击英国人的士气，摧毁英国的军工生产，促使英国的飞机转为执行国内防御任务。1915 年，齐柏林飞艇的尺寸和威力都变得更大，长度接近 182 米，体积超过 28,000 立方米，航速为每小时 80.4 公里，载弹量超过两吨（地图 13.1）。

德陆军损失两艘陆军飞艇（其中一艘在 5 月 31 日至 6 月 1 日对伦敦发起了第一次轰炸）促使它把齐柏林飞艇转移到敌人防御薄弱的东线。海军仍然坚持使用飞艇为舰队进行侦察和轰炸英格兰，并在 8 月、9 月、10 月实施了对伦敦的轰炸。1915 年，齐柏林飞艇在行动中共投下 1,900 枚、超过 36 吨的炸弹，造成英国 277 人死亡，645 人受伤，经济损失达 87 万英镑。冬天的到来中止了德军的袭击，但是海军准备在 1916 年继续行动，因为英国飞机无法拦截快速爬升的飞艇。

1915 年，英国远征军皇家飞行队把主要精力集中在战术方面，为炮兵定位、
侦察和空中格斗，而皇家海军飞行队则对德军在比利时的目标，尤其是齐柏林
飞艇的基地进行轰炸。政府和议会成员对空中力量发挥的作用日益不满，他们 357
试图从空中给德国以毁灭性打击。1915 年 2 月 24 日的军事委员会会议上，一位
成员建议通过空中攻击向德国下一季庄稼播撒灾疫，另一位成员建议使用数以
万计的小片火棉烧掉德国的庄稼。温斯顿·丘吉尔更倾向于后者，而当时的军
需大臣劳合·乔治提出播撒灾疫“不是投毒，而仅仅是让德国的庄稼减产”。首
相阿斯奎斯决定只有在遭到极端挑衅的情况下才会采取这些措施。[13] 在《每日快 358
报》发表的一份声明中，H. G. 威尔斯指出，使用 2,000 架飞机摧毁埃森，即便
损失一半，付出的代价也远小于新沙佩勒战役或损失一艘战列舰，因此他要求
建立一支由 10,000 架飞机和后备人员组成的机队。议员威廉·乔因森 – 希克斯
（William Joynson-Hicks）强烈建议动用 1 万架甚至两万架飞机对德国进行报复性
轰炸以结束战争。这些超出工业和技术能力的荒谬建议更多反映了面对齐柏林

---

* 此处原文误作 1914 年。——译者注

[13] File AIR I/2319/223/29/1-18, National Archives (NA), Kew.

飞艇突袭时的歇斯底里，但与此同时在争论过程中产生了一个更为理智的要求，这就是建立空军部或者空军部门。[14]

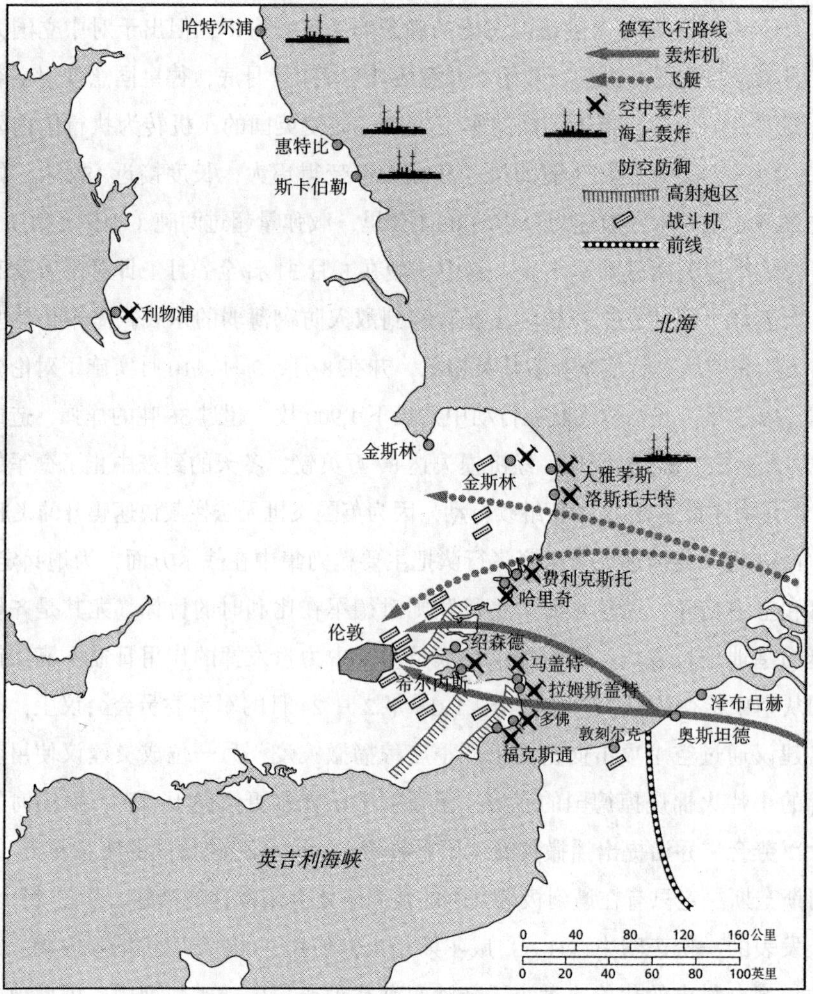

地图 13.1　对英国的战略轰炸，1914—1918 年

具有讽刺意味的是，与其他列强相比空军力量最弱小的意大利是唯一在战争一开始就拥有专门设计的轰炸机（卡普罗尼 Ca I 型轰炸机）的国家。意大利

[14] *Flight*, 7: 26 (25 June 1915), pp.446–448, 455; *Flight*, 7: 30 (23 July 1915), pp.525–526, 539–542; and *Flight*, 7: 43 (22 December 1915), pp.798, 802.

最高司令部将其用来进行远程侦察、轰炸敌人的铁路枢纽和车站。在战场之外，朱利奥·杜黑从一开始就因为越权指挥卡普罗尼 Ca I 型轰炸机而被上级解除了职务。但是，1915 年 7 月，不屈服的杜黑主张组建重型飞机集群对敌人的军事和工业中心、铁路枢纽、军工厂和港口执行战略任务，为战略轰炸原则埋下了种子。[15]

1915 年，航空武器变得更加复杂，能够在前线承担专业功能，改进的或新发展的型号可以完成不同的任务。轰炸和空中驱逐成为飞行器新的角色，促使适合的、改进型号的飞行器产生——轻重型飞行器分别用于战斗和轰炸——但总体而言，缺乏能够携带防御武器和装载更多炸弹的大推力航空引擎限制了轰炸机的发展。不管怎样，1915 年已经出现了有关战略轰炸的几乎所有重要问题——是白天轰炸还是夜间轰炸，随之而来的精确性和飞机型号问题，昼夜不停的轰炸，恰当的目标选择——这些问题一直延续到第二次世界大战，甚至今天。

各方要求轰炸机的声音引起了平民和军方的共同关注，但是 1915 年航空方面最重要的发展是战斗机或驱逐机的产生。1915 年夏天，福克战斗机的出现
标志争夺制空权的开始，这种单翼飞机装备一挺机枪，在飞行的同时可以穿过 359
螺旋桨弧向前射击。到 1915 年底，一架有效的战斗机需要具备速度、机动性和固定好的向前射击的机枪。各国早期的驱逐机飞行员——法国人罗兰·加洛斯（Roland Garros）、乔治·吉内梅（Georges Guynemer），德国人马克斯·伊梅尔曼（Max Immelmann）、奥斯瓦尔德·博尔克（Oswald Boelcke）和英国人乔治·拉诺埃·霍克（George Lanoe Hawker）——不断改进空战战术，最大限度地使他们成为空中猛兽而非敌人的猎物。他们甚至建议革新战斗机的技术。这些人的努力使 1916 年的欧洲空中战场更加凶险。

1916 年：军事航空史上的分水岭

1916 年西线的两大陆上战役——凡尔登战役和索姆河战役促成了交战方

---

[15] Frank J. Cappelluti, "The Life and Thought of Giulio Douhet"(PhD thesis, Rutgers University, NJ, 1967), pp.67–110 *passim*.

对制空权的第一次大规模争夺。因为战斗机、驱逐机的采用成为预防敌方侦察机和保护本方阵地上方和后方易受威胁的侦察机的必要手段。再次出现了一个基本的选择问题，用战斗机为侦察机护航还是为轰炸机护航——近距离保护本方飞机还是长期进行空中巡逻来保护本国领空免遭敌人袭击。凡尔登战役证明，阵地上方和后方的制空权对陆上战役的进程至关重要，而且需要集中战斗机来实现。另一方面，空中控制仍然是短暂的和不完全的，靠的是空军力量在战场上方各渗透点的转移集中，因此实际上任何一方都不可能确保获得绝对的安全。

到 1916 年 10 月，由于德军战斗机给法国空军力量造成了巨大伤亡，法国在白天的战术轰炸实际上停止了。至此，法国最高指挥部已经把目标锁定在了离南锡附近的法国轰炸机基地马尔泽维尔（Malzéville）300 公里半径内的德国工业中心——首先是化工厂、火药厂和冶金厂，然后是军工厂。突袭火车站、摧毁炼钢炉甚至飞机场，但即便有战斗机的护卫，法国轰炸机仍然损失惨重，不得不转为只进行夜间轰炸。1916 年 12 月，法国最高指挥部新的轰炸计划把目标限制在离南锡 160 公里的半径内，重点是萨尔－卢森堡－洛林地区的冶金厂，但事实上法国轰炸机的表现也很难达成这些目标。

360 战场之外，法国最高指挥部、陆军部和议会下属航空委员会在控制航空生产项目上的三角争夺仍在继续，因此法国航空事业在政治领域面临一个又一个危机，一个又一个计划蹒跚前行。但至少在采购领域，法国军事管理者们为了改进飞机类型和生产，对研发和采购部门进行了合理化调整。

1916 年，法军侦察机分队和其轰炸机同伴一样，由于使用过时、性能落后的飞机而遭受巨大损失。一支瓦赞式（Voisin）飞机分队以蜗牛作为其标志，而脆弱的法曼双翼飞机因油箱位于高温引擎的正上方而容易起火。[16] 1916 年，随着法国航空服务的不断扩大，陆军众多空军中队首当其冲遭受了越来越大的损失。

因为驱逐机队的组建，法国战斗机在 1916 年得到了加强，王牌飞行员乔治·吉内梅和夏尔·南热塞（Charles Nungesser）是飞行员的代表，他们驾驶的尼厄波尔式双翼飞机轻便、易操控，上翼装备一挺刘易斯式机关枪，因此可以从螺旋桨弧上方射击。但 1916 年夏天，尼厄波尔式双翼飞机几乎无法与德国的

---

[16] Louis Thébault, *L'Escadrille 210* (Paris: Jouve, 1925), pp.29, 49, 53, 59.

新式战斗机抗衡，随着1916年接近尾声，面对即将到来的1917年，法国的空中武装急切需要一款现代化飞机。幸运的是，虽然已经花费了一年的时间，两位法国制造商设计出了新的飞机——路易·贝舍罗（Louis Béchereau）的SPAD型战斗机，由具有革命性意义的希斯巴诺－苏莎（Hispano Suiza）150马力8缸水冷发动机驱动，路易·布勒盖（Louis Breguet）的侦察/战术轰炸机采用更加轻便、强度更高的合金和钢管结构。前者中的SPAD 7和13版本使用更大马力的希斯巴诺－苏莎发动机，这种发动机法国空军一直使用到大战结束，而由300马力雷诺发动机驱动的布勒盖14型战斗机成为1918年法国战术轰炸复苏的开路先锋。

法国空中力量得到加强的同时，尤其是1916年上半年，它的对手德国空中武装迫切需要一种新型飞机取代落伍的，被尼厄波尔式双翼飞机轻松超越的福克单翼战斗机。马克斯·伊梅尔曼在战斗中坠机身亡，为避免士气再遭打击，德国人把他们的另一位空战精英奥斯瓦尔德·博尔克从前线召回。博尔克在此期间制定了“博尔克原则”，成为沿用至今的空战法则：在取得优势后发动进攻；如果可能的话利用太阳光，从后方发动进攻（这就有了两次世界大战中的那句名言，“提防阳光下的德国兵”）；攻击时要紧紧盯住对手并只在近距离开火；如 361
果被从上方攻击，转身面对对手；永远不要忘记从敌人领土上空撤退的路线。[17]

如果说凡尔登战役让德国的空中力量历尽艰难，那么索姆河战役的爆发则给它们带来了灾难，因为英法与德国的空中力量在数量上的对比已经达到了三比一。9月中旬，奥斯瓦尔德·博尔克带着装备了新型信天翁D1型双机枪战斗机的部队返回前线，依靠这种耐用、强劲的战机从英法手中夺回制空权。虽然博尔克曾40次击落敌机，但却在1916年10月28日与己方战机相撞而身亡，博尔克留下了他的空战原则和最得意的学生曼弗雷德·冯·里希特霍芬（Manfred Freiherr von Richthofen）。

现在德国人集中力量于索姆河前线，并在夏秋重新组织空中力量，这反映了空军部队越来越重要，专业化也越来越强。战斗机队（Jagdstaffeln，简称为Jastas）成为新的精英。飞行分遣队的双座单引擎双翼飞机（C型机）被分为两

---

[17] Johannes Werner, *Boelcke: Der Mensch, der Flieger, der Führer der deutsche Jagdfliegerei* (Leipzig: K. F. Köhler, 1932), pp.158–168.

种类型。前者装备有特制的照相机用于远程侦察，而后者为炮兵进行定位侦察。地面攻击飞行员驾驶着轻型、装备良好、易于操作的 CL 型飞机，作为刚刚起步的地面支援中队，保护侦察机并指挥地面以进攻或防御角色发动攻击。最后，一些德国最高指挥部下属的轰炸机部队装备了双引擎哥达式轰炸机作为远程打击力量。

1916 年 10 月 8 日，德军最高指挥保罗·冯·兴登堡和他的军需总监埃里希·鲁登道夫建立了直接由他们指挥的帝国陆军航空勤务队指挥部。11 月，原来隶属于陆军的空军官员变成了空军指挥官，现在有权进行战术部署。一位骑兵部队的将军恩斯特·冯·赫普纳（Ernst von Hoeppner）成了帝国陆军航空勤务队总指挥，但是关系到德国空军未来发展的关键人物是他的下属，他的参谋长赫尔曼·冯·德利特–汤姆森上校（Hermann von der Lieth-Thomsen）和采购主管威廉·西格特（Wilhelm Siegert）少校，从 1915 年初开始，他们作为战地空
362 军的正副参谋引领了德国空中武装的崛起。德国空中武装力量在德军指挥层级中地位的提高与兴登堡计划的提出处于同一时期，为取得战争胜利，兴登堡下令采取一切手段进行全面动员。在德国实施全面动员、陆军准备在西线战场面对日益严重的消耗的背景下，汤姆森从鲁登道夫那里为航空采购争取到了特殊地位。很明显，陆军航空在整个德国军事系统中占据至关重要的位置，由于齐柏林飞艇造价高昂但战果微不足道，汤姆森因此放弃了陆军有关齐柏林飞艇的行动计划。

另一方面，1916 年德国海军提高了使用齐柏林飞艇攻击英格兰的频率，采用的大型飞艇长达 198 米，气囊体积接近 560 亿立方米*，可携带约 5 吨炸弹，并以 96 公里每小时的航速飞行。意在摧毁英格兰的海军航空兵指挥官彼得·施特拉塞尔上校试图通过大规模轰炸英格兰城市、工厂、造船厂、铁路等来摧毁它赖以生存的基础。[18] 然而到 1916 年夏末，齐柏林飞艇已经无法躲避越来越强大的装备了爆炸弹和燃烧弹的英国战斗机，飞艇的损失越来越大意味着它作为空中投弹手的时代已经过去，即便施特拉塞尔在努力维持飞艇的地位，但已是徒劳。齐柏林飞艇的主要任务已经变成了为公海舰队进行侦察，这也同样需要

---

* 原文即为 56,000 million cubic metres，疑有误。——译者注

[18] Douglas H. Robinson, *Giants in the Sky: A History of the Rigid Airship* (Seattle: University of Washington Press, 1973), p.122.

功能强大的水上战斗机帮助。后者由恩斯特·海克尔（Ernst Heinkel）设计，在汉莎－勃兰登堡（Hansa-Branden Burg）工厂建造，1917 年，它们在佛兰德斯海岸给英国带来巨大冲击。

由于英国准备在 1916 年发动攻势，因此皇家飞行队司令休·特伦查德（Hugh Trenchard）起初十分关注飞机和空勤人员训练不足的问题。不过，7 月 1 日索姆河攻势刚一打响，皇家飞行队很快就掌握了主动权并完全控制了战场空域，特伦查德决心把德军消灭在他们自己的领土上。飞行队持续飞行，一方面执行"接触式"巡逻任务，全力支持步兵的行动，另一方面执行拍照侦察任务，为炮兵和战术轰炸提供定位。但由于英国的两座双翼飞机陈旧、过时，在执行这些任务的过程中，英军遭到了空前的伤亡。到秋季，面对复苏的德国空军战斗机，特伦查德并未改弦更张，而是不惜代价，一意孤行深入德国阵地 30 公里展开"不懈的、持续的"攻势。[19] 英国空勤人员发现他们陷入了一个恶性循环：低劣的飞机很快就被德军战机击溃，从而让新补充的飞机严重缺乏训练，因而 363
更容易成为德国战斗机飞行员的靶子。

与此同时，英国皇家海军航空队于 1916 年春季使用新式的索普威思两座双翼飞机继续对齐柏林飞艇基地和德国机场进行轰炸，到秋季，皇家海军航空队已将其三支航空队中的一队 24 架飞机安置在南锡（Nancy）附近的吕克瑟伊（Luxeuil），在那里他们与法国合作对奥本多夫的毛瑟枪工厂实施了首次联合空袭。但秋季的恶劣天气使皇家海军航空队无法开展进一步行动。在英格兰，海军部和陆军部忙于争夺战时空中力量的控制权，尤其是对战略轰炸和轰炸机使用的大推力引擎生产的控制权，皇家海军航空队拒绝将之让与皇家飞行队。英国的飞机和发动机产能不足迫使它依靠同样捉襟见肘的法国航空工业，但这一年年末出现了可喜的变化。劳斯莱斯（Rolls-Royce）公司取得重大进展，可以分别为战斗机和轰炸机生产高度复杂的 200 马力（后来发展成 275 马力）的猎鹰发动机和 275 马力（后来发展为 360 马力）的鹰式发动机。这一时期英国最著名的三款战斗机——索普威思驼式战机，SE5 型战斗机和布里斯托 F2 型（Bristol F2）两座侦察机——均在 1916 年下半年问世，并且大战结束时仍在服役。第一

---

[19] Trenchard, "Short Notes on the Battle of the Somme I July-II November 1916", File MFC 76/1/4, Trenchard Papers(TP), Royal Air Force Museum, Hendon (RAFM)

架德哈维兰 DH-4（De Havilland DH-4）型单引擎日间轰炸机和汉德利－佩奇（Handley-Page）0/100 双引擎夜间轰炸机也在该年底问世。

1916 年，意大利拥有最多可投入作战的多引擎轰炸机，卡普罗尼工厂（Caproni Factory）在这一年交付了 136 架装备了动力强劲的菲亚特（Fiat）引擎的三发轰炸机。意大利动用 58 架轰炸机对奥匈的火车站甚至的里雅斯特市进行了轰炸。战略轰炸是意大利空军行动的核心内容，而作为战略轰炸最坚定拥护者的朱利奥·杜黑却因在火车上留下了一份激烈批判意大利当局作战无能的备忘录而在 10 月被判处一年监禁。他在狱中著书立说，并最终在 1920 年洗刷了自己的罪名。

1916 年是第一次世界大战的分水岭，因为凡尔登战役和索姆河战役浇灭了双方获得速胜的希望。这两次战役也标志着空战的真正开始，因为主要参战国下定决心建立并使用更大规模的空中力量夺取制空权。法国率先在工业领域进行了动员，动员汽车工业制造航空引擎，因此其航空引擎生产能力远超德国和英国。各主要交战国的空中政策反映了它们各自工业的现实情况和基本的军事
364 战略。英国和法国的空中政策和总体的军事战略是进攻，英国在这一点上比法国更为坚定。西线德军有在数量上被压垮的危险，他们重组了空中武装力量并使其居于更为重要的位置，尽量节约使用自己的资源，主要任务是防御作战，并在某一时段和某一空间内集中力量夺取制空权。1916 年，由于战斗机飞行员们的卓越表现，欧洲各主要交战国涌现出了最令人敬畏的年轻英雄们——如王牌飞行员艾伯特·鲍尔（Albert Ball）、奥斯瓦尔德·博尔克和乔治·吉内梅——在西线的恐怖战争中，他们代表了民族意志的牺牲精神。个体英雄大放异彩的时代持续到 1917 年，但是他们很快发现自己被淹没在了迅速发展的空战消耗中，因为空军力量的整体部署已经成为进行战争不可缺少的一部分。

1917 年：空战的消耗

1917 年 4 月初，法军西线总司令罗伯特·尼韦勒在埃纳河的贵妇小径发动了一场事后被证明是非常不幸的攻势，德军已经撤退至他们刚刚构筑好的齐格菲防线。在法国指挥部，尼韦勒主张："取得地面胜利前必须先获得制空权，这既是获胜的必要条件也是获胜的前提。从敌人的领土找到他们并将之彻底消灭

很有必要。”[20] 但不管是在空中还是陆上的进攻都以彻底失败而告终，损失惨重却几乎毫无战果，尼韦勒本人也因为这场惨败而被革职，法国军队拒绝再执行任何自杀性的进攻。

亨利－菲利普·贝当将军接替了尼韦勒，他果断采取有限攻势，尽量节省兵力，更多地利用炮兵、空中力量和坦克的优势来消耗德军。5 月 28 日，贝当向陆军部长保罗·潘勒韦表示：“空军已经成为至关重要的力量；它是取胜不可或缺的因素之一……取得制空权是获得胜利的必要条件。交战方对制空权的争夺会造就名副其实的空战。”[21] 到 1917 年 12 月，贝当试图获得一定的制空权，首先是针对德军可能于 1918 年发动的攻势使用防御性的战术轰炸：“在敌人进攻时，大规模、系统、持续地沿攻击线对敌人的后方进行轰炸，达到使其进攻陷入瘫痪的目的。”[22] 而且，他预想在协约国发动攻势时，法军轰炸机可以攻击敌 365
人的交通线，防止德军集结军队阻挡进攻。

法国和德国的空军指挥中枢都集中力量逐步推动建立规模更大的战斗机编队，但像吉内梅、南热塞和勒内·丰克（René Fonck）等法国王牌飞行员充满“骑士般的”个人主义和独立意识，似乎不愿意加入新的大规模编队战术中去。让·维拉尔（Jean Villar）在其回忆录《一位迷失的飞行员的笔记》（*Notes of a Lost Pilot*）中叹息道：“老飞行员们太自负了，总想着单独行动；新手们由于虚荣心和无知，盲目模仿老飞行员。新老飞行员们也都因此遭遇灭顶之灾。”[23]

好在法国飞行员们还有先进的斯帕德战斗机。但承担侦察和轰炸任务的机组人员驾驶的飞机成为炮灰。1917 年法军最高指挥部专注于空中战场，而一些轰炸机指挥官强烈希望直接攻击德国，并且对法国战略空军的虚弱状态颇为失望。4 月，空军上校凯里利斯（Kérillis）呼吁用报复袭击“打击敌人的斗志，进而摧毁敌人”。他认为用 50 架战机对慕尼黑进行轰炸“就足以使德国人的尸体布满这座城市的道路，让他们停下来反省用鱼雷击沉卢西塔尼亚号的行径和给

[20] “L’aéronautique militaire française pendant la Guerre de 1914—1918”, vol. II: “1917—1918”, *Icare, revue de l’aviation française*, 88 (Spring 1979), p.17.

[21] Guy Pedroncini, *Pétain: général en chef 1917—1918* (Paris: PUF, 1974), pp.41, 57.

[22] *Ibid.*, pp.41–42.

[23] Lieutenant Marc [Jean Béraud Villars], *Notes d’um pilote disparu (1916—1917)*(Paris: Hachette, 1918), translated into English by S. J. Pincetl and Ernst Marchand as, *Notes of a Lost Pilot* (Hamden, CT: Archon, 1975), pp.211–221.

兰斯带来的战火破坏”[24]。贝当并不认为德国人的斗志会受到报复性空袭的影响，而且他担心这会演化为暴行的循环。法国的空军参谋部门认为凯里利斯盲目乐观的方案并不可行，他们计划在 1917 年和 1918 年集中力量袭击距南锡 160 公里半径内易于接近的目标，但他们同时承认即便摧毁这些目标也并非轻而易举。[25]

1917 年初的法国政界，议会代表们对在尚蒂伊的最高指挥部和在巴黎的陆军部以及政治家们之间越来越令人不安的分歧十分关切。幸运的是，陆军部长保罗·潘勒韦在 3 月任命了达尼埃尔·樊尚（Daniel Vincent）担任航空副部长，后者是一位激进的社会主义者，并在议会担任航空预算的报告员，更早些时候是瓦赞式飞行队的观察员。同样是激进社会主义代表的 J. L. 迪梅尼（J. L.
366 Dumesnil）接替了樊尚航空预算报告员的职务。5 个月后，他再次接替樊尚，担任航空副部长直至大战结束。樊尚和迪梅尼为提高法国的航空军事力量做出了巨大贡献，努力把最高指挥部对飞机不断升级的的需求与后方的物质和人力资源相协调。最终，乔治·克列孟梭在 11 月中旬成为法国总理，这也意味着法国获得了一个“老虎”式的国内独裁者，他计划从上而下掌控一切。尽管 1917 年法国国内的政局和官僚体系并不稳定，工业领域还存在劳资纠纷，但飞机和发动机制造业开足马力增加产能，军需部门决定集中力量生产 SPAD 战斗机和布勒盖轰炸机以及分别与它们配套的希斯巴诺－苏莎（Hispano-Suiza）引擎和雷诺引擎。它们劳动的成果在 1918 年十分显著。

1917 年，和陆军一样，德国空军也在西线采取防御战略。除了抵挡法国在贵妇小径和英国在阿拉斯的进攻外，德国战斗机只在本方阵地上空战斗，只有少量高性能的两座双翼侦察机飞往敌方阵地执行高空拍照侦察任务。1917 年 4 月，由曼弗雷德·冯·里希特霍芬指挥，装备了更先进的信天翁 D3（Albatros D3）战斗机的德国空军给进入它们控制空域的英国空军两座飞机沉重打击，“血色四月”成为皇家飞行队难以磨灭的记忆。然而到了夏季，SPADs 型、SE5As 型、索普威思驼式、索普威思三翼和布里斯托战斗机的性能迅速超越了德国空军最新型的信天翁 D5s 型战机，甚至第一批福克 DRI 型战斗机也无法撼动协约

[24] Bernard, “Stratégie aérienne”, p.363.

[25] AEF account of the aviation plan of bombardment, 18 November 1917, AIR I/1976/204/273/40, National Archives, Kew; and Pedroncini, *Pétain*, p.58.

国的空中优势。但在战场上空，专业的远程侦察巡逻人员得到了性能更优越的飞机，尤其是可以在几乎不会遭受损失的 6,096 米高空执行侦察任务的鲁姆勒 C 型飞机。它们能够避开英国和法国的拦截，如果德国人选择战斗，也足以招架协约国最新式的战斗机。

在远低于这个高度的地面战场，阿拉斯战役同样见证了德军空中“步兵”“战地飞行员”，或者“突击队员”（德国飞行员们自己更喜欢这个称呼）的首秀。突击队员中的很多军士和士兵曾在堑壕中服役，他们填补了 1916 年底新成立的侦察机守卫队的空缺，用机枪、手榴弹和碎裂弹为步兵进攻和防御提供支援。驾驶小而精干、轻便灵活的双座哈尔贝施塔特（Halberstadit）和汉诺威拉纳（Hannoverana）双翼飞机，它们以 600 米的飞行高度到达阵地上空，然后俯冲至 100 米高度，在堑壕（双方炮兵阵地之间的死亡区域）上方扫射敌人的步 367
兵、炮兵、据点以及预备队。当大雨或者低云导致一些飞行员无法起飞时，这些坚定的低级别的无名飞行员会以低于 100 米的高度在他们称为“该死的街道”的地面战场上空低空飞行，支援同样无名的前线步兵战友。[26] 随着战争的继续，他们获得了德国通用电气公司的飞机、信天翁以及容克装甲步兵飞机，其中容克型还是第一架全装甲飞机。虽然容克 J.I 型“家具货车”行动迟缓笨拙，但是地面机枪对它无可奈何。

根据德国空军对英国的作战战略，帝国陆军航空勤务队于 1917 年春末出动 36 架哥达双引擎轰炸机，部分 4 或 5 引擎的 R 型巨型轰炸机，实施了一场代号为“土耳其十字”的轰炸行动。到夏天，由于在英格兰上空的损失或者来自着陆时碰撞造成的损失迫使德军轰炸机必须在夜间进攻，帝国陆军航空勤务队决定减少损失并把有限的珍贵资源集中到战斗机而非轰炸机的建造上。然而，海军飞艇司令施特拉塞尔仍狂热地坚持让庞大的齐柏林飞艇上升到 6,096 米的高空，艇上人员要忍受严寒和缺氧，还有可能遇上无法预测的强风把他们吹到西欧的任一角落。1917 年底，施特拉塞尔甚至订购了体积更大的齐柏林飞艇，把德国有限的资源花费在发动一场孤立的战略任务中去，这与陆军是不相协调的。至少，装备了汉莎－勃兰登堡型（Hansa-Brandenburg）双座双浮飞机的海军海

---

[26] Georg P. Neumann (ed.), *In der luft unbesiegt* (Munich: Lehmanns, 1923), pp.79–91, 166–175.

上战斗机编队从英国海上飞机那里夺回了从泽布吕赫到奥斯坦德（Ostende）的佛兰德斯海岸上空的制空权。

随着新一年的到来，后方的德国人意识到兴登堡全面动员的计划并未完全成功，原料和人力的短缺使航空制造工业无法完成生产任务，德国战斗机发展的停滞抵消了它们微弱的质量优势。鲁登道夫策划了规模宏大的进攻计划以期在 1918 年先于大规模动员起来的美国开始进攻德国前赢得战争。为此，1917 年 6 月 25 日，帝国陆军航空勤务队宣布了“美国计划”，主要内容是要把战斗机中队的数量提升一倍，达到 80 个。但是只一个月后，最高指挥部就发出警告，在当前德国的经济形势下能否完成这样的任务值得怀疑。物资和人力紧缺、罢工和运输不畅已经把德国经济逼到了崩溃的边缘。

368 1917 年期间英国的机遇开始于皇家飞行队司令特伦查德决定发动一场前所未有的强大攻势，把巡逻推进到敌人阵地后面，对敌人的补给仓库和军队集结点发动突然袭击，这在“血色四月”达到顶峰。如果皇家飞行队正在空中遭受损失，至少远征军司令道格拉斯·黑格承认皇家飞行队在为炮兵服务、拍照和接触式巡逻方面的效率以及对陆上战役的重要意义。[27] 夏天和初秋令人不安的巨大伤亡，引起了很多巡逻飞行员对进攻政策的批评，此后皇家飞行队性能先进的战斗机使其飞行员具备了取得对德优势的条件。日间轰炸机飞行员获得了高速的 DH4 型轰炸机，这种飞机的唯一缺点是它的主油箱位于飞行员和观察员之间，影响交流。

1917 年英国在战术空战中的地位因此得到改善，但对德国 5 月发动的空袭缺乏战略回应。海军部把海军航空力量的任务从低效率的战略袭击改为协助前线的皇家飞行队，但包括黑格和特伦查德在内的很多英国军官还在坚持夸大战略袭击（即使在晚上）从物质上和精神上给德国人带来的毁灭，而对机务人员们来说，他们很难对一个比大型城镇更小的目标形成有效打击。[28] 如果海军放弃对地面的战略轰炸，而获得并改良美国的格伦·柯蒂斯大型双引擎水上飞机则使其能从覆盖了北海约 10,360 平方公里海面的海军航空站进行系统的反潜艇

---

[27] Correspondence Haig GHQ no. O. B./1826 to Secretary, War Office, 18 May 1917, AIR I/2267/209/70/34, NA.

[28] George Kent Williams, “Statistics and Strategic Bombardment: Operations and Records of the British Long-Range Bombing Force during World War I and their Implications for the Development of the Post-War Royal Air Force, 1917—1923” (PhD thesis, Oxford University, 1987), pp.45–64, 186.

巡逻。

德国的袭击导致了英国政界强烈要求报复，而不仅是防御。战时内阁委派南非军人政治家 J. C. 史末资在两个报告里评估当时的局势，8 月的第二个报告倡议建立一个独立的、统一的航空力量机构，获得压倒性的空中优势，把战争带到德国，攻击其工业中心和交通线，并最终赢得大战。[29] 军需部下属航空和飞机供应部门长官威廉・魏尔（William Weir）坚信英国工业有能力提供足够的飞机来装备急速扩张的航空力量，并且每个人都已经厌倦了皇家飞行队 – 皇家海军航空队在工业输出问题上内耗式的竞争。遗憾的是，魏尔的狂热超越了他的判 369
断力，而且过剩生产并没有实现。事实上，英国航空引擎的生产极其失败，只有最好的劳斯莱斯引擎是亮点。1917 年结束时航空部门合并的问题也没有得到解决。

意大利空军的卡普罗尼型轰炸机仍然具有重要地位，它们在伊松佐河沿岸的诸战役中向敌人阵地和后方发动潮水般的进攻，支援步兵的攻势。第十二次伊松佐战役中，意军在卡波雷托遭遇惨败，撤退至皮亚韦河，这种局势迫使意大利轰炸机不断发动对地攻击阻止敌人进攻。意大利在塔利埃多（Taliedo）的各个卡普罗尼飞机制造工厂进行完全标准化的机翼生产，每天可制造一架双翼轰炸机和一架三翼轰炸机，与此同时菲亚特稳定地生产动力越来越强的引擎。朱利奥・杜黑和詹尼・卡普罗尼倡导协约国联合组建一支战略轰炸机部队。1917 年 6 月，杜黑在狱中写信呼吁协约国生产 20,000 架轰炸机袭击敌国城市。[30] 根据他的预测，单是 4 月份参战的美国就能贡献 12,000 架，当然他的预测并不准确。大西洋对岸潜在的工业巨头完全没有做好成为民主兵工厂的准备。

1917 年，飞机迅速演化为一种全方位的战争武器，既能执行近距离空中支援任务，又能进行战略轰炸。空军主要机种的分类也在 1917 年越来越明确。坚决进攻的皇家飞行队，不顾环境限制对德国发动攻击，把遭遇的巨大损失吹捧为空军为战争做出的贡献。他们从自治领招募人员来弥补伤亡，向战场输送新的战斗机，到秋季终于克服了年中的危机，满怀信心进入 1918 年，希望通过建立联合空军增强对德国实施战略轰炸的能力。为了节约日益减少的兵

---

[29] MFC 76/I/I, TP, RAFM.

[30] Cappelluti, "Douhet", pp.138–145.

员，法国的航空力量采取了更为谨慎的进攻政策，与此同时，经历了贵妇小径战役的法国陆军决定只发动有限攻势。贝当对战略轰炸采取务实态度，以军事效果为基础确定优先轰炸的目标和评估轰炸效果，而不是像英国那样以对敌人士气产生的影响为判断标准。现在，法军在1918年的重点是集中联合使用SPAD 13型驱逐机和布勒盖14型战术轰炸机，重夺战场上的空中优势。德
370 国空中力量和陆军一样，在西线战场主要进行防御战，但德国最高指挥部在坚持进行无限制潜艇战的同时发动了对英格兰的战略空袭，意在迫使英国退出大战。

到1917年，英国和德国指挥部都认为飞机在对地攻击方面是强有力的战斗武器。英国战斗机飞行员承担起了对地进攻的任务，尽管他们痛恨这项任务，而且在执行时缺乏协作，只是各自用机枪进行扫射。相反，德国开发了适合地面进攻的飞机，并且由很重视这项任务意义的步兵充当服务人员。法国毫无作为，在对地进攻方面被远远甩在了后面。飞机在军事上的重要性日益增强以及承担的军事角色越来越多，与之相一致的是，各国都在加强对航空工业的动员，以支撑更为严峻的消耗战。空军的迅速发展证明了航空发动机作为飞机心脏的重要性，法国展现出具备最强的大量生产大推力航空发动机的能力。

在英国和法国，对航空工业的动员引起了许多政治冲突。与法国一样，英国的航空业管理机构高度政治化和个人化，但是英国的系统并不像法国那样受困于频繁的政府更迭带来的政局不稳。议会在两国航空工业中都扮演重要角色，两国议员们都渴望使用战略空军对德国实施轰炸。在法国，陆军对航空业的控制是不争的事实，议员们提出质疑，并密谋实现他们的想法，但是并没有成功。在英国，代表空军利益的议员迫切要求成立独立的空军，为解决陆海军在空军问题上的矛盾，劳合·乔治政府这样做了，这也为首相与陆军和英国远征军司令道格拉斯·黑格争夺控制权时提供了独立的盟友。

与英法两国复杂的局面相比，德国的专制政体使其军事航空官僚体制成为稳定的典范，因为从战争开始到战争结束都是同一批人在掌管德国的航空力量和航空工业生产。在德国这样一个遭到经济封锁的国家，相比协约国而言，在原料和人力短缺的情况下，这种稳定和统一更为重要。尽管协约国空军在数量上的优势日益扩大，但是英法空军之间缺乏协作，使德国空军仍然有生存的空间。协约国的协调是令美国尽快对德作战的必要条件，而从空中发动的任何战

略攻势都有必要把意大利的飞机和发动机包含在内，这样才能在西线获得尽可能大的空中优势。但法国军事和政治领导人不准备发动战略空战，而英国也对 371
协约国内部的战略协调不感兴趣。

1918 年：战斗到底

1918 年刚开始，强调集中使用空军重要性的法军指挥官贝当计划通过战术进攻摧毁敌人的空军，夺取战场上空和战场正后方的绝对制空权。在应对德军三月攻势的防御战中，法军轰炸机和战斗机通过在战场上空连续不断的行动为地面力量提供支援。4 月和 5 月，当法国战斗机的保护能力下降后，法国最高指挥部组建了由执行日间轰炸任务的轰炸机和在敌人阵地上空执行战术任务的战斗机组成的航空师。尽管法国陆军的指挥官们不情愿与航空师进行协调使它的作用大打折扣，但它一直在执行进攻任务，而且在 1918 年秋季美军发动的圣米耶勒攻势中，法国的航空师构成了比利・米切尔将军指挥的由 1,400 架飞机参战的大规模空袭的核心力量。事实上，为美国航空力量提供训练和装备的主要是法国人以及少量英国人。

事实证明，布勒盖 14 型飞机是性能优异的日间战术轰炸机和高空拍照侦察机，侦察距离可以达到阵地后 96 公里，而且为炮兵提供稳定的侦察。布勒盖战机和萨尔姆松 2A2 星形引擎双翼飞机终于给了法国飞行员与德国战斗机抗衡的机会。整个 1918 年，夜间轰炸机仍然是法国空军力量的薄弱环节，但是法国并没有进一步实施战略轰炸行动的计划，而是进攻阵地 72 公里范围内德国运输铁矿石的铁路交通。全神贯注于前线战事的法国陆军，对发展战略空军和建立有自主权的空军力量均持反对意见。5 月，在贝当列出的优先发展的战机类型清单中，远程重型轰炸机被排在了最后。

1919 年，法国航空业和空军在国内面临的政治和行政局势相当稳定，总理克列孟梭和军需部长路易斯・卢舍尔（Louis Loucheur）在议会支持最高指挥部。到战争即将结束之际，议员们喋喋不休地谈论法国缺少战略轰炸武器，完全忽视了他们在西线战场拥有全世界规模最大的空军力量这一事实，法国空军已经拥有 4,000 架飞机，还有 2,600 架备用飞机，而且正在生产的飞机数量（52,000）也超过英国（43,000）和德国（48,000），正在生产的飞机引擎数量（88,000）甚至超过英德两国的总和（两国各自 41,000）。

372 1918 年，德国航空力量有效实施了三月攻势，但随后发现越来越难以招架协约国空军数量上的优势。德国把小规模的战斗机中队重组成一些拥有 60 架左右战斗机的更大规模的编队，代号为“马戏团”，德国采用装备了宝马 185 马力高压缩比引擎以及厚翼的福克 D7 型战机，其性能直到大战结束都令协约国的战机无法匹敌。4 月，曾击落过 80 架敌机的王牌飞行员曼弗雷德·冯·里希特霍芬在战斗中被击落，这也是一战中除法国的勒内·丰克外所有王牌飞行员的共同结局。德国缺乏有经验的飞行员和燃油，并且与协约国航空力量相比在数量上处于明显劣势，在战争的最后阶段它们不断从一个战场撤退到另一个战场。最高指挥部放弃了 5 月的战略轰炸行动，原计划动用所有的轰炸机在西线战场发动战术空袭。彼得·施特拉塞尔的齐柏林飞艇在英格兰上空被击落后，他自己也葬身火海，海军的齐柏林飞艇行动也宣告终结。飞机和引擎的生产受到原料和人力短缺的拖累，导致德国在消耗战中落败。和陆军相似，海军拥有性能优越的汉莎－勃兰登堡型水上飞机，但其数量从来都不足以在海峡和北海上空完成各种任务。到大战尾声，德国前线的飞机数量已经从 1918 年 1 月的 3,600 架减少至 2,700 架，而由于煤、原料、燃油和食物短缺，飞机生产在 1918—1919 年之交的冬季陷入崩溃。

1918 年 3 月，英国皇家飞行队在最初面对德军进攻时劣势尽显，尽管损失惨重，但他们都能获得补充，3 月末，皇家飞行队重新夺回了空中优势。1918 年，随着英国大规模使用坦克，英军把一部分飞行中队划拨给坦克部队，开发飞机－装甲车协同战术，克制德军的反坦克炮。从 8 月初发动亚眠战役到战争结束，英国陆军的坦克、大炮和飞机的协同进攻所向披靡。从 1918 年初到停战协定的签订，英国飞行员在敌人的国土持续发动进攻。但到大战结束他们为此付出了惨重的代价。正如一位英国战斗机飞行员计算的那样，1918 年英国飞行员在法国的平均时间只有 6 周，最后的结局包括精神崩溃、被击落、受伤、被俘虏或者战死。

到大战结束时，战术空战消耗了英国空军大量的精力和资源。由于新成立
373 的空军机构的内部争吵和政治特点，1918 年 4 月创建的空军部、皇家空军和特伦查德将军领导下的独立轰炸部队通常得到了历史学家们不成比例的关注。事实上，空军部大臣威廉·魏尔的计划是建立独立的轰炸部队对德国城市进行大

规模空袭，他在9月给特伦查德的信中写道："如果你能让德国的一座城市火光冲天我会十分高兴……血的代价会给德国人带来冲击。"[31]与此同时，特伦查德认为由他指挥的独立轰炸部队是对"精力和人力的巨大浪费"，进而忽略空军部要求他轰炸德国化工厂和钢铁厂的命令，而是更倾向于进攻飞机场和铁路等战术目标。[32]独立轰炸机部队的唯一成绩是使海军战机的焦点从战略轰炸转向对敌舰队进攻和反潜护航任务。军需大臣对航空工业实施了成功动员，到大战结束时英国在这一领域的工人有近35万，为世界之最。皇家空军一部分在西线执行任务，另一部分被部署在绵延至中东地区的帝国的各个基地，如此长的战线也注定使皇家空军在战争结束时成为全世界人员规模最大的空军。

最终，意大利的陆军和空军在1918年战胜了它的敌人奥匈。朱利奥·杜黑重回航空部队，担任1918年4月新成立的总军需部门中的航空处长，但仅仅两个月后，49岁的杜黑就从这一职务上离任转而著述。1918年，卡普罗尼共生产了330架轰炸机，最后290架装备了三台200马力的引擎，与早期的卡普罗尼飞机相比动力提高了一倍。英国和法国都排斥在西线使用卡普罗尼轰炸机，协约国从未发动过战略轰炸行动。

结论

1914年8月开战时，欧洲列强的航空力量还不成熟，航空工业也处在萌芽阶段。而一旦飞机被证明是执行侦察以及为炮兵定位这一更重要任务的有效工具，空军指挥官们就会要求得到更多的飞机更好地执行空中任务并阻止敌人的空中侦察。第二个目标促使了武装战机的出现，随后发展成为专业的驱逐机或者战斗机。凡尔登战役和索姆河战役促进了空战战术的整合，而且空中力量规 374
模的重要性越来越突出。各国航空力量和航空工业因此急速发展。不同类型的飞机功能分工更加细化，虽然整个大战期间的基本机型仍然是两座单引擎多用途双翼飞机和单座单引擎双翼驱逐机。所有的航空指挥部都在考虑发动战略轰炸以摧毁敌人的生产和士气，但是早期的航空技术使飞机的尺寸、速度、载重

[31] Weir to Trenchard, 10 September 1918, MFC 76/I/94, TP, RAFM.

[32] Williams, "Statistics", pp.233–251, 257, 260–262.

量、航程、巡航和轰炸精度都受到制约，这些问题直到25年后的第二次世界大战中期才得以解决。

军事航空不是第一次世界大战的决定性因素，但是在为陆军提供支援，尤其是在战场上为炮兵提供支援方面，飞机确实发挥了重要作用。飞机在分布广泛的各个战场上服役，虽然非洲和中东的高温潮湿天气确实会缩短木头和织物构造的双翼飞机的使用寿命。和在第二次世界大战中一样，获得战场上的制空权是第一次世界大战中取胜的重要因素。尽管战略航空力量在未来的历次战争中成为取胜的关键，但事实上在这场大战中它发挥的作用还十分有限。20世纪剩余时期的飞行员们采用的技术都是一战期间的战斗机飞行员和执行对地攻击任务的飞行员们设计出来的，一战时期的很多年轻飞行员成长为第二次世界大战中的空军指挥官。在战略和战术方面，第一次世界大战已经预示了1939—1945年的大战中将出现更大规模的空战。

这场参战人数众多的世界大战产生了新的个人英雄，那就是飞行员，尤其是王牌飞行员——半人半神般存在，成为世人崇拜的偶像——衡量他们声望和英雄气概的标准是击落敌机的数量，虽然这些数字通常会被夸大。这种特定的环境促使人们向战斗机飞行员投去了过多的关注，而1914—1918年战场上的经验表明飞机在侦察、为炮兵定位、轰炸和对地面扫射方面是有价值的战术武器。战斗机为其他飞机执行任务提供最基本的必需的防护，但空中格斗却获得了超出战争的关注。

大战结束后，战略空军受到了理论和主观思考的关注，战后观察家们几乎把战术空军发挥的重要作用及经验教训抛诸脑后。战后更多的航空理论家们思考通过轰炸敌国城市，摧毁敌人战时工业和民众士气等行动，即战略轰炸迫使
375 敌人投降，但似乎很少想起空中力量在战场上做出过的贡献。朱利奥·杜黑是这些理论家中最具代表性的一位。他在1921年出版的《制空权》（*The Command of the Air*）一书中指出，战略空军使用炸弹和化学武器直接打击平民聚居区可以使遭到进攻的国家屈服，因为这种攻击是平民无法承受的。这种观点并非来自第一次世界大战中有限的且没有发挥决定作用的战略轰炸行动，更多的是来自归纳推测。威廉·魏尔“让德国的一座城市火光冲天”的强烈愿望为1943—1945年间皇家空军轰炸机部队对德国城市进行的空袭埋下了种子，这给英国的轰炸机部队和德国平民都带来了可怕的伤亡，却没有像理论家们所说的那样结

束战争。事实上，1939—1945年大战中空军需要为胜利做出的贡献是给陆军和海军提供战术支持，对关键的战略工业和交通运输枢纽实施更精确的打击，这实际上进一步确认了1914—1918年空战的实际经验。

376

14 战略指挥

加里·谢菲尔德
斯蒂芬·巴奇

指挥是现有一战军事史学术话语中的核心问题。本章将重点关注指挥的一个方面，即战略指挥，着重探讨主要交战国以及某些重要主题，而非战略本身。鉴于不可能单独讨论战略指挥，在必要时引入了行动甚至战术指挥的问题。

定 义

现代对于战略指挥的定义主要源于19世纪的军事思想和实践，而现有的，即作为广义冲突范畴一部分的战略指挥概念则在近期才得以确立。显然，用现有的定义追溯历史会带来诸多风险，但推动这些定义发展的正是一战的经验。随着战争的推进，协约国和同盟国在思想和制度上的缺陷越发凸显，而如何应对这些缺陷成了取胜的关键。在解决危机的过程中，双方进行了诸多创新。

根据大量相似的定义，战争中的战略指挥可以被界定为“指挥管理：评估和发布指导军事力量所需要的信息和命令”[1]。早在1914年，在马背上带兵冲锋陷阵的将军形象就已经成了遥远的神话。真实的情况往往是将军身在战线后方的办公室里，手持电话，竭力依靠零星的信息——不完整、不及时以及常常不
377 正确的信息——做出决策。指挥和控制体系经常被比作人体，指挥官和参谋作为

[1] 引自 G. D. Sheffield, “Command, Leadership, and the Anglo-American Experience”, in Sheffield (ed.), *Leadership and Command: The Anglo-American Military Experience Since 1861* (London: Brassey’s, 2002 [1997]), p.1。

“大脑”做出决策，然后通过“神经系统”，也就是一系列制度和程序，传送到“肌肉”或战斗部队。[2] 因此，历史学家们越来越意识到在研究陆军和海军上将的同时研究参谋以及指挥的“控制”方面的重要性。在这个意义上，指挥随战争演进，不只事关个人的军事领导，更事关官僚体系、通信技术以及参谋的程序，虽然许多指挥官通常集两方面的职能于一身。[3]

但这并不是说一战中指挥官的个性、秉性甚至健康状况对战略指挥没有影响，毕竟所有的指挥官都面临着巨大的压力。按照现在的说法，毛奇和鲁登道夫曾分别于 1914 年和 1918 年因不堪重负而精神崩溃，但霞飞却以其沉着、冷静和坚毅闻名于世。虽然指挥官们风格迥异，但无论是埋头事务的毛奇还是在卢斯战役中试图走出司令部骑马上阵的约翰·弗伦奇爵士，“指挥的面罩”，即无论战局如何都能保持外表平静的能力对他们的声望和权威至关重要。然而，军队的庞大使指挥官难以发挥个人品格的影响，魅力策略的效果也大打折扣，不过鲁登道夫和基奇纳这样被媒体追捧为民族英雄的人物可能除外。[4]

战略被定义为“使用军队达成军事目标以及延伸的战争的政治目的”[5]。传统上，战略被分为“大”战略和“军事”战略。大战略与政策交叉，旨在争取国家利益，不仅涉及军事，还包括更广泛的后勤、社会和科技等方面。军事战略旨在通过募集、发展、保持和使用军事力量，达到大战略的目标即政治目标。[6] 一战前，包含军事的国家大战略概念以及军事战略问题属政府职能的观 378
念还未建立起来。虽然海军和海事战略思想必然会考虑工业、商业和贸易，但

---

[2] 参见如：Spencer Wilkinson, *The Brain of an Army: A Popular Account of the German General Staff* (London: Constable, 1895)。

[3] 参见 John Keegan, *The Mask of Command* (New York: Viking, 1987)；Berndt Brehmer, “Command and Control as Design”, www.dodccrp.org/events/15th_iccrts_2010/papers/182.pdf，登录时间：2012 年 8 月 5 日。

[4] Richard Holmes, *The Little Field Marshal* (London: Jonathan Cape, 1981), pp.303, 305; Michael Howard, “Leadership in the British Army in the Second World War: Some Personal Observations”, in Sheffield (ed.), *Leadership and Command*, pp.119–120.

[5] Peter Paret, “Introduction”, in Paret (ed.), *Makers of Modern Strategy from Machiavelli to the Nuclear Age* (Princeton University Press, 1986), p.3.

[6] 定义详见现代英国、美国和澳大利亚的条令出版物，以及 Michael Howard, “The Forgotten Dimensions of Strategy”, *Foreign Affairs*, 57: 5(1979), pp.957–958。

这大体被视为一个单独的领域。[7]18 世纪中期，一个简单的战略 - 战术二元模式被广泛应用：在军事行动中，战略负责调遣“统一”的军队或舰队，直至交战双方“刀兵相见”，之后则由战术即战役的部署和战斗接手。此后，军事学说在战略和战术之间加入了行动，确立了战争的三个“层面”。一战是这一转变中的一个节点，彼时“战略”一词并没有现代更加广泛的含义，而是更接近于开展军事活动。[8] 这些区别至关重要：战争的最高统帅在不受政治干涉的情况下获得必要的人力和物力进行战斗的要求在根本上源于一个观点，即他们拥有对于军事行动——不同于大战略——的最高权力。

德军 1914 年对战争行动层面的理解最为清晰，但今天的军事战略以及军事行动之间的区别却异常模糊：战略指挥常常迷失在行动层面，抑或相反。[9] 德国
379 总参谋长毛奇和他的奥匈帝国同仁康拉德在大战略层面的角色都触及外交领域（两人都曾敦促在 1914 年前发动先发制人的战争），但在战争爆发后，他们又担任了基本上属于行动指挥官的角色。[10] 对于德国指挥官一个常见的说法是，他们的决策出于“单纯的军事目的”，即为了获得行动或战术优势，不顾或者不屑于考虑政治、大战略或后勤方面的因素。传统上和德军有同样思想的俄国军队对行动层面有相同的理解，但这并未对俄军在战争早期的表现产生太多影响。[11]

---

[7] 关于缺乏这一理念的案例，参见 Richard F. Hamilton, “War Planning: Obvious Needs, not so Obvious Solutions”, in Richard F. Hamilton and Holger H. Herwig (eg.), *War Planning 1914* (Cambridge University Press, 2010), pp.15–18。关于海军和海洋战略思想，参见 Jon Tetsuro Sumida, *Inventing Grand Strategy and Teaching Command: The Classic Works of Alfred Thayer Mahan Reconsidered* (Baltimore, MD: Johns Hopkins University Press, 1997)。又见 Nicholas Lambert, *Planning Armageddon: British Economic Warfare and the First World War* (Cambridge, MA: Harvard University Press, 2012)。

[8] Antulio J. Echevarria II, “Clausewitz: Toward a Theory of Applied Strategy”, *Defense Analysis*, 11:3 (1995), pp.229–240，副本参见 www.clausewitz.com/readings/Echevarria/APSTRAT1.htm。Claus Telp, *The Evolution of Operational at 1740—1813* (London: Frank Cass & Co., 2005), pp.1–2 中强有力的核心观点认为行动艺术出现于 18 世纪末；较为早期的看法是，行动艺术的关键发展时期为 19 世纪 60 和 70 年代，参见如 Michael D. Krause, “Moltke and the Origins of Operational Art”, *Military Review*, 70:9 (1990), pp.28–44; Bruce W. Menning, “Operational Art's Origins”, *Military Review*, 77:5 (1997), pp.32–47。

[9] David T. Zabecki, *The German 1918 Offensives: A Case Study in the Operational Level of War* (Abingdon: Routledge, 2006), p.29.

[10] Lawrence Sondhaus, *Franz Conrad von Hötzendorf: Architect of the Apocalypse* (Boston, MA: Humanities Press, 2000), pp.82, 86, 88; Annika Mombauer, *Helmuth von Moltke and the Origins of the First World War* (Cambridge University Press, 2000), pp.106–112; Holger H. Herwig, *The First World War: Germany and Austria-Hungary 1914— 1918* (London: Edward Arnold, 1997), pp.9–11, 20.

[11] Jacob W. Kipp, “The Origins of Soviet Operational Art 1917–1936”, in Michael D. Krause and R. Cody Phillips (eds.), *Historical Perspectives of the Operational Art* (Washington, DC: Center of Military History, 2005), pp.215–216.

只有在1916年的勃鲁西洛夫攻势中俄军指挥官们才展现了对于行动艺术和军事战略的深刻领悟。[12] 法国——英国也偶有使用——用“总战术”表示战略和战术间的过渡，大体上等同于行动战略；但法军没有“界定行动战略的功能，也没能明确地区分军事行动和战术”[13]。三任法军总司令霞飞、尼韦勒和贝当在法军总司令部（1914年后位于巴黎北部的尚蒂伊）行使的职能囊括了最高的政治层面和行动层面。英军最为重视战略和行动的分离：首先，陆军大臣霍雷肖（Horatio）（军衔同为陆军元帅，但并非活跃的军事指挥官）；其次，帝国总参谋长罗伯逊和威尔逊自1915年末起主要担任总体战略层面的角色，但他们在军事战略层面也颇有影响，并偶有积极参与。[14] 位于西线的英国远征军总司令约 380
翰·弗伦奇是一名行动指挥官，同时在政治上对英国政府以及盟国法国和比利时负责。他的继任者道格拉斯·黑格爵士主要关注军事战略和军事行动，但在总体战略层面也有一定的影响，和罗伯逊以及威尔逊配合紧密，还常常充当英国战时内阁的顾问。[15] 霞飞、黑格等人一人身兼政治、战略和行动等多项职责，但在未来的战争中这些职责通常是由两到三名高级别官员分别承担的。

1914年，当战争在西线爆发时，德国动员了7个集团军，法国动员了5个集团军，每个都比19世纪初的“统一”军队大，或至少大体上相当；这意味着，单就军队规模而言，毛奇和霞飞就面临着前所未有的战略指挥问题。每个集团军一般包括2至4个军，而根据现代理论，行动指挥通常在军或集团军层面进行。部分是为了更好地同盟友打交道，法军很快即兴设立了一个中间的指挥级别，任命福煦为霞飞的“副将”，负责包括英国远征军和比利时军队在内的“集团军群”。德军认为这一集团军群级指挥的缺失是德军在马恩河战役中指挥结构失效的原因之一，而这直接导致了德国在马恩河战役中的失败。其后，集

[12] 参见 Timothy C. Dowling, *The Brusilov Offensive* (Bloomington, IN: Indiana University Press, 2008), pp.175–176。

[13] Robert A. Doughty, “French Operational Art: 1888—1940”, in Krause and Phillips (eds.), *Historical Perspectives of the Operational Art*, p.101; Brian Holden Reid, *Studies in British Military Thought* (Lincoln, NE: University of Nebraska Press, 1998), p.70.

[14] George H. Cassar, *Kitchener's War: British Strategy from 1914 to 1916* (Dulles, VA: Brassey's 2004), passim; David R. Woodward, *Field Marshal Sir William Robertson: Chief of the Imperial General Staff in the Great War* (Westport, CT: Praeger, 1998); and Keith Jeffery, *Field Marshal Sir Henry Wilson: A political Solider* (Oxford University press, 2006), pp.219–228.

[15] 关于黑格参与大战略制定的案例参见 Gary Sheffield, *The Chief: Douglas Haig and the British Army* (London: Aurum Press, 2011), pp.265, 331。

团军群成为德军和法军的正式组成部分，代表高层的行动指挥，并逐渐演变成了战略指挥。黑格领导下的英国远征军有4至5个集团军，本身就可以被视为一个集团军群。[16]

19世纪的背景

一战的主要交战国皆为庞大的工业帝国，拥有一个世纪前无法想象的权力、资源和组织化程度。在这一发展过程中，科技和工业化对社会各方面的影响起到了关键作用，人类分工不断细化，不仅表现在产业工人无需自给衣食，还表
381 现在不同职业、管理阶层和官僚结构的出现。其结果是军队的规模和毁灭性力量作为大规模工业化国家的军事体现得到了大幅提升。确立对军队的军事指挥和控制结构的尝试始于18世纪末；拿破仑一世的大军在集团军、军和师级都设立了参谋，使其在保持军队规模相对较小的前提下相比敌方拥有明显的优势。[17]但随着军队规模的不断扩大，大约从1809年起，再现奥斯特利茨辉煌，即在一场战斗中全歼敌军的可能性变得越来越渺茫。1905年3月，日军在日俄战争规模最大的战役奉天战役中大败俄军，但他们试图通过两翼包抄俄军90英里阵线彻底消灭俄军的企图失败了，其主要原因在于难以协调分散在各地的5个包括20多万士兵的军。[18]

19世纪20年代起，蒸汽动力以铁路运输和汽船的形式投入使用，带来了士兵和物资动员以及运输的巨大变革，但代价是供应和移动变得更加困难，只能通过官僚体系解决。[19]19世纪30年代电报网络的发展以及19世纪70年代短距离电话和20世纪无线电报的出现，使身在首都的政治领袖可以直接迅速地和战场上的行动指挥官沟通，对战略指挥产生了重大影响。对于将领们来说，像美

---

[16] 参见 Andy Simpson, *Directing Operations: British Corps Command on the Western Front 1914—1918* (Stroud: Spellmount, 2006)。

[17] Robert M. Epstein, *Napoleon's Last Victory and the Emergence of Modern War* (Lawrence, KS: University Press of Kansas, 1994), p.24.

[18] Robert M. Citino, *Quest for Decisive Victory: From Stalemate to Blitzkrieg in Europe, 1899—1940* (Lawrence, KS: University Press of Kansas, 2002), pp.71, 96–98; Richard Connaughton, *Rising Sun and Tumbling Bear: Russia's War with Japan* (London: Cassell, 2003), p.289.

[19] Martin van Creveld, *Technology and War: From 2000 B.C. to the Present* (New York: Free Press, 1991), pp.153–234.

国内战中林肯和斯坦顿（Stanton）通过电报从华盛顿直接下令的做法属于政治干涉，令人怨恨，尽管高级军事指挥部也用电报和各军队沟通，例如老毛奇曾在普奥战争和普法战争中使用电报，并且取得了一定的成效。[20] 在一战中，弗伦奇和黑格开创了历史上英军指挥官在距离伦敦不到一天车程的位置指挥作战并同时和政府保持电报沟通的先河。无线电报也为海军的战略指挥带来了质的改 382
变；正如约翰·费舍尔爵士 1912 年所说："无线电是战争的精髓！"[21] 如 1916 年 6 月日德兰海战中，舰队指挥官杰利科和舍尔根据收到的来自陆上各自海军指挥部的无线信号指挥作战，这些信号传递着指令和情报，对于战斗的结果有着决定性意义。[22]

自拿破仑一世后，国家政治元首负责带兵作战的观念逐渐衰落，取而代之的是政治领袖和政府负责开战和讲和，组织广泛的战争活动，但他们不需要对军事战略和军事行动的技术层面有所理解或进行指挥。随着 19 世纪向前推进，克劳塞维茨所提出的"矛盾的三位一体"，即把国家在战争中的功能分为政治领导、军队和人民三个领域，成了新兴的制度化军事领导宣称其职业权利和责任的哲学表达。1870 年普法战争中的普鲁士国王威廉一世和法国皇帝拿破仑三世是最后两个在战场上对军队享有哪怕是名义上的指挥权的大国统治者，而政权和军权界限的问题在 19 世纪末更加凸显。军事专业主义被大体上理解为涉及部署和调动陆军以及海军的技术，独立于更广泛的政治和政府问题。[23] 然而，随着新技术和工业化对战争的影响不断扩大，陆军和海军在和平时期的组织、装备和训练成了军事专业化主义与平民政府以及与更为广泛的国家和社会的要求相互作用的诸多领域中最重要的领域。美国内战和德意志统一战争中艰难的军政关系是这些新兴矛盾的早期体现；但甘贝塔在普法战争后期对法兰西第三共和国所进行的极致动员却在早期体现了国家参与社会和政治参与军事战略指挥在 383

[20] Krause, "Moltke and the Origins of Operational Art", p.113; Martin van Creveld, *Command in War* (Cambridge, MA: Harvard University Press, 1985), pp.107–109.

[21] 引自 Brian N. Hall, "The British Army and Wireless Communication 1896—1918", *War in History*, 19:3 (2012), p.290。

[22] 参见 Hew Strachan, *The First World War: A New Illustrated History* (New York: Viking, 2003), pp.199–200; Paul G. Halpern, *A Naval History of World War I* (Annapolis, MD: Naval Institute Press, 1994)。

[23] Van Creveld, Technology and War, pp.3, 161. 又见 Dennis E. Showalter, "Mass Warfare and the Impact of Technology", in Roger Chickering and Stig Förster (eds.), *Great War, Total War: Combat and Mobilization on the Western Front 1914—1918* (Cambridge University Press, 2000), pp.73–74。

未来的战争中可能的必要性。[24]

一战所有主要交战国的军政战略指挥关系首先取决于军队在本国19世纪政治传统中的地位。德国的陆军和海军部长分别是现役陆军和海军上将，但在法国和英国，这两个职位由文职官员担任，受专业军方领导的紧密支持。19世纪后期，所有的主要交战国都参考德军总参谋部设立了集中的军事参谋组织，负责未来的战略和战争规划。之后，海军参谋部应运而生，但德意志海军直到1918年8月才设立了相当于陆军最高司令部的海军战争指挥部。[25]然而，各大国都没有建立旨在解决军政关系问题的制度和机制；即使有，也只是体现在作为政府和外交一部分的大战略和作为总参谋特权的军事战略之间区别的不断加深。甚至，一国内部陆军和海军间的协调机制也颇不成熟。在法国、德国、俄国以及奥匈帝国等和平时期实行征兵制，通过动员建立大规模军队的国家，政治和军事需要之间的关系，例如工人和工业产出投入陆军和海军的比例，被视为国内主流政治问题。

在所有交战国家，外交和陆军、海军作战计划间大战略协调的缺失在导致一战爆发的1914年危机中扮演了重要的角色。在法国，霞飞1911年出任总司令时，一系列改革赋予了他对于最高指挥部、总司令部和最高军事委员会的统领权；虽然他需要将制订的计划呈递给包括核心部长在内的最高国防委员会，但
384 在一战爆发前，霞飞对于法国的军事战略拥有决定权。[26]没有实施征兵制的海军大国英国在19世纪后期较为独特，它建立了初始阶段的政治-军事机构，充当大战略顾问，该机构1904年已发展成为帝国防务委员会。1909年，英军的首领被称为帝国总参谋长，但事实上并不存在任何帝国的参谋，因为自治领或印度陆军的军官并未被包括在内。虽然英国制订了一些初步的战争规划，但陆军大臣向战场总指挥下达总体部署“指令”的做法从19世纪延续到了一战，其间战

[24] 参见 James M. McPherson, *Tried By War: Abraham Lincoln as Commander in Chief* (New York: Penguin, 2008); Michael Howard, *The Franco-Prussian War* (London: Rupert Hart Davis, 1961)。

[25] David Stevenson, *1914—1918: The History of the First World War* (London: Penguin, 2004), p.491.

[26] Holger H. Herwig, *The Marne 1914: The Opening of World War I and the Battle that Changed the World* (New York: Random House, 2009), pp.55; David Stevenson, "French Strategy on the Western Front, 1914—1918", in Chickering and Förster (eds.), *Great War, Total War*, pp.299–300.

场总指挥可绕过帝国总参谋长，对自己的作战计划负责。[27] 这种情况直到 1915 年 12 月罗伯逊出任帝国总参谋长时才发生改变，罗伯逊坚持自己是英国政府唯一的军事顾问，并且所有针对战场指挥官的命令都需要由他或通过他下达。[28] 但尽管如此，由于帝国总参谋长的战略和行动权限和位于法国的英国远征军、陆军总司令部的权限有所重合，在和同月接替弗伦奇出任英国远征军总司令的黑格打交道时，他更重视黑格而非位于伦敦的专门负责军事战略问题的总参谋。[29]

英法作为帝国在 19 世纪还确立了高级军官充当殖民总督的传统，就像 1898 年在法绍达（Fashoda）的基奇纳一样，总督自行或在较小的政治领导权干预下进行政治和大战略决策。[30] 潘兴在 1916—1917 年墨西哥远征期间的行动某种程度上也体现了这一传统。在西线的工业化战争之外，一战期间英法在巴尔干 385
半岛和对奥斯曼帝国采取的军事行动中也体现了这一殖民战争传统的许多特点；在各主要交战国，高级军官常常将个人的爱国主义与对特定政府或部长权力的认同区别开来。1915 年 10 月，萨拉伊（Sarrail）以其外交和军事技能出任萨洛尼卡的盟军指挥官，但上任后他坚持无视霞飞的命令，并要求获得更多的军队，促使法国的战略指挥结构做出了重大调整，1915 年 12 月霞飞被任命为法军在所有战线上的“总司令”。[31]1917 年 6 月，在英国没有达成任何针对奥斯曼帝国的军事战略的情况下，艾伦比被任命为埃及远征军指挥官，既要对一支多国部队（包括英国、印度、澳大利亚、新西兰和法国士兵）行使指挥权，又要与阿拉伯民族主义者和法国盟友打交道，直至战争结束，这非常符合英国殖民地总督的传统。[32] 德军的传统则颇为不同，即使老毛奇曾努力试图扭转这一现象，但高级

[27] Shelford Bidwell and Dominick Graham, *Fire-Power: British Army Weapons and Theories of War 1904—1945* (London: Allen &Unwin, 1982), pp.43–48; Hew Strachan, *The Politics of the British Army* (Oxford: Clarendon Press, 1997), pp.118–143.

[28] John Gooch, *The Plans of War: The General Staff and British Military Strategy c.1900—1916* (London: Routledge, 1974), pp.323–330.

[29] Dan Todman, "The Grand Lamasery Revisited: General Headquarters on the Western Front 1914—1918", in Gary Sheffield and Dan Todman (eds.), *Command and Control on the Western Front: The British Army's Experience 1914—1918* (Staplehurst: Spellmount, 2004), pp.39–70.

[30] George H. Cassar, *Kitchener: Architect of Victory* (London: William Kimber, 1977), pp.98–100.

[31] 萨拉伊的任命和他的国内政治立场以及有关与霞飞的竞争，参见 Robert A. Doughty, *Pyrrhic Victory: French Strategy and Operations in the Great War* (Cambridge, MA: Harvard University Press, 2005), pp.220–233。

[32] Matthew Hughes, *Allenby and British Strategy in the Middle East 1917—1919* (London: Frank Cass & Co., 1999)，尤其是 pp.23–42, 158–163。

军官仍然普遍拒不服从总参谋部的命令。[33] 高级军官违令的现象在一战期间仍有发生，东线德军最高指挥部司令兴登堡 1914—1916 年间在东线的举动就是显著例子。[34] 一个德国军官违抗军令最极端的例子，不管是就地理位置而言还是就这名初级指挥官行动的战略后果而言，是保罗·冯·莱托－福尔贝克陆军中校（后提拔为将军）。他不顾德国文官政府在德属东非保持中立的计划，对英帝国军队发起了相当规模的军事行动，直至一战结束。[35]

386

军事战略指挥

战争伊始，没有任何一个交战国制定了清晰的国家大战略，或者确立了任何除了彻底战胜敌人的目标。各国文职政府的首要任务是为各自的军事行动提供支持，作为和平时期国内政治和外交的延续，并在经济上资助战争，解决动员所造成的破坏；或者就英国人及其帝国而言，要在初始阶段通过志愿征募建立一支新的庞大军队。1914 年的军事战略被纳入了军事行动，主要表现在战前制订的动员和部署计划在实施时就已经大体决定了战争的开局。虽然奥匈帝国和俄国的战争计划根据可能的交战对象提供了行动层面的选择，但所有交战国的计划均以战略进攻为基础。[36] 英国皇家海军和法国海军的计划是所有战争计划中最成功、最成熟，也恰恰是最不正式的，迅速限制了任何来自同盟国的对整个北海及地中海的海上威胁，使协约国能够在海上享有几乎全部的自由。对于德国的封锁以及随之而来的军队、物资向英国和法国的自由输送是战争中持久而至关重要的因素。德国尤其期待一场短促的决定性战争，尽管大多数国家的主流精英和专业人士都认为战争会是持久而艰难的，但各国并未建立任何制度化的用于经济、社会和科技动员管理机制，而这在 1914 年之后变得越发重要。[37]

---

[33] Citino, The German Way of War, pp.174–182.

[34] William J. Astore and Dennis E. Showalter, *Hindenburg: Icon of German Militarism* (Washington, DC: Potomac, 2005), pp.23–36; Robert B. Asprey, *The German High Command at War: Hindenburg and Ludendorff Conduct World War I* (New York: W. Morrow, 1991), pp.151–160. 又见 Citino, *The German Way of War*, pp.174–182。

[35] Strachan, *The First World War*, pp.80–84 认为莱托－福尔贝克和殖民地官员海因里希·施内之间的矛盾被过分夸大了，但前者"纯粹的军事"考虑赢得了后者的支持；又见 Lawrence Sondhaus, *World War One: The Global Revolution* (Cambridge University Press, 2011), pp.114–120。

[36] 参见 Norman Stone, *The Eastern Front 1914—1917* (London: Hodder& Stoughton, 1975), pp.37–91。

[37] 关于这些因素的重要性，参见 Howard, "Forgotten Dimensions", pp.975–978。

随着战争的推进，出现了若干位“文职军阀”，他们并非军人却为战略的制定做出了巨大贡献，其中的突出代表有1914—1915年间出任海军大臣的温顿斯·丘吉尔，1916年后期开始担任英国首相的大卫·劳合·乔治以及一年后出任法国首相的乔治·克列孟梭。克列孟梭的专长是通过走访前线了解第一手情况，鼓舞士气，并和军队将领建立良好的关系，以及处理好和福煦、贝当之间非常重要且艰难的三角关系。[38] 相比之下，美国总统伍德罗·威尔逊无论是在备 387
战还是战略指挥中都不享受最高统帅的权力，也没有取得任何成功。[39] 同样未能将政权和军权成功结合的还有沙皇尼古拉二世，他于1915年8月在位于莫吉廖夫的俄军最高统帅部而非战场上指挥俄国军队。[40] 只有小国的君主如比利时国王阿尔贝特一世和塞尔维亚国王彼得一世通过参谋直接在战场上指挥作战。

1914年，德军总指挥威廉二世同样与前线保持了一定距离，他的帝国司令部集最高军事委员会和宫廷于一体。尽管德国最高陆军指挥部隶属司令部，但实际上行使军事战略决策权的是最高陆军指挥部总参谋长毛奇。在一战前，严格从宪法的角度讲并不存在任何德军或德国总参谋部，因为包括普鲁士在内的每一个德意志邦国都保有独特的身份；但事实上，位于柏林的普鲁士总参谋部在职能和名义上都充当了德国总参谋部，并且德意志邦国军队之间的区别在战争爆发后几个月内就已荡然无存。[41] 尽管威廉二世在制订行动计划中的角色几乎可以说纯粹是宪法的虚构，他仍然对战略决策做出了巨大的贡献。他在德国陆军、海军以及政权之间充当裁判，并且对高级官员的任免有相当大的影响力。毛奇和法金汉都是由他任命的，他还不顾各方反对坚持保留法金汉的职位，直到1916年8月德国战略全面崩溃才不得不停止支持法金汉。兴登堡接替法金汉出任德军总参谋后直接与其盟国包括奥匈帝国、保加利亚和奥斯曼帝国的总参谋就军事战略保持沟通，同时负责军事战略或行动层面的大战略决策，这使威廉二世的个人以及宪法赋予的军权有所衰减。然而即便如此，威廉二世仍然享 388

[38] Eliot A. Cohen, *Supreme Command* (New York: Free Press, 2002), pp.66–79.

[39] Robert H. Ferrell, “Woodrow Wilson: AMisfit in Office?”, in Joseph G. Dawson III, *Commanders in Chief: Presidential Leadership in Modern Wars* (Lawrence, KS: University Press of Kansas, 1993), pp.65–86. 对于威尔逊持支持态度的观点，参见 Arthur S. Link and John Whiteclay Chambers, II, “Woodrow Wilson as Commander-in-Chief”, in Richard H. Kohn (ed.), *The United States Military under the Constitution of the UnitedStates, 1789–1989* (New York University Press, 1991), pp.319–324。

[40] 关于尼古拉斯二世的俄军最高统帅部，参见 *Stone, The Eastern Front 1914—1917*, pp.187–193。

[41] Herwig, *The Marne 1914*, pp.xiv, 120, 313.

有否决权，可以停止或至少延缓实施他反对的行动方案。[42]

最初的战争计划都没能在1914年取得决定性的胜利，交战双方没有任何一国对自己的大战略或者军事战略拥有绝对的控制。但德国在同盟国中的主导地位意味着1914年11月参战的奥匈帝国和奥斯曼帝国迅速采取了一种旨在分享德国最终胜利成果的战略。理论上，自1879年便已结盟的德国和奥匈帝国作为同盟国的核心应该已经做好了联盟作战的准备，但双方对彼此的政治猜疑以及德国对奥匈帝国军事有效性和可靠性的担忧使双方无法制订统一的联合作战计划。虽然在大战爆发前的几年间随着毛奇和康拉德举行年度会议，情况在表面上有所好转，但双方都没有强烈要求在战时实行统一指挥，也没能最大化发挥长久的同盟关系带来的军事战略优势。[43] 毛奇明确告诫康拉德德军的主要作战对象是法国，因此在东线只能给奥地利的进攻提供有限的支持，但康拉德并没有就此做出战略调整。1914年，双方对俄国展开"平行作战"，却"没有统一的计划或相互配合"；相反，有的只是对彼此的猜疑和指责，以及为时已晚的对无法协调作战计划的后果的认识。[44]1915年，事实上的统一指挥以默认的形式在东线悄然形成，奥匈帝国的一系列军事灾难使哈布斯堡军队变得不堪一击，也致使德军通过安排大量的指挥官、参谋、团级军官，甚至非官方卧底对其盟国军队
389 进行殖民。德军还坚持在最高指挥中占据主导权：虽然最初关于统一指挥的提议在1914年11月流产，1915年5月的戈尔利采－塔尔努夫战役实际上由德军将领指挥；马肯森的德意志第11集团军包括一部分奥地利军队，技术上同时隶属于帝国最高指挥部和奥匈帝国最高指挥部，但康拉德只能在法金汉允许的情况下才能向马肯森下达命令。奥匈帝国次年在勃鲁西洛夫攻势中的灾难性失败进一步巩固了德军的主导地位，而后一个最高战争指挥部在兴登堡和鲁登道夫

[42] HolgerAfflerbach, "Wilhelm II as Supreme Warlord in the First World War", in Annika Mombauer and Wilhelm Diest (eds.), *The Kaiser: New Research on Wilhelm II's Role in Imperial Germany* (Cambridge University Press, 2004), pp.201–203, 206–216; and Robert T. Foley, *German Strategy and the Path to Verdun* (Cambridge University Press, 2005), pp.122–123, 257–258.

[43] Holger H. Herwig, "Asymmetrical Alliance: Austria-Hungary and Germany, 1891—1918", in Peter Dennis and Jeffrey Grey (eds.), *Entangling Alliances: Coalition Warfare in the Twentieth Century* (Canberra: Australian Military History Publications, 2005), pp.57–61; GüntherKronenbitter, "The Limits of Cooperation: Germany and Austria-Hungary in the First World War", in Dennis and Grey (eds.), *Entangling Alliances*, pp.79–80; Dennis E. Showalter, *Tannenberg: Clash of Empires, 1914* (Washington, DC: Brassey's, 2004 [1991]), pp.67–68.

[44] Richard DiNardo, *Breakthrough: The Gorlice-Tarnow Campaign, 1915* (Santa Barbara, CA: Praeger, 2010), p.8.

的领导下于1916年6月在东线成立。其中一支集团军群名义上由奥匈帝国领导，但享有实际指挥权的是德国军衔稍低的军官汉斯·冯·泽克特上校。[45]

奥斯曼军队中也有大量的德国指挥官和参谋。但传统的西方观点，即土耳其1915—1916年在加里波利取得的军事胜利主要归功于德军指挥，不免过于简单。在德军指挥官奥托·利曼·冯·桑德斯1915年3月26日接管奥斯曼第5集团军之前，奥斯曼军官已经开展了重要的军事训练和准备工作。奥斯曼军队对4月25日协约国登陆的成功遏制要归功于第3军指挥官埃萨特帕夏准将和他麾下得力的土耳其将士。这并不是在否认利曼和其他德国军官（包括负责传授土耳其西线作战经验和技术的技术顾问）的重要性。相反，奥斯曼的胜利建立在土耳其和德国的伙伴关系上。而奥斯曼军队在决策、后勤和理念上深厚的德国根基，极大地推动了双方的融合。[46] 事实上，在这场军事行动的最后阶段，“奥斯曼和德国指挥官就像一架有效的机器上可以互换的零件”[47]。

加里波利战役后，德军指挥官和参谋人员仍然在奥斯曼军队中担任重要角色。1915年末，在美索不达米亚战场上屡屡受挫的奥斯曼总参谋部将军队 390
的指挥权交给了陆军元帅科尔马·冯·德尔·戈尔茨（Colmar von der Goltz）。冯·德尔·戈尔茨19世纪90年代曾在奥斯曼军队服役，他的到来象征着奥斯曼/德国伙伴关系的延续。他并没有亲自指挥，而是让下属奥斯曼军官努雷丁继续在库特阿马拉围攻英/印军队，给予努雷丁相当大的行动空间。[48] 另一个实现了联合指挥的地方是巴勒斯坦；截至1917年，由法金汉领导的德国-奥地利-土耳其联合军队，即F集团军群或耶尔德勒姆（Yildirim），是奥斯曼帝国在巴勒斯坦最强大最有效的军队。[49]

[45] Herwig, “Asymmetrical Alliance”, pp.65–69; and Dinardo, *Breakthrough*, pp.37, 41–43.

[46] 这两段内容主要参考爱德华·J. 埃里克森的开创性著作，Edward J. Erickson, *Gallipoli: The Ottoman Campaign* (Barnsley: Pen & Sword, 2010), pp.35–40, 42, 178–179, 185–187。

[47] *Ibid.*, p.182.

[48] *Ibid.*, p.177; and Edward J. Erickson, *Ottoman Army Effectiveness in World War I: A Comparative Study* (London: Routledge, 2007), p.86.

[49] 关于耶尔德勒姆的建立和构成，参见 General [Otto] Liman von Sanders, *Five Years in Turkey* (Nashville, TN: Battery Press, 1990 [1928]), pp.173–184; and Erickson, *Ottoman Army Effectiveness*, pp.115–116。埃里克森认为1918年末奥斯曼-德国在巴勒斯坦的矛盾已经非常明显，其原因多种多样，包括奥斯曼对德军明显贬低巴勒斯坦战场重要性的怨恨（p.144）。

在西线，1914 年最初的较量证明了人们战前的预想，即指挥部署在同一条战线上包括数百万人的庞大军队是极其困难的。即使能够实现固定地点间的有效沟通，电报、电话甚至无线电报在指挥行军队伍中的作用非常有限，军事战略指挥官们需要高度依赖传令官、信鸽或者现有的参谋训练和程序。野心勃勃的德军西线作战计划（应该叫作“施里芬 – 毛奇计划”）在西线部署了 73 个师。[50] 毛奇应该为计划的失败负一定的责任。首先，他所在的帝国最高指挥部位于科布伦茨（之后前移至卢森堡），离下属太过遥远；其次，他拒绝哪怕尝试对军队指挥官实施严密的监督，其中第 1 集团军指挥官克卢克公然违抗帝国最高指挥部的命令。法军总司令部的霞飞与之形成了鲜明对比。这位法军总司令保持源源不断的消息和命令，要求获得更多的信息，通过电话及时了解情况，并乘车亲自访问前线。他积极介入解雇了大量下属，并且最重要的是，他从未
391 失去对全局的把控。法军和德军的指挥方法在 1914 年 9 月得到了淋漓尽致的体现，在马恩河战役中，霞飞本人做出了发起反击的重大战略决定，而德军同样重大的撤退决定是由第 2 集团军指挥官比洛在毛奇的代表、总参谋部军官里夏德 · 亨奇中校的建议下做出的；无论是比洛还是克卢克都没有试图就这一决定和毛奇直接沟通。[51] 霞飞和毛奇截然不同的角色证明了克劳塞维茨的观点，即在第一次世界大战的情况下，指挥官个人意志的较量仍然有效。

随着堑壕战在西线的开启，战略指挥问题发生了重大改变。下属指挥部和军队从移动变为静止，精密的电话网络使指挥部间的沟通更加直接。但这又产生了新的问题：到 1916 年，一支英国远征军的从属部队每天均需要依靠 1 万份电报、1 万通电话和 5 千条信息才能运转。另外，因为线路系统的终点是前线的堑壕，没有有效的便携式无线电，战场指挥极为困难。[52] 军事战略的相关问题也在战争的重压下不断加剧。当 1916 年霞飞和黑格计划发起索姆河攻势时，除了和各自的政府达成一致并进行详细的作战协调规划，他们还需要考虑保留多少训练有素的士兵和多少平民劳工供其他战场所用，英国或法国是否能生产并进口所需要的物资，以及有哪些可用的新技术。除此之外还有许多其他需要考虑

[50] Mombauer, *Moltke*, pp.51, 65.

[51] Herwig, *The Marne 1914*, pp.267–286, 294, 311–314; and Annika Mombauer, “German War Plans”, in Hamilton and Herwig, *War Planning*, pp.72–75.

[52] Van Creveld, *Command in War*, p.158.

的因素，包括后勤、部队的训练情况以及军队的士气和纪律，其中后两个因素和食物供给、娱乐设施、邮政服务和休假紧密相关。因此，战争的性质要求高级将领作为战略指挥的组成部分成为“战争管理者”，这在军事思想史上是前所未有的。[53] 或许贝当 1917—1918 年间担任总司令时所取得的最大成就是使法军从尼韦勒攻势后的暴乱中恢复正常。[54] 相反，康拉德的战争管理却是一个大写的 392 失败；他 1915 年在喀尔巴阡山展开了一系列攻势，却没能意识到（或拒绝承认）他为军队制定的目标远远超出了他们的能力。在制订作战计划时，他忽略了包括部队的劣势、缺少装备，甚至军队将士们脆弱的士气、对后勤的挑战、冬季在山区作战的问题，以及大炮短缺等在内的一系列因素，而战役的失败日后证明对奥匈帝国军队造成了巨大打击。[55]

美国远征军总司令潘兴为失败的战争管理提供了另一个案例。他坚信英法盟军的作战方法——该方法基于惨痛的经验，在 1918 年后半年高度依赖炮兵火力——是错误的，而正确的做法应该是以步兵的进攻为主。这是对战争早期灾难性战术的回归，而潘兴的坚持造成了美军在战争最后的几个星期里巨大而无谓的伤亡。他不顾大量相反的证据强行实施这一战术，再次提醒人们界定战略指挥官视野广泛与否的重要性。[56]

1914 年后，旨在拖垮敌方力量和士气的消耗战略在西线盛行，而消耗战略的核心是对炮兵以及工业生产和后勤依赖的不断增加。对霞飞和黑格等指挥官来说，消耗是手段，最终目的是重启能够以传统战法取胜的运动战。然而随着火力的致命性以及军队规模前所未有的增加，对比所有既往的经验，大约在 1916 年，一些将领开始认为传统的关于战略甚至行动重要性的观点已经无关紧要；重要的是给对方造成巨大的人员伤亡，以期削弱对方，使其无力防卫阵地，进而士气大跌，最终导致对方“神经系统”控制的混乱。虽然所有的军队中都有指挥官和参谋持有这一观点，但德军对这一观点的认同尤为广泛。早在 1914

---

[53] 从黑格的战时日记和信件中可以感受到他职责的广泛。相关选集参见 Gary Sheffield and John Bourne (eds.), *Douglas Haig: War Diaries and Letters* (London: Weidenfeld& Nicolson, 2005)。

[54] Doughty, *Pyrrhic Victory*, pp.363–368.

[55] Graydon A. Tunstall, *Blood on the Snow: The Carpathian Winter War of 1915* (Lawrence, KS: University Press of Kansas, 2010)), pp.51, 68–69, 212.

[56] Mark E. Grotelueschen, *The AEF Way of War: The American Army and Combat in World War I* (New York: Cambridge University Press, 2007)), pp.31–39, 48–50.

年，法金汉就已经抛弃了决定性战役的想法，而他在1916年凡尔登战役中的战略则建立在两个原则的基础上，即消耗本身就是目的，以及法军会在持久的炮
393 火攻击下失血过多而死。[57] 法金汉所期待的通过克制的消耗实现军事战略胜利的目标被证明是不可能实现的，凡尔登战役使交战双方都付出了惨痛的代价。1916年，兴登堡和鲁登道夫接替法金汉双双掌权，标志着德军抛弃了消耗策略。但此后鲁登道夫作为西线事实上的军事战略指挥官也反对拿破仑范式，而偏向消耗。在1918年3月的春季攻势展开之前，他曾下令称，“我们过多地讨论行动却忽视了战术……一切举措都应致力于打败敌人以及渗透敌军阵地。后续的措施在很多情况下都属于临时决定”。他在回忆录中补充道，“战术应该在纯理论的战略之上”[58]。鲁登道夫1918年没有进行足够的战略思考并忽视了后勤的问题，尤其忽略了亚眠作为协约国火车运输和供给枢纽的重要性，这在很大程度上导致他最终没能将战术成功转化为战略胜利。

大战略和联合指挥

截至1914年底，没有任何一方取得战略性胜利，也没有任何胜利在望的迹象。在大战略层面，克列孟梭1919年的名言“战争太过重大，不能全由将领决定”[59] 揭示了新的军政关系的核心，这一关系随着国内政治、工业、人力因素与前所未有的军事战略和军事行动需要间的相互作用不断演变。英法政治领袖自始至终都对战争保持着控制，但军事战略越发成为政客和军队将领间旷日持久的谈判主题。英国在1917年1月举行的加莱计划会议上迎来了最严峻的考验，对英国战略感到绝望的首相劳合·乔治试图将英国远征军的指挥权交给新任法
394 军总司令尼韦勒，将黑格降级到行政职位，并绕过帝国总参谋长罗伯逊。这立刻引发了英国将领的辞职威胁，本可能导致劳合·乔治联合政府的垮台。最终双方拼凑出了妥协方案，即英国远征军仅在尼韦勒的下一个进攻计划中作为一

[57] Robert T. Foley, “‘What’s in a Name?’: the Development of Strategies of Attrition on the Western Front, 1914—1918”, *The Historian*, 68:4 (2006), pp.730–738, 772; and Foley, *German Strategy*, pp.180–258.

[58] 两篇文章都引自 Zabecki, *The German 1918 Offensives*, p.29； 又见 Foley, *German Strategy*, pp.82–126。

[59] 也有人认为这句话以及一些类似的说法来自塔列朗或其他人，其准确的出处未知。

支独立的力量接受尼韦勒的战略指挥。[60] 无论多不情愿，双方的妥协是英国和法国实现战争军事–政治战略指挥的关键，而克列孟梭对法军队将领的精巧把控与劳合·乔治对罗伯逊和黑格笨拙而适得其反的调整形成了鲜明对比。

值得注意的是，协约国文职政府的战略权威曾两次受到公然挑战。1914—1917 年事实上的意军总司令路易吉·卡多尔纳在深知自己几乎完全不受位于罗马的意大利政府影响的情况下安然采纳自己偏爱的战略，并拒绝做出改变。直到 1917 年卡波雷托军事灾难发生，意大利政府才足够强势地解除了卡多尔纳的职务。[61] 与之相似，1918 年 10 月末，潘兴公然违抗美国政府的命令，要求协约国放弃向德军提出停战的计划，主张全面彻底击败德军；这一行为凸显了德国军事传统对美国军事思想延续至今的影响。[62]

这些问题仅仅出现在那些有着深厚的民主以及民务高于军务传统的国家。

在德国，军事要务仍然高于文职领导所关心的事务，并且自 1916 年 8 月起，在兴登堡的领导下，总参谋部逐渐以军事需要的名义接管德国政府。[63] 与其他交战国不同，德国保持着一项深厚的传统，即高级军官最大的忠诚在于将保护军队和军队的价值观作为自己生活的准则，而非将陆军（或者海军）和军事 395
战略视为国家政策的工具。这一传统被日耳曼军国主义和浪漫主义加强；1914 年一战爆发之际，陆军大臣法金汉记录道："即使最终遭遇失败，过程也是美丽的。"[64]1918 年秋天，德国战败和德军崩溃的危机引发了两起颇为戏剧性的高级军官篡夺政权的行为。9 月末，确信德军在西线战败并面临瓦解的鲁登道夫向威廉二世提出要马上开启停战谈判，并且要成立包括总参谋部的政敌在内的

---

[60] David R. Woodward, *Lloyd George and the Generals* (Newark, NJ: University of Delaware Press, 1983), pp.116–159.

[61] Brian R. Sullivan, "The Strategy of Decisive Weight: Italy 1882—1992", in Williamson Murray et al., *The Making of Strategy* (Cambridge University Press, 1994), pp.36–39; and Mark Thompson, *The White War: Life and Death on the Italian Front 1915—1919* (London: Basic Books, 2008), pp.154–156, 245. 关于卡尔多纳的战略和可能的替代方案，参见 John Gooch, "Italy during the First World War", in Allan R. Millett and Williamson Murray, *Military Effectiveness, vol. I: The First World War* (London: Allen &Unwin, 1988), pp.165–167。

[62] Russell F. Weigley, "Strategy and Total War in the United States: Pershing and the American Military Tradition", in Chickering and Förster (eds.), *Great War, Total War*, pp.343–345.

[63] 主要交战国军政关系的案例，参见 David French, *British Strategy and War Aims 1914—1916* (London: Allen &Unwin, 1986) and *The Strategy of the Lloyd George Coalition 1916—1918* (Oxford University Press, 1998); Doughty, *Pyrrhic Victory*; Jean-Jacques Becker, *The Great War and the French People* (Oxford: Berg, 1985); 以及 Roger Chickering, *Imperial Germany and the Great War 1914—1918* (Cambridge University Press, 2004)。

[64] 引自 Herwig, *The Marne 1914*, p.29。

新政府。停战谈判由平民和非总参谋部官员的将领进行。“背后捅刀说”，即德军并未被打败而是遭到了背叛，并非战后的粉饰：这是为了将兴登堡和鲁登道夫的军事领导以及总参谋部对德国战败的责任推卸出去进而结束战争所必需的机制。[65] 对鲁登道夫的行为最为宽容的解读莫过于他相信在德国面临革命威胁的情况下，需要一支骄傲和完整的军队保持秩序。但如实地说，与对国家的所作所为相比，总参谋部更在乎保全自己，以迎接下一场战争。

德意志帝国海军最高指挥部在 1918 年 10 月底做出了非常相似的行为。海军总司令舍尔并未接受战败的事实，而是计划实施最终的“生死决战”，根据该计划，德国公海舰队将冲破海港直奔英吉利海峡（舰队前进 [*Flottenvorstoss*]）。虽然计划的军事依据是海军的胜利可以提高德国在与协约国进行停战谈判时的筹码，但其政治意图在于捍卫帝国海军的荣誉并提高战后在战败的德国继续留存的可能性。威廉二世和德国新政府对舍尔的意图毫不知情，而舍尔的计划也适得其反造成了灾难性的后果，德国公海舰队发起叛乱，导致德国崩溃。[66]

396 随着 1914 年在海上几乎取得了全面胜利，法英的当务之急转移到了西线，它们需要以一种在过往的联合作战中前所未有的姿态（就像一战中所有其他方面一样）协调在西线的军事战略；但这一过程是渐进的，也是曲折的。奥斯曼帝国于 1914 年 11 月参战，切断了英法和俄国之间的战略沟通，也开启了新的二级战场，使英法两国的大战略发生了巨大转变。混乱的战略决策和随后在 1915—1916 年达达尼尔海峡战役中战略指挥的失败痛苦地揭示了英军作战方法和英法协作的弱点，这和奥斯曼帝国相对有效的战略反应相比，无疑处于劣势。[67] 同时，协约国在达达尼尔海峡战役中的失败显示，在工业化战争的新条件下，已被普遍接受的两栖军事对抗——从海上运送和维持陆军——的难度和复杂性已大大增加，未来更需要高水平的陆军－海军联合战略和行动计划。虽然英军屡屡计划利用自己的海军优势在西线通过两栖登陆从两翼包抄德军，但事实上只于 1918 年 4 月在泽布吕赫尝试过短暂的偷袭。

---

[65] Herwig, *The First World War*, pp.425–428, 440–442; Sondhaus, *World War One*, pp.433–434；以及 David Welch, *Germany, Propaganda and Total War 1914—1918* (New Brunswick, NJ: Rutgers University Press, 2000), pp.243–249。

[66] Halpern, *A Naval History of World War I*, pp.444–446; Stevenson, *1914–1918*, pp.491–493.

[67] Robin Prior, *Gallipoli: The End of the Myth* (New Haven, CT: Yale University Press, 2010 [2009]), *passim*; Erickson, *Ottoman Army Effectiveness*, p.20；以及 Erickson, *Gallipoli*, p.xv。

面临多线作战以及大规模海上和陆上战役的英国在战争爆发后成立了两个临时的战争军政委员会，受首相 H.H. 阿斯奎斯领导，这是英国大战略指挥制度发展的起点；1914 年 11 月，小型的军事委员会紧接着成立；同时，帝国防务委员会继续履行顾问的职责。1915 年 6 月，阿斯奎斯成立了新的联合政府，而军事委员会随之更名为达达尼尔海峡委员会，之后在 1916 年 1 月又改名为战争委员会，由帝国总参谋长罗伯逊任军事顾问；1916 年 12 月，劳合·乔治组建新的联合政府，而战争委员也确立了最终的形式：战时内阁。1916—1918 年，黑格的军事战略规划是递交给战争委员会和战时内阁的。[68] 在法国，虽然军政国防最高委员会享有最高权力，制定军事战略的则是法军总司令部。除了 1915 年 12 月 397
成为全法军总司令，霞飞还要求获得所有西方盟国包括 5 月参战的意大利军队的战略指挥权，但他的要求没能实现。[69]

为了平衡西线和达达尼尔海峡的优先地位，英法两国于 1915 年 7 月在加莱和尚蒂伊举行了首次战争军政战略联席会议。会议没有取得什么成果，但至少建立了双方统一指挥的基础。1915 年 12 月，协约国的军事战略协作达到了高潮，它们在加莱和尚蒂伊举行了大战略会议和军事战略会议，各方同意所有协约国成员于 1916 年初夏在西线、东线以及意大利战线展开主要攻势，旨在防止同盟国通过铁路运送后备部队进行抵抗。尽管这一计划被 1916 年德军在凡尔登发动的先发制人的攻击所干扰，但它仍然是一战中协约国军事计划协调的最高水平，造就了勃鲁西洛夫攻势、索姆河攻势和第六次伊松佐河战役。英军和法军在西线保持战略协调，肩并肩发起了索姆河攻击，从 3 月到攻势展开的 7 月，双方共召开了大约 41 次部队及以上级别的会议。然而从实际结果来看，根据法军的评估，双方并未共同行动而是“保持了互动，但又不够一致”[70]。

英国在协约国里较为独特，其军事战略指挥还需要考虑大英帝国的国家特遣队：包括澳大利亚、加拿大、纽芬兰、新西兰和南非自治领以及印度陆军。在军务方面，英国人与其帝国的关系表现出了许多联盟作战的特点，正如自治

---

[68] 关于战时内阁最终形式的细节，参见 French, *Strategy*, pp.17–26。

[69] Stevenson, “French Strategy on the Western Front, 1914—1918”, pp.302–325; Elizabeth Greenhalgh, *Victory Through Coalition: Britain and France during the First World War* (Cambridge University Press, 2005), pp.23–41.

[70] 引自 Greenhalgh, *Victory Through Coalition*, p.71；该书还提供了一份英法作战计划会议表，pp.57–59。又见 William Philpott, *Bloody Victory: The Sacrifice on the Somme and the Making of the Twentieth Century* (London: Title, Brown, 2009)。

领特遣队的指挥官有向本国政府上诉的权力，而英国对自治领和印度的政治问题又颇为敏感。虽然英军和各军团在西线的部署会随战况而改变，但截至 1917
398 年末，澳大利亚军团和加拿大军团已经成了正式编队，受本国指挥官领导。自治领的重要性不断上升，这在 1917 年 3 月的帝国战争会议中有着鲜明的体现，会议决定成立由英国和自治领政府首脑组成的新的帝国战时内阁。[71]

对法国来说，协约国联合军事战略指挥本身就是目的，但自不待言，一个附加条件是总指挥应该由法国将领担任，而且法国应该在指挥中占主导地位。对英国来说，联合指挥的问题几乎完全被纳入本国的军政矛盾。协约国战略协调动力多源于德国对英国的无限制潜艇战、法国西线战略，以及协约国 1917 年的失败和战败模式。皇家海军 1914 年取得的巨大成功使其没有理由改变原有的独立于英国陆军以及很大程度上不受英国政府控制的指挥结构。但这在 1917 发生了明显的改变，德军的无限制潜艇战不仅威胁到了协约国的海上优势，还通过造成商船运输的损失危及平民的战争投入，也危及了西线的战略，在推动第三次伊普尔攻势中发挥了重要作用。[72] 面对文职政府的压力以及随着美国在 4 月份参战，皇家海军结束了长久以来对商船护航的反对，为协约国的合作提供了较早的机会。从整体上看，海上联合作战比陆上联合作战更易于管理，各方可以就战略和责任的分配达成广泛共识，而单个军舰和舰队可以在保持自主权的情况下接受盟国的全面指挥。一个相关的案例是日本帝国海军。在大多数情况下，日本皇家海军在太平洋上独立于其他盟友行动，同时履行护航的职责；从 1917 年起，它在位于地中海马耳他的英国海军基地驻扎了一支驱逐舰和巡航舰队。虽然名义上是独立的，但这支舰队实际上在马耳他英国总司令乔治 · A. 巴
399 拉德（George A. Ballard）海军上将的指挥下参与了反潜艇行动。[73] 作为新出现的战争的第三个要素，空军从 1914 年的几乎为零发展成为陆战和海战中十分重要甚至必不可少的组成部分，并逐渐融入了陆军和舰队。1917—1918 年间英国政府和军事指挥结构的变化以 1918 年 4 月世界上第一支独立的空军——皇家空军的创立达到了顶点，而这些变化旨在应对德国轰炸英国城市所引发的危机，

[71] French, *Strategy*, pp.62–64, 255–257.

[72] 参见 Andrew W. Wiest, *Passchendaele and the Royal Navy* (Westport, CT: Greenwood Press, 1995)。

[73] Tomoyuki Ishizu, "Japan and the First World War", "Asia, the Great War, and the Continuum of Violence" 会议论文，University College Dublin, May 2012；感谢石津朋之教授提供这一信息。

以及满足对新的防御和报复性打击组织的需要，同时也是持久的军政矛盾中的一部分。

作为对1917年危机的回应，11月召开的英－法－意拉巴洛会议创立了最高军事委员会，一个由常任军事顾问组成的政治组织；该组织位于凡尔赛，有权监督各国的总体战略，包括金融、食物、弹药、交通和海战——主要是反潜艇——并提出建议，还有权审查各国的军事战略计划。[74]这与真正的协约国统一指挥相去甚远：俄国因徘徊在革命边缘而被排除在了拉巴洛会议之外；美国最初被视为“联合”而非同盟国家也被排除；而更小的协约国，包括比利时、罗马尼亚、塞尔维亚和葡萄牙没有派代表参加。法国政府几乎随即做出了调整，由克列孟梭出任总理，意味着要加大对大战略和法军总司令部的民事控制。[75]劳合·乔治希望利用最高军事委员会对西线英法后备部队的领导权控制黑格，他还坚持帝国总参谋长不应担任最高军事委员会的常任军事顾问，这导致1918年2月罗宾逊辞职，由威尔逊接任帝国总参谋长，而其权限有所收缩。英军在1918年3月的帝国会战中最初的失败以及协调英国、法国和美国行动的需要使政治－军事斗争对军事战略的影响更加凸显。潘兴收到的政治指示要求他将麾下的军队只作为统一的国民军队参加战斗，但他决定暂时忽略这些指示，并允许部队作为更大规模的英法联军的一部分参加战斗。两次英法政治－军事会议，即3月召开的杜朗会议和4月召开的包括美方代表在内的博韦会议，决定由法军总参谋长和最高军事委员会常任军事顾问福煦出任“协约国陆军总司令”，负责协 400
调西线的军事战略，这一颇具政治敏感性的职位和霞飞1914年的职位有着相似的权限，并且该权限在5月延伸到了意大利战场。[76]这一安排一直延续到停战，而福煦作为总司令能够认识到自己权力的实际界限和国家敏感性，他坚定和老练的领导风格是协约国1918年最大的财富。[77]

---

[74] Michael S. Neiberg, *Fighting the Great War: A Global History* (Cambridge, MA: Harvard University press, 2005), pp.285–288; Greenhalgh, *Victory Through Coalition*, pp.163–185.

[75] John V. F. Keiger, “Poincaré, Clemenceau, and the Quest for Total Victory”, in Chickering and Förster (eds.), *Great War, Total War*, pp.247–279.

[76] Greenhalgh, *Victory through Coalition*, pp.192–203.

[77] Michael S. Neiberg, “The Evolution of Strategic Thinking in World War I: ACase Study of the Second Battle of the Marne”, *Journal of Military and Strategic Studies*, 13:4 (2011), pp.9–11, 16–18. 更宽泛的研究，参见 Elizabeth Greenhalgh, *Foch in Command* (Cambridge University Press, 2011)。

结论

一战中的军事战略指挥问题在陆战、海战和空战间，在不同战场间以及在不同国家和联盟间的多样性意味着很难对这些问题的性质或解决方案进行简单的总结。当前关于一战的军事历史话语对指挥问题的重点关注体现了这些多样性，以及对理解一战军事指挥问题必要性的认识。陆军和海军上将在协调军事战略和更广泛的国家和联盟大战略以及应对复杂的军政关系时所面临的困难，在之前的许多战争中可以找到先例。但1914—1918年众多工业化战争的规模，包括新技术的潜力和——特别是在通信领域的——局限，确实是前所未有的。除此之外，一战中战略指挥的复杂性永远不会再以相同的方式出现，因为政治军事的方法和结构在战后都得到了改进，就算不能解决工业化交战国在二战中为了免遭灭亡所面临的关键问题，至少减少了这些问题所导致的摩擦，也减轻了每个个体所背负的压力。为了应对一战中的各种危机所建立的战略指挥机构和体系，以及政治和军事领导人成为战争管理者的必要性——均主要见于协约国——为解释一战更广泛的性质和行为以及最终的结果贡献了力量。

第三部分

世界大战

第三部分导言

403

杰伊·温特

约翰·霍恩

第一次世界大战刚爆发时，协约国集团的巨大优势在于它们拥有19世纪到20世纪初帝国扩张过程中积累的大量财力、人力和物力资源。德国与奥匈帝国只能动员欧洲范围内的资源，而协约国集团以及附属国却把动员范围扩展到全球。尤其是，大英帝国可以在无形帝国和有形帝国两个层面上动员起来，并且在阿根廷、美国等独立国家拥有神通广大的友好人士和数额惊人的财富。法兰西帝国可以从非洲和亚洲招募数量庞大的士兵和劳工，但是大英帝国及其白人自治领提供了数量更多的黑人、棕色人和黄种人服兵役或者在战线后方组成辅助性支援部队。

在同盟国集团中，奥斯曼帝国是唯一可以在多民族和多国动员能力方面与协约国家相匹敌的成员。这些动员措施尽管很重要，但却打断了土耳其化进程。土耳其化是奥斯曼帝国执政三巨头的目标，也导致了在亚美尼亚发生了种族灭绝事件，表现出某种消灭特定种族的倾向，20年后纳粹又重演了这种悲剧。

帝国的动员促成了全球范围内的文化转移。那些曾经从大不列颠迁移到新世界和澳大利亚、新西兰的移民可以说是回到了“故乡”，并且带来了能够推动战争机器走向胜利的技能和决心。一些人将这一奔赴欧洲战场的运动看作是历史上最庞大的“旅游”潮之一。不计其数的“观光客”渴望参与其中，但鲜有人想到在参与帝国战争中获得的经验和知识造成了最重要的长期影响。20世纪很多重要的国家领导人年轻时在欧洲的经历深刻影响了他们此后的生活，其中就有一战期间和战后曾在巴黎生活的胡志明。

404 1914—1918 年战争不仅是帝国权力的顶峰也是其走向终结的起点。首先是德意志帝国、奥匈帝国和奥斯曼帝国的消亡，而后其他帝国如英国、法国、俄国及改头换面后的苏联，都逐渐但又确定无疑地无力维系它们的帝国属地。帝国与属地的经济联系固然很重要，但是 1918 年之后帝国属民日渐明显地切断与“母国”之间联系的决心也是不容忽视的。第二次世界大战之后的非殖民化浪潮是一战后这一趋势的延续与发展。1991 年，苏联成为最后一个消亡的帝国，这也反映出第一次世界大战对 20 世纪的历史进程造成了难以磨灭的影响。

15　帝国的体系　405

小约翰 · H. 莫罗

第一次世界大战起源于帝国主义时代。各大帝国为了争夺欧洲与更广范围的世界的支配权，最终又以欧洲新一代帝国主义的保留作为终结。

起　源

新时代的帝国历史开始于19世纪80年代，在这个“新帝国主义”时代，主要欧洲大国、美国和日本进一步加强了对全球的控制。美国海军上校阿尔弗雷德·马汉在根据英国经验写成的经典著作《海权对历史的影响（1660—1783年）》（*The Influence of Sea Power upon History,* 1660—1783）中，向善纳谏言的国际听众盛赞以战列舰和巡洋舰为主的主力舰队和大规模海洋歼灭战对取得全球霸权的重要性，由此一个新的理论“海军至上主义”出现了。帝国的扩张有着多种多样的理由和正当性：获取原材料和市场，占领战略要地进而获得地缘政治优势，提升国家威望。美国、日本和以英、法为代表的欧洲国家凭借先进的科学技术、强大的海陆军以及更重要的“过剩”人口，征服了非洲和亚洲的大部分地区。

“新帝国主义”脱胎于19世纪最后25年欧洲和其他西方世界盛行的种族民族主义思潮，同时又反过来促进了这一思潮的滋长。在这个声称“现实主义”或“科学”学说支配的时代里，推崇以民族为基础建立国家就具有了“科学的”合理性，社会达尔文主义和科学种族主义就是其例证。人是好战的物种，并且各种族间是存在竞争的；战争被称为应对这种逐渐强化的压力的一种方式，是

一种生物性的必要表现。“残酷的生存竞争”“适者生存”和“丛林法则”的比
406 喻如今应用在人类冲突上。这些所谓的“白种人”认定，像犹太人和世界“有色”人种如非洲人和亚洲人是劣等、危险的，应该驱逐、隔离、控制、征服或消灭他们。军事上的胜利、征服幅员辽阔的领土及其属民，本身已经证明了征服者在种族和道义上的优越性。当然，讽刺之处在于帝国征服靠的并非是高尚的勇气和美德，而是先进科学技术，征服者却将这当作拥有上帝赐予的“伟大”的证据。欧洲人将技术优势完全转化为生物学甚至神学上的必然，即欧洲人征服、教化或利用非洲和亚洲的“次等”人，正是上帝的意志。如果必要的话，在“进步”的旗帜下“牺牲”或者灭绝他们。帝国主义者相信，灭绝的命运终将降临到“劣等民族”的身上；因此，他们只是通过淘汰或者有意消灭这些“劣等人”来加速文明化的进程。正如顽固的种族主义、军国主义和帝国主义分子西奥多·罗斯福（Theodore Roosevelt）在1899年解释的那样，发动对“未开化人”“野蛮人”和“非文明人”的殖民战争或者“小规模”战争是必要的，因为“从长远来看，文明人认识到只有通过征服自己的野蛮邻居才能维持和平；因为只有开力才能使野蛮种族屈服”。因此，高等文明种族的责任是在与“原始种族的正义战争中”进行扩张[1]。查尔斯·达尔文（Charles Darwin）推测，在不久的将来“不计其数的低等民族就会被高等文明种族消灭”[2]。

发明，尤其是在军事领域的发明立即投入到征服土著人的行动中，如装备加农炮的炮舰、速射火炮、马克沁机枪、连发步枪、无烟火药——这些武器使欧洲侵略者拥有了压倒性优势。1897年使用金属铅作为弹芯的达姆弹取得专利，在印度加尔各答城外的达姆达姆（Dum Dum）兵工厂率先投产。这种子弹为接触式引爆，士兵因其所造成的巨大战争创伤的痛苦而倒在冲锋的路上。欧洲人在大型狩猎活动和殖民战争中使用这种子弹；而文明国家之间签订公约禁止相互使用。[3] 即便是尚处于早期发展阶段的飞机，也表现出了在未来殖民事

[1] Manfred Boemeke, Roger Chickering and Stig Förster (eds.), *Anticipating Total War: The German and American Experiences, 1871—1914* (Washington: German Historical Institute and Cambridge University Press, 1999), pp.246, 392.

[2] D. P. Crook, *Darwinism, War, and History: The Debate over the Biology of War from the "Origin of Species" to the First World War* (Cambridge: Cambridge University Press, 1994), p.25.

[3] Sven Lindqvist, *"Exterminate All the Brutes": One Man's Odyssey into the Heart of Darkness and the Origins of European Genocide* (New York: New Press, 1996), pp.2–3.

业中广泛的应用前景。1910 年，英国政府清楚认识到飞机对殖民统治和白人帝国霸权的意义。帝国防务委员会指示陆军部考虑“在苏丹（Sudan）、索马里兰 407
（Somaliland）和印度西北边境地区等未开化国家的战争中使用飞机”的问题。1913 年，《航空杂志》（*The Aeroplane*）主编查尔斯·格雷（Charles Grey）建议，使用飞机“向人口众多的土著人展示欧洲的优越性”。1914 年 3 月，温斯顿·丘吉尔签署了一份殖民部和皇家海军可能的联合计划，面对“极有可能发生”的黑人暴动，白人利用飞机控制和威胁帝国境内的土著人。[4]

然而确保将来某天帝国主义国家相互间不使用这些武器的界限或边界又在哪里？欧洲国家为了扩展其“生存空间”，需要消灭整个族群和占有他们的土地，但是希特勒将该词语用在了欧洲自身，种族间的竞争对争取进步、摆脱衰败命运是有必要的，因为优秀种族终将获得胜利。随着这一时期优生学在西方世界越来越受欢迎，种族内部的劣等部分也必须加以清理。因此，欧洲人无法避免出现征服自己大陆的企图。

由于被占领的领土成为欧洲帝国权力集团的一部分，帝国的整体特征使母国与帝国领地在一个复杂、多变却密不透风的网络中联系起来。如 1901 年寇松勋爵（Lord Curzon）所解释的那样，被誉为“王冠明珠”的印度对英国具有关键性的重要意义：“只要我们还统治着印度，英国就是世界上最强大的国家。一旦失去印度，我们将立即跌入三流国家的行列。”[5] 印度市场支撑着英国的经济繁荣，22 万壮丁组成的印度军队在英国军官指挥下守卫着帝国，使英国不必在国内征兵，后来因英国拒绝使用印度士兵与白人对手——南非布尔人作战，被迫在 1899—1901 年布尔战争中派出英国、爱尔兰和澳大利亚籍士兵。

1902 年，约翰·霍布森的著作《帝国主义》(*Imperialism*) 首次发行，书中警告帝国对帝国主义者的毒害作用。战争刺激了帝国中“过度的民族自我意识”；“高等文明强加于有色人种”的过程将“加剧白种人之间的竞争”。最后，白人统治者与“低等种族”的寄生关系将造成“白人军官指挥大量土著军队”这种最“危险的搭配”和这些部队被用来与其他白人种族作战的“危险” 408

[4] Thomas A. Keaney, “Aircraft and Air Doctrinal Development in Great Britain, 1912—1914” (PhD thesis, University of Michigan, 1975), pp.147–148.

[5] Aaron L. Friedberg, *The Weary Titan: Britain and the Experience of Relative Decline, 1895—1905* (Princeton: Princeton University Press, 1986), p.220.

先例。[6]

八年之后的1910年，法国出版的一本书证实了霍布森的担忧，即可以突破欧洲和帝国未来的战争计划的界限，这本书就是夏尔·芒然将军的著作《黑色军团》(*La force noire*)。不断下降的出生率迫使法国从其他渠道寻找人力资源。芒然提出要去撒哈拉以南的非洲寻找，因为那里的勇士曾经取得巨大军事胜利，并且准备为法国再造辉煌。尽管其他人对此持反对意见，但身为一名恃强凌弱、曾经在非洲和中南半岛作战的殖民军官，芒然会毫不犹豫地派遣非洲士兵去法国作战。1870—1871年普法战争中法国的战败迫使芒然家族从世居的洛林迁往阿尔及利亚，但是像其他殖民军官一样，他一直关注着欧洲。在他们的头脑中，帝国和欧洲的战场是相关交织的——一支法国非洲军团将会在莱茵地区反击日耳曼人的威胁，向德国人复仇。此前法国军方计划一旦发生战争，将会派遣阿尔及利亚和摩洛哥的北非士兵到法国本土参战。这场战争本身将使《黑色军团》的预言成为现实。[7]

帝国主义时代的特定文化营造了一种欧洲上层和中产阶级的年轻人非常明确地渴望战争这种终极暴力活动的氛围。为了将那些工业社会中大量没有参加布尔战争的年轻一代淬炼成勇敢的、潜在的战士，布尔战争的英雄罗伯特·巴登-鲍威尔（Robert Baden-Powell）爵士组建了童子军（Boy Scouts）。[8] 英国最受仰慕的军人加尼特·吴士礼（Garnet Wolseley）认为，“战争对过度优雅的种族或民族而言，是一台最伟大的净化器”。大英帝国需要一个剔除了“娘娘腔”和“堕落”特征的“帝国种族”。大侦探夏洛克·福尔摩斯（Sherlock Holmes）形象的创造者阿瑟·柯南·道尔（Arthur Conan Doyle）爵士在1914年8月沉思道，“血腥净化于国有益”[9]。德国童子军（Pfadfinder）的创建者是一群参加过西南非
409 地区惨烈的赫雷罗战争（Herero War）的退伍军人。与英国人一样，德国人担心城市生活会使年轻人变得软弱，所以德国青年运动即候鸟运动（Wandervogel）

[6] John A. Hobson, *Imperialism* (Ann Arbor: University of Michigan Press, 1965 [1938]), pp.11, 154–157, 174–175, 159, 282, 211, 222, 227, 136–137, 311–312.

[7] Charles J. Balesi, *From Adversaries to Comrades-in-Arms: West Africans and the French Military, 1885—1918* (Waltham, MA: African Studies Association, 1979), *passim*.

[8] Hobson, *Imperialism*, p.214.

[9] Michael C. C. Adams. *The Great Adventure: Male Desire and theComing of World War I* (Bloomington: Indiana University Press, 1990), pp.6–8, 59–61. 亦参见 Susan Kingsley Kent, *Gender and Power in Britain, 1640—1990*(London: Routledge, 1999), pp.236–237。

资助青年逃入纯净的大自然，同时青年德国联盟对青年的工作进行军事化管理。历史学家德里克·林顿（Derek Linton）总结道，这些组织“恰是帝国主义时代的产物”，它使战争看起来是“英雄般的光荣事业，是对一代人的考验和对城市生活的逃避”。[10]

帝国的征服与帝国之间的互动影响着欧洲人对自我和其他欧洲人的认知。他们不仅将世界割裂为多个种族，而且当他们用警惕的目光看待彼此的时候，种族与国家被混为一谈。当时的文学作品中经常提及盎格鲁－撒克逊人、高卢人、日耳曼人或者斯拉夫“种族”。泛德意志主义的信奉者决心将所有的德意志人统一到一个德意志国家下，泛斯拉夫主义的信奉者则主张所有斯拉夫人都要在俄国的领导下。这些大陆帝国主义者为达成目标将会打破中东欧的现状。一旦欧洲人将自己划分成互不统属又不平等的“种族”，那么为了追求进步和生存，又有什么能阻止把那种对“有色人种”的残暴态度加诸其他欧洲人身上？毕竟，本身优秀的种族和文化及由此出现的优秀文明的未来都处于危机之中。因此在20世纪到来之际，民族主义、种族主义和帝国主义情绪相互交织致使欧洲和世界变得更加不稳定。正如历史学家约翰·钱伯斯二世（John Whiteclay Chambers II）所评论的那样：“殖民战争的残酷由于没有约束，在第一次世界大战厮杀中将回到欧洲，盘旋在欧洲上空。”[11]

1905—1914年间，在以德奥为一方、英法俄为另一方的陆海军军备竞赛的背景下，摩洛哥地区和巴尔干地区的两条导火线导致了间歇性危机，加剧了大国间的紧张关系。这两个地区曾经的主人奥斯曼帝国，但现在实力衰落，被看作“欧洲病夫”。摩洛哥和巴尔干地区是帝国间争夺的焦点：对摩洛哥的争夺主要在法德之间开展；而对巴尔干的争夺则在奥匈帝国和俄罗斯帝国之间。1905年和1911年的两次摩洛哥危机中，法国和西班牙划分势力范围的行动导致德国要求机会均等或者做出补偿，这一要求因在1911年炮舰外交中炫耀武力而得到了强化。在两次摩洛哥危机中，英国坚定地与法国站在一边反对德国的武力恫吓，这导致了德国产生了“被包围”的偏执思想，即德国担心法国民族主义者的复仇和英法俄之间特殊的亲善关系。第二次摩洛哥危机之后，一些欧洲人开 410

[10] Boemeke et *al.* (eds.), *Anticipating Total War*, p.187.

[11] *Ibid.*, p.247.

始相信战争已经无法避免，开始做更广泛的准备。

1905年第一次摩洛哥危机促使英国海军部开始认真考虑对抗德国威胁的问题。历史学者通常关注海军建设竞赛、海军在欧洲大陆登陆或者对德经济封锁的计划。1908年，曾经担任海军情报主任和之后担任帝国防务委员会秘书的查尔斯·奥特利（Charles L. Ottley）海军上校告知海军大臣雷金纳德·麦肯纳勋爵（First Lord Reginald McKenna），封锁是“一个从海上勒死德国的可靠而简单的办法”；持久战“迟早会造成汉堡的大街上杂草丛生，遍地饿殍和废墟”。[12]正如历史学家尼古拉斯·兰伯特所言，奥特利与海军部其他人的思想实际已经超出了海军封锁的范围，扩展到了经济战领域，这需要“利用英国海军力量和在世界航运、金融与交通的垄断地位”“史无前例地对国内和国际范围的经济活动进行国家干预”。[13]虽然最终证明这种思想总体上太过激进并且对世界经济（尤其是美国经济）造成的损害太大，恰恰是这些思想的存在表明一些海军谋划者在准备打败德国方面走得有多远。

第二次摩洛哥危机的重要衍生物就是意大利政府受法国在摩洛哥胜利的刺激，决心在奥斯曼帝国的非洲领土利比亚占领自己的一片土地。这场战役是对奥斯曼帝国的直接进攻。1911年4月，意大利首相乔万尼·焦利蒂承认奥斯曼帝国的领土完整与欧洲和平密不可分，故指出：

> 如果我们进攻土耳其，会对巴尔干地区造成什么影响？是否巴尔干地区的冲突会引起两大国家集团之间的冲突和欧洲人之间的战争？我们能承担点燃火药桶的责任吗？[14]

这些冥思并没有阻止意大利9月发起侵略行动，一年后取得胜利。然而，事实证明乔万尼·焦利蒂的疑虑很有预见性。正如他所预料的，奥斯曼帝国是
411 欧洲和平的关键，追踪第一次世界大战的起源从北非经由奥斯曼帝国到1912—1913年的巴尔干战争，最终塞尔维亚与奥匈之间的对抗点燃了火药桶。此外，

---

[12] Avner Offer, *The First World War: An Agrarian Interpretation* (Oxford: Clarendon Press, 1989), p.232.

[13] Nicholas A. Lambert, *Planning Armageddon: British Economic Warfare and the First World War* (Cambridge, MA: Harvard University Press, 2012), pp.124, 130.

[14] James Joll, *The Origins of the First World War* (London: Longman, 1984), p.164.

不只焦利蒂一个人甘冒大规模战争的风险；欧洲国家政府内几乎所有与他同样的人士都愿意以大决战作赌注。

接下来引发一战的巴尔干危机始于1908—1909年，当时奥匈帝国吞并了波斯尼亚－黑塞哥维那，通过与英国商议同意对俄国政府进行补偿，让俄国取得连接黑海与爱琴海远至地中海的土耳其海峡通道，实现俄国外交政策长久以来的追求目标。只是由于德国站在奥匈帝国一方进行干预，奥匈帝国背弃承诺，恼羞成怒的俄国被迫做出让步。然而，经过军事改革和扩编后的俄军，在1917年成为欧洲最强劲旅。1912年10月，由塞尔维亚、保加利亚、希腊和黑山组成的巴尔干同盟在俄国的支持下，向奥斯曼土耳其宣战，并且迅速取得胜利，实际上已经把奥斯曼帝国势力逐出了欧洲。但是没有一方对和平协议感到满意，随即在1913年爆发第二次巴尔干战争，自此，面对奥匈帝国，塞尔维亚变得更加强大，并得到俄罗斯帝国未来会给予支持的保证。

现在，导致欧洲走向战争的奥匈帝国皇储弗朗茨－费迪南大公遇刺事件和七月危机的舞台已布好。只有放在帝国主义时代的大背景下，才能更好理解这场危机。所有的帝国主义国家之间都用一种掠夺和警惕的目光注视着对方，意图扩张或者保卫自己的帝国。奥特利上校的计划表明了一种可能性，即未来与德国的战争将摧毁这个欧洲大陆上新崛起的竞争对手。英国、法国、德国、俄国、奥匈帝国甚至是意大利和塞尔维亚，几乎每个大国都贪婪地盯着奥斯曼帝国及其幅员辽阔的领土。历史学家穆斯塔法·阿克萨卡尔在著作《1914年奥斯曼走向战争之路》中指出，奥斯曼帝国政府把1912年巴尔干战争到1914年七月危机期间发生的事件"放在俄国企图攫取伊斯坦布尔和土耳其海峡控制权的大环境下"来看待。阿克萨卡尔解释称，由于奥斯曼在巴尔干战争中损失惨重，之后青年土耳其党人变得畏葸不前，"害怕俄国"并且因此站在德国一边。[15]

最近，历史学家西恩·麦克米金对俄国在第一次世界大战起源中的作用予 412
以特别关注，尖锐地指出在1911—1913年意大利战争和巴尔干战争之后，第一次世界大战似乎成了"奥斯曼战争的延续"，因此，"它是俄国的战争而非德国

[15] Mustafa Aksakal, *The Ottoman Road to War in 1914: The Ottoman Empire and the First World War* (Cambridge: Cambridge University Press, 2008), pp.3, 190.

的”。此外，在1913—1914年的亚美尼亚改革运动中，俄国直接挑战了奥斯曼土耳其，麦克米金将此事称作是“俄国为了扩大在土耳其安纳托利亚地区的影响力而制造的一个几乎毫无掩饰的特洛伊木马”，是俄国实施占领君士坦丁堡和土耳其海峡计划的初步行动。他认为，俄罗斯帝国主义者对肢解奥斯曼和奥匈帝国“非常认真”，俄国将军把两国的军队看作是“纸老虎”。[16]事实上，麦克米金认为，那种认为俄国是为了塞尔维亚参加一战的想法是“幼稚的”。所有的大国都认为奥斯曼帝国已劫数难逃，俄国为了实现控制君士坦丁堡和土耳其海峡的国家利益诉求，愿意考虑发动一场占领土耳其海峡的战争。[17]麦克米金的著作清楚地表明，透过帝国主义的棱镜解释第一次世界大战起源，可以防止简单化地把大战起源归咎于某一大国。甚至1908年获得奥斯曼帝国控制权的青年土耳其党，其复兴帝国荣耀的宏大计划也是要牺牲俄国的。俄国军队将领们并不是唯一观察到奥匈帝国弱不禁风的人。奥匈帝国的敌与友都认定，这个由多国家、多种族团体不稳定地糅合在一起的二元制君主国家，将会是下一个可能解体的帝国。甚至在帝国主义国家中领先的英国和法国，也决心扩展它们的帝国。

此外，泛德意志主义分子和泛斯拉夫主义分子都极端宣扬另一方必须消失，把这些内容同英国经济战计划结合起来看，有充足的征兆显示即将到来的战争可能摧毁传统的大国秩序。在帝国主义猖獗的时代，对现存国际秩序的挑战会引起某种极端反应，即必须镇压或消灭一国的支持者并征服其民族和帝国。欧洲大国在1914年纷纷用战争方式来决定谁将是欧洲乃至世界的主宰；在挑起战
413 争的问题上，所有大国的政治和军方领导人都有罪，都是共犯。一战主要战场位于欧洲大陆，但是从帝国角度来看所有战场——欧洲、奥斯曼帝国、非洲和东亚都是重要组成部分。为了将有时相关的全球事件呈现出某种看似雷同的规则，本章将会按照上述次序逐个加以叙述。

[16] Sean McMeekin, *The Russian Origins of the First World War* (Cambridge, MA: Harvard University Press, 2011), pp.4–5, 12, 21.

[17] *Ibid.*, pp.28, 31–32, 34–35.

欧 洲

在西线战场，特别是英国与法国可以利用殖民帝国丰富的人力和物质资源。尽管这两方面都很重要，但是人力资源因为种族问题变成了更易于出现的难题。1914年，英国和法国都在西线战场部署了殖民部队：英国的印度步兵和骑兵部队；法国的北非步兵团。在欧洲部署殖民部队的危险之处在于他们与欧洲人的邂逅可能威胁到殖民秩序。印度军队主要由印度北部和西部边境地区目不识丁的农民组成，英国认为他们是最“尚武”的种族。有目的地招募这些受教育程度最低的印度人是为了把“危险的”西方思想渗入他们头脑的程度降到最低限度。英国军方和政府控制抵达后的印度军队与西方社会的接触，尤其是白人女工，因为刻板印象是印度人和女工都十分“饥渴”。然而，世界上任何制度都无法保证绝对隔离，所以为了维系白人在印度的权威，英国检查官的注意力集中在遏制印度人与白人女性发生性关系的数量，而忽略他们与白人的交往。[18]相比而言，英国自治领的白人士兵在各个战场都没有受到类似限制。加拿大军队和澳新军团的士兵在伦敦胡作非为，前者是西线协约国部队中患性病率最高的。

1915年，在西线战场为英国作战的印度人数量达到顶峰。1914年秋季，英国将印度远征军调往巴士拉、埃及和东非，但主要是法国战场，1914年10月印度军队就投入了战斗。他们遭受到重大伤亡，欧洲冬季的严寒沉重打击了军队士气，但是在1915年，大约有16,000名英国人和两个骑兵师与两个步兵师的28,500名印度人参加了英国3月向新沙佩勒、5月向费斯蒂贝尔（Festubert）和9月末向洛斯的攻击行动。印度军团在新沙佩勒的行动中发挥了突出作用，但 414
造成12,500人死亡；在洛斯的战事使印度军团军力更加虚弱，渐渐削弱了他们作为突击步兵或突击队（这是西线最喜欢利用殖民地军队的方式）的作战效果。由于冬天的到来，英国派遣印度步兵残余部队转战美索不达米亚，但印度骑兵在欧洲一直待到1918年春。

随着印度步兵的调离，英国转而使用帝国自治领白人部队来满足人力需求。澳大利亚和新西兰军队或澳新军团在1915年参加加里波利战役之后，被整编成

[18] Philippa Levine, “Battle Colors: Race, Sex, and Colonial Soldiery in World War I”, *Journal of Women's History*, 9:4 (1998), p.110. 亦参见 David Omissi (ed.), *Indian Voices of the Great War: Solders' Letters, 1914—1918* (London: Macmillan, 1999), pp.27–28, 104, 114, 119, 123。

5个澳大利亚帝国师，他们将在1916—1918年的西线战场上展现出卓越的战斗力。实际上，1917年和1918年，英国新组建和战斗力也是最强的部队大部分来自加拿大、澳大利亚和新西兰。随着这些士兵成为英国军队预备队和西线战场突击队，他们在1918年的攻势中表现相当好。尤其加拿大军团无可争议地成为结束一战的战役中西线战场上表现最优秀的部队。[19]

英国虽然直接从殖民地招募了许多非洲和亚洲劳工团到欧洲大陆，但是完全拒绝在欧洲和非洲以外的地区使用非洲士兵或“土著”士兵。印度士兵在英国的存在已经引起了充分关注；而非洲士兵的存在将会是难以忍受的。然而在法国，尽管西非殖民总督反对这种降低人力损失的方式，但是芒然将军仍需要更多的突击队。1914年5月，布莱兹·迪亚涅（Blaise Diagne）当选法国国会议员，作为塞内加尔籍议员，他把非洲士兵参战看作是殖民地获得更多权利的方式。因此，他指出，那些比其他塞内加尔人拥有更多法定权利和特权的四个塞内加尔城市社区的黑人居民，即原住民，应当与法国白人合并到宗主国部队（即来自法国本土或者说母国语言的部队）。1915年10月19日法律规定招募原住民并整编到法国军队中，1916年9月29日法律规定这些塞内加尔人将成为法国公民。虽然法军主要部队将塞内加尔原住民视同法国人，但是军方试图阻挠
415 更大规模的塞内加尔土著士兵接触法国女性。然而，土著士兵中的士官或者授勋士兵常常同法国女性和家庭建立像原住民一样的关系。[20]

在1916年凡尔登和索姆河的血腥消耗战中，法国部署了数量越来越庞大的非洲黑人部队。1916年春，芒然派遣非洲士兵参与了法军在凡尔登发起的多次攻击。最终，10月24日，法国殖民军中的摩洛哥和塞内加尔突击队夺回关键要地——杜奥蒙要塞，而2月末凡尔登战役刚打响的时候，该要塞的失守标志着德国进攻取得巨大胜利。1916年7月1日英法在索姆河战役的攻击行动中，法国殖民军第一军团包括21个塞内加尔人营。法国军官鼓励非洲人使用匕首、法国人使用刺刀与德国近战，这造成了大量的不必要伤亡。法国殖民军团司令皮埃尔·贝尔德拉特（Pierre Berdoulat）认为，非洲人的“有限智力”有益于“进攻

[19] Shane B. Schreiber, *Shock Army of the British Empire: The Canadian Corps in the Last 100 Days of the Great War* (Westport, CT: Praeger, 1997), pp.133, 139.

[20] Joe Lunn, *Memoirs of the Maelstrom: A Senegalese Oral History of the First World War* (Portsmouth, NH: Heinemann, 1999), pp.66, 106–186 *passim*.

时挽救一定数量欧洲人的性命”。[21]

“节省”这个词语频繁出现在指挥官要求“消耗”塞内加尔人性命而非法国人性命的命令中。1917 年 4 月，在新任法军总司令罗伯特·尼韦勒于“贵妇小径”制订的重要作战计划中，由芒然指挥的来自阿尔及利亚、摩洛哥和塞内加尔的殖民地士兵充当先锋部队。为了“尽可能减少法国人流血牺牲”，尼韦勒要求尽可能多地使用塞内加尔士兵。一个塞内加尔团的法国指挥官声称，他的士兵是“最后也是最重要的攻击部队，随后白人利用他们取得的胜利建立占领阵地，这样有可能减少白人伤亡”。一个营级指挥官吐露了类似的想法，主张在“未来的进攻行动中使用黑色军团以更多地节省我们（法国）士兵的珍贵血液”[22]。4 月 16 日，芒然指挥先头突击部队的核心力量——约 25,000 名塞内加尔士兵向德军防线发起进攻。在少数突入德军防线的部队中，第一波攻击遭到巨大伤亡——1 万名士兵损失了 6,000 人。尼韦勒攻势的失败，导致法国士兵拒绝参加攻击作战，到 1917 年年中，法军士气总体上降到了一战期间的最低点。

此外，法国招募的马达加斯加和安南（中南半岛）部队在西线战场后方担
任劳工、卡车司机，在近东战场则成为战士。到 1916 年，法国飞速扩充的劳工 416
队伍中的 10% 是外国人或者殖民地劳工。1916 年法国政府开始大量引入非白人工人，1917 年种族问题已经在法国大后方的工厂和农场成为一大问题。大约有 78,500 名阿尔及利亚人、49,000 名中南半岛人、35,500 名摩洛哥人、18,000 名突尼斯人和 4,500 名马达加斯加人在法国工作。历史学家徐国琦指出，从 1917 年到 1920 年，14 万华工构成了西线战场规模最庞大、服役时间最长的团体。中国政府派遣华工是中国联系西方的更宏大计划的一部分，中国政府希望从日本手里收回山东主权，制止日本未来的侵略，但事实证明这是徒劳的。[23]

法国陆军部殖民地劳工组织服务处对城市工人加以严格管制，将其编入劳工团，像战俘一样隔离居住。虽然法国政府试图将殖民地男性与法国女性隔离以阻止二者性接触，但法国女性与殖民地工人之间的通婚数量在增多。[24] 殖民地

---

[21] *Ibid.*, p.139.

[22] *Ibid.*

[23] Guoqi Xu, *Strangers on the Western Front: Chinese Workers in the Great War* (Cambridge, MA: Harvard University Press, 2011), pp.1–6.

[24] Laura Lee Downs, *Manufacturing Inequality: Gender Division in the French and British Metalworking Industries, 1914—1939* (Ithaca, NY: Cornell University Press, 1995), p.60.

劳工组织服务处担心这些工人“品尝到烈酒的滋味和领略到白人女性的魅力”，并获得罢工与联合的经验，这些将可能导致一批成熟老练的激进分子回到殖民地以颠覆帝国境内现存的等级制度。[25] 实际上，由于没有引入女性有色人种，法国政府恰好一手制造了自己所担忧的问题，即在缺少男性白人和非白人女性的情况下将法国女性与殖民地工人聚集在一起。这种情形恰恰导致了 1917 年春季和夏季的种族暴力事件。

法国的 60 万殖民地士兵并没有受到那种劳工所蒙受的怨恨。毕竟，如他们的军官多次重申的那样，他们是为了减少法国人伤亡而来，这些外来人被看作是法国人摆脱兵役和镇压罢工的替代品。1917 年 12 月，曾经发誓要无情地与德国战斗到底的法国总理克列孟梭，派遣由 300 名西非授勋军官和士兵组成
417 的募兵团去征召更多的非洲士兵到法国作战。[26]1918 年，布莱兹 · 迪亚涅被任命为西非共和国专员，专门负责招募士兵事宜。迪亚涅认为既然法国官员仍关注拯救法国人性命，缴纳“血税”是非洲人获得平等权利的一种方式。担任法国南部弗雷瑞斯（Frejus）塞内加尔训练营指挥官的陆军上校尤金 · 帕蒂德芒热（Eugene Patitdemange）计划使用“英勇的塞内加尔人……代替法国人作为减少白人伤亡的炮灰”。克列孟梭甚至认为非洲人在“文明化”过程中欠下法国债务，有必要避免更多法国人牺牲，1918 年 2 月 18 日他告诉法国参议员，“虽然我无比尊重这些英勇的黑人，但是我更希望宁可有十个黑人去死也不愿一个法国人牺牲”[27]。

然而，在改善非洲条件和提高士兵地位方面，迪亚涅设法从法国政府争取到一些让步，包括授予一些杰出的土著士兵法国公民权。在迪亚涅看来，“那些在战火中倒下的人，不是作为黑人倒下也不是作为白人倒下的；他们都是作为法国人倒下的，都是为了同一面国旗”[28]。迪亚涅用 10 个月的时间招募了 6 万多名士兵，10 月 14 日，克列孟梭授权他在 1919 年春准备 100 万人的塞内加尔部队交付芒然将军，组建一支法国与塞内加尔士兵混编突击部队。只是德国的投

---

[25] Tyler Stovall, “The Color Line behind the Lines: Racial Violence in France during the Great War”, *American Historical Review*, 103:3 (1998), p.746.

[26] Balesi, *Adversaries*, p.90.

[27] Lunn, *Memoirs of the Maelstrom*, pp.139–140.

[28] *Ibid.*

降才使芒然将军组建“黑色军团”的愿望没有完全实现，即便面对德国的气愤和英美的怨怼，法国在战后还是派遣西非士兵占领德国，将此作为对他们参战服役的奖励，并且借机炫耀法国实力，这样可以阻止士兵回到非洲时变得激进。

对英法两国的关注不应忽视自1915年以后东线战事的变化，当时德国已经占领波兰，开始向波罗的海国家进军，这是一片大约6,5000平方英里、面积超过普鲁士的土地。披着灰色斗篷的骷髅骠骑兵征服这片全新的封建领地时，给原住民带来了秩序、文化与文明。东线德军最高司令部的士兵联想起自己在这片被称为“战争天堂”的土地上的雇佣兵形象。德军总司令兴登堡将军和鲁登道夫将军采取强硬手腕治理新占领的殖民地，利用强征入伍的战俘和当地居民开发当地丰富的木材资源，将该地从东线战场封闭起来。德国军方绘制了当地地图，重建运输线路，使用通行证制度登记所有居民，制造舆论宣传以及控制教育，目的是创造尊重德国权威和服从德国意志的顺民。[29]军方认为犹太人是 418
与更加“原始”的民族有用的联系人，即便这并非屠杀性的、狂暴的种族主义，但它预示了二战时希特勒向东线推进时的动机。在一战结束后的混乱时期，主要由退役士兵组成的德国自由军团仍将在波罗的海地区同布尔什维克作战。

奥斯曼帝国

介绍完欧洲后，接下来要谈的奥斯曼帝国是帝国间冲突的焦点，它的终结仍对当今世界产生直接影响。1914年8月初，土耳其与德国结成秘密同盟。两艘德国巡洋舰在地中海被英国紧追不舍，通过土耳其海峡逃入君士坦丁堡，随后在10月份悬挂着土耳其国旗炮击了俄国黑海沿岸要塞，这一事件宣告了奥斯曼帝国加入第一次世界大战。协约国部队在高加索、加里波利和美索不达米亚地区向奥斯曼帝国发动进攻，掌握了战略主动权，但是整个1916年与俄国作战的高加索战线是奥斯曼土耳其的主战场。

1914年冬季至1915年，奥斯曼土耳其在高加索山地区丧失一个军的兵力，之后遭到俄国先发制人的打击。信奉基督教的一个亚美尼亚师与俄国军队一道

[29] Vejas Gabriel Liuevicius, *War Land on the Eastern Front: Culture, National Identity, and German Occupation in World War I* (Cambridge: Cambridge University Press, 2000), pp.1–125.

同土耳其军队作战，随后 1915 年 4 月在俄国领土上宣布成立亚美尼亚临时政府。俄国政府希望利用土耳其境内的亚美尼亚人作为“第五纵队”，这致使亚美尼亚人成为“残酷的帝国游戏中的人质”，奥斯曼帝国从 1915 年开始对亚美尼亚人进行种族屠杀。[30] 奥斯曼政府曾经在 1894—1896 年屠杀大约 20 万亚美尼亚人，1909 年又屠杀 25,000 人。奥斯曼政府认为，亚美尼亚人和俄国人正在积极策划安纳托利亚东部的亚美尼亚人起义。奥斯曼军方与执政党组建了一个“特别组织”意图控制所有的分离主义运动，派遣军官率领由强盗和罪犯组成部队——“刽子手军队”“杀戮亚美尼亚人，一劳永逸地解决亚美尼亚问题”。[31]1915 年春，俄国对奥斯曼军队发动先发制人的打击，亚美尼亚人不时发动武装反抗，
419 奥斯曼军队残酷地镇压了叛乱分子，6 月将亚美尼亚人整体从俄国边境地区永久性地驱逐到美索不达米亚和叙利亚地区。在驱逐过程中，土耳其人屠杀、强暴和虐待亚美尼亚人，把他们赶进沙漠里等死。[32] 尽管协约国警告将惩罚其“反人类和反文明的……罪行”[33]，当俄国与奥斯曼帝国之间的战争一直持续到 1917 年俄国崩溃时，“特别组织”在这两年的时间中仍旧进行着屠杀行为，最终大约有 80 万亚美尼亚人丧命。

很早之前，土耳其就不得不开始关注如何对付英国，及应对中东地区接连发生的事件，而这些事件恰在此时产生了共振作用。英国对土耳其宣战标志着英国抛弃了保护奥斯曼帝国作为阻挡俄国藩篱的传统政策。如今在伦敦的英国政府决定肢解奥斯曼帝国，把其部分领土当作吸引意大利和巴尔干国家加入协约国一方参战的诱饵。它甚至考虑允许俄国得到土耳其海峡。英国陆军大臣基奇纳勋爵认为，战后英国不得不控制前奥斯曼帝国的大部分领土，尤其是其阿拉伯部分。基奇纳在开罗的阿拉伯局的下属建议，任命一位傀儡哈里发，可以是麦加的谢里夫和埃米尔（Sharif and Emir of Mecca）侯赛因·伊本·阿里（Hussein Ibn Ali），或他的两个儿子阿卜杜拉（Abdullah）和费萨尔，英国可以

[30] McMeekin, *Russian Origins*, p.242.

[31] Panikos Panayi, *Minorities in Wartime : National and Racial Groupings in Europe, North America, and Australia during the Two World Wars* (Oxford: Berg, 1993), pp.57–58.

[32] Edward J. Erickson, *Ordered to Die: A History of the Ottoman Army in the First World War* (Westport, CT: Greenwood Press, 2001), pp.95–104.

[33] Robert Melson, *Revolution and Genocide: On the Origins of the Armenian Genocide and the Holocaust* (Chicago: University of Chicago Press, 1992), p.148.

利用他们进行统治。

在海军大臣温斯顿·丘吉尔勋爵的主导下，英国政府为了消灭奥斯曼帝国和开辟通向俄国的运输线，决定派遣大量海军舰艇攻击达达尼尔海峡。土耳其在海峡布雷，装备机动火炮加强要塞防御，静候英军的到来。3 月中旬，这支英国海军舰队试图“强闯海峡”，结果三艘战舰被水雷击沉，另有六艘主力舰受伤。为挽救英国摇摇欲坠的威望，基奇纳命令澳新军团、英印部队在将军伊恩·汉密尔顿爵士的指挥下向加里波利高原发起进攻，法国军队提供支援。这些军队获得了一个据点，但成果仅限于此。奥斯曼第 19 师师长、34 岁的陆军中校穆斯塔法·凯末尔（Mustapha Kemal）率领一个团的兵力使用步枪和刺刀向澳新军团发起反击，被后者从制高点击退。在接下来 8 个月的时间里，双方进行着惨烈的自杀式攻击与反击。在炮弹、机枪和疯狂徒手肉博战中幸存下来 420
的士兵死于夏季闷热导致的疟疾、痢疾和伤寒等疾病。冬季肆虐的暴风雪又将士兵掩埋在堑壕里。1916 年 1 月初战事结束，新任指挥官将军查尔斯·门罗（Charles Monro）爵士的撤退命令被证明是此战中协约国取得的最大胜利。此次战役协约国伤亡 265,000 人，超过土耳其 218,000 人的伤亡数字。

澳大利亚媒体将澳新军团在加里波利战役中的英雄表现作为澳大利亚和新西兰民族主义诞生的重大事件。自 1916 年开始，澳大利亚将 4 月 25 日作为澳新军团日，作为“澳大利亚进入世界政治和历史舞台的开始”[34]。战后，随着澳大利亚成为主权自治领，加里波利战役成为澳大利亚民族认同的象征。加里波利战役对现代土耳其民族主义的转变同样重要，因为此战预示了穆斯塔法·凯末尔凭借其名望和领导才能而崛起，成为战后土耳其的象征和领袖。

加里波利战役的灾难给英国自 1914 年以来对美索不达米亚的侵略行动增添了新动力。与在伦敦的英国政府不同，英印政府长期习惯于将俄国看作是印度安全最大的威胁，既无法忍受俄国控制土耳其海峡也无法忍受阿拉伯世界出现任何形式的联合。相反，英印政府关注保护英国利益，尤其是英国－波斯石油公司在美索不达米亚和波斯湾的输油管线、炼油厂和枢纽站，因为从 1911 年开始皇家海军使用的燃料由煤炭转为石油。英帝国军队因此采取攻势，随后在占

---

[34] John F. Williams, *ANZACs, the Media and the Great War* (Sydney: University of New South Wales Press, 1999), p.110.

领巴格达的引诱下，沿阿拉伯河口向北推进 115 英里抵达底格里斯河与幼发拉底河交汇处，12 月初占领库儿拿城（Kurnah）。

1915 年初，印度军队沿着河流向内陆地区推进，以消除土耳其对波斯边境两侧油田的威胁。英军使用各种浅水船在三英尺深的沼泽水路上航行，寻找为越来越多的土耳其军队提供补给的单桅三角帆船或称阿拉伯帆船。4 月，土耳其军队发起反击，却以灾难性溃败告终，这促使印军第 6 师在少将查尔斯·汤曾德爵士的指挥下进一步沿底格里斯河推进，以占领库特阿马拉（Kut-al-Amara），
421 之后沿幼发拉底河向西上溯占领纳西里耶（Nasiriyah）。尽管有夏季的酷热与疾病，但是英帝国军队沿水路已经向内陆地区推进了 140 英里，巴格达极有诱惑力地吸引着他们。由于土耳其军队后撤到巴格达以南 30 英里的泰西封（Ctesiphon）修建阵地，印度军队继续航行 180 英里占领了库特阿马拉。

10 月末为了切断德国与巴格达的联络，打破其在波斯和阿富汗的阴谋，以及挽救因加里波利战败在伊斯兰世界丢失的颜面，伦敦的战争委员会与印度统治机构——英印政府达成一致意见，决定攻占巴格达。11 月末，汤曾德师向泰西封发起攻击，遭到土耳其的炮火打击被迫后撤到底格里斯河沿岸，12 月在库特阿马拉陷入奥斯曼军队的重围。1916 年 4 月 29 日，这支英军投降，后被带走囚禁。英国不自量力，在这场“混蛋之战”中由胜转败。

2 月，英国陆军部从英印政府手中接手了美索不达米亚战役的“主导权”，派遣一批新军官，输送了大量物资。9 月，新任司令官陆军中将斯坦利·莫德爵士开始有条不紊、坚定地向库特阿马拉推进，于 12 月进击底格里斯河，1917 年 3 月占领巴格达。1917 年秋季时莫德重新发起攻击行动以尽可能多地占领美索不达米亚平原地区，但是 11 月他死于霍乱。1918 年，英军越过美索不达米亚地区继续向前推进，最终以 11 月 1 日占领石油储量丰富的摩苏尔城结束了这场开局艰辛的战争。

1915 年加里波利和美索不达米亚战争开始的时候，基奇纳在开罗的阿拉伯局的顾问们设计了一个“埃及帝国”的计划，其中担任高级专员的基奇纳利用两个名义领袖治理一个单一的阿拉伯国家：麦加的圣族后裔谢里夫作为精神领袖，埃及国王负责政治方面。阿拉伯局自己相信，并且说服伦敦的内阁，如果英国支持正要自行加冕为阿拉伯世界统治者的侯赛因，奥斯曼帝国治下的阿拉伯人将与英国并肩作战。由于侯赛因没有军队也没有统一的政治追随者，英军

将被迫入侵叙利亚和巴勒斯坦地区，但是这样的行动会危及法国的中东利益。因此，1915年末埃及帝国计划最坚定的支持者马克·赛克斯（Mark Sykes）与法国殖民专家弗朗索瓦·皮科（Francois Picot）会面，并在1916年5月敲定了《赛克斯－皮科协定》。根据该协定，英国与法国实质上瓜分了奥斯曼帝国，法国将统治或者控制黎巴嫩和叙利亚，而美索不达米亚地区及连接美索不达米亚 422
的巴勒斯坦港口地区则由英国控制。

1916年6月，同时受到土耳其人和英国人资助的侯赛因，在没有任何军队的情况下，仅依靠数千部落成员发动了一次反对奥斯曼帝国的阿拉伯大起义。当赛克斯开始宣传“中东”这一概念时，英国才向阿拉伯起义提供资助并向其派遣使团。使团中有一个身材矮小、沉默寡言的低级情报官T. E. 劳伦斯，后来成为英国与起义部落成员指挥官、侯赛因之子费萨尔之间的联络员。[35]

基奇纳勋爵从未重视中东地区的价值，1916年6月，他乘坐的汉普夏号（*Hampshire*）巡洋舰前往俄国时被德国水雷击沉，基奇纳因此殒命。1916年12月，劳合·乔治取代赫伯特·阿斯奎斯担任英国首相，英国出现了一位重视中东的本身价值及其作为前往埃及的通道价值的领导人。劳合·乔治决心在中东地区建立英国的霸权地位，漠视《赛克斯－皮科协定》中的规定，命令驻埃及的帝国军队发动攻击以建立英国在美索不达米亚和巴勒斯坦地区的霸权。3月，在伦敦的帝国战时内阁绘制了战后大英帝国的新构想，其中不仅赋予了南非、加拿大、澳大利亚和新西兰白人自治领以独立地位，而且试图将在非洲和亚洲的帝国领地连接起来。巴勒斯坦和美索不达米亚地区成为连接两个大陆的陆上桥梁，创造一个从大西洋到太平洋中部的绵延不绝的帝国。劳合·乔治打算为犹太人在巴勒斯坦地区谋取一块家园，因为犹太人治下的巴勒斯坦会成为“非洲、亚洲和欧洲之间的桥梁”。11月2日，随着英军向耶路撒冷进攻，英国外交大臣亚瑟·贝尔福向罗斯柴尔德（Rothschild）勋爵转达了政府打算帮助犹太人在巴勒斯坦建立“犹太之家”的计划，该宣言不久即得到了美国和法国的支持。如果说同奥斯曼帝国的战争在1915年开始时只是作为配角存在，如今已经成了劳合·乔治推行帝国政策的主战场。[36]

---

[35] David Fromkin, *A Peace to End All Peace: The Fall of the Ottoman Empire and the Creation of the Modern Middle East* (New York: Henry. Holt, 1989), pp.168–198.

[36] *Ibid.*, pp.267–301.

奥斯曼军队在春季击退了前两次英军进攻，但是1917年6月，劳合·乔治将埃德蒙·艾伦比将军从西线战场调到这里指挥英军，并命令他要把耶路撒冷
423 作为圣诞礼物向国内人民献捷。10月末艾伦比率军发起进攻，12月9日进入耶路撒冷。费萨尔领导的阿拉伯大起义在1917年进入全盛时期，其间小个子劳伦斯成长为传奇人物"阿拉伯的劳伦斯"（Legendary Lawrence of Arab）。虽然在艾伦比的虎狼之师面前，阿拉伯大起义的军事意义变得黯然失色，但是其政治意义是极为重大的。艾伦比10月发动进攻之时，费萨尔领导下的阿拉伯军队掩护了艾伦比的右翼。后来在1918年，艾伦比到9月才发动进攻，征服巴勒斯坦剩余地区并向叙利亚大马士革推进，而费萨尔的部落军继续袭扰土耳其军队并占领其运输线。艾伦比在10月2日占领大马士革，10月26日横扫200英里进入阿勒颇（Aleppo），叙利亚战役胜利结束。

非　洲

帝国主义国家之间在非洲殖民领地上的全球战争与在欧洲的战争是同时在1914年爆发的。尽管德国殖民地官员已经请求中立但是无济于事，协约国殖民地立即入侵它们的德国邻居。德国也曾反对在殖民战争中使用非洲军队以防止黑人残杀白人，但是最终所有的帝国主义国家都动员其非洲属民或作为士兵或作为劳工参战，动员的程度之高以至于战争实际上把某些地区变成了无人区。

英国政府计划占领德国殖民地作为战利品。在首相阿斯奎斯看来，英国内阁成员的"行为更像伊丽莎白一世时代的一伙海盗而不是一群身着黑色外套的自由派大臣"[37]。1914年8月，附近的法国殖民地和英国殖民地的殖民军队、印度军队以及南非和罗得西亚（Rhodesian）的白人军队联合向这些拥有一些重要港口和大功率无线电台的德国西非和东非的殖民地发起攻击。1914—1916年间，这些军队轻而易举地占领德属多哥兰、喀麦隆和西南非地区。

德属东非殖民地在地域上要比法德两国加起来的面积还大，处在英国、比利时和葡萄牙三国殖民地的包围中。9月双方之间的小规模冲突，破坏了英德两

[37] Paul G. Halpern, *A Naval History of World War I* (Annapolis, MD.: Naval Institute Press, 1994), p.83.

国殖民总督之间最初达成的中立协议。11 月，一支由 8,000 名英国人和印度人组成的帝国远征军在坦噶（Tanga）港登陆，这支部队指挥官艾特肯（A. E. Aitken） 424
少将发誓要“迅速解决掉这些黑鬼，并且在圣诞节之前彻底打败德国人”[38]。艾特肯是第一个却非最后一个低估了对手福尔贝克及其驻防军的人。德国陆军中校保罗·冯·莱托－福尔贝克的驻防军由 260 名欧洲军官和士官、184 名非洲士官和 2,472 名非洲士兵或称阿斯卡里（*Askaris*，意为“土著兵”）组成。艾特肯在随后的交战中失败并被剥夺了指挥权，因为莱托－福尔贝克以 8:1 的部队发起反击，并以己方最小伤亡的代价打败印度军队。东非的战争仅仅刚开始。莱托－福尔贝克清楚失败不可避免，但他想要尽可能拖延战争以迫使协约国从西线战场调动部队。他将自己的部队限定在发动游击战上，到 1915 年末，莱托－福尔贝克的小规模部队已经扩编成 3,000 白人士兵和 1.1 万黑人士兵。相比而言，1915 年时的英国并不同意在东非大规模武装黑人，没有把他们编成新的像西非英皇非洲步枪队那样的队伍。

1916 年 2 月，南非的扬·史末资担任英国驻东非军队司令官，此时 1,300 名德军部队刚刚击败 6,000 名由印度人、非洲人、英国人、罗得西亚人和南非白人组成的部队，这些新参战的南非白人面对德军中的阿斯卡里挥舞着刺刀大喊着冲锋时转身而逃。史末资派遣 4 万军队与莱托－福尔贝克的 1.6 万人作战，虽然如他所愿占领了那么多土地，但是史末资无法彻底打败对手，摧毁德国殖民军。莱托－福尔贝克的阿斯卡里或者史末资口中所称的“该死的卡菲尔人（即“黑鬼”之意）”[39]，在丛林中被证明是比史末资的白人或印度部队更优秀的军人。疾病和从沙螨（chigger）到几内亚龙线虫（Guinea worm）等寄生虫的感染折磨着所有军阶和肤色的士兵，同时，连续行军作战使成千上万运输军用装备的搬运工丧命。战争使该地区变成无人区，导致社会不稳定，破坏了原本已落后的通信和交通系统，时常引发饥荒。随着 1916 年战争的继续，史末资在西非争取到更多的黑人士兵，让尼日利亚旅取代南非白人部队，他很不情愿地承认了黑人的战斗力。到 1916 年秋，英帝国军 8 万部队同莱托－福尔贝克的 1 万部队作战，但这支德国军队继续躲避追击者。

---

[38] Byron Farwell, *The Great War in Africa, 1914—1918* (New York: W.W. Norton, 1986), pp.163, 165.

[39] *Ibid.*, p.266.

425 1917年1月，史末资不再指挥军队作战，宣布打败德国抵抗部队；3月史末资受劳合·乔治的邀请参加在伦敦的帝国战时内阁会议。然而当史末资的继任者大幅扩大非洲士兵的数量时，东非的战斗仍在继续。1917年10月中旬的一场激战后，莱托－福尔贝克撤退并进入葡萄牙殖民地；大英帝国终于将他逐出德属东非。1918年初，90%的英帝国军是黑人士兵，或者来自非洲或者来自西印度群岛。尽管遭到英国的穷追不舍，日渐削弱的德军部队还是劫掠了葡萄牙补给仓库，于1918年秋重新进入德属东非地区，之后向西北行军进入北罗得西亚（North Rhodesia）。11月3日，莱托－福尔贝克了解到德国已经宣布投降，11月25日，他交出了1,300人的小规模部队，这是最后一支投降的德军部队。

当帝国军队之间正在进行厮杀时，非洲反抗帝国主义国家的活动仍是孤立的。1月，英国轻而易举地镇压了东非尼亚萨兰（Nyasaland）的小规模起义，击退赛努西（Senussi）兄弟会从利比亚发起对埃及的入侵。法国士兵镇压了突尼斯南部的第二次起义。殖民国家控制着关于这些冲突的范围与对叛乱者的血腥镇压的消息，这显示了它们指责德国战前在非洲暴行的虚伪性。[40]

然而，1915年末到1917年期间法属西非的沃尔特巴尼（Volta-Bani）战争表明这些冲突发生的可能和野蛮性。欧洲战事一开始，当地所有法国的和当地的部队就被调走了，残暴且冲动的法国殖民当局首先试图压制穆斯林，之后试图招募当地人参军。当地农村人向法国殖民当局宣战，在随后一系列升级的战斗中装备精良的殖民军队屠杀了数千名部落群众，宁死不屈的战士们击退了法军，打破了他们不可战胜的神话。[41]

法国因无法镇压部落而深受挫折，集结了更多兵力和火炮，在1916年将该地区变成了“荒漠”，摧毁了这些部落，断绝它们的食物来源，着手将整个村庄
426 从地图上抹去。1917年初的一次最后突袭基本结束战争后，法国继续处决被俘的叛军首领。法国动员了其殖民历史上最大规模的军队——约2,500名西非土著士兵和2,500名辅助部队，配备加农炮与机枪——以征服总数约80万—90万居民的村庄。法国在成功实现“沃尔特巴尼地区安定”的“总体战”中屠杀了预

[40] Mahir Şaul and Patrick Royer, *West African Challenge to Empire: Culture and History in the Volta-Bani Anticolonial War* (Athens, OH: Ohio University Press, 2001), pp.1, 14, 24–25.

[41] *Ibid.*, pp.127–172.

计 3 万名村民。[42]

东 亚

因为英国人将注意力集中在欧洲的对手德国，但他们在东亚和太平洋、印度洋地区需要获得支持，转向盟友日本寻求援助。在保护全球海洋通道和英国商船免遭德国突袭，以及支援对德国殖民地的海外远征作战和运送自治领或殖民地军队前往战场方面，英国皇家海军需要帮助。当英国政府要求日本海军提供帮助时，日本意识到欧洲战争是其向中国和太平洋扩张的机遇，遂积极回应了英国的要求。日本陆军觊觎中国更多的领土和更大的影响力，同时日本海军注视着德国在太平洋上的领地马绍尔群岛、马里亚纳群岛和加罗林群岛。日本要求德国退出东海海域和交出中国山东胶州湾的租借地。8 月 23 日，由于担心欧洲战争短时间内结束，日本军队立即在山东半岛登陆占领青岛港。中华民国大总统袁世凯宣布德国在山东的租借地为交战区，日军抓住了这个占领整个山东省的合法外衣，这反过来又促使袁世凯要求日军全部撤出。很显然，日本向西方大国保证他们仅打算将德国驱逐出中国而没有扩张领土意图，这是没有实际意义的。

1915 年 1 月，日本政府向中国政府递交了有“二十一条”要求的文件，其中包括承认日本在山东的权力和日本租借“满洲”期限延长至 99 年。最极端的条款将会危及中国主权，赋予日本在中国的经济优势地位，使中国政府受制于日本顾问和警察。日本政府最终收回这些极端要求，同意放弃部分获得的领土， 427
5 月中国政府接受了最后通牒。[43]

袁世凯不断挑战日本在“满洲”、蒙古和朝鲜的特权和权威，日本政府遂于 1916 年 3 月决定支持中国的反袁运动。日本政府当时象征性地支持袁世凯同时煽动反袁势力，因为日本试图加强中国对它的依赖程度，同时确保列强承认其在亚洲的优势地位。在幕后，越来越焦虑的日军司令部计划煽动一场内战作为征服中国的借口。1916 年秋季，寺内正毅将军（Terauchi Masatake）领导下的日

[42] *Ibid.*, pp.212, 230, 4–5.

[43] Chris Wrigley (ed.), *The First World War and the International Economy* (Cheltenham: Edward Elgar, 2000), p.115.

本新内阁利用向中国贷款来扩大影响力，成功地鼓动中国政府与德国断交、向德国宣战，所有的行动都是为了在未来和平会议中使欧洲国家承认日本对前德国租借地的统治权。由于欧洲大国实质上退出了亚洲，日本陆军和海军 1917 年也越来越关注与美国在太平洋和东亚的可能冲突。[44]

1918 年 7 月，在协约国出于遏制新成立的俄国布尔什维克政府而进行的干涉行动中，相较于英国、法国和美国派遣的 1 万名士兵，日本在西伯利亚部署了大约 8 万军队，这表明了日本加强在亚洲大陆存在的意图。为了将日本帝国扩张到亚洲北部和使西伯利亚降为附庸国，日本政府官员已经计划向中国东北和西伯利亚地区发动大举入侵。日本为了成为一个像英国和美国那样的庞大帝国，显然计划填补由于俄罗斯帝国崩溃造成的东亚真空。此外，日本陆军大陆扩张计划也有确保其对海军优越地位的国内目标，因为日本海军面临着美国太平洋舰队不断扩充的现实，这使大幅增加海军预算具有了合理性。

最终，日本获得了德国在中国山东省的各项权益，控制了德国在南太平洋的前殖民地，但是日本在东亚的战时阴谋和自行扩张引起了英国和美国的警觉。
428 另一方面，西方大国忽视日本凡尔赛会议代表团和拒绝日本建议战后条约中非歧视条款的倾向，表明了西方国家仍旧将日本看作是二流国家，把日本人看作是二等人，这激怒了日本人。

结　论

1914—1918 年的第一次世界大战是一场帝国主义列强在欧洲、中东、非洲和亚洲进行厮杀的全球冲突，它由全球冲突开始，又以之结束。拥有海外殖民地和海洋控制权的英国和法国在欧洲作战，依靠的却是各自殖民地的人力和物力资源。德国在 1905 年后激烈地反抗协约国的围堵。1914 年末，这一潜在的围堵政策不只出现在欧洲，而且在全球范围内，德国最终丧失了全部海外殖民地，30 年来获得“阳光下地盘”的努力终究归于失败。全球冲突天然的复杂性意味

[44] Frederick R. Dickinson, *War and National Reinvention: Japan in the Great War, 1914—1919* (Cambridge, MA: Harvard University Press, 1999), pp.119–153, 157–180.

着无法用简单的方式加以解决。

各个帝国的欧洲人和土著士兵在欧洲和全球范围内作战。由于战争打破了禁止利用殖民地有色人种对抗欧洲人的传统限制，这加深了白人对有色种群的恐惧。欧洲人的可怕屠杀和他们使用殖民地士兵甚至在西线战场作战，唤醒了欧洲优越论终结的幽灵。正是这种恐惧进一步暴露了帝国主义通过分裂、征服和在持续镇压暴力活动中阴险地利用有色人种的真正本质。非洲与亚洲的军队参与白人厮杀，他们同白人女性发生了此前难以想象的接触，最后是战后法国使用塞内加尔士兵占领德国西部，这些行为都威胁着种族优越论的帝国传统秩序。

一战与俄国革命加剧了西方世界的种族恐惧。西方世界的保守分子认为俄国革命是新的威胁，是主张人人平等的犹太布尔什维主义的事业。战后反犹主义大行其道，因为种族主义理论家担心布尔什维主义渗透进殖民地，削弱欧洲势力，进而摧毁一个种族主义、资本主义和帝国主义主导的世界，因而他们建议消灭造成威胁的“劣等”种族。一战使战前西方世界帝国主义分子业已明显的种族主义情绪高涨。美国人洛斯罗普·斯托达德（Lothrop Stoddard）在 1920 年出版的著作《有色人种反抗白人世界霸权潮流的兴起》（*The Rising Tide of Color Against White World-Supremacy*）中，大声哀悼大战中白人男性无可挽回地失去了遗传上的优越性。其他种族将会把欧洲人的战争分歧看作是软弱的标 429
志，而且日本人、中国人和印度人等亚洲人可能会联合起来，主张自己的权利。法国在欧洲部署非洲军队的行为危害了欧洲人的优越性，并对其造成了最严重的危险。

鉴于这种到处弥漫的恐惧，只有澳大利亚、新西兰、加拿大和南非等白人自治领成为主权国家在大英帝国内部实现自治，也就不足为怪了。协约国从未考虑把民族自决权赋予其帝国境内的有色种群。一战征召了 150 万印度人为大英帝国参战，留给印度沉重赋税、大量战债，谷物和原材料被征用以及通货膨胀，却并未带来独立甚至是自治。相反，为了维系在印度的权力，英国人在战时和战后诉诸镇压和暴力行动，这种行动在 1919 年阿姆利则大屠杀（Amritsar massacre）到达了高潮。英国的行径刺激了倡导非暴力不合作运动的“圣雄”甘地（Gandhi）的崛起。英国通过镇压非暴力不合作运动和 1922 年判处甘地六年监禁的方式回应所有的暴力暴动。

为了安抚伍德罗·威尔逊，史末资设计了国际联盟（League of Nations，简称”国联“）的委任统治制度作为兼并德国前殖民地的替代方案。[45] 欧洲人确定美索不达米亚（伊拉克境内）、巴勒斯坦、叙利亚和黎巴嫩等阿拉伯地区为 A 类委任统治区，这类地区有资格在未来某个不确定的时间实现独立，但是并未提及何时。没有独立前景的非洲和太平洋地区属于 B 类和 C 类委任统治区，尽管布莱兹·迪亚涅在巴黎组织召开了泛非大会，声明非洲各民族有自决权。[46] 和会期间在巴黎当侍者的胡志明发起请愿行动，争取中南半岛获得解放，因为他的国人曾经在萨洛尼卡前线服役，也在法国担任劳工，但无济于事。

美国非裔知识分子杜波依斯（W. E. B. DuBois）是 1919 年泛非大会的组织者和参与者，虽然他有力地为非洲民族的自决权辩护，但是在巴黎和会上美国殖民专家、历史学家乔治·路易斯·比尔（George Louis Beer）宣称：“迄今为
430 止，黑人种族表现出没有进步发展的能力，除非在其他种族的监护下。”[47] 美国赞成委任统治制度，甚至通过交易获得了一些太平洋上的岛屿，但是美国并未加入国联，也没有保证废除 1823 年的门罗主义中任何主张美国有权在西半球拥有支配地位的一般性条款。

更为重要的是，如洛斯罗普·斯托达德那本关注白人种族终结的书中所言，美国白人用与欧洲白人看待世界有色人种一样的偏见眼光看待非裔美国人。非裔美国士兵主要是作为劳工部队，因为南方白人特别担心拥有武器的黑人士兵在回国后有能力对《吉姆·克劳法》提出异议。如果阿姆利则惨案是英国镇压印度人的象征，那么在战时和战后几年里针对黑人士兵在内的美国黑人的种族暴乱和私刑处决则是在美国的标志，这类行为目的是消除非裔美国人怀有的进步思想，更不必说，非裔美国人希望通过精忠报国获得的平等权利。一首广为流传的美国歌曲欢快地吟唱道：“他们看到了巴黎之后，你又如何让他们继续困在农场呢？”白人暴徒用残忍的暴力手段做出了回答，私刑处决黑人士兵遍布美国南部，俄克拉荷马州塔尔萨市（Tulsa）的黑人居住和商业区被烧成平地。

---

[45] Manfred F. Boemeke *et al.* (eds.), *The Treaty of Versailles: A Reassessment after 75 Years* (Cambridge University Press, 1998), pp.572, 578, 584.

[46] David Levering Lewis, *W. E. B. DuBois: Biography of a Race, 1868—1919* (New York: Henry Holt, 1993), pp.574–578.

[47] Boemeke et *al.*, *Treaty of Versailles*, pp.494–495.

劳合·乔治要求英国在中东地区享有优势地位，随着主要原属于奥斯曼帝国领地超过一百万平方英里土地的并入，1919 年 1 月的大英帝国达到了顶峰。1920 年 4 月，英国与法国秘密达成了垄断中东地区石油供应的协议；7 月，法国控制叙利亚，随后在叙利亚和黎巴嫩建立委任统治。1919 年埃及发生暴动，埃及人要求完全独立，1920 年伊拉克爆发起义，过度扩张的英国政府在 1922 年被迫给予两地有限自治权。同年，英国接受国联对约旦河西岸巴勒斯坦地区的委任统治，而东巴勒斯坦地区成为外约旦酋长国。

100 多万非洲士兵在不同战线参加战斗，甚至有更多的非洲人作为搬运工和担架兵。大部分西非和东非士兵虽然不再害怕欧洲人且常常不再尊重帝国权力与权威，但是战后他们实质上回归了原来的生活。[48] 非洲的战争导致饥荒、疾病、破坏与人口减少，重绘了非洲的帝国版图，但是这也注入了一股新的非洲黑人民族主义意识，播下了“民族自决与殖民大国责任”的思想，这些影响了此后 20 世纪的重大事件。[49] 西印度士兵在非洲和中东地区大量服役激励了黑人民族主义的崛起，他们开始为英属西印度的民族解放而斗争。[50] 431

就这样，1914—1918 年的第一次世界大战远没有践行威尔逊关于民主使世界安全的格言，最终以保护和扩大白人对其他种族的全球统治而告终。尽管如此，1919 年及以后埃及、印度、朝鲜与中国发生的暴力事件暴露了帝国主义世界的分裂。战争成本对帝国势力的削弱程度在停战协定中并未明确体现，但是战争强化同时也削弱了作为白人自治领跨民族体制的帝国体系。实际上，帝国终结进程的开端可追溯到 1919 年。世界上有色人种对自由和独立的渴望需要在 1939—1945 年另一场意义更重大的全球战争中实现。

随着一战的结束与武装部队的复员，发展新型航空武器的主张因经济压力和传统军种的反对遇到了挑战。在空军参谋长休·特伦查德爵士的领导下，英

[48] Lunn, *Memoirs of the Maelstrom*, pp.187–205, 215, 229–235; M. E. Page, *The Chiwaya War: Malawians and the First World War*(Boulder, CO: Westview Press, 2000), pp.135–138, 164–166, 203–206, 229–235; and James J. Mathews, “World War I and the Rise of African Nationalism: Nigerian Veterans as Catalysts of Political Change”, *Journal of Modern African Studies*, 20:3 (1982), pp.493–502.

[49] M. Crowder, “The First World War and Its Consequences”, in A. Adu Boahen (ed.), *General History of Africa,* vol. VII: *Africa under Colonial Domination: 1880—1935* (London: Heinemann Educational for UNESCO, 1985), pp.283–311.

[50] W. F. Elkins, “A Source of Black Nationalism in the Caribbean: The Revolt of the British West Indies Regiment at Taranto, Italy”, *Science and Society*, 34 (1970), pp.99–103.

国皇家空军通过“空中管制”政策在战后的裁减军备中得以幸存，空军比陆军成本更低、更加有效地守卫着大英帝国遥远的角落。1919—1920年，皇家空军成功使用几架轰炸机在索马里兰搜寻定位，随后轰炸扫射“疯子毛拉”（Mad Mullah）营地，最终将其驱赶到埃塞俄比亚并且死在那里；这使英国政府坚信应当扩大皇家空军在管辖中东方面的作用。英国皇家空军进而为了控制民众在爱尔兰部署了两个飞行中队，它们“在小村庄低空呼啸而过，在那些无知的农民中引起了极大的恐惧”[51]。在爱尔兰、非洲和中东发生的事件证明，军用飞机战时取得的进步可以让英国用飞机实现其战前的帝国主宰的梦想。

432 其他殖民大国也追随英国的脚步。20世纪20年代的殖民战争中，法国、意大利与西班牙政府都利用飞机对北非当地起义群众进行轰炸、扫射甚至投掷毒气弹。这种行为在意大利法西斯1935年入侵埃塞俄比亚时达到顶点，那时意大利战机向埃塞俄比亚军人和平民做了所有以上三种行为。飞机和毒气弹这两种在帝国主义大战中已经完善的更有效武器，在20世纪20和30年代被欧洲国家用来控制和消灭土著人口。因此，拥有高科技的白人军队与科技落后的非白人军队发生的战争，在现在被称作“非对称战争”，诞生于第一次世界大战之后。战争的创伤已给那个已经过去，但应得到我们思考的世纪打上标记。1914—1918年一战挥之不去的阴影时至今日仍能看到。

[51] *United States Military Intelligence, 1917—1927*, 20 vols. (New York: Garland, 1978), vol. XI, Part 2, p.626.

16 非洲 433

比尔·纳桑

非洲现代史学家将发端于欧洲的两次世界大战看作是 20 世纪非洲历史的转折点，这种观点是相当司空见惯的。就其决定性和总体性而言，第一次世界大战在非洲史上的重要意义在于其在欧洲殖民编年史上的地位。经历了 20—30 年帝国主义“瓜分非洲”的巨大动荡和四处蔓延的暴力后，主要殖民国家正在试图强化其领土掌控力和保障其宗主国权威，在这一关键时刻，第一次世界大战爆发了。相互竞争的欧洲国家在没有发生战争的情况下，对这块大陆的大规模入侵和征服事实上已经结束。从其在殖民角斗场上的排序来看，1914 年爆发的这场冲突可以看作是瓜分狂潮达到顶点的标志，可以看作是欧洲瓜分非洲过程的最后整合与确认。

用近代史上一位权威专家的话说，这场战争是“起点的终结”[1]。或者用更早之前的另一位著名非洲历史学家的话说，第一次世界大战大可被看作是“粗暴势力统治的最佳时期”的最后阶段，它落下了征服和确认帝国“兼并”的混乱时代的帷幕。[2] 即使 1919 年欧洲的自我解决方案注定不能持久，但在海外，殖民大国对平定非洲的瓜分协议却持续相当长远，非洲人不得不在协议所划定的边界内生活。

殖民当局实现了其根本目标，程度有时超出了它们的控制。这些目标的实现与第一次世界大战的经验及其对非洲造成的固有后果有着密切的复杂关系。在战争期间或者战后初期，殖民当局已经决定性地征服了非洲人对欧洲入侵的 434

[1] R. J. Reid, *A History of Modern Africa: 1800 to the Present* (Oxford: Wiley-Blackwell, 2009), p.191.

[2] B. Freund, *The Making of Contemporary Africa: The Development of African Society Since 1800* (Basingstoke: Macmillan 1998).p.112.

零星抵抗或武装反抗，稳定殖民政权、形成无抗衡的军事实力以及达到总体安全这些目标也已经实现了。

非洲卷入1914—1918年的战争或许至少表现出了另外四个惊人的特性，尽管这些特征的重要性并非全局性的。第一场本质上是欧洲人之间、“在非洲民众间展开并对后者造成了深远影响”的战争是1899—1902年的英布战争或称南非战争，这是英国为征服布尔共和主义者而发动的大规模战争。[3] 在非洲进行的一战也就成为帝国主义对抗的第二场，这是非洲卷入一战的第一个或许也是不言自明的特征。第二个特征是欧洲战场胜与败的第一枪和最后一枪都是在对面的非洲大陆打响的，虽然这个特征有些堂吉诃德式的不切实际性。第三个特征，对许多地区和无数当地人而言，被迫卷入全球战争实际上难以觉察到，对生活的影响也是极难感觉到。实际上，对那些交通闭塞的遥远农村社会而言，战争只是悄悄地从身边溜过。如果1914年之后出现了一些匮乏的话，鉴于当地生态系统的不稳定，人们已经习惯了这些困难。此外，这些人在1918年体会到殖民控制的本质同之前比如1913年，或多或少并没有什么变化。就此而言，第一次世界大战在该地区的战场并没有欧洲的西线和东线那样的血腥残忍。[4] 对于数百万群众而言，这场战争可能没有在意识中留下任何印象，而只是在他们面前偶然掠过。

但是，非洲一些最直接卷入战争的大片地区，同样遭遇了严重的平民灾难和巨大的人口损失这种更加悲惨的情况，阵亡士兵和搬运劳工如同他们在欧洲战场一样倒在本地灌木林。延伸来说，战争在整个非洲大陆对殖民地社会和经济引发了一系列可以用“冲击”来形容的事件、进程和影响。欧洲战争造成的
435 第四个特征，也是最大的损害，是各帝国开始试图从其殖民依附国最大限度地榨取人力和物力资源，这造成了更大的震动。至于英属南非，这是一个温驯的自治领盟友同时也是拥有自己亚帝国野心的卫星国。

欧洲人之间的宣战行为立即在非洲产生了影响，因为英国和法国在8月初加紧对德国防卫松散的西非殖民领土多哥兰和喀麦隆发起攻击。英国加入战争

[3] T. Ranger, “Africa”, in M. Howard and Wm. Roger Louis (eds.), *The Oxford History of the Twentieth Century* (Oxford: Oxford University Press, 2002), p.266.

[4] P. Murphy, “Britain as a Global Power in the Twentieth Century”, in A. Thompson (ed.), *Britain's Experience of Empire in the Twentieth Century* (Oxford University Press, 2012), p.38.

断绝了战争仅限于欧洲范围的任何可能。实际上，第一次世界大战首轮战争中，这场规模较小的西非战役是由来自黄金海岸（Gold Coast）的英军部队和来自达荷美（Dahomey）的法军部队共同发起的。协约国和德国殖民地官员之间就西非的某些地区免遭战火蹂躏的协议进行过一阵曲折的、装腔作势的交涉，但为英法两国军队从西面和东面两个方向的快速入侵突击行动所终结。虽然几乎全部的杀戮和死亡都是由这些非洲殖民地士兵承担的，但是欧洲行政官员对用他们未受侵犯的统治地位做赌注感到紧张——谁又能知道非洲人对这种声名狼藉的白人厮杀场景会做出什么样的反应？

多哥兰（Togoland）仅仅是一小块多沙漠的沿海狭长地带，轻易地被协约国收入囊中。然而，喀麦隆却被证明是一块难啃的硬骨头。喀麦隆内陆多山地貌和植被高度覆盖的山路使卡尔·齐默尔曼将军（Karl Zimmermann）指挥下的1,000名德国士兵和3,000多名非洲士兵拥有了强大的防守可能，围绕这块殖民地的拉锯式争夺一直持续到了1916年2月德国最后垂死挣扎的防守士兵投降。这才缓慢而曲折地结束。[5] 法国电影导演让－雅克·阿诺（Jean-Jacques Annaud）在1976年发行了一部反军国主义的黑色战争喜剧片《彩色中的黑与白》（又译《象牙海岸》），讽刺了这场突然爆发的小规模西非战役。影片讲述了愚蠢的法国和德国殖民者最终在刚收到的几个月前的报纸上发现两国处于战争状态的故事。他们忠实地停止贸易往来和其他跨境交易，在可笑的小冲突战争中成了敌人。他们谨小慎微地保护自己宝贵的生命，却征召廉价的非洲当地人作战。[6]

德属西非殖民地南边的德属西南非洲也出现了早期动员和敌军的入侵。8月初，英国殖民大臣刘易斯·哈考特（Lewis Harcourt）明确要求英国新成立的自治领——1910年后的南非联邦回报伦敦政府，如他明确说的那样，要“为帝国”提供“伟大而迫切的服务”。[7] 那就是发起突然远征占领临近的德属西南非洲港口和切断无线电台，以对抗柏林在南大西洋的海军威胁。再说，这片辽阔的殖民地（实际是德意志帝国在欧洲大陆领土面积的两倍）的防守力量极为薄弱，

---

[5] G. Graichen, H. Grunder, *Deutsche Kolonien: Traum und Trauma* (Hamburg: Ullstein Verlag, 2007), p.323.

[6] B. Nasson, “Cheap if not Always Cheerful: French West Africa in the World Wars in *Black and White in Colour* Le Camp de Thiaroye” in V. Bickford-Smith and R. Mendelsohn (eds.), *Black and White in Colour : African History on Film* (Oxford: James Currey, 2006), pp.148–156.

[7] 参见 G. L’Ange, *Urgent Imperial Service: South African Forces in German South West Africa, 1914—1915* (Johannesburg: Ashanti, 1991)。

只有一支极小规模的步兵卫戍部队和少量准军事警察以及临时拼凑的预备役分队负责提供支援。德属西南非洲殖民地易受到攻击不只是由于漫长的边境线难以防御。考虑到20世纪早期赫雷罗起义，德国的防御准备的几乎全部注意力都放在了怎么对付非洲内部可能发生的动乱，而不是应付任何外部袭击，更何况实力雄厚且装备精良的入侵者采取了陆上和两栖联合攻击。

德属西南非洲总督特奥多尔·赛茨（Theodor Seitz）及其手下少数高级军官，只能多寄希望于南非国内战争的动乱继续，推迟入侵行动，直到德国在欧洲占据优势后将军事资源转移到这里来守护其西南战略要地。诚然，由于南非的白人和盎格鲁少数派的分歧，战争开局并不良好，德国殖民地获得了一些喘息时间。由于奥斯曼帝国成为德国的盟友以及通向印度和澳大利亚的苏伊士运河通道处于危机中，绕过南非好望角的海上通道，作为大英帝国防御线上的一个战略节点，“恢复了原先的重要地位”[8]。南非自治领地位本身注定了南非在战与和的国际决策上追随英国王室。不管怎样，南非政府也是倾向于战争的。

但是与太平洋的白人殖民者领地不同，1914年南非并没有得到一项显著的战争授权。在入侵行动开始之前，南非需要压服大波反战的白人民族主义者反
437 对派，以及镇压1914—1915年南非白人的造反叛乱。这些完成后，南非集结大量战斗力强劲的部队，凭借便利的交通与供应和先进的装备，在短短几个月内打败对手德国，迫使其在1915年7月投降。根据第一次世界大战中的第一份停战协定，德属西南非洲实际上转到了南非手中，直到20世纪20年代初都依据戒严令进行军事统治。战争机遇为一些野心勃勃的非洲扩张主义者的战略增添了助力，因为南非联邦政府占领德属西南非洲意味着它“加入了由殖民大国构成的权势赫赫的成人世界”[9]。

双方阵亡士兵总数刚刚超过200人，德属西南非洲的冲突与西非的战争一样，如与东非和中非武装对抗的广度和深度相比，仅是相对的小事件。在东非和中非，战争最具毁灭性的一面为人所感知。正是在那里，战争的进行是最痛苦、最残酷无情的，经济和社会瓦解对当地的影响程度也是最大的，漫长又令人厌烦的战事无疑可与欧洲战事的持续时间相匹敌，是消耗战的一个版本。战

[8] A. Lentin, *Jan Smuts: Man of Courage and Vision* (Johannesburg: Jonathan Ball, 2010), pp.30–31.

[9] M. Wallace, *A History of Namibia* (London: Hurst & Co, 2011), p.216.

争在从英属东非到葡属东非的广大地区曲折蔓延，突入罗得西亚和尼亚萨兰东北部地区所造成的巨大错位、损耗和残忍，与该地区浪漫化或神话化的战争描述完全不同，后者一直都是更加大众的视觉文化和文学文化对这场战争所想象的主题。1951 年约翰·休斯顿（John Huston）以 1914 年 9 月德属东非为背景拍摄的电影《非洲女王号》（*The African Queen*）中的内陆炮艇冒险，一直都是电影中的经典桥段。而 1971 年彼得·耶茨（Peter Yates）的电影《战海浮生》（*Murphy's War*）像《非洲女王号》里描述一战的那样，利用隐匿的德国袭击者和河流战役重现了二战。最近包括布莱德 1982 年出版的小说《冰淇淋战争》（*An Ice-Cream War*）在内的许多文学描述都涉及了这部小说护封上称作"东非正在发生的荒谬的、罕为报道的战争"，尽管这部讽刺题材的冒险小说并不缺少辛辣讽刺和污言秽语。2004 年贾尔斯·富登（Giles Foden）出版的著作《"咪咪"和"透透"出发：坦噶尼喀湖的离奇战争》(*Mimi and Toutou Go Forth: The Bizarre Battle of Lake Tanganyika*) 中的部分重合内容可以作为补充，书中一群可以想见的英勇无畏且行为古怪的英国不合群者打算从巡逻的德国战舰手中抢夺坦噶尼喀湖的控制权。实际上，恐怖的东非冲突已经变成了白人之间的水上战争，而战争的伤亡则仰赖那些爱国冒险家的个人运气。

事实上，那些已经陷入与德国军队从东非到东南非、中非地区的纵横交叉的战斗之中的协约国军队，几乎没有内河战争的宝贵经验。如果这对佛兰德斯 438
来说是一个插曲的话，那也是一个规模庞大的插曲，这样"打了就跑"的你死我活的争夺造成的死亡总数"超过了大战中美国人死亡总数"。[10] 即便坦噶尼喀被敌方攻克并牢牢占领后，德军指挥官莱托－福尔贝克仍率领坚定忠诚的残余部队从事令人筋疲力尽的消耗战，突入葡萄牙东非殖民地莫桑比克沿海、尼亚萨兰和北罗得西亚东北部深处。莱托－福尔贝克指挥的德国驻防军和非洲土著部队（阿斯卡里）几乎不停地兜圈子，与英国、英属非洲、南非、南罗得西亚、比利时甚至是葡萄牙军队周旋数月后又周旋数年，通过临时发挥的灵活战术使对手迷惑和筋疲力尽，有时发动一些小规模精心策划的战斗，其他时候实施丛林游击战，致力于迂回打击、迅速战斗以反败为胜（地图 16.1）。

[10] E. Paice, *Tip and Run: The Untold Story of the Great War in Africa* (London: Weidenfeld & Nicolson, 2007), p.3.

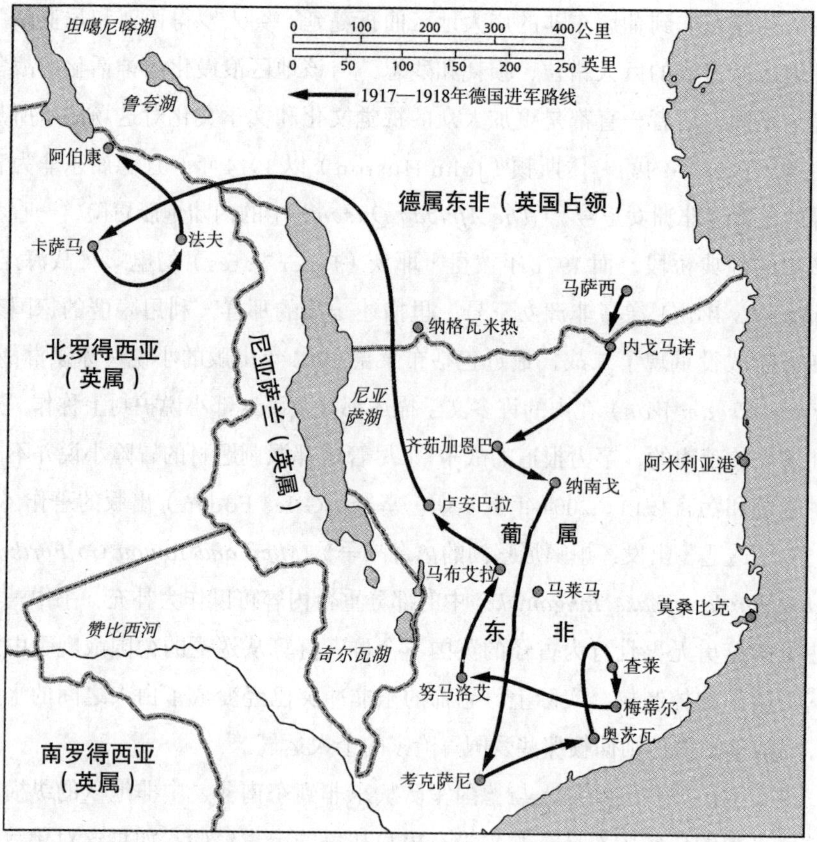

地图 16.1　在东非的战争，1917—1918 年

虽然协约国联军在数量上远超对手，但经验丰富的常规部队阿斯卡里和狡猾的叛逃者（他们从英皇非洲步枪队中逃出，并拥护坚定熟练的驻防军，表明他们已变换了阵营）的下层组合，总是能够凭借灵活运用丰富的丛林战经验摆脱追捕的敌人。到 1918 年，莱托－福尔贝克的部队虽然下降到大约只有 150 名德国人和 4,400 名非洲阿斯卡里、搬运工及其他劳动营跟随者（包括妇女），但是仍旧保持着核心凝聚力，部分靠的是这位会讲斯瓦希里语的指挥官的铁血指挥。莱托－福尔贝克偏执地专注于长期而艰苦的战斗，其不切实际的目标是想牵制大量可能转而在西线用于对德作战的协约国军队。

虽然如今残忍的莱托－福尔贝克不再被看成是非洲经典游击战中一个勇猛的代表，但是事实上，他忠诚的阿斯卡里部队和他在一起作战可能不只是因为逃兵会被枪毙或者绞死。他精明地适应部队中许多士兵习惯的非洲传统作战方

式，即把配偶、儿童和国内搬运工个人等一群人统一编入他指挥下的进军纵队
中，这些人可以提供救助，维系该地区的社会网络秩序作为生存的一部分，通
过把后方与前线结合缓解思乡病而振奋士气。这就意味着德国人并不用太过于 439
担心阿斯卡里的逃跑率，因为畏惧和忠诚培育的结合，这相对较低，但会更多
地担心以家庭为单位的行军方式中某些不受欢迎的方面。正如莱托－福尔贝克
在1920年的生动回忆中记载的一个埋怨，尝试使女性随军人员“遵守正式行军
秩序”的结果一直都令人沮丧，也无法纠正许多忠诚的阿斯卡里成员“扛着孩
子参加战斗”的习惯。[11] 不过那显然不是太大的障碍，因为在非洲的德国人从未 440
被真正打败。莱托－福尔贝克只是在11月25日放下武器，勉强相信战争于两周
前在法国某处的森林已经停止。第一次世界大战最后有记录的敌对行动从而终
止了。

东非战役是一场规模庞大、代价昂贵的苦战，需要穿行大部分地图上未标明的恶臭弥漫的沼泽地、浓密的灌木丛和茂密的森林，披荆斩棘，利用山地丘陵地形。在战场上，士兵必须一直警惕遇到大象、河马、长颈鹿、狮子、豹和有剧毒的黑曼巴蛇与绿曼巴蛇。拍打灌木林中帐篷的致命敌人可能只是一只猫科食肉动物，穿过德属东非境内西南部鲁菲吉河（River Rufiji）时需要躲避鳄鱼。非洲的水系与欧洲索姆河流域不同。甚至被一群采采蝇叮咬，以及对人类而言疟疾、伤寒和痢疾等寄生虫病造成的体质虚弱，都会导致一种更加令人望而生畏的环境。雨季又造成了另一个版本的帕斯尚尔涝地，士兵不得不在高于乞力马扎罗山（Kilimanjaro）山麓地带且无法通行的沼泽中蜿蜒前行。在这样的地理范围和极端环境下，非洲的作战条件和后勤保障条件的困难情况是世界其他地区难以等量齐观的。

旷日持久的东非战役所需的战争资源主要来自强行征用，双方征召了数万非洲人承担诸如搬运工和脚夫等沉重的劳工工作，迫使他们在恶劣的热带气候且低标准食品供应的情况下运输军需品、补给品、食品供应和其他军事装备。由于役畜和机动车在灌木地带几乎毫无用武之地，仅英国就招募了至少100万劳工。应召运输士兵由于身处险境且营养不良，罹患呼吸系统和肠道疾病，出

[11] P. von Lettow-Vorbeck, *My Reminiscences of East Africa: The Campaign for German East Africa in World War I* (Nashville, TN: Battle Press, 1996), pp.233–234.

现了“骇人听闻的死亡率”[12]。在德国一方，非洲搬运工及其家族随营者的死亡数一直被估计为35万左右，与英国死一方的亡数量相差并不太多。[13]

441 随着延伸的战事强度不断加强，战争中反复变化的破坏性暴力行为如潮水般涌入当地乡村庄园和农耕经济，剥夺了小私有者的田产并且阻碍了通常运输谷物和经济作物的商业贸易通道。德国在非洲的部队作战代价特别小，这支从来没有超过大约15,000人小规模却战力强劲的部队习惯了大规模掠夺。猖獗的军队任意强行征用家畜、谷物或者其他可食用作物，强行征召年轻人有时甚至是更年长的老人，只要他们看上去身体健全。此外，为了防止他们给一支或者另一支即将到来的部队提供救助物资，这支部队会将许多村庄付之一炬，焚烧庄稼，杀掉无法利用的牲畜。在一些学者看来，这种大规模破坏行径造成了难以避免的后果，那就是1916年之后出现了已接近饥荒的严重粮食短缺。[14]随着几乎一切可吃的东西被消耗殆尽，人们只能以植物根茎为食，在某些极端情况下甚至出现了人吃人现象。除了被征召的劳工队伍，在德国占领区估计大约有30万平民死亡。

直到1918年，严重的食物短缺还在肆虐，并且超出了战事直接或间接影响的地区，特别是德属东非高原地区受到了严重影响。在他们共同诉诸焦土策略时，双方都有详尽可用的近期殖民经验。在东非同一个地区，德国人在数年前镇压1905—1907年马及马及起义（Maji-Maji Rebellion）时已经初试牛刀，同时德国人在西南非洲地区镇压的一场温和起义引发了1904—1907年惩罚性、种族灭绝的赫雷罗战争，此役因土地荒芜和恐怖的集中营而闻名世界。[15]对于英国人而言，他们很清楚近期在1899—1902年南非战争中，毁坏奥兰治自由邦（Orange Free State）和德兰士瓦（Transvaal）的布尔人农田在战胜游击部队方面

---

[12] J. Iliffe, *Africans: The History of a Continent*, 2nd edn (Cambridge University Press, 2007), p.215.

[13] 可以参见，例如：M. E. Page, *The Chiwaya War: Malawians and the First World War* (Boulder, CO: Westview Press, 2000); R. Anderson, *The Forgotten Front: the East African Campaign, 1914—1918* (Stroud: Tempus, 2004); Paice, *Tip and Run*；和 B. Vandervort, “New Light on the East African Theater of the Great War: A review Essay of English-Language Sources”, in S. M. Miller (ed.), *Soldiers and Settlers in Africa, 1850—1918* (Amsterdam: Brill, 2009), pp.287–305。

[14] Reid, *Modern Africa*, p.192.

[15] D. Olusoga and C.W. Erichsen, *The Kaiser's Holocaust: Germany's Forgotten Genocide and the Colonial Roots of Nazism*, (London: Faber & Faber, 2010); Wallace, *Namibia*, pp.155–182; and R. Gerwarth and S. Malinowski, “Hannah Arendt's Ghosts: Reflections on theDisputed Path from Windhoek to Auschwitz”, *Central European History*, 42:2 (2009), 279–300.

是多么有效。如果说这有什么意义的话，那么作为第一次世界大战的某种殖民序曲，20 世纪头十年的非洲见证了“把针对平民的残酷军事行径这种极端形式引入国家实践和政治话语”[16] 的经过。

那些削弱辅助运输能力和席卷损坏村庄的疾病与 1918—1919 年非洲东部、 442
西部、中部和南部广泛地区爆发的西班牙流感相比，不免显得有些相形见绌。这种致命的流感病菌从欧洲传到非洲海岸，在内陆地区迅速传播，快速侵入那些为从帝国大都市运送物资、士兵和通信设备而铺设的运输和后勤通道。充斥着战争的这条线路无论长短，都成了现成的农村通道。致命的流感通过这些通道可以到达每一个港口、城市定居点、矿区和农村，在整个非洲大陆传播。虽然合理的估计是有 238 万人死亡，占所有非洲殖民地总人口的 3%—5%，但是毫不奇怪，非洲人的死亡率并没有详细数据。[17]

谈及战斗的某些根本方面，战争双方的武装对抗没有太大区别。除了一批欧洲军官、相当少的白人常规部队和英国部署的印度远征军，双方作战的士兵都是非洲人。实际上，与法国不同，英国把廉价的、人数众多的非洲士兵限制“在非洲作战”，在那里的战争总是被归结为“维护殖民秩序”。[18] 把印度士兵引入非洲战区的做法一直被忽略，因为考虑到这会加强“大战的经验急剧改变了印度兵”对欧洲的看法，以及“第一次世界大战很难被看作是像印度 19 世纪末 20 世纪初发生的典型殖民战争”[19]。然而，尽管有争议，在非洲却是截然相反的。路途遥远、酷热、连续行军与几乎完全没有精心策划的会战，使非洲战事具有了某种殖民战争氛围，这对印度士兵而言并非完全不熟悉。

然而提及从军，殖民国家想到的几乎总是非洲人。无论是伦敦，还是巴黎， 443
都未曾过多想过要让宗主国的部队为保卫帝国而牺牲。欧洲各国政府从一开始在寻找当地士兵时，就倾向于在非洲大陆的大部分地区采取近乎奴役的招募方

---

[16] J. Hyslop, “The Invention of the Concentration Camp: Cuba, Southern Africa and the Philippines, 1896—1907”, *South African Historical Journal*, 63:2 (2011), p.263.

[17] N.P. Johnson and J. Mueller, “Updating the Accounts: Global Mortality of the 1918—1920 Spanish Influenza Epidemic”, *Bulletin of the History of Medicine*, 76:1 (2002), p.110. 本条引文得益于霍华德·菲利普（Howard Phillips）的帮助，特此致谢。

[18] D. Killingray, *Fighting for Britain: African soldiers in the Second World War* (Woodbridge: James Currey, 2010), p.5.

[19] H. Streets, *Martial Races: The Military, Race and Masculinity in British Imperial Culture, 1875—1914* (Manchester University Press, 2004), p.200.

式，这是一种制度化、严苛、通常又粗暴的行为。英国在英属西非领土上招募的步兵却在另一侧的东非地区服役。法国在法属西非和北非地区募兵者搜索海岸森林和大草原地区，从可到达的农村里抓住几乎全部青年人参军服役。对大部分人而言，他们参加的战争甚至都不能从熟悉的视角被理解成一场非洲的战争，因为战时状态将摧毁法兰西帝国与其殖民地附属国之间的界限。

甚至在战争爆发之前，一些像夏尔·芒然将军这样有野心的法国殖民军官就一直主张在欧洲部署黑色军团，将其作为因法国出生率下降导致兵源匮乏的应急办法。“撒哈拉以南非洲的勇士曾经取得了意义重大的军事成就，现在已经准备为法国再创辉煌。”[20] 各殖民地团结起来拯救母国的口号成为一个弥合帝国忠诚的强有力的标志。最终，超过 15 万西非人被选出运送到法国和比利时边境的西线战场，那里因法国本土军人越来越惊人的伤亡陷入了困境，需要补充战斗力。除此之外，法国殖民当局还从摩洛哥和阿尔及利亚招募了数万其他土著士兵。欧洲战场的军事行动夺走了 3 万人的生命，但战争的洗礼和法国饱受战争摧残的局面激发了其他人的政治意识。

征募士兵去参加一场无法理解的外国战争并不是一帆风顺的，因为那些被征募者未必都能经受得起考验。确实，有主动接受征兵的。对于那些没有一技之长的年轻人来说，他们渴望摆脱村里长辈的家长制权威的控制，军队提供了回报相当丰厚的工作。对于其他参军的人而言，战时服役提供了获得勇士身份的机会，这种机会自殖民征服后本已经消弭。战争在非洲也是一场狡猾的交易，参加战争有时可以获得一匹昂贵的手工织锦。英国招募少数族群时倾向于尼亚萨兰的尧族（Yao）人*——有着“尚武精神”的士兵，鼓励志愿者参加
444 当地英皇非洲步枪队以培养一种昂首阔步的军人美感，声称尧族人的男子汉气概特受众人追捧。一旦当兵，事实证明忠诚薄如蛛丝，如已经提到的，在漫长的东非斗争中曾经有为英国和德国双方服役的士兵。英属西非和非洲南部的地区性劳工流动通道也成为军事征兵的网络。在他们寻找志愿兵的过程中，征召人员不得不跟随流动劳工进入这些通道，造成了黄金海岸团中的许多人并非来自英属非洲而是法属上沃尔塔（Upper Volta）地区，同时第一次世界大战

[20] J. H. Morrow, Jr., *The Great War: An Imperial History* (New York: Routledge, 2004), p.17.

* 非洲东部和中部的班图族人。——译者注

中罗得西亚土著步兵团“60%—70%”的士兵“是来自其他领土”。[21]

然而，比参军更为突出的是不断增强的征兵行为遇到的各种各样的反抗，尤其是“法国行政当局的体系已经完全由当地官员填补，这些人成为法国要求的政治执行者”对这一认识日益增强的时候。[22] 自残是逃避参军服役的一种最极端的行为。越来越常见的现象是青年人大规模逃亡，他们一般逃出殖民地边境线或者躲藏在偏僻的避难所直到贪婪的法国征兵军士们目光转移到其他地方。1915—1917 年间，数万名潜在征兵对象从科特迪瓦（Cote d'Ivoire）和法属苏丹之类的领土成群结队出发前往黄金海岸或其他英属殖民地，因为他们确信英国不会招募非洲属民去西欧挖堑壕。

当然，本能地采取短期流亡这种不顺从、转换阵营的抗议方式，是和平时期逃避殖民地税收和劳役的古老习惯。负担沉重的农民又一次很少公开反抗，更多的是灵活地躲避殖民控制和索取，这是典型的“弱者武器”。[23] 从这种意义上来说，对于许多普通的非洲人而言，1914 年后重新出现的军事征募压榨的经历是熟悉画面的一部分，是繁重的贡赋负担循环中令人厌恶的最新环节。

当掠夺成性的征兵者对反抗团体施加了太大的压力时，农民除了试图摆脱抓捕，也进行零散的反抗或暴动。对于许多法属西非人而言，征兵立即获得了 445
一个臭名昭著的含义——以肉体形式的“血税”这种让人讨厌的比喻。难以遏制的怒火不可避免地演化成大规模的逃亡和小规模抗争，这种现象在法属北非士兵中尤其明显。大多数非洲部队本像他们的宗主国战友一样承受着残酷、麻木不仁、笨拙和供应匮乏，只是对一些人来说欧洲战场不断恶化的生存条件超出了个人承受的极限。

尽管，为了反对征兵这一战争的主要需求，非洲人的战争经常伴随着起义和叛乱，但在某种程度上，对战争强烈的不满也是源自瓜分非洲狂潮以来的长期、根深蒂固、不断蔓延的敌意。然而从这种意义上来说，第一次世界大战的某些后果也并非仅仅是一次撕扯这个已被殖民化的安定大陆的突然破裂。1914

---

[21] R. Marjomaa, “The Martial Spirit: Yao Soldiers in British Service in Nyasaland (Malawi), 1895—1939”, *Journal of African History*, 44:3 (2003), pp.413–432; and T. Stapleton, “Extra-Territorial African Police and Soldiers in Southern Rhodesia (Zimbabwe) 1897—1965”, *Scientia Militaria*, 38:1 (2010), pp.101, 106.

[22] M.Thomas, *The French Empire at War, 1940—1945* (Manchester University Press, 1998), p.11.

[23] J. Scott, *Weapons of the Weak: Everyday Forms of Peasant Resistance* (New Haven, CT: Yale University Press, 1985).

年后遭遇的愤懑存在着两个源头，某些不满情绪在19世纪最后几年时就已经埋藏在那里了。在不计其数的其他事件中，战争加剧了这一不满。

经非洲人改造后的基督教表现出好战与咄咄逼人的特征，在纷乱的农村社会打上了天启的印记，引起并培育了普遍的千禧年色彩。不稳定的英属尼亚萨兰地区大规模征兵起步较早，并且早期在与德国的作战中伤亡率一直比较高。身为一名优秀的福音派教会牧师，约翰·奇伦布韦（John Chilembwe）有着与众不同的高贵形象，他于1915年在尼亚萨兰发动了一场旋起旋灭的乌托邦式起义。两年后，非洲东南地区不满的官员在吵吵嚷嚷的巫师怂恿下，在莫桑比克（Mozambique）中部点燃了马孔贝起义。当代传教士希望的是能让非洲人置于帝国文明下的家长式管理框架下，但爆发的这些起义以及其他与战争相关的抗议很大程度上导致这种愿望落空。

在非洲南部，南非联邦蓄意向德属西南非洲宣战，使许多更加狂热的南非白人民族共和主义者汇合成一股武装叛乱势力。在那里，博塔和史末资领导下的忠诚的自治领政府要战胜的远不只是大部分南非白人孤立主义分子主导的社会，因为在这样的社会中，很多人有着反英帝国、亲德、反英国化的联邦主张或直接的反战情结。由于遭受无地和贫穷的打击，在受到著名的宗教空想家尼可拉斯·“谢内尔”·范兰斯堡（Niklaas “Siener” van Ransburg）根据《旧约圣经》提出的大英帝国衰落的杰出预言的鼓励下，一群心怀不满、背信弃义的将军旋
446 即脱掉英国的卡其布军装，带领大约11,000名近乎赤贫的南非农村白人革新了英布战争中的突击队传统，站出来要推翻由于社会动荡和政治纷争陷入绝望境地的政府。最近一份权威的解释将这次叛乱描绘成“绝望的反抗”并非是没有原因的。[24]具有煽动性的南非白人基督教原教旨主义分子认为，战争将是夺回共和国独立的机会；那些悲悯的非洲人，则着迷地陷入反殖民主义的战时狂喜之中，从而与他们走上了同样的道路。最终这些突然爆发的反叛很快被镇压了。

其他经过宗教改造的战时成就表面看来好战的本质更少，能够在边缘地带继续存在。因此，英属西非和法属西非也出现了独立的基督教运动，它们带领心怀不满的追随者反对欧洲战争的干扰。尽管这些当地宗教内容中有和平的主

[24] A. Grundlingh and S. Swart, *Radelose Rebellie? Dinamika van die 1914—1915 Afrikanerebellie* (Pretoria: Protea Boekehuis, 2009).

张和更倾向于采用防御性撤退的方式，即精神上同战时与它反感的横征暴敛保持距离，但它们仍带有一种强烈的千禧年色彩，高声疾呼一个不同的启示录时刻。从非洲中部的北罗得西亚直到黄金海岸和科特迪瓦，非洲宗教界领袖不仅用《圣经》的语言和形象表达自己的意见，而且来定位自己的角色，站出来充分说明时代巨变的意义。在他们看来，不承认甚至不服从殖民秩序是道义的需要，并且以此为基础，随着欧洲统治灾难的后退，需要准备的是拥抱这个罪恶世界即将终结和迎接基督第二次降临人间。南非科萨人（Xhosa）基督教教育家贾巴武（D. D. T. Jabavu）用讽刺性目光关注这种制度更合理的终结。1914 年 9 月初，他挖苦道，非洲人民“出乎意料地发现，在教育和基督信仰居于领先地区的欧洲国家除了用剑和大规模杀伤性武器解决欧洲国家间的外交分歧，别无他法”[25]。

周边地区其他小范围的起义与抗议浪潮有时是相互影响、相互渗透的，其中某些起义的组织程度很高。这其中包括英属尼日尔保护国和达荷美 1915—1917 年间发生的武装反抗英国和法国殖民当局的活动。在非洲西南地区，447
1917—1918 年，巴维人（Barwe）沿着葡属东非和南罗得西亚边境线反抗那些四处出动的葡萄牙人，而在那时葡萄牙因被莱托 - 福尔贝克轻而易举抢夺了卫戍仓库损失了大量的粮食供应和储备。

法属北非充满活力的穆斯林的战斗热情从来未曾完全隐藏，而是肆意发展、激情似火，他们在法属西非大草原地区纵横驰骋。伊斯兰教在现代长期支配这些地区的政治生活，成为西部和北部殖民地许多本土化叛乱的推进器，包括 1916—1917 年卡奥岑起义，当时图阿雷格族（Tuareg）穆斯林勇士针对法国展开一系列反复袭击，因为战时不稳定状态为他们提供了清算战前旧账的机遇。

这也有奥斯曼帝国的原因，因为 1914 年末土耳其人理所当然地站在德国一方参加了一战，对非洲有着直接的影响。在非洲，有一种观点认为，苏丹 - 哈里发（Sultan-Caliph）一旦宣布发起“圣战”，德国人对“所有穆斯林起来反对英国人寄予极大希望”。[26] 另一方面，还有情况表明，由于这种圣战从未出现，德国人相当宽慰——毕竟，奥斯曼帝国狂热者设想的是无差别的、普遍的反殖民主义圣战。整个欧洲殖民世界都是斗争的对象。即使圣战未能实现，欧战的爆

---

[25] *Imvo Zabantsundu*, 8 September 1914.

[26] N. Stone, *World War One: A Short History* (London: Penguin, 2007), p.57.

发确实给了奥斯曼帝国一个探索恢复帝国在北非被法国和英国掠夺的领土的良机。令人苦恼的反征兵暴动遍布于阿尔及利亚，同时法国的摩洛哥保护国多次出现由阿卜杜勒－马利克（Abd al-Malik）精心策划的反殖民起义，普遍认为这是德国人煽动的。

另外与德国人还有奥斯曼人有牵扯的是赛努西教团，前者向其提供了资金和装备。赛努西教团最早在1902—1913年间抵抗法国在撒哈拉地区的扩张，从1911年开始激烈反对意大利在利比亚的殖民活动。团结的赛努西教团采用了适应性强和有效的游击战的典型方式，他们的介入对于紧张的意大利人来说并不是个小问题，因为当时意大利对利比亚的领土控制尚未稳固。非常确定的是，1915年初，赛努西教团起义者在利比亚北部米苏拉塔省（Misurata）打败了意大利军队。数月后，这些勇敢且行军迅速的战士越过利比亚边境扩大了攻击区域，向埃及的英国人发起进攻。

448 对于战事受挫的协约国而言，需要采取重要的措施以制止不断恶化的牵制性战役。这种情况出现于1916年，当时赛义德·穆罕默德·伊德里斯·塞努西（Sidi Muhammad Idris al-Sanusi）这个圆滑的亲英人士登基为利比亚国王，他试图处理两条战线上不断蔓延的危机。1917年，他与利比亚的意大利殖民官员实现停火，并达成一项以接受意大利现有局部优势地位为基础的停战协议，不管怎么样，意大利的影响力很大程度上被限制在沿海地区。同样在埃及，赛义德·伊德里斯阻止了赛努西教团制造混乱的入侵行为，决定与英国建立更加和平的关系。然而，停止敌对的范围并没有延伸到南方那些更加易受攻击的地区。自1916年开始，赛努西教团袭击法属撒哈拉地区偏僻的军事据点，并且冲击尼日尔地区的殖民要塞。法国在该地区陷入守势，为了镇压这些大胆的入侵行动，不得不要求英属西非辅助部队提供帮助。

这场战争将在北非的欧洲大国带进了为各自地位、争议地区以及有时看似永不停息的反抗与劫掠的漩涡等不断波动的争夺之中，与此同时也刺激伦敦和巴黎有必要加紧对各自殖民势力的掌控。考虑到撒哈拉北部地区困难重重的战时条件，被认为是异教徒的英国人在苏丹展示实力以向西加强控制权。达尔富尔苏丹国的统治者阿里·迪纳尔（Ali Dinar）自1915年来一直危险地在奥斯曼帝国、利比亚赛努西教团和德国之间摇摆不定，这种态度促使英国苏丹殖民总督将军雷金纳德·温盖特爵士（Reginald Wingate）决心降服这块狂放不羁的领土。1916 年 3 月，温盖特爵士派出英属苏丹西部边疆军（不久根据英国部队的编制被称作“无水疲师”）进行惩罚性远征，征服了达尔富尔苏丹国，阿里·迪纳尔自杀。[27]

同时，这位出生在苏格兰的温盖特将军密切关注着持续混乱的穆斯林地区会有什么结果，十分精明地避免任何进一步的摊牌行为，通过与居支配地位的苏丹苏菲教团分享权力达到了恢复稳定的目的。法国通过与地方关键势力建立友好关系，同样成功驱散了一场聚集在摩洛哥和阿尔及尔地区最严重的“暴风雨”。大致说来，通过达成紧张的稳定关系和恰能维持的脆弱平衡，这些行为消除了猖獗的穆斯林军队的部分威胁。

比这些更重要的是非洲作为帝国经济的组成部分所经历的战时危机。大部 449
分更加稚嫩的殖民地经济在不同程度上遭到了多重压力和全面衰退。最明显的是，大量的非洲大陆内部贸易急剧下滑，尤其是此前将德国、法国和英国在西非的殖民地利益联系在一起的活跃的商业活动，以及在东非英德之间剑麻、咖啡豆、橡胶和其他经济作物的贸易。德国汉堡不再是南非冷冻牛肉、干果和鸵鸟羽毛的输入港口。此外，随着非洲人感觉到更加全面的全球性经济衰退带来的困难，一些农产品的出口价格急剧下降。同时另一个困难的事情是许多非洲消费者已习以为常的欧洲基本出口商品在战时的价格快速上扬。随着欧洲企业向军工生产转化，导致向殖民地市场输出的民用工业品和大量家庭日用品大幅减少，严重的供应短缺成为另一个主题。袭击者对商船的攻击破坏了海外贸易的流动，加剧了紧张局势。

随着欧洲经济开始为战争准备，殖民地政府努力地降低农产品价格和工人工资、加强控制，这降低了生产者和工人的生活水平，尽管没有一方可以从 1914 年后某些关键原材料日益增加的需求中获益。不久人们不可避免地开始广泛感受到经济困难与社会性贫困，而不断加剧的贫困进一步为社会动荡的爆发添加了动力。社会的悲剧与其他破坏的力量结合在一起，沉重打击了许多非洲人的稳定生活——军队征召、强制劳动服役、抢劫农民田宅、焚烧可开垦的乡村土地、征用私人物品，甚至受这个或者那个殖民国家强迫种植战争需要的规

[27] J. Slight, “British Perceptions and Responses to Sultan Ali Dinar of Darfur, 1915—1916”, *Journal of Imperial and Commonwealth History*, 38: 2 (2010), p.241.

定农作物。战争破坏最严重的地方，像东非的某些地区，几乎撕裂了农耕生活的核心。

然而，战争对经济的影响，以及经济适应战争的代价，并非在所有地方都会是困难重重的。在工业化的非洲最南部地区，尽管南非遭遇了非常严重的通货膨胀所引起的进口成本增加，但是物价飞涨和像毛毯、糖果等英国一般进口商品的持久短缺刺激了当地制造业，因为进口代替品推动了当地之前明显停滞不前的第二产业的快速扩张。即使南非联邦远征军步兵旅军官或许仍穿着英国的耶格尔（Jaeger）纯毛料军装或者普林格（Pringle）军装*乘船前往马赛港
450（Marseilles）或蒙巴萨岛（Mombasa），但他们的毛毯、蜡烛、加工食品现在正由本地工厂提供。在其他行业部门，该国传统的出口产品也有相当可观的增加，像玉米、羊毛和肉类，海运到英国的白兰地酒、朗姆酒和其他烈酒的总量同样迅速增加。白兰地酒销量急速上升，从 1913 年 42 加仑的微弱销量到 1917 年时接近 4 万加仑。[28] 无论以何种标准，非洲帝国的这一地区为众多工人阶级出身的英国军人保持烈酒配给尽了自己的微薄之力。

尽管偶然有小片土地干旱，更多成功的商业化白人农民生活富裕，因为为了应对填饱协约国庞大军队肚子的要求，他们资源丰富的农业区产量提高了。政府为扩大生产能力而投入资金，这让战争造成的农业扩张的利润得以进一步增加，但在一定程度上是牺牲了南非剩余的步履维艰的非洲农民耕种者和佃农的利益。由于带有种族隔离主义色彩的《1913 年土地法》的阻挠，加之刚成立的南非土著人国民大会为展示爱国姿态在 1914 年搁置对《土地法》的抗议运动，处于边缘地位的小土地私有者获得肥沃土地的可能越来越小，处境更加恶化。1914 年后干旱造成颗粒无收引起的令人痛苦的饥饿也达到了顶点，贫困、苦难使非洲人从农村到城市寻找工作，或者参加非战斗性的南非土著劳工分队到海外服兵役。

尽管许多南非联邦的非洲农村被压垮，战乱的另一个显著影响是这块大陆上的主要工业基础设施在短时间内实现现代化，很快推动了诸如电气化、运输和供应的发展。在劳动力方面有某种类似的发展。在经济核心地带，比如威特沃特斯

---

* 普林格为苏格兰毛衣制造商。——译者注

[28] *Union of South Africa, Report of the Acting Trade Commissioner for the Year 1919, U.G. 60–020* (Cape Town, 1920), pp.14–15.

兰德（Witwatersrand），非洲男性产业工人的数量在1916—1919年间增加了一倍，同时工厂中雇佣的白人女技工差不多以同样的比例增加，由于白人男性参加远征军服役离开，空出的工作岗位吸收平民女性，当然她们的劳动报酬更低。

成千上万英国的爱国移民矿工和工匠1914年争抢着参加帝国白人劳工军团服兵役，从而造成多个行业的战时需要替代工人。在约翰内斯堡（Johannesburg）矿区，空缺的半熟练工种根据工作种族隔离政策通常是为白人贵族劳动者保留 451
的，现在由薪酬低得多、经验丰富的黑人矿工承担。由于降低劳动力成本带来的利益，处于控制地位的矿业协会放松工业领域种族隔离政策的做法被誉为工业界为了维持战时国民经济实力这一爱国需要的大胆回应。

然而，一个巨大的困难就是南非本土的白人工人对战时调整的意义不会视而不见，1916—1918年间，对白人矿工工作安全与特权地位的争论动摇了金矿的生产。涉及其中的数千人都是新南非白人矿工、无地穷困白人，他们占据了志愿战士大批离开前往欧洲和东非造成的闲置岗位。他们已经获得了固定的工作场所，1918年后他们会正当地坚决反对回国的退役军人的整体替换行为。根据对白人自治领身份认同的权威统计，1914年初大约有三分之一的白人矿井雇员是生于“殖民地”而不是“海外”。到1918年，很大程度上南非白人的比例已经上升到一半以上。由于战争的远距离作战夺去了大量母国移民及其后代的生命，南非处于少数的白人工人阶级在成分上越来越多地向“本土”或者“国民”转化的步伐已经加快了，这是可以预见的。

英国不可避免地高度关注黄金生产，以及战时如何处理黄金的问题。作为一种重要的战略商品，金银是整个帝国将世界最大的黄金供应商和伦敦连接起来的关键，因为威特沃特斯兰德矿业在战争爆发时将三分之二以上的贵金属储备存放在英格兰银行。英格兰银行没有浪费任何时间，便与南非矿业公司签署了一份协议，贵金属矿产以1914年的固定比价只销售给英国，并且在这场预计时间不会长的战争期间冻结价格。

当时这似乎对双方都是合适的。作为全球英镑体系根基的贵重黄金的供应将不会冒德国攻击运输船的风险，而是储存在难以受到攻击的南非，同时伦敦将为大部分的采购成本提供财政支持直到运输通道恢复。南非联邦不仅可以从珍贵出口商品的战时保证价格中获利，而且可以从英国减轻非洲人和欧洲人远征军战争经费的信贷中获益。英国对其在自治领交易中所获份额即使不是更加

满意，也是同等的。尽管是在战争期间，但这保证了英国黄金储备在战时得以
452 稳定增长，伦敦在全球金融中的核心地位将得以保持，英格兰银行也能够用轻而易举获得的多余定价黄金在战时世界黄金价格上涨时预付给中立国家。

事实上，对矿主而言，黄金价格的冻结并不是一个稳赚不赔的赌局，因为出现了事与愿违的结果。由于英国货币价值一直在缩水，1916 年黄金行业依赖的重要设备和储存成本已经陡然上升了。此外，富有战斗性的南非本土白人劳动者能够利用熟练工不足的机会要求大幅度增加工资和降低工时，以至于 1918 年的黄金输出量实际低于 1914 年的水平。成本螺旋式上升却无法相应地提高其商品价格，矿业资本家可赚取的利润出现较大幅度的下滑。由于英国并不愿意修订黄金协议中的价格条款，到 1917 年时愤愤不平的采矿行业公开谴责无法忍受的欧洲战争对这块大陆的正常经济生活和大南非的行业健康造成了严重后果。这场冲突不只恶化了伦敦与威特沃特斯兰德金矿主的关系。在国内，面对收益率的不断下滑和生产的下跌，金矿主渴望摆脱成本高昂的白人劳动者造成的重担。他们降低成本的打算对南非本土工人根深蒂固的地位造成了冲击，由此导致了 1922 年惨痛的兰德叛乱（Rand Revolt），这是战时动乱的直接遗产。即使是像工业发达的德兰士瓦这样深受庇护的地区也遭遇财政上的困难，无法逃避战争的沉重打击。

在某些重要方面，第一次世界大战在非洲所表现出来的形式是在融合了非洲大陆内部因素与外部因素的共同氛围中形成的。就此而言，这实际上是敌对殖民大国之间内部利益分配和由协约国操作的非洲域外战争，而协约国相互之间的政治猜疑和无视导致协调安排与谅解只能停留在文字上。比利时怀疑，即使英国没有在战争结束后霸占布鲁塞尔现有殖民地的计划，也妄图从东非战争占领的领土中剥夺布鲁塞尔的殖民地。对英国而言，布鲁塞尔是危险的，因为如果它与德国秘密协商达成单独媾和，就有可能利用任何占领的敌方领土作为殖民地交易的筹码。还有葡萄牙，无疑它是唯一认为在非洲的战争远远比其中心地带的战争更有价值的欧洲殖民帝国。但是，由于财政的不稳定和国内厌恶战争，葡萄牙人过于担心任何殖民战败都会造成政治上的反弹，无法全心全意
453 对德作战。里斯本不温不火地要参与战争合作的夸口无法消除英国的疑虑，葡萄牙军队因经常依赖支援而遭到蔑视。与葡萄牙不同，南非幻想更宏大的事情但是一无所得。在一次南非联邦建议的领土交易中，葡萄牙拒绝用莫桑比克的

殖民地港口和殖民地劳动力交换西南非。在前德属东非，英国断然拒绝了南非分得一块土地（沿着比利时和葡萄牙殖民地）的愿望，但保证南非对坦噶尼喀的控制权。

从帝国的另一视角来看，战争时代见证了欧洲强加的殖民体系最终得以巩固，在战后最初的几年时间里，殖民体系获得了系统的统治工具，从而可以更强有力地实现管理政治属民，开发不同经济环境的潜力，利用组织上和技术上更有效的方式培植安全稳定的殖民秩序。正如 20 世纪 20 年代早期前后所展示的那样，一战冲突预见了征服后的情况会出现重大的重新排列组合，这显示出不断成熟的殖民统治达到最高水平。

19 世纪 80 年代后非洲瓜分狂潮几十年来步履蹒跚、暴力血腥的局面，实际上在第一次世界大战后消失了。[29] 一战的早期遗产是殖民者强加的和平。1918 年 11 月 25 日莱托－福尔贝克和他宁死不屈的阿斯卡里在坦噶尼喀湖南岸勉强同意向南非亚普・范德芬特将军（Jaap van Deventer）投降后，安定帝国的工作几乎全部完成。总体而言，突然爆发的反叛与起义战事已经被平定了，与之相随的希望重获土著独立身份认同的武装抵抗策略昙花一现。除此之外，农村抢劫、走私和城市犯罪的水平也大幅降低。随着进入殖民地和平时期，非洲大部分地区的经济临时措施和社会变化随着市场经济和商业资本主义一道继续发展。随着 20 世纪 20 年代初道路安全与完全通畅，"士兵回到营房，市场的力量比速射机枪更为重要，或者至少同等重要"。随着兴盛的军国主义迹象的后退，"商品经济将成为殖民社会的特色"。[30]

同样地，前文中所述的一战造成的震动给许多团体和社区留下了难以磨灭的 454
印象。对那些受到战争极端影响的人来说，这种印象最为深刻。这些极端情况包括：从谷物丰收的不幸损失到遭遇德国土著士兵（阿斯卡里）的横冲直撞，从塞内加尔土著士兵在海上强行转移到被从故土掠走并乘船前往法国；在令人担忧的跨海域横渡中，有些人受到幽闭恐惧症危机的影响，而这种症状源于对跨大西洋奴隶贸易的中央航线的记忆。实际上，"一战引起了跨大西洋奴隶贸易以来，非洲

[29] 关于那些转变，可参见："Africa and the First World War", special issue of *Journal of Africa History*, 19: 1 (1978); M. E. Page, *Africa and the First World War* (New York: St Martin's Press, 1987); and H. Strachan, *The First World War in Africa* (Oxford University Press, 2004)。

[30] Reid, *Modern Africa*, p.195.

人从祖居的大陆最大规模的外迁运动”[31]。那些被抓的、束缚于土地的农业社会的人，从未有长距离海上航行的经历，他们对战争的第一感觉是这是彻底的犯罪，让他们在未知的、令人生畏的大西洋中航行几乎完全违背自己的意愿。

毫无疑问，被殖民的非洲人也见识到了欧洲人相互厮杀，有时是在非常近的距离看到。他们无法轻易忘记如此惊人的场面，也无法忘记战争给欧洲生活带来的艰难困苦和退化堕落。通过打破“殖民地和宗主国之间”想象的界限，战争的规模“削弱了殖民当局的权威，不再能直白地描述自己要殖民地属民提供消费品的故事”。[32]一些士兵和在仓库劳作的辅助人员也没有忘记他们在欧洲与欧洲人相遇的情形。法属西非部队感受到了敌对的德国部队种族主义的影响，后者将他们描述成下等人。而在他们为之付出生命的、处境艰难的宗主国社会，种族主义思想和做法同样流行。非洲士兵在军队服役期间，日常生活接触中也可以见到细微的不平等、歧视待遇和种族蔑视现象。即使正面形象宣传中把他们作为急忙渡过地中海来挽救法国本土的海外殖民地爱国人士，但是摩洛哥和阿尔及利亚军队仍被描绘成拖着一根皮带的粗野嗜血的刺客。

尽管如此，某些人在战时形成了一种认识，即在欧洲的欧洲人并不一定
455 总是与身在非洲的欧洲人一样：有时，在曾经宣称拥有他们的帝国的中心，如何看待和对待他们也存在着某种二元性。尽管不多，仍有一些酒吧、妇女和当地家庭向他们敞开大门，这有助于非洲士兵和欧洲平民之间在社交上建立友善和亲密关系。但这种和平共处的局面并不总是得到允许。以南非土著劳工分队为例，南非联邦政府和英国陆军部的安排是非洲服役军团禁止与当地平民变得熟络，唯恐他们受到社会平等的“传染”，颠覆种族隔离的习惯性原则。为了保证主从关系和控制地位，劳工分队成员发现他们在欧洲的生活条件没有什么不熟悉感——简单来说，生活条件只是非洲化了。在迪耶普（Dieppe）、鲁昂（Rouen）等地的后方仓库里，由南非联邦土著劳工局派遣的白人长官指挥的士兵被关进封闭的劳工院落，那里是模仿金伯利（Kimberley）钻石矿区和约翰内

[31] T. Stapleton, “The Impact of the First World War on African People”, in J. Laband(ed.), *Daily Lives of Civilians in Wartime Africa: From Slavery Days to Rwandan Genocide* (Pietermaritzburg: University of Kwazulu-Natal Press, 2007), p.130.

[32] J. E. Genova, *Colonial Ambivalence, Cultural Authenticity, and the Limitations of Mimicry in French-Ruled West Africa, 1914—1956* (New York: Peter Lang, 2006), pp.41–42.

斯堡金矿区移民劳工居住的房子。尽管如此，在战时的欧洲，种族隔离的大本营从来都无法复制和平时期殖民地严苛的生活，因为疲倦的黑人士兵为改变和提高生活环境而出现的摩擦，以无数的方式考验着或者越过种族隔离的界限。

在这方面，非洲人更普遍的战争记忆不仅是见证了殖民统治“文明传播使命”中的严重矛盾，还有虚弱的欧洲人的缺点与不足，这些似乎无法在一场以整个欧洲为基础的战争中加以解决。正如1918年12月3日《日本时报》(*Japan Times*) 所评论的，战争只会瓦解帝国世界中种族团结的传统观点，因为“一方面白种人在相互厮杀；另一方面，英国将印度人带进欧洲作战，法国正在从非洲、东南亚和太平洋岛国征兵。日本与英国结成了同盟，同时奥斯曼土耳其与德国和奥地利一同作战”[33]。

造成非洲人的失望的原因并非只是纷扰狂热的欧洲体系。战争本身开展的异质性与残酷性是尤为重要的。19世纪，为了争夺象牙贸易的控制权，争夺火 456
器、奴隶、牧场、著名的战利品，以及索取象征性贡物，非洲地区爆发激烈的对抗性战争。那些来自农村的战士对这种农业时代的高度私人化的战争非常熟悉，他们不可能短时间内忘记旷日持久的贫困，还有完全不熟悉的工业战争。对于许多在前线的非洲战士而言，这场战争在文化上的特殊性在于它明显是一场过度战争，战争仇恨无法抹除，然后只会重生。在这一点上，它超出了以往的经验。毕竟，这可能是无法摆脱熟悉符号和仪式的军国主义，比如开战前用宗教对人们加油鼓劲。发动战争也并非取决于时机或者气候：军队没有因夜间、雨季或者他们以往不得不忙活的收获季节而停下来。经历了非洲的兼职民兵为了商业利益或者直接个人利益而进行的战争之后，第一次世界大战毫不减缓的势头令人深深地感到不安。

这种动荡不安的经历也有助于滋养非常早期的原生态非洲民族主义组织，同具有突出现代特征的民众抗议的半政治协会的形成密切相关，以请愿、委派代表和声明等温和形式包装起来。对于许多心怀不满的人而言，那些政治上抗议殖民统治强征制度的推动力在1914年前的很多年就紧跟着欧洲的侵略与征服活动出现了。但是战争加强了反殖民的政治化，给数量更大的人民群众的政治

[33] 引自 M. Lake and H. Reynolds, *Drawing the Global Colour Line: White Men's Countries and the International Challenge of Racial Equality* (Cambridge: Cambridge University Press, 2008), pp.282–283。

生活赋予了不满的新维度。虽然我们不应该夸大战争影响的总体规模，并且现在的历史学者不如之前的学者重视战争复员军人在抗议政治中所扮演的角色，但它的社会影响范围并非无足轻重。

受到传教士教化、已经西化的非洲人已经被吸收担任了白人志愿者参军后空出的基层行政和神职工作，除了这些人之外，城市工人和农民的社会和政治敏感性也被激发了。非洲主要的记忆者已经感悟到战争的影响，他们根据自己的经历搅动甚至攻击他们所知的世界。1918 年后，他们对保守、过时和容易妥协的非洲主要的统治制度失去幻想，与殖民当局展开密切合作，开始清晰地表达那些新觉醒和受过新式教育的非洲人的声音，想要彰显他们的价值和向社会与政治排斥发起挑战。

1919 年凡尔赛会议把德国占领的殖民地作为委任统治地交给战胜国，从而解决了这些地区的命运，在一定意义上这只是将非洲人推进了历史的边缘。战
457 胜国将这些殖民地置于家长制托管制度下，同时用人道主义保证非洲在最终实现自治统治的漫长准备期内的利益。因此，第一次世界大战导致的是欧洲监护责任的调和物，而不是赤裸裸的帝国主义，尽管具有讽刺意味的事实是，新成立的国联里最有权势的两个成员国是两个最大的殖民国家——英国与法国。它们现在“至少口头承诺最终目标是殖民地在当地人有自治能力后结束托管”[34]。

在凡尔赛会议前，由于既无先例也无承诺，一些被征服的前德国非洲领土甚至在交出之前已经被瓜分完毕。英国和法国瓜分了多哥兰。法国人单独管理自己的战利品，而英国则及时地将自己的那部分并入了毗邻的黄金海岸。德属喀麦隆超过四分之三的领土为法国获得，成为喀麦隆，临近英国保护国尼日尔的剩余地区则归英国。随着德属东非殖民地的终结，坦噶尼喀成为英国的委任统治地。在内陆地区，位于比利时殖民地刚果的东北部边陲地带的德国殖民地卢旺达-乌隆迪（Rwanda-Urundi），现在成为比利时的委任统治地。最后，为了满足南非联邦的亚帝国野心和实现白人国家稳定而自力更生的战时要求，南非的某些获利得到了国际承认。在非洲南部地区，由于前德属西南非洲的领土被置于南非政府的管辖之下，承担殖民监护责任的新征服者不是来自伦敦、巴黎或者布鲁塞尔，

[34] Wm. Roger Louis, “The European Colonial Empires”, in Howard and Louis (eds), *Oxford History of the Twentieth Century*, p.94.

而是比勒陀利亚。

但另一方面，在欧洲人的地图上作业和设计国联委任统治分级管理前德属非洲地区的阴影下，其他东西开始活跃起来。凡尔赛会议上的种种协议，包括美国总统伍德罗·威尔逊的“十四点计划”和随后的国际联盟盟约，让自我觉醒的非洲精英更清醒地认识到他们在世界政治中的地位，为现代新型抗议特性开辟了道路，从而引起了相关政治团体的兴趣。对处于现代化进程中的群体而言，战争时期似乎已经阐明他们的总体状况，因为在他们富有创造力地建设任何国家之前，这场战争已经近似于“国家”经验。

因此，在整个英属西非地区，要求有才能的和受过教育的人在当地政府中有更大代表权的呼声越来越高。在更远的南方，南非土著人国民大会（非洲人 458
国民大会的前身）在应对作为缔造和平目标的权利、民主和民族主义的全球观念上几乎走得更远。这一组织在凡尔赛会议上徒劳地向英王的代表情愿，它强调非洲人的战时贡献与战时牺牲，提醒作为他们天然保护者的英王乔治五世，就像如今哈布斯堡帝国的国民能够在和平的原则下期望民族自由一样，非洲人也有摆脱歧视和压迫的自决和自由的正当诉求。同样地，那也并非是第一次世界大战给一些非洲大陆居民造就更广泛全球意识的唯一方式。对于南非白人极端民族主义报纸《人民报》(*Het Volk*) 而言，无论战争的结果多么使人气馁，它还是告诉读者，结局并非一无所获。因为这场战争最终“以共和主义的胜利告终，因为在任何情况下美国都要真正为胜利负责”[35]。当第一次世界大战把非洲更多地束缚在帝国范围内的时候，恰恰出现了不想在帝国范围内生活的梦想。

---

[35] 引自 Bill Nasson, *Springboks on the Somme: South Africa in the First World War, 1914—1918* (Johannesburg: Penguin, 2007), p.243。

459

17　奥斯曼帝国

穆斯塔法·阿克萨卡尔

战争的废墟：伊斯梅尔因一柄斧子和一颗炮弹死于公墓

1920年10月20日星期四下午三点钟左右，在恰纳卡莱（Çanakkale）（加里波利省）附近一个叫作洽伊（Çay）的小村庄里，一个七岁的小哑巴法尔阿德（Ferhad）跑向他的小伙伴们，非常兴奋地打着手势，因为他在公墓里发现了一枚炮弹。八个小孩子跟着法尔阿德去检查这颗炮弹。十七岁的伊斯梅尔（Ismail）是利姆诺斯岛（Limnos）阿里之子，他站在旁边用带来的斧子敲击炮弹。结果他当场被炸死，同时被炸死的还有穆罕默德（Mehmed）之子侯赛因（Hüseyin），其他五个小伙伴身受重伤。伊斯梅尔和侯赛因在第一次世界大战中幸免于难，但是他们仍因这场战争而死。[1]

第一次世界大战在中东地区至少夺去了250万奥斯曼人的生命，约占帝国总人口的12%，并且大部分是平民，这一数字尽管无法确切知悉，但是可能会更多，或许多达500万人。[2] 战争造成的物质损失和环境破坏从未进行过评估，同时战争中平民的经历从未被详细研究。即使所有的问题仍未得到解答，但显然战争造成的伤害与苦难将帝国的社会结构付之一炬，当然需要很长的时间，

---

[1] Prime Ministry's Ottoman Archives (Başbakanlık Osmanlı Arşivi; hereafter BOA), DH. EUM. AYŞ 47/17, 25 October 1920.

[2] James L. Gelvin, *The Israel-Palestine Conflict : One Hundred Years of War*, 2nd edn (New York: Oxford University Press, 2007), p.77. 对于那些期待获得战争伤亡具体数据的人而言，不幸的是，格尔文"大约500万"的战争伤亡数据涵盖时间段为1914—1923年间，也包括埃及地区。1914年奥斯曼帝国人口达2,100万，却并不包括埃及在内；若包括埃及，大约有2,500万人。

可能是一个世纪甚至更长的时间，才能使该地区从战争破坏中恢复过来，才能书写一部完整的历史，一部将战争看作是整个人类悲剧并且不再成为个别民族团体独享的历史。在许多方面，第一次世界大战的完整历史仍被战争的废墟掩 460
盖着，并且其爆炸性影响仍不亚于洽伊村炸死那两个好奇的小男孩的炮弹。

因此，尽管第一次世界大战新研究的大部分作者遇到的主要问题是综合处理 90 年来的大多数学术研究成果，但对于现代中东地区而言，面临的问题非常不同：中东地区面临的挑战是以相对未曾涉足的学术领域为基础建立一个连贯的历史叙事和历史解释，尤其因为这里是一个赌注高得不同寻常的政治雷区。

研究第一次世界大战首先一直受到了奥斯曼帝国末期政治化的阻碍，特别是学术界关于奥斯曼帝国对信仰基督教的少数民族政策的研究，其中亚美尼亚事件是具有代表性的，该事件的后果仍影响着土耳其的国内政策和对外关系。与第一个不无关联的另一阻碍因素是原始资料使用上的限制，因为接触该地区军方档案受到限制。由于奥斯曼帝国受教育人数在整个战争期间始终只有一个百分点，因此士兵和平民在信件和日记中记录他们经历的个人叙事不足以很好地弥补官方档案的缺口。如果这些阻碍因素还不够的话，那么历史学者还面临着书写一个庞大帝国历史的挑战，这就是帝国境内居住着的民族使用的语言种类比任何一位学者能够掌握的都多：阿拉伯语、希腊语、希伯来语、库尔德语、拉迪诺语（Ladino）、西部亚美尼亚语，以及最重要的奥斯曼土耳其语，这是一种混合了土耳其语、阿拉伯语和波斯语单词和短语的官方语言，但是已经消失了八十多年了。最后，对许多民族而言，其他主题在民族历史事务中更加重要。例如在阿拉伯历史学著作中，国际联盟随后强加的委任统治和巴勒斯坦地区冲突使第一次世界大战显得不重要。与此类似，在土耳其历史学著作中，对第一次世界大战的评价一直居于凯末尔革命史和世俗化与民主化努力之后的次要地位。

因此，除了小部分专家之外，第一次世界大战爆发近一个世纪之后中东地区所经历的那场战争很大程度上仍不为人所知。那些真正记得奥斯曼的人认为奥斯曼拥有着一个外围舞台，而主演都是外来者：德国人宣布了圣战；澳大利亚人和新西兰人丧命于加里波利半岛；赛克斯与皮科瓜分阿拉伯土地（后来成了西方国家的“委任统治地”）；T. E. 劳伦斯为所谓的阿拉伯大起义点燃了火花；贝尔福勋爵承诺英国赞成“在巴勒斯坦建立一个犹太民族之家”的信函。[3] 在大 461

[3] British Foreign Secretary Arthur James Balfour to Lord [Walter] Rothschild, 2 November 1917.

多数西方历史中，一战中奥斯曼帝国扮演了积极角色的一个方面是亚美尼亚大灾难（亚美尼亚语：*aghet*）。尽管战争中的这些事件意义重大，但是对事件的叙述都是相互孤立的，并没有置于其应处的、更加深刻的奥斯曼帝国大背景下。[4]

当时的观察者还常常表示，一战都是关于这一地区的，奥斯曼帝国的战争被遗忘就更令人惊奇了。1916 年英国《19 世纪及以后》（*The Nineteenth Century and After*）的投稿者这样说："当下的战争无疑很大程度上是一场争夺小亚细亚控制权的战争。"[5] 沙俄杜马的多名代表断言这场战争终究是一场争夺君士坦丁堡的战争。[6] 我们不能完全听信他们说的话，毕竟俄国参加第一次世界大战是出于多方面原因，引用他们的言论只是为了强调奥斯曼帝国战场绝非仅仅是一个插曲。然而，将奥斯曼帝国的经历重新置于我们对第一次世界大战的理解中，并不是为了重新强调其对当代的重要性是显而易见的，更不是为了提出一种"奥斯曼帝国"的观点（即使假定存在这样的观点），而是为了加深对战争既存历史的理解，并且近东战场、奥斯曼国家和数以百万计的奥斯曼帝国人民，自身足以成为论述的主题。

欧洲的学者一直站在欧洲的角度书写一战历史，说明放弃武力、强调战争的悲剧本质——战争越来越没有必要，然而中东地区的战争记忆掺杂着 1914 年之前并且在某些情况下持续到 1918 年之后争取独立和民族解放的基本叙事。[7] 在中东阿拉伯地区，战争是与叙利亚地区杰马勒帕夏的铁腕政权联系在一起的，
462 今天当记起奥斯曼单词"动员"（*seferberlik*）时仍会感到一阵战栗。[8] 正如萨

[4] 有一个例外，可参见：Donald Bloxham, *The Great Game of Genocide: Imperialism, Nationalism, and the Destruction of the Ottoman Armenians* (Oxford: Oxford University Press, 2005) 以及同作者的文章 "The First World War and the Development of the Armenian Genocide", in Ronald Grigor Suny, Fatma Müge Goçek, and Norman M. Naimark (eds.), *A Question of Genocide: Armenians and Turks at the End of the Ottoman Empire* (Oxford: Oxford University Press, 2011), pp.260–275。

[5] J. Ellis Barker, "The future of Asiatic Turkey", *The Nineteenth Century and After: A Monthly Review*, 79 (January-June 1916), pp.1221–1247. 本条引文见 p. 1225。

[6] 9 February 1915. 罗伯特·热拉西（Robert Geraci）教授帮助我利用俄杜马会议记录，对此深表感谢。

[7] Michael Provence, "Ottoman Modernity, Colonialism, and Insurgency in the Interwar Arab East", *International Journal of Middle East Studies*, 43 (2011), p.206.

[8] Hanna Mina, *Fragments of Memory: A Story of a Syrian Family*, trans. Olive Kenny and Lorne Kenny (Northampton: Interlink Books, 2004), pp.5–9, and Najwa al-Qattan, "*Safarbarlik*: Ottoman Syria and the Great War", in Thomas Philipp, Christoph Schumann (ed), *From the Syrian Land to the States of Syria and Lebanon* (Beirut and Würzburg: Ergon, 2004), pp.163–173，对在大叙利亚地区该词的不同起源含义做了一次有吸引力的讨论——用作死亡、饿死、强制流放和"离开无法回来"的同义词。

利姆·塔马里解释说，一战还因大饥荒而被牢记，可能是特地被牢记。当 1915 年一场蝗灾突然降临中东地区并且似乎吃光了所有的植物嫩芽后不久，奥斯曼国家就征用大量的剩余粮食，与此同时英法海军封锁阻止了外部救援的进入。1915 年 12 月中东地区出现了饿殍遍野的景象。[9] 战争结束时，叙利亚有七分之一的人口死亡。大饥荒对 1916 年阿拉伯大起义的推动作用不容低估。因为恰在此时，忍饥挨饿的民众、持续不断的战时征用不仅消耗了奥斯曼帝国的管理能力，而且奥斯曼帝国的统治合法性被破坏到了崩溃的边缘。[10] 然而，阿拉伯人所有的不满表现激怒了奥斯曼帝国政府，它要求所有的臣民无条件效忠，并且惩罚那些不忠诚的地区。1914 年之前，奥斯曼帝国境内所有的民族和宗教团体未来仍然存在获得平等权利和公民身份的可能性，无论这种可能性是多么渺小。[11] 但是在战争期间，这种可能性消失了，所以当地人欢迎取代奥斯曼的统治势力。[12]

在 1923 年成为土耳其共和国的安纳托利亚半岛上，奥斯曼帝国政府在战争一开始就假定当地基督徒和库尔德人是不忠诚的，当局认为必须先发制人采取惩治措施，其中包括“意外”射杀那些怀疑准备开小差的亚美尼亚士兵。[13] 战争时期执政的奥斯曼帝国统一和进步委员会通过实施某项计划，使安纳托利亚
半岛上信仰基督教的人大约从 20% 直降到 2%。统一和进步委员会认为这种先发 463
制人的报复行为是合理的，因为这要归咎于 19 世纪初列强对奥斯曼帝国的多次攻击。它坚信欧洲的外交是一个被操纵的圈套，只会造成军事失败、领土沦丧和欧洲人支持帝国境内基督教少数民族独立。此外，由于领土沦丧，黑海地区、高加索地区和巴尔干地区实行异族清洗政策的受害者——数百万穆斯林如今成为难民生活在这个摇摇欲坠的帝国中。1914 年 7 月，统一和进步委员会的领导

---

[9] Salim Tamari (ed.), *Year of the Locust: A Soldier's Diary and the Erasure of Palestine's Ottoman Past* (Berkeley: University of California Press, 2011), p.142.

[10] Elizabeth Thompson, *Colonial Citizens: Republican Rights, Paternal Privilege, and Gender in French Syria and Lebanon* (New York: Columbia University Press, 2000), pp.15–70.

[11] Michelle U. Campos, *Ottoman Brothers: Muslims, Christians, and Jews in Early Twentieth-Century Palestine* (Stanford: Stanford University Press, 2011), pp.1–19.

[12] 例如参见：伊赫桑·图里曼（Ihsan Turjman）的日记，收录于 Tamari (ed.), *Year of the Locust*, p.156。

[13] Ali Rıza Eti, *Bir Onbaşının Doğu Cephesi Günlüğü*, ed. Gönül Eti (Istanbul: Türkiye İş Bankası Kültür Yayınları, 2009), p.104；对于迪亚巴克尔省（Diyar-I Bekir）被放逐的亚美尼亚人和库尔德人，可以参见：Uğur Ümit Üngör, *The Making of Modern Turkey: Nation and State in Eastern Anatolia, 1913—1950* (Oxford: Oxford University Press, 2011), pp.55–169。

人中许多本身就来自巴尔干地区，这段历史造成了他们深入骨髓的被侵犯感、受害感、耻辱感，这使他们不惜任何代价合法地对尚留的基督教少数民族进行报复和自卫。当然，他们的看法并不是唯一的，自由联盟作为最受关注的反对党，曾经要求在帝国范围内实行一项地方分权和更大的地区自治的计划。但是1913年后，这些党派人士要么缄口不言要么被流放。

因此，奥斯曼的中东后继国家对所发生的事件都有自己的、相互对立的叙事也没有什么惊讶的，更何况是希腊和亚美尼亚。1923年建立的土耳其共和国自认为与波兰和捷克斯洛伐克一样是已灭亡帝国的继承国，培育自己的战争记忆，这种叙事不同于他国，就像主张奥斯曼的统治强烈不合法那样，19和20世纪欧洲评论家实际上经常使用类似东方化的比喻“欧洲病夫”，这也就不足为奇了。与其他叙事模式一样，土耳其的叙事方式也与自己国家今日的合法性密切联系在一起。它将帝国向共和国的转变描述成了一个丰碑式决裂——一刀两断的大事件，尽管学者们已经说明了两者在领导阶层和政策方面的诸多连续性。1914年加入一战被描绘成陆军部长恩维尔帕夏的个人行径。这种叙事声称，被捆绑在德国战车上的好战分子恩维尔“或多或少一手将帝国推向了其他人不希望的战火”，在某些版本中也强调他受土耳其向中亚地区扩张狂妄野心的影响。[14] 但是，凯南认为这场“重大影响的灾难”引起了欧洲经济崩溃、布尔什维克主义、法西斯主义和另一场世界大战，土耳其的战争叙事采取了不同的转向。[15] 如果参加一场战争被记忆成一场灾难的话，那么幸免于难并且摆脱一场战争则成为国家伟大的荣誉、“土耳其光荣时刻”，而这两者分别以恩维尔和以穆斯塔法·凯末尔（阿塔图尔克）为代
464 表。在今天土耳其的集体记忆中，奥斯曼帝国在第一次世界大战中失败，但是土耳其赢得了战争。

这种记忆受到历史的检验是很重要的。关于土耳其传统单一叙事的第一部分，奥斯曼帝国在当初并非战争参与者的时候是如何卷入这场战争大漩涡的：档案证据和散见的不同政见者的回忆录已经补全了“恩维尔做的”这一叙事。

---

[14] Mustafa Aksakal, *The Ottoman Road to War in 1914: The Ottoman Empire and the First World War* (Cambridge: Cambridge University Press, 2008), p.1.

[15] George Kennan, *The Decline of Bismarck's European Order: Franco-Russian Relations, 1875—1890* (Princeton: Princeton University Press, 1979), p.3.

第一次世界大战本身是学术界关于土耳其研究最薄弱的领域，然而它是现代土耳其历史上“最悲惨，也是最有影响和最重要的一段时期”[16]。奥斯曼帝国的政策和战时社会、政治尤其是人口上出现的意义深远的战时变化不仅首先使土耳其的国家构建成为可能，而且自此明确了它的土耳其特征。

这些政策需要建立一支以大规模征兵为基础的国家军队，并且至今仍保证军队在战后土耳其政治中至高无上的地位。这些政策也包含了对穆斯林平民群体的社会和意识形态动员，这些动员通过减法把那些被认为不可靠的少数民族包括敌人在内用谋杀和强制驱逐的办法加以消灭，在很大程度上创造了“土耳其人国家”，并且建立了这个国家是同种的神话。正是这场战争允许奥斯曼帝国领导人在 1914 年开始建立了以穆斯林商业为基础的国民经济，与此前基督徒、犹太人及其欧洲保护者在贸易和金融领域占支配地位的认知形成了强烈对比。[17]然而，即使庆祝这个“民族国家”所有的成就的时候，所有平民在战争中遭受疾病、饥荒和饥饿的磨难都以苦难和受害者的叙事方式渗透进土耳其人的记忆中。

一战在中东的地方化

奥斯曼帝国有着充分的理由提出“十年战争”，始于 1911 年意大利攫取奥斯曼帝国的多德卡尼斯群岛（Dodecanese Islands）和的黎波里塔尼亚（Trablusgarp）即今日的利比亚，以 1922 年奥斯曼取得对希腊军队的作战胜利为终点，1923 年在穆斯塔法·凯末尔（1935 年后加上封号“阿塔图尔克”*）总统
的领导下，在奥斯曼帝国部分领土上建立起土耳其共和国。[18]但是将第一次世界 465

[16] Erik J. Zürcher, *The Young Turk Legacy and Nation Building: from the Ottoman Empire to Atatürk's Turkey* (London: I. B. Tauris, 2010), p.48.

[17] Zafer Toprak, *İttihat-Terakki ve Cihan Harbi: Savaş Ekonomisi ve Türkiye'de Devletçilik, 1914—1918* (Istanbul: Homer Kitabevi, 2003), pp.1–16.

* 意为土耳其国父。——译者注

[18] 例如，参见下列著作的前言部分：Stanford J. Shaw, *Prelude to War, vol. I: The Ottoman Empire in World War I*, Turkish Historical Society, no. 109 (Ankara: Türk Tarih Kurumu, 2006), p.xxxiii; İsmet Görgülü and İzeddin Çalışlar (ed.), *On Yıllık Savaşın Günlüğü: Balkan, Birinci, Dünya ve İstiklal Savaşları: Orgeneral İzzettin Çalışların Günlüğü* (Istanbul: Yapı Kredi Yayınları, 1997)。恰勒什拉尔的日记实际上始于 1912 年的巴尔干战争，而不是意大利战争。

大战置于中东的背景下进行研究，要比奥斯曼国家1911年已经处于战争状态这一认识更加深刻。

关于奥斯曼帝国的第一次世界大战的所有解释都取决于我们如何评价整个19世纪奥斯曼与欧洲之间的互动，我们将奥斯曼帝国置于两种极端的境地。一方面用今天的话语就是失败国家的案例，这个国家借贷却无力偿还、镇压国民、侵犯非穆斯林少数族裔、敌视国际准则，因此招致大国的干涉并且走向了毁灭之路。另一方面是“西方帝国主义的受害者”，自从凯瑟琳大帝（Catherine the Greater，即叶卡捷琳娜二世）凝视着“沙皇格勒”和拿破仑·波拿巴宣布谁占据了君士坦丁堡谁就能统治世界，奥斯曼时常在“东方问题”的游戏中被欧洲大国掠夺性瓜分，“一个很大程度上成功的多元民族主义试验被一战大国摧毁了”。[19]

当今几乎没有学者完全相信其中的某个方面，但是大多数研究可以归类成倾向于两极中的某一个。那些把奥斯曼帝国看作是失败国家的研究——“一幅众多被压迫民族的图景”[20]解释了欧洲国家在该地区越来越多的干涉，在一战期间和之后的占领期间达到了顶点，因为作为全球秩序监护人的大国不得不选择填补这一越来越大的权力和权威真空。另一方面，将奥斯曼帝国描绘成帝国主义受害者形象的研究轻易地将奥斯曼帝国的政策与民族暴力仅仅归因于外部因
466 素，却没有认识到奥斯曼国家自己造成的苦难。这种分歧一定程度上由于资料来源的局限性。仅仅听信欧洲外交官、旅行者和移民的话可能导致历史学家认定奥斯曼帝国是一个被废弃的实体，其自身缺点使干涉难以避免；就像单单听信奥斯曼的声音就会造成一幅贪婪成性的掠夺者处心积虑要摧毁奥斯曼统治的图景。

这种境地的问题无法通过探明一个据称的真相或者纠正部分观点就能解决，只能完全抛弃这个境地，因为它一开始就是错误的。认真对待帝国主义的影响和奥斯曼国家的本质都是关键性的。实际上，两者是不可分割的，随着时间发

[19] 这种观点得到了唐纳德·奎塔特（Donald Quataert）的支持，用他自己的话说，还有“许多其他人”持这种观点，参见2002年《美国历史评论》（*American Historical Review*）第107卷第4期第1328页对Kemal H. Karpat, *The Politicization of Islam: Reconstructing Identity, State, Faith, and Community in the Late Ottoman Empire* (New York: Oxford University Press, 2001) 一书所作的书评。

[20] James Renton, “Changing languages of empire and the Orient: Britain and the invention of the Middle East, 1917—1918”, *Historical Journal*, 50 (2007), p.649.

展而相互影响。如果没有欧洲帝国主义的影响和对遭到严重干涉的担忧，奥斯曼帝国本来不会像19和20世纪初那样冷血无情地对待少数族裔。如果奥斯曼国家没有选择那条镇压的道路，在政策方面，欧洲人也就不会采取他们曾经的方式。欧洲帝国主义与奥斯曼国家的应对共同造就了帝国的“种族灭绝地带”。[21] 在此过程中，欧洲外交为帝国采用以宗教和种族划分为基础的新形式的身份认同政治增加了动力，这种方式证明是具有争议性的。提倡少数民族和民族权力也意味着赞成或者含蓄地认可人口交换、种族清洗和种族灭绝。[22] 正如唐纳德·布洛克斯汉姆曾强调的那样，承认这段作为共享进程的历史不是为奥斯曼帝国的行为申辩，[23] 而是将欧洲人和奥斯曼人都看作是同在历史海洋的那些水域中游泳的人。[24]

动 员

467

在妻子、母亲和孩子的哭泣声中，阿里·勒扎（Ali Rıza）响应1914年8月3日的号召动员令，前往安纳托利亚东北部小城埃尔津詹（Erzincan）附近一个靠近他出生地的地方应征参军。数周后，年仅27岁的勒扎发现自己被大雪和严寒笼罩，感染了痢疾，“尿液、粪便”带血，数日后他的口中都渗出了血液。在那几周里，他目睹了与敌军遭遇之前第一批死于痢疾的遇难者。在1914年10月3日的日记中，他写下了“这些可怜人”几个字。当时奥斯曼帝国尚未参加战争。但是他们正在翻山越岭前往萨勒卡默什的路上，1月高达80%—90%的第三军军人将在萨勒卡默什阵亡，这是奥斯曼历史上最惨重的军事灾难之一。勒扎

[21] Mark Levene, “Creating a modern ‘zone of genocide’: The Impact of Nation- and State-Formation on Eastern Anatolia, 1878—1923”, *Holocaust and Genocide Studies*, 12(1998), pp.393–433.

[22] Eric D. Weitz, “From the Vienna to the Paris System: International Politics and the Entangled Histories of Human Rights, Forced Deportations, and Civilizing Missions”, *The American Historical Review*, 113: 5 (2008), p.1316, “这不是偶然事件，也不是虚伪，像捷克托马斯·马萨里克（Tomas Masaryk）和爱德华·贝奈斯（Eduard Beneš）、希腊总理埃莱夫塞里奥斯·韦尼泽洛斯（Eleuftherios Venizelos）（更不用说温斯顿·丘吉尔和富兰克林·罗斯福）这样的主要政治家不会错过从大力提倡民主和人权到积极推动强制驱逐少数族群的任何一个机会。”

[23] Donald Bloxham, “The First World War and the Development of the Armenian Genocide”, in Ronald Grigor Suny, Fatma Müge Göçek, and Norman M. Naimark (eds.), *A Question of Genocide* (Oxford University Press, 2011), pp.260–284.

[24] Edward W. Said, “Clash of Ignorance”, *The Nation*, 22 October 2001.

的兄长是军医官，从而可以把勒扎分配到医疗队作为营医生的助手，但是勒扎还是名普通士兵。兄长的职位也意味着勒扎有一些可自由支配的现金，在最初几周难挨的动员时间里用来购买食物和其他衣物。当阿里·勒扎所属部队向东进军时，面包是由他们途经村庄的面包坊用烧牛粪的炉子烤的，烤面包的速度慢得让人烦恼。勒扎所在部队首次交战的第四天是 11 月 11 日——恰在这一天，奥斯曼帝国发布了圣战宣言——勒扎的两个战友冻死了，这成了普通士兵生命终结的常见现象。[25]

他们的悲剧经常被奥斯曼在加里波利取得的胜利所掩盖，或者按照奥斯曼帝国对信奉基督教居民的粗暴政策加以全盘否定，迫害安纳托利亚地区亚述人与亚美尼亚人是这项政策的高潮。然而，这种极端的剥夺、贫穷、感染疾病和目无法纪使奥斯曼帝国的摧毁政策成为可能。如勒扎所看到的，此时许多人已
468 经逃跑——到战争结束时至少有 50 万或者六分之一被征召的士兵。[26] 军方发布命令，要求当场枪毙开小差的士兵以强制其他打算当逃兵的人立刻打消这种念头。影响本已重大且从人道角度可以理解的开小差行为实际上成为第一项向亚美尼亚人开战的指控。这些逃兵将会去往哪里？到 1914 年 12 月，有军阶的亚美尼亚人被挑出来作为投靠俄国的潜在叛国者，并且被先发制人地枪毙——像常言所说的“意外地”。阿里·勒扎对亚美尼亚人也是满腔怒火，因为萨勒卡默什战役中奥斯曼一方损失数万人生命，即便俄国作战损失情况也一样恐怖。战役结束后的 1 月 17 日，他发誓要“在医院毒死或者杀死三四个亚美尼亚人”。他相信战后亚美尼亚人和土耳其人不再是“兄弟和同胞”；入侵俄国领土的萨勒卡默什战役是在 1914 年 12 月到 1915 年 1 月冬季的极端恶劣的条件下进行的，打得太艰难了。[27] 勒扎感觉战争正在无可挽回地割裂数世纪以来将帝国境内各民族和宗

---

[25] Ali Rıza Eti, *Bir Onbaşının Doğu Cephesi Günlüğü*, pp.26, 46. 对于第三军在萨勒卡默什战役中伤亡数据还有最初战斗力存在一个意义重大的变化。参见 Hikmet Özdemir, *The Ottoman Army, 1914—1918: Disease and Death on the Battlefield*, trans. Saban Kardaş (Salt Lake City, UT: University of Utah Press, 2008), pp.50–67; 和 Michael A. Reynolds, *Shattering Empires: the Clash and Collapse of the Ottoman and Russian Empires, 1908—1918* (Cambridge University Press, 2011), p.125。雷诺兹指出第三军兵力为 95, 000 人，奥兹德米尔认为是 11,200 人。

[26] 以土耳其总参谋部档案馆的调查研究为基础，对该专题的深入讨论可参见：Mehmet Beşikçi, *The Ottoman Mobilization of Manpower in the First World War: between Voluntarism and Resistance*(Leiden: Brill, 2012), pp.247–309。对贝希奇教授允许我引用他的手稿表示感谢。

[27] Ali Rıza Eti, *Bir Onbaşının Doğu Cephesi Günlüğü*, pp.104, 135.

教群体团结在一起的纽带，事实证明这种描述是十分精准的。

陆军部1921年公布的官方数据表明征召兵员总数为285万，并且自己也承认并不完整。然而，这一估计并没有包含数万征召进入劳动营的男性和女性，还有主要在安纳托利亚东部由库尔德人指挥的库尔德非常规作战部队。另一个质疑285万少算了奥斯曼的征召数额的原因是1917年3月，陆军部发布累计征召数量已经达285.5万人，此时战争还有超过18个月才结束。32.5万人死亡和40万人受伤的官方伤亡估计也遭到同样的怀疑。[28]最近一次重新计算奥斯曼帝国伤亡数据的尝试表明有771,844人死亡，其中半数以上是死于疾病；死亡率大概是25%。[29]

尽管成立于1908年的奥斯曼帝国国会已经在1909年通过了强制所有民族和 469
有宗教信仰的全体男性都要服兵役的法令，但军方当局根据民族和宗教怀疑大部分人的忠诚致使完成填补军队普通士兵缺额的任务更加艰难，因此奥斯曼面临着人力资源的持续短缺。帝国境内的基督教徒和犹太教团体对这条法令的反应也不一样。1908年7月青年土耳其革命后，随后的选举和代议制政府表面上得以实现，一些人如耶路撒冷犹太教中产阶级家庭的儿子本着奥斯曼主义公民的精神率先接受服兵役。[30]其他人尤其是信奉希腊东正教的奥斯曼人完全不参加政府。[31]奥斯曼军队中的民族与宗教成分从未得到正确改造。尽管被征召的阿拉伯人数量常常使用的是30万或者占动员总数的10%，但是最近研究表明来自帝国说阿拉伯语省份的新兵可能已经超过了26%。档案证据显示，1914年8月到1916年6月期间艾登（Aydin）省49,238名逃兵中59%是穆斯林，41%是非穆斯林。[32]

哈戈·明茨尤里（Hagop Mıntzuri）和阿里·勒扎同岁或者大一岁，也出生在埃尔津詹附近。1914年8月3日奥斯曼帝国政府下令征召20—45岁间所有男性的这一天，哈戈独自参观伊斯坦布尔，没有和家人在一起。哈戈随即被

---

[28] Beşikçi, *The Ottoman Mobilization of Manpower*, pp.113–115.

[29] Edward J. Erickson, *Ordered to Die: A History of the Ottoman Army in the First World War* (Westport, CT : Greenwood Press, 2001), pp.237–243.

[30] Campos, *Ottoman Brothers*, p.87.

[31] Fikret Adanır, "*Non-Muslims in the Ottoman Army and the Ottoman Defeat in the Balkan War of 1912—1913*", in Suny, Göçek, and Naimark (eds.), *A Question of Genocide* (Oxford: Oxford University Press, 2011), p.117.

[32] Beşikçi, *The Ottoman Mobilization of Manpower*, pp.253–254.

征召作为面包师，这是一个他已经从事多年的工作，他再也没有见到过自己的妻子沃吉达（Vogida）以及四个孩子：6 岁的努尔汗（Nurhan）、4 岁的马哈尼克（Maranik）、2 岁的阿那希特（Anahit）和襁褓中的哈科（Haço）。他们和哈戈 55 岁的母亲娜尼可（Nanik）、80 岁的祖父麦肯（Melkon）以及村子里其他基督徒一起被驱逐出境了，从此杳无音信。因为明茨尤里家族是亚美尼亚人。[33]

470

战　斗

负责制定高层政策的政界人士意识到帝国境内像基督徒以及犹太人、阿拉伯人和库尔德人等少数民族群体存在着勾结协约国国家的可能性。盟友德国担忧包围圈——被包围的想象，奥斯曼帝国也有自己类似的忧虑。它担心俄国控制土耳其海峡的野心和图谋东安纳托利亚，这一地区从俄国高加索地区延伸到东地中海地区，聚集着大量的亚美尼亚基督徒和库尔德穆斯林。俄国从北面和东面给帝国造成了威胁，同时自 19 世纪晚期开始，英国在埃及和战略地位极其重要的塞浦路斯站稳了脚跟，英国的存在有可能扩展到帝国南部说阿拉伯语的地区，将英属南亚与埃及连接在一起。在帝国的地理中心地带，法国在叙利亚自治地区的势力和英国在巴勒斯坦地区对犹太复国主义的支持进一步挑战了支配伊斯坦布尔统治权力的高度不安全感和帝国脆弱感。此外，叙利亚易受到来自地中海的攻击，再向东部，英国从巴士拉方向抵达伊拉克，英国、俄国军队经波斯也到达伊拉克，因为英国与俄国首先于 1907 年在政治上，1911 年又在军事上瓜分了波斯，这不仅动摇了德黑兰而且动摇了伊斯坦布尔的根基。

面对地缘政治困境，奥斯曼帝国掌权者将 1914 年的七月危机转变为与德国这个大国结成军事同盟的良机，希望这一军事同盟可以在战后巩固时期为帝国提供长期的保护伞，即使这意味着在更短时间内奥斯曼帝国可能再次面临战事。

陆军部长恩维尔拥有帝国授予最高级别官员的“帕夏”头衔，在马其顿省镇压保加利亚和希腊革命者的游击战时作为青年军官初露锋芒。1911 年秋意大

[33] Fatma Müge Göçek, *The Transformation of Turkey: Redefining State and Society from the Ottoman Empire to the Modern Era* (London: I. B. Tauris, 2011), pp.198–205. 作者去世后回忆录以土耳其语出版，参见 Hagop Mintzuri, *İstanbul Anıları, 1897—1940*, trans. Silva Kuyumcuyan ed. *Necdet Sakaoğlu* (Istanbul: Tarih Vakfı Yurt Yayınları, 1993; 2012), p.133。

利占领利比亚时，恩维尔再次率领正规军和非正规军与意大利作战，意大利人向阿拉伯人大量宣传下列内容作为应对之策：

> 不应再向你们隐瞒了，为了保障你我的利益，为了驱逐土耳其人保障我们共同的福利，意大利（愿安拉使她变强大！）决心占领这片土地……他们一直看不起你们。反观我们研究过你们的风俗习惯和历史……我们尊重你们崇高的宗教，因为我们认可它的价值观，我们也尊重女性……无疑， 471
> 上帝定将助我们赶走土耳其人。[34]

此外，教皇“保佑意大利战士，祈祷上帝帮助他们在利比亚用十字旗取代新月旗”[35]。在军官团和政治化阶层中，这些从巴尔干地区到北非地区的经历制造了一种对奥斯曼帝国领土安全的危机感，似乎只有通过多展示军事实力才可以实现国家安全，如果有必要的话就发动战争。[36] 正如一份文件中提出的：“我们必须充分认识到，那些过时的国际法条款无法保护我们的荣誉和人民的正直，只有战争。”[37]

1914 年 7 月 28 日，在一份加密“特急”的电报中，埃迪尔内省（Edirne）总督阿迪勒（Adil）提醒内政部长，注意保加利亚军队沿边境线的调动，询问是否有国际局势正在恶化的情报。已经成为伊斯坦布尔最有权势人物之一的内政部长塔拉特立即回复称：“奥地利已经宣战。我们认为战争将不会停在局部而是在扩大。兄弟，我们夜以继日的工作就是为了保护自己免遭破坏，同时利用当前局势最大限度发挥我们的能力。”[38]1914 年 8 月 2 日，塔拉特向各省总督发布总动员令：

> 由于德国和俄国已经宣布处于战争状态，当前的政治形势非常微妙。俄国为了保持在高加索地区和波斯的政策和影响力，可能对我国边境地区

[34] G. F. Abbott, *The Holy war in Tripoli* (London: Longman's, Green, 1912), pp.193–194.

[35] Rachel Simon, *Libya between Ottomanism and Nationalism* (Berlin: Klaus Schwarz, 1987), p.87.

[36] Aksakal, *The Ottoman Road to War*, pp.19–41, 93–118.

[37] *Ahenk*, 13 October 1912, quoted in Zeki Ankan, “Balkan Savaşı ve Kamuoyu”, in *Bildiriler: Dördüncü Askeri Tarih Semineri* (Ankara: Genelkurmay Basımevi, 1989), p.176.

[38] BOA, DH. ŞFR 43/127, 28 and 29 July 1914.

采取敌对行动和试探。因此，如之前所指示的那样，以最大勤奋最快速度立即执行完成动员所需的一切必要措施，不得迁延；所有应对战争和对本国遭到攻击的必要步骤和措施务必立刻贯彻实施，定期上呈报告。[39]

对奥斯曼领导层而言，所有演变成大战的警告首先被看作是一次巨大的机会，一个确保与德国结成长期军事联盟的机会，这可以使帝国在战争中幸存下
472 来，同时为帝国提供国际保护。他们希望成为同盟国集团的一员，但在战争中袖手旁观。为了参加同盟国，陆军部长恩维尔成功地使柏林相信奥斯曼军队可以为德国的战争努力做出巨大贡献，并且能够立即这样做。然而，到了1914年10月中旬，奥斯曼帝国尽管接受了德国的黄金、炮弹和枪炮，由数千名军人和专家组成的德国海军代表团和军事代表团，以及8月10日后一直停泊在达达尼尔海峡的两艘德国军舰戈本号战列巡洋舰（SMS *Goeben*）（更名为"塞利姆一世"[*Yavuz Sultan Selim*]*）和布雷斯劳号战列巡洋舰（SMS *Breslau*）（更名为"米迪里号"[*Midilli*]），却未有任何行动。但是10月末德国断绝同盟关系的威胁随着军事装备而来，此时奥斯曼帝国领导人决心开战，高潮部分是1914年10月29日奥斯曼帝国夜间突然行动击沉俄国黑海船只，从海上炮击了黑海沿岸城市塞瓦斯托波尔（Sevastopol）和（曾经属于奥斯曼帝国的）新罗西斯克（Novorossiysk）。[40]

奥斯曼帝国发动此次袭击并未宣战，使用的是1904年日本偷袭俄国（以及1897年希腊攻击奥斯曼帝国）的方式。黑海袭击事件之后有两次同样大胆的战役。第二次战役是由杰马勒帕夏指挥，目标是夺取苏伊士运河与英属埃及。杰马勒是驻防叙利亚第四军的指挥官，更加密切地监视西面的敌人。恩维尔帕夏亲自指挥的第一次战役的目标是重新占领1878年战败割给俄国的三个省：阿尔达汉（Ardahan）、巴统（Batumi）、卡尔斯（Kars），并且德国可以获得将俄军

[39] BOA, DH. ŞFR 43/141, 2 August 1914，塔拉特帕夏致埃尔祖鲁姆市（Erzurum）、阿达纳（Adana）、艾登（Aydin）、比特利斯（Bitlis）、阿勒坡（Halep）、迪亚巴克尔（Diyar-1 Bekir）、锡瓦斯（Sivas）、特拉布宗（Trabzon）、卡斯塔莫努（Kastamonu）、马穆雷特埃拉泽（Mamuret-ül Aziz）、摩苏尔（Mosul）、凡城（Van）、博卢（Bolu）、杰尼克（Çanik）、苏丹尼耶（Kale-i Sultaniye）、安塔利亚（Antalya）等地总督。

* 亚武兹苏丹塞利姆，即塞利姆一世（1467—1520），奥斯曼帝国第九任苏丹，1512—1520年在位。在位期间对外持续用兵，扩张奥斯曼帝国版图，曾大败波斯萨法维帝国，灭亡埃及马穆鲁克王朝，同时重视奥斯曼帝国在地中海的霸权。——译者注

[40] Aksakal, *The Ottoman Road to War*, pp.119–187.

转移到远离哈布斯堡王朝东线战场的有利地位。阿尔达汉和卡尔斯事实上将在战争结束之前回到帝国手中，并成为未来土耳其共和国的领土，但只是在俄国1917年革命之后，只是在奥斯曼于萨勒卡默什附近包围俄军的行动惨败之后，而萨勒卡默什这个地方，也是奥斯曼1878年割让给俄国领土的边境地区。1914年12月奥斯曼第三军开始作战，到1915年1月中旬时已经变成了全面溃败。

奥斯曼帝国情报部门密切关注着俄军集结，1914年8月预计安纳托利亚东部奥斯曼边境的俄军兵力大约是10万。[41]奥斯曼帝国心存某种期待，不仅希望俄国高加索地区的穆斯林民众将会支持奥斯曼的侵略行为，而且希望阿富汗和波斯也会站在奥斯曼一方参战。[42]此外，1914年12月奥斯曼情报人员一直发回 473
对面俄军身体羸弱的报告。这些情报人员估计俄军在萨勒卡默什的兵力大约有5万，并且供给处于半定额和饥饿状态，“沿街乞讨”且装备极差。据说身在第比利斯（Tiflis）的沙皇已经准备撤退。[43]到1915年1月6日，一周之内这幅图景发生了天翻地覆的逆转，显然不仅奥斯曼进攻行动被击退，而且恩维尔的军队被击溃。[44]

东线进入俄国、南线突入英国属地埃及的两场战役剑指居住了大量穆斯林人口的领土，试图在上述两地区动员这些民众支持奥斯曼帝国行动。然而，居住着大量基督教民众的奥斯曼帝国与俄国边境地区变成了“血腥大地”，因为两大帝国都驱逐、屠杀那些被怀疑不忠的民众。1915年1月，大概多达3万至4.5万穆斯林在俄国境内被杀，约1万人被驱逐。[45]1915—1916年奥斯曼帝国驱逐和草率处决的基督徒与后来的库尔德民众的数字一样令人触目惊心，并很快让俄国的数字相形见绌。

发起圣战反对协约国代表了奥斯曼帝国动员前线士兵和国内社会的努力。巴尔干战争期间并没有圣战宣言，因为这一政策将会疏远帝国境内的非穆斯林民众。但到1914年11月，统一和进步委员会的决策者已经不再有这样的考虑，他们利用圣战口号试图拉近帝国境内穆斯林民众与国家之间的关系，尤其是帝

---

[41] BOA, DH. ŞFR 435/40, 3 August 1914; BOA, DH. EUM. VRK 12/60, 4 August 1914.

[42] BOA, DH. ŞFR 437/83, 17 August 1914.

[43] BOA, DH. ŞFR 455/124, 28 and 29 December 1914.

[44] BOA, DH. ŞFR 456/112, 6 January 1915.

[45] Reynolds, *Shattering Empire*, p.144，关于第二次世界大战，参见 Timothy Snyder, *Bloodlands: Europe between Hitler and Stalin* (Basic Books, 2010)。

国境内说阿拉伯语地区的民众。柏林迫使奥斯曼政府发布这样的宣言，因为德国希望英属埃及和印度、法属北非、俄国高加索和中亚地区的所有穆斯林发动起义，这一行为有时掩盖了奥斯曼自己使伊斯兰教全面工具化的目的，尤其是圣战的工具化。例如，派出入侵埃及的军队，印在邮票上称作“埃及伊斯兰军，
474 被占领土地的拯救者”[46]，而那些1918年派往俄国巴库的军队被称作“高加索伊斯兰军”[47]。

当奥斯曼帝国承诺胜利后改善条件或者改进地方事务的时候，穆斯林民众对奥斯曼的战争努力是抱有同情的。例如，埃及民族党积极与奥斯曼合作，试图将英国赶出开罗。民族党领袖穆罕默德·法里德（Muhammad Farid）希望在全国掀起反对英国统治的起义，在德国的支持下组建反对协约国三国的区域联盟。尽管法里德反对阿拉伯大起义，但他最终对杰马勒帕夏在叙利亚的统治以及日益增长的土耳其民族主义情绪感到极为失望。[48]德国与奥斯曼之间的兄弟关系某种程度上在埃及人的记忆中持续了一段时间。纳吉布·马赫福兹（Naguib Mahfouz）以开罗为背景的作品《两宫间》（*Palace Walk*）中的人物亚辛（Yasin）“希望德国取胜，因此土耳其也能取胜”。但是之后他彻底失望地摇着头说：“四年的时光过去了，我们一直在说着同样的事情。”[49]尽管如在流行民歌和戏剧中非常明显的是，尽管对英国统治的不满情绪在“普通埃及人”心底流动，但直到1919年都未爆发武装抵抗。[50]

帝国境内各地区粮食的严重缺乏加剧了前线的溃败，尤其是叙利亚地区，这里的居民承受着英法海军封锁之苦。叙利亚这些悲惨情况再加上1915年爆发的一场蝗灾，战争结束时已经造成了50多万人死亡——部分是死于饥荒造成的疾病。这场灾难刚萌芽的时候，法国驻开罗领事提醒本国政府，数万民众已经饿死，建议运输粮食进行救济。然而，英国的反应是相当明确的：“国王陛下的

[46] Hasan Kayalı, *Arabs and Young Turks: Ottomanism, Arabism, and Islamism in the Ottoman Empire, 1908—1918* (Berkeley: University of California Press, 1997), p.189. 该邮票可参见封面的插图。

[47] Reynolds, *Shattering Empire*, pp.220–222.

[48] Muhammas Farid, Jr. (ed.), *The Memoirs and Diaries of Muhammad Farid, an Egyptian Nationalist Leader (1868—1919)* (San Francisco: Mellen University Research Press, 1992), pp.6–7.

[49] Naguib Mahfouz, *Palace Walk*, trans. William Maynard Hutchins and Olive E. Kenny (New York: Anchor Books, 1990), p.56.

[50] Ziad Fahmy, *Ordinary Egyptians: Creating the Modern Nation through Popular Culture* (Stanford: Stanford University Press, 2011), pp.98, 117–133.

外交国务大臣表示，他衷心希望法国政府不要支持任何此类计划……协约国封锁的意图恰是造成供应短缺，现在却正被勒索救助这种短缺。”法国领事总结道，他们的英国盟友“将饥荒看作是一种促成阿拉伯大起义的原动力”[51]。 475

1915年末，某种爆发点似乎即将到来。在耶路撒冷，二等兵伊赫桑在1915年12月17日的日记中这样写道：“如果政府真的有威严的话，就应该以固定价格公开分配在库房里储存的一些小麦，甚至可以利用一些军需供应。如果这些情况继续的话，人民将会反抗推翻这个政府。”[52] 但是叙利亚和巴勒斯坦人民所遭受的极端贫困将社会推向了崩溃的边缘而不是革命。1916年7月10日，伊赫桑的反抗精神已经变成顺从：

> 我很难集中注意力。我们同时面临着一场全面战争和一场内战。政府正在（徒劳无功）提供食品供应，病魔肆虐。一个多月以来我在日记里记下了所有的事情。我在耶路撒冷没有见过比这更糟糕的事情。面包和面粉供应几乎完全停止了。每天我去工作的路上经过那家面包店，看见许多妇女空手而归。[53]

事实证明，伊斯坦布尔政府应对这场危机的准备是极差的，并将减轻危机的责任交给了杰马勒帕夏这位地方大佬和驻防大马士革的第四军指挥官，他在粮食供应上优先分配给他的士兵。

然而，这场粮食危机在战争早期已经在整个奥斯曼帝国蔓延。实际上，早在1914年10月奥斯曼帝国成为交战国之前，已经有报告呈递到伊斯坦布尔抱怨缺少粮食。下一季已无种子可耕种。埃迪尔内省总督警告政府，“饥荒和饥饿”定会降临该省人民头上，他无法承担这样的责任。因此，他事先通知内政部长，如果没有种子供应，有必要掌握可利用的种子。他作为总督开始征集埃迪尔内省现在已经“被驱逐到希腊”的基督徒所遗留的种子。[54] 各地军方当局都表示除

---

[51] Thompson, *Colonial Citizens*, pp.19–23. 引文参见第22页。

[52] Ihsan Turjman, in Tamari (ed.), *Year of Locust*, p.143.

[53] *Ibid.*, p.154.

[54] BOA, DH. SYS 123–129/ 21–23, 13 October 1914.

了征用平民粮食没有可替代的渠道。1916 年春季，军事储备也告罄。[55] 陆军部
476 向政府施加压力，要求采取更加严厉的措施以确保为军队征集所需的粮食。“我们无法为我们的战士提供甚至四分之一的肉类配给量。像我们的医生日常报告说，战士的体力大减。这些情况对战争的灾难性影响已经非常明显。请采取紧急措施确保我们的肉类供应。”陆军部要求每年供应 6,700 万千克的肉类，“要求 4,666,000［原文如此，应为 4,466,000］头羊，每头 15 千克。采购这些羊是很难保证的”[56]。

当国家军事机器通过征召带走了男人后，留下的熟练工人数量不足以将农业生产维持在大体上养活军队和平民的水平。此外，供养军队明显是国家的优先工作。安纳托利亚东部许多男性被驱逐，造成这一地区变得特别容易受到攻击。1915 年 7 月的一份密电中，第三军指挥官要求分派数万名士兵进行农业生产，因为“所有的穆斯林都被征召入伍，亚美尼亚人整体被驱逐了”。马哈茂德·卡米勒（Mahmud Kamil）继续说，如果没有这样的劳动队伍，该地区终将陷入“缺粮与饥荒”的境地，造成他的部队缺乏供应，并可能出现“毁灭性”后果。[57]1917 年时，人力资源短缺问题变得非常尖锐，导致陆军部要求各省上报关于 12—17 岁适龄男孩数量的情报。[58]

二等兵伊赫桑在耶路撒冷地区服役，并没有活着看到耶路撒冷的控制权移交到英国人手中。1917 年 12 月 9 日耶路撒冷投降，两天后，埃德蒙·艾伦比将军以象征性的谦虚姿态步行穿过雅法门进入耶路撒冷。城市居民欢呼真正的和平到来了。但是，随着奥斯曼统治的退出，这片刚“被解放”的帝国土地如何管理以及由谁管理的不可预测性问题必然提上日程。起初，似乎通过伍德罗·威尔逊民族自决的主张和新国际组织国联确定的审议程序就可以在该地区建立新秩序。但是，暂时缓解并没有持续多长时间，巴勒斯坦民众很快就认识到，被战争扫除的那个旧帝国正在被一个新帝国所取代，其目标已经崭露头角。美国在该地区的特别代理人威廉·耶尔（William Yale）在战后被派往叙利亚，到承担实情调查任务的金－克拉内委员会工作，他早在 1918 年 4 月的一份报告中称：

---

[55] BOA, DH. İ. UM. 93–94/ 1–48, 13 March 1916.

[56] BOA, DH. İ. UM. 93–94/ 1–48, 20 March 1916.

[57] BOA, DH. İ. UM. 59–61/ 1–38, 15 July 1915.

[58] BOA, DH. UMVM 148/ 53, 9 June 1917.

> 非常值得注意的是，1916—1917 年，巴勒斯坦地区遭受了严重的灾难 477
> 和贫困，并且对土耳其政权抱有非常强烈的不满情绪，以至于几乎所有的阿拉伯人公开谈论背叛奥斯曼政府，希望他们的国家脱离土耳其。根据英国政治机构的说法，英国占领该地区后不久，在 1918 年春季有一个政党希望将来巴勒斯坦政权以土耳其为宗主国。该政党的观点无法完全解释成巴勒斯坦人对欧洲人固有的反感情绪或穆斯林天然地希望生活在穆斯林统治者之下。有一种信念无疑成为该党观点的一部分，就是在土耳其的统治下绝不会允许犹太复国主义在巴勒斯坦获得比现在更加强大的立足点。[59]

实际上在 1914 年，几次主要来自欧洲的犹太人移民浪潮之后，巴勒斯坦地区的犹太人已经占 6% 左右。此时，在巴勒斯坦地区建立一个独立的犹太人国家已经出现在少数犹太人的议事日程内了。大多数人力劝新移民获得奥斯曼公民身份，参加奥斯曼军队，与当地穆斯林和基督徒合作，从而在奥斯曼帝国皇室内部建立一个犹太人共同体。这些观点可以在广泛流传的《自由日报》（*ha-Herut*）中找到。在伊斯坦布尔发布动员令之际，这份报纸刊载了一位犹太应征士兵的爱国演说："此刻开始，我们不再是独立个体，这个国家所有的人将成为一体，我们都要保卫我们的国家，关心我们的帝国。"[60]

但是随着奥斯曼帝国出现崩溃的苗头，甚至像 1915 年加里波利战役那样看起来迫在眉睫的时刻，这些观点都消失不见，特奥多尔·赫茨尔（Theodor Herzl）关于建立一个犹太人国家的设想第一次显得有说服力、切实可行。战争条件使这种偶然性的彻底转变成为可能。一些机构比如盎格鲁－巴勒斯坦银行，与美国一道仅向巴勒斯坦地区的犹太人提供战争救济。1917 年 11 月 2 日，英国与麦加的谢里夫·侯赛因正协商积极鼓动阿拉伯人独立的时刻，英国政府在《贝尔福宣言》中赞成建立"犹太民族之家"。一战已经使巴勒斯坦出现了全新的权力格局。

---

[59] "The Situation in Palestine", 1 April 1918, CM/ 241/ 33, Report no. 21, 11–13, Central Zionist Achieves. 引自 Abigail Jacobson, *From Empire to Empire: Jerusalem between Ottoman and British Rule* (Syracuse: Syracuse University Press, 2011), p.145。

[60] 引自 Jacobson, *From Empire to Empire*, p.27。

478

结语

由于国内和前线缺乏充足的粮食，士兵与平民非常容易感染疾病。被动员参军的士兵中有 14% 死亡，痢疾和伤寒成为最致命的疾病。[61] 大量的伤亡人员、因战争流离失所的人和强制移民造成了长期的社会经济后果，例如城市人口直到 20 世纪 50 年代早期才恢复到一战前的水平。[62] 在安纳托利亚 / 土耳其，生活水平急剧下降，20 世纪 20 年代的国内生产总值才约占战前数据的一半。[63] 战争对叙利亚的变革性影响是最为深远的，因为战争遗留了一幅同样满目疮痍的画面以及“支离破碎的社会秩序”。[64]

在如今战后帝国被肢解的各个分支，当地政权迅速适应了新的政治现实，并且每一个政权都占用自己的，有时不止一个可利用的奥斯曼历史版本。在军事上的不安全和民族界限模糊的环境下诞生了新政权，因而出现了军事独裁者，他们将自己看作是领土安全与国家统一的捍卫者。第一次世界大战期间，在土耳其已经生根的军事独裁社会再也难以回到之前的平民本质。一战从根本上塑造了土耳其共和国和凯末尔革命时期。例如，1926 年一所军事高中使用的基础教材以下面的一段话作为开场白：“战争现在已经变成了整个民族的战斗。时代已经改变。战争不再是单纯军队的事情。国家所有成员，无论男女，不分年龄，必须根据年龄和能力，承担起一份责任，为战争尽一份力。”[65] 当然，这些完全相同的台词在欧洲教科书中也可以找到。但是与大部分欧洲国家不同的是，土耳其对内部和外部敌人的意识一直是其政治文化的核心特征，如同百年来奥斯曼帝国统治的所有地区那样。

---

[61] Erik J. Zürcher, “The Ottoman Soldier in World War I”, in Zürcher, *The Young Turk Legacy and Nation Building: From the Ottoman Empire to Atatürk's Turkey* (London: I. B. Tauris, 2010), p.187.

[62] 1914 年伊斯坦布尔人口总数为 100 万，其中基督徒总数为 45 万。参见 Çağlar Keyder (ed.), *Istanbul: Between the Global and the Local* (Lanham, Md.: Rowman & Littlefield, 1999), pp.10, 146, 175。

[63] Michael Twomey, “Economic Change”, in Camron Michael Amin, Benjamin C. Fortna, and Elizabeth Frierson (eds.), *The Modern Middle East: a Sourcebook* (Oxford: Oxford University Press, 2006), p.528.

[64] Thompson, *Colonial Citizens*, p.19.

[65] Cemil Tahir, *Askerliğe Hazirlik dersleri* ([Istanbul:] Harbiye Mektebi Matbaası, 1926), p.1.

18　亚洲[1] 479

徐国琦

第一次世界大战已从各个可能的视角得到研究，从它广泛深远的意义到具体的主题和事件。即便如此，亚洲在这场战争中扮演何种重要角色，以及战争给亚洲社会带来怎样深远的影响，这方面的知识依然很有限。如果世界未能充分认识到亚洲和大战间的紧密联系，亚洲人民就不能充分理解大战对其历史和国家发展的遗赠与影响。为了填补一战史研究中的这一重大空白，本章我要强调的是在这场20世纪“原始性大灾难”中，不同亚洲国家多层次的参与，以及多个亚洲国家的视角。

本章将以比较的方式把中国、越南、印度和日本四国外交、社会、政治、文化和军事方面的历史编织在一起，聚焦这一地区人民共有的经历、抱负与挫折。战争中多方亚洲人的卷入如何使大战成为真正意义上的“世界”性战争，且是一场“大”战；大战又如何催生了一股从内、外两个方向推动亚洲变革的力量，这是我尤为关注的问题。以第一次世界大战作为分界线，我们或许会认为亚洲的19世纪是一个“漫长的世纪”，20世纪则显得较短一些。换句话说，从亚洲的视角来看，一战的爆发真正开启了20世纪。由于篇幅限制和对主题一 480

[1] 我要对杰伊·温特和约翰·霍恩给予的批评和建议表示由衷的感谢。约翰·霍恩还提供了非常有益的帮助，让我在撰写本章时能够利用都柏林圣三一学院的珍贵馆藏。作为牛津大学出版社推出的多卷本战争研究著作的主编，罗伯特·格沃特力劝我写一部关于亚洲和大战的书，迫使我对这一问题进行认真思考。在他的盛情邀请之下，我成为都柏林大学战争研究中心的一名访问学者，对上述问题展开研究。对此，我深表感激。我还要对桑塔努·达斯、冈田晓生、扬·P. 施密特和拉迪卡·辛哈表示感谢，他们慷慨地向我提供了原始文献、自己的著作（有些甚至是尚未公开出版的），还有其他一些资料。特雷·菲舍尔付出的努力和精湛的编辑水平，总让我深感亏欠。

致性的考虑，本章主要关注西线和上文提到的四个国家，其他许多地区和重要话题则无法涉及。

欧战的消息传到亚洲

“八月炮火”宣告了一场世界大战的到来，1914年在中国生肖轮回中是虎年。虽然战争在爆发的时候本质上是一场欧洲的冲突，但当战争爆发的消息传来的时候，亚洲人变得既兴奋又担忧。对中国和日本来说，它们之所以对欧战产生浓厚的兴趣，实际上其因果早在1895年就已经种下了。分别作为英国和法国殖民地的印度和越南，则需要服从宗主国的意志加入战斗。

欧战的爆发对日本人来说是一个天赐良机。日本和中国一样，在19世纪中叶西方列强压迫其打开国门之前，几乎是一个全封闭的国家。和中国不一样的是，随着1868年明治维新的开始，日本很快决定加入西方体系，并追随西方的脚步。一些日本精英公然建言，日本应摆脱其亚洲身份，效法西方不仅是社会潮流，还成了国策。井上馨（Inoue Kaoru），一位有影响力的日本政治家，宣称“我们必须将我们的国家和人民改造成欧式的国家和人民”。[2]

在不到一代人的时间里，日本已表现出将自己国家转变成西式帝国的充分自信，以至于它挑战了中国这一曾经的亚洲经济、文化巨人。1894年中日战争爆发，1895年中国人遭遇了惨败。经此一役，日本成了东亚大国，并割占了台湾。战争迫使中国放弃朝鲜这一传统藩属国，也为日本获得第二块殖民地打下了基础。日本似乎准备好投身一场重大的国际军事角逐。

更为长远地看，1894—1895年间的中日战争为近20年后日本直接介入大战埋下了伏笔。在这场中日冲突后德国在所谓的三国干涉还辽一事上起了主要作用。德国“建议”日本，将逼迫中国割让的辽东半岛归还中国。德国的干涉激怒了日本人，从此决心设法对付德国人。“等待下一次机会”，这是一份日本报纸的标题，它清晰地传递出了这种情绪。[3] 1902年日本与英国签订了同盟条约，这是一项意义重大的外交成就，彼时日本考虑的是为与德国可能爆发的战争做

---

[2] Akira Iriye, *Japan and the Wider World* (London: Longman, 1997), p.5.

[3] S. C. M. Paine, *The Sino- Japanese War of 1894—1895* (Cambridge University Press, 2003), p.290.

准备。基于这份条约建立的关系，1914 年战争一爆发日本就设法介入其中。在此背景之下，或许我们可以说，日本自 1895 年与中国发生战争后就一直在为这一机遇做准备。日本在 1895 年已转变为一个帝国主义大国，此时协约国三国与日后发展成同盟国的三国间的对抗开始变得愈发激烈。

作为一个崛起中的亚洲大国，日本下决心要成为国际政治中的弄潮儿。然而，日本的努力遭遇了来自西方列强的阻力。如果没有外界的帮助，日本要达成其日益膨胀的野心是很困难的，于是 1914 年 8 月欧战的爆发就被很多日本人视为一个绝好的机会。日本人一直在等待时机，此刻随着欧战的爆发，梦幻般的一刻终于到来了。难怪老一辈政治家井上馨将这一消息誉为“大正新时代日本国运发展之天佑”[4]。1914 年 8 月 8 日，即英国参战四天之后，日本就决定对德宣战，尽管正式宣战是在一周之后。

为被迫放弃辽东半岛一事复仇，对日本来说无疑是一个很方便的借口。1915 年，外相加藤高明（Baron Kato）曾向一位美国记者解释道：

> 德国是一个侵略性的欧洲大国，且已在山东省的一隅站稳了脚跟。这对日本是个很大的威胁。此外，德国曾以友好建议这一冠冕堂皇的借口，逼迫日本归还辽东半岛。由于德国的施压，日本不得不放弃用我们同胞的鲜血换来的战争正当果实。无论是个人还是国家，复仇都不是无可非议的；但是，如果碰巧在履行职责的时候还能算旧账，这样的机会就一定要抓住。[5]

日本的真正目标是在列强陷于欧洲的时候扩张在中国的利益。日本想取得 482
的好处是将德国在亚洲的利益排挤出去，并建立自身在中国的支配性地位。正如我在下文中将要具体阐述的那样，在面对现代威胁时，为了复兴和强大自己，中国此时正向共和国转型。日本则想在中国完成这一转型之前，将其变成自己的附庸。大隈内阁宣称，“日本必须抓住这一千年一遇的机会”，“在亚洲确立自

[4] Frederick Dickinson, *War and National Reinvention: Japan in the Great War, 1914—1919* (Cambridge, MA: Harvard University Press, 1999), p.35.

[5] Samuel G. Blythe, “Banzai–and then What?”, *Saturday Evening Post*, 187:47 (1915), p.54.

己的特权和利益”。[6]

欧战还能服务于日本的内政，因为战争可以激发出国家凝聚力。[7] 1912 年明治天皇的去世意味着一个时代的终结和现存政治秩序的弱化。在一些有影响力的日本人看来，后明治时代的日本丧失了国家目标，参战则可以向日本民众灌输一些更高的国家目标。因此，参战将会帮助日本达成三方面的目的：对德国复仇，扩张在中国的权益，让内政恢复活力。

如果说 1894—1895 年间的中日战争为日本介入一战做好了准备，那么它几乎也决定了中国的命运。1895 年的战败给中国造成了很多后果。战败必定使这个国家被外国更为广泛地控制，但精神层面的影响更为深远。甲午战争迫使中国的统治阶层认真思考国家的命运和本土文化的价值，更为重要的是，他们对传统认同产生了质疑。那场战争将中国人从“四千年之大梦”[8] 中唤醒，这一说法来自清末民初一位很有影响力的学者、思想家梁启超。面对西方入侵和西洋化日本的挫败感、耻辱感、无力感，为变革提供了强劲的动力。因此，甲午战争对抗日本的惨败对于中国人认清自我、感知世界既是转折点，也是参照物。无论对本国传统和文明的态度有怎样的不同，中国的精英们一致认为，如果国家要生存就必须变革。由于 1911 年的革命，中国确实实现了重大的变革，这场
483 革命推翻了神圣的王朝体系，并以美国和法国为样板建立了共和国。在这些变革的荡涤之下，带着对成为国际社会平等一员的热切渴望，中国抛弃了儒家文明的制度，将自己从一个虽有悠久历史却无法定国名的文化实体，转变为亚洲的第一个共和国。民族主义和社会达尔文主义取代儒家思想，成为中国的主导意识形态。在 1895—1914 年这一时期内，政治、文化、外交等领域都发生了意义深远的变革。

尽管在一战期间的大部分时候，中国人民仍饱受政局动荡、经济凋敝、社会穷困之苦，但这一时期也是一个充满激情、希望、高期待、乐观主义以及新梦想的时代。或许可以将这一时期比作中国古代历史上的战国时代。有关国家

---

[6] Ikuhiko Hata, “Continental Expansion, 1905—1941”, in John W. Hall et al. (eds.), *The Cambridge History of Japan*, vol. VI: *The Twentieth Century* (Cambridge: Cambridge University Press, 1988), p.279.

[7] 关于这一问题的最好研究，参见 Dickinson, *War and National Reinvention*。

[8] 梁启超：《改革起源》，《饮冰室合集》第 6 册，北京：中华书局，1989 年，第 113 页。（原注未标明分册信息，此处经核对补全。另，《改革起源》原本应为《戊戌政变记》的附篇。——译者注）

自身构建的各种思想、政治理论和治国良策的冲击，极大地激发了中国在思想、社会、文化和知识各方面的创造力，也更加坚定了变革的决心。

这些变革刺激并推动中国参与到新的世界秩序中去，争取成为国际社会中的平等一员。和日本人一样，中国人也认为欧战的爆发是一个机会，或者更准确地说是一场“危机”。中文“危机”一词，由“危”（危险）和“机”（机会）两个字组成。欧洲的“1914 一代”当时过于年轻和无知，以至于在无法想象他们自己将要经历怎样血腥的人生成长仪式时就投入了战争，中国的新一代在面对国际体系这种新发展的挑战时则有了“危机”感。考虑到很多交战国在中国境内都控制着一定的势力范围，中国意识到会有身不由己地卷入战争的危险。随着旧的国际体系的瓦解，日本更容易欺负中国，甚至阻挠中国的发展。尽管有危险，欧战也给中国提供了绝好的机会。战争将会变革国际体系，从而为中国加入更宽广的世界创造机会。中国甚至可以在重建世界秩序之时注入自己的想法。[9] 在那个时代的中国人如梁启超看来，战争带来的机会大过危险。梁启超指出，第一次世界大战为中国呈现的是千年一遇的机会。在他看来，中国参 484
战的主要目的在于提高本国在新国际格局中的地位；这样的话不仅可以让中国挺过暂时的困境，从长远来看也能让中国更容易被国际社会所接纳。[10] 问题是如何最大限度地把握这次机会。梁启超认为，如果中国能够合理利用当前局势，就可以转变为“完全合格的民族国家”，并为中国的快速崛起奠定基础。[11]

为了防止战火烧到中国国土之上，北洋政府于 8 月 6 日宣布中立。一直到 1917 年春，中国官方一直维持着中立。然而，这种中立只是权宜之计，是为接下来走一步好棋的跳板，中国随时准备在新的机会出现时放弃中立。有着新思想的中国官员，对中国主动参战的前景显得尤为热情。正如有些人所看到的，这些官员“具备外交知识，发挥直接的个人影响联合起来劝说保守派采取行动”[12]。一位很有影响的政府官员张国淦，向时任内阁总理段祺瑞建言，欧战对中国非常重要，必须主动对德宣战。如此一来，不仅短时间内可以防止日本

[9] 关于中国与大战关系的详情，参见 Guoqi Xu, *China and the Great War: China's Pursuit of a New National Identity and Internationalization* (Cambridge: Cambridge University Press, 2011)。

[10] 梁启超：《外交方针质言（参战问题）》，《饮冰室合集》第 4 册，第 4 -13 页。

[11] 梁启超：《欧战蠡测》，《饮冰室合集》第 4 册，第 11–26 页。另见丁文江编：《梁任公先生年谱》，台北：世界书局，1959 年，第 439 页。

[12] “China's Breach with Germany”, *Manchester Guardian*, 23 May 1917.

攫取德国在青岛的特权，还能为中国全面参与未来的世界体系迈出第一步。段祺瑞回复，他支持参战的意见，并已经在为这一行动秘密准备。[13]

曾在政府中担任过多个重要职位，且是总统袁世凯心腹的梁士诒，1914 年也曾建议中国加入协约国一方作战。[14] 梁建议总统，从长远来看德国还没有强大到能够赢得战争，所以中国应该抓住机会宣战。他分析道，这样做的话中国就可以收回青岛，并在战后的和平会议中谋得一席之地，此外还有其他一些
485 长远的好处。梁士诒以深谋远虑、腹藏乾坤闻名，甚至一些接近他的观察者称其为“中国的马基雅维利”[15]。1915 年他重申“以协约国操之必胜之权，愿为助力”[16]。在 1915 年 11 月手书的笔记中，他坚持认为“(中国加入战团之事)今时机已至，舍此时机再无第二次”[17]。

如果说日本参战的主要动机是为了加强对中国的控制，那么中国参战的关键原因就是为了反击日本。日本是中国最具威胁也是最明确的敌人。只有参战，中国才有可能获得与日本周旋的余地，进而恢复国家主权。战争于 1914 年爆发后，如何处理德国在华权益不仅为中国和英国所关注，更为德国和日本所关注。作为一个被诸如德国和英国这样的大国划分了势力范围的半殖民地国家，中国势必会被拖入战争。因此，主动参战就成了上上之策。

中国的社会变革以及文化、政治领域的革命是与一战同步进行的，主动参战为中国重新定义其与世界的关系提供了动力与机会。此外，正如詹姆斯·乔尔所说，第一次世界大战展现出国际舞台上“一个时代的终结和一个崭新时代的开启”[18]。它标志着现存国际体系的崩溃和新的国际秩序的到来，这种明显的发展趋势有助于满足中国改变其国际地位的要求。这个年轻共和国的虚弱和内政的混乱，使其对参与并改变国际体系的积极性很高。1911 年的革命迫使中国

[13] 许田(张国淦)：《对德奥参战》，《近代史资料》1954 年第 2 期，第 51 页。

[14] 凤冈等编：《民国梁燕孙先生士诒年谱》，台北：商务印书馆，1978 年，第 194–196 页。

[15] Michael Summerskill, *China on the Western Front* (London: Michael Summerskill, 1982), p.30.

[16] 凤冈等编：《民国梁燕孙先生士诒年谱》，第 281 页。(原注为该书第 271–272 页，有误。——译者注)

[17] 同上书，第 299 页。另见苏文擢编：《梁谭玉樱居士所藏书翰图照影存》，1986 年香港印本，第 208 页。(原注为《民国梁燕孙先生士诒年谱》，第 289 页，但该页并无关于欧战内容，因此根据实际情况改为 299 页。不过，即便如此，该页内容实际上也无正文所引内容。第 299 页原文为：“先述会晤英俄两使事，及察看欧洲战争情形协约国必操胜算，遂乘机说袁，不如趁此际加入联盟，一方面藉英、俄、法之力以脱日本监视之厄，一方面缓和各方，得收从容布置之效。”正文所引内容只见《梁谭玉樱居士所藏书翰图照影存》，第 208 页。——译者注)

[18] James Joll, *The Origins of the First World War* (London: Longman, 1984), p.1.

人再度关注国际体系的变革，大战则是让中国的社会与政治精英们满怀憧憬的第一等重要的事件。中国人世界观的转变和战争释放出的破坏力量，为中国参与国际事务创造了条件，尽管这对中国自身并无直接影响（地图 18.1）。

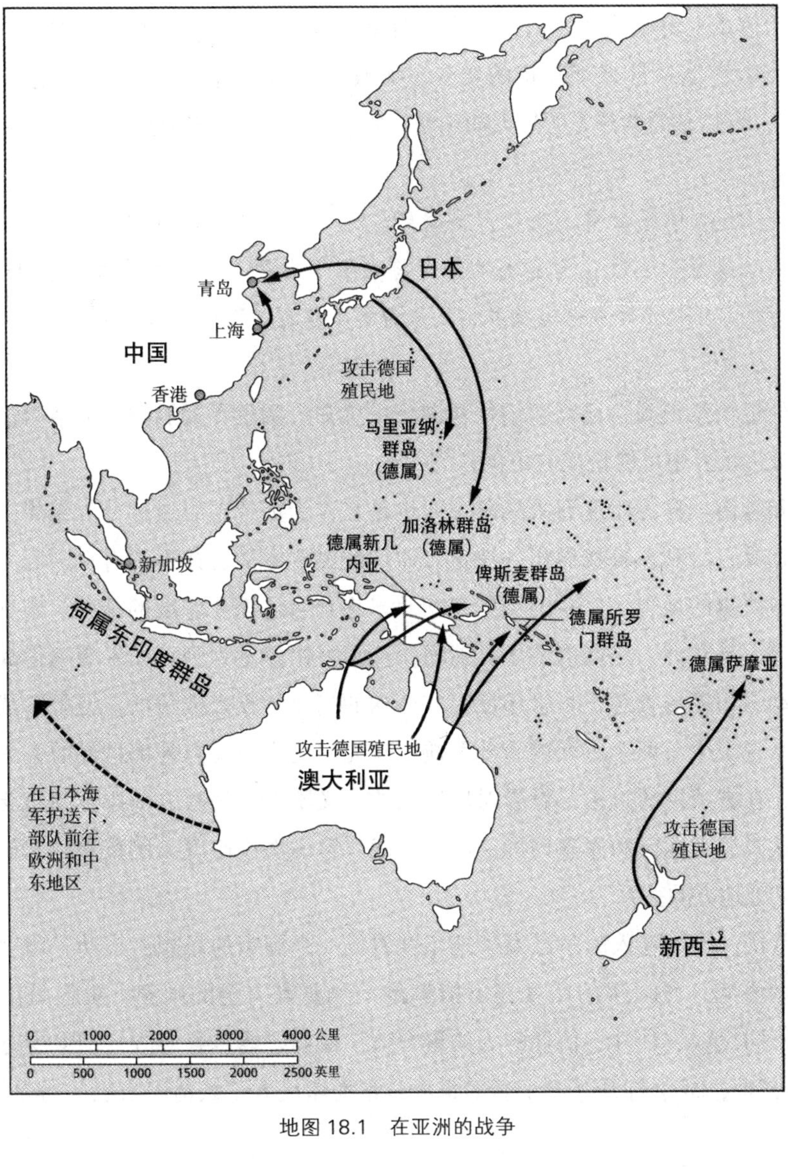

地图 18.1　在亚洲的战争

由于是殖民地，越南和印度在 1914 年的处境与中国和日本不同。无论是 486

越南还是印度，都不能制定自己的政策，选择自己的道路。拿越南来说，欧战的爆发并没有引起太大的注意，越南人的讨论和研判认为，战争对本国的影响
487 是有限且无足轻重的。然而和中国一样，越南人也深受20世纪初的社会达尔文主义影响，它鼓舞着越南人去探索国家的新出路。尽管殖民地管制使越南人在政治改革上鲜有成效，但“一战期间和战后不久的一些事件，为越南的政治精英和教育体系带来了真正的转变，而改革运动则造成了公开的、进一步的不合”。[19] 后来的共产党领导人胡志明，曾于1914年写信给他的一位良师益友：

> 炮火响彻云霄，大地尸横遍野。五个大国都在忙于作战。九个国家卷入了战争……我认为亚洲的命运将在接下去的三四个月中发生重大变化。对那些正忙于作战苦苦挣扎的人来说这很糟糕，而我们只需要保持冷静。

他很快意识到自己需要前往法国，去感知广阔世界的脉搏，弄清自己的国家在战乱世界中可能扮演的角色。[20]

和越南一样，印度卷入战争主要也是它作为英帝国组成部分的结果，而不是根据其自身利益直接做出的决定。印度的民族主义者并不具有在国际关系问题上做决定的地位。宗主国英国起初并未想到它还需要印度的帮助。毕竟战场在欧洲，是欧洲人之间的战争。然而，英国很快就意识到，如果想赢得战争就必须动员印度的资源。尽管印度是在英国的指令下投入战争的，但是参战对印度人来说至少有两个方面的重要影响。首先，它将印度与外部世界的关系推到台前。在被殖民的过去，世界对印度人的意义不大，一战之前印度的精英们也很少认真思考国际和军事问题。卷入一战“第一次让印度人民意识到了他们与帝国其他地方的关系”。

其次，印度卷入战争激发了把印度看成一个国家的思想，推动了印度民族主义的崛起。1914年的印度还不能算是一个要素完全的国家，更像是一个集聚了不同民族、种姓、信仰的人的聚合体，他们“能包容对方，却很少有共同
488 点”。然而，战争打开了一个新的世界，帮助印度人“认清了自己的力量”。英

[19] Hue-Tam Ho Tai, *Radicalism and the Origins of the Vietnamese Revolution* (Cambridge MA: Harvard University Press, 1992), pp.30–31.

[20] Pierre Brocheux, *Ho Chi Minh: A Biography* (Cambridge: Cambridge University Press, 2007), p.12.

国决定寻求印度的援助，似乎“提供了所有不同种族或信仰的人共同努力的目标”。所以说，这场战争为印度的民族主义事业和印度认同的形塑提供了“坚定有力的刺激”[21]。以印军的阿马尔·辛格（Amar Singh）上尉来说，投身一战为他履行军人职责以及“抒发自己的英雄情怀和民族自豪感”提供了机会。对于印军能和欧洲军队并肩作战，他感到非常高兴。他希望战争能提升印度的声望，这也是印度知识分子对战争的普遍看法。[22] 实际上，印度所有杰出的政治家都支持战时英国的征兵行动。圣雄甘地就是其中一位。他们中的多数人都把对战争的支援与印度人作为一个英帝国平等公民的权利联系起来，希望战后英国能让印度人在殖民政府中拥有更大的发言权。

即使是英国当局也意识到了战争可能带来的这一系列严重后果。《泰晤士战争史（1914年）》写道：

> 他们（印度人）对我们西方文明的精髓掌握得越多，尤其是我们也在不断提高印度土著军队的水平，我们遭受到的自下而上的压力就越大，他们正试图为其雄心壮志寻求突破口，而这种雄心恰恰是我们自己唤醒的。仅从军事的角度来看这个问题，当我们的印度土著军队拥有辉煌的战绩、发挥了很大作用的时候，我们再也不能否定他们与英国战友并肩战斗、在帝国遭受攻击时保护帝国的权利，熟悉这些事实的人不会不明白，这样的时代即将到来。[23]

所以说，当世界政局风云变幻，当所谓的母国正陷入一场大战时，战争就开阔了一些印度人对外部世界的眼界，让他们有了梦想和更高的期待。“英王兼印度皇帝”要求印度援助的时候，得到了印度人的积极响应，尤其是那些受过教育的阶层，他们视战争为机会。著名诗人艾哈迈德·伊克巴尔（Ahmed Iqbal）用如下的诗句描写了战争爆发时印度精英们的想法：

---

[21] DeWitt Mackenzie, *The Awakening of India* (London: Hodder & Stoughton, 1918), pp.18–21.

[22] DeWitt C. Ellinwood, *Between Two Worlds: A Rajput Officer in the Indian Army, 1905—1921, Based on the Diary of Amar Singh* (Lanham, MD: Hamilton, 2005), p.356.

[23] *The Times History of the War in 1914* (London, 1914), p.153.

489 世界将为我见证，
我内心汹涌的是倾诉的潮水；
我的沉默隐藏着渴望的种子。[24]

大战中的中国、印度、日本和越南

日本和中国带着对参战的有利收获的强烈渴望，印度和越南出于殖民地的义务和萌发的民族主义，几乎立刻就深深地卷入了欧战。正如上文指出的那样，日本在战争爆发当月就插足其中。日本的最后通牒要求德国将其在中国的特权让渡给日本，在德国拒绝之后日本就发动了对青岛的攻击。在与中国境内的德国人作战时，日本提供的兵力比英国还多：在对青岛德军的战斗中，英国派出了 2,800 人，日军则有 29,000 人。有意思的是，印度军队也参加了英国和日本一方，所以他们甚至在进入欧洲战场之前就已经尝到了战争的滋味。更有趣的是，日军的军事行动在青岛陷落后就结束了，伤亡 2,000 余人。1914 年 11 月 11 日，对青岛的控制权从德国手中转到了日本。

在实际的战斗中，只有印度和越南以派出军队的方式投入了战争。尽管处于英国统治下的印度地位低下，但印度士兵在英国的战争行动中发挥了重大的作用。他们“为协约国的霸业提供了一个巨大的人力储备库”[25]，从绝对数量来说，印度在英国所有殖民地或自治领中的贡献最大。士兵和劳工被运到欧洲，帮助了战争中的殖民母国。在整个战争进程中，超过 13 万印度人被送到法国，与殖民者并肩战斗。人员伤亡、士气衰退和对使用非白人军队这一决策的质疑，使得印度军团于 1915 年底彻底退出了西线。然而，很多印度士兵继续在东非、美索不达米亚、巴勒斯坦和埃及地区作战，直到战争结束。美索不达米亚是印军的主战场，印度士兵和劳工主要被投放在这一地区，也产生了十分惨重的伤亡。至于越南人，战争期间共招募了约 49,000 名士兵和 48,000 名工人，投
490 入法国的军事行动中去，他们中的大部分人被送往法国，主要服务于西线。[26] 到

[24] Mackenzie, *The Awakening of India*, p.159.

[25] Ellinwood, *Between Two Worlds*, pp.358–359.

[26] Richard Fogarty, *Race and War in France: Colonial Subjects in the French Army, 1914—1918* (Baltimore, MD: John Hopkins University Press, 2008), p.27.

战争结束，1,797个越南人献出了生命，各个战场印度人员的死亡总数则达到了53,486人。[27]

既然日本的真正动机是扩张在中国的利益，那么它只为盟友提供了微薄的军事支持就讲得通了。因为欧洲人彼此间打得你死我活，日本对双方都显得非常重要，从而使它能在亚洲放开手脚。尽管从严格意义上说日本和德国处于战争状态，但日本对在本国生活和工作的德国人非常好。正如当时一个美国人观察到的那样，“日本人并没有干扰任何日本境内的德国居民，他们依然留在日本，像以前一样受到欢迎，从事以往的职业。即便是德国的编辑们，也还在以他们原来的方式‘继续’写作，每天都发表大量难以容忍、充满敌意的社论。我们在惊愕之中等待着，看看对于这种违背常识和出版法的行为，日本人的宽宏大量能持续多久”[28]。由于日本的目标是中国，随着青岛的陷落，日本的战时行动就立刻转向在中国的扩张。

1915年1月18日，日本向中国递交了臭名昭著的“二十一条”。这些条款本质上暴露了日本的野心，即趁主要大国无力阻止之时殖民中国。这些要求由五大部分共二十一项条款组成。最为重要也最苛刻的是第五部分，它要求中国聘用日本人为政治、财政和军事事务的顾问，并让日本人控制中国重要地方的警察部门。这些要求太过苛刻，以至于有人称其“比一个战胜者向被他击败的敌人提出的许多条件还要糟”[29]。显然，日本想把中国变成它的附庸国。

然而，日本的要求给中国的生存和它成为一个合格的民族国家的愿望带来了最大的挑战。“二十一条”充分暴露了日本在中国的野心，促使中国关注本国应该采取何种战争政策。如果说日本在1895年击败中国给后者带来了国家认同的危机，1915年施加给中国的“二十一条”则不仅唤醒了中国人的民族意识，还帮助中国人认清了投入一战首先应该达到的明确目标是，在战后的和平会议
中谋得一席之地。尽管中国之前就已经表达了参加战争的意愿，“二十一条”的 491
提出才让中国政府拥有了为之付出具体行动的足够动力。在众多参战国中，中

[27] DeWitt C. Ellinwood and S. D. Pradhan (eds.), *India and World War I* (Columbia, MO: South Asia Books, 1978), p.145.

[28] Columbia University manuscript library: Carnegie Endowment for International Peace, correspondence 44, box 395: On 2 September 1914, letter to James Brown Scott of the Endowment.

[29] Cyril Pearl, *Morrison of Peking* (Sydney: Angus & Robertson, 1967), p.307.

国或许是最与众不同的。没有哪一个中立国像中国这样，把自己的命运和这场战争如此紧密地联系在一起，抱有如此高的期望，其自身的经历却又使它如此谦卑。1917 年 8 月中国向德国和奥匈帝国宣战，这或许对国际时局并没有重大影响，对中国自身来说却是一个极其重要的事件。

这是中国近代史上，中国政府第一次主动在海外事务中扮演积极角色。参加一战，也是近代史上中国第一次大规模地援助西方。参加欧战的战略表明，中国已经准备好融入世界，以平等的身份加入国际大家庭。中国在 8 月 14 日对德、奥宣战，18 年前的这一天恰好是八国联军打进北京城的日子。参战之后，中国确实恢复了部分主权，这也是它的主要战争目标之一。在与德、奥断交之后，中国政府最终得以在欧洲大国面前维持了自己的权益：中国海军没收了停泊在中国港口的德国舰船，军警则迅速接管了德国和奥匈在中国的租借地。

或许没有哪一项外交政策举动能像参战这样，对中国的内政和社会产生如此巨大的影响。然而，中国并没有享受到它第一次独立做出的重大外交行动的胜利果实，尝到的却是社会动荡、政局混乱和国家分裂的苦果。对参战问题的辩论，加剧了党派之争和军阀割据，成为导致内战的因素之一。随着中国于 1917 年宣战，一系列异乎寻常的事件接踵而来，诸如议会解散、宣统复辟、内阁频繁更替、段祺瑞被免职后又重新执政、总统黎元洪辞职等。与此同时，像这样具有讽刺意味的事情不仅仅发生在内政领域。中国的死敌是日本，中国加入的却是日本所在的阵营。中国向德国宣战，但是中德之间“宣告”的战争是个幌子，双方并没有发生战争，德国也不是中国设想中的敌人。德国成了中国
492 大战略的牺牲品，或者说成了中国的垫脚石。实际来说，德国是伪装的中国朋友，因为它帮助中国登上了世界舞台。

理解这些看起来矛盾的发展进程的关键在于，认清中国所处国际地位给它带来的困扰和中国政府的战略，即力图通过参战来收回鸦片战争以来日本和其他列强攫取的国家主权。尽管中国渴望在正式参战后向欧洲派遣军队，但只有法国对使用中国军队作战感兴趣。日本强烈反对，英国则并不看好它的前景。由于缺乏运输手段和资金，对方也并不太感兴趣，中国没能向欧洲投送军队。为支援英法军事行动而派出的 140,000 名华工，反而成为中国最大的贡献。[30]

---

[30] 关于中国劳工在欧的详情，参见 Guoqi Xu, *Strangers on the Western Front: Chinese Workers in the Great War* (Cambridge, MA: Harvard University Press, 2011)。

对中国人来说，向欧洲派出劳工是参加战后和平会议进而成为国际社会正式成员这一战略的关键所在。早在 1915 年，中国就已经制订出了一个以工代兵的计划，目的是在官方尚未确定是否参战的情况下，有计划地与协约国的军事行动建立联系。中国政府极力推销输送劳工以支援协约国的想法，欲借此增强中国在战争中的地位。这项计划是梁士诒智慧的结晶，他称其为“以工代兵”（从字面上理解就是“用劳工代替士兵”）战略。[31] 在梁士诒开始构想这一计划时，他主要针对的是英国，建议必须派遣军事劳工而不是工人。如果英国人接受了这一提议，那么中国早在 1915 年就加入协约国作战了。然而，英国人立马就回绝了这一想法，于是梁士诒只好寻求法国人的支持。英国人拒绝的原因之一是英国的国内政局。从英国的角度来说，在战争爆发前几年，南非的华工问题就已经成了一个焦点话题，英国工会组织之所以如此坚决地反对在战争中（尤其是在英国）使用华工，关键就在于保护本土和英帝国内的“白人劳工”。

1915 年，在中国备受日本“二十一条”打击之际，法国正面临着劳动力的危机：如何才能在稳定后方的同时，在战场上继续这场伤亡惨重的战争？在中国提出可以援助之后，法国就立即开始计划如何将中国人运往法国。最后，大约招募了 40,000 名华工送往法国。到了 1916 年，在英国处于生死关头之际，绝 493
望的境地在某种程度上消磨了英国人的傲慢。在当年 7 月 24 日向下议院发表的演讲中，温斯顿·丘吉尔说道：“为了继续这场战争，我甚至不再畏缩于使用‘中国人’。”[32] 1916 年，英国军方开始招募中国人，战争期间约有 100,000 名中国人被投送到法国，去支援英国的军事行动。由于保护主义思想在英国工人阶层广为流传，英国政府事实上坚持以准军事化的方式来对待华工，并禁止他们进入英国。英国人监督下的许多华工在法国一直待到 1920 年，法国人监督下的大部分华工则待到了 1922 年。华工是英国下属劳工力量中最晚离开法国的。[33] 换句话说，在所有参战的外国力量中，中国向法国输送了数量最多的劳工，华工停留在法国的时间也最长。

---

[31] 凤冈等编：《民国梁燕孙先生士诒年谱》，第 310 页。

[32] Parliamentary Debates, *Commons* (84) (10-31 July 1916), p.1379.

[33] “General Statement regarding the YMCA Work for the Chinese in France”, March 1919, Kautz Family YMCA Archives, University of Minnesota Libraries, Minneapolis (hereafter cited YMCA Archives) as box 204, folder: Chinese laborers in France reports, 1918—1919.

1916年英国也向印度寻求民用人力的支持。第一批印度劳工约2,000人，于1917年5月前往欧洲。[34] 1917年6月，另一批6,370名劳工抵达法国。很快从印度新来的20,000名劳工也补充进了他们的队伍。[35] 1915年法国开始在法属印度支那为战争动员和招募劳工。[36] 和中国人一样，大部分越南人之所以愿意前往法国，不是为了逃离贫困就是追求冒险刺激。不过和中国不同的是，在越南的劳工招募遇到了阻力。在越南南部的大部分地区，法国招募士兵和劳工的行动遭遇了暴乱和其他形式的抵抗。这些抵抗事件大都由教派组织和秘密会社领导发起。[37]

一战是一场总体战，战场上和大后方都进行着较量。大规模的战斗人员和其他人力消耗在了西线。由于中国、印度和越南贡献了大量的人力，必须承认它们是战争的重要参与者。中国人似乎在开挖堑壕方面非常得心应手。一位英国官员证实，从他手下的100,000人（包括英国人、印度人和中国人）挖掘堑壕
495 的土方量来看，中国人平均每天挖200立方尺，印度人是160立方尺，英国兵则只有140立方尺。另一位英国官员为这一观察数据给予了佐证："在我的队伍中，我发现华工完成的挖堑壕的工作量，每天都超过白人劳工。"[38] 大部分劳工的主要工作是维护军需供给线，打扫和开挖堑壕，清理新占领的地盘。有三支华工队伍，是唯一能在开挖堑壕之外，参与维护坦克这一战争中最先进武器的劳工队伍。[39] 坦克兵团雇用华工从事技术含量如此高的工作，这是史无前例的，因为这种岗位通常是为白人预备的。不仅是他们的技术，华工的高效和勇敢也常常受到称赞。费迪南·福煦将军赞誉法国人招聘的华工是"一流的劳工，他们可以转化成优秀的士兵，称得上是经得起现代炮火考验的典范"[40]。

印度人和越南人的努力工作与牺牲也备受称誉。在1918年3月德国人的攻

[34] John Starling and Lvor Lee, *No Labour, No Battle* (Stroud: History Press, 2009), p.258.

[35] *Ibid.*, p.25.

[36] Kimloan Hill, *"Strangers in a foreign land: Vietnamese soldiers and workers in France during World War I", in Nhung Tuyet Tran and Anthony Reid* (eds.), *Viet Nam: Borderless Histories* (Madison: University of Wisconsin Press, 2006), p.259.

[37] Ho Tai, *Radicalism and the Origins of the Vietnamese Revolution*, pp.30–31.

[38] YMCA, Young Men's Christian Association with the Chinese Labor Corps in France, YMCA Archives, box 204, folder: Chinese laborers in France, p.14.

[39] Controller of Labour War Diary, July 1918, National Archives, Kew, WO 95/83.

[40] General Foch's secret report to the Prime Minister, 11 August 1917, in Archives de la Guerre, service historique de la Défense, château de Vincennes, 16N 2450/ GQG/ 6498.

势中，印度劳工常常要离开营地，必须随叫随到，他们的工作与勇敢受到了赞扬。他们在撤退时表现出了“令人钦佩的沉稳”。即便在遭受诸如航空轰炸、机枪扫射等炮火攻击的时候，无论是白天还是晚上他们都没有产生恐慌。无论何时接到召唤，他们都能停止前进甚至调头回去工作，往火车、卡车和马车上装载物资。“有一支队伍在运送伤员的列车上执行协助照料伤员的任务，虽然从未受过这方面的训练，他们的工作还是赢得了卫生官员很好的评价”。[41] 到战争结束的时候，至少有 4,000 名印度支那人在前线或者战场周边服务，担负司机、搬运工或军需补给人员的工作。索姆河战役期间，来自印度支那的司机们持续工作 36 个小时，并没有让人觉得他们比法国驾驶员更加疲劳。有人指出，印度支那的驾驶员比他们的法国同事更擅长操作机械，同时他们驾驶车辆的维修费要比法国士兵驾驶的省四分之一。他们的驾驶也很安全，从没发生什么致命的事故。一位观察者写道，“执行精密任务时表现出的机智、冷静，以及他们的技术 496
和天赋，似乎成了印度支那人的主要特征”[42]。

所有人都饱受法国冬天的严寒之苦，严寒的天气给印度人和越南人造成了极大的困难，但中国人比他们更能适应。中国人很少抱怨天气，印度人和越南人却经常被寒冷摧残得极为痛苦。1917 年 12 月 27 日，一名印度劳工在他从法国寄出的私人信件中写道：

> 你想知道寒冷的滋味吗？见到你的时候我会清清楚楚地告诉你法国的严寒是什么样的。现在我只能告诉你，地上是白的，空中是白的，树上是白的，石头是白的，泥土是白的，水也是白的，连人吐的唾沫也会冻成白色的冰块。[43]

很多越南人也被这种酷寒吓了一跳，一位印度支那人写道：“实在是太冷了，唾液一吐到地上立马就结成了冰。”另一位则说：“这里冬天的寒冷让我刻骨铭心。”[44] 关于中国人对严寒的忍耐力，A. 麦考密克上尉观察后表示：“有一件事

[41] Starling and Lee, *No Labour, No Battle*, p.260.

[42] Fogarty, *Race and War in France*, pp.65–66.

[43] Letter 628, in David Omissi, *Indian Voices of the Great War* (Basingstoke: Palgrave Macmillan, 1999), p.342.

[44] Hill, “Strangers in a Foreign Land”, p.261.

让我对他们感到非常惊奇。我原本认为他们应该比我们更耐不住冷，但似乎不是这样的，无论工作时还是在外面走，他们都光着膀子。”[45] 由于更加高效，技术更好也更能吃苦，中国人普遍比那些来自印度和越南的伙伴更受重视。

对大部分亚洲人来说，前往法国的旅途充满了艰辛和折磨。大家抱怨最多的是晕船、疾病、糟糕的环境和粗劣的食物。有些越南人在前往法国的路途中，不得不和牲畜睡在一起。很多亚洲劳工遭到了粗暴对待，穿的也是破衣烂衫。长时间工作和食物短缺，是印度支那劳工的共同遭遇。一个人抱怨说，“从来没有休息时间，甚至连一个礼拜天都没有”。另一名越南劳工控诉道，两周之内他仅有的食物是“一条面包”。[46] 这些人大都在前线或战场附近服务，因而常常遇到意外事故，甚至丢掉性命。在前往欧洲途中和在欧洲工作期间，约有 3,000 名
497 华工丧生。近 1,500 名印度劳工在法国工作期间去世，大部分死于疾病。[47] 越南方面，到战争结束时共有 1,548 名劳工死亡。

尽管中国人、印度人和越南人事实上是去支援英国、法国或者双方的军事行动，他们在法国却深受欧洲种族歧视的伤害。英国人当中广为流传着这样一种比喻，“亚洲人和非洲人就像小孩，严格管教对他们才好”[48]。官方规定：“禁止对殖民地或属地人民表示出任何的同情之心。严肃对待异教徒是绝不能打折扣的操守；这些异教徒被当作孩子一般对待，像对孩子一样进行管教。”同时，人们往往会发现，在种族管制中，这种傲慢的观念还混杂着对东方或亚洲一些特殊习俗和传统的极度愚昧无知。[49] 他们甚至对某些特殊的习俗和传统吹毛求疵，非难嘲弄。越南人有时会把他们的牙齿涂黑，因为他们认为黑色的牙齿使其更有魅力。这一做法却让他们成了法国人嘲弄的靶子，进而引起了双方的冲突。印度人有时则因不吃牛肉等习惯而被戏弄。相比于白人“印度人天生低人一等”的观念，在英国种族主义者中十分普遍。根据对其他种族的刻板印象，一些法国人认为越南人生理上不够强壮，无法胜任一些白人干的重要工作。霞飞将军

[45] Captain A. McCormick files, 02/6/1,207-208, Imperial War Museum, London.

[46] Kimloan Hill, “Sacrifice, Sex, Race: Vietnamese Experiences in the First World War”, in Santanu Das (ed.), *Race, Empire and First World War Writing* (Cambridge: Cambridge University Press, 2011), p.58.

[47] Starling and Lee, *No Labour, No Battle*, p.260.

[48] V. G. Kiernan, *The Lords of Human Kind: Black Man, Yellow Man, and White Man in an Age of Empire* (New York: Columbia University Press, 1986), p.153.

[49] Nicholas John Griffin, “*The Use of Chinese Labour by the British Army, 1916—1920: The ‘Raw Importation’, Its Scope Problems*” (PhD thesis, University of Oklahoma, 1973), p.14.

一直认为，印度支那人“并不具备欧战中必需的身体和耐力条件”。[50]

有趣的是，尽管法国人有着种族主义思想，法国女性似乎很青睐中国人和越南人。她们时常留意华工或越南劳工，因为这些人都有钱也很和善。爱情和亲密的行为催生了婚姻。到战争结束时，250 名越南人和法国女人结了婚，另有 1,363 对夫妻在不受政府认可或父母同意的情况下生活在了一起。虽然没有十分精确的数据，但可以很确信地说，许多中国人和法国女人有了性关系，其中有些人后来就结婚了。法国男人当然不乐意见到本国妇女和中国人或越南人结婚这一事实。来自勒阿弗尔（Le Havre）日期注明为 1917 年 5 月的一份警察报告显示，当地的一些法国男人很不愿意在本地见到华工，甚至爆发了针对华工的 498
骚乱。从这份报告中可以看出，法国人对自己国家遭受的巨大战争伤亡感到十分沮丧：

> （在军需工厂里）经常能听到这样的议论，如果战争继续，法国将不会剩下一个男人，那么我们拼死战斗图的是什么？我们迟早会死在前线，这样一来中国人、阿拉伯人或者西班牙人就可以和我们的妻子和女儿结婚，进而共享法国。[51]

尽管战争对越南国家发展造成的积极影响和冲击，并不像对印度或中国的那样强烈，我们还是能看到民众的想法和盼头发生了一些变化，在那些战争期间待在法国的越南人身上尤为明显。正如一位学者近来指出的那样，第一次世界大战在法属印度支那历史上是一个转折点。对很多越南人来说，法国之旅不仅是响应宗主国的号召，它更是开眼看世界的一次体验。在法国期间，他们中的很多人都醉心于学习、观察和思考。马赛附近有一家印度支那俱乐部，越南人可以在这里给家人写信，并和老乡们参加一些社交活动。这家俱乐部还提供免费的杂志、报纸和茶水。法语联盟也向法国的越南劳工和士兵提供社会服务，并组织一些文化活动。法语联盟的成员开设了免费的法语课程，到战争结束时约有 25,000 人受益于这一项目。[52] 印度支那人很珍惜在欧洲学习法语的机会，

[50] Fogarty, *Race and War in France*, p.45.

[51] John Horne, “Immigrant Workers in France during World War I”, *French historical Studies*, 14:1 (1985), pp.57–88.

[52] Hill, “Strangers in a Foreign Land”, p.270.

热情都很高。一位名叫黎文业的装甲兵下士，参加了法语的初级能力证书考试，在 60 名应试者中取得了第二名。他对此颇为自豪，写信给在河内的一位朋友，请他在当地的报纸上刊登一则消息，报道他的成功并附上他的照片。这封信最后只到了法国审查员的办公室，后者认为这位越南人在语言学习方面“进步很大”，但他的“谦逊品质正在减退”。[53]

通过学习、思考和近距离的观察，这些到过法国的越南人“伴随他们的经历，不同程度地发生了变化，很多人甚至变得激进”。他们在法国和后来回国的经历与观察，促使很多人为改变现状而斗争。就像一位学者指出的那样，“通过在印度支那征募人力，法国不经意地引爆了一系列事件，正是这些事件最终导
499 致它丧失了对印度支那的殖民统治”。胡志明当时也想参加法国的军队。尽管不清楚他到底有没有投身战争，不过他成了旅法越南同胞中的风云人物，以他的名字发表的政治宣传册在那些倡导印度支那独立的越南人中广为散布。[54]

对越南人来说，甚至连他们与法国女人的性行为和婚姻，也成了自身成长和民族觉醒的象征。尽管他们是以殖民地属民的身份生活在法国，一些和当地法国妇女结婚，或者经常出入于当地妓院和夜总会的越南人认为，自已和那些生活在印度支那的法国人并没有什么不同。[55] 约有 2,900 名越南士兵和劳工战后留在了法国。[56]

追求和法国女人建立罗曼关系的盛行，对越南人的心理和民族意识产生了十分深远的影响。这种行为证明了，他们可以跨越殖民地人民和殖民者之间的藩篱，可以挑战那些法国人在越南建立起的殖民秩序和政治禁忌。[57] 一些印度支那人公开地把他们和法国女人的两性关系作为政治活动来描述。对这些印度支那人来说，和法国女人的性关系“像是对欧洲人的一种报复，法国人的风流行为让老一辈印度支那人害臊，同时也刺激了他们的嫉妒心理”。印度支那人的这种心态，显现出一种对殖民秩序重大的潜在威胁，因为这些人大部分最终都要返回家乡。有学者指出，“这种跨种族关系，对法国女性在殖民地的地位可能

---

[53] Fogarty, *Race and War in France*, p.153.

[54] Hill, “Sacrifice, Sex, Race”, pp.62–65.

[55] Fogarty, *Race and War in France*, p.208.

[56] Hill, “Strangers in a Foreign Land”, p.281.

[57] Hill, “Sacrifice, Sex, Race”, p.60.

造成的影响是显而易见的。如果她们被殖民地社群看作是社会支柱，她们身上体现了法国人对文明和家庭生活的看法，她们的存在定义了隔离殖民者和被殖民者的界限”，那么这种跨种族关系将带来“对殖民秩序产生重大影响的潜在威胁”。[58] 越南人的旅法经历让他们不再在法国人面前感到自卑，他们开始质疑和憎恨法国人在越南的统治。[59]

法国女性和越南男子之间的男女关系让法国当局非常担忧，他们试图阻止这种关系的发生。一位印度支那人因为“胆敢和法国女孩相恋”被关了15天。[60] 法国当局也很关注印度支那人向国内寄的他们与白人女子的合影。事实上，越南人不仅和法国女子约会，还常常把她们的照片寄回国，有时甚至寄的是裸照。一位姓胡的军士长曾把法国女子写给他的信寄给在国内的兄弟，让 500
他像对“圣物”一样好好保管。这样一来，他回国后就能向那些不相信自己与白人女性交往的故事，甚至嘲笑他故弄玄虚的欧洲殖民者，展示这些信件。[61] 对法国人来说，对这种跨种族接触的证明，有损于“我们在远东的威望”，因此法国的审查员会尽可能地没收此类照片。出于对公共秩序和法国殖民统治的考虑，审查员的最终处理非常直接干脆：拿上述胡姓军士长的例子来说，他那“可悲的想法”会让印度支那的百姓认为，法国人都过着“可耻的声色犬马”的生活。由于这些印度支那人获得了经验和技术，有些受了教育的甚至在战后成了所处社团的领袖，法国当局害怕他们带着新思想回国，对“他们的陈规旧律”不再那么“顺从”。1918 年 6 月，法国当局指示殖民政府，对回国的士兵进行审问并严加监视。[62]

大量越南人前往法国支援宗主国的战争，让他们有了直接观察西方人并与之交往的机会。这种机会还让他们能够对法国人和其他西方人进行比较。战场上的互相支援，让一些越南人有机会与美国士兵交流。越南士兵在私人信件中透露了他们对美国人的印象。有人认为美军“在所有盟军中，是最顽强、最具战斗力的”。有人认为美国人是“英勇的斗士”。还有人甚至提出了很惊人的看

---

[58] Fogarty, *Race and War in France*, pp.202–212.

[59] Hill, “Strangers in a Foreign Land”, p.281.

[60] Fogarty, *Race and War in France*, p.214.

[61] *Ibid.*, p.222.

[62] *Ibid.*, pp.220–225.

法，认为法国人并不是顽强的战士，是“美国人在战场上的出现，恢复了越南人的信心”[63]。非常有意思的是，许多中国人也与越南人保持着日常交往。虽然双方语言不通，但中国人和越南人相处得非常好，有时还保持着紧密的团结。当时中国人总是和非洲人不和，每次中国人和非洲人起争执，越南人总是帮中国人对付非洲人。法国政府不想让越南人受到中国人爱国主义和民族主义思想的感染，尽力想让双方分开。[64]

501 中国人同样也深受他们旅欧经历的影响。由于华工是中国国家复兴、提升国际地位这一大战略的组成部分，许多政府之外的其他机构也参与了华工赴欧的工作，无论是旅途中还是在欧洲的生活都一路跟进。基督教青年会就是其中一家机构。在华工抵达法国后，基督教青年会在影响和塑造华工在欧生活方面起了很大作用。基督教青年会的干事，大部分都是毕业于西方大学的中国精英，他们帮助华工同胞学会阅读、开阔见闻，为他们设计文化娱乐活动。

战争期间，一批中国最优秀、最有前途的知识分子前往法国，因为伍德罗·威尔逊对新世界秩序的呼唤及其对更好的世界体系的承诺深深地打动了他们，他们认为中国能从中受益。他们希望能贡献自己的知识、活力和经验，去推动这一新的世界秩序的到来。然而，他们的世界观及对中国的理解和华工们有着巨大差别。他们替华工写家信，教他们阅读，启发他们怎样去理解中国与世界事务。或许更重要的是，他们决心将这些华工塑造成更合格的中国公民乃至世界公民。如此种种经历，帮助这些精英学者和有才华的学生对中国工人阶级产生了新的认识，鼓舞他们去探索解决中国问题的方法，也改变了他们对中国及其未来的看法。一方面华工从自身经历和基督教青年会的干事及其他与之并肩工作的中国精英身上学到了很多东西，另一方面华工们也让这些中国精英学到了很多。华工终将会成为中国和世界的新公民，同时也会对他们的共和国及其在世界的地位产生新的理解和认识。来到法国的这些华工，在刚被选中要送往欧洲时，大都是普通的农民，对中国和世界所知甚少。尽管如此，这些华工直接地、以个人方式，改变着中国在国内和世界的形象。他们新的跨国身份，重塑了国家认同和中国的国际化进程，这反过来也有助于塑造新兴的全球体系。

---

[63] Hill, “Strangers in a Foreign Land”, p.263.

[64] 陈三井、吕芳上、杨翠华主编:《欧战华工史料》，台北:“中研院”近代史研究所，1997 年，第 380-381 页。

战争期间他们在欧洲的经历，他们和美军、英军、法军以及来自其他国家的劳工兄弟的并肩战斗，让他们对中国及世界局势有了独特的认识。不仅如此，晏阳初、蒋廷黻、蔡元培、汪精卫等中国日后的重要人物，经过在欧洲与华工的相处，对他们的同胞有了全新的理解，因而深信中国将会变得更好。

同中国人、越南人一样，印度人在欧洲的经历以及与西方人的直接接触， 502
也集中地催生了他们对东西方文明的新看法。印度军团指挥官詹姆斯·威尔科克斯将军在致印度总督哈丁爵士的一封信中写道："我们的印度士兵拿着很低的酬金在陌生的异域服务，他们是世界上最能吃苦耐劳的士兵，他们正在做的事情是亚洲人之前从未被人要求做过的。"[65] 很大程度上说，这场战争为提高印度的民族声誉提供了一条路径。[66] 战争经历给了印度人新的信心和政治意识。一位印度老兵后来说，"当我们见了不同的人，了解了他们的观点，我们开始抗议英国人在白人和黑人之间确立起的不平等与差别化对待"[67]。印度的一位精英人士指出，"这场战争让我们改变了很多。它既改变了我们对印度的看法，也改变了我们对英国人的看法"[68]。一位印度士兵写信回家，"你应该像教育儿子一样教育你的女儿，我们的子孙后代会因此变得更好"[69]。阿马尔·辛格告诉印度官员们，"这是我们印度人第一次能够荣幸地站在欧洲人自己的土地上和他们作战，对于把我们提高到这一层次的政府必须给予支持"。在描述 1915 年 10 月印度军队抵达法国时，辛格在他的日记中写道："无论会发生什么他们必须认识到，印度的尊严依靠的是他们。战后印度将会获得的让步，是通过其他途径得不到的，或者说至少要多年后才能得到的。"1914 年 11 月，他在日记中写道，"一到法国我就一直在欣赏和研究城镇里或乡间别墅旁的林荫大道。"到 1915 年 6 月他有了进一步的想法，"一来到法国，这里的森林和林荫大道就给我留下了非常深的印象。我常想在这方面［回到印度后］我能在自己的家乡做些什么"[70]。正如在 1916 年创建全印自治同盟的安妮·贝赞特宣称的那样，"战争结束之后……为了

---

[65] Ellinwood, *Between Two Worlds*, p.365.

[66] Santanu Das, "Indians at Home, Mesopotamia and France, 1914—1918: towards an Intimate History ", in Das (ed.) *Race, Empire and First World War Writing*, p.74.

[67] *Ibid.*, p.84.

[68] Ellinwood and Pradhan (eds.), *India and World War I*, p.22.

[69] Das, "Indians at Home", p.83.

[70] Ellinwood, *Between Two Worlds*, pp.370–404.

表彰印度对保卫帝国所做的光辉贡献，英王兼印度皇帝将会为印度挂上一枚让其在帝国内部获得自治的宝石勋章，对此我们不应怀疑”。圣雄甘地也认为，通过在战争中的努力，改变将更容易实现，他说：“当战争还在继续时，暂不推动我们的诉求是恰当且富有远见的。”[71]

503 由此看来，印度人的战争经历无疑引燃了他们的民族意识。印度人新兴的民族觉醒，迫使英国殖民当局做出一些让步。1917 年英国宣布印度是英帝国的一个组成部分。这份宣言是 1917 年 8 月以英国印度事务大臣的名义公布的，承诺在 1919 年进行宪法改革，以推动“印度人更多地参与各行政部门，并逐步发展自治机构”[72]。批评者可能会说这一高调的宣言只是一个空头承诺，一战和印度人的牺牲只给印度带来了高通货膨胀、货币贬值和税收的增加。尽管如此，即使这份宣言是象征性的，从长远来看它必定还是一种积极的进步。它宣告了印度和英国之间一种新关系的开始，这种变化主要是由一战和印度人的贡献带来的。由于 1917 年宣言承诺并允许印度享有一定程度的自治，无论这一步有多小，也不管英国的让步是多么不情愿，它在印度漫长的独立进程中可以说是很重要的一步。就像蒂莫西·C. 温高近来所述，“相对于 1939—1945 年的第二次世界大战，第一次世界大战对 20 世纪自治领的发展来说是更为关键的一个时期。一战永远地改变了帝国的结构，通过自治领的重要参与，在法理上和文化上都加速了完全国家地位的实现”[73]。

除了贡献人力资源，亚洲国家还提供了其他形式的重要援助。举例来说，日本驱逐了德国在青岛和南太平洋德属密克罗尼西亚的军队；除此之外，对于德国在太平洋的商贸劫掠活动，日本也派出海军进行打击，同时保护了澳大利亚和新西兰派出的从太平洋到亚丁的护航编队。日本海军还在地中海参与了对德国潜艇的围猎。与此同时，日本为其盟国提供了大量船舶、黄铜、军需品以及近 10 亿日元的贷款。印度向英国输送了 172,815 只牲畜和 3,691,836 吨的补给，极大支援了英国的军事行动。此外，这些亚洲国家亦通过出售战争债券筹集了

[71] Das, “Indians at Home”, p.73.

[72] Ellinwood and Pradhan (eds.), *India and World War I*, p.21–22.

[73] Timothy C. Winegard, *Indigenous Peoples of the British Dominions and the First World War* (Cambridge: Cambridge University Press, 2011), p.11.

数额巨大的资金，这些资金都移交给了英、法当局。[74] 中国甚至通过香港地区，秘密为英国输送了大量的步枪。一些亚洲妇女也卷入了这场战争。一些越南女性自告奋勇地前往法国，“站在她们的法国姐妹身旁”提供卫生服务，或者进入工厂工作。甚至还有一些关于印度支那女工在法国劳工营地的报告。[75] 战争期 504
间，有 75 名日本护士前往法国工作。[76]

由于印度和越南的殖民地地位，这场战争是否给它们带来了物质利益很难说清楚；但中国和日本确实从中获得了实实在在的经济利益。日本享受到了实质性的经济增长：1914 年日本货运业的净收入不到四千万日元，1918 年则超过了四亿五千万日元。商品贸易方面，在战争中的四年时间里，平均每年的出口额要比进口额超出三亿三千万日元，而 1911—1914 年间，进口额与出口额的逆差平均每年达六千五百万日元。由于利润的增长又扩大了再生产，战争期间总的工业投资增长了 17 倍。日本的生产总量从二十六亿一千万日元增长到 1918 年的一百零二亿一千两百万日元。[77] 工业就业人数也获得了相应的增长。1919 年日本的工业从业人口几乎是 1914 年的两倍。更重要的是，战争期间日本实现了意义重大的贸易顺差，这在 19 世纪结束后还是第一次，它也帮助日本创造了自开国以来的第一次收支顺差。[78] 中国也收获了类似的好处。尽管战争期间中国没有实现贸易顺差，但它的贸易逆差明显降低。可以说战争帮助中国实现了一定程度的繁荣，也为中国资本主义黄金时代的到来奠定了基础。[79]

总而言之，亚洲人既为大战做出了重大贡献也在很多重要方面获益匪浅。亚洲人的参战，让这场战争真正成了全球范围的大战，但更重要的是，他们的参战成了整个亚洲地区政治发展和身份认同觉醒的重大转折点。亚洲各参战国对战后和平会议前景的共同期盼，进一步表明了这场战争对亚洲的重要性。

---

[74] Ellinwood and Pradhan (eds.), *India and World War I*, p.143.

[75] Hill, “Sacrifice, Sex, Race”, p.55.

[76] Jan P. Schmidt, “Japanese Nurses in WWI”, unpublished article.

[77] Kenneth D. Brown, “The Impact of the First World War on Japan”, in Chris Wrigley (ed.), *The First World War and the International Economy* (Cheltenham: Edward Elgar, 2000), pp.102–107.

[78] Iriye, *Japan and the Wider World*, pp.22–23.

[79] 关于这方面的详情，参见 Marie-Claire Bergère, *The Golden Age of the Chinese Bourgeoisie, 1911—1937* (Cambridge University Press, 2009)。

战后和会中的亚洲人

美国总统伍德罗·威尔逊为战后秩序描绘的蓝图，让中国人、印度人、朝
505 鲜人和越南人都抱有很高的期待。即便是日本，对战后和会的协商及新世界秩序的产生也十分期待。日本人一直希望国际社会能承认日本是具有主导地位的亚洲大国，他们希望这一夙愿能在巴黎和会上得到确认。日本人还希望他们近来在中国攫取的权益能得到列强的国际认可。更重要的是，日本人希望西方大国能够承认日本具有和它们完全平等的地位。在这方面，他们注定会失望。

事实上，日本是巴黎和会中的五巨头之一，也获得了它在中国的战利品。然而，日本倡导并获得中国支持的种族平等条款被否决了。在 1919 年 2 月 13 日日本首次提出种族平等问题时，尽管中国不愿让自己从关注的主要问题上分心，中国外交官顾维钧还是表示了对这一提议的支持。[80] 4 月 11 日，日本提出了关于这一问题的另一个建议，中国再次表示了支持，认为和约的正式文本中应该采纳这一提议。[81] 具有讽刺意味的是，正是身为国际联盟委员会主席的伍德罗·威尔逊，最后阻止了将这一提议写进和约的最终文本。正如一位学者最近指出的，“对于威尔逊在战争期间对民族自决问题的诸多表态中所反映的普世主义信息，最明显的矛盾之处在于威尔逊处理美国国内种族关系的言行记录”，这些言行中普遍存在着种族属性的预设和种族主义的看法。[82] 日本人对威尔逊非常失望，有人称他是“语言上的天使，行动上的魔鬼”[83]。让日本人感到希望破灭的还有另外三个方面：国联问题，英美在东亚和太平洋地区合作的加强，美国 1924 年的《外国移民法》。[84] 这种幻灭和背叛感，或许能够解释之后日本的单边政策及其在中国的扩张。日本人依然被白人大国俱乐部拒之门外，仍和那

[80] David Miller, *My Diary at the Conference of Paris: With Documents*, 21 vols. (New York: Appeal Printing Company, 1924—1926), vol. I, p.205, entry for 26 March 1919；亦参见 David Miller, *The Drafting of the Covenant*, 2 vols. (New York: Putnam's Sons, 1928), vol. I, p.336。

[81] 有关顾维钧对该问题的支持，参阅 1919 年 2 月 13 日和 4 月 12 日《陆征祥致外交部的电报》，中国社会科学院近代史研究所《近代史资料》编辑室、天津市历史博物馆编：《秘笈录存》，北京：中国社会科学出版社，1984 年，第 82–83, 129 页。

[82] Erez Manela, *The Wilsonian Moment: Self-Determination and the International Origins of Anticolonial Nationalism* (New York: Oxford University Press, 2007), p.26.

[83] *Ibid.*, p.197.

[84] Naoko Shimazu, *Japan, Race and Equality: The Racial Equality Proposal of 1919* (Abingdon: Routledge, 2009), p.171.

些亚洲同胞一样处于二等地位。 506

让局势更为糟糕的是，日本正经历着日本版的国家认同危机。在中国人发现19世纪的世界秩序是多么糟糕的时候，日本正以极大的决心效法德国，成功披上了西方文明的外衣，也因此被誉为“东方的进步先锋”。然而，一战和新的世界秩序迫使日本得出的结论是，或许它追随的是一个坏榜样——毕竟德国现在是个被人谴责的战败国。

和日本人一样，中国人也在战后和会上同时经历了希望与失望，由于中国对这场战争以及战后世界寄托了太多的希望，他们的失望感要更为深切。中国人自1915年以来，就一直在为和会能为其提供的机会做准备，因为他们清楚自己的国家是如此虚弱，几乎没有其他的途径能迫使列强做出改变。中国对德正式宣战，并向欧洲派出大规模的劳工支持协约国，让它获得了在和会中的席位。然而，中国被划为三等国家，其代表团只分得了两个席位，日本则有五个。在很多方面，日本在和会上的成功就意味着中国的失败。即便如此，中国还是充分把握了这次机会，在和会讨论以及新世界秩序的产生过程中，尽可能地注入实质性的新内容和新观点。

虽然不是每个中国人都对威尔逊深信不疑，但当战争胜利的一刻在万众瞩目中到来时，全民的情绪都汹涌澎湃了起来。在北京，中国学生前往美国驻华公使馆，高呼“威尔逊总统万岁”。他们有些人已经熟读并能轻易地背诵威尔逊提出十四点计划的演讲。时任北京大学文科学长的陈独秀，是新文化运动的领导者之一，之后也参与创建了中国共产党，他对威尔逊的真诚也十分信服，称威尔逊是“世界上第一个好人”[85]。陈独秀认为一战的结束是人类历史的一个转折点，他写道“强权是靠不住的，公理是万万不能不讲的”[86]。中国代表在和会上采取了一切可能的手段去争取恢复沦丧的国土，也反映了民众的期盼和高涨的热情。和会召开之前，在中国人的心目中这就是最主要的目标。直接收回山 507
东自然在这一大目标中。不幸的是，中国的诸多目标都没有实现，甚至连收回山东也失败了。这引爆了中国人对美国和威尔逊的愤怒情绪。很多中国人抱怨威尔逊的新世界秩序并没有造福中国。陈独秀充满憎恶地写道，事实证明威尔

[85] 陈独秀：《独秀文存》，合肥：安徽人民出版社，1987年，第388页。
[86] 陈独秀：《发刊词》，《每周评论》1918年第1期。

逊说的是“空话”，他的主义“一文不值”。[87] 全中国的学生都公开地表达了他们对威尔逊主义失败的失望之情。北京的大学生们冷嘲热讽道，威尔逊已经为他那理想主义的世界秩序，找到了一个令人震惊的新公式，即“14=0”。[88] 中国国内的愤慨情绪如此巨大，以至于中国成了唯一拒绝签署《凡尔赛条约》的国家。

在巴黎和会上发生的一切引发了五四运动，它在近代中国国家发展进程中是一个关键的转折点。当未能收回山东的消息在 5 月 4 日传回中国后，超过 3,000 名来自全北京的学生举行集会，试图会见各协约国驻京公使，就中国的利益问题向他们请愿。[89] 自从努力寻求参加一战以来，中国一直竭尽全力地想加入西方自由体系，五四运动标志着此种努力的结束。随着五四运动的爆发，中国人对西方的信任感荡然无存，取而代之的是背叛与幻灭之感，一批中国人决心探索中国自己的道路。[90] 无论我们怎么评价中国对一战的付出与贡献，通过研究大战中的中国，我们至少为认识这场战争的集体记忆、人类悲剧和深远影响增加了一个新的维度。中国抓住了一战创造的机会，在 20 世纪初从根本上调整了它与不断扩大的民族国家共同体间的关系。

印度、朝鲜、越南这些殖民地在和会中都没有正式代表，对它们来说威尔逊的民族自决理念听起来非常吸引人。它们在和会召开之初显得格外兴奋。1919 年，阮爱国（Nguyen Ai Quoc，从字面来理解，就是一位姓阮的热爱自己国家的人）到了巴黎。这位陌生来客就是后来著名的胡志明。他在巴黎非常活跃，甚至
508 在 1919 年 9 月拜见了刚刚返回巴黎的印度支那总督阿尔贝·萨罗。胡志明利用和会创造的机会为越南人游说，并向出席巴黎和会诸代表团分发了一份题为“越南民众的要求”的请愿书。这份请愿书很明显地受到了威尔逊思想的影响与鼓舞，但它在政治上倒显得一点也不激进。它要求的并不是独立，而是越南人的自治、平等权和政治自由。这份请愿书在以下几个方面提出了要求：大赦所有本土政治犯；改革印度支那的司法体系，允许本土居民拥有和欧洲人一样的司法保障；出

---

[87] 《每周评论》，第 20 期（1919 年 5 月 4 日）。

[88] 中国社会科学院近代史研究所编：《五四运动回忆录》上册，北京：中国社会科学出版社，1979 年，第 222 页。

[89] 梁敬錞：《我所知道的五四运动》，《传记文学》第 8 卷第 5 期（1966 年）。

[90] 关于五四运动在中国历史的广泛影响，参见 Rana Mitter, *A Bitter Revolution: China's Struggle with the Modern World* (New York: Oxford University Press, 2004)。

版与言论自由；结社自由；移民和境外旅行自由；允许在所有省份为本土人民创办技术性和专业性的学校，并为之提供指导；依法统治取代命令统治；在法国议会常设越南代表团，选举越南本土人士参加以反映本土民众的诉求。

这并不是胡志明最后一次追随美国人的榜样。1945 年第二次世界大战结束后发布的越南《独立宣言》，“最明显地复制了”美国《独立宣言》。[91] 尽管出席和会的威尔逊的密友豪斯上校客气地承认他收到了这份请愿书，但对胡志明和越南人来说不幸的是，他的请愿并没有受到重视。法国人将胡志明的请愿书视为“诽谤”而不予理会，这迫使胡志明前往莫斯科，投身布尔什维克主义。

有资料表明，胡志明在 1919 年的许多想法来源于他和旅美、旅法朝鲜民族主义者的交往。可以确信的是，胡志明很大程度上借鉴了朝鲜独立运动。[92] 大战并未对朝鲜造成重大影响，也没有给朝鲜带来很大的经济困难。尽管如此，由于朝鲜人对战后和会寄予了非常高的期望，这场战争仍然是朝鲜发展历史上的一个重要转折点。在威尔逊思想的鼓舞下，1919 年春一批杰出的朝鲜宗教人士和公民领袖签署了一份谋求朝鲜独立的宣言。在接下来几个月的时间里，超过 100 万朝鲜人参加了争取独立的示威游行。这一系列事件史称三一运动。由于这场运动并未实现其谋求国际社会承认朝鲜独立这一目标，甚至连将朝鲜问题正式提交巴黎和会这一更为温和的目标都未能达到，三一运动可以说是以失败而告终。即便如此，这场运动标志着朝鲜现代民族主义的兴起。换句话说，就 509
像中国在五四运动中所发生的那样，“三一运动改变了朝鲜的民族主义运动，塑造了随后兴起的朝鲜民族主义运动的特征与发展进程”[93]。

印度的民族主义运动在一战期间也发生了重大的变化。1914 年之前，印度国大党是英帝国在印度的重要支柱，然而战争一结束它就成了英帝国最主要的敌人。1919 年春同样是印度的一个“决定性的分水岭，自此之后印度的民族主义运动的目标直接转变为终结英国在印度的统治”。圣雄甘地“在 1919 年从一个坚决拥护印度英帝国成员身份的重要支持者，转变为这一身份的主要反对者”。一战结束的时候，印度人期望在和会过程中能有一些意义重大的收获。他

[91] David Armitage, *The Declaration of Independence: A Global History* (Cambridge, MA: Harvard University Press, 2008), p.134.

[92] Sophie Quinn-Judge, *Ho Chi Minh: The Missing Years* (UOakland: niversity of California Press, 2003), pp.11–18.

[93] Manela, *The Wilsonian Moment*, p.213.

们将威尔逊称作是“古代亚洲的圣人”，是重返人间的“基督或者佛陀”。一位印度人致信威尔逊：“尊敬的先生，印度人破碎的心在向您大声呼喊，我们相信您是上帝派来改造这个世界的。”诺贝尔奖获得者拉宾德拉纳特·泰戈尔（Rabindranath Tagore）是威尔逊的忠实仰慕者，他曾想将自己1917年出版的《民族主义》（*Nationalism*）一书献给威尔逊。拉杰帕特·拉伊（Lajpat Rai）希望，和会之后“印度和协约国统治下的其他地区可以立即获得自治”。印度国大党在1918年12月召开的年度会议上，正式通过一份决议，要求列强承认印度是“适用民族自决原则的进步民族之一”。[94]

尽管在1919年主要大国谋划新的世界秩序之时，印度人的声音很大程度上被忽视了，他们的梦想也破灭了，但我们可以说印度在大战及战后和会中的经历，为其二战后的完全独立间接地做好了准备。

结　语

一战的故事交织着悲剧、讽刺与矛盾，亚洲的故事亦然。这场战争与各帝国有莫大的联系，但推翻了帝制的中国却在为实现共和与民族国家而奋斗。战争期间，中国最后一位皇帝企图复辟帝制，另一位中国政治家梦想着成为皇帝，
510 不过两者都以失败告终。当民族主义运动在朝鲜、印度和越南兴起，当这些地区力图摆脱帝国主义的殖民统治、实现国家独立之时，日本却在利用这场战争加强其帝国主义掠夺。战争就是失败与胜利。作为战胜国一方的中国，在战后和会中遭到了战败国一般的对待。日本作为战胜国，见证了其国际地位的实质性提升。然而，这些收获实际上为日本最后走向毁灭埋下了祸根。

大战骤然终结了19世纪的世界体系，为全面地重新安排国际事务创造了条件。既有的世界秩序让中国、朝鲜、印度支那和印度遭受了很大的伤害，因而它们对建立新的世界体系寄予了很高的期望。在受过教育的亚洲人看来，大战反映出欧洲的道德衰退，然而他们普遍对战后的成果感到失望，很快就从对战后秩序的幻想中醒悟过来。1919年的中国和印度，在某种程度上还有越南，在政治、思想、文化和意识形态上与1914年已有了根本性的不同。这种重大变化

---

[94] *Ibid.*, pp.213, 175, 9, 77–78, 92–96.

的发生，在很大程度上是因为战争的经历以及对巴黎和会的极度不满。这场战争同样也是日本历史发展中的一个转折点。

第一次世界大战的这几年也是亚洲发生巨大变化的一个时期，中国努力成为民族国家，印度则开启了其漫长的独立进程。当中国和越南最终选择了社会主义道路的时候，一战也让日本产生了一种新的民族自豪感，这种民族自豪感最终让日本人采取武力的方式对西方发起彻底的挑战。

对亚洲的既有研究成果中，第一次世界大战被认为是一场“遗失的战争”，一场“被忽视的战争”，或者说是一场“被遗忘的战争”。在亚洲国家中，很少有人认识到亚洲卷入一战的重大意义。尽管亚洲不像欧洲那样受到了战争的破坏，但亚洲卷入大战，改变了这场战争对亚洲及世界其他密切相连部分的意义和影响。一战也促使许多亚洲国家开启了争取民族独立的漫长历程。简而言之，大战是亚洲历史上的一块里程碑，但即便是今天，这一点仍未引起足够的重视，也没有得到充分的研究。

511

19 北美洲

珍妮弗·D. 基恩

欧战很快就对北美产生了直接影响。由于和英国有着很强的文化、经济和政治联系，美国与加拿大向协约国一方贡献了人力、资金和原材料。墨西哥长期以来一直是美、英、德经济竞争之地，如今则身处外交角力的漩涡之中，这种外交交锋在齐默尔曼电报事件中达到了高潮。然而，与欧洲的关系只是北美一战故事的一个方面。战争的爆发缩减了来自欧洲的移民，因而出现了劳工短缺，北美洲内部人口向北的迁移则弥补了这一缺口。为了满足协约国方面日益增长的对工农业产品的需求，加拿大公开招聘来自美国的农场和工厂工人，承诺给予高额的工资和廉价的交通费用，直到美国参战之后才终止了这股农工流的输出。美国的劳工中介还把目光转向了南方，在类似优惠条件的诱惑下，加速了南方工人向北方工业中心的流动。50万非裔美国人投入了这一迁移浪潮（史称“大迁移”），调动了政治、文化秩序的重构，进而改变了美国种族分布的图景。成千上万的墨西哥人也开始向美国迁移，他们大都是为了逃离持续不断的墨西哥革命所造成的政治经济动荡。

把北美作为一个整体去看会呈现出诱人的前景，即打破通常在民族国家的架构下研究一战的方法，在地区和全球的维度下思考这场战争。上述人口流动正好提供了一个案例。呈现“北美的战争”的全景，需要评估英国在全球政治经济中的支配性地位、北美对这场战争的贡献、北美内部的国际关系，以及北美发生的重大事件、提出的积极倡议如何影响了战争与和平的进程。

英国之于北美 512

英国作为世界上最大的帝国主义国家、世界的经济中心，又拥有绝对优势的海军力量，这一地位意味着，英国参战在某种程度上几乎就能影响每一个国家。事实上，将美国、加拿大和英国绑在一起的文化、政治、经济纽带，非常明显地塑造了这两个北美国家的战争经历。作为大英帝国内的一个自治领臣民，“加拿大人无法选择是否卷入这场战争，但在决定参战程度时他们确实具有发言权”，大卫·麦肯齐如是说。[1] 1914 年美国宣布自己是中立国，但是美国的金融、政治精英为英国提供了援助，这几乎立刻就影响了美国的中立路线。利用上述纽带，英国很快在加拿大和美国进行了经济动员，建立起一个之前没有的强大军需产业。通过管理从拿到订单、购买机械、巡视工厂到向海外输送产品的协调网络，英国成功地将北美的资源输送到本国而非德国。

美英间强大的贸易和战时金融关系，在原有纽带的基础上自然地发展起来。罗伯特·H. 齐格尔指出，“英国显然是战前美国最大的贸易伙伴”[2]。在战争爆发后不到 6 个月，摩根财团（摩根银行经营的金融权势集团）签约成为英国政府在美国的缔约代理商和采购代理人。在之后的两年时间里，摩根财团与英国官方紧密合作，从美国商人手里拿到了 4,000 多份合同，价值超过 30 亿美元。[3] 1915 年至 1917 年间，美国的出口翻了一倍，其中 65% 出口到英国。[4] 1916 年英国外交部经过评估认为，英国对美国的依赖度已经到了令人担忧的地步，“就食品、军需品、工业原材料来说，美国都是‘绝对不可替代的供应来源’”[5]。步枪、 513
火药、炮弹、机关枪等贸易的繁荣对美国的经济也很有利，让美国摆脱了经济

[1] David MacKenzie, “Introduction: Myth, Memory, and the Transformation of Canadian Society”, in MacKenzie (ed.), *Canada and the First World War: Essays in Honour of Robert Craig Brown* (Toronto: University of Toronto Press, 2005), p.3.

[2] Robert H. Zieger, *America's Great War: World War I and the America Experience* (Oxford: Rowman & Littlefield, 2000), p.12.

[3] *Ibid.*, pp.30–31.

[4] Paul A. C. Koistinen, *Mobilizing for Modern War: The Political Economy of American Warfare, 1865—1919* (Lawrence, KS: University Press of Kansas, 1997), p.121.

[5] Kathleen Burk, *Britain, America and the Sinews of War, 1914—1918* (Boston, MA: Allen & Unwin, 1985), p.81.

衰退，为制造军火而建设的工业基础设施最终为美国的战争努力提供了支持。[6]

亲英的摩根财团，通过为英国政府提供巨额贷款，并迫使其他美国银行拒绝向德国提供贷款，进一步支援了英国。[7] 由于英国转手又将钱贷给了法国、俄国这些不能直接从美国获得贷款的盟国，美国向英国提供的资金流等于支持了整个协约国阵营。到 1916 年，英国每个月投在美国的资金达两亿五千万美元（主要是为了支撑英镑与美元互换的汇率，以保持商品价格在可控的范围内），休·斯特罗恩写道，这“反映出了（英国）对美国工业和原料市场的依赖，这让德国人认为发动无限制潜艇战是合理的，认为美国人已暗地里破坏了自己宣称的中立”[8]。

1916 年 11 月，美国提供的这股贷款资金流突然面临枯竭的危险。美联储警告摩根财团，要避免向英国提供无担保的贷款，因为当时英国的黄金储备和证券几乎已经全部抵押了美国的贷款。小约翰·弥尔顿·库珀认为，“无法获得贷款将会阻碍甚至可能切断协约国军需和粮食的供应”，这一情形直到美国 1917 年 4 月参战才得以避免。[9] 休·斯特罗恩对这种金融合作关系的破裂则很怀疑。他认为，切断和英国之间的战时贸易将会使美国经济陷入衰退的动荡之中。斯特罗恩甚至还进一步指出，从长远来看，美国继续保持中立可能比它参战对协约国一方更有利，因为美国“对协约国的金融保证”已经“将美国与协约国阵营
514 的存亡乃至胜利绑在了一起”。[10] 如今美国作为参战国，则要与英国争夺美国生产的军需和粮食以供应本国的军队。

英国也要求加拿大生产铁、钢、炮弹以及化学武器。1914 年加拿大因只有一家军火工厂而感到自豪。在战争发展的过程中，英国人管理的帝国军需局监督建立了近 600 家工厂，来生产炮弹、雷管、发射药以及炮弹外壳。德

---

[6] 美国和加拿大都扩大了农业生产以满足协约国的需求。低息贷款鼓励农场主们通过机械化或购买更多的土地来提高产量。销往海外的小麦、棉花的高价，似乎让增加的债务变得微不足道。然而，20 世纪 20 年代农作物价格的下降，造成了美国、加拿大农业产业的萧条。农业产业的“病弱”，加剧了 1929 年席卷世界的大萧条所带来的严重影响。这也揭示出一战期间全球经济动员的余波，给北美造成的影响是如此的长久。

[7] 美国参战后，美国政府接管了向协约国提供金融支持的业务，在战争及战后重建期间共为其提供了近 110 亿美元的贷款。“美国政府借出的资金最后偿还了不到 10 亿美元，不过美国私人投资者提供的约 30 亿美元都还清了”，参见 Paul A. C. Koistinen, *Mobilizing for Modern War*, p.135。

[8] Hew Strachan, *The First World War* (London: Penguin, 2003), p.228.

[9] John Milton Cooper, Jr., *Woodrow Wilson: A Biography* (New York: Knopf, 2009), p.373.

[10] Hew Strachan, *The First World War*, vol. I: *To Arms* (Oxford: Oxford University Press, 2001), p.991.

斯蒙德·莫顿指出，“1917 年，英国军队射出炮弹的近三分之一是加拿大人生产的”。[11] 加拿大纺织业、农业和木材业的繁荣，帮助加拿大经济走出了战前的不景气，加拿大人也利用这些产业创造的收益来购买加拿大政府发行的国内战时公债。加拿大不像英国，不需要美国提供大量贷款来为其战争行动提供金融支持。英国要求把美国的贷款花在加拿大，这有利于加拿大的经济发展，但需要证明这对美国也是互惠的。例如，1917 年英国获准使用美国政府提供的贷款来购买加拿大生产的小麦，条件是承诺至少将一半的小麦送到美国的面粉厂进行加工。[12]

美国、加拿大与英国之间的文化纽带在整场战争中十分明显。英国在美国国内发起了一波惊人的宣传攻势，重点在于揭露德国在比利时的暴行，以及德国发动无限制潜艇战期间的平民死亡。虽然英国对德国的封锁行动可能比德国的无限制潜艇战带来了更多的平民伤亡，但是德国从未能找到一条像英国人那样引人注目的宣传方式以引燃美国人的愤慨。[13] 德国人被看作是文明道德的敌人，这一恶名日益深入人心。一个很好的例子是，英国人在塑造美国人如何看待卢西塔尼亚号游轮沉没事件方面获得了压倒性的成功。

1915 年 5 月 7 日，一艘德国 U 型潜艇向卢西塔尼亚号游轮发射了一枚鱼雷， 515
德国方面声称这艘英国客船运载的是军火。不到二十分钟后这艘游轮就沉没了，1,198 人遇害，其中有 128 名美国人。[14] 德国强调，已在官方报纸发布了公告，警告美国人不要乘坐开往战争区域的客船，然而英国的宣传成功地将这次袭击描述成德国不人道行径的又一个例证。英国在美国的特工提供了数千枚所谓德国政府制造的纪念币。事实上，这种纪念币是一名德国市民私人铸造的，纪念币上刻画的情景是死神在售卖“生意至上”的门票，以此来讽刺协约国从事有

[11] Desmond Morton, *Marching to Armageddon: Canadians and the Great War, 1914—1919* (Toronto: Lester & Orpen Dennys, 1989), p.82.

[12] Burk, *Britain, America and the Sinews of War, 1914—1918*, pp.172-174.

[13] 艾伦·克雷默估计，（资料显示）478,500 至 700,000 名德国平民在封锁带来的饥饿和疾病中死亡，与之形成对比的是，死亡的英国商船海员只有 14,722 人。参见 Alan Kramer, "*Combatants and Noncombatants: Atrocities, Massacres, and War Crimes*", in John Horne (ed.), *A Companion to World War I* (Oxford: Blackwell, 2012), pp.195-196。

[14] 卢西塔尼亚号沉没事件在美国国内掀起了一场论战，即美国的中立是否让美国人享受到了在战争区域不受干扰地通行的自由。在卢西塔尼亚号事件危机中，威尔逊将中立定义为保障中立国不容置疑的权利的一种地位（而不是平等对待战争双方的一种保证），这无疑是美国与德国走向冲突的一个开始。

利可图的军火贸易，甘愿将平民的生命置于危险之中。纪念币原币上刻着的日期是5月5日，但纪念币复制品附带的宣传册上却错写成了5月7日，英国人抓住这一错误，指控德国人是有预谋的谋杀。

即便一战引发了加拿大的民族主义，这场战争还是强化了加拿大与英国之间的文化纽带。保罗·利特指出，在这场战争中加拿大人开始认识自己，“即便不再把自己看作是英国的一个殖民地，至少还把自己看作是一个英属北美国家”[15]。英裔加拿大人公开宣称自己是英国人，这不是说否认或者忽视他们的加拿大国籍，而是表达了一种对英式自由民主、英帝国成员身份和英国文化传统的热忱。根据纳森·史密斯的说法，加拿大人使用“英式文明”“英式公正”“英式公民权”“英式公平”等词语，来表现英裔加拿大人排斥少数民族的种族主义思想，这种思想“当中渗透着关于加拿大应该成为何种国家的部分设想”，它还包括其他内容，如说英语、白种人等。[16]

然而，并不是所有北美人都支持为英国的战争行动提供援助。美国和加拿大的反对者强调了北美洲与欧洲之间的地理距离，认为大西洋是保护北美大陆
516 免受德国水、陆两方面入侵的一个天然屏障。这些孤立主义者时刻准备着保卫他们的国境线，但是他们认为把军队投送到西半球之外的想法是令人不安的。在整个北美洲，怀疑主义思想在一些种族聚集区和部分经济区域比较盛行，这些地方有更强烈的政治理由反对参战，或者限制参与战争的程度。美国中西部地区的德裔和斯堪的纳维亚裔美国人、爱尔兰裔美国人和南部农村地区，孤立主义思想最为强烈。这些人信奉孤立主义思想有着多种多样的原因：支持德国的亲友；宗教信仰的差异；对英国的怨恨；对东部地区那些金融精英向协约国提供贷款的不信任等。保卫英帝国的号召并不能影响到太多的法裔加拿大人，他们担忧战时动员会加快英裔加拿大人所设想的国家建设。法裔加拿大人中的精英人士承诺支持这场战争，不过他们中更多的人信奉的是种族基础上的北美民族主义，这一思想促使他们拒绝为海外的战争而战。法裔加拿大人担心，战

[15] Paul Litt, “Canada Invaded! The Great War, Mass Culture, and Canadian Cultural Nationalism”, in Mackenzie (ed.), *Canada and the First World War*, p.344.

[16] Nathan Smith, “Fighting the Alien problem in a British Country: Returned Soldiers and Anti-alien Activism in Wartime Canada, 1916—1919”, in James E. Kitchen, Alisa Miller and Laura Rowe (eds.), *Other Combatants, Other Fronts: Competing Histories of the First World War* (Newcastle: Cambridge Scholars Publishing, 2011), p.305.

争会推进对盎格鲁的顺从，这会威胁到他们的文化自主和公民自由，因而不愿意参军，甚至公然反对征兵。

批评孤立主义的人则反驳道，保护北美的不是大西洋，而是英国海军。他们认为，英国人控制了海洋，向其现殖民地和前殖民地提供全方位的保护，加拿大和美国都很大程度上受益于此。英国控制了航线，以巡逻和布设水雷的方式封锁北海与波罗的海，为向欧洲运输商品提供船只，通过这些举措英国在整场战争中都保持着海上霸权（仅受到了来自德国 U 型潜艇的偶然性挑战）。1917 年初是十分关键的一个时期，彼时德国威胁要攫取海上优势。1917 年 2 月，德国重新考虑实施无限制潜艇战，要知道这一决定很可能会让美国正式参战。德国人孤注一掷，赌定 U 型潜艇对商船的不间断攻击，会在美国向战场提供进一步支援前迫使英、法屈服。德国实施无限制潜艇战后，潜艇攻击次数急剧上升（1917 年 4—6 月间弹药使用量达到战时最高值 220 万吨），这让英国海军上将约翰·杰利科对英国后续的作战能力感到悲观。出生于加拿大的美国海军上将威廉·西姆斯提出了一个解决方案，即组织一支以美国驱逐舰（而不是航速较慢的英国战列舰）为基础的护航编队，为穿越大西洋的商船队伍提供伴随护航。由于护航编队的使用，协约国的造船数量在 1918 年超过了海上损失的船舶数量，
这是自 1915 以来的首次。迈克尔·奈堡指出，“护航编队几乎比任何其他单个的 517
因素都更好地显示出第一次世界大战真正的全球性本质”[17]。

战争期间美国由一个依靠英国资本发展本国工业的债务国转变为债权国，它所做的不仅仅是为参战国提供贷款来购买美国的产品。当英国的金融家清算他们遍及不发达世界的资产来支撑这场战争时，美国的银行家和实业家抓住这一机会提供资金在整个西半球建设矿山、铁路、工厂和油田。美国与墨西哥比邻而居的地理区位成了一个独特的优势，方便美国向这一此前一直由英国支配的市场渗透。虽然美国在墨西哥的市场份额在此之前已有所增长，但此时则有了较快的发展。进口自美国的商品在墨西哥所有进口商品中的比重，由 49.7% 上升到 66.7%。从 1913 年到 1927 年，英国的市场份额则从 13% 下降到

---

[17] Michael S.Neiberg, *Fighting the Great War: A Global History* (Cambridge, MA: Harvard University Press, 2005), p.292.

6.5%。[18] 加拿大也经历了一个从借款方到出借方的类似变化，它贷款给英国让其购买小麦和军火。

不过这场战争也暴露了美国和加拿大对英国购买其农产品和工业制成品以支持经济繁荣的依赖。这也让英国至少暂时保持了其居于国际政治经济中心的地位。西奥·鲍尔德斯顿断言，“英国在世界经济中的中心地位，让其有了将资源输送到协约国一方而远离同盟国阵营的重要影响力”，同时“美国具有极好的生产能力”，这种相辅相成的组合是德国及其盟国很难达到的。[19] 一战的结果似乎强化了英国的世界霸权，英国能够动员北美多方面的资源（人力、资金和原材料）去打败其在欧洲的敌人也证明了这一点。

北美的战斗经历

美国和加拿大都是在毫无准备的情况下投入一战中的。1914 年，加拿大仅拥有一支 3,000 人的常备军，另有 70,000 名志愿服务的民兵。加拿大军团最后
518 达到了 4 个师的规模，还有一个被拆散的第 5 师作为后备补充兵力。总的来说，战争期间 7,500,000 加拿大人中共有 619,000 人服役，其中有 424,589 人在海外服役。[20] 美国在 1917 年的处境也好不到哪里去，美国宣战时可调配的兵力约有 300,000 人（包括联邦和州的层面）。最终美国在 103,000,000 人口中筹组起一支 4,400,000 人的队伍，近一半人在海外服役。[21] 两国最后各有多少伤亡是可以比较的，加拿大人在战争中共有 66,665 人死亡，美国是 53,402 人。这两个数字占各自军队人数的比例差是明显的，加军的死亡率近 11%，美军是 1.2%。[22]

---

[18] Rosemary Thorp, “Latin America and the International Economy from the First World War to the World Depression”, in Leslie Bethell (ed.), *The Cambridge History of Latin America*, vol. VI: *1870—1930* (Cambridge: Cambridge University Press, 1986), p.66.

[19] Theo Balderston, “Industrial Mobilization and War Economies”, in Horne (ed.), *A Companion to World War I*, p.229.

[20] Robert K. Hanks, “*Canada: Army*” 以及 James Carroll, Robert K. Hanks and Spencer Tucker, “*Canada: Role in war*”，载 Spencer C. Tucker (ed.), *World War I: A Student Encyclopedia* (Santa Barbara, CA: ABC-Clio, 2005), pp.257–259。

[21] Jennifer D. Keene, *World War I: The American Soldier Experience* (Lincoln, NE: University of Nebraska, 2011), pp.33, 163.

[22] 战争期间，纽芬兰是独立的殖民地，其不成比例的高度伤亡情况，并未纳入到上文数字中。总计有 8,500 人参军，这几乎是其全部的成年男性。在这些人中，总计有 3,600 人伤亡。

美国和加拿大筹组部队的方式是不同的。美国迅速采用了征兵制，最终征兵人数占其武装力量的72%。采用征兵制这一决定，打破了美国先前使用志愿兵来作战的传统，因为原先只在募兵滞后的情况下才征兵以补充队伍。美国的政府官员意识到了国家在参战问题上有严重的分歧，因而推断如果在国家遭受重大伤亡后再采用征兵制会增加民众反对征兵的可能性。加拿大则一直等到1917年急需补充兵员的时候才转为征兵制，征募了近100,000人。[23] 能够让参军的人免税，使得美国和加拿大的征兵在政治上更容易接受。多数符合征兵条件的美国人和加拿大人，公开参加征兵登记，然后各自私下回家填写要求免税的表格。一些公然反对征兵的小块地区，反映出早已存在的种族与地区分裂。反对征兵的现象主要存在于反对参战的美国南部农村社区，以及加拿大说法语的魁北克地区，他们反对政府企图利用战时服兵役来强调英裔加拿大人的统治地位。一些魁北克人为了逃避征兵，跨越边境跑到了新英格兰从事纺织业的法裔加拿大人社区。这一移民社区的人在送自己的儿子去为美国军队作战的同时，519
又为逃兵役的法裔加拿大人提供避难所，两者并没有什么矛盾。[24]

从北美洲征募、运送以及训练士兵都需要时间，这意味着美国和加拿大这些军队直到他们的国家宣战几个月后，都还没有投入到作战前线。最初，美国和加拿大士兵都在经验更丰富的法、英军队的监护下作战。美国和加拿大在筹组队伍的时候都面临着相似的压力，它们的士兵可能会被混编进英国和法国的军队，但是国内的民族主义情绪以及对欧洲的将军们如何打仗的担忧，让美、加都需要建立各自独立的国民军。

在第二次伊普尔战役中德国第一次大规模使用了毒气进行攻击，随后英国决定投入加拿大军队来发起反击。特里·科普指出，加拿大士兵对这一决定的不满情绪使“第1师成为加拿大国民军的核心，而不是一支从自治领征募的‘帝国主义’队伍”[25]。1917年4月，在阿拉斯战役中加拿大的4个师首次全部投入了战斗，占领了维米岭。这一胜利归功于阿瑟·柯里将军，1917年6月他被任命为加拿大军团的总指挥。加拿大人开始相信他们是一支精英战斗队伍，

[23] J. L. Granatstein, “Conscription in the Great War”, in Mackenzie (ed.), *Canada and the First World War*, p.70.

[24] Christopher Capazzola, *Uncle Sam Wants You: World War I and the Making of the Modern American Citizen* (New York: Oxford University Press, 2008), p.41.

[25] Terry Copp, “The Military Effort, 1914—1918”, in Mackenzie (ed.), *Canada and the First World War*, p.43.

能在英国人和法国人不能取胜的时候获得胜利。A. E. 罗斯（A. E. Ross）准将在战后宣称，“在那几分钟里我见证了一个民族的诞生”，这一观点从一开始就引起了不少的争论。

加拿大人对柯里将军给予了极大的信任（他是第一位获得上将军衔的加拿大人），相信他能有效、谨慎地使用加拿大士兵，同时在战场上维护一定程度的自主权。美国对其远征军的指挥官约翰·潘兴将军也有类似的期望。为了证明自己在战场上的领导能力，潘兴坚决抵制将美军混编入协约国军队的一切官方行为。一支独立的美国军队也契合威尔逊更大的政治目标。约翰·潘兴乘船前往法国时，带着美国陆军部长牛顿·贝克（Newton Baker）给他的明确指令，“与抗击敌人的其他国家的军队合作，不过在这样做的时候有一个根本思想必须放在心上，即美军是联军的一个独立的、有区别的组成部分，这一身份必须
520 受到保护”[26]。在协约国一方赢得战争的时候，威尔逊需要在战场上有一支强大、耀眼、独立的美军的存在。威尔逊相信，美国需要在战斗中发挥重要的作用，以此来保证他能主宰战后和平的缔造，毕竟这是他引导美国参战的一个主要原因。美军从来不曾获得完全的自主性（他们总是依靠协约国提供一定程度的后勤保障），不过在1918年秋天，美国远征军在西线实实在在地占据了一块自己的地盘。

美国人和加拿大人宣称，美、加军队的存在让前线展现出一种新的阳刚之气，这一新的精神风貌强调进攻、精湛的技术和个人主义。这些品质能让北美的士兵在那些疲惫不堪的欧洲同级战友中脱颖而出。1917年，加拿大总理罗伯特·博登（Robert Borden）爵士曾提议由加拿大军队来领导训练美国的军队，这一提议是徒劳的，“因为加拿大人和美国人一样，都不是那些认为出身比战功更重要的贵族”。[27] 美国人的军事训练思想明确强调美国士兵和欧洲士兵在精神气质上的不同，把突出个人枪法和“光明正大的战斗”看作是美国战士的特点。“柏林不可能被法国或者英国的军队占领，就是这两支军队联合起来也占领不

[26] *United States Army in the World War, 1917—1919,* 17 vols. (Washington, DC: Center of Military History, 2001), vol. I, p.3.

[27] John English, “Political Leadership in the First World War”, in Mackenzie (ed.), *Canada and the First World War*, p.80; Mitchell A. Yokelson, *Borrowed Soldiers: Americans under British Command, 1918* (Norman, OK: University of Oklahoma Press, 2008), pp.76–77.

了，只有受过彻底训练，单兵素质完全均衡的美军才能占领柏林”，负责美国远征军训练项目的 H. B. 菲斯克将军对他的同僚们如是说。[28] 更重视步枪而不是重型大炮，是美国陆军条令的一个基本原则，约翰·潘兴将军将其视为美国人的“作战方式”。

美国和加拿大都认为，它们的军事贡献和英勇作战并未得到英国和法国的正确评价。由于担心英国人可能不会充分地保留有关加军战绩的档案，加拿大人成立加拿大战争档案办公室，负责搜集材料，并向加拿大和英国受众宣传加拿大人的战功。同样地，一些引起全国关注的图书、文章、电影在美国的流传，
让美国人有了一个清晰的印象，即美国实际上是独力赢得了这场战争。这种夸 521
大其词宣传的出现，无疑是因为美国人在欧洲人领导的联军中感觉低人一等。更重要的是，美国和加拿大希望充分利用它们的战时投入，来获得塑造新世界秩序的更大影响力。基于这一政治诉求，就必须让英、法对它们为协约国获胜所做的贡献有一个深刻的印象。如何准确地评估美国和加拿大军队为整个协约国阵营获胜所做的贡献，至今仍在大西洋两岸引发不少的争议。

由于自治领对英国战争成败的重要性日益提高，1917 年和 1918 年召开的帝国战争会议，让自治领的首相或代表有机会就他们如何为帝国的战争行动提供经济、军事上的援助进行协商。巴黎和会上自治领也派出了自己的代表团，自治领后来也各自签署、批准了和平条约。[29] 美国主要的谈判代表爱德华·豪斯上校对这一进步表示欢迎，他认为英帝国内部的任何分裂对美国都是有利的。加拿大总理罗伯特·博登的传记作者罗伯特·布朗认为，博登“将北美的看法小心翼翼地带到了帝国议会，这反映出加拿大和美国的利益日益趋同”[30]。巴黎和会中博登尝试了一个新的国际角色，扮演英、美这两个世界上最强大的英语国家的调停人。在某种意义上说，加拿大是脚踏两只船，认为自己有很独特的

---

[28] Jennifer D. Keene, *Doughboys, the Great War and the Remaking of America* (Baltimore, MD: Johns Hopkins University, 2001), p.106.

[29] Robert Aldrich and Christopher Hillard, “*The French and British Empires*”, in Horne (ed.), *A Companion to World War I*, p.532.

[30] Robert Craig Brown, “Canada in North America”, in John Braeman, Robert H. Brenner and David Brody (eds.), *Twentieth-Century American Foreign Policy* (Columbus: Ohio State University Press, 1971), p.359. 亦参见 Robert Craig Brown, “ ‘Whither are We Being Shoved?’ Political leadership in Canada during World War I”, in J. L. Granatstein and R. D. Cuff (eds.), *War and Society in North America* (Toronto: Thomas Nelson & Sons, 1971), pp.104–119。

优势，既可以向英国及其自治领解释北美的关切，又可以向美国解释英帝国的担忧。当美、英两国代表团在和约细节上产生冲突时，博登展开了多次调停以期双方能达成妥协，尤其是极力地（也是徒然地）反对向德国索取巨额赔款，力图避免与美国产生冲突。玛格丽特·麦克米伦认为，博登这么做“部分是出于自身利益的考虑，加拿大或许发现他正站在英国及其盟友日本一边同美国作
522 对，这是不断萦绕在渥太华脑海里的一个噩梦”[31]。罗伯特·博登告诉劳合·乔治，即便国联失败，英美之间共同的血统、语言、文学、政治制度和宗教信仰也能使它们成为潜在同盟，这“足以保证世界的和平”。[32] 这一设想从未得以实现，不过罗伯特·博登的这一观点揭示出，英国与盎格鲁化北美的关系在高层外交的层面上并未因战争而受损。

美国与加拿大：对比及其关系

对比美国和加拿大的战争经历，能发现两者间有一系列相似之处，这有助于解释北美的战争经历。这种对比的方法，突出了生活方式、政治理念和经济发展等方面的相似之处。美国和加拿大民族认同的政治和人口结构的起源，可以追溯到最初殖民北美大陆的英国白人殖民者社区。民族认同的视角，忽视了北美人口构成中的其他成分：奴隶、西班牙人和法国殖民者，以及20世纪早期大规模的非英国人移民。

战争期间，美国和加拿大都在与有组织的抗议做斗争，这些抗议活动正是由被边缘化的少数族裔发起的。美国国内不间断的争取种族平等的活动，引发了种族骚乱、私刑以及对非裔政治组织和杂志的大规模国家监视行动。超过400,000名非裔美国人在军中服役，其中89%是不需要投入作战的劳工。查德·威廉斯认为，“将非裔美国人从国家的战争记忆中抹去的企图，衬托出将非裔美国公民政治边缘化的更大阴谋”[33]。1912年，加拿大政府开始了废止双语学

[31] Margaret MacMillan, *Paris 1919: Six Months that Changed the World* (New York: Random House, 2001), pp.47–48.

[32] Quoted in *ibid.*, p.48.

[33] Chad L. Williams, *Torchbearers of Democracy: African American Soldiers in the World War I Era* (Chapel Hill, NC: University of North Carolina Press, 2010), p.301.

校的运动。这在魁北克引发了恐慌，人们担忧战时服兵役将转变为消除法裔加拿大人文化与自治的一个更有利工具。法裔加拿大人应征入伍人数的落后（英国陆军部评估法裔加拿大人参军是最不积极的），逃避征兵，以及1918年复活节魁北克市的反征兵骚乱，都反映出种族冲突的活跃。帕特里斯·A. 迪蒂总结道，“人们或许认为战争可以使法裔和英裔加拿大人团结起来，事实证明一切都事与愿违”[34]。战争不但没有瓦解多数族裔和少数族裔间的物质、文化、政治隔离， 523
反而强化了少数族裔社群的孤立。在美国和加拿大军队中都有北美土著，服役的经历让他们面临一种两难的压力，服役时需穿上制服接受白人的同化，战后返回家中才有机会恢复传统的战士礼仪和习俗。美国和加拿大的政府代理商将土著人的土地出租给非印第安人，以期在战时最大限度地提高农作物、矿产和牲畜的产量。这种企图与把北美土著看作是一个“消失的种族”的长久观念相结合，引发了一系列袭击大后方土著社群的行动。因此，这些少数族裔群体在战争结束时对主流文化不公正对待他们产生了新的不满情绪，美、加两国的联邦政府企图在各自国家维持现状就是这种不公对待的鲜活例证。

连接北美和欧洲的横跨大西洋的劳工市场在1896—1914年间向加拿大输送了近3,000,000人，在1900—1909年间向美国输送了超过8,000,000名欧洲人。只有英国臣民才能参加加拿大军队，因此新兵主要来自英裔加拿大人（Anglo-British）群体，包括在加拿大出生的和在英国出生的。因而，军队的种族构成重申了加拿大的“英国”身份。除了监视本国的德国移民，加拿大还采取具体措施保护其边境不受居住在中立国美国的大规模反英移民的侵扰。加拿大人预设德国间谍会以这样或那样的方式煽动德裔美国人或爱尔兰裔美国人组织游击队袭击加拿大，促使加拿大当局在美加边境沿线驻扎了16,000名士兵，而驻扎在国内以应对本土遭受直接袭击的加拿大士兵总共才50,000人。[35] 一旦美国参战，保卫南部边境的重大任务就不再需要了，加拿大得以在战斗的关键时刻向法国派出援军。出生于国外的士兵（他们都声明了成为美国公民的意愿）几乎占了

[34] Patrice A. Dutil, “*Against Isolationism: Napoléon Belcourt, French Canada, and ‘La grand guerre’* ”, in Mackenzie (ed.), *Canada and the First World War*, p.125.

[35] Granatstein, “Conscription”, p.66. 根据约翰·赫德·汤普森和斯蒂芬·J. 兰德尔的研究，驻美国的德国使馆武官考虑发动这样的袭击，不过德国人在美国策划的针对加拿大的破坏活动，得以付诸实施的只有一例，破坏了加拿大新不伦瑞克省的一座铁路桥。参见 John Herd Thompson and Stephen J. Randall, *Canada and the United States: Ambivalent Allies*, 4th edn (Athens, GA: University of Georgia Press, 2008), p.94。

投入作战的美军的五分之一，对战争胜利贡献良多，这对新近来自协约国的移
524 民能够融入主流文化提供了帮助。

20 世纪早期，本土出生的和移民的工人都能在美加边境自由穿梭，这有助于巩固两国工会组织、社会团体和激进的世界产业工人联合会的跨国联合，也引起了两国情报部门的注意。战后，加拿大人和美国人纷纷控诉新到的来自南欧和中欧的移民稀释了北美的英国血统及其文化遗产的影响。这些移民还被指控输入了激进的布尔什维克意识形态，对资本主义和代议制民主造成了威胁。保护北美免遭布尔什维克主义的威胁，成了美国和加拿大人共同奋斗的目标，战争期间及战后，两国政府共享有嫌疑的劳工组织的情报。[36]

美国和加拿大在文化、经济、政治方面的冲突很少。外交有助于维持美国北部边境一线的安定。1914 年时，美加处于萌芽阶段的双边关系让两国能够进行直接谈判（虽然加拿大一方处于英国的监督之下）。20 世纪早期，美国和加拿大间的几个国际委员会开始处理一些传统冲突（确定正式边界，渔业捕捞权和两国共享的河流、湖泊的使用权）。这些常设委员会在依旧由英国掌控的正式外交渠道之外起作用，它们的建立和英国于 1906 年撤走驻北美的最后一支守备部队是同步的。现在加拿大要负责处理和美国的外交、军事冲突。战争期间，加拿大临时任命了一位独立代表，派往英国驻华盛顿大使馆，让加拿大成为唯一一个可以与美国政府直接对话的英国自治领。这些进展为两国的战时合作以及两国最终在 1927 年建立正式外交关系铺平了道路。[37]

两国间的文化联系强化了这些正在成长的外交纽带。美国制做的电影、杂志、报纸、书籍、广告和音乐源源不断地流入加拿大。美国观众更为庞大的人数，使得文化产品的绝对数量很大，加上高效的铁路分布网络，使得这些产品能在整个英属北美（Anglo-North America）流动，这明显让加拿大文化产品的繁
525 荣变得很难。美国人的巡回演出团定期前往加拿大城镇巡演，向加拿大人展示品类齐全的文艺形式，如马戏、杂耍、歌唱演出和西大荒表演。这一现实让加拿大的文化精英十分沮丧，然而，战争爆发之前普通大众热情地消费美国电影

[36] Donald Avery, "Ethnic and Class relations in Western Canada during the First World War: A Case Study of European Immigrants and Anglo-Canadian Nativism", in Mackenzie (ed.), *Canada and the First World War*, pp.286–287.

[37] Thompson and Randall, *Canada and the United States*, pp.71–79, 96–97.

和音乐，很少讨论或思考这一现象。英国进口产品的流入也束缚了加拿大文化传统的发展，因为很多中层和上层加拿大人积极维持和培养与母国英国的文化联系。

然而，一战暂时中断了美加间的良性文化关系。加拿大参战而美国保持中立，使其出现了第一条裂缝。战争期间，本国作者解读这场战争的书籍在加拿大很畅销，像《索姆河战役》（1916年）之类的英国电影也很流行。保罗·利特指出，“可能只是因为战争期间美国的大众文化供应不足，才让这些（英国）进口的代替品幸运地出现在加拿大人面前”，“然而事实上，美国的文化产品不仅仅是数量短缺，更重要的是让人感到讨厌”。[38] 加拿大人爱国主义情感的增强，以及加拿大作为英帝国的一部分投入战斗带来的自豪感，立刻让加拿大人清醒地看到了美国产的电影、歌曲、书籍和喜剧中充斥着那么多的狂热的爱国主义和沙文主义。美国由于意识到依靠中立国身份，繁荣的军火贸易利润充实了美国的金库，其话语带有道德优越感，这激怒了加拿大人。法裔加拿大参议员拿破仑·贝尔古（Napoléon Belcourt）恰当地概括了加拿大人对于美国中立的看法：“只知道赚钱终究是很可怜的，事实上只是对其国家声望和国家尊严遭受损失的一种可怜的补偿，因为美国疏忽或者说忽视了现代文明人类的团结。”[39] 美国参战让这种文化上的紧张关系得以缓和，不过历史学家约翰·赫德·汤普森和斯蒂芬·J. 兰德尔指出：“在20世纪20年代和30年代，加拿大人没有忘记加拿大在一战中的伤亡人数占其人口的十分之一，比美国的伤亡人数要多得多。”[40]

墨西哥和美国之间的冲突

在1916年的时候，美国与墨西哥开战的可能性看起来要比它参加一战的可能性大得多。自1910年墨西哥革命以来，墨西哥人的政治活动就处于剧变之中。美国直接参与了墨西哥的这场革命，1914年美军在韦拉克鲁斯登陆短暂地介入 526
墨西哥政局，帮助一位新领导人贝努斯蒂亚诺·卡兰萨（Venustiano Carranza）取得了政权。卡兰萨失去美国的青睐之后，他的支持者策划了“圣迭戈计划”，

[38] Litt, “Canada Invaded!”, p.338.

[39] 引自 Dutil, “Against Isolationism”, p.122。

[40] Thompson and Randall, *Canada and the United States*, p.98.

该计划呼吁对美国边境城镇发动一系列袭击，杀死那里的所有英裔美国人，煽动留下的墨西哥裔美国人和黑人起义。[41] 墨西哥人发动袭击的目的在于，让德克萨斯、新墨西哥、亚利桑那、科罗拉多和加利福尼亚随后建立独立的共和国，继而它们可以选择并入墨西哥。美国政府听到风声之后，这一计划就破产了。1915 年，美国增加了部署在美墨边境的军队的数量，有效地处置了几起游击队未遂袭击事件。然而，1916 年 3 月 9 日反卡兰萨的墨西哥革命者弗朗索瓦·维拉（亦称潘乔·维拉）将军率领一支 500 人的武装袭击了新墨西哥的哥伦布市，杀死了 18 名美国人。维拉企图激怒美国人，驱使其入侵墨西哥，希望能借此揭露卡兰萨在阻止美国侵害墨西哥国家主权方面的无能，达到削弱卡兰萨立宪政府的目的。德国在墨西哥的间谍为上述反叛行动提供了资金支持，希望美墨之间的边境战争能转移美国对欧战的注意力。

正如维拉（以及德国人）所预期的那样，威尔逊对这一美国自 1812 年战争后本土遭受的首次袭击给予了回应，在未经卡兰萨认可的情况下，向墨西哥派遣了一支 14,000 人的远征军。此外，还有一支由国民警卫队（各州控制的民兵，可以调入现役联邦部队服务）和正规军组成的 140,000 人的队伍在边境巡逻。[42] 小约翰·弥尔顿·库珀注意到，“随着远征军在墨西哥的日渐深入，越来越多的墨西哥人相信可怕的美国佬已下定决心征服墨西哥”。这种怀疑导致了美军和墨西哥政府武装之间的一系列冲突，包括 1916 年 6 月 21 日在卡里萨尔（Carrizal）的一次交火。[43] 在这次冲突之后，威尔逊准备向国会请求占领北墨西哥，不过由于了解到是美国士兵开的第一枪，他随后放弃了这一想法。这是自 1846 年至 1848 年的美墨战争后，两国离战争最近的一次。

1916 年时美国人还不情愿参加欧战，相比之下，部分内阁成员和国会都
527 要求对墨西哥开战，给威尔逊施加了强大的压力。考虑到正式开战带来的将是一场漫长的战争，威尔逊和卡兰萨转而同意任命一个调解委员会，这为美国在 1917 年 2 月 5 日撤军铺平了道路。1916 年，威尔逊打着“他使我们远离战争”口号竞选连任。很多历史学家认为这一口号指的是威尔逊成功处理了卢西塔尼

[41] James A. Sandos, *Rebellion in the Borderlands: Anarchism and the Plan of San Diego, 1904—1923* (Norman, OK: University of Oklahoma Press, 1992).

[42] War Department, *Annual Reports 1916*, 3 vols. (US Government Printing Office, 1916), vol. I, pp.13, 23, 189-191.

[43] Cooper, *Woodrow Wilson*, p.320.

亚危机，不过为威尔逊助选的民主党人在他们的政治演说中，对威尔逊避免同墨西哥开战给予了同样的肯定。[44] 对于缘何希望避免与墨西哥的边境战争，威尔逊给出了很多理由，包括他怀疑那些推动武装干涉的人的真实目的在于提高在墨西哥的石油开采权，因为英国和美国的商业利益集团长期以来一直在竞争对墨西哥石油的控制权。威尔逊还清楚，把 50 万美军陷入墨西哥的泥淖，一旦美德开战，将严重束缚美国再组织一支对抗德国的远征军。威尔逊告诉他的私人秘书，“德国人急于让我们陷入和墨西哥的战争之中，那样的话我们的想法和精力都将从大洋那边的大战中转移开”[45]。

惩罚墨西哥人的远征并没有达成抓捕弗朗索瓦·维拉的既定目标，不过陆军部长牛顿·贝克声称，“远征的真正目的在于展示美国的力量”。[46] 即便美军和一战中在西线作战的欧洲军队相比显得战斗力不足、装备不完善，不过在墨西哥的军事行动，是它自 1898 年美西战争以来的第一次持续作战行动，美军在这一行动中收获了重要的战斗经验。这一入侵行动的指挥官约翰·潘兴准将，将带着从墨西哥学到的经验前往法国，继续指挥美军作战。在这次入侵墨西哥的行动中，美军首次尝试调动了国民警卫队，让他们做好了战斗的准备，也让他们实践了如何为一支行军中的部队提供警戒和后勤保障。这些在墨西哥的尝试和实践，没有一样进行得顺利或让人满意，这预示了美军将要面对的挑战。暴露出的这些问题，为那些支持备战的人赢得了一些资金上的支持，使美军随后得以扩充、整顿和现代化，为美国投入一战做准备。那些决心消除任何美国卷入欧战可能的人，认为备战是介入欧战的步骤之一，因而坚决反对。然而，与墨西哥的武装冲突让备战派有理由指出，国家需要一支更强大的军队来保卫边境。[47]1916 年的《国防法》增加了和平时期军队的规模，扩大了联邦对各州 528
军队的监管权，也为联邦的经济动员奠定了基础，这些措施都是考虑到欧战而设计的。（正如在墨西哥发生的那样）士兵们在没有装备足够的机枪和飞机（因为飞机经常坠毁）的情况下就奔赴战场，这样的情景促使国会拨出更多的钱来

[44] *Ibid.*, p.322.

[45] N. G. Levin, *Woodrow Wilson and World Politics: America's Response to War and Revolution* (New York: Oxford University Press, 1968), p.311.

[46] War Department, *Annual Reports, 1917*, 3 vols. (US Government Printing Office, 1917), vol. I, p.10.

[47] Russell Weigley, *History of the United States Army* (New York: Macmillan, 1967), p.348.

扩充这两种装备。

墨西哥反叛者袭击边境、圣迭戈计划以及美墨两国军队的武装冲突，将齐默尔曼电报事件置于这些背景下来考虑，更能看清德国人决定发出这份电报的意图，以及随后美国人为何如此愤慨。齐默尔曼电报建议，如果德国和美国开战，墨西哥应与德国结成同盟，以收复其在19世纪中叶丢失的国土。“墨西哥对美国的憎恨由来已久，是有充分理由的”，考虑到美军近来在抓捕弗朗索瓦·维拉的行动中的糟糕表现，德国外交大臣阿图尔·齐默尔曼使其同僚相信，如果墨西哥和美国爆发一场长期的持续战争，就能把美军拖在北美大陆。[48]齐默尔曼热切支持德墨联盟这一建议，反映出他的想法的一次彻底转变。仅在一年之前，墨西哥提出为德国建设U型潜艇基地提供场地，齐默尔曼为了避免德国与美国关系的破裂拒绝了。然而，到了1917年1月，齐默尔曼相信德国重新考虑实施无限制潜艇战的决定将会把美国带入战争。在英国人截获、破译齐默尔曼电报并将其转给美国政府之时，发送这份秘密电报的齐默尔曼，不经意间就成了确保美国参战的主要人物。1917年3月，这份电报的公开，让此前观点有分歧的美国大众达成了一致，支持与德国开战。弗里德里希·卡茨写道，“在美国西南部那些孤立主义盛行，进而尤为强烈地反对美国卷入欧战的地区，这份电报发挥了最大的影响”；最近和墨西哥冲突最为激烈的几个边境州也是如此。[49]

齐默尔曼电报事件余波的影响，不仅仅在于促使美国参战。在北美内部，由于卡兰萨拒绝正面回应，这份电报预示着美墨关系的进一步损害。卡兰萨公开否认他曾收到过这份电报，不过他在私下里考虑了，一旦美国发动新一波入侵，德国能适当地提供何种军事援助，也考虑了其顾问们对电报内容的评估，
529 他们认为齐默尔曼的建议不切实际。1917年4月14日，在美国对德宣战8天之后，卡兰萨告知德国驻墨西哥大使，他打算继续保持中立。

正如威尔逊所希望的，墨西哥在1917年通过了新宪法，该宪法考虑了普选权和土地改革。不过，卡兰萨也重申了国家对自然资源的控制，尤其是石油和矿产。卡兰萨政府征收高额税收，要求土地所有者在将土地卖给外国人之前要获得官方的批准，同时增加了一条宪法条款，规定地下资源的所有权是国家的

[48] Friedrich Katz, *The Secret War in Mexico: Europe, the United States and the Mexican Revolution* (Chicago: University of Chicago Press, 1981), p.351.

[49] *Ibid.*, p.361.

而不是土地所有者的。这些措施很少有即时生效的。墨西哥政府并没有采取行动去执行这一宪法条款，外国军舰确保了墨西哥湾沿岸油田的安全，使其得以继续为协约国的战争行动供应石油，不断刷新产量记录。不过，关于美国人正认真地考虑有限度地占领墨西哥油田、禁止美国人向墨西哥提供贷款以及禁止与墨西哥开展武器、食品和黄金贸易的报告，迫使卡兰萨在余下的战争年月里，即使徒劳也要继续与德国官员保持对话，讨论两国之间可能的结盟。1919 年春，美国与墨西哥开战的可能性再一次浮现。美国的石油利益集团和威尔逊政府的几个成员，密谋联合卡兰萨的反对者发动政变，他们一直在向威尔逊施压，要求美国断绝和墨西哥的外交关系。此时，威尔逊正因为中风数月卧床不起，这些计划因而无果而终。尽管如此，媒体和国会的大肆批评，让美国和卡兰萨政府的关系一直处于紧张之中，直到后者最终在 1920 年春被军方推翻。[50]

威尔逊主义的北美起源

长期以来，美国一直把门罗主义（美国总统詹姆斯·门罗在 1823 年提出的一个主张，即西半球是其他世界强国推行进一步殖民的禁区）视为保证整个西半球新独立国家主权的一个承诺。威尔逊的前任们已经扩展了门罗主义的适用范围，包括 1904 年提出的罗斯福推论（称美国的地区政策是防止其他国家“为非作歹”，从而为美国的政策辩护），还通过金元外交强化了美国在本地区的经济存在。现在，威尔逊试图将门罗主义的原则在全球范围内运用。1917 年，威 530
尔逊发表了著名的“没有胜利的和平”的演讲，建议用协商的方式处理世界大战，演讲中的措辞非常直率地把美国在西半球的经验描述为处理未来国际关系的模板。“我建议……，”威尔逊宣称，“所有国家应该一致采纳门罗主义，将其看作是全世界的主义：每一个国家都不应该寻求将自己的政体扩展到任何其他国家或民族，每一个民族应该获得决定自己政体和发展道路的自由，不受妨碍，不受威胁，不用担惊受怕，不用顺从强权。”

入江昭指出，威尔逊之所以愿意用军事干涉的方式来维护墨西哥和加勒比

---

[50] Mark T. Gilderhus, *Pan American Visions: Woodrow Wilson in the Western Hemisphere, 1913—1921* (Tucson, AZ: University of Arizona Press, 1986), pp.147–149, 152–153.

海地区“民主的安全”，是把它当作一次“预演，为的是让美国做好承担起全球重建这一重大使命的准备”，一旦美国投入一战威尔逊就准备这样做。[51] 这一理想的许多方面，威尔逊将通过1918年发表十四点计划的演讲，通过对《凡尔赛条约》的谈判来继续鼓吹。他首先做的是建议改善美国与其南部邻国的关系。威尔逊提议缔结《泛美条约》，这一条约将允许美国和阿根廷、智利、巴西开展合作，在西半球内部推动民主的发展、处理争端、确保边境的安全，希望借此能教会墨西哥人“选举出一个对的人”。小约翰·弥尔顿·库珀指出，“虽然《泛美条约》没有任何进展，但是它的条款已经囊括了威尔逊后来在国际联盟盟约中使用的一些语言和理念”[52]。弗雷德里克·卡尔霍恩认为，威尔逊对区域干涉的限制，以及设计一种集体安全的方法来处理西半球内部争端的尝试，显示出“在威尔逊式的战争中，限制武力和运用武力同等重要”。[53]

威尔逊最后没有说服美国国内的孤立主义者（这些人坚持把门罗主义当作限制美国卷入世界事务的一种方法），没有让他们相信积极参与国联的时刻已经到来。他的反对者声称，加入国联将威胁美国的地区优势，让美国卷入“纠缠
531 不清的联盟”，最终将会导致美国卷入未来的欧洲战争。反对者希望单方面地界定自己的外交政策，希望继续依赖北美与欧洲的地理距离来维持外交和政治的独立，这样的愿望最终战胜了威尔逊的建议，即美国要正式承担起更多的责任，成为整个世界的民主、人道的守护者。因此，美国参加一战只不过是再次肯定了把自己看作是一个北美国家的观点。

结语

一战明显地扩大了美国在西半球的影响，也提高了北美经济、政治一体化的程度。美国领导一体化并非一帆风顺。威尔逊认为，门罗主义对那些寻求决定自己未来的国家是有利的，对此墨西哥总统卡兰萨在1919年给予了口头反驳。

---

[51] Akira Iriye, *The Cambridge History of American Foreign Relations*, vol. III: *The Globalizing of America, 1913—1945* (Cambridge: Cambridge University Press, 1993), pp.37–38.

[52] Cooper, *Woodrow Wilson*, p.246.

[53] Frederick S. Calhoun, *Power and Principle: Armed Intervention in Wilsonian Foreign Policy* (Ohio: Kent State University Press, 1986), p.251.

他抨击道，这一政策通过强加给“独立的国家一个他们不想要也不需要的受保护国地位”，实现了美国在西半球的帝国主义扩张。[54] 卡兰萨反而建议通过泛拉美合作来抑制美国在这一地区的霸权，这预示着未来将爆发一场围绕美国是一个“好邻居”还是西半球的一个“帝国主义者”的意识形态争论。卡兰萨未能说服更为弱小的中美洲国家，联合起来阻止美国单方面干涉它们的内政。卡兰萨做得较为成功的是，在战时美墨两国紧张关系的基础上，培养了墨西哥人强烈的民族主义情感。

加拿大认可英国的帝国身份，这显示出它致力于在英帝国的框架内发展成一个国家，而不是采取与之对抗的方式。加拿大一战记忆的向心性，强化了它与其他自治领的团结感，这些自治领的民族认同同样与它们的战场经历密不可分。战后，美国和加拿大之间并不存在一种可以将它们绑在一起的共同的战时牺牲感。与之相反，两国的战争记忆走上了不同的轨道。美国各群体分散纪念战争的方式，阻碍了统一的战争集体记忆的生根发芽。华盛顿特区没有一块国家性的战争纪念碑，与之形成鲜明对比的是，渥太华的和平塔和加拿大国家纪念碑是非常有影响力的存在。这些纪念场所加强了加拿大和英帝国的文化认同， 532
这种文化关系也带来了经济利益。例如，1932 年的渥太华会议，让英国在大萧条最严重的时候，和其自治领建立起了一种为期五年的特惠贸易关系（这很大程度上是美国刺激导致的）。

总之，无论如何这场战争都加快了美国和加拿大在外交目标、国内政策方面的协调，强化了两国的双边关系。在南方，战争动摇了美国和墨西哥的关系，最终迫使美国用武力来维护其经济、政治和军事优势。无论这一过程是像美墨关系那样不稳定，还是像美加关系那样较为顺利，北美的经济、政治一体化是第一次世界大战的一个关键的全球性遗产。

---

[54] Gilderhus, *Pan American Visions*, p.146.

533 # 20 拉丁美洲[1]

奥利维耶·孔帕尼翁

拉丁美洲远离一战的主战场，第一次世界大战一直被看作是当代拉美历史上的一个无足轻重的事件。1914 年底，临近拉美南部海岸发生的两场海战是仅有的例外：11 月 1 日德国人在科罗内尔角打败了英国皇家海军；后者在 12 月 8 日的福克兰群岛（马尔维纳斯群岛）海战中扳回了一局，英国借此控制了合恩角。在一战这场史无前例的全面冲突中，主要交战国苦于流血牺牲，拉美次大陆却得以幸免，格兰德河（Rio Grande）以南诸国被看作是远离是非的旁观者。拉美不像非洲和亚洲那些卷入各帝国大规模动员的殖民地区，两大联盟最终给它造成的影响仅在于经济方面，以及对其宣传攻势的冷淡回应。一般把 1919 年经济危机和 1959 年古巴革命看作 20 世纪拉美发展历程的转折点，将其作为观察这一时期拉美历史的棱镜，这种老套的思维无论如何也不会把 1914—1918 年的战争看作是一个意义重大的转折。

这一广为接受的历史编纂观念的基础是，把军事事件放在首位的一战视角，以及将拉美描述为世界上一个边缘地区的叙述模式。对于拉美这一前西班牙、葡萄牙殖民地在 20 世纪初期和欧洲的关系，上述史观至少部分阐述了一些广为人知的事实。事实上，大西洋两岸移民纽带的强度，以及 19 世纪 70 年代以来拉美次大陆融入世界金融、贸易市场的程度——例如自拉美国家独立以来，大多数精英对旧大陆都有一种狂热的知识崇拜——都表明需要重新评价大战对拉

[1] 海伦·麦克菲尔把这章从法文翻译成英文。

美的影响。[2] 历史学家通过查阅档案，很快就揭示出这场战争在拉美各国的国家 534
性和宗教性报纸上都是无所不在的，各国政府和驻外使馆很快就注意到了这场战争，为了这场战争而进行的重要社会部门的动员以及大规模知识分子的输出，不仅从 1915 年就开始了，而且一直持续到了 20 世纪 30 年代。尽管我们必须小心避免将这一地区当作一个单一整体来进行思考，要考虑每个国家的战争经历的特殊性，进行合乎逻辑的比较，但必须把第一次世界大战理解为 20 世纪拉美历史上的一个重要节点。这需要从多元角度进行重新评价。[3]

1914 年的中立

1914 年 8 月的头几天，正当战火烧遍欧洲之时，拉美诸国纷纷向交战国宣告了其中立立场。自拉美各国独立以来，各国经常性的外交分歧就成了拉美地区与世界其他地区关系的特点，因而这次一致宣告中立就显得不同寻常。这一勉强达成的一致是很多原因促成的，而且一直持续到了 1917 年。

尽管各个受保护国、殖民地和自治领自动与其“母国”站在一边投入了战斗，最初这场战争毫无例外被看作是一个纯粹的欧洲事件。当时大部分驻欧洲各国首都的拉美外交官都将发生在萨拉热窝的斐迪南大公遇刺事件看作是一条简单的新闻，认为这场越烧越旺的战火是法德长期对抗合乎逻辑的终结点，认为这场由帝国主义野心和边界问题的矛盾引发的冲突与民族诉求密切相关。所有这些争夺只与“旧世界”的规则有关。1823 年发表的门罗主义的主要内容是，
新生的美洲国家不干涉欧洲事务，作为交换，欧洲也不能干涉美洲事务。根据 535
这一教条，美洲不应该卷入这场旧世界的冲突。在报纸或者外交交流中，这起血腥的投机事件被看作是帝国主义或民族主义的产物而遭到公开谴责，丝毫没

---

[2] 如果想要对 19、20 世纪之交的拉美史有一个总体上的认识，可参阅 Leslie Bethell (ed.), *The Cambridge History of Latin America*, vols. IV and V: *c.* 1870—1930 (Cambridge: Cambridge University Press, 1986)。

[3] 对整个拉美范围内一战史的比较研究著作很少，参阅 Olivier Compagnon and Armelle Enders, “L' Amérique latine et la guerre”, Stéphane Audoin-Rouzeau and Jean-Jacques Becker (eds.), *Encyclopédie de la Grande Guerre, 1914—1918* (Paris: Bayard, 2004), pp.889–901 和 Olivier Compagnon and María Inés Tato (eds.), *Toward a History of the First World War in Latin America* (Frankfurt am Main: Vervuert, and Madrid: Iberoamericana, 2014)。一些旧的著作提供了宝贵的信息，例如 Gaston Gaillard, *Amérique latine et Europe occidentale: L' Amérique latine et la guerre* (Paris: Berger-Levrault, 1918) 和 Percy Alvin Martin, *Latin America and the War* (Baltimore, MD: Johns Hopkins University Press, 1925)。

有介入这场冲突的想法。人们认为这场冲突就像1870—1871年的普法战争，看起来离得很远，持续时间也肯定不会很长。事实上，对1914年8月战争爆发的这种反应，显示出拉美人对于维也纳会议后出现的欧洲协调并没有十分重视。也有人发出了一些边缘化的声音，清楚地预见到了即将发生的事情。阿根廷作家莱奥波尔多·卢戈内斯（Leopoldo Lugones）就是其中之一，1912年底他在布宜诺斯艾利斯的日报《民族报》（*La Nación*）上发表了一系列编年史作品，在这些文章中他判断在中短期时间内，欧洲的战争是不可避免的。[4]

分析拉美为何在1914年宣布中立，首先要把经济因素考虑进去。经济方面的考虑，对拉美这些受益于投资的国家来说是极为重要的，它们大多出口原材料（农产品或矿产）并进口工业制成品，对外部世界有着结构性的依赖。在此之前的二十年，南美洲北部的许多国家，都见证了美国取代欧洲的工业化国家，成为它们主要的金融和贸易伙伴。欧洲的战火对这些国家产生的直接威胁较小。因此，墨西哥、中美洲、古巴、多米尼加共和国和海地，在1914年时已占据美国在拉美直接投资的74.5%，剩下的25.5%在10个已独立的南美国家中分配。同一时期，墨西哥和中美洲62.7%的出口和53.5%的进口依靠美国。然而，南美的状况十分不同，欧洲国家——以英国为首，德国自19世纪末以来也开始处于领先地位，法国相对处于较次要的地位——当时仍是主要的投资者和贸易伙伴。对美出口分别仅占乌拉圭和阿根廷出口总量的4%和4.7%，两国进口自美国的货物占其进口总量的比重分别只有12.7%和14.7%。大战前夕，阿根廷出口货物中的24.9%到了英国，12%出口到了德国，7.8%出口到了法国。与此同时，这些国家31%的进口货物来自英国，16.9%来自德国，9%来自法国。在这一背
536 景下，无论是对协约国宣战还是对同盟国宣战，都必将导致和这些战略经济伙伴的疏远，削弱这一地区几十年来标志性的强劲增长势头。[5]

最后，它们还担心介入战争会重新产生对于和欧洲民族同源同种的疑虑。这种担心也绝非是杞人忧天，自19世纪下半叶以来，已有大规模的欧洲移民涌

---

[4] 这些作品已收入 Leopoldo Lugones, *Mi beligerancia* (Buenos Aires: Otero y García Editores, 1917)。有关预见到欧洲会爆发战争的著作，尤其可以参考 Emilio Gentile, *L'apocalisse della modernità: la Grande Guerra per l'uomo nuovo* (Milan: Mondadori, 2008)。

[5] 上述数据均参考 Victor Bulmer-Thomas, *La historia económica de América Latina desde la Independencia* (Mexico: Fondo de Cultura Económica, 1998), pp.95, 189–192。（原文的重音标错了位置，此处修订。——译者注）

入这一地区，并且一些移民社群对于他们新祖国的归属感仍相对较弱。这方面的考虑，在分析安第斯山麓国家（委内瑞拉、哥伦比亚、厄瓜多尔、秘鲁、玻利维亚）或中美洲地区的情况时就不适用，这些地方的欧洲移民数量和拉美次大陆南部相比是极少的。从 19 世纪 20 年代开始到 1914 年，大约 800 万到 900 万欧洲人乘船来到拉美，近 50% 定居在阿根廷，36% 定居在巴西，其余 14% 大部分选择留在了古巴、乌拉圭、墨西哥和智利。[6] 考虑到如此规模的移民潮，摆在政治精英们眼前最现实的问题便是，欧战是否会打破本国的民族大熔炉。因为 20 世纪早期正是认同质疑在这些年轻的移民国家广为散布的时候，尤其此时恰逢拉美独立一百周年，拉美大部分地区都在 1910 年举行了庆祝活动。智利是一个例子，在这里的许多德国人聚居区内，他们充满戒心地维护着自己的传统，然而在阿根廷，大量的意大利社群 1915 年 5 月之后开始大规模动员。巴西的日耳曼血统社群有近 400,000 人，大部分定居在南部的一些州，如圣保罗（São Paulo）、巴拉那（Paraná）、圣卡塔琳那（Santa Catalina）和南里奥格兰德（Rio Grande do Sul），这些人被认为很难融入当地社会，当地的思想领袖们自 19 世纪末以来就已经注意到了这一点，对他们充满了猜忌。从那时起，保持中立对内政和外交来说至少是同等重要的。在国家政治环境极不稳定时，这种态度就愈发强烈。就像在墨西哥，1910 年开始的革命引发了内战，进而导致了和美国关系的极度紧张。

外裔群体和知识分子的动员 537

在战争爆发后的最初几周，政府的中立和新闻媒体的相对冷漠，并没能阻止一些社会部门的早期动员。各参战国驻拉美外交代表发出了军事动员命令，并且在移民群体的所属报纸上广为传播，在这种情况下欧洲移民无疑最先受到了战争的波及，这为深入认识他们融入“当地社会”的程度提供了契机。虽说大多数达到参军年龄的德国人（或德国人后裔），由于很快在拉美沿岸构筑起的近海海上封锁而无法横渡大西洋，不过法国和英国移民可以尽量本着良心响应

[6] 关于这方面的研究，参阅 Magnus Mörner, *Aventureros y proletarios: los emigrantes in Hispanoamérica* (Madrid: Mapfre, 1992)。

参军的号召。然而，从战争结束时被巴黎和伦敦召唤来的总人数看，动员的效果非常有限。1890—1919 年间出生在法国而生活在阿根廷，同时又符合参军年龄的男子共 20,925 人，这些人里似乎只有 32% 到达了前线，2,834 人得到了豁免或遭到了拒绝，12,290 人因为这样或那样的原因不符合参军要求。出生在阿根廷且享有双重国籍的法国人后裔，大约有 40,000 到 50,000 人，似乎只有 250 到 300 人到了欧洲，不到总人数的 1%。尽管就整个拉美层面的定量研究没有可供参考的可靠成果，不过还是能够看到，虽然移民群体的社团组织施加了强大的压力，但是投入欧战的意大利人的比例仍然比较小。[7]

然而，根据上述事实可能会得出一个错误的结论，即大多数欧裔移民对战争是漠不关心的。这一结论低估了移民群体的报纸、慈善组织或其他社团发起的铺天盖地的动员，这些组织在 1914—1918 年间一直紧盯着它们的欧洲母国。尽管远隔数千公里，所有移民群体的报纸都呈现出了被这场战争搅动起来的深厚情感。战争初期，在巴西发行的一些德语报纸，从圣保罗反教权主义的《日耳曼》(*Germania*)，到圣莱奥波尔多（São Leopoldo）的新教报纸《德意志邮报》(*Deutsche Post*)，以及库里蒂巴（Curitiba）的《指南报》(*Kompass*)，都
538 对 1914 年 8 月初德国发起的这场战争的高尚道德表达了敬意。所有报纸对战争开始到 1918 年的军事行动都进行了充满激情的追踪报道，一些报纸还推出了葡语版，借此激发巴西人对德国的支持之情。[8] 尽管外裔群体并没有像欧洲参战国想要的那样，以血肉之躯投身于战争，但他们也都很快建立起了与战争直接相关的纪念场所。1915 年 5 月 23 日意大利参战，意大利裔群体在布宜诺斯艾利斯、圣保罗和墨西哥举行了盛大的游行以示庆祝，此后每年他们都在这一天走上街头，把战争成就“带回家”，直到具有决定意义的维托里奥威尼托战役，他们对每一次重大的军事进展都举办了公开庆祝活动。最重要的是，战争期间这些移民及其后裔为公益风险项目和慈善工作做了巨大的贡献。战争之前就已经

---

[7] Hernán Otero, *La guerra en la sangre: los franco-argentinos ante la Primera Guerre Mundial* (Buenos Aires: Sudamericana, 2009); and María Inés Tato, “El llamado de la patria: Británicos e italianos residentes en la Argentina frente a la Primera Guerra Mundial”, *Estudios Migratorios Latinoamericanos*, 71 (July-December 2011), pp.273–292. 就这个问题与英属乌拉圭的情况比较，参阅 Álvaro Cuenca, *La colonia británica de Montevideo y la Gran Guerra* (Montevideo: Torre del Vigia Editores, 2006)。

[8] Frederick C. Luebke, *Germans in Brazil: A Comparative History of Cultural Conflict during World War I* (Baton Rouge and London: Louisiana State University Press, 1987).

存在的，或者战争期间专门创建的数以百计的各种爱国委员会和其他一些社团组织筹款活动和义演以支持某一参战国。例如在阿根廷，弗朗西斯爱国委员会负责组织了许多慈善福利性的演出，《普拉塔邮报》（*Courrier de la Plata*）几乎每天都对它们进行了报道。意大利参战不久，巴伊亚州的萨尔瓦多的意大利人群体就组建了“为了祖国委员会”并组织募捐，尤其是为那些在战争中永久致残的人。[9] 在布宜诺斯艾利斯，各式各样的团体成了意大利政府发行的战争债券的中继站，比如博卡区消防志愿者协会、意大利曼陀林琴第一社团抑或是意大利互助和教育协会。战争期间这种欧裔群体的动员从 1914 年底一直持续到了 1918 年 11 月停战，有些地方甚至延续到了 20 世纪 20 年代，这在拉美社会平缓地介入这场冲突的过程中起了决定性的作用。这种情况在南锥体地区和巴西（主要是在城市）要比在拉美的其他地区更加明显。

虽说没有对政府的中立政策形成挑战，这些移民群体却有着很清晰的倒向战争一方或另一方的倾向。认为这场战争很快就会结束的错觉一旦消失，舆论 539
的影响就超出了这些或多或少带有移民性质的群体。知识精英们将这场战争视为在文明世界的心脏地带放了一把火，在书写和传播对这场战争的叙述的过程中他们冲在了第一线，或者通过报纸的渠道，或者通过召开会议，抑或是通过成立专门的社团。事实上，自 19 世纪早期独立以来，拉美的精英们就排斥西班牙和葡萄牙所代表的模式，自此以后皇权受到了他们的极度蔑视。相反，他们转向了以北欧为代表的文明世界。法国、英国和德国于是被冠上了各种美名，成了现代性的典型，是文明搏动的心脏，认为它们的价值观是拉美这一前伊比利亚人的殖民地取得合理发展的最好保证。无论在论述层面还是在实践层面，以法、英、德为代表的欧洲如今成了制定国家政策依据的样板，是所有文化活动的模型，是能引导一切事务、照亮拉美社会未来的指路明灯。阿根廷作家多明戈·福斯蒂诺·萨缅托（Domingo Faustino Sarmiento，1811—1888）的作品《法昆多：文明与野蛮》（*Facundo*：*Civilización y Barbarie*），赋予了这种欧洲崇

[9] 参见在巴伊亚的意大利人聚居区出版的纪念文集：*Per la guerra, per la vittoria, 1915—1919*（São Paulo: Fratelli Frioli, n.d.）。

拜小说化的宣示，并明确将旧大陆塑造成现代化的图腾。[10] 1845 年他的这本书在智利出版，在之后的数十年里，该书在拉美每个国家都得到了广泛流传。

在这种环境下，拉美知识分子很早进行动员就并不令人意外了，同时这种动员也显示出他们在知识借鉴上的地理偏向。实际上，他们中的大部分人直言不讳地表示了对协约国的支持，从根本上说这是出于他们对法国的盲目崇拜。法国被认为是一切自由的源头，也是文学和艺术的摇篮，在一切形式的现代性中都处于至高点。精英的“法国化”是 19 世纪以及“火热的黄金时代”[11] 的遗产，这也解释了为何他们所呈现的战争主导意象是文明和野蛮的冲突。冲突的一方是不朽而辉煌的法兰西文明，另一方则是野蛮和军国主义的德国人。乌拉圭作家、政治家若泽·恩里克·罗多（José Enrique Rodó，1871—1917），曾在 1900 年发表了散文《阿里尔》（“Ariel”），此文很快就在拉美的青年知识分子中流行开来。1914 年 9 月 3 日，他在蒙得维的亚（Montevideo）的日报《理性报》
540 （*La Razón*）上发表了一篇文章，将法国的事业等同于人类的事业。1915 年 3 月里约热内卢成立了巴西协约国同盟，将众多作家和政客聚集起来，以提升巴西人对协约国事业的认识。这一组织的主席是著名作家、外交官何塞·佩雷拉·达格拉萨 – 阿拉尼亚（José Pereira da Graça Aranha，1868—1931），1902 年他的反德小说《天国》（*Canaã*）出版，为他赢得了极高的声誉。他在就任该组织主席时发表的就职演说中，传播了上述对这场战争的看法，声称“从这场战争爆发以来，就有一种相同的直觉促使我们想到了法国，直觉告诉我们这场战争是又一次野蛮与文明之间的战争”[12]。在整场战争期间，从 1915 年在布宜诺斯艾利斯发行的讽刺时事的《我们》（*Nosotros*），到 1917 年墨西哥的日报《环球报》（*El Universal*），诸多出版物发表了对本国知识领袖的访谈结果，这些人普遍希望鼓励法国士兵。这种无处不在的亲法情绪，因大量对战争初期德国人所犯下暴行的叙述而得以强化，而这种叙述多少带有一些空想性的成分。大量志愿者投身法军，其他参战国军队则没有出现相似的情况，这也很好地体现出

[10] 关于这一点，详见 Annick Lempérière, Georges Lomné, Frédéric Martinez and Denis Rolland (eds.), *L'Amérique latine et les modèles européens* (Paris: L'Harmattan, 1998) 和 Eduardo Devés Valdés, “*América latina: civilización barbarie*”, *Revista de Filosofia Latinoamericana*, 7–8 (January–December 1987), pp.27–52。

[11] 此处遵循了杰弗里·尼德尔的表述，参见 Jeffrey Needle, *A Tropical Belle Epoque: Elite Culture and Society in Turn-of-the-Century Rio de Janeiro* (Cambridge University Press, 1987)。

[12] 引自 Gaillard, *Amérique latine et Europe occidentale*, p.41。

了普遍存在的亲法情绪：一年中有 1,500 至 2,000 人志愿加入法军，以此证明他们愿意为了保卫法国这一文明的典范而抛头颅洒热血。这些人大部分来自城市的某些小团体，有的曾在巴黎生活。这种做法效法了哥伦比亚人埃尔南多·德本戈切亚（Hernando de Bengoechea）和秘鲁人何塞·加西亚·卡尔德龙（José García Galderón），这两人分别在 1915 年 5 月和 1916 年 5 月的行动中牺牲。

对大量存在的不同观点进行仔细的分析依然是非常重要的。虽然这些观点的轮廓仍模糊不清，但无疑和人们有时能够接受的观点是不同的。大部分德国人的支持者是立场坚定的，他们公开支持同盟国的战争事业，或者至少要求知识分子严格的中立——然而在人们普遍支持协约国的背景下，中立即是与亲德派同流合污。本着德国科学精神训练出来的法学家、哲学家，例如阿根廷的阿尔弗雷多·科尔莫（Alfredo Colmo，1878—1934）和欧内斯托·克萨达（Ernesto Quesada，1858—1934），信服防卫军至上这一观念的军人，或者是那些把打败法国看作是对其应有的惩罚的天主教徒（因为法国在 1901 年颁布了针对修会的教学禁令，1905 年又确立了政教分离的原则），尤其具有亲德的情绪。进一步说，支持协约国的意识总的来说常常是通过报纸制造出来的，它也应该置于如下背景中进行考虑，即哈瓦斯通讯社、路透社的分支机构垄断了新闻的传播，同时协约国的宣传部门也向这些通讯机构施加了不少压力。最后， 541
还应该提及墨西哥的特例。美国对 1910 年墨西哥革命的军事干涉，让墨西哥的知识分子对其充满敌意，这种敌意让他们甚至在美国参战前就普遍倾向于德国——就像从墨西哥的日报《民主党报》（*El Demócrata*）的评论思路中能看到的那样。[13] 尽管如此，20 世纪初法国在拉美赢得的文化声望，结合英国在整个拉美地区仍然占有的金融、贸易优势，自然让大多数精英希望巴黎和伦敦能获得胜利，而不是柏林和维也纳，这一点至少到 1917 年都还是如此。

战争、经济与社会

19 世纪是拉美加速融入世界市场，与欧洲的金融、贸易关系有了惊人成长

[13] 参见 Friedrich Katz, *The Secret War in Mexico: Europe, the United States and the Mexican Revolution* (Chicago: University of Chicago Press, 1981) 和 Esperanza Durán, *Guerra y revolución: las grandes potencias y México, 1914—1918* (Colegio de México, 1985)。

的一个时期，这种经济融合的程度让拉美很快就感受到了一战的经济影响。1914年8月初，一些参战国暂停了货币金本位制，很快引发了对货币不稳定的恐慌。为了避免银行恐慌，拉美多国政府临时停止了货币兑换机构的工作，禁止金块的出口。然而，这些应急措施并未能阻止通货膨胀的迅速到来，这一趋势一直持续到了1920年左右。此外，许多欧洲银行，尤其是英国银行，接到了本国政府的命令，要求拉美国家立刻偿还贷款，正在商谈中的对拉美的贷款也不得不取消。由此，巴西获得的长期贷款总额，从1913年的19,100,000美元下降到1914年的4,200,000美元，到1915年贷款就完全停止了。战争也使得来自欧洲的直接投资大幅下降，一定程度上影响了矿产开采、铁路建设和城市交通系统的现代化。虽然美国从1915年开始提供的资金资助，能部分取代拉美国家传
542 统金融伙伴所发挥的作用，但直到20世纪20年代，外国投资的规模都没能恢复到战前“黄金时代”的水平。因此，从金融的角度看，一战期间正是拉美投资萎缩、资金短缺的一个时期。[14]

更广泛地说，对于一战对当代拉美经济的影响仍有争议。一方认为，1914—1918年是拉美经济起飞的阶段，其特点是工业化的加速发展；另一方正好相反，认为这是一个经济萎缩的时期，打断了制造业自19世纪末以来的稳步发展。在一本长期被奉为依赖理论经典之作的书中，安德烈·贡德·弗兰克将拉美地区的欠发达，归因于其和“第一世界”历史上的不平等交换。他注意到，两次世界大战可以说是拉美经济真正起飞的时代，其标志就是拉美与其传统金融、贸易伙伴关系的衰退，使拉美能够从占优势的“食利者”逻辑中挣脱出来，开始以进口替代为发展动力。[15] 尽管很多文章都引用了这种说法，不过此种解释已被有力地反驳了。例如，沃伦·迪安已在圣保罗的案例中揭示出，自1914年8月以来咖啡出口量的下降，让资本积累的进程瘸了一条腿——自19世纪90年代以来资本积累就是当地工业得以有力发展的根本所在；与此同时，尽管从战争中期一直到1920年，许多工业企业在继续增长，战争还是限制了工业的发展。[16] 在以阿根廷为重点的分析中，罗杰·格拉维尔也有力地挑战了弗兰克的观点，指出由于对欧贸易的收缩（从北美的投资和市场中获得了一定的平

[14] Bulmer-Thomas, *La historica ecónomica de América Latina*, pp.186–187.

[15] André Gunder Frank, *Latin America: Underdevelopment or Revolution* (New York: Monthly Review Press, 1969).

[16] Warren Dean, *The Industrialization of São Paulo, 1880—1945* (Austin, TX: University of Texas Press, 1969).

衡）、劳动力的不足、资本设备的短缺和能源价格的提高，从战争开始直到结束第二产业的萎缩都未得到遏制。[17]

战争带来的主要影响存在于商品流通领域，并且这种影响可能呈现出短期影响和长期影响的不同方面。在从战争爆发到 1915 年初的早期阶段，船只的不足和商业贷款的突然短缺，妨碍了往常跨大西洋的贸易模式；大量的库存积压下来，许多原材料价格暴跌。尽管如此，由于拉美很多国家的战时经济转变了 543
发展方向，以迎合战争的需求，从而建立起了一种平衡，虽说有周期性的波动，但这一平衡一直保持到了 1919 年初。一方面，欧洲需要战略性的战争物资，也需要为士兵、市民提供基本食品供应，这种需求导致了贸易的迅速增长，刺激了某些拉美国家的出口：墨西哥的石油、玻利维亚的锡、秘鲁的铜和羊毛、智利的硝酸盐、古巴的糖、阿根廷的肉和粮食，这些国家都从上述物资的出口中获得了实质性的收益。另一方面，那些出产的物资不具备战略性的国家——如大宗出口物资为咖啡的巴西、哥伦比亚和委内瑞拉——由于战争期间跨大西洋的交通萎缩，就不能真正从扩大了的市场中获益，直至战争结束都饱受明显的贸易失衡之苦。反过来说，往常那些为拉美供应日常消费品、基本设备的欧洲国家，由于战时本国经济的变化不再能满足拉美的需求。尽管某些进口自美国的物资，部分弥补了传统贸易伙伴对拉美出口的不足，还是导致了拉美国家进口产品的价格上升和总量减少，以至于 1915 年整个拉美次大陆都处于贸易顺差的地位。这就必然使那些明显依靠进口获利的国家，不得不面对国家收入急剧下降的残酷现实。偿还贷款和严重的通货膨胀造成了进一步的困难，这也成了整个战争时期的特征。[18]

在其他一些地方，欧洲参战国对战略物资的持续需求，以及原材料价格的提高，带来的并不全是预期中的财政盈余，也会制约战时贸易。

协约国尽一切可能去阻止同盟国获得拉美的丰富资源，试图控制欧洲那些

[17] Roger Gravil, "Argentina and the First World War", *Revista de História*, 54 (1976), pp.385–419.

[18] 关于这方面的全部数据，特别值得参考的是 Bulmer-Thomas, La historia ecónomica de América Latina, pp.185–195；另见 Bill Albert and Paul Henderson, *South America and the First World War: The Impact of the War on Brazil, Argentina, Peru and Chile* (Cambridge: Cambridge University Press, 1988) 和 Frank Notten, *La influencia de la Primera Guerra Mundial sobre las economías centroamericanas, 1900—1929: Un enfoque desde el comercio exterior* (San José: Centro de Investigaciones Históricas de América Central and Universidad de Costa Rica, 2012)。

有可能成为同盟国和拉美中间人的中立国，还于1916年3月确定了一份著名的
544 “黑名单”，罗列出了已被德国控制或认为被德国控制的拉美商人与贸易公司。与此同时，1917初德国宣布实施无限制潜艇战，令横渡大西洋变得更为危险，损失了不少船只，很多船主在目睹了鱼雷造成的巨大破坏之后，也不敢再派船驶往大西洋。在整个拉美地区，那些与战略物资出口相关的国家因而是大战最大的受益者，不过这些国家至少有四年不得不处理极其不稳定的金融环境。由于那些能弥补欧洲进口缩减的本地手工业或工业的发展仅限于城市和海港地区，大多数居民饱尝日常消费品短缺、涨价之苦。前往拉美的移民突然中止也加剧了这种情况，移民的涌入对拉动拉美内部市场有着重大的贡献，他们带来的廉价、充足的劳动力加快了经济的成长。总的来说，一战虽然着实让精英阶层更清楚地认识到了拉美对欧洲的结构性依赖威胁到了他们的经济，也让他们看到了由此带来的不利局面，不过并不能认为一战是拉美工业化发展进程中的一个关键时期。

最后，由于战争自1914年末以来就影响到了对民众来说最为重要的日常生活，1915年一季度以后这种情况还进一步恶化，大战的经济影响自然对1915—1920年间社会风潮的广泛发展有所推动。自战争爆发以来，很多国家试图通过开征新税来平息财政危机，例如，1914年9月秘鲁开始对贩卖烟酒课以重税。1914年下半年，巴西大城市基本粮食产品（面粉、米和油）的价格上涨了10%到35%。1914—1918年间，布宜诺斯艾利斯食品、纺织品和煤的通货膨胀率，分别达到了50%、300%、538%。往常由欧洲供应的消费品全面短缺，每一个地方都是如此，不过城市圈和新兴的中产阶级受到的影响要比大多数农村居民大得多。因为城里人和新兴中产阶级是进口现代化产品的主要消费群体，这也是拉美“黄金时代”的特征之一。尽管如此，农村居民也受到了战争的影响，例如在巴西、委内瑞拉、哥伦比亚和一些中美洲国家，咖啡经济的危机是残酷而持久的，这一领域对劳动力的需求急剧减少，从而导致了第一波农村人口的外
545 流，不过城市也接纳不了。更为普遍的是，贸易的限制造成大量工作岗位的消失，尽管其负面影响为20世纪10年代后期涌入拉美移民的衰减所抵消，但还是出现了长期的失业现象和实际工资的普遍下降。战争期间，布宜诺斯艾利斯达到工作年龄的人口中，16%—20%的人因此面临工作岗位的短缺。在圣保罗，鲁道夫·克雷斯皮纺织厂工人的工资，在1913—1917年间下降了50%—70%。

把上述事实综合起来考虑，就能解释为何大量出现罢工和社会抗议事件，例如，1915 年 1 月秘鲁南部的阿雷基帕（Arequipa）爆发了数千民众抗议财政压力的示威活动，1917 年 7 月大罢工使圣保罗瘫痪，到了 1918 年，阿根廷有记载的罢工事件达到 196 起。大部分抗议活动将他们的诉求与战争直接联系起来，在争取提高工资和改善工作环境的同时，也呼吁欧洲的和平。这些活动经常受到暴力镇压。[19]

由于一战严重危及拉美此前几十年的经济增长，社会问题变得更为严峻，也对既有秩序产生了新的挑战。尽管战争发生在数千里之外，尽管拉美各国很快就宣布了中立，但实际上战争还是对拉美各国政府产生了影响。从这一点来看，拉美社会中受战争带来的世界性混乱直接影响的庞大群体，同样对战争保持着持续的关注，这和 1914 年下半年外裔群体与知识分子对战争的关切是一样的。

从 1915 年开始，战争的话题在报纸上无所不在，日常生活的方方面面以及大众文化中，都明显有着战争的影子。巴西挂绳文学（*cordel*）里的一些作品，阿根廷的许多舞台剧，玻利维亚高原被艾马拉印第安人刷在陶瓷品上的一些亲德标语，根据欧战设计出的一些儿童游戏，都能反映出这一点。[20] 尽管在当前研究状态下，还不能确认拉美是否真的存在战争文化，但毫无疑问的是欧战的 546
冲击波迅速而又彻底地影响到了大西洋的另一端。

1917 年的大转折

欧洲和拉美的外交档案，都显示出欧洲各主要参战国从 1914 年起在拉美的

[19] 有关这方面的研究，参见 Clodoaldo Bueno, *Política externa da Primeira República: os anos de apogeu – de 1902 a 1918* (São Paulo: Paz e Terra, 2003), p.468; Juan Manuel Palacio, “La antesala de lo peor: la economía argentina entre 1914 y 1930”, in Ricardo Falcón (ed.), *Nueva historia argentina, vol. VI: Democracia, conflicto social y renovación de ideas, 1916—1930* (Buenos Aires: Sudamericana, 2000), pp.101–150; Héctor A. Palacios, *Historia del movimiento obrero argentino*, 4 vols. (Buenos Aires: Ediciones Gráfica Mundo Color, 1992), vol. I, pp.106–125; Maria Luisa Marcilio, “Industrialisation et movement ouvrier à São Paulo au début du XXe siècle”, *Le Mouvement social*, 53 (October-December 1965), pp.111–129。

[20] 详见 Idelette Muzart dos Santos, “La représentation des conflits internationaux dans la littérature de cordel, 1935—1956”, in Denis Rolland (ed.), *Le Brésil et le monde: pour une histoire des relations internationales des puissances émergentes* (Paris: L'Harmattan, 1998), pp.148–178; Osvaldo Pelletieri (ed.), *Testimonios culturales argentinos: la década del 10* (Buenos Aires: Editorial del Belgrano, 1980); Rodrigo Zarate, *España y América: proyecciones y problemas derivados de la guerra* (Madrid: Casa Editorial Calleja, 1917), p.375; Manuel Buil, *Juego de la Guerra Europea* (Buenos Aires: s. e., 1917)。

大规模介入。通过对媒体消息最大可能的控制，通过传统平面媒体或新闻影片中西班牙语、葡萄牙语宣传的大肆传播，或者通过对战争可以孕育出一个新世界的诱人承诺，公众对眼下的战争与自身的关联性有了充分的了解。此外，必须寻求拉美各国政府的善意，虽然它们已坚定拒绝参战，但经济合作最后被证明是决定性的因素。[21] 在这种大环境下，在拉美的各国使馆 1917 年举办了盛大的活动，这基本上标志着一系列发展的开始。

墨西哥处于德美紧张关系的核心环节，齐默尔曼电报事件发生后加剧了德美的紧张。1917 年 1 月 16 日，德国外长给德国驻墨西哥大使海因里希·冯·埃卡特（Heinrich von Eckardt）发了一封秘密电报，敦促他缔结一份针对美国的德墨协议，作为回报，墨西哥可以收复 1846—1848 年战争后《瓜达卢佩 – 伊达尔哥条约》割让的德克萨斯、新墨西哥和亚利桑那。这份电报被英国截获后，成了导致华盛顿与柏林关系决裂的关键因素。[22] 此外，1917 年 1 月德国决定实施无限制潜艇战，对大多数拉美国家的贸易活动的影响更为巨大，导致一些拉美政府开始重新思考它们在与柏林关系中的地位。最终，同年 2 月美德外交关系的破裂，以及两个月后华盛顿对德宣战，颠覆了整个西半球的局势。

547 事实上，1914 年 8 月看到的拉美的一致中立，在美国于 1917 年 4 月 6 日宣战后被打破。同年 4 月巴拿马和古巴对德宣战，10 月巴西也向德国宣战，继而 1918 年 4 月危地马拉宣战，5 月哥斯达黎加和尼加拉瓜宣战，7 月海地和洪都拉斯宣战。此外，玻利维亚、多米尼加共和国、秘鲁、乌拉圭、萨尔瓦多和厄瓜多尔六国，虽未向德国宣战，但与其断绝了外交关系。1917 年 4 月以后这一地区不同国家选择的站位，首先可以描绘出北美的势力范围图。除了巴西这个例外，参战各国都位于中美洲或加勒比海地区，这一地区成为美国的私人猎场已达四分之一世纪之久。

1917 年 4 月 7 日，古巴仅在美国宣战几小时后就投入了战争，挑选了几十名士兵奔赴欧洲战场。自 1898 年美西战争后古巴脱离西班牙的殖民统治，1901

---

[21] 对于墨西哥的案例研究，参见 Ingrid Schulze Schneider, "La propaganda alemana en México durane la Primera Guerra Mundial", *Anuario del Departamento de Historia*, Universidad Complutense de Madrid, 5 (1993), pp.261–272。

[22] 有关这方面的研究，参见 Barbara Tuchman, *The Zimmermann Telegram* (New York: Dell Publishing Co., 1965)；另见 Katz, *The Secret War in Mexico*。

年3月美国国会批准了《普拉特修正案》，1903年5月22日该修正案写入古巴宪法，让古巴成了美国实际上的保护国。1906—1917年间，古巴遭到美国三次武装干涉。巴拿马的诞生完全是美国政治的产物，为了终结和欧洲人对横贯大陆的巴拿马运河工程（1914年8月15日运河正式开通）的争夺，1903年11月美国将巴拿马从哥伦比亚分离出来。与此同时，尼加拉瓜和海地分别从1912年和1915年开始被美国海军陆战队占领。上述所有因素证明，并不能将这些国家的参战视为它们深思熟虑的外交政策抉择，更确切地说这显示出它们的政策与外交取决于美国要它们怎么做。这种情况自19世纪80年代末和90年代初，美国的“天定命运论”投射到外部世界后就产生了。[23]

另一方面，巴西的案例与上述情况有所不同。战争期间出口的衰退，德国潜艇对商船发动的鱼雷攻击，例如巴拉那号（*Paraná*）、蒂如卡号（*Tijuc*）、马考号（*Macaú*）分别在1917年4月、5月、10月遭到袭击，让巴西深受震动，使其加入协约国阵营有了很客观的理由。参战也为巴西成为华盛顿青睐的合作伙伴，同时成为拉美国家的天然领袖创造了机会，这一政策路线是由里奥·布兰科（Rio Branco）男爵主导的，他于1902—1912年间担任外交部部长，热衷于在里约和华盛顿间建立起一个持久的同盟。实际上，此时革命中的墨西哥无 548
力在国际舞台扮演主要角色，智利出于对境内大规模德裔移民及其强大政治影响力的考虑，在对德宣战的问题上退缩了，这让一战成为里约当局实施拉美大陆的霸权战略的最佳时刻，这一战略通常来说就是在处理与拉美地区内各国关系时具有主导权。1917年7月，巴西外长尼洛·佩萨尼亚（Nilo Peçanha）向总统发了一封电报，建议巴西政府紧跟美国之后参战，一方面是为了满足伦敦、巴黎和华盛顿的急切期待，另一方面则是为了避免被另一个南美国家抢了先机。巴西关心的是在国际舞台上扮演一个起重要作用的角色，关注着战争结束后的世界局势，因此它要证明自己与坚持中立的邻国阿根廷相比是更好的合作盟友。因此，鉴于上述对外交需要的多方论证，同时也考虑到巴西对提升咖啡销量的期盼——巴西的咖啡库存持续上升，1917年堆积在桑托斯（Santos）码头的咖啡有6,000,000麻袋，等待买家上门运走——里约当局为何在1917年10月26日宣

[23] 关于美国对拉美政策起源的研究，详见John J. Johnson, *A Hemisphere Apart: The Foundations of United States Policy toward Latin America* (Baltimore, MD: Johns Hopkins University Press, 1990)。

战投身协约国阵营就得到了解释。尽管如此，巴西对战争的投入是非常有限的，一来宣战相对较晚，再者派出的军队很有限。除了派出 13 名空军军官加入英国皇家空军第 16 中队，巴西还派出了一支医疗代表团前往法国，在巴黎的沃日拉尔（Vaugirard）街开展工作，一直持续到 1919 年 2 月。尤其值得一提的是，巴西的海军军事作战行动舰艇分队（Divisão Naval em Operações de Guerre，缩写为 DNOG）混编进了英国海军。这支海军编队由巡洋舰巴伊亚号（*Bahia*）、南里奥格兰德号（*Rio Grande do Sul*）和反潜舰皮奥伊号（*Piauí*）、北里奥格兰德号（*Rio Grande do Norte*）、帕拉伊巴号（*Paraíba*）、圣卡塔琳娜号（*Santa Catarina*）组成，还有近 1,500 名身强力壮的官兵，由海军少将佩德罗·马克斯·费尔南多·德·弗龙坦（Pedro Max Fernando de Frontin）指挥。1918 年 7 月，这支编队从东北部港口启航，9 月中途停留达喀尔（Dakar）时遭遇西班牙大流感，实力受到了严重削弱。最终，编队在不断减员的状态下，于 11 月 10 日进入直布罗陀海峡，但已不能参与任何战斗了。即便如此，巴西得以跻身战胜国阵营，同其他战胜国一道参加了战后的和平谈判。

在拉美地区的 20 个国家中，只有阿根廷、墨西哥、智利、委内瑞拉、哥伦比亚和巴拉圭六国，最终未与同盟国断绝外交关系。维持这种绝对中立并没有妨碍这几个国家中的大多数渐渐倾向于协约国，这最主要是出于经济实
549 用主义的考虑，阿根廷就是一个例子。1915 年仍掌权的阿根廷总统维克托里诺·德·拉·普拉萨（Victorina de la Plaza），一直倾心于牢牢抓住欧洲市场，用尽各种办法，不惜一切代价。不管是战争爆发后几周内阿根廷驻迪南（Dinant）的副领事被射杀（德国人并无明显理由这样做），还是 1915 年 11 月打着阿根廷国旗的商船米特雷总统号（*Presidente Mitre*）被英国扣押（该船所有者是汉堡南美公司的一家分支机构汉堡南美蒸汽船运公司），阿根廷捍卫其中立国地位的抗议都显得特别软弱无力。1916 年，激进派的伊波利托·伊里戈延（Hipólito Yrigoyen）上台（他是 1912 年《萨恩斯·佩尼亚法》颁布后首位通过男子普选选出的阿根廷总统），并没有改变中立政策，不过政治形势上有所改变，阿根廷开始设想在战争外交中扮演积极角色。1917 年，当美国向整个拉美施压要求各国参战时，阿根廷停止了通过欧洲中立国作为中间人与同盟国的贸易。伊里戈延设想在布宜诺斯艾利斯召开一次拉美中立国的会议，从而激起了华盛顿的愤怒。虽然国会怂恿宣战，总统还是固执地拒绝了，不过从 1918 年开始对巴

黎和伦敦展示善意，当时阿根廷与法国和英国签订了一份商业条约，目的是在11月之前出口2,500,000吨小麦。自此之后，阿根廷支持向协约国供应物资，所关心的主要是本国外贸的健康发展，这种立场同中美洲、加勒比海地区那些与协约国并肩作战的国家很难区别开来，因为后者的参战也是非武装性的。不论是布宜诺斯艾利斯还是其他地方，政府对协约国或多或少的支持，都没有阻止1917—1918年间对美国可能在战争的掩护下向拉美扩张的日益增长的焦虑。德国的外交阴谋，消除自墨西哥革命以来美国无所不在的影响的愿望，向英国出口石油的需求，令墨西哥总统贝努斯蒂亚诺·卡兰萨（1915—1920年在位）左右为难，一直到1918年11月他都选择站在和现有两大联盟等距离的位置上，尽管墨西哥政府的核心人员存在着两种观点的紧张对立，一方倾向于协约国，这些人被称为老派亲法人士，另一方出于对美国的厌恶，已准备屈服于柏林的甜言蜜语。

最后，即便不考虑华盛顿宣战的重大影响，1917年仍可以说是一个转折点，在每一个地方一战都成了内政的主要议题。在阿根廷，从1917年初开始人们已 550
逐渐不再关注总统伊里戈延的支持者与反对者之间的分歧，而把焦点转向中立与决裂之间的对抗。[24] 在巴西，据1918年5月一位法国外交官的报告，这场世界危机甚至影响到了当地的选举，两位竞争圣保罗州议员席位的候选人，将巴西是否参战作为他们竞选的核心论点。在古巴，战争状态促使马里奥·加西亚·梅诺卡尔（Mario García Menocal）总统的政府在1918年8月出台一部法律，使服兵役成了义务，从而引发了公众舆论的极大愤怒，因为公众大都对征兵充满敌意。不论是直接的还是间接的，到1918年底战争已成为拉美基本的政策之源。

世界大战与民族认同

1918年11月11日停战的消息传来，整个拉美地区的报纸、政治领袖和公众舆论对此都带着宽慰之心抱以热烈欢迎。一方面，人们开始憧憬国际经济生活在中短期之内能得以恢复，能恢复黄金时代的标志性经济增长，进而平息社

[24] 有关这方面的研究，详见 María Inés Tato, “La disputa por la argentinidad: rupturistas y neutralistas durante la Primera Guerra mundial”, *Temas de Historia Argentina y Americana*, 13 (July-December 2008), pp.227–250。

会冲突。另一方面，1918年1月伍德罗·威尔逊为战后持久和平提出的议题，已经唤起了解决拉美地区潜在冲突的极大希望——例如智利、秘鲁、玻利维亚三国间的争端（后者在1879—1884年的太平洋战争后丧失了出海口），也唤起了对拉美大陆内更为协调的国家关系的期待。然而，战争结束后的情况让1918年末盛行的乐观主义荡然无存，也让战争期间已经浮现出的一系列认同危机更为严峻。

首先，战争的结束以及随后的20世纪20年代，并没有带来战前世界经济秩序相应的回归。货币与黄金的可兑换性逐渐恢复后，所有拉美国家恢复了经济增长。战时贸易也得以正常化，进、出口总量都得到迅速增长，但它们也不得不处理大战所导致的美国的新角色和新地位。1913年，美国吸收了拉美出口总量的29.7%，到1918年扩大至45.4%。战争前夜，美国只供应了拉美地区的进
551 口产品总量的24.5%，1918年上升至41.8%。尽管这一强劲的贸易发展趋势在20世纪20年代出现了颓势，不过与1913年相比依然保持着明显的增长，这种贸易增长的存在带来了一定程度的金融霸权。拉美地区依赖美国的直接投资，这种投资已从1914年的1,275,800,000美元，上升到1929年的3,645,800,000美元，总部设在纽约的银行在拉美各大城市建立的分支机构也有了大幅增加。[25] 正如从秘鲁的维克多·阿亚·德拉托雷（Víctor Haya de la Torre，1895—1979）到阿根廷的曼努埃尔·乌加特（Manuel Ugarte，1875—1951）等很多知识分子在20世纪20年代初所看到的那样，战争非但没能改变拉美经济对外部世界的结构性依赖，还带来这一地区的重新洗牌。自19世纪90年代以来，华盛顿就常常在这一地区展示军事实力，如今美国则在军事实力之外又掌握了强有力的金融和贸易武器。由此，拉美国家的未来产生了许多问题，整个19世纪拉美处于欧洲的经济监护之下，现在则显然又要被迫生活在其北方邻国的阴影之中。

此外，对迎来一个新的世界秩序的憧憬，在20世纪20年代很快破灭了。来自对德宣战的那些拉美国家的巴黎和会代表全都表示不满，一致抱怨巴黎、伦敦和华盛顿忽视了他们为之力争的拉美国家的地位，不满于法、英、美还企图像之前那样继续操控拉美。[26] 在1920年11月国际联盟在日内瓦召开第一次大

---

[25] Bulmer-Thomas, *La historia ecónomica de América Latina*, pp.189, 192.

[26] 例如可参考 Yannick Wehrli, "Les délégations latino-américaines et les intérêts de la France à Société des Nations", *Relations internationales*, 137:1(2009), pp.45–59。

会后，允许参会的国家的体验是相似的，这种体验催生了对新国际秩序浓厚的怀疑主义。阿根廷代表奥罗里奥·普勒东（Honório Puyrredón）陈述了阿根廷的立场，认为战争的胜利并没有让阿根廷受益。在一场理应是推进普遍和平理想的大会上，对中立国和战败国的命运安排让阿根廷非常失望，以至于 1920 年 12 月阿根廷代表退出大会离开了日内瓦。秘鲁和玻利维亚因为边界争端得不到解决，也跟着于 1921 年退出了大会，自 19 世纪 80 年代以来，边界争端问题就占据了两国外交活动的主要部分。1926 年，巴西因为没能获得一直觊觎的常任委员席位而感到厌烦，随即退出了国联。受国内革命的影响，墨西哥被认为是国际社会的一个弃儿，国联建立的时候并没有获邀参加，直到 1931 年才参与到国 552
联的工作中来——彼时，一战结束时憧憬的永久和平，早已不过是一个甜蜜而遥远的乌托邦式的梦想。[27]

综合上述经济、外交事实，是否可以得出这样一个结论，即一战为拉美带来的不过是无一例外地强化了拉美各国的边缘地位，也不过是意味着从 19 世纪欧洲对拉美的监管，从 20 世纪 20 年代开始简单地转移到美国的手上？如果从文化史的角度来思考这一问题，如果回到拉美精英对战争的叙事中去，答案或许是否定的。实际上，战争初期占上风的观念，即欧战代表着不朽的法兰西文明同德国野蛮行径的对抗，逐渐被一种普遍的欧洲失败感所取代。1914 年 8 月 22 日，布宜诺斯艾利斯讽刺性的《面孔和面具》（*Caras y Caretas*）杂志刊登了一篇文章，作者是意大利裔阿根廷哲学家何塞·因赫涅罗斯（José Ingenieros，1877—1925），他将近来对“旧世界”的失望解释为看到了“野蛮人的自相残杀”。两年后，墨西哥人类学家曼努埃尔·加米奥（Manuel Gamio，1883—1960）出版了他的《锻造祖国》（*Forjando Patria*），对这场正让法国和德国斗得筋疲力尽的徒劳的战争，他在书中进行了语带讽刺的评论——1919 年，巴西作家若泽·本托·蒙泰罗·洛巴托（José Bento Monteiro Lobato，1883—1960）在其出版的编年史作品《巴西杂志》（*Revista do Brasil*）中，重复了加米奥的观点。事实上，1916—1917 年间，对欧洲不抱幻想的例子成百上千，在每一个拉

[27] 关于拉美和国联关系的研究，尤其值得参考的是 Thomas Fischer, *Die Souveränität der Schwachen: Lateinamerika und der Völk erbund 1920—1936* (Stuttgart: Franz Steiner, 2012)。对巴西这一特例的研究，参见 Eugênio Vargas Garcia, *O Brasil e a Liga das Nações (1919—1925): vencer ou não perder* (Porto Alegre: Universidade Federal do Rio Grande do Sul, 2000)。

美国家都能找到，到了20世纪20年代和30年代这样的事例甚至更多。一个让10,000,000名子弟牺牲在堑壕里的欧洲，怎么能被认为是文明价值观和现代性的化身呢？人类进步的理想和对理性的崇拜到底怎么了，以至于引发了如此大规模的暴力？根据“黄金时代”和19世纪代表性的观念，任何形式的现代性都只能脱胎于“旧大陆”，这在1914年前就遭到了挑战，而欧洲的自相残杀自然进一步让其显得苍白而毫无价值。阿根廷法学家、作家萨乌尔·塔沃尔达（Saúl Taborda，1885—1944）曾在1918年声言，“欧洲已经失败了，世界不再由它来
553 引领”[28]。战后初期欧洲“颓废主义”作品在拉美广泛传播——从奥斯瓦尔德·斯宾格勒的《西方的没落》（Oswald Spengler，*Der Untergang des Abendlandes*），保罗·瓦莱里的《精神危机》（Paul Valéry，*La crise de l'esprit*），到弗朗切斯科·尼蒂的《颓废的欧洲》（Francesco Nitti，*La decadenza dell'Europa*），在这些作品的影响下，拉美开始类似的思考，认为与欧洲的决裂是必要的。这种思考在那时自然而然地风行起来，同时也引发了这些19世纪初在西班牙、葡萄牙殖民主义废墟上建立起来的年轻国家重新考虑真正的认同问题。

具体来说，对欧洲不抱幻想首先表现在国家范式的固化中，这是与一战叙事直接相关的。如此一来，政治领域需要多元化的党派和运动，这能让各国显得更为伟大和纯洁，还需要改变各国对其起源的神话叙事，明确集体命运这一新状况以此彻底地取代欧洲。[29] 20世纪20年代至30年代“阿根廷民族主义”的先驱，莱奥波尔多·卢戈内斯、里卡多·罗哈斯（Ricardo Rojas，1882—1957）和卡洛斯·伊瓦古伦（Carlos Ibarguren，1877—1956）（仅于众人中举此三人），都密切关注大战，每个人都在以自己的方式亲身实践，去重新定义“种族”的轮廓和能确保得以永存的理想政治体制。

20世纪20年代至30年代还有一个标志，就是文化民族主义。这可以从墨西哥壁画艺术家的作品中展现出来，他们不再复制占主导地位的欧洲绘画模式，转而去描绘真实的民族认同——既有白人和伊比利亚人，也有土著和混血人种。这种民族主义也可以通过巴西的现代主义风格体现。1922年2月，现代主义的

---

[28] Saúl A. Taborda, *Reflexiones sobre el ideal político de América* (Buenos Aires: Grupo Editor Universitario, 2007 [1918]), p.121.

[29] 对于一战在这一动态中起到的作用，Patricia Funes已做了很好的解释，因而此处就没必要全面地评述了，详见Patricia Funes, *Salvar la nación: intelectuales, cultura y política en los años veinte latinoamericanos* (Buenos Aires: Prometeo Libros, 2006)。

领军人物马里奥·德·安德拉德（Mário de Andrade，1893—1945）在圣保罗发起这一美学运动，呼唤全新的艺术创作和民族艺术。他的早期诗作主要反映战争，这些作品被收入一本1917年出版的诗集《滴血诗》（*Há uma gota de sangue em cada poema*），他还在1929年的一本著作中分析了当时巴西的美学骚动：

> 随着1914年战争的结束，所有的艺术品都呈现出了一种鲜活的力量。这是战争的影响吗？当然是的。为期四年的大屠杀必然要催生一些事物。新政府成立了，新的科学思想和新的艺术也诞生了。[30]

因此，在拉美国家构建的漫长时期，大战是一个关键的阶段。吊诡的是，一战这场大屠杀是拉美民族主义的催化剂，而引发一战的恰恰是欧洲民族主义的加剧发展。然而，战争期间浮现出的对认同的质疑，同样超越了民族主义的框架，催生了用其他可行的方法去建立一种归属感。曼努埃尔·乌加特从20世纪初就深信，在面对美国威胁的情况下，拉美的未来必定建立在不同民族的团结一致的基础之上。在他设想的拉美发展轨迹中，1914—1918年这一阶段既标志着方向的转变，也促使拉美各民族更强有力地提出拉美联合的必要。[31] 554

结 语

对于1914—1918年间的拉美历史研究，依然是一项正在推进中的史学工作。尽管拉美各国在战争中的经历，例如阿根廷和巴西，正越来越清楚地为人所知晓，但是仍存在许多被忽视的角落，等待研究者们去探索。哥伦比亚和玻利维亚这两个国家和一战的关系我们几乎不清楚，那么这两国的社会动员情况如何？这两国的知识分子具有很强烈的亲法情绪，和拉美其他地方一样，不过两国欧裔移民的数量与南锥体地区比起来是极少的。20世纪初，中美洲这一真正的农村世界绝大多数人是文盲，这里对数千里之外的这场战争的态度又是怎

[30] Mário de Andrade, *Pequena história da música*, 8th edn (São Paulo: Livraria Martins, 1977［1929］), p.194.

[31] 关于整场一战是认同问题发端的事实，详见 Olivier Compagnon, "*1914—1918: the death Throes of Civilization: The elites of Latin America Face the Great War*", in Jenny Macleod and Pierre Purseigle (eds.), *Uncovered Fields: Perspectives in First World War Studies* (Leiden: Brill, 2004), pp.279–295。

样的？海地在历史上和语言上都与法国有着密切联系，不过自1915年始被美国军事占领，它在一战期间有着怎样的经历？在国家框架（大多数案例将之简化为首都和主要城市）和不同的地方层面之间，微观分析在感受和叙述战争方面起到何种作用？即便这些问题的价值不单纯是文献上的，但上述疑问依然没有得到回答。实际上，对1914—1918年的拉美历史进行真正的比较研究，能够让我们避免过于草率地提出一些普遍性看法。这种普遍性归纳往往根据的是一种错误的观点，即认为文化上统一自然会造成同质性。这种比较研究将会证明——如果需要证明的话——首次发生的这场总体战确实是一个世界性事件，地球上没有或者几乎没有哪个地区能够幸免，能够独立于军事行动的地理范围
555 之外。最后，要更为精确地重新评估大战在20世纪拉美人心中的地位，自然就需要重新思考已被广为接受的，以1929年和1959年为节点对拉美做出的周期性定义，尤其需要重新界定20世纪20年代和30年代，这一时期是拉美诸多后续发展的基础。随着第一次世界大战一百周年的到来，这一挑战显然是巨大的，但值得大家共同努力。

此外，拉美的一战经历被遗忘了，直到最近依然如此，要思考何以如此。当然，拉美没有付出流血的代价，没有遭受极大的损失与伤痛，而这些正是各主要参战国社会所面对的。那些自愿从军，或者其他一些受到召唤在母国的旗帜下为战争服务的欧裔移民，虽常常留下他们经历过大规模暴力的痕迹，却不足以让离索姆河“屠宰场”有上万公里之遥的拉美永远铭记一战的记忆。当然，就像在欧洲一样，第二次世界大战为拉美拉上了一层幕布，并将1914—1918年这一时期隐藏于幕布之后，这种情况在许多国家的教科书中仍然可以看到。

尽管如此，之所以会出现上述遗忘，还是有历史编纂方面的原因。拉美比其他地区甚至更严重，19世纪的历史学按照严格的国家框架进行叙述，处于这一框架中的是那些在独立斗争中诞生的年轻国家。这样的史学研究视野，事实上从未超出各国的国境线。直到最近，比较史学以及在全球历史背景下书写国家历史的史学仍然十分稀少，从而导致了历史书写的内向型模式，在这种书写模式下，诸如两次世界大战的冲击很可能被忽视，或者说近乎忽视。从这个角度来看，当代史家重新发掘拉美的大战历史或能提供探寻历史的新途径，用之探讨那些常常被认为很边缘的地区，或者那些自15世纪末以来被认为是一成不变的地方。

第四部分

交战规则　战争法　战争罪行

第四部分导言 559

安尼特·贝克尔

安尼·德佩尔尚

就在共同努力宣布战争为非法的时刻，战争却以爆炸性的速度发展，并造成空前规模的破坏，这是一个悖论。这是第一次世界大战引发出的基本矛盾之一。

如果这个悖论的解决方式存在，必须要在胜利者的行动中寻找，他们在战争结束时试图把自己最近制定的战争法规范加以应用。1919 年的《凡尔赛条约》，在历史上第一次判定战败国的法律责任，指责它们发动战争和在战争期间违反限制暴行的国际法原则。无可争辩，这种由胜利一方所做出的反应是不充分的，不仅因为这种控告的结果不是它们所期望的，而且因为国际正义本身，以及需要权威指导的明确概念，在当时还不存在。

事实上，要定义大战对国际法和对法律破坏的影响，必须把它放在一个更大的时间范围内。暴行和大屠杀远在大战之前就给公众舆论留下了深刻印象，对一个文明的典范来说，公众越来越难以接受它们，这为制裁犯罪者提供了基础。但在 1914 年及以后，暴行和大屠杀成为违反人权的行为。1945 年之后，这些行为属于有明确的法律定义种类，按犯罪情况分为：反和平罪、战争罪、种族灭绝罪和反人类罪。具有讽刺意味的是，与王朝战争相比，人民战争的演变让其针对作为国内少数群体的“其他人”的暴行，更加残酷和普遍。这在大战中充分呈现。各国之间核心冲突地区，出现了通过不同的方法对那些注定不能分担民族命运的人进行身体消灭的可能性。随着 1915 年奥斯曼土耳其对亚美尼亚人的种族灭绝，这种可能性成为现实。尽管“种族灭绝”这个术语，在 1944 560

年才被拉斐尔·莱姆金首次使用，但在这里必须使用这个术语，因为它源自于他在两次世界大战之间，对在第一次世界大战中亚美尼亚人被屠杀、流放、灭绝的长期反思。

我们应用跨国史的研究方法，分析战时暴行的不同方面，让我们能够更清楚地看到努力确认战争罪行的法律和政治意义。这样做能让我们在多种多样的报复行为和各条战线、各个战斗力量的其他暴力行为的总体框架下，更好地理解违反规范、德国暴行等现象。

21　暴行和战争罪行 561

约翰·霍恩

战争一直受到宗教和道德规范（法律和战争习惯）的影响，这种规范寻求指导战争行为，限制战争暴行。然而由于科技和文化的发展，暴行形式变化多端，从而让这些规范在所有新的冲突中都会被违反。这些规范也会导致争论，各方都谴责他人犯下更多暴行，或为自己的行为辩解。后来，人们就战争产生的新的暴力类型和阈值达成一致，从而需要重新界定什么是合法的行动，这加强但也修改了根本原则。而论战历久犹存，尤其是当胜利者有更多的话语权去谴责谁做了什么之时。

第一次世界大战是很好的例证，见证了规范、冲突、修订以及与之伴随的偏好和争论的对立统一。1914 年之前的半个世纪，战争行为已被国际协定空前程度地指导。在战争期间对敌人实施暴行的常规指控，第一次变成可由国际法加以审判的控告。这导致了战后建立法庭审判战争罪行的尝试。尽管失败了，但它为第二次世界大战后的纽伦堡审判和东京审判开辟了道路。在两次世界大战期间约束战争的公约也得以改进。但是大战的暴行并未成为前车之鉴，而是成为更残酷暴行的先兆。

战　前

在 19 世纪，几方面的发展使战争从属于道德规范的理念比以往更为突出。启蒙运动思想家埃梅里希·德·瓦泰勒（Emmerich de Vattel）和让－雅克·卢梭（Jean-Jacques Rousseau）第一次提出：国家才有宣战的合法权力，作为其臣

民的普通士兵和海员，他们个人不为自己实施的暴行负责，一旦他们停止战斗，
562 就应该被仁慈对待。但在法国大革命和拿破仑战争期间，这个理念更多地是被违反，而不是被遵守。只是在19世纪中期的冲突中，人道主义精神发展了，它敦促所有伤兵和战俘都应被宽容对待，而不管他们曾经为何方作战。1864年建立的红十字国际委员会阐明了这些原则，并收录在后来的《日内瓦公约》中。减少士兵的痛苦，是“文明”时代的标志。

区分士兵和平民也非常重要。数世纪来，这也是宗教和哲学的传统主题，但作战军队还是照样虐待平民。19世纪，妇女和儿童地位的敏感性，加深了平民只是无辜的旁观者、应该受到保护这一认识。然而，法国革命者已反驳了这种愿望，他们在1793年推行的“全民皆兵”，动员了其所有的人口和资源，想象着一个全副武装的民族。全体动员的观念，其最初版本虽在美国内战期间就有了，但经历一个多世纪到两次世界大战期间才被认识到，这种观念的结果是消弭而非加强了士兵和平民之间的区别。一旦普遍兵役制成为常态，男性平民或臣民在战争时期被动员成预备役，构成了在两次世界大战中战斗的数百万军队的基础。此外，面对入侵和占领，他们也可以作为非正规军。游击战的历史源远流长，但在拿破仑战争、美国内战和普法战争时期伴随着政治的激进而重现，当时法国的非正规军抗击着德国人。所有成年男性都可能是潜在的敌人。“全民皆兵”构想的人员和物资的动员更加深入，既然他们都参与了战争，所有人员都成为敌人潜在的军事目标。海军封锁始于沿海的包围，但英国和法国在拿破仑战争中都把它当作经济战的方式使用。19世纪由于世界经济的相互依赖不断加强，在战争时期协调封锁与海上自由、封锁与中立国的贸易权变得越来越难。正规士兵和平民之间的区别在原则上得到加强时，这些反向的发展使它变得模糊。

19世纪的另一个明显特色是，军事科技的工业化也引发了道德问题。随着烈性炸药、速射火炮、密集铁路网对前线的供应，战场对士兵来说变得越发致命。因为战斗的实质就是毁灭合法的敌人，尽管伤亡人员有所增加，也不一定会违反战争规范。然而，化学武器打破了禁忌——杀人就像杀动物或害虫——于是引发了在战场上是否应该禁止一些不人道武器的问题。军事科技的发展也使平民面临新的威胁，如对被包围城市破坏性的轰炸，以及随着空军的诞生从天空的进攻。

拿破仑战争之后的一个世纪里出现的影响深远的“和平运动”，以文明的

价值观的名义提倡编纂法规约束上述战争行为。自由主义者和左派支持这一主张，那些保守派希望限制战争对政治的潜在激进影响，对这一主张也予以支持。尽管这场运动的原则性目标是阻止战争，但它也寻求把人道主义约束逐渐渗透到战争行为中。1914 年前的半个世纪，有一系列的国际会议处理这两个问题，其高潮是 1899 年和 1907 年应沙皇尼古拉二世请求在海牙召开的两次和平会议。如 1899 年的会议公报，采纳了沙皇的国际律师费多尔·费多罗维奇·马顿斯（Fyodor Fyodorovich Martens）的意见：

> 我们一致希望，文明国家的军队不只被提供最凶残、最完善的武器，也需要被灌输权利、公正和人道的观念，让他们甚至在被入侵的领土上，甚至对待敌人时也受到约束。[1]

然而，陆海军将军们很难信服此点。德国军队尤其不情愿，因为它把欧洲的陆地战争视为保存和扩大德国国力至关重要的环节。它也害怕民主和革命战争，如在 1870—1871 年它就遭到法国非正规军的抵抗。要把爱国臣民参与“全民皆兵”包括非正式战争的权利与军事上尊重非战斗平民的义务协调起来，是最受争议的问题之一，这个问题对像比利时和瑞士这样的小国更为重要，因为它们要依赖民兵来防卫。德国军方（像许多其他国家一样）认为，战争可以让指挥正规军的专业性得以保存。如果“人民战争”是一场终极恐怖，为了保卫 564
胜利又不失秩序，镇压是合理的。

英国的反应类似，它把海战视为军事安全的关键。在多次海牙会议和 1909 年的伦敦海军会议上，像“人民战争”一样，封锁和控制中立国与敌对交战国的贸易成为争议问题。尽管英国做出一些让步，承诺中立国有与交战国非战略物资贸易的权利，但它保留了决定哪些种类应该属于违禁品的权利，凭借它的海上优势决定封锁的程度，最终影响目标国的平民生活水平。如德国军方一样，英国海军同样不愿意限制它的战争行为。

在 1914 年之前，战争的“法律和习惯”以人道主义的时代精神被再次阐

[1] 引自 Geoffrey Best, *Humanity in Warfare: The Modern History of the International Law of Armed Conflicts* (London: Weidenfeld & Nicolson, 1980), p.165。

述，但陆军和海军的机构明显不情愿在战时束缚自己的手脚。虽然政府同它们一样极不情愿，但不得不考虑公众舆论要求仁慈对待伤员、囚犯和平民的强烈意向。国际法起了关键作用。1907 年的《海牙第四公约：陆战法规和惯例公约》(以下称《海牙第四公约》)，总结了《日内瓦公约》关于医护人员中立，平等照顾所有伤员的义务，士兵和海员有权投降成为战俘并享有与逮捕他们的人相同的物质待遇。平民参与战争引起了很大争议，德国人完全反对。但在法国的支持下，在比利时和瑞士施加了强大压力后，平民被允许抵抗入侵（但不是占领）敌军，条件是他们要在公开、有序的形式下进行，并携带战斗人员身份的一些标志。在民族国家的年代，民族忠诚的优先地位被认可，由此被占领区的人民免于为敌人的军事活动工作及与他们的同胞自相残杀。相同的约束也适用于战俘。新式武器以不同的方式被处理。对被包围的城镇，可以进行轰炸，而不顾相伴随的对平民的伤害，这种权利得以保留。但禁止对未设防的城市开火，对标志性的医院、宗教建筑和纪念碑也是如此。任意的空中轰炸和使用毒气也被禁止。[2]

565 所有主要的大国都批准了公约，并把它并入到其军事指南。即便并没有国际法院去执行它，公约的影响仍显而易见，大多数欧洲和北美的公众舆论接受了这个新规则——尽管殖民地依然保持着不同的道德体系。1912—1913 年的巴尔干战争，加强了对无限制战争行为的约束。仁慈对待伤员和战俘是对文明行为的一项检验，巴尔干同盟和奥斯曼土耳其双方似乎在第一场战争中都通过了检验。然而，1913 年保加利亚和它之前的盟友在第二次短期战争中的种族仇恨，见证了对待敌人士兵的残酷和毁灭村庄、屠杀平民的“暴行”。欧洲舆论震惊了。1914 年 6 月，卡内基国际和平基金会总结道：在第二次冲突中“国家之间的猜忌和怨恨、对领土扩张的贪婪、相互的不信任足以开始并推动最不必要和最野蛮的现代战争”[3]。但是它也认为公众舆论和法规将会使这些行为在“文明的世界”变得更不可能发生。[4]

---

[2] James Brown Scott(ed.), *Texts of the Peace Conference at The Hague, 1899 and 1907* (Boston and London: Ginn & Co., 1908), pp.209–229.

[3] George F. Kennan(ed.), *The Other Balkan Wars: A 1913 Carnegie Endowment Inquiry in Retrospect with a New Introduction and Reflections on the Present Conflict* (Washington, DC: Carnegie Endowment for International Peace, 1933), p.265.

[4] Kennan(ed.), *The Other Balkan Wars*, p.271.

1915年，弗洛伊德（有两个儿子和一个女婿在前线）写道，一年前爆发的欧洲战争已导致了“幻灭”：

> 它漠视这些国家在和平年代遵守的国际法的所有约束；忽视伤员和医护人员的特权，忽略平民和军人之间的区分……文明国家对彼此了解甚少，以至于一个国家可以带着仇恨和厌恶反对另一个国家。事实上，一个伟大的文明国家是如此普遍地不受欢迎，以至于可以尝试将其作为“野蛮人”开除出文明国家的行列。[5]

弗洛伊德表达了对第一次世界大战中的任意暴行和忽视“战争法”的普遍震惊，这是对欧洲声称代表“文明的”价值观的怀疑。他也注意到，各方都谴责另一方，不是谴责战争本身，而是谴责此种情况的事态，德国人尤其遭到贬低。战前的战争规范，有助于判断逐步升级的战争暴行，也有助于谴责敌人在不同 566
环境中——陆战、入侵和占领、后方、海战和空战——发生的严重违规行为。

陆 战

陆战很快表明，合法战士——受伤或被俘的士兵和水兵——其受保护的地位远不安全。法国人指责德国人在战斗中使用红十字旗作为策略，指责他们处死了“大量”伤兵，以便于施里芬 / 毛奇计划所要求的艰难推进[6]。在1914年8月下旬，一度很清楚的是，德国陆军第58旅（第六军）的指挥官施滕格（Stenger）少将在洛林命令他的部队不接收俘虏。[7]然而，即便杀害受伤士兵和投降战俘的情况存在，也很难说达到了何种规模。它确实并非德国的政策。

一旦前线稳定下来，处理受伤敌军和战俘的后勤工作变得相对容易，尽管

[5] Sigmund Freud, “Thoughts for the Times on War and Death” (1915), in *The Penguin Freud Library,* Vol. XII*: Civilization, Society and Religion* (Harmondsworth: Penguin, 1991), pp.64–65.

[6] *Rapports et procès-verbaux d' enquête de la commission instituée en vue de constater les actes commis par L'ennemi en violation du droit des gens* (hereafter French Commission), third and forth reports (Paris, 1915), pp.10–23（p.14 引用）。

[7] John Horne and Alan Kramer, *German Atrocities, 1914: A History of Denial* (New Haven, CT: Yale University Press, 2001), pp.194–195.

1915年东线上的大攻势和更多的运动战让双方又开始违反日内瓦和海牙公约。而谴责敌军藐视战争法，以“野蛮的”方式战斗，这促成以牙还牙地违反规则。俄国的战争记者犹太人所罗门·安斯基写道：开战时曾让其部队遵守《海牙公约》陆战规定的思想进步的俄国军官，假定遇到德国对士兵和平民相同的“暴行”，其反应是，“声称俄国人必须用更大的暴行来回应德国的残暴——如使用爆炸性子弹、不接受战俘。很快这些理念发展成一个通行的理论：战争就是战争，如果你想赢，你就必须残忍……并消灭敌人”[8]。在英国、法国和德国，敌人虐待伤员和战俘的野蛮行径激起了愤怒。

567 即使关于战俘和伤兵的战争法原则并无争议（不像在第二次世界大战中，它们不适用于纳粹－苏联或日本的战役），有几个原因导致它们在应用于被非法对待的诉讼和反诉中有所波动。第一个就是报复。在许多例子中，德国人认为法国人在它的北非殖民地使用战俘劳动力是违反国际法的，从而用更苛刻的工作体制对待选定的法国战俘来进行报复。这又引起了法国的谴责[9]。第二个因素是经济和军事需要。双方都苦于劳动力短缺，大量的战俘是重要的资源。尽管战俘并未被直接用于作战，但他们还是被双方用于前线（特别是西线）后方，从而对抗自己的同胞，冒着失去生命的风险，而且违反《日内瓦公约》和《海牙公约》。在俄国，同盟国的囚犯在严酷的条件下工作，尽管这一点和强制纪律一样普遍被忽视。最后，从1916年开始，俄国和同盟国内部情况恶化，意味着占据次要地位的战俘被忽视，这与在英国和法国他们受到更公平的物质对待形成了强烈对比。在所有这些事件中，战俘就是敌人非人道的象征。例如，1915年，德国当局未能治疗在战俘营中暴发的严重斑疹伤寒，英国和法国抗议说这是故意的“暴行”，战争一结束就控告德国的战争罪行。

然而，报复的逻辑也可能有助于限制暴行。德国俘获的战俘死亡率：英国人和法国人是3%，俄国人是5%，但罗马亚人是将近30%。民族成见或许导致了这种不同结果[10]，但它也是由于威慑的相互作用。对于亚美尼亚人（1916年秋季被打败）和俄国人（俄国的大部分战俘是奥匈人）来说，他们能报复性威慑

[8] Solomon Ansky, *The Enemy at his Pleasure: A Journey through the Jewish Pale of Settlement during World War I* (New York: Henry Holt, 2003), p.116.

[9] Georges Cahen-Salvador, *Les prisonniers de guerre (1914—1919)* (Paris: Payot, 1929), pp.56–62.

[10] Alan Kramer, “Combatants and NoncomBatants: Atrocities, Massacres and War Crimes”, in John Horne(ed.), *A Companion to World War I* (Chichester: Wiley-Blackwell, 2010), p.193.

德国的程度小，但英法的威慑则很大。尽管国际法的原则应用或红十字国际委员会的视察是文明对待战俘的体现，但它们的约束力并不如报复行为。

双方之间士兵地位的一个显著不对称，源于对非欧洲士兵的争议性使用。 568
英国和法国都在欧洲部署了殖民地部队，法国把 50 万士兵带入了西线，他们大多数来自北非和西非。除哥萨克人外，俄国还从中亚招募士兵。这一争论可回溯到 1870 年，当时俾斯麦和老毛奇谴责法国使用北非士兵，德国人反对在欧洲使用像野蛮人一样战斗的殖民地士兵。他们尤其宣称，法国的西非士兵用小刀和大砍刀肢解德国人，并把他们身体的一部分作为战利品。即便在《日内瓦公约》和《海牙公约》中并没有涉及这些，但德国的军事和政治学说仍宣称使用这些士兵是协约国暴行的最好例证。[11]

尽管存在对受保护人员的虐待，但 1914—1918 年陆战中最主要的暴行还是在海牙公法的规范中发生的。在欧洲，战争的主要模式是在广阔的区域进行临时的围攻战（1914—1915 年东线是部分例外）。科技进步（大炮、火焰喷射器、直升机和坦克）用于围攻和反围攻，这引起了绝大多数的人员死亡，但并不违反国际法。毒气是个例外，它由德国人发明，并于 1915 年 4 月 22 日在伊普尔突出部被成功使用，但被更有效的防毒面具反击，并从 1915 年秋开始被协约国复制。德国军方从技术角度宣称，它没有违背《海牙第四公约》，因为公约禁止的是通过“投射物”“使用有毒武器”，而德国人最初用的是榴霰弹。但影响是一样的，随后和 1917 年 8 月，当德国人使用了更致命的芥子气后，协约国谴责他们违反了战争法，从而引起协约国的自卫，使用相同的方法合法报复。战后，他们没有审判德国人因首先使用毒气而违反《海牙公约》（它的德国发明者弗里茨·哈伯，在 1918 年获得诺贝尔化学奖）。然而，尽管在战争中毒气引起的军事人员伤亡不到 3%，它能大范围杀人或使人伤残的能力，以及每一方对自己使用这种武器的默许，意味着公众舆论还是把它看作是违反战争规范的举动。1925 569
年它被国际法重新禁止[12]。

[11] *Völkerrechtswidrige Verwendung farbiger Truppen auf dem europäischen Kriegsschauplatz durch England und Frankreich* (Berlin, 1915)，用英语和法语翻译成 *Employment, Contrary to International Law, of Colored Troops upon the European Arena of War, by England and France* (Berlin, n.d.)。

[12] 1925 年《日内瓦公约》禁止在战争中使用使人窒息的、有毒的或其他气体，禁止细菌战，见 W. Michael Reisman and Chris T. Antoniou (ed.), *The Laws of War: A Comprehensive Collection of Primary Documents on International Laws Governing Armed Conflicts* (New York: Vintage, 1994), pp.57–58。

入侵和占领

我们已经看到，现在在对“战争法”的理解上，作为非战斗人员的平民与伤员、战俘和海员一样重要。事实上，堑壕战所引起的高度组织和大范围静态战线，意味着士兵和平民在战争中遭遇的机会要少于第二次世界大战时期，因为二战中有动态战线、军事反抗和游击战。因此，更引人注目的是，大战同时代人把此构想为敌人“残暴”的主要信号，才会变得如此突出。造成这一点的直接原因是入侵。战争始于入侵，即便这并非典型的冲突，但随着战争的道义动机和主要意象正逐渐被构建，平民卷入战争的问题就出现了。战争一结束，协约国就指控敌方国民的这种罪行，而三分之一的战争罪行都是最初阶段产生的。

最臭名昭著的案例来自德国军队 1914 年 8—10 月入侵比利时和法国。他们深信面对的是一场由教士和平民领导的广泛的“人民战争”，于是他们在许多聚居地袭击平民，杀害了大约 6,500 人，主要在比利时和法国的莫尔特－摩泽尔省。他们还强暴妇女和掠夺财物，主要通过纵火毁坏了超过 20,000 栋建筑，在平民中散布恐怖。129 起有 10 人或更多平民死亡的暴力事件，其中三分之一发生在德国人进军时强迫当地人充当人肉盾牌。最糟糕的是（如在比利时的昂代纳、塔明斯和迪南），城镇和村庄被损毁，平民被全部处死。[13]

事实上，正如一些德国的怀疑者和协约国的敏锐头脑所认识到的，并没有“人民战争”。但大多数德国士兵的集体错觉与此相反，这种错觉始于最初对比
570 利时的入侵，并迅速传回德国国内，使德皇和最高指挥部相信它的真实性。高度紧张不安的德国，把所有的不明射击和奇怪事件都当作比利时和法国游击队所为。杰出的比利时社会学家费尔南·范朗恩霍弗（Fernand van Langenhove）在1916年写给比利时流亡政府的信中，开始把这种现象称为虚构的神话[14]。从普法战争以来，德国人一直有最坏的担忧，既然他们的军事信条是严厉报复自发的“全民皆兵”，这些就成了军事命令甚至是预防暴行的问题。德国军队和政府愤怒地指责比利时和法国开展最糟糕的非法战争，而后者却正确地指出，即便

[13] 上述涉及德国入侵的数字，见 Horne and Kramer, *German Atrocities*, pp.435–450。

[14] Fernand van Langenhove, *The Growth of a Legend: A Study Based upon the Accounts of Francs-Tireurs and "Atrocities" in Belgium* (1916; translated from the French, London: Putnam's Sons, 1916).

存在德国人声称的这种抵抗，其大部分在《海牙第四公约》下也是合法的。他们反过来指责德国人违反了战争法和基本道德，在战争中实施恐怖行为。几乎无人像范朗恩霍弗一样，认为虽然德国人的行为构成了战争罪，但是是基于他们真的相信法国游击队的存在。

1914年，“德国暴行”和谁挑起了战争这两个问题，比任何其他事件都能突显冲突的意义。协约国贬低德国军事行动的行为，传统上被看作是人为操纵的“宣传”运动。最近的调查表明情况更为复杂。比利时、英国和法国政府出版的许多报道，是依据对它们自己的士兵、平民流亡者和对德国战俘的问讯写成的，展现了发生过的大部分真相。但它们老套地把动机归咎于敌人。妖魔化的德国行为——如比利时婴儿的手臂被德国人的刺刀锯断——在媒体和大众印象中盛传。但它们经常源于受惊吓的平民流亡者，而政府审查旨在控制而不是鼓励它们。在中立国反对的压力下，德国政府试图通过自己的调查，挫败负面宣传。但由于对1914年平民反抗增加的疑虑，它修改了官方报道，以至于证实了最初的指控。[15] 对德国暴行真相的激烈争论表明，战争的法律和规范既被当作衡量真实行为的尺度，又被当作谴责敌人在冲突中放弃道德中立的手段。 571

对游击队反抗的指控也出现在其他侵略中。当俄罗斯人1914年进入东普鲁士时，德国难民叙述了野蛮的哥萨克人和集体报复的故事。而事实上，有清楚文献记载的两个最坏案例反而出自德国，它在刚过俄属波兰边界的卡利什城和琴斯托霍瓦城，对波兰平民进行军事掠夺。[16] 尽管，俄国军队在东普鲁士确实实行了暴行，有时起因于对平民反抗的控告，但它是间歇性的，并非受俄国对德国“人民战争”的幻觉所驱使。甚至普鲁士内政部都认为，惊慌失措的德国平民夸大了暴行。[17] 俄国在接下来的冬季和春季，入侵奥地利的加利西亚和布科维纳，对平民实施了大规模暴行，尤其是对犹太人进行了一系列的大屠杀。虽然奥地利人有不同看法，但宣称被俄国军队杀害的平民总数只有69人，尽管缺乏

---

[15] 关于报道，见 Horne and Kramer, *German Atrocities*, pp.229–261。

[16] A. S. Rezanoff, *Les atrocités allemandes du côté russe* (Petrograd: W. Kirschbaoum, 1915), pp.120–165; and Immanuel Geiss, “Die Kosaken kommen! Ostpreussen im August 1914”, in Geiss, *Das deutsche Reich und der Erste Weltkrieg,* 2nd edn (Munich: Carl Hanser, 1985［1978］), pp.60–61.

[17] Geiss, “Die Kosaken kommen”, pp.62–63; and Denis Showalter, *Tannenberg: Clash of Empires* (Hamden, CT: Archon, 1991), p.159. 对于广泛传播的哥萨克人暴行的更多证据，见 Holger Herwig, *The First World War: Germany and Austria-Hungary 1914—1918* (London: Edward Arnold, 1997), p.128。

详细的研究，实际情况可能更多，但还是要认真对待这个数字。[18]

奥匈帝国军队入侵塞尔维亚期间对待平民的暴行，更为系统完整。准确地说，因为奥匈军方意图集体惩罚用“恐怖分子”刺杀了弗朗茨－费迪南大公的塞尔维亚人，并摧毁塞尔维亚作为民族国家的地位，倾向于把全部人口看成是由恐怖分子和土匪组成，他们会在危险的“全民皆兵”下揭竿而起。因为把自己看作是野蛮地区法律和文明的柱石，最高指挥部最初不想实行大规模的惩罚，指示军队遵守《海牙第四公约》，尽管塞尔维亚并不是签约国。但它坚持，诸如毒害和残杀哈布斯堡士兵的暴行，将会受到“最严酷的报复”。与认为在西线面对“人民战争”的德国军队类似，奥匈帝国军队想象着，他们面对着毫无限制
572 的战争，甚至就塞尔维亚的正规军而言也是如此。然而当巴尔干地区游击战的传统（在比利时和法国不存在）为这一信念提供了一些依据时，奥匈帝国通过劫持人质、纵火和对包括妇女、儿童在内的草率屠杀，做出了不相称回应。

这促使塞尔维亚政府反过来控告奥匈帝国对其平民的暴行。瑞士法学家、塞尔维亚的同情者 R. A. 赖斯（R. A. Reiss）代表塞尔维亚调查这个问题，计算出在奥匈帝国 1914 年的两次入侵（以失败告终）和在 1915 年后期最后的成功入侵中，超过 3,000 名塞尔维亚人死亡。然而，由于缺乏新的研究，这也只是估计。[19] 保加利亚占领这个国家的南部（直到 1913 年该地是奥斯曼马其顿的一部分），由于它试图铲除塞尔维亚和希腊的影响，从而重新开启了始于第二次巴尔干战争的以牙还牙的种族暴行。对塞尔维亚流亡政府来说，暴行一直是非常重要的问题，它在 1919 年控诉了奥匈帝国和保加利亚的战争罪行。

所有这些事件（除了保加利亚人和塞尔维亚人种族间的暴行外）的共同因素是，在战争情况下士兵和平民间的区别不存在了。事实上，在 1914—1915 年，除在塞尔维亚的部分例外，平民的抵抗是很少的，因为大量的正规军继续寻求常规战争。即便在塞尔维亚，部分误解也是源于后备军，他们的军队在巴尔干战争中已被耗尽，不穿制服的军队看起像“土匪”。然而，比事实更重要的

---

[18] Horne and Kramer, *German Atrocities*, pp.82–83.

[19] R. A. Reiss, *Report upon the Atrocities Committed by the Austro-Hungarian Army during the First Invasion of Serbia: Submitted to the Serb Government* (London: HMSO, 1916); and Reiss, *Réponses aux accusations austro-hongroises contre les Serbes* (Lausanne and Paris: Payot, 1918). 更多最近的估计，见 Jonathan Gumz, *The Resurrection and Collapse of Empire in Habsburg Serbia, 1914—1918* (Cambridge: Cambridge University Press, 2009), pp.44–61。

是德国和奥匈军队对“人民战争”的幻想，这一幻想在俄国入侵东普鲁士期间或许也存在。这表达了军事精英和普通士兵对未来战争可能恶化成恐怖行动和革命的深刻担忧。它导致了用报复和掠夺的方式对付平民的真正暴行。

尽管在 1914 年之前，占领比入侵受到的关注更少，但由于人们对短期战争的广泛期待，占领也显然引起了士兵和平民之间的紧张，正如法国人对 1870—1873 年的痛苦回忆。占领的合法地位并不明确。《海牙第四公约》已经试图为平 573
民提供一些保护。它限制占领军的征用权和财税权，禁止使用平民为战争劳动，规定要尊重被占领地区的文化和宗教。而事实上，占领当局的军事和行政法才是有效的。

出人意料的是，1914—1915 年的军事僵局使相当一部分欧洲地区无限期地处在同盟国的控制下。德国占领了比利时的大部分和法国北部、俄属波兰（波兰东部地区）、今天的白俄罗斯和立陶宛（以东线德军最高司令部著称）的部分地区，从 1916 年底，占领了三分之二的罗马尼亚地区。1918 年，德国的军事命令也在乌克兰和波罗的海地区生效。奥匈帝国占领了塞尔维亚，1917 年底占领了意大利的东北部。尽管没有第二次世界大战的规模，“被占领的欧洲”是一个事实，这为控告暴行和战争罪行提供了广阔的空间。国际法如何被应用于被占领地区在后面的第 23 章会讲。在这里只说一点就足够，前两年德国人经常参考《海牙公约》管理他们的领土。但到 1916 年，“总体战”的逻辑导致采取了更残暴的占领方式，激起协约国对德国在几方面“暴行”的愤慨。

从一开始，德国人就利用占领区供养战争，尤其是在临近前线的区域，那些地方从属于军事行动的需要，在法国北部、比利时和东线德军最高司令部都是如此。最初，军队尝试通过劝说寻找所需的劳动力。但到了 1916 年，协约国明显的物质优势迫使德国人加紧他们的经济努力。英国和法国可以凭借它们的帝国，把成千上万的殖民地和中国劳工带到法国；德国人则在占领区更系统地利用劳动力，为农业、工业征召工人，在临近前线地区征用劳动力为战争服务。

强制原则并不必然违反《海牙第四公约》，尤其是因为所有的交战国都对“人力资源”（这个术语从 1915 年开始使用）进行不同程度的控制。但强迫劳工直接为占领者的战争努力服务，确实侵犯了被占领国的权利，至少比利时和法国的平民强烈地意识到这些。[20] 然而，两项发展在占领区和国际上都激起了强烈的愤怒。第一，在临近前线区域和其他占领区，强迫大量人员从事各种军事化
574 劳动。工作条件恶劣，导致高死亡率。另外一项行动是从比利时输送 6 万名工人，从德占波兰和东线德军最高司令部输送约两倍的人数去德国劳动。1917 年初，在比利时的国际抗议结束了这个“奴隶制”的尝试（尽管男性仍然被送到法国战线的后方去劳动），但是对波兰人来说这种情况还在继续，因为他们没有国家政府代表他们的利益去抗议。[21]

第二个激起愤怒的是，德军在直接控制的地区把胁迫的范围扩展至妇女，这是第一次世界大战期间没有国家（包括德国）敢在自己国内做的事。1916 年 4 月，德军夺取了主要的工业区里尔，强制围捕了闲散的妇女和女孩，把她们送到农村从事农业劳动，这样的事件在东线德军最高司令部和法国北部持续发生时，德国人的这一行为引起了极大关注。当这一行动标志着暴行的新极限时，德国人还宣称他们只是试图充分利用贫乏的可用劳动力。但由于被捕人士的性别，它在法国（其政府经常对占领地区的状况保持沉默）激起了骚动和对德国的抗议。妇女成为在战争中平民受害的典型。尤其是在法国，普遍兵役制意味着成年男士在入侵之前已经被动员，在被占领区留下了不成比例的、超过 200 万的女性，这就是为什么在入侵期间强奸事件超出它们实际发生的范围成为象征性的力量。对国家的侵犯，等同于对妇女的侵犯。敌军像控制被征服的领土一样，控制着女性的身体，成为占领的强大潜台词，里尔事件也因此引人注目。到 1918 年里尔被解放，依然可以觉察到法国的愤怒。[22]

对占领敌军的反抗是多样且广泛的（据战后的估计，有 1,135 名比利时逃犯
575 和情报人员死于枪决或囚禁）。[23] 但它并不受《海牙公约》的保护，因此对它的镇压并不是战争罪行，尽管同情者对之非常愤怒。一个臭名昭著的事件是，1915

---

[20] Archives Nationales (Paris), F23 14，遣返法国平民的证据。

[21] Fernand Passelecq, *Déportation et travail forcé des ouvriers et de la population civile de la Belgique occupée (1916—1918)* (Paris: PUF, 1928); Sophie de Schaepdrijver, *La Belgique et la Première Guerre mondiale* (1997; translation from the Dutch, Brussels: Peter Lang, 2004), pp.222–230; and Vejas Gabriel Liulevicius , *War Land on the Easten Front: Culture, National Identity and German Occupation in World War I* (Cambridge University Press, 2000), pp.72–74.

[22] Georges Gromaire, *L' occupation allemande en France (1914—1918)* (Paris: Payot, 1925), pp.247–293; Liulevicius, *War Land*, p.73; and French Commission, tenth report, 31 October 1918.

[23] Schaepdrijver, *La Belgique et la Première Guerre Mondiale*, p.242.

年德国人有权惩罚英国护士伊迪斯·卡维尔，因为她在布鲁塞尔操纵着一个帮助协约国士兵的逃生网，但令同时代人震惊的是判处一个女人死刑。英雄主义和受害情结共同创造了烈士。

监禁有所不同。德国和奥匈帝国把平民（包括妇女和儿童）大规模地从被占领地区迁到德国和奥地利的集中营，这既是对在入侵中的“人民战争”的回应，也是在占领期间作为一种安全保证或惩罚方法。俄国人的做法类似。截至1916年底，70,000塞尔维亚人被监禁；在整场战争中有100,000法国人和比利时人被监禁，也有同样多的德国人被监禁在俄国。[24]平民“集中营”成了一个名副其实的机构，正如战争中虐囚的情况一样，其逻辑往往也是出于报复和镇压。这个程序，同监禁“敌国侨民”（例如当战争爆发时在敌国土地上的人）一样，都是不合法的。但监禁所在地的条件可能好些，因为占领国要对被占领地区人民的福祉负责。因此，被监禁的平民处在红十字国际委员会和其他人道主义组织（中立国、梵蒂冈）救助范围内。作为新现象，监禁为同时代的人所关注，在监禁中经常出现的恶劣环境，导致被监禁者的政府控告他们受到虐待。

不分性别的强迫劳动、大规模的驱逐和监禁，伴随着完全隶属于占领者“军事需要”的经济，让协约国的舆论认为似乎又回到了与三十年战争期间的残暴局面，甚至是与罗马帝国的沦陷相似的场景。这在1917年3月的阿尔贝里希行动中达到高潮，当时四支德军计划从50英里长、25英里纵深的西线防御区撤退到加强的齐格菲防线。它的建立使用了26,000名战俘和9,000名法国和比利时强制劳工。依据第一军的命令，德国人强制撤走了160,000平民，完全摧毁了建筑和基础设施，以便“敌人将发现到达了不毛之地”[25]。德国军方包括指挥行动 576
的王储鲁普雷希特对此也有疑虑，认为这样违反了大家认可的战争规则，而这也引起了法国的愤怒。重新占领被抛弃地区的普通士兵对破坏表示震惊，这种破坏甚至包括明显有意砍伐果树，而政客宣布他们打算对这种严重违反“战争法”的行为要求赔偿。总的来说，在战争的后半段，德国和奥匈帝国占领政权

[24] 对于数据，见 Gumz, *Resurrection and Collapse of Empire*；和 Annette Becker, *Oubliés de la Grande Guerre: humanitaire et culture de guerre, 1914—1918: population occupées, déportés civils, prisonniers de guerre* (Paris: Éditions Noêsis, 1998), pp.232–233。

[25] Michael Geyer, “Retreat and Destruction”, in Irina Renz, Gerd Krumeich and Gerhard Hirschfeld (eds.), *Scorched Earth: The Germans on the Somme 1914—1918* (2006; translation from German, Barnsley: Pen & Sword, 2009), pp.141–156 (here p.151).

的逻辑，已经放弃了对平民地位的保护，显现出像迈克尔·盖尔说的“极权主义综合征的要素”[26]。

后　方

民族认同的逻辑主导了战争的文化和政治动员，导致了对“敌国侨民”的监禁，也让国内少数民族处于遭受残酷对待的危险中。战前，少数族裔在宗教和民族上的脆弱性已广泛引起人道主义的关怀，尤其是对奥斯曼帝国和俄罗斯帝国。在政权的默许下对保加利亚和亚美尼亚基督徒的大屠杀，为大国借保护少数民族为名干涉奥斯曼土耳其提供了一个主要的借口。20 世纪早期，在俄罗斯帕雷针对犹太人的大屠杀激起了国际谴责。然而，即便这些事件增加了“暴行”的手段，但它们过去并不常与战争联系在一起。海牙公法并未涉及交战国应该怎样对待它的国民。

随着奥斯曼帝国在 1914 年底进入战争并在 1915 年春遭受一系列军事挫折，战争中的青年土耳其党启动的措施导致了对亚美尼亚人的灭绝，这些措施包括掠夺、杀害和把他们驱逐到沙漠。到 1916 年，在 180 万亚美尼亚人中，大约有 100 万已经死亡。俄罗斯对它自己境内亚美尼亚人的动员，使得奥斯曼亚美尼亚人的地位更加脆弱，他们（和其他少数民族一起）成为“内部的敌人”，成为政权为建立依据土耳其种族和伊斯兰教界定的战时共同体的整肃对象。

德国、协约国和美国的观察家，从战前的大屠杀中了解了暴行的不同类型和规模。早在 1915 年 5 月 24 日，英国、法国和俄国就控告奥斯曼政府犯下了
577 “反人类罪”。这是这一词语首次被用于国家之间的控告，尽管它还没有合法的地位（那在第二次世界大战中才形成），但已试图表达罪行的共性，即其中整个种族或宗教群体因为它的身份而成为任意的攻击目标。媒体报道的 800,000 伤亡数字大致是准确的。两位受人尊敬的英国学者詹姆斯·布赖斯和阿诺德·汤因比，在 1916 年为外交部起草了一个详细的报告，其中写道：“一个滔天罪行已经……在 1915 年摧毁了近东。”法国的教育部长，丝毫不怀疑青年土耳其党曾试

[26] *Ibid.*, p.149.

图“消灭亚美尼亚种族”[27]。

尽管战争期间对平民的暴行数量激增，对奥斯曼亚美尼亚人的灭绝仍从属于被唐纳德·布洛克斯汉姆称为“种族灭绝的大游戏”（“种族灭绝”这一术语，在1944年才被公开系统阐述，被历史学家和政府追溯运用到这一事件）[28]。德国为了避免使它的盟国土耳其感到尴尬而保持沉默，协约国则把它们对奥斯曼土耳其的谴责列入德国之后的次要地位。法英两国的政客和知识分子，宁愿更多地关注主要敌人犯下的更多的小罪，而不是更多关注这个事件，他们毫无证据地认为德国支持对亚美尼亚人的灭绝。在大屠杀发生时美国还是中立的，通过其驻君士坦丁堡的大使亨利·摩根索（Henry Morgenthau）很好地了解了事件，但仍把道德谴责和政治无为结合起来。当美国参战时，这种无为得到了加强，因为奥斯曼土耳其的命运成为一个至关重要的外交问题，不能因贸然的行动陷入险境。

1915年，当土耳其发生大屠杀时，俄国正在从加利西亚和布科维纳大撤退的过程中虐待平民，协约国对俄国行为的反应也清楚地表明了把道德人道主义从属于战时的迫切需要。俄国最高指挥部强制将约300万居民从其不得不放弃 578
的占领区和沙皇领土上迁走，迁徙对象为少数民族，尤其是犹太人，他们大多都是俄国臣民，从而引发了对战前反犹主义复活的担忧。俄国自由主义者的主张和解决由难民引起的混乱的需要，阻止了这一担忧变成现实。犹太人游说团体促使英国政府在幕后谨慎施压，但在公开场合并未质疑“盟国的暴行”[29]。

海战和空战

第一次世界大战期间的海战同陆战一样，令人诧异。并没有当代的特拉法

---

[27] James Bryce and Arnold Toynbee, *The Treatment of Armenians in the Ottoman Empire, 1915—1916: Documents Presented to Viscount Grey of Falloden by Viscount Bryce* (London: HMSO, 1916; new edn, Reading: Taderon Press, 2000), p.649; Paul Painlevé, Minister of Public Instruction, and the *Illustrated London News*, 16 Occtober 1915 (800,000 victims)，都引自 Annette Becker and Jay Winter, “Le génocide arménien et les réactions de l’opinion internationale”, in John Horne (ed.), *Vers la guerre totale: le tournant de 1914—1915* (Paris: Tallandier, 2010), pp.291–313 (pp.300–301)。

[28] Donald Bloxham, *The Great Game of Genocide: Imperialism, Nationalism and the Destruction of the Ottoman Armenians* (Oxford University Press, 2005).

[29] Peter Holquist, “Les violences de l’ armée russe à l’ encontre des Juifs en 1915: causes et limites”, in Horne (ed.), *Vers la guerre totale*, pp.191–219.

尔加去解决推动了战前代价高昂的海军军备竞赛的战舰之间的问题，与陆军并无当代的滑铁卢遥相呼应。高爆水雷区把海洋分成无人水域，控制着敌人的沿海通道。尽管潜艇不是一种新武器，但它成为有效的远程捕食者和攻击舰船尤其是商船的替代工具。然而，引起争议的，不在于事态本身，而在于他们使用了海军封锁。由于主要舰船不愿冒险挑战对手而出现僵持局面，封锁遂成为海战的主要形式，尤其是在依赖全球贸易的现代国家间长期的战争中。

封锁是一个合法的战争武器，但战前围绕它主要有两点争论：没收敌军贸易的许可程度和中立国从事贸易的权力。如上所述，英国不愿承认对封锁的约束，由于冒犯中立国可能产生外交后果，导致它谨慎行事。海军部自己最初区分战争商品和非战争商品，前者作为战时禁运品被禁止，而允许中立国船只运送非战争商品到敌国港口。从一开始皇家海军就在德国西部海域建立广泛的封锁，与传统的“港口封锁”相比，它的合法地位是不明确的。然而，非常清楚的是，它有对整个敌国实施沿海包围的潜力。

579 很快，问题出现了。德国政府谴责英国的目标是暴行。“英格兰把我们当一个围城对待，”1915 年 2 月 4 日首相贝特曼·霍尔韦格抗议道，“他们想公然饿死 7,000 万人。还能想象到更野蛮的战争方式吗？”[30] 德国以报复的方式宣称对临近英国和爱尔兰的海域进行无限制潜艇战，那意味着运送平民的船只可以在毫无警示下被击沉。英国立即声明这种行为是在战争法下对平民权利的违反，以《报复令》予以还击，全面禁止所有商品运进和运出德国。它也向中立国施压，让它们遵守封锁。1915 年 5 月 6 日，卢西塔尼亚号在爱尔兰海岸爆炸，导致 1,198 名乘客丧生，其中包括大量的美国公民。这一事件是对英国的行为的重要维护。出于外交的审慎，德国停止了无限制潜艇战，直到协约国军事优势不断增加的压力，让军事领导层从 1917 年 2 月重新启用。在作战期间，潜水艇很难实施“有限制的”战争，因为如果它们浮出水面对即将发生的攻击进行警告，就无法对付它们打算击沉的船只上的船员（尤其是武装的商船），从而将自己置于危险之中。

双方相互对立的理由为针对平民的行为开创了新局面。但每一方的所作所

---

[30] *Frankfurter Zeitung*, 6 February 1915，引自 Gerd Krumeich, “Le blocus maritime et la guerre sous-marine”, in Horne(ed.), *Vers la guerre totale*, p.177。

为都会产生重要影响，无论是对敌国被称为“暴行”的指控，还是中立国的舆论。协约国对德国、奥匈帝国的封锁，以及在地中海对土耳其的封锁，在多大程度上导致了这些国家在战争结束时遭遇的饥馑，在本书中另作讨论。德国声明情况就是如此，并用同样的理由为与日剧增的对欧洲占领区的暴行辩护（德国指挥官在1916年对里尔人口实行抓捕时宣称，“英格兰的态度让供养人口越来越困难”）[31]。1923年，德国国会调查委员会得出结论，封锁已经导致大约75万脆弱的德国平民死亡，对此，潜艇战是一个合法的回应。这个数字被夸大了，而且德国人的营养不良还有别的原因，比如粮食分配政策[32]。但英国政府和海军部为了迫使同盟国投降，毋庸置疑地做了它们力所能及的一切事情使同盟国的 580
社会挨饿，其影响远远超出了一个世纪之前的拿破仑封锁。

也恰恰因为这个方法时效长、作用慢，结果又受其他因素制约，“饥饿封锁”远不如商船和客船沉没从而直接造成任意的平民死亡事件占据的头条多。如伍德罗·威尔逊的评论显然就没有抓住英国封锁的真正要点：

> 令人感兴趣的重要问题是，德国外交部经常用不同的言论重述同一道理，但总是漏掉了关键因素：英国对中立法的违反，同德国对人权的违反，是不同的。[33]

德国的行为激起协约国的愤怒，在这方面是数量众多的沉船事件（卢西塔尼亚号、苏塞克斯号、伦斯特号……），它们让所有乘客和船员丧命。战后，对德国的指控中海战罪行突出。[34]

空战引起了一系列不同的问题，这些问题在远程大炮轰炸时也出现了，但它与海战的相同之处在于，战争如何破坏了平民的被保护地位。正如我们所看到的，《海牙第四公约》没有禁止轰炸被围攻的城市（尽管它排除了某些明确的标志性建筑），而是宣布攻击不设防的城市为非法。实际上，它区分了战斗中心和非战斗中心，并接受战斗中心的平民可被敌人的战火攻击的传统观点。尽管

---

[31] French Commission, tenth report, p.62.

[32] 被 Krumeich 引用，“Le blocus maritime”, p.178。

[33] 引自 A. C. Bell, *A History of the Blockade of Germany* (London: HMSO, 1937), P.446。

[34] French Commission, seventh report, listing over 200 French vessels sunk.

一些城市（1914—1915 年在奥地利加利西亚的普热梅希尔，1916 年在美索不达米亚的库特阿马拉）遭遇了传统的围攻，事实上稳固的战线把围攻战扩大到整个社会，如协约国海上封锁所展示的一样。从逻辑上说，大后方作为一个整体成为潜在的目标。然而，不管是用军舰、远程大炮还是飞机，对“无辜”平民任意轰炸一直是强大的禁忌。

从一开始，问题就出现了。在 1914 年底，德国战舰轰炸了未设防的英格兰东海岸的小镇，同时德国陆军炮轰了紧邻西线后方的城镇（如南锡），尽管在这
581 些事件中德国的目标是军队还是平民并不清楚。在后来的战争中，德国的重型“贝尔莎大炮”任意轰炸巴黎，最坏的情况是它在 1918 年 3 月 29 日受难节礼拜期间击中了圣热尔韦教堂，导致 75 人死亡，其中大多是妇女和儿童。英国和法国（它们并未采取报复措施）认为这样的攻击是非法的：“这样的罪行在如此条件下付诸实践，还是在如此特殊的一天……激起所有地方的道德谴责”，巴黎圣热尔韦大主教在谈及圣热尔韦时如是声明。[35] 然而，是飞机的远程轰炸使西线后方的军事设施从一开始就遭到了双方的轰炸。1915 年春，法国和英国的飞机袭击了德国鲁尔战争工业区和德国西部主要的城市，误杀了平民。而与此同时，德国军队利用他们在飞艇技术上的领先（它最初比飞机射程更远），把伦敦和英格兰东南部作为攻击目标，袭击的主要目的是恐吓平民和破坏国内的战争努力。此举迅速遭到报复，1915 年 6 月法国飞机袭击了巴登省和平的省会城市卡尔斯鲁厄，造成 30 人死亡、68 人受伤。在不断升级的报复中，德国齐柏林飞艇和后来的哥达轰炸机继续攻击巴黎、伦敦和其他的平民中心，而法国和英国飞机对远至慕尼黑的德国主要城市进行报复性袭击。奥匈 - 意大利战线也发生了类似的情况。

技术的制约限制了伤害——在协约国对德国的轰炸袭击中，大约有 740 人死亡和 1,900 人受伤[36]。但逻辑是清晰的。空中力量除了打击被合法视作敌人经济努力一部分的工业目标，它也同样针对平民。1917 年在伦敦上方迫降的两

---

[35] Jules Poirier, *Les bombardements de Paris (1914—1918): avions, gothas, zeppelins, berthas* (Paris: Payot, 1930), pp.229–231.

[36] Christian Geinitz, “The First German Air War against Noncombatants: Strategic Bombing of German Cities in World War I”, in Roger Chickering and Stig Förster (eds.), *Great War, Total War: Combat and Mobilization on the Western Front, 1914—1918* (Cambridge University Press, 2000), pp.207–225 (p.207, overall figures, p.212, Karlsruhe).

名德国飞行员，阐明尽管他们可以清楚地识别诸如海军部和陆军部办公室等目标，但他们也想打击普通伦敦人（尤其是伦敦东区）的士气，因此并不在意炮弹是否会跑偏。[37] 英国战时内阁本身相信，任意的轰炸有助于"使德国人丧失 582
斗志"[38]。然而，与第二次世界大战不同，并没有什么证据支持这个假设。相反，平民在进行灯火管制的市镇和城市有了新的被围攻经验，他们进入地下避难所，聆听敌军的飞机、炸弹和防空部队在头上交火，直到"解除警报"响起。他们在战火下组成了各种社群。尽管这与 25 年之后大量空中轰炸的经验相比相形见绌，但它至少作为战斗和非战斗人员的区别已经废除的证明，有力地冲击了当代人的理解。

战 后

战争结束之后，清算时刻到来。考虑到国际法对"暴行"的定义，协约国决定对敌人的违约行为进行合法的控告。对身体和财政损失的赔偿是建立在补偿原则上的，其数字很快被计算出来。然而，在 1919—1921 年同样意义重大的是，要追究战争中的行为以及挑起战争的罪行，这意味着要维护已经被藐视的法律和道德原则。这是协约国在《凡尔赛条约》第 227-230 条中追求的目标，这些条款是为从德国引渡所有那些"违反战争法和习惯法"的被控告人而提出的，如果有超过一国要求引渡这些人，就提交国际法庭。

比利时、英国、法国以及其他四国，最终提交了一份 1,059 名战犯的引渡清单。不同的种类表明协约国在战争结束时对敌人的"暴行"的感觉。38%（405 人）的控告与 1914 年入侵比利时和法国有关，主要与平民相关。45%（477 人）与占领的罪行相关——残忍对待平民、驱逐、强迫劳动，以及在 1917 年和 1918 年撤退中的破坏。其他 17%（177 人）与战斗相关，包括海军罪行和虐待战俘。总的来说，对战斗和非战斗人员之间区别的侵蚀，远比对战俘和伤兵的威胁重 583
要，后者只占总数的 14%（151 人），1914 年的"德国暴行"一直是敌军残暴的

[37] Second Interim Report of the Committee of Inquiry into Breaches of the Law of War, 3 June 1919，被 Best 引用，*Humanity in Warfare*, p.269。

[38] 被 Geinitz 引用，"Strategic Bombing", p.213。

标志。[39]

德国军队强烈抱怨，视审判是对其荣誉的侮辱。通过抵制引渡，他们取得了妥协的办法，协约国一些重要的指控被交由德国检察官在莱比锡的德国最高法院进行。1921 年进行公开审判，但对准国际战犯的首次诉讼尝试，变成了民族主义者支持德国军官团的展示。最严重的控告被驳回，比利时和法国代表团愤而离去。诉讼不可避免地受到了憎恶战争后果的影响。

协约国感到义愤填膺，它们把这些看作是源于德国军国主义的野蛮行为。这种看法到目前为止是可以理解的，因为德国军队的政治角色和军事文化，使它倾向于使用战争解决德意志第二帝国的困难，并且在这样做的过程中难以忍受任何障碍。在一场德国军队也起了作用的冲突的爆发过程中，是德国军队而非其他人要面对着改变战争性质的关键问题。在这个过程中，他们不顾海牙公法中的战争规范，镇压了实际上是想象中的平民起义，从其占领区榨取不断增加的强迫劳动力和经济价值，实施极端严酷的焦土战争。

协约国以这些罪行谴责德国更加容易，因为它们自己不必面对同样的指责（俄罗斯有部分例外）。在其他方面——化学武器、海战、空中轰炸——两个阵营相互改变了战争的面貌。尽管同盟国和俄国经历了经济困难和政治紧张，很大程度上可以解释它们控制下的战俘命运的不断恶化，但双方在利用囚犯上都违反了《日内瓦公约》和《海牙公约》。充满敌意的逻辑还导致双方只看到另一方应该单独承担责任。

正如在战争时期一样，罪责也会根据敌人的重要性分级，而不是暴行。英国在 1919—1920 年劝说君士坦丁堡的战后政府处死一些与亚美尼亚种族大屠杀
584 相关的罪犯。然而，大国在（处于瓦解边缘的）奥斯曼帝国的竞争，以及在安卡拉的另一民族主义政权的顽强抵制，导致这种努力很早就被放弃了，尽管此时 17 人已被缺席审判为死刑。

战后时期的政治环境使协约国没有力量把它们以往的道德和法律观点施加于它们的前敌人身上。德国依然很强大，德国人愤恨它所看到的“胜利者的正义”。正是莱比锡审判的记忆，让协约国在第二次世界大战期间决定要在德国完全战败的情况下，在盟国的控制下对纳粹战犯进行国际审判。事实上，1914 年

---

[39] Bundesarchiv, Berlin, R3003 Generalia/56, as categorised in Horne and Kramer, *German Atrocities*, pp.448–449.

的“德国暴行”，尤其是协约国的“饥饿封锁”，一直是没有解决的问题，它们导致20世纪20年代早期战时的敌意一直存在。

这并未阻止修改海牙公法和日内瓦公法条款的尝试，这些修改考虑到大战期间的违反行为。尽管在红十字国际委员会、国际联盟和其他地方进行过激烈的争论，但结果很复杂，并最终受到现实情况的限制，即1914—1918年大部分对“战争法”的违反，不仅是由于敌人的“暴行”，也由于战争自身性质的改变。结果，利己主义和对军事劣势的担忧限制了阻止战争暴力的欲望。

在伤兵和战俘的核心问题上，进步是最大的，1928年有两个新《日内瓦公约》，解决了战争显露出来的一些问题。即使在这些问题上，由于苏联拒绝签署“资产阶级的”国际法，意识形态的对抗威胁到战争中的人道主义思想。而在战争中那些引起了大多数的战争罪行控告和最大的道德愤慨的问题上，进展较小。尽管国际上20世纪20年代后半期比1914年前更加反战，《日内瓦议定书》除了禁止毒气，并无关于空中轰炸（公众担心它与毒气结合）、海战、侵略和占领的重要协议。这是个悖论。一旦战争结束，是战争本身，而不是敌人，成为令许多人真正恐惧的对象，而战争是由痛苦的士兵而非平民评述的。尽管战争时期关于暴行的语言，被敌意的逻辑扭曲，但已呈现出消除士兵和平民之间区别的“总体战”趋势。这就是为什么在二战期间，作为对更大暴行的回应，它会重现和变化。

585

22　种族灭绝[1]

汉斯－卢卡斯·基泽
唐纳德·布洛克斯汉姆

导论

在欧洲，第一次世界大战是现代民族国家的帝国主义走向致命高潮的标志，也终结了自中世纪晚期以来就存在的大陆王朝帝国。这场冲突自身的特性，不仅包括发展中的战略、战术和地缘政治学的考虑，而且包括总体战争在精神上、物质上和社会－政治方面的后果，对解释双方针对一系列平民人口的极端政策都是非常重要的。然而，战争与早已存在的人种政治“问题”的结合，导致了种族灭绝和其他大量针对人口群体的罪行。因此，这一章研究第一次世界大战期间，对奥斯曼亚美尼亚人和其他安纳托利亚基督徒的迫害，并把这一核心关注问题同战前国家－少数民族关系的叙述结合起来。

我们的争论是，在1914—1918年的冲突中，有两个彻底种族灭绝的相关案例：对亚美尼亚人的驱逐和杀害，和奥斯曼叙利亚基督徒人口（有时称为“亚述－迦勒底人”）的命运，这种命运在幸存者当中被熟知地称为“亚述大屠杀”（*Sayfo*）。对于第一次世界大战来说，使用“种族灭绝”这个词，依然是具有煽动性的，因为这个术语缺乏清楚的适用范围，比较模糊，道德、法律和历史条件混乱。为了阐明关键概念上的问题，我们在接下来的章节考察它对亚美尼亚

[1]　作者要感谢马克·莱韦内、威廉·莎巴斯以及本卷、本系列丛书的编辑们，感谢他们对本章草稿的评论。作者也要感谢艾哈迈德·埃菲尔奥卢为拉姆的驱逐和流放所提供的统计数字。

事件的适用性。

像其他概念一样，为了适应分析目标的变化，“种族灭绝”必须在它的适用性上有所限制，但是要做有意义的区别从而排除不确定的案例，是没有意义的。种族灭绝是建立在一系列大规模毁灭战略的基础上，关于此历史学者有很多话 586
可说，但在许多重要问题上还没有达成一致意见，对破坏的不同类型和目标，经常是基于优秀的智力上的（以及道德上的）理由加以联系和区分。我们意识到了历史学者专心致力于区分种族灭绝和非种族灭绝所引起的问题，因此，这一章更加关注历史语境，而不是蓄意比较和尖锐对比。因此，一旦我们解决了围绕“种族灭绝”概念上的技术问题，在处理明确属于此种概念的奥斯曼问题之前，我们能从第一次世界大战不同参与者的行为中，考察一系列大规模暴行的案例。我们可以不精确地把这些事件称为“潜在种族灭绝”和“预备种族灭绝”。

种族灭绝：概念、运用、滥用和局限

对第一次世界大战中的事件运用种族灭绝概念的主要障碍，是政治上的而不是学术上的，尽管事实上“种族灭绝”这个术语分别是在后来的 1944 年和 1946 年才被发明和庄严地载入国际法。第一，“种族灭绝”既是一个社会科学的术语，也是一个法律术语。如果用时代错误这些合法实证主义原则限制它向之前的时间使用，那么这些原则也应该适用于其他的社会科学概念，如封建制度。但我们显然已将这些概念习惯性地运用到它被发明之前的时间。这明显是愚蠢的。第二，尽管在严格的法律术语里面，时代错误的原则只会让一件事情复杂化，那就是用尚没有的法律惩罚有种族灭绝罪行的犯罪者。这个问题与第一次世界大战中的事件是不相关的。

如果我们用联合国《防止及惩治灭绝种族罪公约》的蓄意消灭“全部或局部”的条款[2]，以及其列举的诸种行为，根据 1914 年亚美尼亚人群体的人口状况，以及在此之前和从那时起大多数其他群体消灭案例，亚美尼亚事件不是有许多争议的种族灭绝临界个案，而是一个非常清晰的种族灭绝的表现。少量的亚美尼亚人在流放和谋杀中相对未受损伤地生存下来，是不值一提的。毕竟，

[2] 这里的“部分”意味着“实质的部分”。

一个针对相当大部分受害人群体的打击，就是一个针对全体的打击，只要我们想象，目标群体会被作为危险大众和动机的清晰整体，犯罪者通常也确实是这
587 样做的。这些犯罪者独自构建受害人群体，并进一步计算一次和同时（当抽象的实体被具体化，他们被想象成相同的事情）毁灭的必要水平，摧毁群体在现在和未来作为一个重要实体的地位，并阻止它实施宣称的动机。[3] 既然亚美尼亚人宣称的动机是要作为协约国的第五纵队，追求在安纳托利亚东部拥有自治权，那么伴随着亚美尼亚人在其核心区域安纳托利亚东部被广泛灭绝，这种谣传的动机遭到了致命削弱。在这种环境下，完全可以解释说，小部分亚美尼亚人团体在西部城市幸存，是考虑到当地的奥斯曼人和德国代表（在伊兹密尔，许多亚美尼亚人还是被驱逐）的态度，和在外界的关注下不可能驱逐整个社区（在伊斯坦布尔，那些出生在社区之外的人也被驱逐）[4]。此外，在土耳其民族主义的影响下，不管那些声明写了什么，驱逐确实在整个西安纳托利亚和“欧洲的”色雷斯地区被实施。

对于土耳其民族主义的宣传者，对于那些明显接受亚美尼亚人伤亡规模，但是却拒绝“种族灭绝”称呼适用性的少量学者，奥斯曼国家的毁灭性意图问题是关键的，与毁灭意图相关的是动机问题。这两项考虑都与决定毁灭措施的时机问题联系在一起。那些为政权寻求开脱的意图，把屠杀作为面临可感知的战时安全威胁时的单纯反应，作为思想上预先行动的反措施。称反亚美尼亚人的措施初期完全是被动的说法，忽视了战前（和平时期）针对亚美尼亚人行动的暴力和歧视的历史，忽视了国家（或青年土耳其委员会政府）新的反对基督
588 徒的经济和人口议程从 1914 年 8 月之前就开始被武力实施。即便我们能接受只是纯粹被动的可疑命题，这不会解决在实施措施中的相称与否或歧视与否的问题。一些赔罪的观点，依然以集体的亚美尼亚罪行的观点为基础，这些观点把亚美尼亚人身份的持有者融合到某种政治议程中，从而事实上制造了种族灭绝的重要前提。这种观点，就像是重复犯罪者自己的观点。青年土耳其党的“温

[3] Frank Chalk and Kurt Jonassohn, *The History and Sociology of Genocide: Analyses and Case Studies* (New Haven, CT: Yale University Press, 1990); and Mark Levene, *Genocide in the Age of the Nation-State, vol. I : The Meaning of Genocide* (London: I. B. Tauris, 2005).

[4] Taner Akçam, *The Young Turks' Crime Against Humanity: The Armenian Genocide and Ethnic Cleansing in the Ottoman Empire* (Princeton: Princeton University Press, 2012), pp.399–410.

和”政策把集体措施称为是不幸的，理由是其无差别性，同时在紧急情况下作为某种程度的现实，也不可能区别对待，政府对流放者的照顾措施也不可能改善。这里的命题是，被公认的如此大规模的杀害，并不是归因于统治政权和它的代理人（虽然他们当中可能有些“不顾后果的人”），而是归因于东安纳托利亚穆斯林人口中无法控制的因素。就算这个观点有坚实的证据（但实际上它并没有），它也不能为该政权已经预见的道路因而在实践上打算采取的措施做出辩护。[5]

法学已经把常识性的概念编成法典，如可推理的意图和间接的（或说不光明正大的）意图，以准确识别如下两种情况。一是即便未用明确的语言宣布意图，行为模式仍可证明一般的假设。二是不管行为者宣称的意图是什么，他的某些行动会产生可预测的结果。统一和进步委员会明知在流放的过程中反复、大规模屠杀流放者，仍继续系统地流放。即便了解这种情况的人，出于对统一和进步委员会出色官员的异常信赖，还继续相信它未卷入屠杀，那么流放的目的地——伊拉克和叙利亚的沙漠，还是充分展现了致命的意图，我们可以从对种族灭绝的主要协调者那里直接听到这些。但是那种信赖，无论如何都会伴随着忽视或一厢情愿天真地解读大量重要证据。这种证据或由犯罪者流传下来，部分用委婉话语写就或花言巧语地予以否认；或是大量非奥斯曼证据资源的文集（包括那些奥斯曼的盟国德国和奥匈帝国，和中立的美国）[6]。如果想否认奥斯曼有针对整个亚美尼亚人口的可推理的种族灭绝意图，或者想把这种行动与
1915 年春季与俄国接壤省份的实际的战时安全议程联系在一起，则根本不能解 589
释这些暴行，如 1916 年在沙漠中大量焚烧活着的孤儿，以及在广阔地带对人们进行数月不分年龄和性别的无数其他谋杀性攻击。

专注于“种族灭绝”的适用性，也许对证明意图这个领域的历史书写有重大影响。为了回应那些想否认在 1915—1916 年曾有类似种族灭绝的事情发生的说法，许多亚美尼亚历史学者寻求通过找到时间、决策、计划——也许在战争之前，并确定在 1915 年春之前——的存在，以此证明青年土耳其党试图所做的一切都是由此而来的。这种法律思想的多方拼凑，使用的是不恰当的孤立的犯罪模型，即认为犯罪分子会在拿起枪射杀受害人之前把计划写下来。这一拼凑

[5] 认为迁移限制在东部省份、纯粹出于暂时的安全措施和纯粹只是暂时没收财产等这些错误见解，有助于造成文中的认识。参见如下杂志最新一期，*Middle East Critique*, 2013(Fall 2011)。

[6] 见后附本章的文献评论。

的结果，是模糊了种族屠杀作为政治过程的特征。而由于在关键时刻的各种决定和情况，由于宗主国政权中心和政策实施者“在这个领域”的相互联系，由于意识形态观念和意外事件的互动，此种过程逐渐推进。认识到了这一点，就没有必要对那些否认者做出让步。有些人声称，对亚美尼亚人的毁灭刚展开时并不是种族灭绝，仅仅是因为可能没有明确证据证明他们在 1915 年 5 月主要的驱逐命令之前就有种族灭绝的意图。这种说法是判断错误的，就好像说纳粹的“最终解决方案”不是种族灭绝，因为在 1939 年入侵波兰甚至 1941 年入侵苏联之前，德国并没有把所有德国人控制范围内的犹太人都杀掉这种方案写下来。

亚美尼亚种族灭绝的特点，有时确实被与第二次世界大战中更大规模的纳粹德国针对犹太人袭击的对比所掩饰。对于那些反对把“种族灭绝”一词应用于一战中奥斯曼对待亚美尼亚人事件的人来说，使用“大屠杀”作为种族灭绝的一个在法律上、历史上或事实上能达到的规范标准，是受到偏爱的工具之一。但是这种方法违背了“种族灭绝”这个新词起源的清晰意图（对于莱姆金来说，亚美尼亚事件对这种罪行的概念化非常重要），公约中恰用这个词，以及用反复的人道毁灭来描述种族灭绝，这是经过绝大部分社会科学家对种族灭绝现象的
590 探索和最著名的法律专家对亚美尼亚事件的调查得来的。[7] 促进大屠杀成为标准的一个不幸影响是加深了这样的观点，即所有种族灭绝的犯罪者都必须像纳粹分子，所有实行种族灭绝的国家都必须看起来像现代德国。此外，把大屠杀的概念作为之前有周密筹划、总是集中决策、完全包罗万象的罪行，最近也遭到专家学者的质疑。这是要创造其自身案例未必在各方面都符合的标准。[8] 也就是说，在急于指出亚美尼亚种族灭绝与大屠杀的同时，人们经常忘记，在纽伦堡审判中纳粹领导人因包括谋杀犹太人的罪行被控告为“反人类罪”，而不是“种

[7] 把种族灭绝的概念合法化，是威廉·莎巴斯的 *Genocide in International Law: The Crime of Crimes*, 2nd edn (Cambridge University Press, 2009) 一书的重点。莎巴斯在如下书中讨论了亚美尼亚事件，参见 *inter alia, Unimaginable Atrocities: Justice, Politics, and Rights at the War Crimes Tribunals* (Oxford University Press, 2012)。

[8] 最清楚地对比这两个事件最近的例子，是土耳其外交官 Yücel Güçlü 的书，*The Holocaust and the Armenian Case in Comparative Perspective* (Lanham, MD: University Press of America, 2012)。京特·莱维在其评论中，见他的 *The Armenian Massacres in Ottoman Turkey: A Disputed Genocide* (Salt Lake City, UT: University of Utah Press, 2005)，似乎把大屠杀纳入到种族灭绝的范式中，参见汉斯－卢卡斯·基泽在 *Vierteljahreshefte für Zeitgeschichte- Rezensionen in den sehepunkten,* 7 (2007), p.29 里的评论。对于莱维的方法应用到大屠杀中的限制，见马克·莱韦内对莱维另一项著作的评论——在那部著作中，莱维争辩纳粹谋杀欧洲的罗姆人和辛提人没有构成种族灭绝，载 *Journal of Contemporary History* 37:2 (2002), pp.275–292。

族灭绝”罪，前一术语已明确出现在协约国1915年的官方声明里，用来描述奥斯曼对基督徒的政策，而后一术语当时还未进入国际法。

在法学领域，学者们对种族灭绝在作为“毁灭”一个群体的概念这个性质上有不同意见。受到种族灭绝公约法理支持的一个有影响的派别把重点放在了身体毁灭上。尽管在这里，强调的相对重点也有所不同，一种是强调生存的毁灭，即屠杀和对生存、生育的致命行为，另一种是空间毁灭（强行迁移，“种族清洗”），法院以及本章作者倾向于要求给前者重要地位。另一个观点分歧的领域是，相较于身体毁灭，文化毁灭应该占到什么分量，后者关注的不是对群体成员身体的攻击，而是关注他们公共生存和生育的环境（如语言权利和文化体系）所遭到的破坏。

这些区分是理想上的类型；无论是身体毁灭的两种形式之间，还是这两种形式的任何一种与文化毁灭的表现之间，都存在相互渗透的情况。可以确定的是，无论对于哪种类型，其相关的规模、强度和明显意图依然都很重要。在考 591
虑“文化种族灭绝”（如果存在这种情况）时，规模、强度和明显意图的重要性需要我们十分谨慎，以便不把概念扩大到失去效用的地步，也就是说，作为“文化种族灭绝”的代理人，我们必须考虑其可以代理哪些主体。在身体毁灭的两种形式之间，可以分析出明确的区别，一种屠杀是有意鼓励人们逃到一个确定的地方，那里对逃亡者或流放者确实更安全，另一种屠杀是消灭被俘虏的人口，这两种情况下死亡人数的差异可能非常大[9]。然而，不同毁灭形式之间的混合和渗透，伴随着它的动态变化、局势演进、行动者的多样性和动机，使凌乱的事实具有更典型的特征。在一些参与者的战争记录中可能见证了毁灭类型的不同组合和强度，它们有助于澄清亚美尼亚种族灭绝发生的情况。

潜在种族灭绝和预备种族灭绝的暴力

然而，对每一个明确被限定为种族灭绝事件的案例，总有更多的可能未实现的种族灭绝情况，以及更多的与种族灭绝有一些“家族相似性”的政策和行

[9] Philipp Ther, *Die dunkle Seite der Nationalstaaten: "Ethnische Säuberungen" im modernen Europa* (Göttingen: Vandenhoeck & Ruprecht, 2011).

动。此外，对种族灭绝者来说，把大量群体作为攻击目标是常见的，尽管他们的迫害或毁灭政策在严重程度和表现形式上并不相同。例如，在奥斯曼事件中，从 1916 年春起，成千上万的库尔德人从离战线很近的东部地区被驱逐，分散安置于西安纳托利亚的定居点。驱逐由内政部之前已协调了凶残的亚美尼亚驱逐的同一部门实施。这个政策的具体目标是明显的：让这些库尔德人强制融合到流放地的“突厥语的”逊尼派集体中，尽管死亡人数因为后勤方面的问题还是如此之高，然而库尔德人既没有被驱逐到不毛之地，也没有在路途中被攻击[10]。
592 虽然如此，这些库尔德人的命运还是与亚美尼亚人的命运联系在一起，因为发展中的土耳其种族民族主义（突厥主义）意识形态和相关的信仰，即在新的土耳其化统治下的人口，比其他地方的人口天然更加可靠。

更进一步，1915—1916 年，奥斯曼统治者的一个基本观点是，那些迁移到亚美尼亚人和库尔德人腾出来的地方的“可靠的”人，是他们自己的穆斯林受害者或受害者的后裔。受害者被强制从曾受奥斯曼统治但现在是基督教区域的巴尔干半岛驱逐，尤其是自从 1875—1878 年“东方危机”和最近的 1912—1913 年巴尔干战争以来；还有从高加索地区，尤其是在克里米亚战争和“东方危机”中。这些驱逐几乎都与后来被称为“种族清洗”的描述相适应。一些驱逐亚美尼亚人的凶手，是从最近和以前的难民中崛起的，一些最凶残的奥斯曼官员也是一样，如迪亚巴克尔省省长雷西德·穆罕默德（Mehmed Reşid）博士，同时，一些统一和进步委员会中最高级别的成员和它的战后民族主义运动的接班人，都是最近丢失领土的本国人，尤其是最高领导人塔拉特帕夏和穆斯塔法·凯末尔（阿塔图尔克）。实施亚美尼亚驱逐的非常组织，部落和移民安置理事会（土耳其语缩写 IAMM）在巴尔干战争期间就已经建立，以解决自 14 世纪以来成千上万绝望的人口从曾是奥斯曼帝国核心地区的流出问题。难民与部落和移民安置理事会的故事表明，存在某种跨国反平民的、反国家少数民族的暴力传播机制，提醒我们重视大规模暴行的重要国际环境。

由于所有这些原因，我们这章关注的不仅是奥斯曼国家广泛的人口政策，

[10] Fuat Dündar, *Ittihat ve terakki'nin Müslümanları İskân Politikası, 1913—1918*(Istanbul: İletişim Yayınları, 2001), pp.139–155; Jakob Künzler, *In the Land of Blond and Tears* (Arlington, MA: Armenian Cultural Foundation, 2007), pp.67–69; and Uğur Ümit Üngör, *The Making of Modern Turkey: Nation and State in Eastern Anatolia, 1913—1950* (Oxford University Press, 2011), pp.107–122.

而且是从波罗的海到黑海和东地中海“更大的欧洲”大部分地区的暴力政治景观。最广泛的反平民暴力发生在大陆东部、东南部和东－中部旧的陆地王朝上，在那里战线最不稳定，“人口问题”最为要害，并且最终在那里，国家结构在生存的巨大压力下崩坏。

大战是本卷和本章的主题，但罗曼诺夫尤其是奥斯曼帝国的混乱情况，与大战 1914—1918 年的时间范围显然并不完全吻合。奥斯曼帝国晚期的战争延伸
至 1922 年希土战争的结束，种族和宗教杀戮也是如此。为了考虑俄罗斯内战、 593
波兰－乌克兰战争和俄波战争，我们也需要超出 1918 年的范围。所有这些冲突见证了大量针对平民人口的暴行，包括多数派别执行的反犹太人大屠杀，尽管这种种族灭绝再也不可识别。从 1818—1920 年，在外高加索地区为了土地和人口同质化的小型但残忍的战争，让奥斯曼和俄国走上了相同的发展轨迹，因为临时独立的亚美尼亚、格鲁吉亚和阿塞拜疆国家出现的情况，是传统区域力量中任何一个都没有能力控制的，直到罗曼诺夫帝国重组为苏联，残存的奥斯曼帝国重组为土耳其共和国。

即便在西欧的第一次世界大战中没有种族灭绝的暴行，但我们会在欧洲之外发现大战和战前对非白人殖民地人口的持续暴力。尽管在 1914—1918 年的战争中，民族国家的战士几乎未实行过种族灭绝，类似性质的情况还是有的。在法属非洲帝国的上沃尔塔地区，法国军队用非常先进的武器回应自 1915 年晚期以来对帝国税赋（包括征兵）的大规模反抗。沃尔塔－巴尼战役中精确的死亡人数还未可知。在反抗群体中，至少有 3 万非洲人被杀，他们或直接被杀死，或在进行经常是一边倒的清点死亡人数式的战事中很快被消灭。但是在主要的激战之外，还有更小的对抗，没有记载留存。考虑到众所周知的法国措施的性质，包括实实在在地毁灭村庄、用妇女和儿童作为抵押品、破坏所有群体的生活基础——农业和牧业，总计死亡人数无疑是极大的[11]。

在欧洲战场上，谋杀最严重的地区，从奥斯曼谋杀和驱逐亚美尼亚基督徒，到俄国攻击犹太人和穆斯林，是沿着种族－宗教的分裂进行的。把被国内的

---

[11] Mahir Şaul and Patrick Yves Royer, *West African Challenge to Empire: Culture and History in the Volta-Bani Anticolonial War* (Athens, OH: Ohio University Press, 2001)，包括第 2–5 页、第 24–25 页关于规模和一些尝试性比较研究的考虑。感谢马克・莱韦内让我们注意到了这个插曲，他的 *The Crisis of Genocide, vol.I : Devastation: The European Rimlands, 1912—1938* (Oxford: Oxford University Press, 2013) 补充了额外的背景。

“敌人”背叛与担心垮台和战败联系起来的幻想，与战争构成的真正威胁一样重
594 要，在奥斯曼和罗曼诺夫的战争努力中，对颠覆性意图的怀疑毫无道理地膨胀；
一些国内的人口比其他人更容易受到指责，不过，这也是古老宗教的陈规旧习能够明确发挥作用的地方。

在新的和旧的备受关注的事物中，一个重合的范围是经济。弗里德里希·李斯特（Friedrich List）关于国家经济的旧学说，呼吁多种政策，尝试把经济控制的方式转移到——如他们所见——在种族上“值得信赖的”中产阶级手中。欧洲的犹太人和奥斯曼基督徒群体一样，考虑到在主流人口的传统规范下他们所取得的商业和财政成就，为国家支持的征用和在战争形势下的人口掠夺提供了特殊的目标。

幻想的一个清楚例证是，整个欧洲大陆范围的对犹太人影响和颠覆的偏执，这种偏执为布尔什维克革命所增强，但在整个战争中都存在，而且战斗的双方都有。从战争开始，犹太人被俄国部队从前线附近地区迁移，1914 年 9 月，对哈布斯堡领土的征服，见证了俄国军队、哥萨克人兵团和当地的积极分子对加利西亚和布科维纳的犹太人大屠杀。1915 年，面临着奥地利 - 德国的春季攻势，假想的犹太人“国际”成为早期俄国军事失败的替罪羊和“先发制人的”目标，大量俄国犹太人被驱逐[12]。

在 1915 年春的危机时刻，反犹太主义、暴乱妄想和对经济与人口重组的追求，构成了向东驱逐的原因，其影响范围不仅有多达 100 万犹太人，还有成千上万的沃伦人和其他德国少数民族（由于他们早期的移民情况，被称为“殖民者”）。驱逐的情况，即便主要由驱逐目的而定，有时也借助铁路，在战时状态下会是致命的。到 1915 年春季对亚美尼亚的大驱逐开始时，在俄国军队以及哥萨克人对高加索地区的穆斯林进行屠杀以及至少几千名高加索穆斯林战士与奥斯曼军队勾结的双重背景下，高加索地区的俄国当局也仔细考虑过从与奥斯曼帝国接

[12] Eric Lohr, ***Nationalising the Russian Empire: The Campaign against Enemy Aliens during World War One*** (Cambridge, MA: Harvard University Press, 2003); Peter Gatrell, ***A Whole Empire Walking: Refugees in Russia during the First World War*** (Bloomington, IN: Indiana University Press, 1999); Alexander V. Prusin, ***Nationalizing a Borderland: War, Ethnicity, and Anti-Jewish Violence in East Galicia, 1914—1920*** (Tuacaloosa, AL: University of Alabama Press, 2005); and Peter Holquist, “Les violence de l' armée russe à l' encontre des Juifs en 1915: causes et limites”, in John Horne(ed.), ***Vers la guerre totale: le tournant de 1914—1915*** (Paris: Tallandier, 2010), pp.191–219.

壤的省份大规模驱逐穆斯林。尽管与他们的奥斯曼同行一样，俄国为这种扩张 595
的措施找了许多（事实上很少）近似的“辩护”借口，然而，驱逐没有发生。

为什么没有发生？根据彼得·霍尔奎斯特的观点，俄国的政策并未极端化，是因为尽管俄国军方在战时有强大影响，但是它继续沿着官僚主义和功能主义而非激进的政治路线，保持独裁主义的状态。除了其他事项外，这个框架还能够对外高加索穆斯林社群的政治状况这类事情做出现实的威胁评估——在奥斯曼对亚美尼亚人的政策中，这些是完全缺乏的[13]。亚历山大·普鲁辛也提供了一个军方和文职不团结的结构性解释，去说明1915年春夏之际沙皇的反犹政策没有从空间毁灭发展到生存毁灭的事实。[14]

霍尔奎斯特和普鲁辛的对俄国的解释为看待同时代的奥斯曼政权提供了重要的对比，但他们的解释也不是毫无争议，其被对额外解释因素和其他战时插曲的考虑所限制。在俄国犹太人政策的案例中，马克·莱文提出，反犹主义刺激了俄国的暴行、驱逐和掠夺，但一旦俄国的领导阶层感觉正承受着国际的“犹太”压力，同样这种主义也会缓和俄国的政策。这种“战略上的”考虑，与英国打算战后在由其控制的奥斯曼巴勒斯坦地区为犹太人建立民族家园是相一致的。正如莱文的观点所认为的，这种政策将会吸引“国际上的犹太人支持”协约国的战争努力，而远离同盟国。[15]（当然，1916年德国人在服役士兵中有损名誉的“犹太调查”，显得柏林是多么不愿意联合世界犹太人，如同它觉得德国
人和其他犹太人是最后德国战败的替罪羊。）至于针对穆斯林的行动，仅一年之 596
后，沙皇就以平民为目标展开血腥运动，目标是中亚地区的伊斯兰教人口。

极端暴力——甚至按照俄国的军事标准——针对七河地区的柯尔克孜族、哈萨克族和塔吉克族人的谋杀和驱逐运动，只能再次用联系的视角加以解释。反征兵暴动引发了残酷的镇压，包括屠杀最近抵达俄国的移民，但是国家的反应有明显的殖民主义色彩，这种暴力特征同样是其他欧洲国家到当时倾向于保留的欧洲以外的殖民地时所采用的。总体战所必需的征兵，加强国家向外围渗

[13] Peter Holquist, “The politics and practice of the Russian occupation of Armenia, 1915- February 1917”, in Ronald Grigor Suny, Fatma Müge Göçek and Norman M. Naimark (eds.), *A Question of Genocide: Armenians and Turks at the End of the Ottoman Empire* (New York: Oxford University Press, 2011), pp.151–174, especially pp.158–163.

[14] Prusin, *Nationalising a Borderland*, p.56.

[15] Mark Levene, “The Balfour Declaration: a case of mistaken identity”, *English Historical Review*, 107 (1922), pp.54–77. 关于俄国的犹太政策，见 Levene, *The Crisis of Genocide*, vol. I。

透的现行逻辑，而土著人口对征兵和渗透都无法接受。俄国的反应导致大约10万人直接的死亡和成千上万的难民离去，有很多逃到中国，许多人在逃亡中死去，这些在柯尔克孜族中形成了叫“忧困”（*Urkun*）的历史记忆。这种遮掩的插曲并不是为了结束紧急状态，而是为了确保这一地区长期在俄国的控制下。[16]

把长期因素和短期因素结合起来，是为了说明1915—1916年奥斯曼帝国实施的更全面的毁灭行动。奥斯曼在一战中的种族灭绝的进程，必定与这场冲突的发展紧密相连，尤其是在东地中海和高加索东部的安纳托利亚战线。然而，纵观奥斯曼的历史，被第一次世界大战激发的种族暴力分化，与早期出现的一套独特的改革措施形成鲜明的对比，这套改革措施的制定是想通过雄心勃勃地综合西方观点和以前穆斯林统治的多宗教、多民族特色的历史，寻求帝国现代化。在这些改革方案中，在大战前夕最紧迫和最具有争议的是与安纳托利亚东部省份相关的内容，这一地区大量分布着库尔德人和亚美尼亚人，与俄罗斯帝国接壤。因此，我们转移到这一章的中心事件。

597 奥斯曼帝的战争和种族灭绝

1908年青年土耳其党革命时，与“青年土耳其党”不同的改革派，包括亚美尼亚革命联盟、美国传教士和犹太复国主义者等，都希望有一个宪政的奥斯曼帝国来构建中东的未来。然而，随着外部和内部的紧张局势增加，尽管是在战前时期，出现了对1908年革命的共同狂热的背离，紧随其后的是针对奥斯曼基督徒的联合抵制和镇压运动。20世纪10年代初，在年轻的受过教育的讲土耳其语的穆斯林和青年土耳其党的积极分子中，一个新的激进思想——突厥主义隐约扩大，尽管它还不是暴力的。他们相信，关乎土耳其生存的历史决定性时刻已经来临。青年土耳其党积极分子深感失望，自从1911年意大利夺取奥斯曼利比亚和那时的巴尔干战争之后，他们了解战争，把世界战争的爆发看作是一

[16] Edward D. Sokol, *The Revolt of 1916 in Russian Central Asia* (Baltimore, MD: Johns Hopkins University Press, 1954)；对于更深入的殖民地的来龙去脉，也见 Richard Pierce, *Russian Central Asia, 1867—1917: A Study in Colonial Rule* (Berkeley, CA: University of California Press, 1960)。

个在国内和对外交往中打造"新政"的机会。[17]

作为1913年1月起义的结果，青年土耳其党统一和进步委员会的中央委员会控制了土耳其政府。它的成员是20世纪第一批获得帝国政权的"科米塔基"(即非正规军)。激进的意识形态获得平民的支持，预示着欧洲未来的激进现象。布尔什维克革命之前，在广大的欧洲没有其他的政权在战争中像青年土耳其党政权一样，针对它自己的平民群体实行类似种类、规模和范围的暴力，它抹去了平民和军事目标之间的差别，在国内人群中系统地发展宣传和培养仇恨。

在国内政治方面，奥斯曼1908年的改革计划依赖于亚美尼亚革命联盟和统一和进步委员会之间的合作。[18] 尤其是，依靠在东部各省确立安全和恢复财产，或者用现在的术语说，依靠解决亚美尼亚-库尔德人的土地问题[19]。伊斯兰分子在首都发动政变之后，1909年4月在西里西亚阿达纳的反亚美尼亚大屠杀，导致了青年土耳其党-亚美尼亚人组织的新分裂。这个大屠杀让人联想到1895年在整个安纳托利亚范围内的大屠杀，其中大约10万亚美尼亚人丧生，多半是男性。 598

1895年的大屠杀，是积累了三代人的复杂的社会和政治发展的结果。从1875年开始在巴尔干地区的起义，以及随之而来的1877—1878年奥斯曼-俄国战争的结果，导致巴尔干地区、高加索地区和塞浦路斯显著的领土损失，这些都在1878年的柏林会议上确定下来。作为一个结果，新苏丹阿卜杜勒-哈米德二世(Abdul Hamid Ⅱ，1876—1909)认为早期坦志麦特改革时期更包容的政治原则失败了，所以制定政策时不再只是为了加强基督徒的平等，而是允许穆斯林居住在小亚细亚，鉴于先前几十年的领土损失，小亚细亚日益成为帝国的核心领土。阿卜杜勒-哈米德二世阻止在东部省份改革，因为他担心这种改革会导致这些地区更多受到英国和俄国的影响或出现基督徒的领土自治，正如在巴尔干地区已经发生的一样。相反，亚美尼亚人坚持《柏林条约》第61条的改革承诺。因为那些改革措施没有执行，受过教育的年轻亚美尼亚人建立了革命政党，这些政党拥护农村武装自卫，支持充满社会主义和民族主义革命思想，矛

[17] 统一和进步委员会的三执政之一杰马勒帕夏在这一点上是直言不讳的，Djemal [Jemal] Pasha, *Memories of a Turkish Statesman 1913—1919* (London: Hutchinson, 1922), pp.353–354。

[18] Dikran M. Kaligian, *Armenian Organization and Ideology under Ottoman Rule, 1908—1914* (New Brunswick, NJ: Transaction Publishers, 2011).

[19] Hans-Lukas Kieser, "Réformes ottomanes et cohabitation entre chrétiens et Kurdes (1839—1915)", *Etudes Rurales*, 186 (January 2011), pp.43–60.

头指向奥斯曼当局和亚美尼亚要员的激进主义。1895年亚美尼亚大屠杀在这个背景下发生，也是对欧洲外交推动下的第一个详细改革计划的直接反应。亚美尼亚的领土和财产被库尔德人和其他穆斯林占领，改革计划再次终止了。[20]

然而，即使当时要求采取最激进行动的政党，要求在主要是库尔德－亚美尼亚人居住的东部省份建立独立的社会主义亚美尼亚，但亚美尼亚革命联盟或19世纪80年代之后盛行的达什纳克党，还是想在奥斯曼国家内构建亚美尼亚的未来。因为1908年之后，赔偿和改革在东部各省并没有发生，亚美尼亚革命联盟于第一次巴尔干战争开始前两个月的1912年8月，宣布终止它与统一和进步委员会的联盟。同年年底，亚美尼亚代表联系外国的外交官给改革施压。[21]

像20年前的哈米德政府一样，统一和进步委员会政府最终于1914年2月8日签署了改革计划。它把东部省份分为南、北两个部分；把它们置于两个从欧洲中立国家选出来的巡视员的控制之下；规定用当地的语言出版法律和官方声明；在委员会和警察中规定适当比例的穆斯林和基督徒；把非正规的库尔德人骑兵改编为骑兵后备队，自从这队骑兵1891年创建以来，已经威慑了东部省份的非逊尼派群体。[22] 签署计划不是走向亚美尼亚自治的第一步，也不会是走向俄国吞并的第一步[23]。然而，统一和进步委员会的领导人已经向他们之前的亚美尼亚革命联盟的革命兄弟（他们曾这样彼此称呼）以及其他亚美尼亚代表表示，由于把改革问题国际化，他们已经越过了可以走向共同未来的红线[24]。

---

[20] Jelle Verheij, "Diyarbekir and the Armenian crisis of 1895", in Joost Jongerden and Jelle Verheij, *Social Relations in Ottoman Diyarbekir 1870—1915* (Leiden: Brill, 2012), pp.85–145; and Jelle Verheij, "Die armenischen Massaker von 1894—1896: Anatomie und Hintergründer einer Krise", in Hans-Lukas Kieser (ed.), *Die armenische Frage und die Schweiz (1896—1923)* (Zurich: Chronos Verlag, 1999), pp.69–129.

[21] Rober Koptaş "Zohrab, Papazyan ve Pastırmacıyan' in kalemlerinden 1914 Ermeni reformu ve İttihatçı-Taşnak müzakeleri", *Tarih ve Toplum Yeni Yaklaşımlar, 5* (Spring 2007), pp.159–178.

[22] 该计划的土耳其语版，见 Yusuf H. Bayur, *Türk inkılâbı tarihi, 3 vols.* (Ankara: Türk Tarih Kurumu basımevi, 1991), vol. II, part 3, pp.169–172；法文版，见 Livre orange russe, no. 147, in André N. Mandelstam, *Le sort de l'empire ottoman* (Lausanne: Payot, 1917), pp.236–238；德文版的初稿和最终版，见 Djemal Pascha, *Erinnerungen eines türkischen Staatsmannes* (Munich: Drei Masken Verlag, 1922), pp.340–351。参见 Zekeriya Türkmen, *Vilayât-ı Şarkiye Islahat Müffettişliği* (Ankara: Türk Tarih Kurumu, 2006)。

[23] 然而，在统一和进步委员会和民族主义共和国的史学著作里，却是如此。见 Bayur, *Türk inkılâbı tarihi,* vol. II：3, pp.172–177。塔拉特帕夏、哈利勒·贝伊的，尤其是杰马勒帕夏的回忆录，提供了机会的初稿和最终稿的俄文版，证明了这一决定性的重要性，见 *Hatıraları ve mektuplarıyla Talât Paşa*, ed. Osman S. Kocahanoğlu (Istanbul: Temel, 2008), pp.38–44; İsmail Arar (ed.), *Osmanlı mebusan meclisi reisi Halil Menteşe' nin anılan* (Istanbul: Hürriyet Vakfı, 1986), pp.173–176; and Djemal, *Erinnerungen*, pp.337–353.

[24] Koptaş, "Zohrab", pp.170–175。

1914 年春，经再三犹豫决定与其巴尔干周边邻国、奥斯曼西海岸的希腊和保加利亚交换人口后，统一和进步委员会开始执行一项反基督徒人口的管理议程，完全违背了在东部地区改革计划的精神。它新建立的准军事部队“特殊组织”从爱琴海沿岸地区威胁并驱逐了大约 20 万拉姆（*Rûm*）（讲希腊语或土耳其语的信仰希腊东正教的奥斯曼基督徒）。7 月 6 日，奥斯曼议会讨论了驱逐，统一和进步委员会中央委员会成员，也是 20 世纪 10 年代在奥斯曼最有影响力的政治人物——内政部长塔拉特，强调把巴尔干地区的穆斯林难民迁入那些空村的必要性。他进一步指出，如果他们被遣送到叙利亚和伊拉克的广阔沙漠，他们 600
都会被饿死。那些沙漠恰恰是第二年亚美尼亚人被驱逐的目的地[25]。

1914 年 7 月的国际危机，让这个政权未因驱逐而遭强烈反对，给了它运作的空间和最终赢得正式盟友的机会。然而，1914 年秋季，帝国的盟友德国，渴望说服中立的希腊，声称从此以后避免针对拉姆的暴力行动。大约 30 万拉姆在第一次世界大战的进程中，自 1915 年 2 月开始被从不同的沿海地区迁移到内陆。不过，即便一些被驱逐者遭受了暴力袭击，他们并未被系统地屠杀或被丢进沙漠。[26]

1914 年 7 月末，当陆军部长恩维尔帕夏向德国大使汉斯·冯·旺根海姆（Hans von Wangenheim）男爵提出结盟建议时，德国已改变了其消极态度。对奥斯曼与协约国结盟的担心已经出现了，德皇威廉二世强调他们必须抓住机会与土耳其结盟[27]。1914 年 8 月 2 日秘密联盟得以缔结。在它的庇护下，青年土耳其党政权开始实施它的国内议程，尽管奥斯曼是联盟的低级伙伴，但当德国这个高级伙伴在法国北部的战役陷入僵局、急切渴望奥斯曼采取行动反对俄国时，它讨价还价的能力提高了。德国方面已经被卷入改革谈判之中，他们没有严重促进灭绝运动的发动，也确实没做什么实质努力去阻止它。事实上，8 月 6 日旺根海姆不祥地接受了奥斯曼的六项新建议，其中包括废除令人憎恨的条约，并规定“稍微修改土耳其的东部边界，以便它把土耳其置于直接与俄国穆斯林接

[25] Fuat Dündar, *Crime of Numbers: The Role of Statistics in the Armenian Question (1878—1918)* (New Brunswick, NJ: Transaction Publishers, 2010), pp.78–79；数据来源于 Ahmet Efiloğlu。

[26] Akçam, *The Young Turks' Crimc*, pp.97–123；数据来源于 Ahmet Efiloğlu。

[27] 关于与德国结盟及其实现，见 Mustafa Aksakal, *The Ottoman Road to War in 1914: The Ottoman Empire and the First World War* (Cambridge: Cambridge University Press, 2008), pp.93–118; and Ulrich Trumpener, *Germany and the Ottoman Empire 1914—1918* (Princeton: Princeton University Press, 1968), pp.21–61。

触的地方”[28]。在关于联盟的可能性谈判中，与德国相比，俄国坚持继续亚美尼
601 亚改革；俄国代表发现，德国在亚美尼亚问题上缺乏诚意。[29]

1914 年 8 月初，奥斯曼的新闻报道中，开始出现强烈的泛突厥主义和泛伊斯兰主义宣传[30]。在战争开始时，伴随着改革计划的暂停，这种话语疏远和恐吓了奥斯曼的非穆斯林教徒，尤其是在东部省份。同时，奥斯曼政权开始制订对俄采取联合行动的计划。统一和进步委员会资深成员、特殊组织的首领——巴拉丁·沙克尔（Bahaeddin Sakir），邀请亚美尼亚革命联盟的领导人领导在高加索地区的反俄游击战，旨在为将来的奥斯曼征服做准备[31]。保罗·施瓦茨（Paul Schwarz）医生是德国在埃尔祖鲁姆的代理人，提出亚美尼亚人破坏了巴库的油田。在俄国出生的德国社会主义者和国民经济的支持者（同时也是列宁 1917 年返回圣彼得堡的缔造者），亚历山大·黑尔芬德（Alexander Helphand），也曾使用过名字“帕尔乌斯”，在俄国的外围人口中传播全面的反沙皇起义计划[32]。然而，亚美尼亚革命联盟拒绝这些计划，并强调所有的亚美尼亚人都应该对他们生活的国家保持忠诚。

在没有亚美尼亚革命联盟合作的情况下，尝试在高加索地区的起义在 8 月开始[33]，9 月这个政权宣布废除条约，并从德国获得了大量财物为攻击做准备。尽管帝国正式加入战争是在 11 月，8 月奥斯曼军队就开始动员和征用，达到了前所未有的规模——这是一个早期的例证，说明工业发展程度较低的国家，如何在国家的对外和对内部署上使出浑身解数战斗，使世界大战在奥斯曼世界比在欧洲其他地方更显出“总体”战的特征。这种征用尤其打击了东部省份的非

---

[28] Trumpener, *Germany and the Ottoman Empire*, p.28.

[29] Aksakal, *Ottoman Road*, pp.107–108 and 127–130. 关于 1914 年 1 月 27 日 Gulkevich 的电报，见 *Sbornik diplomaticheskikh dokumentov: Reformy v Armenii, 26 noiab: 1912 goda-10 maia 1914 goda* (Petrograd: Gosudarstv, Tipografija, 1915), doc. 148, pp.165–174；感谢彼得·霍尔奎斯特提供的这条引注的信息。

[30] Erol Köroğlu, *Ottoman Propaganda and Turkish Identity: Literature in Turkey during World War I* (London: I. B. Tauris, 2007); and Tekin Alp, *Türkismus und Pantürkismus* (Weimar: Kiepenheuer & Witsch, 1915).

[31] Raymond Kévorkian, *Le génocide des Arméniens* (Paris: Odile Jacob, 2006), p.221.

[32] Wolfdieter Bihl, *Die Kaukasus-Politik der Mittelmächte: Ihre Basis in der Orient-Politik und ihre Aktionen 1914—1917* (Vienna: Böhlau Verlag, 1975), p.66; Hans-Lukas Kieser, “World war and world revolution: Alexander Helphand-Parvus in Germany and Turkey”, *Kritika: Explorations in Russian and Eurasian History*, 12:2 (2011), pp.387–410; and Hans-Lukas Kieser, “Matthias Erzberger und die osmanischen Armenier im Ersten Weltkrieg”, in Christopher Dowe (ed.), *“Nun danket alle Gott für diesen braven Mord”-Matthias Erzberger: Ein Demokrat in Zeiten des Hasses* (Karlsruhe: G. Braun Buchverlag, forthcoming, 2013).

[33] Kévorkian, *Le génocide*, pp.274–282.

穆斯林教徒。特殊组织的部队在东部边界附近，开始了早期的恐吓和掠夺亚美 602
尼亚人的村庄[34]。奥斯曼军队和库尔德部落的部队一起，攻击凡城省哈卡里东部110公里的波斯乌尔米耶，传播反基督徒的圣战宣传。在奥斯曼和波斯国界附近的基督徒求助于俄国的保护。从1914年8月开始，俄国基于亚美尼亚－叙利亚基督徒的团结，建立了一个当地的波斯－基督徒民兵组织。[35]

10月底，以德国为首的土耳其船舶袭击了黑海北部的设施。作为回应，俄国公开宣战，它的高加索军队越过达埃尔祖鲁姆的边境，但却在土耳其的防御前止步。不满于本国将军的防御性态度，恩维尔帕夏赞同他的德国参谋长布罗萨特·冯·舍伦多夫（Bronsart von Schellendorf）的观点，却反对德国军事代表团团长利曼·冯·桑德斯将军的建议。恩维尔帕夏自己命令对高加索地区兵力少于自己的俄方进行攻击。1915年的第一天，这场战役在萨勒卡默什雪山灾难性地失败。12万士兵的半数甚至更多死亡，传染病开始在幸存者中和整个地区传播[36]。

1915年初，恩维尔的姐夫耶夫杰特（Jevdet）和恩维尔的叔叔哈利勒（Halil）将军领导的非正规部队，在波斯北部传播反对亚美尼亚人和叙利亚人村庄的暴力，但这些运动的军事目标再次失败了。4月中旬，奥斯曼军队在迪尔曼战役中被击败，地点临近几百个基督徒非战斗人员在3月被处决的地方。安德拉尼克·奥扎尼安（Andranik Ozanian）将军率领编入俄国军队的亚美尼亚志愿军，参加了这次战斗。[37]

作为在萨勒卡默什和迪尔曼失败的结果，曾经激起1918年8月动员的泛土耳其主义的梦想，在当年冬季和1915年春季已成为创伤。漫长的东方战线渐趋残酷化，并出现宗教两极分化。非正规军和正规军、民兵组织和自卫队都投入 603
到低强度的战争，造成平民的大量伤亡。许多亚美尼亚人逃到俄国的亚美尼亚，其中几千个亚美尼亚青年成为俄国军队的志愿兵。东部省份大多数的基督徒已

[34] Hans-Lukas Kieser, *Der verpasste Friede: Mission, Ethnie und Staat in den Ostprovinzen der Türkei 1839—1938* (Zurich: Chronos Verlag, 2000), pp.331, 335–336, 445; and Taner Akçam, *A Shameful Act: The Armenian Genocide and the Question of Turkish Responsibility* (New York: Metropolitan Books, 2006), pp.136–138.

[35] David Gaunt, "The Ottoman treatment of the Assyrians", in Suny et al. (eds.), *A Question of Genocide*, pp.244–259, here p.249.

[36] Maurice Larcher, *La Guerre Turque dans la Guerre Mondiale* (Paris: Chiron & Berger-Levrault, 1926), pp.367–436; Joseph Pomiankowski, *Der Zusammenbruch des Ottomanischen Reiches: Erinnerungen an die Türkei aus der Zeit des Weltkrieges* (Vienna: Amalthea-Verlag, 1928), pp.98–105; and Edward J. Erickson, *Ordered to Die: A History of the Ottoman Army in the First War* (Westport, CT: Greenwood Press, 2000), p.57.

[37] Kévorkian, *Le génocide,* p.285.

经对政府失去了任何信任。武装的基督徒力量，试图尽可能地依靠俄国的帮助。最著名的是，1915 年 5 月中旬，俄国救援凡城省的亚美尼亚人。自从 4 月 20 日，在亚美尼亚人村庄的大屠杀，和在凡城谋杀亚美尼亚人之后，亚美尼亚激进分子就开始抵抗耶夫杰特的镇压。一旦伤害解除，他们就对凡城的穆斯林平民展开报复，屠杀许多人，从而造成更多的人逃走[38]。在漫长的东方战线上，失败的战役和混乱的局面激怒了统一和进步委员会的领导人，使当地的亚美尼亚和叙利亚基督徒更容易成为奥斯曼圣战宣传的目标。[39]

与东方的情况相比，奥斯曼在西方的军队由利曼·冯·桑德斯将军指挥，3 月 18 日在达达尼尔海峡赢得了第一次反攻协约国海军的决定性胜利。根据奥地利驻伊斯坦布尔军事武官约瑟夫·波缅科夫斯基（Joseph Pomiankowski）的说法，这些对胜利及这种胜利保护了伊斯坦布尔的广泛宣传的新闻，对土耳其民众和青年土耳其党的领导人都有巨大的心理影响，这些领导人自此以后展示了自力更生和残酷的沙文主义的混合[40]。

1915 年春季，委员会的政策在普遍残忍的战争环境中变得更激进。除了攻击达达尼尔海峡外部的要塞，和 4 月末的加里波利登陆，我们提及一下如下事情：4 月在比利时的战场上使用毒气；针对平民船只的潜艇战，如 1915 年 5 月卢西塔尼亚号沉没；在英国和莫斯科的反德暴动；戈尔利采－塔尔努夫攻势；沙皇在俄国的西线强化反对犹太人和德意志族的政策；俄国的军队出现在安纳托利亚东部和波斯北部。自此之后，正如杰伊·温特所强调的，总体战之所以被称为大战，是因为它比以往的战争更全面[41]。

处在这样的军事和心理环境中，委员会政府在采取全面的反亚美尼亚人政策上趋于一致，政策变得更激进的时间，几乎恰好与沙皇政权放弃对其外高加索的穆斯林人口的最激进措施同时。内政部长塔拉特把政策整合为三个主要阶段：第一，在 1915 年 4 月和 5 月，逮捕亚美尼亚政界、宗教、知识分子领导人；

---

[38] Kieser, *Der verpasste Friede*, pp.448–453; and Bihl, *Kaukasus- Politik*, p.233. 穆斯林目击者分析，在 Justin McCarthy, Esat Arslan, Cemalettin Taşkıran and Ömer Turan, *The Armenian Rebellion at Van* (Salt Lake City, UT: University Press, 2006), pp.247–251。

[39] David Gaunt, *Massacres, Resistance, Protectors: Muslim-Christian Relations in Eastern Anatolia during World War I* (Piscataway, NJ: Gorgias Press, 2006), p.63.

[40] Pomiankowski, *Zusammenbruch*, p.154.

[41] Jay Winter, "Under the cover of war: the Armenian genocide in the context of total war", in Jay Winter (ed.), *America and the Armenian Genocide of 1915* (Cambridge University Press, 2004), pp.37–51, here p.41.

第二，从春末到秋季，把安纳托利亚和欧洲土耳其的亚美尼亚人口，迁移到阿勒颇东部的叙利亚沙漠中的营地，其中不包括安纳托利亚东部的亚美尼亚男性，他们被有组织地当场屠杀；第三，也是最后，饿死营地中的大多数人，最终再屠杀那些依然幸存者。通过对奥斯曼国家档案和军事档案的新研究，可以在这一时期的电报中找到针对亚美尼亚人的新指令和新措施。[42] 然而，就像在包括“最终解决犹太人问题”的其他种族灭绝中一样，并没有最终的单独命令，但是把 2 月、3 月到 5 月的会议、命令和行动全面结合起来，最终是为了摧毁小亚细亚的亚美尼亚民族（地图 22.1）。

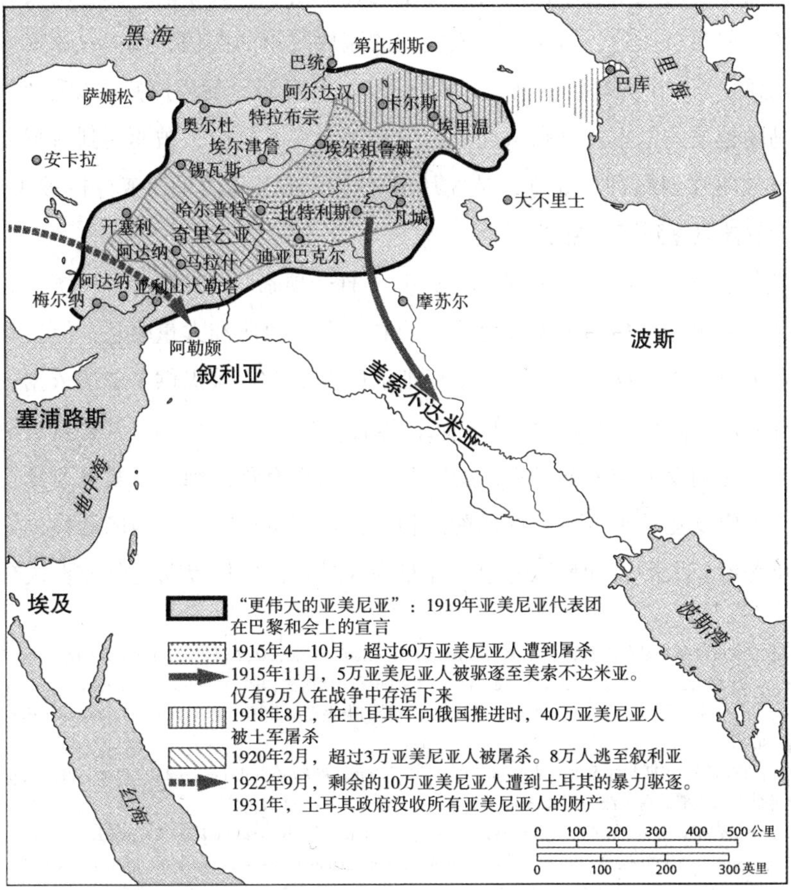

地图 22.1　亚美尼亚种族灭绝

[42]　Akçam, *The Young Turks' Crime*, pp.158–193.

4 月 24 日，在两封意义重大的寄给地方省长和军队的加密长电报中，提及凡城省和其他一些地方，塔拉特阐释了小亚细亚的局势，如亚美尼亚人大叛乱，亚美尼亚人对敌人战争努力的协助，以及革命委员会长久以来希望建立亚美尼亚民族自决，作为战争的后果，现在他相信他们能够获得自决[43]。自此以后，地方和军事当局，尤其是联合委员会分派到各省的特别代表，在整个安纳托利亚宣传狡诈的亚美尼亚人异教徒邻居在背后中伤穆斯林。[44]4 月 24 日夜到 25 日，就同盟国登陆加里波利的同一时间，保安军队先是从伊斯坦布尔，接着在整个安纳托利亚逮捕亚美尼亚精英，并审问、折磨和谋杀了他们中的多数人。1915
605 年春不同省份的奥斯曼军队的材料并不能说明出现了大暴动，尽管确实有蓄意破坏和一些反抗压迫、屠杀和上文提到的流放政策的实例。俄国 - 亚美尼亚志愿军无疑才是一个煽动性因素[45]。同一天，4 月 24 日一封塔拉特致叙利亚军事统
606 领杰马勒帕夏的电报，宣布从此以后亚美尼亚人不是应该被驱逐到科尼亚，而是应该被驱逐到叙利亚北部。从 3 月份亚美尼亚人从西里西亚梓檄被驱逐后，只有少数被驱逐到了科尼亚。[46]

议会已经于 3 月 13 日被关闭，5 月 27 日一项临时法律规定，由统一和进步委员会自由决定，如果国家安全受到威胁，允许镇压和大量驱逐，但没有明确提及亚美尼亚人。这为广泛迁移小亚细亚的亚美尼亚人提供了法律依据。尽管它没有把迁移限制到明确规定的地区，尽管 5 月 24 日协约国公开警告奥斯曼当局未来将受到反人类罪的惩罚，德国官方仍然没有预测到或反驳奥斯曼在整个帝国范围内反亚美尼亚活动的危险。相反，他们赞成在战争地区迁移，安抚德国的亚美尼亚人朋友和地区专家，并且在 6 月初，支持奥斯曼公开否认在东部

---

[43] 关于发给恩维尔帕夏的电报，见 T. C. Genelkurmay Başkanlığı, *Arşiv belgeleriyle Ermeni faaliyetleri 1914—1918* (Armenian activities in the archive documents 1914—1918), 2 vols. (Ankara: Genelkurmay Basım Evi, 2005), vol Ⅰ, pp.424–425；类似的发给地方省份的电报已被翻译，见 Akçam, *The Young Turks' Crime*, pp.186–187.

[44] 例如，在西部的埃斯基谢希尔，见 Ahmed Refik, *İki komite, iki kital* (Ankara: Kebikeç, 1994［1919］), pp.28–46；或者是在东南部的乌尔法，见 Künzler, *Blood and Tears*, pp.16 and 21。

[45] *Arşiv belgeleriyle Ermeni faaliyetleri 1914—1918*, vols. I and Ⅱ reviewed by Hans-Lukas Kieser, "Urkatastrophe am Bosporus: Der Armeniermord im Ersten Weltkrieg als Dauerthema internationaler (Zeit-) Geschichte", *Neue Politische Literatur,* 2 (2005), pp.229–231; and Donald Bloxham, *The Great Game of Genocide: Imperialism, Nationalism, and the Destruction of the Ottoman Armenians* (Oxford University Press, 2005), chapter 2.

[46] The Turkish Republic Prime Ministry General Directorate of the State Archives, Directorate of Ottoman Archives (ed.), *Armenians in Ottoman Documents (1915—1920)* (Ankara: Prime Ministry General Directorate of the State Archives, 1995), p.26.

所做的事情。[47]

几个月前，在德国人的压力下，奥斯曼政权发现自己需要严格遵守受到监督的基督徒和穆斯林、亚美尼亚人、叙利亚人、库尔德人和土耳其人在小亚细亚东部共存的政策。德国对一般认为要在东部省份进行有限迁移的支持，是决定性突破。也确实有一些德国官员当场签署或批准迁移的例子。有丰富文献记载的例子是奥斯曼总参谋部铁道部门负责人博特利希（Böttrich）中校。因反对巴格达铁路的民用意愿，他签署了一项驱逐铁路上的亚美尼亚员工的命令，尽管他了解在 1915 年 10 月，这个命令将使他们大多数人或所有人都陷入死亡[48]。早在 1915 年 6 月中旬，恩维尔的密友，德国大使馆的海军武官汉斯·休曼（Hans Humann），阐明“因为亚美尼亚人与俄国人合谋，现在他们或多或少都被迁移。这很困难，但是有益”[49]。奥斯曼在各省中的宣传，成功塑造出迁移是德国的主意的印象，尽管随着反亚美尼亚人的措施进行，德国外交官确实增加了限制，但一般都是无效的抗议。在其雇员莫尔特曼医生与塔拉特进行了一次 607
坦白的谈话后，大使冯·旺根海姆在 1915 年 6 月中旬开始理解，统一和进步委员会政府已经寻求德国支持的、从战争地区被认为是有限的迁移，是完全成熟的在整个小亚细亚迁徙暨灭绝计划的一部分。[50]“直到 14 天之前，驱逐和迁徙亚美尼亚人被限制在离东部战场最近的省份”，旺根海姆最后在 7 月 7 日写信给首相贝特曼·霍尔韦格，但是“从那时起土耳其宫廷已经决定把这些措施也扩展”到其他一些省份，“尽管国家的这些部分暂时没有受到敌军入侵的威胁。这种实施迁徙的情景和方法，显示了政府事实上是在追求从土耳其帝国根除亚美尼亚种族的目标”。[51]

从小亚细亚东部清除亚美尼亚人大体上发生在 1915 年 5—9 月，安纳托利

[47] Political Archives of the German Foreign Office (Politisches Archiv des Auswärtiges Amts, Berlin, hereafter "PA-AA"): Botschafter Wangenheim an PA-AA/ R14086; Johannes Lepsius, *Der Todesgang des armenischen Volkes: Bericht über das Schicksal des armenischen Volkes in der Türkei während des Weltkrieges* (Potsdam: Tempelverlag, 1919), pp.v—vii and Trumpener, *Germany and the Ottoman Empire*, pp.209–210.

[48] PA-AA/ BoKon/ 171, 1915-11-18-DE-001.

[49] 休曼的话，引自 Hilmar Kaiser, "Die deutsche Diplomatie und der armenische Völkermord", in Fikret Adanır and Bernd Bonwetsch (eds.), *Osmanismus, Nationalismus und der Kaukasus: Muslime und Christen, Türken und Armenier im 19. und 20. Jahrhundert* (Wiesbaden: Reichert, 2005), pp.213–214。

[50] PA-AA/ R14086, 1915-06-17-DE-003. 英文翻译在网站 www.armenocide.de 上。

[51] PA-AA/ R14086, 1915-07-07-DE-001.

亚西部和色雷斯地区的埃迪尔内省发生在7—10月。在安纳托利亚东部，男性和青少年大多被当场屠杀，那些在军队中的——大多数是没有武装的劳动力部队——也被杀。在达达尼尔海峡和阿拉伯，亚美尼亚士兵继续与奥斯曼军队抗争。从西部的搬迁包括男性，部分被驱逐者通过火车运输。从小亚细亚中部和东部流放的妇女和儿童在行进中经历了饥饿、大量强奸和奴役。

在某些地区，尤其是在瑞希德省长统治的迪亚巴克尔省，流放造成了对男性、妇女和儿童的屠杀，甚至在这些人到达省界之前。1915年9月28日，瑞希德给内政部长发了一封电报，自豪地宣称他已经从他的省迁走了12万亚美尼亚人[52]。10月19日，一个名为哈利勒·埃迪布（Halil Edib）的朋友，是迪亚巴克尔省马尔丁行政区的副区长，电告他对宰牲节（宗教节日）的祝贺，说“吻你之手，你已经获得了我们（东部）的六省，你为我们打开了通往突厥斯坦和高加索
608 的入口”[53]。迪亚巴克尔省当局以同样残忍的方式对待所有的基督徒。

早在1914年10月26日，塔拉特就命令凡城省省长迁移在波斯边界附近的哈卡里的叙利亚基督徒人口。他认为这些人口是不可靠的，想把他们分散到有多数穆斯林的西部省份之中。然而，他在1914年秋季未能执行这个早期的搬迁和分散政策[54]，也没有把它转变成一个像亚美尼亚事件一样，搬迁暨灭绝的普遍政策。事实上，与对亚美尼亚政策相比，对叙利亚的政策核心从未被明确表达。1915年6月，叙利亚实施了一项针对哈卡里的叙利亚被包围区和针对米迪亚特附近村庄的毁灭政策，反抗瑞希德的反基督徒灭绝政策。德国军官朔伊布纳-里希特，是卷入到相关事件的部队一员，认为叙利亚的斗争是“那些担心遭遇与大多数亚美尼亚人相同命运的人的正当防卫”[55]。驱逐村民的命令被下达。奥斯曼军队不能打败哈萨克人，但是在哈卡里事件中，大约10万叙利亚人中的三

---

[52] General Directorate of the State Archives (ed.), *Armenians in Ottoman Documents*, p.105.

[53] 引自 Nejdet Bilgi, *Mehmed Reşid [Şahingiray], Hayatı ve Hâtıraları* (Izmir: Akademi Kitabevi, 1997), p.29. 关于哈利勒·埃迪布更多的内容，见 Uğur Ü. Üngör, “Center and periphery in the Armenian Genocide: the case of Diyarbekir province”, in Hans-Lukas Kieser and Elmar Plozza (eds.), *Der Völkermord an den Armeniern, die Türkei und Europa* (Zurich: Chronos Verlag, 2006), pp.71–88, here p.73。

[54] 对命令的解释和翻译，在 Gaunt, *Massacres*, p.447; Hilmar Kaiser, “Genocide at the twilight of the Ottoman Empire”, in Donald Bloxham and A. Dirk Moses (eds.), *The Oxford Handbook of Genocide Studies* (Oxford University Press, 2010), pp.365–385, here p.371。

[55] Paul Leverkühn, *Posten auf ewiger Wache: Aus dem abenteuerreichen Leben des Max von Scheubner-Richter* (Essen: Essener Verlagsanstalt, 1938), p.83.

分之二灭亡，而其他人成功逃到了俄国控制的领土。

不管塔拉特对叙利亚未来的明确定位如何，奥斯曼军队在凡城省、迪亚巴克尔省和波斯北部袭击叙利亚人口的方式相当于种族灭绝[56]。这像在纳粹统治下的吉普赛人与欧洲犹太人的关系，叙利亚人或亚述－迦勒底人并没有在作恶国家议程的中心，但在战时却被广泛杀害。这一地区的当局，大卫·冈特呈现了统计数字，主要内容是，在奥斯曼帝国和波斯有 250,000 叙利亚人在战斗中被屠杀或死亡，而战前的人口是563,000，尽管显然不可能得到精确的数字[57]。大多数 609
基督徒、亚美尼亚人和叙利亚人从 1915 年春开始被屠杀或从东部省份搬迁。

1915 年夏秋两季，几十万一无所有的亚美尼亚被驱逐者抵达叙利亚。大多数的幸存者并没有像被承诺的一样重新定居，而是根据内政部长随后的原则——他们占据的当地或宗教人口比例必须不超过 2.5% 或 10%——被隔绝在营地，挨饿致死[58]。1916 年，那些仍然幸存者被屠杀。代尔祖尔省省长阿里·福阿德（Ali Fuad），曾经帮助被驱逐者谋生，1916 年 7 月他被组织了屠杀的强硬路线者萨利赫·泽基（Salih Zeki）取代。根据奥斯曼的一项资料，在代尔祖尔附近集中的 192,750 名被驱逐者于 1916 年下半年被杀害，其中有许多儿童[59]。直到最近，才有学者们出版了关于这个极端恐怖的“种族灭绝第二阶段”（雷蒙·凯沃尔基安的措辞）的相关见证资料，以及对那些受害者有限的帮助的研究。[60]

统一和进步委员会三执政之一杰马勒帕夏，让 100,000 至 150,000 名亚美尼亚人幸存者的主要群体定居在叙利亚南部，并让他们皈依伊斯兰教。众多幸存者作为强制劳工在军工厂工作。[61]1916 年 8 月 11 日，当亚美尼亚共同体 1863 年的国家宪法——根据官方新闻机构米利（Millî）说法这是“令人感到威胁的”亚

---

[56] Gaunt, *Massacres*, p.188; Kévorkian, *Le génocide*, p.463.

[57] Gaunt, “The Ottoman treatment of the Assyrians”, p.245.

[58] Dündar, *Crime of Numbers*, pp.113–19; and Akçam, *The Young Turks' Crime*, pp.242–263.

[59] Raymond Kevorkian, “L' extermination des Arméniens par le régime jeune-turc (1915—1916)”, in *Encyclopédie en ligne des violences de masse*, (22 March 2010), 2012 年 8 月 24 日查询：www.massviolence. org/ L-extermination-des-Armeniens-par-le-regime-jeune-turc-1915, 57。

[60] Aram Andonian, *En ces sombres jours*, trans. Hervé Georgelin (Geneva: Métis Presses, 2007); Hilmar Kaiser, *At the Crossroads of Der Zor: Death, Survival, and Humanitarian Resistance in Aleppo, 1915—1917*(Princeton, NJ: Gomidas Institute, 2002); and Hans-Lukas Kieser, “Beatrice Rohner's work in the death camps of Armenians in 1916”, in Jacques Sémelin, Claire Andrieu and Sarah Gensburger (eds.), *Resisting Genocide: The Multiple Forms of Rescue* (New York: Columbia University Press, 2011), pp.367–382.

[61] Kévorkian, *Le génocide*, pp.832–839.

美尼亚活动的支柱力量——被废除，伴随它的坦志麦特平等暨多数原则也不复存在，对奥斯曼亚美尼亚共同体的毁灭象征性地完成了。[62]

与 19 世纪 90 年代的哈米德大屠杀相比，改变信仰只是保证了 1915—1916 年的生存，如果内政部长根据支撑土耳其在小亚细亚统治权的人口统计基本原理允许它的话。在这种基本原理下，转变宗教认同、承认信仰的改变是次要的；或者，如特拉布宗省省长 1915 年 7 月初指出的，“一个皈依伊斯兰教的亚美尼
610 亚，仍可作为穆斯林亚美尼亚人被驱逐”[63]。这个政策是对穆斯林宗教和帝国传统的一个明显突破，所以对内政部长来说，在安纳托利亚通过转变信仰求得生存是一个敏感的问题。在试图控制穆斯林在各省的敏感性和实际情况时，他坚决追求他的目标。与一些统一和进步委员会里号称无神论者的军医相比，塔拉特是一个虔诚的穆斯林[64]。在 1915 年 7—10 月主要的迁移时期内，他严禁转变，极少例外。[65]

关于死亡人数，在差异非常大的数据中，最值得信赖的仍然是，1914 年在奥斯曼有将近 200 万亚美尼亚人活着，其中多于一半在 1915—1916 年被杀害。对讨论屠杀范围的一项重要贡献是 2008 年塔拉特笔记的出版，其中包括人口统计数据。塔拉特认为，1915 年之前小亚细亚的奥斯曼亚美尼亚人口是 150 万，他宣称其中迁移超过 110 万[66]。根据亚美尼亚宗主教区的统计，奥斯曼亚美尼亚战前的人口数量稍多于 200 万。雷蒙 · 凯沃尔基安曾经致力于种族灭绝时期详细的亚美尼亚人口统计，估计在大约 200 万奥斯曼亚美尼亚人口中有三分之二被杀害，也就是，大概 130 万人[67]。

除了“杰马勒的亚美尼亚人”，几乎没有被驱逐者能够逃脱，并到达阿勒颇。更重要的是，早期逃到 1916 年被俄国军队占领的埃尔津詹和埃尔祖鲁姆。数以千计的亚美尼亚人已经于 1915 年在多山的代尔希姆地区的阿列维派中找到避难所，并且可以在 1916 年穿过俄国的防线。其他人已经越过东方战线，又随着前进的俄国军队返回来，俄军在 1917 年 11 月的十月革命之后撤退。由于无法

---

[62] 见 André Mandelstam, *Le sort de I' Empire Ottoman* (Lausanne and Paris: Librairie Payot, 1917), p.284。

[63] German consul in Trabzon, Bergfeld, to the Reichskanzler on 9 July 1915, PA-AA/ R14086.

[64] Hasan Babacan, *Mehmed Talât Paşa, 1874—1921* (Ankara: Türk Tarih Kurumu, 2005), p.48.

[65] Akçam, *The Young Turks' Crime*, pp.296–301.

[66] Murat Bardakçı(ed.), *Talât Paşa' nın evrâk-ımetrûkesi* (Istanbul: Everest, 2008), p.109.

[67] Kevorkian, “L' extermination”, p.57.

阻止青年土耳其党恢复统治，亚美尼亚民兵在撤退中实施了针对穆斯林的大屠杀，包括阿列维派人口，因为阿列维派当时在那个地区不支持他们[68]。到此时， 611
这样的大屠杀只是在一个更广泛的社会团体中间一系列罪行付诸实践的表现。高加索地区或安纳托利亚东部前线的动荡和这些地区基础设施的破坏，给人们造成了极大的不安全感，对于亚美尼亚人来说尤其如此，他们之中成千上万都是来自小亚细亚的难民。

1918 年 3 月 3 日的《布列斯特 – 立陶夫斯克条约》允许泛土耳其主义方案重新启动，提高了进一步灭绝亚美尼亚人的危险。根据条约第 4 条，俄国割让了帝国西部的大片领土给德国，而且也包括它在 1878 年的《柏林条约》中获得的小亚细亚东北角。在德国帝国国会中的独立社会民主党眼中，这一条约威胁了高加索地区目前仍在俄国保护下的亚美尼亚人。1918 年 6 月，德国外交部证实，奥斯曼军队的前进远远超过了《布列斯特 – 立陶夫斯克条约》的安排。根据那时帝国国会中，一个民主党反对派领导人马蒂亚斯・埃茨贝格尔所说，超过 100 万人处在危险之中[69]。他补充道，塔拉特保护的承诺毫无价值。恩维尔的叔叔哈利勒（库特）将军事实上公开扬言消灭亚美尼亚人，甚至包括高加索的亚美尼亚人。[70]

世界战争在西欧、巴尔干南部和叙利亚战线的解决，阻止了奥斯曼在高加索地区进一步的前进。1918 年 5 月 28 日，亚美尼亚共和国公开宣布，希望通过战后外交收复安纳托利亚东北部的部分领土。但是，与之相关的 1920 年 8 月的《色佛尔条约》没有执行。亚美尼亚就是那时卷入了与格鲁吉亚和阿塞拜疆的战争，其中亚美尼亚和阿塞拜疆的军人对格鲁吉亚的平民展开的暴行非常显著。苏联军队最终阻止了东亚美尼亚被 1920 年再次开进埃里温的土耳其民族主义军队粉碎。1918 年以后，在小亚细亚南部，大约有 15 万亚美尼亚难民在西里西亚重新定居，而当法国武装力量在 1921 年撤退时这些人也逃走了。[71]

---

[68] Ahmet Refik, *İki komite, iki kitâl*, pp.47–82; Kieser, *Der verpasste Friede*, p.396; and Richard G. Hovannisian, *The Republic of Armenia* (Berkeley, CA: University of California, 1971), pp.20–25.

[69] Erich Matthias (ed.), *Der interfraktionelle Ausschuss 1917/18*, 2 vols. (Düsseldorf: Droste, 1959), vol. II, p.410.

[70] Hamit Bozarslan, "L' extermination des Arméniens et des juifs: quelques éléments de comparaison", in Hans-Lukas Kieser and Dominik Schaller (eds.), *Der Völkermord an den Armeniern und die Shoah* ("The Armenian genocide and the Shoah") (Zurich: Chronos Verlag, 2002), pp.322–323; and Kévorkian, *Le génocide*, pp.859–876.

[71] Kévorkian, *Le génocide*, pp.913–919.

612 “成功”的代价

塔拉特，现在的大维齐尔（大宰相），也是内政部长和财政部长，当他1918年8月参观柏林时，意识到战争失败了，但他安慰自己说“我们给予了安纳托利亚民族家园的形式，还镇压了颠覆和分歧分子”[72]。这将成为那一地区未来的基础。与20世纪10年代其他崩溃的帝国的精英相比，青年土耳其党期望并成功准备了维持他们未来权力的基础。尽管他们战败了，除了少数最高领导人迷失方向之外，青年土耳其党在希腊-土耳其战争期间和1923年土耳其共和国的建立中，形成了政治、军事和官僚精英。种族灭绝因此成功推进了在小亚细亚专属的土耳其民族家园政治工程。民族国家的建立者们，都是20世纪10年代塔拉特帕夏的支持者和两次世界大战期间穆斯塔法·凯末尔（阿塔图尔克）的支持者，维持着对讲土耳其语的逊尼派穆斯林的领导权，逊尼派曾经是奥斯曼帝国时期政治上的主导力量。直到冷战结束，他们的主要叙事是，在反对巨大的不平等中现代土耳其实现了复兴，同时禁止研究青年土耳其党的反人类罪行，这些在很大程度上影响了国际历史的书写[73]。现在，那一知识局面已经明显改变。

青年土耳其党的世界观，与纳粹更注重生物和人种-种族的思想体系相比，是更注重民族-宗教和文化的，尽管都与社会达尔文主义相符[74]。在这两个事件中，年轻的帝国精英和（将成为）帝国的拯救者，在他们年轻时，遭受过严重的创伤，见证着权利、威望、领土和家园的丧失。受担心灭亡驱使，他们成功建立了一党制政权，从而允许他们实施不同的革命性政策，包括驱逐和灭绝国内的“敌人”群体。清除亚美尼亚人，是从1913年起在土耳其展开的人口管理活动中，最系统地蓄意谋杀的片段。除了极少的例外，1918年后，所有的安纳
613 托利亚基督徒，都被排除在突厥-穆斯林国家为小亚细亚的斗争之外，也从人口和文化上被排出新的土耳其共和国的建设之外。认为某些种群由于身份原因存在内在问题的假设，最终构成了通过强制重新安置消除少数民族问题的“成

[72] 引自 Muhittin Birgen, *İttihat ver Terakki' de on sene: Ittihat ve Terakki neydi?* (Istanbul: Kitap Yayınevi, 2006), p.460. 比尔根是 *Tanin* 一书的主编和塔拉特的私人顾问。

[73] Bloxham, *The Great Game of Genocide*, Part 3; Hans-Lukas Kieser, “Armenians, Turks, and Europe in the shadow of World War I : *recent historiographical developments*”, in Kieser and Plozza (eds.), *Der Völkermord an den Armeniern, die Türkei und Europa*, pp.43–60.

[74] 对于比较研究的方法，见后附本章的文献评论。

功”典型的基础。这个基本原理在 1923 年的《洛桑条约》中被西方外交所容忍，英国特别使用“人口交换”一词，为它早期支持希腊军队占领继而在安纳托利亚实行的“镇压”政策所造成的人口问题洗白。

在经过净化的“人口交换”一词背后，藏着丑恶的人类现状，尤其因为对这个词所适用的绝大多数奥斯曼“希腊人”来说，《洛桑条约》只是确认了一个既成事实。在某种意义上意味着，在高达 125 万的基督徒中（主要是来自西安纳托利亚和蓬托斯的“希腊人”东正教基督徒），只有 19 万被转移，离开小亚细亚到希腊，他们中的大多数简直就是为了逃命。从 1919 年 5 月开始希腊占领了西安纳托利亚，这有助于促进雅典和英法的地缘政治，但凯末尔复兴的民族主义运动把这种占领作为平衡力量，导致了 1921—1922 年的全面战争。希腊军队和它的合作者实施了许多针对平民人口的大屠杀和毁坏对多数人生存至关重要的基础设施，尤其是撤退中的焦土政策，但他们的敌人至少同样残忍，甚至在成功后更暴力。土耳其民族主义军队把希腊力量赶回到海洋，与他们一起的还有大量剩余的基督徒人口，在这一过程中土耳其杀害了众多人口，并通过强制劳动杀了其他人。在战争结束之后，遭受恐吓的基督徒进一步大批离去，但发生在（声称）有秩序的计划“转移”之前。大约 356,000 穆斯林经常在恐怖的环境下，从爱琴海的另一方向被“转移”。如同许多到达希腊的基督徒，这些穆斯林发现他们自己被新环境疏远，并且与他们同一教派的人几乎没有共同点，对于如此塑造他们命运的本质主义，宗教撒了谎。

《洛桑条约》取代了《色佛尔条约》，后一条约的安排也本有可能在安纳托利亚边缘创建的新国家内造成对穆斯林的种族清洗。《洛桑条约》也默认支持了青年土耳其党的政策逻辑，即使不是它的所有表现。军事“事实”创造了新的政治现实。既作为修正主义者又作为先锋派，“洛桑范式”成为沟通威廉德国到纳粹德国的桥梁，前者对它的低级伙伴的总体上种族灭绝深感尴尬，后者却在 614
二战中支持和采用多种种族灭绝行动。

一个十年间没有种族灭绝的奥斯曼，需要奥斯曼在 1914 年保持中立，需要青年土耳其党有继续改革奥斯曼并与奥斯曼基督徒一起建设小亚细亚的意愿。但他们并未如此，而是追求最高纲领，追求在战时恢复帝国，甚至是泛土耳其主义的扩张以及把小亚细亚作为土耳其家园的理想。一旦他们的第一个目标被挫败，他们就转向第二个目标，并选择用空前的暴力手段镇压本国平民。如果奥斯曼中立，可能会大大缩短第一次世界大战的时间，甚至因此可能阻止布尔什维克革命[75]。如下反事实的进程本可能展开：如果统一和进步委员会听从了谨慎的人的建议就好了，如其成员卡维德·贝（Cavid Bay），而不是激进分子，如恩维尔帕夏，或者是世界战争和世界革命的提倡者，如亚历山大·黑尔芬德-帕尔乌斯。

反事实分析法证明，当时的人是有选择的。1915—1916年，在统一和进步委员会中，选择是明显的。面对压倒性的证据，对于历史学家而言，怀疑种族灭绝在第一次世界大战期间在安纳托利亚的发生，不再是理性可行的。这是战争史上最惨不忍睹的一章之一，其特征和规模改变了战争的性质。

[75] M. Şükrü Hanioğlu, "The Second Constitutional Period, 1908—1918", in Reşat Kasaba (ed.), *The Cambridge History of Turkey* , vol. IV: *Turkey in the Modern World* (Cambridge University Press, 2008), pp.62–111, here p.94.

23 战争法 615

安妮·德佩尔尚

一战的爆发并非缘于法律的失效。相反，这场冲突从爆发到结束始终都在法律的框架之下，即使期间对战争法多有违反。如此悖论需要解释。自 19 世纪中叶起，国际战争法缓慢而耐心地确立。虽然取得了一些发展，但相关法律在一战前夕仍旧既脆弱又不甚完备。虽然 1914—1918 年间战争法遭遇普遍违反，但它们仍是这场战争中不变的参考标准，所有交战国都相信自己从事的是一场“合法战争”（*gurre du droit*）。因此，在战争结束时，这一概念作为其中一部分出现在了协约国声称代表着法律和正义之胜利的和约中。而协约国也由此首次提出了一系列关于交战国责任的刑法和民法主张。

国际战争法的缓慢酝酿

早在一战之前，大多数国家已经对战斗部队在军事行动中的行为做了规范，制定了适用于武装部队的相关法律。武装部队按照一定的准则组织，这些准则禁止各种不良行为。例如，战斗行动之外的杀戮和掠夺被普遍禁止，但这并非为了使战争人性化，而是旨在确保军纪。这些规范并没有构成一套统一适用于所有潜在交战国的战争法规。

路 径

战争法的终极目标在于制止以暴力消除国家间分歧的决心。对于这一点，

任何关于国际法演变的分析都必须结合理想主义和实用主义予以保留。而该和
616 平主义目标则由两条互不排斥的路径确立。第一条路径可以被称为“同情”之路，因为它源于对战争苦难的敏感；这是一条和平主义者的道路，他们遵循贝尔塔·冯·祖特纳（Bertha von Suttner）的理念。祖特纳曾在1889年的《放下你的武器》（*Die Waffen nieder*）中断言战争即是犯罪。第二条是理性主义之路，源于对现代战争的生命代价和造成的破坏的考虑，以及对19世纪后半叶诸多战争的反思。虽然自然法理论将会对后一条路径进行司法上的讨论，而根据自然法理论某些法律要素具有普适性（因为它们源于理性和人的社会性），但前一条路径却能产生能量，使相关原则的具体化成为可能。在两条路径的融合中诞生了战争法的国际法规，它由两部分相互交织而成，即因减少苦难的迫切需要而产生的零散标准和系统抨击问题根源（即须被根除的战争本身）的各项规范。

无论规范的性质如何，它们的效力都依赖于在国家层面的正式实施。事实上，规范的发展历程表明，即使各国最终怀着或多或少的坚定信念接受了一部法律，其效力与其说是通过各国的妥协实现的，不如说是取决于国家是否接受国际法至高无上的地位。为了理解一战对法律的影响，我们需要解决一个基本的法律问题：如何证明国际规范高于国家意志？如果说1648年签署的旨在全面结束三十年战争即第一次全欧战争的《威斯特伐利亚和约》是国家主权与平等在国际范围内获得承认的基础，那么国际法又何以断称自己高于其上呢？

根本问题：国际法适用于国家吗？

在这一问题上，司法领域广泛借鉴了17世纪格劳秀斯（Grotius）在他的著作《战争与和平法》（1625年）中所表达的观点。格劳秀斯在本书中将自然法定义为包含“合理推理的原则，这些原则使我们根据一个行为与人的理性或社会性是否匹配来判断该行为在道德上是否诚实”。换句话说，自然推理在所有的社会权力之外规范人与人之间的关系。与自然法相结合的国际法并非国家的创造：国际法先于国家存在，国家则通过推理发现国际法。埃梅里希·德·瓦泰勒进一步发展了这一观点：他的著作《万国法》1758年以英文出版，书中提出了必须无条件遵守的各项原则。在此之前，这些原则虽然被认为确有裨益，却非强
617 制遵守。19世纪中叶，这一观点进一步发展，认为一国禁止暴力的能力是衡量

其文明进步的标准。有感于战争必然给人类带来的苦难，启蒙之士投身反战，而当时在外交或者说政治手段无法解决冲突时，战争或多或少被认为是一种正常手段。

起初，反战斗争非常注重实效，主要在战场上进行，因为战场上伤者的痛苦无可避免。亨利·迪南（Henry Dunant）以其强大的魄力推动了斗争的展开，而一次对拿破仑三世的采访则是斗争的导火索，这次采访碰巧发生在1859年的索尔费里诺战场上。见证了战场上的屠杀（40,000人死伤）和对双方士兵的痛苦实际帮助的严重不足，迪南尽其余生确保伤者不论国籍都享有权利。1864年8月22日，12个国家签署了历史上首个国际公约，其他国家之后陆续加入该公约。按照迪南创立的旨在救助伤兵的组织提议，瑞士联邦政府邀请12国与会。会议签署的“改善战地武装部队伤者病者境遇”的公约是法律发展史上具有决定意义的转折点。自此，反战斗争的重点转向制定各国承诺遵守的成文规范。虽然并不存在上一级权威制定这些规范或是监督规范的实施，但即使有所争议，根据有约必守（*pactasuntservanda*）原则国家自愿达成的约定具有法律约束力的观点仍旧日渐壮大。这类约定建立了对国家具有约束力的国际法规，这和一个建立在国家之上的机构制定超国家法律一样。

然而，这一理论的法律应用却很难实现，因为即使各国认识到国际法代表着从自身利益出发应当予以支持的理想，它们通常也不愿意在实践中接受法律的约束。因此，对每个国家来说，战争是对其自由意志的行使，不适用法律解释，更不用说接受制裁。国际战争法必须限制在如下层面，即告知交战国如何宣战和结束战争，敌对行为须遵守哪些规范，以及应如何尊重中立国的权利，但不涉及任何在时间或原因上对战争合法性的界定。战争法在不考虑合法性的 618
情况下，只能由自然法和其道德路径来决定某一战争是否正当。

各国授权代表在国际大会上交换文件，接受相关规范。而承诺遵守规范的国家不断增加则使规范逐渐具有了一定程度的普适性。此后，任何国家，如若违反已经集体讨论通过的规则的内容和文本，可能会被排除在文明国家之外。没有人想要这样的结果，因此选择哪些问题作为大会议程十分重要。协定的重要性其实不止于此，通过限制国家在战争中某些方面的行动自由，它们指向的是即将制定的法规。

《威斯特伐利亚和约》的签署显著实现了各国所获利益的平衡，并确立了集体解决问题的方式，而这一方式代表了限制冲突的最佳途径。1868 年，沙皇的个人倡议推进了这一目标，他提出建立例会制度，作为各国讨论武器限制的习惯框架的一部分。由他召集的圣彼得堡会议最终没有达成由全体与会国签署的公约，而是仅就一种武器即“任何轻于四百克的爆炸性弹丸或是装有爆炸性或易燃物质的弹丸”的禁用发表了共同宣言。会议成果看似微不足道。但我们不能忘了，对当时的军队来说，他们的主要困扰就是对会在人体内爆炸的子弹的恐惧。即便没有像希望的那样为武器限制带来一场革命，会议成果的重要性也毋庸置疑。武器是国际讨论中最为敏感的话题之一，但《圣彼得堡宣言》所代表的该领域取得的巨大进步却没有得到应有的重视。宣言签署的范围也是一样：除了巴西之外，其他均为欧洲国家，实际上代表了一场未来的欧洲战争中所有的交战国。这次会议也显示了，对于原则性事项的预先考虑可以使各国代表在有限的会议时间里发挥更大的作用。1873 年，11 位法律教授汇聚根特，希望能够对此需求做出反应。基于完全自发的行动，他们决定成立国际法研究所。第
619 二年，依然在沙皇的倡议下，布鲁塞尔会议首次尝试考虑制定集体规范。沙皇的提议作为工作基础提交讨论，因为会议目标单纯是商讨沙皇的提议，此次会议还是没能达成集体承诺。各国政府在这方面的指示非常明确。最终，会议达成了“关于战争法规和惯例的国际宣言”的结构化文件，包括 56 项条款，辅以各国代表对于分歧之处的意见。

1874 年 8 月 27 日，各国签署了最后议定书。布鲁塞尔会议确立了未来的战争法规，不仅因为会议的主题囊括了打击敌人的方法、包围和轰炸、间谍、战俘以及最重要的占领和交战国性质的相关问题，还在于其对精确的文本呈现方式的探寻。布鲁塞尔会议鼓舞了国际法研究所的法学家们。1880 年 9 月 9 日，他们在牛津举行会议，发表了《陆地战争的法律与惯例手册》，该手册以“简码”编写，旨在方便各国在军队中推广战争法的相关知识。《手册》引起了广泛的兴趣和讨论，但却并不存在使其具有强制性所必需的明确政治决心。这一决心在 1899 年召开的海牙会议上得以出现，《手册》正是这次会议讨论的工作基础。来自 26 个国家的法学家和军事专家代表与会，并签署了最终文件。会议产生的相关文件包括各国正式同意自即日起实施的公约、宣言和提案。

从共同宣言到此次大会，这一步意义非凡。尤其是，各国在多边会议的场合下相对于彼此做出承诺。与会国数量的增加提高了签署文件的效力，可能实

现某种形式上对国家主权的超越。与此同时，会议还讨论了一些敏感话题，尤其是适用于被占领地区的法律问题。1904 年，国际法研究所因在建立新兴法律框架方面所做出的卓越贡献被授予第四届诺贝尔和平奖。

然而，这一法律框架并不完善。1907 年第二次海牙会议在美国的倡议下召开，会议目标就是要完善这一法律框架。会议旨在解决所有苦难的根源——战争问题，而这也正是之前的一系列会议设法追根溯源并加以消除的。具体的问题是：如何阻止国家通过战争解决与其他国家间的分歧？1899 年创立的司法仲裁为这一问题提供了解决方案，而与会各国认为如今必须使仲裁成为强制性的，进而使之发挥效力。

在首次“和平会议”召开 8 年之后，44 个民族国家签署了公约，包含了当时的大多数国家，其中还有若干非欧洲大国。不知当时的人们是否对这一壮举有所领会：44 个国家就一系列根据特定协议和惯例限制它们战争行为的规则达成了一致。

此后，即使困难重重，努力还在继续。毫无疑问，任务还未完成。诸多问题仍被悬置，而详细制定的各项规则有待细化和明确。为了继续未完成的任务，和平宫在海牙建立并于 1913 年落成。在此，另一次会议被提议于 1914 年或 1915 年召开。

战争前夕：残缺脆弱的法律框架

避免战争：仲裁及其局限

两次海牙会议的各国代表希望废止战争。理想状态下，两国发生争议时会服从司法对争议焦点的解决，也就避免了战争必然导致的一切苦难。换言之，就是将国内法中已有的诉讼解决模式转换到国际层面。如此一来，仲裁似乎成了最佳选择，因为它最容易建立。这一原则在 1899 年被广泛接受，次年常设仲裁法院成立。然而在 1900 年到 1907 年之间，法院仅裁决了四起案件。这与国际紧张局势和那些避开了法院干预的重大危机相比显得微不足道，例如发生在丹吉尔的摩洛哥危机是在国际会议上解决的（阿尔赫西拉斯，1906 年）。因此，1907 年召开的海牙和平会议将确立国际仲裁机制作为主要目标。

1914年，关心和平解决冲突的国家可以采用的方法有四种：斡旋、调停、国际调查委员会和国际仲裁。前两种方法强调在矛盾危及和平之前协调双方主
621 张，平息怨愤，因此更多地属于外交而非司法范畴。国际调查委员会必须公平看待对立双方所呈现的事实。虽然没有什么能阻止国际调查委员会充当调解人的角色，但它的能力限于调解不涉及双方荣誉或核心利益的争议，这极大地限制了它进行干预的机会。1907年的《海牙公约》规定，仲裁法院（今称特别仲裁法庭）须始终开放。然而，法院并不具备争端国可以诉诸的司法权。法院包括一份常任的潜在仲裁人名单（每一个缔约国每六年选入四名仲裁人），一旦危机发生，每一当事国受邀从中选取两名仲裁人（仅一名可以为该国国民）。被指定的仲裁人共同选定法庭庭长，负责审理有关案件。法庭须在两个月内成立。期间，同意提请仲裁的双方当事国须起草仲裁案，陈述争议事由以及指示或呈递完整的书面辩论的时间节点。之后，法庭审理案件，并将最终判决通知当事国，而当事国应遵照执行，不得上诉。

仲裁机制的发起人致力于制定一套灵活、公正，因而被普遍采用的程序；然而，正如那些旨在提供最大限度保障的机制一样，这一仲裁机制在实施的过程中也显得烦琐和冗长，特别是与亟待解决的国际危机具有的急迫性和关注度相比。除此之外，事实证明，各国不可能就仲裁的强制性达成一致。而且，对于把仲裁当作拖延战术的国家，它们有权在诉诸法律程序的同时进行军事动员。这一可能和仲裁的非强制性相结合，意味着通过司法途径解决争议的可能性十分渺茫。事实上，在1907—1914年之间，特别仲裁法庭仅审理了11起案件。无论是1911年的阿加迪尔危机，还是1912—1913年间的巴尔干战争，当事国都没有提请仲裁。此外，阿加迪尔危机爆发后，法国总统普恩加莱提议在伦敦召开会议，以避免冲突蔓延至欧洲。这也证实了，一战爆发前，在重大危机发生时提请诉讼还未成为政治惯例。因此，可能可以避免战争的想法只是一种奢望罢了；与此相比人们更应该做的，是为了限制战争所带来的损失和苦难，回到对战争行为的规范上来。

622 限制战争的残酷和苦难：规范战争行为

从1864年第一个《日内瓦公约》签署到一战爆发的50多年间，由各国达成

的关于战争行为的书面法律文本迅速增加。在1899年7月29日签署的《海牙公约》之后，1907年10月18日召开的第二次海牙会议之前，《改善战地武装部队伤者病者境遇之日内瓦公约》于1906年7月6日通过。大部分关于陆战行为的法规在1899年就已经确立，而1907年的第二次海牙会议的目的之一是推进海战行为的规范。会议就海战的各个方面签署了八项公约：

第六公约:《关于战争开始时敌国商船地位公约》

第七公约:《关于商船改装为军舰公约》

第八公约:《关于敷设自动触发水雷公约》

第九公约:《关于战时海军轰击公约》

第十公约:《关于1906年7月6日日内瓦公约原则适用于海战的公约》（关于伤者）

第十一公约:《关于海战中限制行使捕获权公约》

第十二公约:《关于建立国际捕获法院公约》

第十三公约:《关于中立国在海战中的权利和义务公约》

总的来说，1907年后的海牙法律体系旨在保护海战或陆战中的战俘，被占领地区人民的生命和财产，以及战斗人员。一些武器被禁用：除了1868年曾讨论过的爆炸性弹丸之外，还包括各种形式的气体和由任何飞行设备发射的炮弹。其他武器例如水雷的使用也进行了规范。根据继承自启蒙运动的原则，当冲突只涉及实际交战国时，中立国不应承担除海牙第五公约和第十二公约规定之外的任何后果，这两个公约分别对陆战和海战中中立国和中立人士的责任进行了规定。

为了完善海战的相关法律框架，各国于1909年在伦敦召开会议，并于2月
26日签署协议。次年，会议继续相关讨论，并于1910年9月19日达成了关于 623
成立国际捕获法院的公约，该法院于1909年伦敦会议期间提出成立。虽然前路漫漫，但这些成就却不可低估。

那些为建立这一庞大的法律体系呕心沥血的人可以心安理得地感到一丝谨慎的满足了：所有可能受战争影响的领域都已制定了法规。然而，公约还需要由各国批准和实施。两次海牙会议上的俄国代表费多尔·费多罗维奇·马顿斯敏锐地意识到了公约中的缺漏。为了防止缺漏被利用，他想到了一个绝妙的主意，那就是在大会通过的最终文本的序言中添加一段话。这段话后来以“马顿

斯条款”之名不朽于世：

> 在颁布更完整的战争法规之前，缔约各国认为有必要声明，凡属它们通过的规章中所没有包括的情况，居民和交战者仍应受国际法原则的保护和管辖，因为这些原则是来源于文明国家间制定的惯例、人道主义法规和公众良知的要求。[1]

如此一来，自然法的原则以“人道主义法规”（这里可以理解为集体和个人道德）的形式和战争惯例一道适用于所有还未就其达成书面法规的问题。这是对立场的巨大延伸，已然超越了海牙公约缔约国的政治考虑。即使法学家们并未幻想这些原则能够具有约束力，但一个大多数国家签署的文本中包含这些原则本身就足以表明，在不久的将来，违反战争法的国家不仅会面对有限的道德制裁，更要面对法律制裁。

国际法生效的阻碍

国际战争法生效首先面临着三个重要阻碍。第一个阻碍在于国家和个人违反战争法可能遭受制裁的问题。公约中引入的对违反战争法的各项制裁使各国犹豫是否批准公约，这一问题也因此没有被包括在1899年和1907年会议议程
624 中。不过，各项公约对于违反具体条款需承担的责任多有提及。对于交战国的制裁在德国的倡议下于1907年引入第四公约（《陆战法规和惯例公约》）的第3条，以及公约附加的章程，规定“违反该章程规定的交战一方在需要时应负责赔偿。该方应对自己军队的组成人员做出的一切行为负责”。法学家们如此强烈地希望能相信这项法律，以至于他们从这条规定中看到了一次重要创新，超出了它所提供的实际可能。事实上，如何想象战争的受害者，一名士兵或战俘，或是被占领地区的居民，起诉应该为他们的处境负责的国家呢？这在理论上或许可行，但在实践中，不难想象追究这一责任会遇到多少困难。这一条款列于

[1] “Préambule de la Convention concernant les Lois et Coutumes de la guerre sur terre conclude à La Haye le 29 juillet 1899”, in Ministère des Affaires étrangères, *Documents diplomatiques: Conférence international de la Paix* (Paris: Imprimerie nationale, 1900).

公约之中，意在支持其后的所有规范，尤其是缔约国命令本国军队实施战争法规的义务。然而，当战争逐渐逼近，包括德国在内的许多国家仍然没有履行这一义务，因为公约中规定的制裁需要有人来实施；但问题是，谁来实施？的确，由谁以及如何能使制裁生效呢？

没有制裁违法行为的法律权力，也没有强制执行裁决的执行权力，这是各项法规生效所面临的第二个重要阻碍。在1914年战争爆发前的一刻，各国已经以国际管理的形式展开合作，确保实施规范国家间民事关系的各项公约。其中一些涉及河流的自由航行（成立于1815年的莱茵河航行委员会、成立于1856年的多瑙河委员会），除此之外，国际联盟和组织纷纷成立，例如国际电讯联盟（1865年）、万国邮政联盟（1888年）、铁路联盟（1880年）、国际公共卫生局（1904年）和国际公共卫生局（1907年）。这些尝试强化了被置于国家之上的“国际社会”的概念。虽然“国际社会”的表达在1907年就已经出现，但在当时的语境中，它只是反映了当时被称为文明的民族国家间日渐增强的相互依赖。

相关的法律思想日臻成熟，莱昂·布儒瓦（Léon Bourgeois）的基本思想就是其中的代表。布儒瓦是两次海牙会议的首位法国代表，他在著作《团结》（*Solidarité*）（1896年）尤其是《为了国际联盟》（*Pour la Société des Nations*）（1910年）中提出成立国际法院，负责监督国际法的实施。如果这一机制在一 625
战时得以确立，那么要发挥作用就一定需要强制性手段，换言之，即需要军队。这一切都需要以国际关系的某种协调为前提，而彼时并不存在这种协调。

各国对国际战争法的反应可能构成了国际战争法实施面临的第三个阻碍；政客们和军队对于采用战争法规的反应显示了他们根深蒂固的态度，而这种态度使这些法规几乎没有机会在战争中实施。在政治层面，每个国家都赞同为了使战争“人性化”而努力，但前提是通过的规范不会妨碍它们的安全或阻碍它们取胜。在首次以战争法和战争惯例为主题的会议，即1874年的布鲁塞尔会议上，透过与会代表的表现我们可以看到各国的矛盾心态。它们担心自己的代表被集体的氛围所感染，做出超出指示的行动。各国政府纷纷提醒代表，这次会议只能讨论俄国提交的公约提案，不能涉及公约的采纳和实施，也不允许进行任何决定性的投票。会议结束之后会由各国来决定方案是否生效。基于各国代表潜在共识而形成的这一方案，最终的确不再是“公约草案”，而是“宣言草案”，将与会议议定书内各国代表的保留意见一同解释。正如最后议定书中所指出的那样，各国代表只是进行了一次“审慎的探索”，希望能对未来有所助益。

在1899年和1907年的海牙会议上，各国全权代表的贡献，都表现出他们对某些规范的谨慎态度。他们接到的指示非常明确，特别是在议题与自己国家利益相悖的时候。在这方面，历史学家们经常提及格罗斯·冯·施瓦茨霍夫（Gross von Schwarzhoff）将军在1899年的海牙会议上反映出的德国对于陆战法规的态度。举例来说，对于占领者和被占领人民的责任和相关法律，德国的态度（对1870年普法战争中的游击队记忆犹新）遵循占领者的逻辑，强烈要求实行对占领者而非被占领人民有利的规定。这一点在对各项规定进行明确表述的1907年海牙会议上更加明显。马沙尔·冯·比贝尔施泰因将军对第44条规定表示反对，该规定禁止强迫被占领人民提供军事情报。

626 与德国的态度相比，英国对于海战规范的态度却鲜有人关注。1856年美国在巴黎和会上提出规范海战，但因英国的反对该提议没有被考虑。1899年，英国称海战规范并非正式会议议题而表示反对，致使这一问题被再次搁置。然而我们可以注意到，或许是某种“会议魔法”使英国的立场逐渐发生了改变。在参加会议的过程中，英国最终承认，那些被认为生死攸关的利益终究会成为讨论的主题。因此，1907年的海牙会议开始探讨海战这一话题（四个委员会中两个负责这一主题），虽然英国依旧期望能够使制定的法规在含义上符合其自身利益。对英国来说，它的岛国环境使海战至关重要：海岸必须受到保护，海上不能有敌人。会议还就中立国对海洋的使用，以及船舶和货物的捕获做了深入探讨，引发了关于战时禁运品和封锁的争论。在这些方面达成共识更是难上加难，因为英国和大陆国家所秉持的原则性态度有着天壤之别，而大陆国家间也无法就此达成共识。大部分国家希望中立不可侵犯，而对运输途中的敌方私有船舶和货物则适用与陆战中禁止劫掠相似的规定。但英国认为，捕获法对英国国防甚为必要，并且它希望废止对于战时禁运品的禁令，转而采用它自己的封锁规则。虽然英国勉强承认合法是封锁生效的前提，但与大陆国家原则下有效封锁的条件相比，在英国的原则下，有效封锁的条件更容易满足，其要求限制的敌方船只更少。在战时禁运品的问题上，得益于针对这一问题成立的特别委员会所做出的努力，各国就绝对战时禁运品（一份明确用于战争行动的物资名单）达成了一致，但就相关战时禁运品却并未达成共识。因为各方意见过于悬殊，封锁和战时禁运品的相关问题最终被推迟到下一次会议讨论，希望届时能够制定与陆战法规和惯例类似的关于海战法规和惯例的规定。1909年和1911年的伦敦会议重启了相关讨论，并成立了历史上首个超国家法院，国际捕获法院，作为上诉法院负责处理各国与捕获相关的司法判决。但相关文件并未被批准，尤其是没有被英国批准。事实上，国际公约在制定时就不直接适用于国家：公约要获得法律效力，须经国家批准，且国内法须与国际规定接轨。一战前夕，英 627
国和德国一样，通过各种方法成功避开了那些令其不便的规定，而对于已经通过的，则极尽扭曲，使之符合自身利益。

对法律的无知不能成为借口。但是如果只有法学家，或者还有政客了解它们的话，国际战争法规的适用范围又能有多大呢？为了使战争法规用得其所，军队必须熟练掌握它们。最早指出这一点的是弗兰西斯·利伯（Francis Lieber）。他撰写的《美国军队战场指南》于1863年4月24日颁布，其中包括了当时实施的战争法规和惯例的各项原则，共157条，后来被称为《利伯法典》。很快，这部法典就从美国传到了世界各地，尤其是在司法领域，推动了战争法从习惯法向成文法的转变。到了1877年，法国、荷兰和俄国都出现了国际法手册，主要由陆军军官使用。正是《利伯法典》体现出的务实愿景激励国际法研究所于1880年制定了它的《战争法手册》，即《牛津手册》；之后，《海战手册》于1913年问世。手册旨在为各国必须对军队下达的各项指示提供一个模式，而我们可以看到在接下来的几年里，战争法规逐渐成为军事训练指导的一部分。例如，西班牙《战地勤务规章》（1882年1月5日）中的一个章节是关于人权和战争法规的，包括1874年布鲁塞尔会议上讨论的内容。在英国，《军事法手册》在陆军部的主持下出版，该手册由斯林（Thring）勋爵写于1883年，供军官使用，并非严格意义上官方文件，其中一个章节是“战争惯例”。1890年，葡萄牙在其《关于野战勤务的暂行规定》中添加了一个关于战时法律的章节。意大利也对其1896年9月16日制定的《关于野战勤务的规定》进行了相同的补充。虽然法国1893年版的《陆军军官使用的国际法手册》对战争期间的良好行为做了规定，但这些规定缺乏官方性质，因此没有强制性。为了推进战争法的发展和协调行动，1899年《海牙公约》的第1条规定，国家须责令其陆军部队遵守新通过的对于陆战法规和惯例的规定。将本条作为文件的第1条签署，显示了谈判各方对于法规的传播对法规适用的影响程度是有所考量的。该条款本可以作为 628
谈判的逻辑延伸放在公约的最后，但是为了强调各国的决心是战争人性化的开始，它被放在了第 1 条。

俄国法学家，曾代表俄国出席布鲁塞尔会议和海牙会议的费多尔·费多罗维奇·马顿斯后悔没能努力促成 1899 年制定的各项强制性规范的充分整合，并且遗憾之前没有制定正式实施这项任务的时间表。在法国，1899 年签署的各项公约被迅速批准（经 1900 年 11 月 28 日的总统令），并在 6 个月后提交陆军部长，但法军之后并未下令实施公约的各项条款。考虑到沙皇为制定这些规范所做出的努力，它们在俄国实现了迅速且正式的整合也就不足为怪了。根据 1904 年 6 月 14/27 日沙皇第 409 号令，战争法和惯例的相关指示作为附件被添加至《关于野战勤务的规定和对各式独立战斗的指示》。附件中第一部分是对军官的指示（7 个章节，44 条），第二部分是对普通士兵的指示，内容简单并带有家长主义风格，共 11 条，采用非正式文体，告诉士兵他们应该采取或避免的行为；指示传达的精神更接近十诫，而非战争法规。

在 1899 年海牙会议之后的一段时间里，德国和奥匈帝国对军队的指示里实际上完全没有国际法的影子。德军 1900 年 1 月 1 日制定的战地勤务规章没有提到战争法规，只是其中关于医疗服务的章节提到了 1864 年的《日内瓦公约》已经确立的条款。而奥匈帝国 1904 年 3 月 15 日颁布的规章也如出一辙。事实上，1899 年奥匈帝国军部下令出版国家法（Rechtslehre）教材，供维也纳和莱比锡学院的军官们使用，虽然教材第 4 章主要讨论战争法规，但与讨论更加重要的国内法的章节相比，这一章在形式上非常理论化。

然而，真正在国际法领域引起恐慌的，则是德军指挥部历史处 1902 年出版的《陆战法》（*Kriegsbrauchim Land Kriege*），该书是供军官使用的一套研究论丛中的一部。书中否认了战争法的成文法性质，认为战争法仅具有道德性和非强制性。战争法没有法律权力，因此只有对报复，也就是对敌方使用武力的恐
629 惧才能保证它的实施。除此之外，指挥部还提醒德国军官警惕人道主义倾向，在过去的几十年里人道主义倾向已经沦为“敏感，若非感情用事的话”。他们还声称，在战争中，“真正的人性往往在于直接运用其残酷形式的一面”。

对德国指挥部来说，一场战争自始至终使法律悬置，因为在确保胜利的当务之急下，不可能适用法律。手册提到了圣彼得堡和布鲁塞尔宣言，却丝毫没有提及德国 1899 年参与制定和接受的一系列规范。因此，法国法学家亚历山大·梅里尼亚克在他 1907 年发表的一篇文章的结尾处总结道：“这种心理给法国

或是其他未来可能与德国交战的国家留下了一个多么可怕的问号！”[2]

战争，和经受考验的法律

“合法战争”

战争是以德国公然违反战争法，侵犯比利时和卢森堡中立开始的。法国和英国当即将德国的行为置于更大的法律框架之下：德国违反《伦敦条约》（1839年4月19日）和1907年海牙第五公约的第1条、第2条和第10条，这是对所有国际法的无视。德国的交战行为激怒了英国，促使英国参战，而德国则被排除在了文明国家之外。德国政府对其所冒的风险心知肚明。1914年8月3日，德国驻巴黎大使威廉·冯·舍恩（Wilhelm von Schön）向法国外交部提交官方声明。他知道德国军队即将越过比利时，因此预见到了可能发生的情况，并声称德军对中立的破坏是合法的，因为同一天上午法国飞行员就已经在比利时领土的上空盘旋了。后来人们才知道实际情况并非如此，而德国也承认了这一点。[3]德国政府确实承认其行为违法。德国总理贝特曼·霍尔韦格8月4日在帝国国会发表演讲，声称：“我们的军队已经占领卢森堡，或者已经挺进了比利时。这与国际法的规定是相违背的……一旦这一非法行动——我开诚布公地说——达到 630
军事目的，我们会设法予以补救。”[4]

同一天，德国首相在柏林向英国大使爱德华·格罗申（Edward Groschen）爵士致辞，他认为英国仅仅因为一个词——“中立”，和一份几乎是“一纸空文”的条约就宣战简直不可思议，这一言辞成功恶化了德国的境况。协约国认为德国对它们极尽嘲讽，因此奋起反抗，同时双方的法学家也展开激烈的辩论。德国首相在帝国国会的演讲中承认了德国的行为违法，但却以必要性的理论为其正名：“先生们，自卫对我们来说是必要的，而且必要不识法……法国可以等，

---

[2] A. Mérignhac, “Les theories du Grand Etat-major allemande sur les ‘Lois de la guerre continentale’ ”, *Revue générale de droit international public*, 14 (1907), p.239.

[3] Belgian Foreign Office (ed.0, Livre gris, no. 21 (Berne: Wyss, 1915); and L. Renault, “Les premières violations du Droit des Gens par I’Allemagne (Luxembourg et Belgique)”, in *L’ceuvre international de Louis Renault 1843—1918* (Paris: Editions Internationales, 1920), vol. III, p.407.

[4] Renault, “Les premières violations”, p.419.

但我们不能！如果之前我们在莱茵河下游的两翼遭到攻击，那么我们可能已经被毁灭了……威胁至此，我们只能尽力而为。”[5]

在法律层面，必要属辩护事实，即一种物质或道德限制，可能通过对某种行为提供解释而免除其所有的道德责任。但即便如此，必要可以构成采取违法行为的权力（正当防卫的概念）吗？对协约国来说，答案是否定的，因为接受肯定的答案相当于承认武力的任意性。根据德国的原则，答案则是肯定的。双方的争论关乎着至关重要的一点：违规者在多大程度上违反一条法规可以不被判定为在事实上有责任。

德国所秉持的原则，体现了黑格尔的价值等级思想对法律领域的影响，该观点认为，任何利益冲突都可以通过比较其中涉及的价值来解决，而最无足轻重的会被牺牲掉。战争期间，法学家约瑟夫·科勒（Josef Kohler）在他的小册子《必要不识法》中试图证明存在基于必要（而非事实）的法律。他将德国公法中的一条规定应用到国际法中：如果一项财产权受到威胁，财产所有者侵犯他人财产的，不追求刑事或个人责任（刑法第 54 条和民法第 904 条）。因此，主权赋予国家权利以战争手段保卫国家完整，这一根本利益高于中立权：当法定组织不提供解决冲突的办法，法律必须屈服，让位给胜利，即“有效事实”。这也解释了为何德国代表如此坚定地认为关于战争行为的法规必须按最大限度制定，到战争的必要条件所允许的程度。之后有人认为，有证据显
631 示德国是有预谋的：事实上，在会议期间，德国代表在这一点上没有遭到任何反对，或许是因为大家都忽略了德国法律理念的影响。战争期间，德国的法律理念充分发挥其独创性，将国家需要和战略或军事需要都定义为战争的必要条件。

伟大的比利时法学家夏尔·德·菲舍尔（Charles de Visscher）徒劳地坚持，认为这一观点是对法律和政策的混淆，交战国特定的内部利益并不能构成权利，因而也不能成为对抗他国的理由。然而，德国和与之对立的协约国国家一样，深信自己凭权利而战。德国认为，破坏比利时的中立纯属逼不得已，因为这是打破包围的唯一办法。德国的存亡（国际法承认的德国的完整权）优先于比利时的中立。如此一来，贝特曼·霍尔韦格 1914 年 8 月 4 日在帝国国会的演讲不

[5] *Ibid.*

言自明，而其中提到的，在媒体解读层面引起灾难性后果的“一纸空文”也更容易理解了。

战争行为：正当防卫与报复

在不受约束地违反比利时和卢森堡的中立后，德国发动了侵略，而其中涉及的对民事权利的广泛侵犯，也引发了激烈的法律争论。所有交战国家都为自己的违法行动穿上了合法的外衣，换句话说，它们如何得以在声称遵守法律的同时逃脱法律约束？

正当防卫和报复构成了交战双方采用的辩护理由。正当防卫基于对侵略行为直接而适当的反应，是德国在 1914 年 8 月 25—27 日鲁汶发生的一系列事件后进行防卫的基础。而对协约国来说，烧毁城镇和处决平民成了德国在比利时和法国东部、北部所犯下的暴行的象征。这激起了许多国家的愤怒，特别是其他的中立国，但它们必须“控制”自己的态度。

无须惊讶，就相关的事件，德国和比利时的版本完全不同。比利时认为德国违反了战争法，但德国却认为自己是游击队的受害者，坚称战争法赋予德军正当防卫的权利，可以破坏游击队所在的房屋并处决房屋内的平民。其后不久，比利时和法国（1914 年 9 月 23 日令）成立调查委员会负责收集德国可疑行动（杀害约 6,500 名平民，进行大规模破坏和洗劫）的证据，意在等战争结束时审 632
判责任人。委员会发布了相关报告（在法国，战争期间共发布 11 项报告），而成立调查委员会的做法也延伸到了东线（例如克里斯托夫委员会）。

有理由确定，一战期间，违反战争法规的行为无处不在，而且所有参战国家都违反了战争法。德国认为有必要在 1915 年 5 月 10 日发表一份题为《比利时违反国际法之战争行为》的白皮书，此书是基于对德军士兵和比利时目击者的询问而编著的。为了反驳德国的结论，法国外交部和比利时司法部长组织了一项调查，并于 1916 年发表了灰皮书，书名为《对德国白皮书的回应》。

另外，违反战争法规的行为不限于陆战。1914 年 10 月，德军舰队领导人希望开展无限制潜艇战。胡戈・冯・波尔（Hugo von Pohl）海军上将的观点和总参谋部 1904 年的看法不谋而合：“战争越是剧烈，越是能更快结束，所耗费的财富和人力也越少。”[6] 然而不甚情愿的贝特曼·霍尔韦格直到1915年才做出让步，彼时德军尝到了英国封锁的苦果：英国和爱尔兰附近海域被宣布为战区，任何敌方军舰或商船如进入该区域则后果自负。在德国看来，报复权为潜艇战提供了正当理由，因为英国所实施的封锁是违反国际法的。即使报复因伤及无辜而确定违法，也是对之前对方违法行为的回应，目的是阻止对方的违法行为。

中立国也对封锁表示了谴责。船舶和商品的风险从被捕获——几乎总被捕获国家的国内法判定为合法——扩大到了被潜艇毁灭，就像1915年5月7日卢西塔尼亚号发生的那样。在经历了一段时间的平静之后，1916年英国加强封锁，而德国则在1917年2月重启无限制潜艇战作为反击，而这次反击的理由是必要。正如鲁登道夫所说，事关国家存亡：“我们的境遇使德国人民有军事义务实施无限制潜艇战。”

事实上，报复引发了一系列的违法行为，每个交战国都援引前一次违法行
633 动来为自己的行为辩护。法国政府1914年8月14日向所有驻巴黎的国家代表递交的外交照会明确显示了这种螺旋式上升的违法行为是如何在交战国的想法中展开的，而对法国来说，报复超越了之前德国破坏比利时中立的行为：“法国政府……对无意遵守诺言的敌人保留可能采取报复的权利。”[7] 所有的交战国都认为自己是敌方先前违法行为的受害者。虽然在某些情况下，特别是在战俘的相关问题上，对报复的担忧无疑限制了违反公约的行为，但是报复的最首要目的是为违法行为辩护；在报复的名义下，各国发起了残暴的全面战争。

法律治下的和平：制裁和挫折

一旦战争结束，创建基于正义、确保战争不再爆发的和平就成了一项法律任务。美国总统威尔逊主张制定的和平法要求没有胜利（即没有土地兼并）和承认国际法的和平。十四点原则指明了和平法的相关原则，为1918年11月11日停战协定的签署奠定了契约基础。对协约国来说，和平法首先以正义的和平为先决条件，要对德国及其盟国的受害者们所遭受的苦难做出回应。和约必须

---

[6] Philippe Masson, “La guerre sous marine”, in Jean-Jacques Becker and Stéphane Audoin-Rouzeau (eds.), *Encyclopédie de la Grande Gurre* (Paris: Bayard, 2004), p.438.

[7] Ministère des affaires étrangères, *Livre jaune*, no. 157.

指明责任人和他们的责任，并规定他们必须承担的行为后果。在协约国看来，应由德国承担若非全部也是主要的责任；协约国以德国因不遵守条约因而将自己置于法律之外为由，不允许德国参加和谈。

责任问题是1919年1月开幕的巴黎和会的中心议题，但事实证明其法律基础十分薄弱。与会各国全权代表的桌上摆放着题为《关于德皇威廉二世刑事责任之审查》的备忘录。该备忘录应克列孟梭的要求，由巴黎法学院院长费尔南·拉尔诺德（Fernand Larnaude）与路易·德拉普拉代勒（Louis de la Pradelle）以及两位刑法学教授 A. 勒普瓦特万（A. Le Poittevin）和 M. 加尔松（M. Garçon）合作起草。这是历史上首次，一国元首须为其国家被指控挑起战争负责。然而要将其立案缺少法律手段，并未被爱国主义情怀蒙蔽的法学们深知这一点，因 634
为责任的问题早在战争一开始就提出了。实际上，并不存在侵略罪，也不存在“战争罪”的概念。

德国法学家约翰·卡斯帕·布伦奇利（Johann Caspar Bluntschli）在他的著作《文明国家的现代国际法》[8] 中首次使用了“战争罪”，用于论述1870年普法战争中的游击队，但这一表述并无规范性含义。一战爆发前夕，责任的问题并未引起法学家们的主要关注，相关论著少之又少。瑞士法学家古斯塔夫·穆瓦尼耶（Gustave Moynier）主要讨论了如何通过国际法律机构声讨违反《日内瓦公约》的行为。两次巴尔干战争期间，法学家们就已经指出诸多违反国际法中有关伤者规定的行为；但自认高人一等的法学家们视巴尔干各民族为野蛮人，认为他们必须在先进国家的监护和帮助下发展，因此他们并不受国际法约束，因为国际法只适用于文明国家。

还有一个事实，就是关于这些违法行为的报告（尤其是卡内基报告）在一战爆发前不久发布时，并未引起人们的注意。1908年，法国地方法官雅克·迪马（Jacques Dumas）在《国际公法杂志》中提出了一种综合性的观点。他认为，针对违法行为可以进行四种制裁：道德制裁（国际舆论评价，尤其是在发生拒绝提请仲裁的情况下）；物质制裁（见于报复或反击，以和平封锁的形式进行，使战争本身服务于能改变其性质的法律）；民事制裁（例如赔款，相关讨论引入

[8] Johann Caspar Bluntschli, *Das modern Völkerrecht der civilisirten Staten* (Nördlingen: C. H. Beck, 1872), pp.358–359.

了赔款与遭受的破坏相适应的原则）；以及对于政客的刑事制裁。然而，此观点甚是明智地避开了制裁的法律基础。他的分析非常有趣，因为他预想到了战争期间和战争结束后许多人针对这一问题提出的方法，这一方法深受法国法学家影响。但在当时，他的结论非常乐观；下面这段话很好地展现了他的积极信念：

> 然而，在这诸多制裁之上，还高悬着一股力量，尽管未曾有文字提及，我们却要称之为舆论的力量。要说所有名副其实的大国在海牙做出的承诺
> 635 使它们自此免遭许多甚至大多数的风险，实不为过。[9]

然而，具体而言，迪马并未就此止步。他对违反战争法规的假设，各项公约已经预见到了，并对制裁形式做了规定，即违法国向其违法行为的受害国赔款。这里并不涉及刑事制裁而只涉及民事责任的罚金。另外，公约并未明确规定赔偿金额或赔款的计算方法，也没有规定执行裁决的权力机构。在这种情况下，可能可以断定，只有被占领国家的违法行动才会被制裁，而制裁的形式可能就是传统意义上战胜国通过和约强加于战败国一笔赔偿。这一应德国代表的要求引入的制裁手段，进一步证明了预谋的猜想，即德国在明知自己将要违法的情况下试图提前避免承担责任。两次大会的会议纪要都显示，德国实际上认为自己是被占领地区人民的受害者，他们的不忠态度使德国感到恐惧。而在刑事层面，明显的法律结论是，违反战争法规的行为是以各国法律和司法权为依据的。战争期间，当“德国的暴行”引发关于责任的讨论时，伟大的法国国际法学家路易·雷诺（Louis Renault）得出了相同的结论。

因此，在法律层面，一切都在战争结束之前就已经决定了。考虑到国际法的情况，制裁相关国家领导人和那些侵犯非战斗人员权利的人都只是幻想罢了。因为，在事实发生前并无明确的相关法规（依照法不溯及既往的原则，刑法对此有要求，在解释时有约束力），也没有授权的国际法庭对他们进行审判。

然而，似乎是为了显示这一问题的中心地位，《凡尔赛条约》的核心部分包含了一系列“制裁”的条款（第227–229条），建立了临时的胜利者的正义。这

---

[9] J. Dumas, “Les sanctions du droit international d’après les conventions de La Haye de 1899 et de 1907”, *Revue générale de droit international public*, 15 (1908), p.580.

些反映了协约国的法律窘境，并广为人知。威廉二世被指控违反条约的道德和神圣权威，将会受到国际协约国法庭的审判。违反战争法规的相关责任人则会 636
被引渡，接受协约国国内军事法庭的审判，当其罪责涉及若干国家时，审判法庭由相关国家的法官组成。结果也是众所周知的：荷兰拒绝引渡威廉二世，他日后在流放中死于多尔恩。关于德国应提供的罪犯名单的内容和构成，协约国也难以达成一致。最终，1920 年 1 月，协约国尤其是法国、比利时（被指控人数的 3/4）、英国、意大利和南斯拉夫，提出各自要求德国引渡的人员名单，共约 850 人，包括德国政治、军事和科学领域的一些重要人士。毫不意外，魏玛政府拒绝引渡名单上的人：一国引渡本国国民已属罕见，更不用说协约国的要求一经发布便引起了德国民众的强烈愤怒。

最终双方达成了折中，折中方案由德国在几个月前提出：为了避免使脆弱的魏玛共和国境况恶化，相关责任人会由德国莱比锡最高法院进行审判。最终，45 人出庭接受审判，为其犯下的象征着德国战争行为的罪行负责。起诉书和诉状由协约国起草（法国 11 份，比利时 15 份，英国 7 份，意大利、波兰、罗马尼亚和南斯拉夫共 12 份）。对于这 45 人的指控主要涉及虐待战俘。比利时（昂代讷－塞耶）和法国（诺默尼－雅尔尼）主要控告德军屠杀平民，而英国和意大利（程度较轻）则主要控诉德国海军在潜艇战中的罪行（特别是多佛城堡号和兰多维利城堡号医务船被鱼雷炸毁）。法国还表示，在战场上处决伤兵（施滕格案）也应构成战争罪。这些罪行中的大多数都发生在战争的开始阶段。

然而，公诉人不愿证实大多数指控，大部分被告人最终被法院释放。六名被告人被宣告有罪，但判决很轻，公众对他们大为称赞，而各国代表却遭到骚扰并离开了莱比锡。这次审判引发了法国和德国之间的外交事件，并显示了国内司法在抑制战争罪行上的局限。

在莱比锡审判结束后，紧接着，协约国最高议会决定成立委员会负责处理“战争的罪人”。来自法国、英国、比利时和意大利法律界的代表齐聚一堂，讨论莱比锡审判的结果。他们的主要任务是根据《凡尔赛条约》第 228 条就协约国 637
政府控诉之人，以及适用条约该条规定时应遵循的行为方针提出建议。1922 年 1 月 7 日，委员会宣布研究结果，完全在意料之中：莱比锡法院的判决不能令人满意。一些本应判决有罪的人被无罪释放，而判决有罪的人接受的刑罚过轻。

委员会认为，由协约国继续进行审判更有利于实现正义。和 1920 年一样，协约国再次要求德国政府移交被告人。此要求遭到了德国政府的拒绝，因此协约国不再考虑引渡，而是保留对罪犯进行缺席审判的权利。法国政府感到英国与其盟国特别是法国在追究此案上的团结性在降低。意识到引渡被告在政治上已无法实现，法国转而寻求能够安抚公众舆论的解决方案。此后到 1925 年，缺席审判在法国和比利时得到大规模尝试，军事法庭在被告缺席的情况下将其定罪。

然而，总的来说，不管是胜利的一方还是失败的一方，没有人对战争的法律处理感到满意。前者除了对正义的拙劣模仿外，一无所获，而后者则认为胜者强加于他们的责任不公之极。这种普遍存在的怨恨催生了民族主义以及之后的国家社会主义运动，旨在从法律和战场上扭转这次裁决。

尽管如此，一战的法律史仍然十分重要。战争结束后，追究其所造成的破坏的道德和法律责任，这在历史上是前所未有的。毫无疑问，法律体系的不完善，尤其是战争文化所引起的政治不稳定对本国造成的苦难已超出民族的界限，部分导致了一战不完整的法律解决。不过，到 1918 年，战争已不再被看作是解决国家间冲突的一般途径，而发动战争时所采取的行动也不再被全部接受。

值得一提的是，一战期间和战后对正义的寻求还包括另一个方面：为今天人们称为亚美尼亚种族灭绝事件而采取的一系列旨在制裁土耳其的法律行动。这一罪行本可以看成是单纯的土耳其内部事务，虽然无疑会引起人们的指责，但不会因战争行为而引发国际制裁。但协约国与土耳其签署的《色佛尔条约》中第 230 条规定，亚美尼亚种族灭绝的罪魁祸首须在国际协约国法庭上接受审
638 判。条约的这一规定没能付诸实施。土耳其政府抢先一步对责任人进行了审判，在这些审判中，主要被告人可以轻易地被处以死刑，因为审判和裁决是在被告缺席的情况下进行的。只有一人因违反土耳其战争法被处决。但《色佛尔条约》在某种程度上超越了战争法，它基于他们作为人类的身份，将所有平民纳入了保护性规范之内，迈出了通往禁止危害人类罪的第一步。1925 年签署的《日内瓦议定书》对战争的规定超出了既有法律，引入了侵略罪。

尽管法律手段的发展微乎其微，但在二战结束时却跨过了又一个门槛。在纽伦堡，盟国勇敢地制定了有追溯效力的刑法，并成立了特别法庭审判那些自即日起将永远都是法定战犯的人。自此，无论是国际还是国内战争，只要爆发，相关的责任人就要承担法律后果的观点被广泛接受。一战的影响至今可见。

24 图说：全球战争 639

杰伊·温特

罗兰·巴特（Roland Barthes）建立了一个框架，对于理解具有多重含义和情感力量的照片十分有益。他将照片的意义分为“意趣”（studium）与“刺点”（punctum）两个方面，前者指常识，后者则是一张照片中引人注意，并赋予照片恒久力量的细节或方面。意趣是我们“以知识、文化得以熟稔理解”的东西；“其是否风格化以及成功与否取决于摄影师的技术或运气，但它总是指向大量的经典信息。”[1] 换句话说，一张照片能够确认我们已经知道的，或就宣传照而言，我们应该知道的。

但摄影，具有逃脱传统限制的力量。照片可能会“表达”其创作者或发起者不想表达或不想让我们看到的东西。通常，这种对常识或设定表达的背离通过照片的某个视觉细节或某一方面来实现，这一视觉细节或方面使照片变得古怪、离奇、令人困惑。战地摄影的官方外衣在一瞬间被打破，有时候我们可能都意识不到。我们触及了巴特所谓的刺点，穿透了传统的影像。此时，“第二个要素会打破（或打断）意趣。这次，不是我来搜寻它（就像我将自己的独立意识赋予意趣一样），而是源于景象的它像利箭般射出，穿透了我”[2]。

战地摄影作品包含多种多样的影像，描述我们应该看到的，即意趣，和那
些以惊人或者有时以警醒的方式吸引我们的刺点。在这篇图说中，我试图点明 640
照片的力量，它们所传达的全球战争并非传统的，而是非同寻常的、与众不同

[1] Roland Barthes, *Camera Lucida: Reflections on Photography*, trans. Richard Howard (New York: Hill & Wang, 1981), pp.25–27.

[2] *Ibid.*, p.27.

的和陌生的。为此，我采用了三组摄影作品。每一组都展现了战争的巨大浪潮，其在世界范围内使数百万人在不太可能发生的情况下相遇，并不断制造新式武器对敌人造成杀伤。

首先，请读者注意：关于展示尸体的照片是否适当有很大争议；这在1914—1918年战争期间也曾出现。克里斯托弗·R. W. 内文森（Christopher R. W. Nevinson）曾有一幅描绘了一名死去的英军士兵的现实主义画作受到了审查，在伦敦展出时士兵的尸体被“通过审查”的标签完全遮住。军事审查对此一样警惕。这种态度是出自对死者的尊重吗，抑或是为了美化战争？我们之所以采用这些照片，部分是因为它们由士兵或这种情景下的医生拍摄并保存在自己的相册里供战后翻看。除此之外，我们还用这些照片对战地摄影本身的各种限制提出质疑。一张拍摄了死去士兵的照片表现了对死者的不敬吗？使用这些照片会将我们置于刺探他人隐私的滑坡之上吗？或者这类照片真正地重现了战场景观吗？对于这些问题，每个读者都会有自己的答案。

战火中的世界

跨国史大多主要关注世界范围内的人口迁移、难民潮和劳工运输。一战可能见证了迄今为止全球历史上最大规模的人口迁移，其持续的时间很短。在此之前长达三十年的时间里，大约3,000万人从欧洲迁移到了美洲、澳大利亚和新西兰。而1914—1918年战争期间的人口迁移规模更大。期间7,000万士兵通常在离家相当遥远的战场作战，而协助他们的是数百万的白人和其他人种的劳工。

战争在混合各民族、种族和国家方面的规模更是惊人。插图显示了德军战俘营中来自非洲大陆各地的非洲人，他们的国籍是照片展示的关键（图24.1）。一名塞内加尔伤兵和一名德军卫生员在法国战场上的相遇显示了帝国主义跨国战争的全部意义（图24.2）。而一名英国士兵将新兵的手放在印度征兵文件上按
641 下手印，也是表达了相同的含义（图24.3）。对于医疗的需要将这名埃及医生与一名受脚气折磨的越南劳工带到了一起（图24.4）。而那些无法挽救的，包括穆斯林士兵，被葬在了欧洲各地的墓地。流行文化对于非洲士兵在法国防御中的贡献也表示了赞扬，虽然偶尔带有种族刻板印象，但有时候（图24.5）却也表达了动人的情感。

战争中一些不太可能发生的关联是由士兵们自己捕捉到的，他们中的一些还制作了相册，为了送给家人或留作纪念。法国医生伯里耶博士用照片将自己在科孚城对面维多岛上的生活记录了下来，他在那治疗病人和伤员。他作品集的封面是一张自画像，其他照片大多展现他每天都要打交道的塞尔维亚士兵，他们有的已经去世，有的则濒临死亡（图 24.6）。有一张被他命名为“卡戎之船”（图 24.7）的照片，展现了医者对我们脆弱遗骸的久久凝视。在一千英里之外东线的利沃尼亚，一位来自维也纳的犹太医生伯恩哈德·巴尔达赫（Bernhard Bardach）博士接触到了一群与自己有着相同的信仰，却与自己截然不同的人。生活在帕雷定居区贫苦的犹太人和身为画家以及摄影师的巴尔达赫几乎没有相同之处。巴尔达赫在文化距离之外，拍摄了他们祷告的照片（图 24.8）。对于一名维也纳医生来说，到远在今天的乌克兰西部的地区为犹太妓女检查性病实在不太可能发生（图 24.9）。请注意右侧窗内的女人，她注视着在镜头前将脸遮住的妓女们。

照片还突出展现了一战的另一个方面，那就是在这长达 55 个月的战斗中，士兵们和水兵们所面对的多样的战场景观。如果将镜头从西线移开，我们会看到截然不同的地貌地形。从图 24.10 中，我们可以看到一支匈牙利的山地集团军在意大利战线的悬崖峭壁上攀爬。“白色战争”所在的严寒地带在图 24.11 中清晰可见。照片展现了发生在马其顿战线科斯图里诺山脊上的白色战争。从这里和奥地利－意大利战线上撤退伤兵都极为困难。东线覆盖的地域广袤；它的长度相当于从苏格兰到摩洛哥的距离，其地形的丰富多样无法用语言描述。依旧是从巴尔达赫博士的照片里，我们可以感受到东线的一望无际（图 24.12），也可以看到战争的破坏遍布今天的波兰和乌克兰所有的城镇和村庄（图 24.13）。

空战创造了新的可能性以及新的战场景观。在他拍摄的一张马匹拖拽着一架飞机前往东线的照片中，巴尔达赫捕捉到了新和旧的混合（图 24.14）。海战的 642
全球影响力着实无与伦比。皇家海军不屈号在地中海首次参与作战，并在 1914 年的福克兰群岛（马尔维纳斯群岛）之战中协助击沉了两艘装甲巡洋舰。图 24.15 展现了不屈号在战斗结束后营救德军水手的场景。1915 年不屈号炮轰达达尼尔，但遭敌方火力损坏。1916 年，它重返战场，参加了当年的日德兰海战。图 24.16 中，一艘日本巡航舰在温哥华海岸执勤保护，将一战的全球性展示得淋漓尽致。

西线大部分战场的背景都是泥泞，而被迫在战场上厮杀的士兵也是一样，满身泥泞。图 24.17 和图 24.18 为我们展示了一幅奇特的景象，就像月亮遭遇了天上的洪水之后露出的阴暗面一样。烂泥泞到了战马的胸部，士兵们在泥泞的山岭中显得格外渺小，这是一场难以描述，更难以忍受的战争。西线照片中的“刺点”源于寻常和超现实景象的奇特结合。图 24.19 展示了一匹马的一半挂在树上，很多时候，动物所遭受的痛苦更能引发士兵们人性的一面，与人相比，他们更容易对动物表达情感（图 24.20）。丝毫不会令人感到惊讶的是，后方有为受伤和生病的马而举行的慈善募捐活动；马是这场历史上高工业化程度的战争中不可缺少的一部分（图 24.21），完全没有因为坦克的选择性出现而变得多余（图 24.22），而与同盟国相比，协约国军队更愿意接受它们。

照片向我们展示的一战的第三个全新特点，在于新武器和新战术的使用在多大程度上挑战了战争法规。图 24.23 中的火焰喷射器属于化学武器，而战争初期还引入了比之更加剧烈的武器。根据战前达成的国际协定，使用毒气武器是违法的。然而从 1915 年开始，所有的军队都开发了大量此类武器，并进行相关的武器部署。首先是氯气，然后是光气和之后的芥子气，它们没有改变任何地区的战略平衡，只是增加了战场的恐怖。这些有毒气体的有效性更多地取决于风向（图 24.24 和图 24.25），而非匆忙采取的防御措施，比如给人或动物戴上防毒面具（图 24.26 和图 24.27）。医疗照片显示了这些武器所造成的残害（图 24.28），并促成了 1918 年后对它们的禁用。

1915 年和之后的军事和非军事行动完全违反了战争法，因此平民的待遇也一样令人担忧。不管是撤退的俄军对加利西亚犹太人群体的虐待和谋杀，还是奥斯
643 曼土耳其三人政权下令流放和杀害安纳托利亚 100 万亚美尼亚人，都是对战争法的践踏。愤怒的德国士兵和医生在土耳其拍摄的影像作为证据，向我们展示了种族灭绝的可怕后果（图 24.29 和图 24.30）。还有一些照片则展示了这场全球战争的另一个要素（图 24.31），即东欧和中东各地进行的人道主义救援。跨国援助扩展到了各难民群体，数百万的难民在战争中或战后失去了一切，无家可归。

摄影是战争档案中不可或缺的一部分。它的力量在于捕捉到那些或恐怖或神奇的瞬间，或者只是给人带来一种熟悉和怪诞的奇特混合。相机的便携性创造了大量的私人档案，使我们能够摆脱官方影像，从旁观者的视角一瞥战争的凶恶品性，会被照片的细节、刺点和认知的震惊迷住，因为看到的是战争本身的奇特面孔而非陈旧主题或刻板印象。

文献评论

1 起源 644

弗尔克尔·R. 贝格豪

关于第一次世界大战宏观和深层起源的研究多不胜数，本章中涉及了一些，还有一些由 Jean-Jacques Becker 和 Gerd Krumeich 执笔的下一章介绍。即便第 1 章导论中提及的 James Joll 的书奠定了一个很好的基础，即便 Richard Wetzel 对第一版的修订又进一步深化了讨论，接下来的段落当中还是包含了数量可观的新增书目，有助于读者理解这个问题的复杂性。评论将按文本专题内容进行。

国内政治和外交政策

对国内政治与外交政策互动感兴趣的，或可首先阅读 Dietrich Geyer 的 *Russian Imperialism*（New Haven, CT: Yale University Press, 1987）。谈及德国方面互动的经典著作是 Eckart Kehr 的 *Economic Interest, Militarism and Foreign Policy*（Berkeley, CA: University of California Press, 1977）。Hans-Ulrich Wehler 的 *The German Empire, 1871—1918*（Leamington Spa: Berg, 1985）延续了这一视角。法国的情况，见 Gerd Krumeich 的 *Armaments and Politics in France on the Eve of the First World War*（Leamington Spa: Berg, 1984）和 Alfred Cobban 的 *A History of Modern France*（London: Penguin, 1963），尤其是共和国在 19 世纪 70 年代和 80 年代尝试稳固政治体系的那些章节。关于民族主义运动施加的不断增长的压力，见 Paul M. Kennedy 和 Anthony Nicholls 主编的 *Nationalist and Racialist Movements in Britain and Germany before 1914*（London: Macmillan, 1981）。

帝国主义

由 Roger Owen 和 Bob Sutcliffe 共同编著了以帝国主义为主题的选集 *Studies in the Theory of Imperialism*（London: Longmans, 1972），所含的多篇文章试图概念化现代的帝国主义现象。具体就英国的殖民主义而言，John Gallagher 和 Ronald Robinson 共同撰写的 *Africa and the Victorians*（London and New York:

645 Macmillan, 1961）依旧具有很高的参考价值，不仅由于他们讨论了中心与边缘之间的互动（本书中以伦敦为中心，苏丹则作为边缘的例证），同时他们还介绍了“非正式帝国主义”与随后出现的“正式”帝国主义两者的区别，所谓的“正式”伴随着直接的占领以及行政机构的管理。单就比利时殖民主义，参看正文中讨论过的 Adam Hochschild 的著作。有关德国殖民主义，首先可参考正文中 Isabel Hull 的著作，同时在注释中提到的 Sebastian Conrad 的著作，另可参考 Helmut Bley, *Namibia under German Rule*（Hamburg: LIT-Verlag, 1996）。

文　化

Carl Schorske 所著的 *Fin-de-siècle Vienna: Politics and Culture*（New York: Knopf, 1980）是关于高雅文化的一部经典之作。遗憾之处在于，这本书并未对奥匈帝国的文化进行全面的研究，只是一本论文集。该书开篇对中世纪乐观时期的“环形大道”（Ringstrasse）论述非常精彩，而后文章逐渐反映出的悲观主义和堕落感同样令人着迷。有关德国人的文化，参看 Fritz Stern 的著作，*The Politics of Cultural Despair*（Garden City, NY: Doubleday, 1965）。Edward R. Tannenbaum 的研究不仅涉及高雅文化和前卫文化，同时更广泛地涉及了 1914 年之前欧洲的流行文化，因而其研究价值非凡，正文中对其著作进行过引用。

军备和战备

这里再一次涉及了数量众多的相关研究，有些已经在正文和注释中提及。与 Samuel R. Williamson 和 Volker R. Berghahn 齐名的还有其他三部著作，为 Macmillan 公司有关一战起源系列丛书的三个分册，分别由 John Keiger 负责法国部分、Zara Steiner 负责英国部分，Dominic Lieven 负责俄国部分。不可或缺的著作还有：Fritz Fischer, *War of Illusions*（New York: W. W. Norton, 1975）。与费舍尔著作反差巨大的一本书是由 Konrad H. Jarausch 写作的 *The Enigmatic Chancellor*（New Haven, CT: Yale University Press, 1972），该书是帝国首相贝特曼・霍尔韦格的传记，作者考察了本土化的观点（localisation argument）。重要的著作还有：Annika Mombauer, *Helmuth von Moltke and the Origins of the First World War*

（Cambridge: Cambridge Unverstiy Press, 2001）; Robert Evans and Hartmut Pogge von Strandmann（eds.）, *the Coming of the First World War*（Oxford: Clarendon Press. 1988）; F. R. Bridge, *The Habsburg Monarchy among the Great Powers, 1815—1918*（New York: Berg, 1990）; Manfred Boemecke et al.（eds.）, *Anticipating Total War*（New York: St Martin's Press, 1996）; Paul M. Kennedy（ed.）, *The War Plans of the Great Powers, 1880—1914*（London: Allen & Unwin, 1979）and *The Rise of the Anglo-German Antagonism, 1860—1914*（Atlantic Highlands, NJ: Ashfield Press, 1987）。最后还需提到是有关 1914 年之前政治文化的著作，Holger Afflerbach and David Stevenson（eds.）, *An Improbable War?*（New York: Berghahn, 2007）。

2　1914 年：爆发

让-雅克·贝克尔　格尔德·克鲁迈希

有关一战的起源引发了一场前所未有、旷日持久的重要争论，那就是一战是如何爆发的。争论存在于政治、意识形态以及历史叙述各个方面。由于存在着多种不同的观点，因而难以在辩论和史实之间做出区分。

20 世纪 20 年代，“责任”问题成为讨论战争起源的中心议题。该议题产生 646
于德国政府签署的《凡尔赛条约》，条约将德国认定为负有战争全责的唯一国家。起初，辩论的主要参加者不是历史学家，而是记者、退伍军人和或多或少有些善意的知识分子。Annika Mombauer 的著作 *The Origins of the First World War: Controversies and Consensus*（London: Longman, 2002），对这一阶段起到了很好的指南性作用。引人注意的是，这一时期的争论为研究论著的出版提供了一个契机，出版的政治性研究著作多于历史性的，内容也超出了对“责任”问题的讨论。

当人们开始对 1914 年七月危机进行反思的时候，其著作水平已值得当今历史学家重视。有三位历史学家脱颖而出：Bernadotte Schmitt, Pierre Renouvin 以及 Jules Isaac。这一阶段的争论参看：Jacques Droz, *Les causes de la Première guerre mondiale: essai d'historiographie*（Paris: Éditions du Seuil, 1973）；还有 Annika Mombauer 最新的解释，*The Origins*, pp.78–118。有关 Pierre Renouvin，参看

Jay Winter 和 Antoine Prost 的有关战争的史学史论著，*The Great War in History: Debates and Controversies, 1914 to the Present*（Cambrige: Cambrige Universtity Press, 2005），这本书的法语版本的书名为 *Penser la Grande Guerre*（Paris: Éditions du Seuil, 2004）。由 Samuel R.Williamson 和 Ernest R. May 共同写作了一篇完美的惊人且影响力巨大的论文，题为“An Identity of Opinion: Historians and July 1914”, *Journal of Modern History*, 79 (2007), pp.335–387。

继第一代从事一战研究的历史学家之后，出现了一位兼任记者和政治身份的意大利人，Luigi Albertini，他用意大利语写作的“七月”研究于 1942 年底至 1943 年发表，他写作所用的史料不仅涵盖了所有可利用的材料，还包括对在世的往届领导人进行访谈的口述史料。参看他的英文著作 *Origins of the War of 1914*，译者 Isabella. M. Massey, 3 vols.（Oxford: Oxford University Press, 1952—1957）。尽管很少有人注意到，但时至今日对此著作的争论仍在进行。Albertini 的贡献在于将所有层级的外交行动尽可能准确地按时间排序。他的目标在于确定谁知道什么以及在什么时间知道的。毫无疑问，该书依旧无法说明所有的事情，它无法证实多样的行动是如何被理解的，同样忽视了那些在当时被忽视的行动，不过在准确确定事件发生的时间方面，它依旧可以起到不可或缺的辅助作用。

Albertini 的学术研究并不为人所熟知，直到 20 世纪 50 年代，他的这本书才出现了英文译本，但我们能够从 1961 年（原文如此。——译者注）出版的 Fritz Fischer's *Griff nach der Welmacht*（Düsseldorf: Droste. 1964）一书中感受到 Albertini 一书的影响力。Fritz Fischer 的著作轰动了德国以及国际的学术界，引发了极大的争议。作者力图表明在 1914 年它挑起战争很久之前，德国就已经在盼望着这场战争。在德国看来，这是它成为一个世界强国或者主导世界的霸主要进行的一场必不可少的战争。与以往的说法有所不同的是，费舍尔分析七月危机时并未依据许多新史料，而是对一系列为人所熟知以及早已被证实的档案给出自己独到的见解。他将研究成果的很大一部分功劳归结于 Albertini。关于费舍尔争论的国际维度，有益的两本著作是 Mombauer, *Origins*, pp.127ff 以及 Winter and Prost, *The Great War*, pp.468ff。

新史料的出现成为 20 世纪 70 年代“费舍尔争论”的助燃剂。那就是里茨勒日记。德国总理贝特曼·霍尔韦格的主要秘书，库尔特·里茨勒日记的存在一直为人所知，但他的日记一直被家族秘密保存。Mombauer, *Origins*, pp.150–160 对该史料有使用。费舍尔的德国对 1914 年一战爆发负有全责的论点要求对交战 647
国的行动进行比较分析，历史学家们围绕各个国家和战争的起因写作的多本著作形成了一份令人印象深刻的书单。这些研究极大地修正了我们对于七月危机的理解。这一时期的学术成果，参看 Marc Trachtenberg, "The Coming of the First World War: A Reassessment", in Trachtenberg, *History and Strategy*（Princeton: Princeton University Press, 1991），pp.47–99。

20 世纪 60 和 70 年代，随着心态史的到来，这一主题在研究范式上出现了变化。20 世纪的历史学家们沿着布洛赫和费弗尔的思路试图去理解 1914 年时人物的感知和思维模式。英国历史学家 James Joll 于 1968 年伦敦经济学院的就职演说上率先垂范。他的主旨为 1914 年领导人们的"心照不宣"，1968 年伦敦经济学院又以小册子的形式出版了他的就职演说，并延续了他的观点。Joll 说，历史学家的任务既是艰辛的又是无法回避的。历史学家的任务在于"复原过去的政治领导人工作的整个舆论背景，去探寻在统治者决定影响之下的普通的男男女女头脑中的设想"（第 13 页）。Joll 后来针对"1914 年情绪"形成了一种新的范式。在他关于一战的开拓性研究中，他指出 1914 年 7 月所做的决定基于此前积累的情绪，而大家发动的战争的实际进展出乎所有人的意料。关于上述所引用的 Joll 的观点，参看 *Journal of Modern History* 中收录的 Williamson 和 May 的论文。Joll 的观点并不是阻止别人详细分析各方采取的决定以及不同层级的任务在战争爆发时的责任，相反它的优点是避免用我们的视角去判断其他人而犯下时代错误，那种错误的做法被马克·布洛赫称为给历史的死人定罪。

尽管大多数人认为 Joll 充当了领路人，但几乎同时，其他的历史学家也得出了与 Joll 相似的结论。尤其是 Wolfgang Mommsen，此人在费舍尔争论中起到了重要的作用，他在 1980 年刊发的文章中认为，在德国领导人的头脑中，普遍觉得这是一场"无法避免"的战争。文章一经问世便很快被译为多国语言。参看他的两篇文章：'"Die deutsche Kriegszielpolitik 1914—1918: Bemerkungen zum Stand der Diskussion", in Walter Laqueur and George L. Mosse（eds.）, *Kriegsausbruch 1914*（Munich: Nymphenburger, 1967）, pp.60–100; "The Topos of Inevitable War in Germany in the Decade before 1914", in Volker R. Berghahn and Martin Kitchen（eds.）, *Germany in the Age of Total War*（London: Croom Helm, 1981）, pp.23–45。

同样具有突破性质的是Jean-Jacques Becker的著作，*1914, Comment les Français sont entrés dans la guerre*（Paris: Presses de la Fondation Nationale des Sciences Politiques, 1977），该书的写作内容是战争爆发之时的法国舆论，使得研究“神圣同盟”（Union sacrée）的起源成为可能。随后的Richard Hamilton和Holger Herwig将一系列文章汇集成册*Decisions for War, 1914—1917*（Cambridge: Cambridge University Press, 2004），这本书的内容反映出一种新的取向，即只专注于“做决定的当事人”，而不关心社会结构或心态问题。他们揭露了“决策人试图保留、维持以及提高国家的声望和实力”（第20页）。这样的一种框架显然
648 隐隐约约，抑或潜意识中还是带有“心态”的概念，其中的社会达尔文概念孕育了需要捍卫国家的理念。

引人注目的一点是，历史学家很少关注军事计划和政治决定的战争责任。显然，施里芬计划尽人皆知，但原有的历史叙述从未说明这个计划何时以及在什么程度上对形成具体的决定起到了决定性的作用。这些学者满足于描述前动员期与动员期的那些发生在7月最后几天的部分而宽泛的事情。最好的一本论文集仍旧是Steven E.Miller与他人共同编著的，*Military Strategy and the Origins of the First World War*（Princeton: Princeton University Press, 1991），尤其是选集中由Marc Trachtenberg写作的一章，“The Meaning of Mobilization in 1914”, pp.195ff。

关于动员的谜题同样也是法国学者Jules Isaac研究的中心工作，对于他而言，德国在危机期间某种程度上没有条理的决定，责任在毛奇将军。有关这方面的内容，参看Isaac’s *Un débat historique: 1914, le problème des origines de la guerre*（Paris: Rieder, 1933）, p.157。这件事具有重大意义，意味着我们能够找到俄国、德国以及法国考虑军事的“必要性”的关键，这或许是决定性的关键所在。Gerhard Ritter所做的研究证实了德国军国主义的解释，参看他的重要著作*The Sword and the Sceptre: The Problem of Militarism in Germany, Vol. III: The Tragedy of Statesmanship : Bethmann Hollweg as War Chancellor 1914—1917*（London: Allen Lane, 1972）。Volk Berghahn的研究进一步证实了这一观点，他的研究突出了七月危机中政治、经济、外交以及知识分子中重要人物的因素，参看他的*Germany and the Approach of War in 1914,* 2nd edn（Basingstoke: Macmillan, 1993）。最后但并非不重要的是由David Stevenson写作的关于一战

前的军备问题，用书中的一章总结了七月危机期间的“军事外交”，参看他的 *Armaments and the Coming of War: Europe 1904—1914*（Oxford: Oxford University Press, 1996），pp.366ff。

从何种程度上人们能够说军事舆论在战争危机当中甚嚣尘上呢？对于法国来说，这仍是一个尖锐且没有定论的问题。共和国总理雷蒙·普恩加莱以及法国驻俄国大使帕莱奥洛格主要的忧虑是维持法俄同盟，还是准备为遵守军事协定而冒一切风险？Gerd Krumeich 持后一观点，参看 *Armaments and Politics in France on the Eve of the First World War*（Leamington Spa: Berg, 1984）；同样可参看他的文章“Raymond Poincaré dans la Crise de Juillet 1914”, in *La politique et la guerre*（Mélanges Jean-Jaques Becker）（Paris: Éditions Noêsis, 2002），pp.508-518。面对一个常年担心被事实的或想象的情景包围的德国，它们有自己的考虑？Stefan Schmidt 的著作就是研究这一问题的，*Frankreichs Außenpolitik in der Julikrise 1914*（Munich: R. Oldenburg Verlag, 2009）。John Keiger 的论文集 *France and the Origins of the First World War*（London: Macmillan, 1983）为这些问题留下了讨论的空间。但正如 M. B. Hayne 在 *The French Foreign Office and the Origins of the First World War 1898—1914*（Oxford: Clarendon Press, 1993）一书中指出的，有必要承认在整个七月危机期间，没有证据显示法国的政治领导人受到过军事的压力。至于俄国，我们所了解的情况就更少了。由于就军事计划对政治的实际影响尚未达成共识，因此仍需对此做进一步的研究。关于这个方面，参见 Sean McMeekin, *The Russian Origins of the First World War*（Cambridge, MA: Harvard University Press, 2011），Volker Berghahn 在本书这一卷的第 1 章中对他的观点进行了质疑；Keith Neilson,“Russia”, in Keith Wilson（ed.），*Decisions for War*, 1914（London: UCL Press, 1995），pp.97-120。

然而，Holger Afflerbach 和 Annika Mombauer 的研究给我们提供了许多理 649
解军事与政治决策相关性的知识。他们指出在七月危机中，德国掌握军事的阶层在决策上所起到的作用远远超出我们现在的想象。参看 Holger Afflerbach, *Falkenhayn: Politisches Handeln und Denken im Kaiserreich*（Munich: R. Oldenbourg Verlag, 1994）；Annika Mombauer,“A reluctant military leader? Helmuth von Moltke and the July Crisis of 1914”, *War in History*, 6:4（1999），pp.417-446；同样可参看她的 *Helmuth von Moltke and the Origins of the First World War*

（Cambridge University Press, 2001）一书中有关“七月危机”的文章。无疑，费舍尔与他学生指出的德国“军国主义”以及想要加入战争的渴望促使他们向政治领导人灌输自己的想法。但 Mombauer 进一步说道：“值得注意的是，军事的担忧以及理由在何种程度上成为普遍流行的共识，为民众不加质疑地接受并影响他们的决策。”（Mombauer, “Reluctant military leader”, p.421）Hew Strachan 持同样的观点。参看他的“Towards a Comparative History of World War I: Some Reflections”, *Militärgeschichtliche Zeitschrift*, 67（2008）, pp.339–344。Mombauer 指出帝国总参谋长毛奇与贝特曼·霍尔韦格二人表现出的长期而乐观的态度惊人的相似。虽然对德国是否能够迅速取得一场决定性的胜利常常表示怀疑，但毛奇还是告诉身边的人，德国不得不加入战争，并且“越早越好”。Wolfgang Mommsen 对德国人在七月危机中的想法，给出了相似的解释，参看他的论文“The Topos of Inevitable War”。Mombauer 和 Stig Förster 分别指出许多德国的军事领导人认为战争无法在短时间内结束，并且无法取得成功；其他的历史学家每当谈及这次战争危机时，都会说出“速战的幻象”。Förster 的系统阐述参看他的“Der Deutsche Generalstab und die Illusion des kurzen Krieges 1871—1914: Metakritik eines Mythos”, *Militärgeschichtliche Mitteilungen*, 54（1995）, pp.61–98。依旧存在的问题是确定对“包围”的恐惧在何种程度上成了 1914 年危机的决定性因素。

这一观点又将我们带回到了本文献评论的开头。Joll 使得历史学家们思考，1914 年的领导人们能够设想出什么样的战争。正是在这个领域还有许多有待完成的工作。即使我们发现，从毛奇到贝特曼·霍尔韦格，或从 Bebel 到 Sasonov，按照 Bebel 在 1911 年的说法，担心将来某种七年战争（Bebel 在 1911 年的用语）的发生会造成数以百万年轻人的丧生，担心欧洲最终会毁灭，但从没想过会发生像凡尔登或者索姆河这般规模的大灾难。我们对实际的军事领导人的手稿进行了认真的思考，在七月危机前和七月危机当中的手稿涉及当前战争和未来战争的内容，都没有想到未来的大战战场的真实情况。正是在这个层面，我们能够理解为何 Jean-Baptiste Duroselle 称一战“无法理解”，参看他的 *La Grand Guerre des Français: 1914—1918: l'incompréhensible*（Paris: Perrin, 1994）。这场准备在 1914 开打又在 1914 年爆发的战争，其当初设想的面貌同欧洲与世界在 1915—1918 年不得不经历的那场战争完全不同。要描绘出设想中的战争与即将到了的真实战争之间的差别是一种“反事实的历史”，这是留待我们去完成的任务。

最后，Christopher Clark 的 *The Sleepwalkers: How Europe Went to War in 1914*（London: Allen Lane, 2012）[*]，通过丰富的档案史料给出了精彩的讲述。除写作的技艺精湛之外，这本书给出了一个与费舍尔的相对立的故事，他带着对塞尔维亚的偏见站在了奥匈和德国一方，奥匈以及德国的决策者在 1914 年的关键时期从叙述中突然消失了。

3　1915 年：困境 650

斯特凡那·奥杜安－鲁佐

鲜有对一战的历史书写是依照逐年顺序来进行的。这种类型的很多研究由此遇到了困难，尤其是涉及 1915 年，这一年正好介于战争爆发及主要大型战事发生的 1914 年与发生大规模军需战争的 1916 年之间。这场战争的第二年因此经常在更宽泛的主题或国家利益的研究中，或在总体战的研究中，被孤立。在这里我们并未给出这样的例子。下面引用所介绍的著作都是把 1915 年视作中心的著作。

从 1915 年整体出发所作出的稀有研究，参看 Lyn Macdonald, *1915: The Death of Innocence*（London: Headline, 1993）。John Horne（ed.）, *Vers la guerre totale: le tournant de 1914—1915*（Paris: Tallandier, 2010），这一新近的研究将 1914—1915 年的问题视为根本性的转折点，从一个新的视角深入地考察了 1915 年。（尤其重要的是大量总体性的介绍。）

叙事层面，有关 1915 年的军事史可参考以下两本重要著作的相关章节：John Keegan, *The First World War*（London: Hutchinson, 1998），Hew Strachan, *European Armies and the Conduct of War*（London: Allen & Unwin, 1983）。

除框架之外，接下来这本内容宽泛的著作挑选出了确定无疑的 1915 年的

* 此书有相应的中译本：[英] 克里斯托弗·克拉克：《梦游者——1914 年，欧洲如何走向“一战”》，董莹、肖潇译，北京：中信出版社，2014 年。——译者注

关键性事件，至少从英国人的视角来看是如此，既包括了战时的大后方，又包括了战场。观点的表达尽管有叙述有分析，但从形式上保持了章节的短小精悍：Trevor Wilson, *The Myriad Faces of War: Britain and the Great War, 1914—1918*（Cambridge: Polity Press, 1986）。尤其是，有关军事方面，参看该书的第 2、3、5 章；有关战时的大后方，参看第 4 章。

1915 年的有些军事侧面成为一些具体研究的主题，尤其著名的是 Gallipoli: George Cassar, *The French and the Dardanelles: A Study of the Failure in the Conduct of War*（London: Allen & Unwin, 1971）; Kevin Fewster, Vecihi Basarin 和 Hatice Basarin, *Gallipoli: The Turkish Story*（London: Allen & Unwin, 2003）; Jenny Macleod, *Reconsidering Gallipoli*（Manchester University Press, 2004）；以及 Victor Rudenno, *Gallipoli: Attack from the Sea*（New Heaven, CT: Yale University Press, 2008）。

在军事以及战时大后方两方面，1915 年对东线同样具有决定性的影响：Norman Stone, *The Eastern Front, 1914—1917*（London: Penguin, 1998）。

由于 1915 年是意大利的参战时间，因此在 Antonio Gibelli, *La grande guerra degli italiani, 1915—1918*（Milan: Sansoni, 1998）一书中，1915 年被安排在了显著的位置。

1915 年是毒气使用的一个关键时期，下面的两部著作对这一问题做出了出色的研究：L. F. Haber, *The Poisonous Cloud: Chemical Warfare in the First World War*（Oxford: Clarendon Press, 1986）; Oliver Lepick, *La Grande Guerre Chimique, 1914—1918*（Paris: PUF, 1998）。

有关平民百姓以及他们在 1915 年所遭受的多种不同形式攻击的历史叙述最近有了极大的进步。有关"1915 年的漫长"占领期，Sophie de Schaepdrijver 通过比较研究给出了重要的综合性观点，"L'Europe occupée en 1915: entre violence et exploitation", in Horne（ed.）, *Vers la guerre totale*, pp.121-151。

651 有关俄罗斯帝国难民这一 1915 年的关键性问题，参看 Peter Gatrell, *A Whole Empire Walking: Refugees in Russia during the First World War*（Bloomington, IN: Indiana University Press, 1999）。

有关俄国人抵抗闪米特人暴力的行动：Peter Holquist, 'Les violences de l'armée russe à l'encontre des Juifs en 1915: causes et limites', in Horne（ed.）, *Vers la guerre totale*, pp.191–219。

尤其特别的是在 1915 年，“言论战”取代了 1914 年的“德国暴行”，参看重要的一部著作：John Horne 和 Alan Kramer, German Atrocities, *1914: A History of Denial*（New Haven, CT and London: Yale University Press, 2001）。

关于 1915 年德国的封锁：Paul Vincent, *The Politics of Hunger: The Allied Blockade of Germany, 1915—1919*（Athens, OH: Ohio University Press, 1985）; Gerd Krumeich, ‘Le blocus maritime et la guerre sous-marine’, in Horne（ed.）, *Vers la guerre totale*, pp.175–190。

就亚美尼亚种族灭绝这一关键性的问题，下面所列的是一些杰出的著作：Arnold Toynbee, *Armenian Atrocities: The Murder of a Nation*（London: Hodder & Stoughton, 1915），这是由当时年仅 26 岁的一位英国历史学家所做的杰出报道，发表于 1915 年，也是有关种族灭绝的第一本著作；Donald Bloxham, *The Great Game of Genocide: Imperialism, Nationalism and the Destruction of the Ottoman Armenians*（Oxford: Oxford University Press, 2005）；Raymond Kévorkian, *le génocide des Arméniens*（Paris: Odile Jacob, 2006）；Taner Akçam, *A Shameful Act: The Armenian Genocide and the Question of the Turkish Responsibility*（New York: Metropolitan Books, 2006）；Vahakn Dadrian, *The History of the Armenian Genocide: Ethnic Conflict from the Balkans to Anatolia to the Caucasus*（Providence and Oxford: Berg, 1995）；Yves Ternon, *Les Améniens: histoire d'un génocide*（Paris: : Éditions du Seuil, 1996）。

对经济动员进行研究的两本书考察了 1915 年的重大进展：R. J. Q. Adams, *Arms and the Wizard: Lloyd George and the Ministry of Munitions, 1915—1916*（London: Cassell, 1978）；L. H. Siegelbaum, *The Politics of Industrial Mobilization in Russia, 1914—1917: A Study of the War Industry Committee*（London: Macmillan, 1984）。

有关 1915 年的科技动员，能够在 Anne Rasmussen, “Sciences et techniques: l'escalade”, in Horne（ed.）, *Vers la guerre totale*, pp.97–117 一文中找到必备的综合性内容。

4 1916年：僵局

罗宾·普赖尔

对于那些用法语写作的著作当中，适量卷册的官方史，*Les Armées Françaises dans la Grande Guerre*（Paris: Imprimerie Nationale, 1922—1939），是不可缺少的。这套书补充了大量的档案资料。德语著作推荐 Reichsarchiv, *Der Weltkreig 1914 bis 1918*, vol. X，该书以细节性的内容取胜，但书中的解释可信度较低。

据称现在仍旧鲜有以凡尔登为内容并用法语进行写作的著作，因而目前为止最好的著作依旧是 Alistair Horne, *The Price of Glory: Verdun 1916*（London: Macmillan, 1963），尽管由于该书经常与二战时期的事件相互参照而造成某种时间上的混乱，对英语读者来说它依旧是必不可少的一本书。Ian Ousby, *The Road to Verdun*（Lodon: Jonathan Cape, 2002）一书试图把一战同更大范围内的法国社会结合起来分析，但并非总能获得成功。在 Anthony Clayton, *Paths of Glory: The French Army 1914—1918*（London: Cassell, 2003）一书中，有些章节是关于凡
652 尔登的。他对法国人做出了大胆的概述，但利用该书的时候要注意其中的一些基本史实是错误的。Malcolm Brown, *Verdun 1916*（Stroud: Tempus, 1999），就像人们或许期待的那样，该书所突出的是士兵个体的经历。David Mason, *Verdun*（Moreton-in-the Marsh: Windrush, 2000）是一个有用的总结。它的出版地看上去诡异般的合适。Georges Blond, *Verdun*（London: Andre Deutsch, 1965）是少数被翻译的关于战争研究的法语著作，价值颇高。以我所见米其林指南中的，*Verdun and the Battles for its Possession*（Clermont Ferrand, 1919）一书对于了解战场的地形状况多有用处。

由于后来发生的事件，贝当受到了极大的关注。Nicholas Atkin, *Pétain*（London: Longman, 1997）以及 Richard Griffith, *Marshal Pétain*（London: Constable, 1970）给出了公允的记述。Pétain 的版本，*Verdun*（London: Elkin Mathews & Marrot, 1930）同样对战争给出了比我们想象的要更为公允的评价。法语著作 Guy Pedroncini, *Pétain: le soldat et la gloire, 1856—1918*（Paris: Perrin, 1989）是一本必不可少的著作。其他的法国将军基本没有英文著作。Joffre,

The Memoirs of Marshal Joffre, 2 vols.（London: Geoffrey Bles, 1932）就像1916年的霞飞自己一样缺少洞见。其他有关法国战事努力的政治维度的观点参看J. C. King, *Generals and Politicians: Conflicts between France's High Command, Parliament and Government*（Berkeley, CA: University of California Press, 1951）。Robert Doughty的*Pyrrhic Victory: French Strategy and Operations in the Great War*（Cambridge MA: Harvard University Press, 2005）一书提供了有关法国战略的更新的研究。

德国方面，对于法金汉的*General Headquarters 1914—1916 and its Critical Decisions*（London: Hutchinson, 1919）一书需要进行细致的鉴别。更加可信的是Crown Prince Wilhelm, *My War Experiences*（London: Hurst & Blackett, 1922）。Robert Foley的*German Strategy and the Path to Verdun*（Cambridge: Cambridge University Press, 2005）一书对消耗战的发展给出了精彩的叙述。内容更为宏观的书目参看Ian Passingham, *All the Kaiser's Men: The Life and Death of the German Army on the Western Front 1914—1918*（Stroud: Sutton, 2003）。

对于研究索姆河的英国读者来说，研究的起点一定是*Military Operations: France and Belgium 1916*，该书第一卷和第二卷分别由Sir John Edmonds和Captain Wilfrid Miles撰写，分别由Macmillan公司出版于1932年和1938年，他们对于黑格领导力的批判远远超出我们所想的。

有许多关于战斗的研究。最新的一本著作是Robin Prior与Trevor Wilson合著的，*The Somme*（New Haven, CT and London: Yale University Press, 2005）。想知道另外的观点，推荐阅读Gary Sheffield的*The Somme*（London: Cassell, 2003）。Peter Hart的*The Somme*（New York: W. W. Norton, 2008）重点突出了士兵个人的体验。A. H. Farrar-Hockley的*The Somme*（London: Batsford, 1964）是一本包含了多种洞见的旧书。Peter Liddle, *The 1916 Battle of the Somme: A Reappraisal*（London: Leo Cooper, 1992）并没有很有趣的重新评估。William Philpott的*Bloody Victory*（London: Little, Brown, 2009）有效地提示着法国也参战了。英国在何种程度上赢得了索姆河的胜利是有疑问的。Elizabeth Greenhalgh的*Victory Through Coalition*（Cambridge: Cambridge University Press, 2005）有关索姆河的章节对这一问题采取了更为审慎的态度。

有众多甚至过多关于黑格的研究。由Gary Sheffield和John Bourne共同编

著的黑格的 *War Diaries and Letters 1914—1918*（London: Weidenfeld & Nicolson, 2005），是权威的一个版本。John Terraine 的 *Douglas Haig: The Educated Soldier*（London: Cassell, 1963）一书，尽管对黑格的失误有所粉饰，但仍有其价值。
653 Denis Winter 的 *Haig's Command*（London: Viking, 1991）一书由于充斥的阴谋理论过多，以至于难以被认真对待。黑格日记出现之前，Duff Cooper 的 *Haig*，2 卷（London: Faber & Faber, 1953—1956）一直是有用的版本，两相对照之后，我们就能发现 Duff Cooper 是如何对选材进行利用的。John Davidson 的 *Haig: Master of the Field*（London: Nevill, 1953）一书并不足以令人信服。Gary Sheffield 的 *The Chief: Douglas Haig and the British Army*（London: Aurum Press, 2011）一书中呈现出了与我不同的观点。

经众多人写作，由 Leo Cooper 出版的一系列针对索姆河战场的指南不应被忽略。由于著作太多，无法在这里逐一列举，不过针对战场各部分的地形和困难，它们总给出非凡的洞见。

关于炮兵，应当参考 Jackson Hughes 的博士论文，"The Monstrous Anger of the Gun: British Artillery Tactics on the Western Front"（Adelaid: University of Adelaide, 1994），悲剧性的是，这篇论文没有正式出版。英国官方史 Martin Farndale, *History of the Royal Regiment of Artillery: The Western Front*（London: Royal Artillery Institution, 1986）对于索姆河的研究几乎毫无意义。程度好很多的是一本由 Brigadier Anstey 写作的历史初稿，它沉寂在格林尼治炮兵机构档案馆未出版。Lawrence Bragg 以及其他人共同完成的 *Artillery Survey in the First World War*（London: Field Survey Association, 1971）一书对于那些想要了解这个课题技术层面的问题是不可或缺的。

人们对温斯顿·丘吉尔 *World Crisis*（London: Thornton Butterworth, 1923）一书中有关索姆河的章节批评过多。丘吉尔的很多材料源于 James Edmonds，后者对于索姆河伤亡人员的细致剖析为我们提供了一个很好的研究案例。我在 Churchill's *"World Crisis" As History*（London: Croom Helm, 1983）一书中对此有所论述。劳合·乔治的 *War Memoirs* 必须谨慎对待，同时要与 Andrew Suttie, *Rewriting the First World War: Lloyd George, Politics and Strategy*（Basingstoke: Palgrave Macmillan, 2005）一起进行阅读。

回忆录的文献太过于详细以至于无法在这里处理。John Bikersteth 编著的

The *Bickersteth Diaries*（London: Leo Cooper, 1996）一书尤其具有开拓性质。Martin Middlebrook, *The First Day on the Somme*（London: Allen Lane, 1971），是一部回忆录的选集。它被奉为经典，但几乎所有 Middlebrook 的军事判断都会引发质疑。

5　1917 年：全球战争

迈克尔·S. 奈堡

这份参考书目避开了泛泛而谈的通史，而是将注意力集中在 1917 年主要的事件上。下面的三部著作完全针对 1917 年做了细致的研究，另外还带领我们以全球的视角去看待问题：Jean-Jacques Becker, *1917 en Europe: l'année impossible*（Brussels: Éditions Complexe, 1997）; Ian F. W. Beckett（ed.）, *1917: Beyond the Western Front*（Leiden: Brill, 2009）; Peter Dennis and Jeffrey Grey（ed.）, *1917: Tactics, Training, and Technology*（Canberra: Army History Unit Press, 2007）。

美国参战以及美国参战的第一年成为许多书目的主题。Grotelueschen 对于军事方面的内容价值尤其巨大。Kennedy 的著作是经典，Keene 的书最适合学生阅读。如下所列的都是有关该题目质量上乘的介绍性书目：Justus Doenecke, *Nothing Less than War: A New History of America's Entry into World War I*（Lexington, KY: University Press of Kentucky, 2011）; Mark Grotelueschen, 654
The AEF Way of War: The American Army and Combat in World War I（Cambridge: Cambridge University Press, 2007）; Jennifer D. Keene, *World War I: The American Soldier Experience*（Lincoln, NE: University of Nebraska Press, 2011）; David Kennedy, *Over Here: The First World War and American Society*（New York: Oxford University Press, 1980）; David Trask, *The AEF and Coalition Warmaking, 1917—1918*（Lawrence, KS: University Press of Kansas, 1993）。

学者对于 1917 年在俄国发生事件的关注甚至比我们想象中的还要少。对于那一年东线的战事给予的关注就更少了。McMeekin 基于大量的档案，做出了近乎穷尽性的主要工作，对这一问题做出了最新的解释。Liulevicius 给出了兼具启发性和说服力的论点。以下所有书目都有用：W. Bruce Lincoln, *Passage Through*

Armageddon: The Russians in War and Revolution（New York: Simon & Schuster, 1986）; Vejas Liulevicius, *War Land on the Eastern Front: Culture, National Identity and German Occupation in World War I*（Cambrdge: Cambridge University Press, 2000）; Sean McMeekin, *The Russian Origins of the First World War*（Cambridge, MA: Harvard University Press, 2011）; Allan K. Wildman, *The End of the Russian Imperial Army, 2 vols.*（Princeton: Princeton University Press, 1980—1987）。

关于1917年西线的事件有更多的学术研究或许并不令人惊奇。关于英国战略与帕斯尚尔战役的讨论要明显多于对当年其他战役的讨论。Smith的书是众多有关这一重要年份关键事件的出众的一本。该书所关注的是法国的一个师，并以此来解释尼韦勒攻势后发生的兵变。目前尚未出现一本最好的尼韦勒个人传记。参看下面的著作：Martin Kitchen, *The Silent Dictatorship: The Politics of the German High Command under Hinderburg and Ludendorff, 1916—1918*（London: Helm, 1976）; Guy Pedroncini, *Les Mutineries de 1917*（Paris: PUF, 1967）; Robin Prior 和 Trevor Wilson, *Passchendaele: The Untold Story*（New Haven, CT: Yale University Press, 1996）; Leonard V. Smith, *Between Mutiny and Obedience: The Case of the French Fifth Infantry Division during World War I*（Princeton: Princeton University Press, 1994）; Tim Travers, *How the War Was Won: Command and Technology in the British Army on the Western Front 1917—1918*（London: Routledge, 1992）。

最近意大利战线受到学者越来越多的关注。尽管许多讨论仍旧是围绕1916年《赛克斯－皮科协定》以及1917年的《贝尔福宣言》的战后政治影响来进行的，但中东战线同样受到了越来越多学者的关注。《赛克斯－皮科协定》为英法两国划定了势力范围，而《贝尔福宣言》以应许犹太人战后回归故土而闻名于世。对意大利与奥斯曼战线的研究包括：George Cassar, *The Forgotten Front: The British Campaign in Italy, 1917—1918*（London: Hambledon, 1998）; Edward Erickson, *Ottoman Army Effectiveness in World War I: A Comparative Study*（London: Routledge, 2007）; Elie Kedourie, *England and the Middle East: The Destruction of the Ottoman Empire, 1914—1921*（London: Bowes & Bowes, 1956）; Mario Morselli, *Caporetto 1917: Victory or Defeat?*（London: Routledge, 2001）; Jan Karl Tannenbaum, *France and the Arab Middle East, 1914—1920*（Philadelphia: American Philosophical Society, 1978）。

最后，有些历史学家将他们的注意力投入到1917年西线的非英国人的部队经历上。对加拿大来说，1917年是关键性的一年。澳大利亚和新西兰尽管更普遍认同加里波利，但事实上帕斯尚尔的伤亡人数更多。对战争的这部分，参看下面的指南：Tim Cook, *Shock Troops: Canadians Fighting the Great War, 1917—1918*（Toronto: Viking Canada, 2008）; Glyn Harper, *Massacre at Passchendaele: The New Zealand Story*（Aucland: HarperCollins, 2000）; Geoffrey Hayes, Andrew Iarocci and Mike Bechtold（ed.）, *Vimy Ridge: A Canadian Reassessment*（Waterloo, ON: Wilfrid Laurier University Press, 2007；还有依旧经典的著作：Bill Gammage, *The Broken Years, Australian Soldiers in the Great War*（Canberra: Australian National University Press, 1974）。 655

6　1918年：最后阶段

克里斯托弗·米克

大战史的著作包含1918年的章节，但通常这些章节会被视为是大战之后的事情。许多重要的经济、社会以及文化的变革开始于1918年之前，战争结束之时也并未结束。1918年11月西线的战争结束，但东欧大部分地区战争仍在继续，与同盟国的和平条约1919年才签订。因此1918年在很多方面是过渡的一年。由于本书的其他文献评论部分已涉及许多有关战时和战后初期的重要出版物，所以我即专注于研究1918年的文献（除了少量例外）。

传统上，相比1918年的德国春季攻势或盟军在夏秋的胜利，马恩河、索姆河战役、凡尔登战役、伊普尔战役以及帕斯尚尔战役吸引了更多历史学家们的关注。这种局面直到过去的几年才有所改变。1999年在德国出版了一本书Jörg Duppler和Gerhard Paul Gross（ed.）, *Kriegsende 1918: Ereignis, Wirkung, Nachwirkung*（Munich: R. Oldenbourg Verlag, 1999），该书对有关大战最后一年的军事、政治、社会、经济以及文化历史的总体研究情况作了出色的概述。

David Stevenson出版了1918年历史的综合研究：*With Our Backs to the Wall: Victory and Defeat in 1918*（London: Allen Lane, 2011）。这本书所涉及的范围十分广泛，包括战争的所有战场，同时还有关于军队士气、大后方、战争经济以及

潜艇战和海军战。

德国攻势的军事和政治层面，有两部出色的研究：Martin Kitchen, *The German Offensives of 1918*（Stroud: Tempus, 2005）; David T. Zabecki, *The German 1918 Offensives: A Case Study in the Operational Level of War*（Abingdon: Routledge, 2006）。

Mark Thompson 的 *The White War: Life and Death on the Italian Front, 1915—1919*（London: Basic Books, 2008）对 1918 年意大利战场给出了最出色的概述，这一年的内容占据了书中 70 页的篇幅。

Holger H. Herwig, *The First World War: Germany and Austria-Hungary 1914—1918*（London: Edward Arnold, 1997），这是一本研究 1918 年奥匈帝国国内局势不可或缺的著作，书中还介绍了德国的情况。

二战之后，比起春季攻势以及后来德国的战败，德国的历史叙述更加关注从兴登堡和鲁登道夫时期“沉默的独裁”到民主魏玛共和国的转变。至今仍然存在一个热烈争辩的话题，那就是如果战后德国的改革多于继承，那么是否有
656 更大的可能性形成一个和平而民主的国家（或者相反的情况）。两个社会民主党的领导人受到的批评尤其之多。他们是否可以将失败的原因归结为旧有的权贵，从而剥夺他们更多的权力，获得更大的民主和社会公正？对于此种说法，参看 Bruno Thoss, “Militärische Entscheidung und politisch-gesellschaftlicher Umbruch: Das Jahr 1918 in der neueren Weltkriegsforschung”, in Duppler and Gross（eds.）, *Kriegsende 1918*, pp.17–40。

西线的士兵们直至战争结束一直遵守着纪律，很少有人加入士兵协会参与德国革命，Scott Stephenson 就这一令人好奇的事实给出了分析。参看 *The Final Battle: Soldiers of the Western Front and the German Revolution of 1918*（Cambridge: Cambridge University Press, 2009）。

Deist 的著作依旧是解释德国军事溃散的最为简洁优秀的作品：Wilhelm Deist, “The Military Collapse of the German Empire: the Reality behind the Stab-in-the-back Myth”, *War in History,* 3 (1996), pp.186–207。

魏玛共和国时期普遍存在着一种错误的想法，认为“背后捅刀”起到了毁灭性的作用，Boris Barth 的 *Dolchstoßlegende und politische Desintegration: Das Trauma der deutschen Niederlage im Ersten Weltkrieg 1914—1933*（Düsseldorf:

Droste, 2003）一书对此展开了全面的论述。

近年出版了两部新的第三陆军最高指挥部领导人们的政治自传。Manfred Nebelin 认为勾连俾斯麦和希特勒的人是鲁登道夫而非威廉二世，声称比之俾斯麦的观点，鲁登道夫的观点与希特勒更为接近。参看 Manfred Nebelin, *Ludendorff: Diktator im Ersten Weltkrieg*（Munich: Siedler, 2011）。Wolfram Pyta 认为兴登堡并非一个有名无实的领导人，参看 Wolfram Pyta , *Hindenburg: Herrschaft zwischen Hohenzollern und Hitler*（Munich: Siedler, 2009）。

在很多国家的历史叙述中，一战都扮演了关键的角色。由于英国远征军本身是一支超国家的军队，因此不同国家的历史学家都更加关注本国军队对取得胜利的贡献，这一现象不足为奇。Ashley Ekins 编纂了一部论文集，很好地概括了战争的"民族国家历史"，*1918–Year of Victory: The End of the Great War and the Shaping of History*（Titirangi, Auckland: Exisle, 2010）。

美国历史学家倾向于强调美国远征军的贡献，然而英法的历史学家却经常强调美国军官及士兵的幼稚、经验不足、组织缺陷以及不必要的高伤亡率。Meleah Ward 对此进行了论述，"The Cost of Inexperience: Americans on the Western Front, 1918", in Ekins（ed.）*1918–Year of Victory*, pp.111–143。

历史叙述延续了战争期间英法军事指挥官们的"相互推卸责任"。许多英国军事历史学家认同道格拉斯·黑格爵士的观点，认为在米夏埃尔行动与格奥尔吉特战役中，法国军队并没有给予英国远征军足够的援助。他们通常忽视了法国人阻止德国攻势的贡献，也忽视了一个事实，那就是法国军队在香槟地区取得的防御性胜利以及在随后反攻中取得的胜利有助于扭转局势。在法国军事史家的笔下，英国将军常常惊慌失措且是不胜任的。按照他们的解释，英国远征军需要法国人的帮助才能渡过难关。不过，所有的历史学家都认为，士兵们本身都是极其顽强的。1918 年，不仅仅是英国远征军的士兵，法国、意大利、德国以及奥匈帝国的士兵坚持不懈地作战，达到了身心所能承受的极限。 657

对于击退德国进攻、取得随后的胜利，究竟哪一国贡献的力量最大的问题一直存有争议，Ekins 编的 *1918–Year of Victory* 收录了一系列论述该主题的论文：Robin Prior, "Stabbed in the Front: the German Defeat in 1918", pp.27–40; Gary Sheffield, "Finest Hour? British Forces on the Western Front in 1918: An Overview", pp.41–63; Elizabeth Greenhalgh, "A French Victory, 1918", pp.95–110. 英国军事史

家们对远征军的“学习速率”问题的讨论仍在进行中。总部与将军是否从1916年和1917年失败的进攻中吸取了教训？Gary Sheffield尤其认为挫败德国春季攻势和随后取得的胜利足以证明“学习速率”的显著上升，黑格以及司令并非是像很多人批评并为相当一部分英国民众所认可的带领“狮子”（英国士兵）的“驴”，见其*Forgotten Victory: The First World War: Myths and Realities*（London: Headline, 2001）。

《布列斯特－立陶夫斯克条约》以及《布加勒斯特条约》并未成为很多大战史的重要内容。东欧的历史学家通常会写作有关和平条约、德国和匈牙利在该地区占领政策的专著，但大战的历史学家通常不会专门就这一问题进行写作。

David Stevenson是一个例外，他在书中的第5章论述了和平条约以及停战的政治背景：*The First World War and International Politics*（Oxford: Oxford University Press, 1988）。

Winfried Baumgart, *Deutsche Ostpolitik 1918: Von Brest-Litowsk bis zum Ende des Ersten Weltkrieges*（Vienna and Munich: R. Oldenbourg Verlag, 1966），在该书中，作者对德国在东欧的战争目标以及《布列斯特－立陶夫斯克条约》的政治背景做出了经典性的研究。

Vejas Gabriel Liulevicius, *War Land on the Eastern Front: Culture, National Identity and German Occupation in the World War I*（Cambridge: Cambridge University Press, 2000）是最为出色的一部有关德国占领政策的著作，并主要针对立陶宛论述了德国在东欧统治的文化维度以及战后的影响。

关于德国对乌克兰制定和实施的政策，参看Frank Grellka, *Die ukrainische Nationalbewegung under deutscher Besatzungsherrschaft 1918 und 1941/1942*（Wiesbaden: Harrassowitz, 2005）以及Wlodzimierz Medrzecki, *Niemiecka interwencja militarna na Ukrainie w 1918 roku*（Warsaw: Wydawnictwo, 2000）。

7　1919年：影响

布鲁诺·卡巴奈斯

有关大战结束之后的一个时期的研究涵盖了三个具体的研究领域。首先，历史学家与索姆省首府佩罗讷的大战博物馆（法语称为 Historial de la Grande Guerre）合作，对战争创伤性记忆与战争冲击对 20 世纪暴力行为的影响进行了研究。其次，正如 Zara Steiner 在其权威性著作 *The Lights that Failed: European International History, 1919—1933*（New York: Oxford University Press, 2005）中
所阐明的，近些年国际关系史获得了重大的复兴。最后，过渡期的历史强调 658
了 20 世纪 20 年代的全球性问题——人道主义危机、难民问题、专家关系网的进展以及新的人权与标准的国际认同。Stéphane Audoin-Rouzeau 和 Christophe Prochasson 编的 *Sortir de la Grande Guerre*（Paris: Tallandier, 2008）一书用每一章写一个交战国，对于从战争到和平的转变为读者提供了一个创新性的概述。

对于伍德罗·威尔逊以及威尔逊主义，参看 Arno J. Mayer, *Politics and Diplomacy of Peacemaking: Containment and Counterrevolution at Versailles, 1918—1919*（New York: Konpf, 1967）; Thomas J. Knock, *To End All Wars: Woodrow Wilson and the Quest for a New World Order*（Princeton: Princeton University Press, 1995）; Francis Anthony Boyle, *Foundations of World Order: The Legalist Approach to International Relations (1898—1922)*（Durham, NC: Duke University Press, 1999）; Erez Manela, *The Wilsonian Moment: Self-Determination and the International Origins of Anticolonial Nationalism*（Oxford and New York: Oxford University Press, 2007）; Leonard V. Smith, "The Wilsonian Challenge to International Law", *Journal of the History of International Law*, 13（2011）, pp.179–208。

巴黎和会的运作方式研究，参看 Margaret Macmillan, *Paris 1919: Six Months that Changed the World*（New York: Random House, 2003）。对于《凡尔赛条约》的批判性著作，参见 Manfred F. Boemeke et al.（ed.）, *The Treaty of Versailles: A Reassessment after 75 Years*（Cambridge: Cambridge University Press, 1998）。同样参看 Gerd Krumeich（ed.）, *Versailles 1919: Ziele, Wirkung, Wahrnehmung*（Essen: Klartext Verlag, 2001）。

有关大战的老兵，参看 Stephen R. Ward（ed.）, *The War Generation: Veterans of the First World War*（Port Washington, NY: Kennikat Press, 1975）; Antoine Prost, *Les anciens combattants et la société française, 1914—1939*（Paris: Presses de la Fondation des Sciences Politiques, 1997）; Bruno Cabanes, *La victoire endeuillée: la sortie de guerre des soldats français*（Paris: Éditions du Seuil, 2004）。

对于老兵的安抚，参看 Norman Ingram, *The Politics of Dissent: Pacifism in France, 1919—1939*（Oxford: Oxford University Press, 1991）; Sophie Lorrain, *Des pacifists français et allemands pionniers de l'entente franco-allemande, 1871—1925*（Paris: L'Harmattan, 1999）; Andrew Webster, "The Transnational Dream: Politicians, Diplomats and Soldiers in the League of Nations' Pursuit of International Disarmament, 1920—1938", *Contemporary European History*, 14:4（2005）, pp.493–518; Jean-Michel Guieu, *Le rameau et le glaive: les militants français pour la S. D. N.*（Paris: Presses de Sciences Po, 2008）。

有关残障老兵，参看 Robert Weldon Whalen, *Bitter Wounds: German Victims of the Great War, 1914—1919*（Ithaca, NY: Cornell University Press, 1984）; Joanna Bourke, *Dismembering the Male: Men's Bodies, Britain and the Great War*（University of Chicago Press, 1996）; Sophie Delaporte, *Les gueules cassées: les blessés de la face de la Grande Guerre*（Paris: Éditions Noêsis, 1996）; David A. Gerber（ed.）, *Disabled Veterans in History*（Ann Arbor, MI: University of Michigan Press, 2000）; Deborah Cohen, *The War Come Home: Disabled Veterans in Britain and Germany, 1914—1939*（Berkeley, CA: University of California Press, 2001）; Jeffrey S. Reznick, "Prostheses and Propaganda: Materiality and the Human Body in the Great War", in Nicholas J. Saunders, *Matters of Conflict: Material Culture, Memory and the First World War*（London and New York: Routedge, 2004）, pp.51–61; Sabine Kienitz, *Beschädigte Helden: Kriegsinvalidität und Körperbilder 1914—1923*（Paderborn: Schöningh, 2008）; Matina Larsson, *Shattered Anzacs: Living with the Scars of War*（University of New South Wales Press, 2009）; Beth Linker, *War's Waste: Rehabilitation in World War I America*（University of Chicago Press, 2011）。

659 关于大战记忆，参看 Annette Becker, *Les monuments aux morts: mémoire de la Grande Guerre*（Paris: Errance, 1988）; Jay Winter, *Sites of Memory, Sites of Mourning: The Great War in European Cultural History*（Cambridge: Cambridge Chicago: University Press, 1995）; Daniel J. Sherman, *The Construction of Memory in Interwar France*（University of Chicago Press, 1999）。

回到私生活和性别的话题，参看 Mary Louise Roberts, *Civilization Without Sexes: Reconstructing Gender in Postwar France, 1917—1927*（Chicago: University of Chicago Press, 1994)；以及 Bruno Cabanes and Guillaume Piketty (eds.) , *Retour à l'intime au sortir de la guerre* (Paris: Tallandier, 2009)。

有关遗孀和孤儿，参看 Joy Damousi, *The Labour of Loss: Mourning, Memory and Wartime Bereavement in Australia* (Cambridge: Cambridge University Press, 1999) ; Olivier Faron, *Les enfants du deuil: Orphelins et pupilles de la nation de la Première Guerre mondiale* (Paris: La Découverte, 2001) ; Stéphane Audoin-Rouzeau, *Cinq deuils de guerre: 1914—1918* (Paris: : Éditions Noêsis, 2001) ; Virginia Nicholson, *Singled Out: How Two Million British Women Survived Without Men After the First World War* (New York: Oxford University Press, 2008) , Erica A. Kuhlman, *Of Little Comfort: War Widows, Fallen Soldiers and the Remaking of the Nation After the Great War* (New York: New York University Press, 2012)。

关于国际组织的创立，参看 Susan Pedersen, 'Back to the League of Nations' , *American Historical Review*, 112:4 (2007) , pp.1091–1117; Sandrine Kott, 'Une "communauté épistémique" du social? Experts de l'I. L. O. et internationalization des politiques sociales dans l'entre-deux guerres' , *Genèses*, 2:71 (2008) , pp.26–46; Gerry Rodgers, Eddy Lee, Lee Swepston and Jasmien Van Daele (ed.) , *The International Labour Organization and the Quest for Social Justice, 2009* (Ithaca, NY: Cornell University Press and Geneva: International Labour Office, 2009) ; Jasmien Van Daele et al. (ed.) , *ILO Histories: Essays on the Internaional Labour Organization and its Impact on the World in the Twentieth Century* (Bern: Peter Lang, 2010) ; Isabelle Moret-Lespinet and Vincent Viet (eds.) , *L'Organisation internationale du Travail* (Rennes: PUR, 2011)。

有关因大战而起的人权问题，参看 Barbara Metzger, "Towards an International Human Rights Regime during the Inter-war Years: the League of Nations' Combat of Traffic in Women and Children", in Kevin Grant et al. (ed.) , *Beyond Sovereignty: Britain, Empire, and Transnationalism, c. 1880—1950* (Basingstoke: Palgrave Macmillan, 2007) , pp.54–79; Antoine Prost and Jay Winter, *René Cassin* (Paris: Fayard, 2011) ; Bruno Cabanes, *The Great War and the Origins of Humanitarianism* (Cambridge: Cambridge University Press, 2014)。

关于少数族群的问题，参看 Carol Fink, *Defending the Rights of Others:*

The Great Powers, the Jews, and Internaional Minority Protection（Cambridge: Cambridge University Press, 2004）; Tara Zahra, "The 'Minority Problem': National Classification in the French and Czechoslovak Borderlands", *Contemporary European Review*, 17（2008）, pp.137–165。

有关难民，参看 Michael Marrus, *The Unwanted: European Refugees in the Twentieth Century*（Oxford: Oxford University Press, 1985）; Claudena M. Skran, *Refugees in Inter-War Europe: The Emergence of a Regime*（Oxford: Clarendon Press, 1995）。同样参看 Philippe Nivet, *Les réfugiés Français de la Grande Guerre, 1914—1920*（Paris: Economica, 2004）; Nick Baron and Peter Gatrell（ed.）*Homelands: War, Population, and Statehood in Eastern Europe and Russia, 1918—1924*（London: Anthem Press, 2004）; Catherine Gousseff, *L'exil russe: la fabrique du réfugié apatride*（Paris: CNRS Éditions, 2008）; Annemarie H. Sammartino, *The Impossible Border: Germany and the East, 1914—1922*（Ithaca, NY: Cornell University Press, 2010）。

660 关于近东的难民，Dzovinar Kévonian, *Réfugiés et diplomatie humanitaire: les acteurs européens et la scène proche-orientale pentant l'emtre-deux-guerres*（Paris: Publications de la Sorbonne, 2004）是权威性的著作。同时也可参看 Keith David Watenpaugh, "The League of Nations's rescue of American Genocide survivors and the making of modern humanitarianism, 1920—1927", *American Historical Review*, 115:5（2010）, pp.1315–1339。

关于战后初期的暴力行为，参看 George Mosse, *Fallen Soldiers: Reshaping the Momory of the World Wars*（New York: Oxford University Press, 1990）。对于 Mosse 书批判性的评论，参看 Antoine Prost, "The Impact of War on French and German Political Cultures", *Historial Journal*, 37:1（1994）, pp.209–217; John Horne（ed.）, "Démobilisations cultures auprès la Grande Guerre", *14–18: Aujourd'hui-Today-Heute*, 5（Paris: Éditions Noêsis, 2002）, pp.49–53; Peter Gatrell , "War after the War: Conflicts, 1919—1923", in John Horne（ed.）, *A Companion to the First World War*（Chichester and Oxford: Wiley-Blackwell, 2010）, pp.558–575; Robert Gerwarth and John Horne, "The Great War and Paramilitarism in Europe, 1917—1923", *Contemporary European History*, 19:3（2010）, pp.267–273。

8 西线

罗宾·普赖尔

尚不存在一部利用多种史料以及大规模档案资料写作的涵盖整个西线的著作并不足为奇。读者需要借助于这本书中具体某一年的文献目录或者是从这里所列出的大战通史性著作中选择某个作为起点。所有的书都涵盖了西线各侧面相当多的内容。

涵盖西线某些细节的通史性著作有 David Stevenson, *Cataclysm: The First World War as Political Tragedy*（New York: Basic Books, 2004），这是一部出色的现代研究，还有 Hew Strachan, *The Oxford Illustrated History of the First World War*（Oxford University Press, 1998）。西线早期的情况可参见 Strachan 的 The First World War, vol. I: *To Arms*（Oxford: Oxford University Press, 2001），如若完整，这会是一部最好的著作。S. Tucker 的 *The Great War 1914—1918*（London: UCL, 1998）是一部遭到严重忽略的质量上乘的现代概览式著作。由 Robin Prior 和 Trevor Wilson 共同写作的 *The First World War*（London: Cassel, 1999）以及 Trevor Wilson 的 *The Myriad Faces of War: Britain and the Great War, 1914—1918*（Cambridge: Polity Press and Oxford: Blackwell, 1986），两本书多个章节写作了西线的内容。John Keegan 的 *The First World War**（London: Hutchinson, 1998）难懂得令人惊奇。Niall Ferguson, *The Pity of War***（London: Basic Books, 1998）本身就是一部令人同情的著作。它显示出历史学家涉足自己知之甚少的领域所带来的危险。J. Mosier, *The Myth of the Great War: A New Military History of World War I*（London: HarperCollins, 2001），这本书存在的问题也一样，书中确实有点新东西，但有偏离大战主题之嫌。Gernard Groot, *The First World War*（London: Palgrave Macmillan, 2001）几乎没有什么新意。更为有趣的是 A. Millett and W. Murray（ed.）, *Mititaey Effectiveness, vol. I: The First World War*（London: Allen & Unwin, 1988），书中对于为何有些大国在西线取得了更多的成功给出了许多精明的判断。Marc Ferro, *The Great War 1914—1918*（London: Routledge,

* 中文版见［英］约翰·基根：《一战史》，张质文译，北京：北京大学出版社，2014 年。——译者注

** 中文版见［英］尼尔·弗格森：《战争的悲悯》，董莹译，北京：中信出版社，2013 年。——译者注

1973）对大战的处理采用了马克思主义的观点。这本书现在更多是一部好奇读物。其他的著作由于太过久远而失去了推荐的价值。如果谁现在还认为 C. R. M. F. Cruttwell 的 *A History of the Great War 1914—1918*（Oxford: Clarendon
661 Press, 1936）有什么值得参考的，是最近没有读过它的缘故。A. J. P. Taylor 的 *War By Timetable*（London: Macdonald, 1969）印证了一位知名的历史学家如何不着痕迹地胡言乱语。他的 *The First World War: An Illustrated History*（London: Penguin, 1966）一书，除了图片的说明值得一读，其他就乏善可陈了。J. Winter, *The Experience of World War I*（London: Macmillan, 1988）是一本精湛的配有插图的历史著作。B. H. Liddell Hart, *History of the First World War**（或者是其他的书名）（London, 1932）试图解释西线是最不应当发生战争的地方。德国军队在那里出现给该论点提出了问题。Holger Herwig, *The First World War: Germany and Austria-Hungary 1914—1918*（London: Edward Arnold, 1997）一书值得一读，有关西线的内容反映的是同盟国的观点。John Terraine 的 *The Western Front, 1914—1918*（London: Huntchinson, 1970）一书对黑格表现出了强烈的偏见。Robin Prior and Trevor Wilson 在 *Command on the Western Front: The Military Career of Sir Henry Rawlinson*（Oxford: Blackwell, 1992）在一书中探讨了一位指挥官在 1914—1918 年间的经历。

Paddy Griffith, *Battle Tactics of the Western Front: The British Army's Art of Attack, 1916—1918*（New Haven, CT and London: Yale University Press, 1994）一书对西线做了更为专门的研究。"艺术"的调子或许定的有些高。不应忽视 S. Bidwell and Dominick Graham 在 *Five-Power: British Army Weapons and Theories of War 1904—1945*（London: Allen & Unwin, 1982）一书中有关西线战斗技术方面的章节。John Terraine 的 *White Heat: The New Warfare*（London: Sidgwick & Jackson, 1982），书中有一些关于西线的有用章节。Guy Hartcup, *The War of Invention: Scientific Development 1914—1918*（London: Brassey's, 1988）是就重要主题写成的一部生动有趣但略微肤浅的著作。有关尤其危险的一个战争发明，L. F. Haber, *The Poisonous Cloud: Chemical Warfare in the First World War*（Oxford:

---

* 中文版见［英］利德尔·哈特：《第一次世界大战战史》，林光余译，上海：上海人民出版社，2010 年。——译者注

Clarendon Press, 1986）是特别重要的一部著作。Tim Travers, *The Killing Ground: The British Army, the Western Front, and the Emergence of Modern Warfare*（London: Allen & Unwin, 1987）经常混淆战争的历史叙述与历史本身。Bruce Gudmundsson, *Stormtroop Tactics: Innovation in the German Army 1914—1918*（Westport, CT: Praeger, 1989）虽然并没有能够解释为何一支如此具有创新性的军队会输掉战争，但有关德国战术，它仍旧是必不可少的书目。Timothy Lupfer, *The Dynamics of Doctrine: the Changes in German Tactical Doctrine during the First World War*（Fort Leavenworth, KS: Combat Studies Institute, 1981）同样是一部毁誉参半的著作。M. Samuels, Command or Control? *Command, Training, and Tactics in the British and German Armies 1888—1918*（London: Frank Cass & Co., 1995）在书中表明，德国军队有取得大战胜利的可能。当时曾有德国人对此表示相信，但是现在不会有历史学家相信这一点。G. C. Wynne, *If Germany Attacks: The Battle in Depth in the West*（London: Faber & Faber, 1940）是更重要的，但由于它老旧的出版时间，使得书的价值黯然失色。E. D. Brose, *The Kaiser's Army: The Politics of Military Technology in Germany During the Machine Age 1870—1918*（Oxford University, 2001）从西线德国人的视角出发给出了许多有用的见解。R. Chickering and S. Förster（ed.）, *Great War, Total War: Combat and Mobilization on the Western Front 1914—1918*（Cambridge: Cambridge University Press, 2000）是一部有用的论文集。B. Rawling, *Surviving Trench Warfare: Technology and the Canadian Corps 1914—1918*（University: University of Toronto Press, 1992）一书对于理解加拿大以外国家的堑壕战也可能有意义。Charles Messenger, *Trench Fighting, 1914—1918*（London: Pan, 1973），这本书不但受人欢迎而且很重要，每一个希望了解堑壕战性质的人都应该研读这本书。有关西线 662
的后勤，Ian Brown, *British Logistics on the Western Front* 1914—1919（Westport, CT: Praeger, 1992）对这一为人所忽略的研究领域做出了出色的研究。Martin van Creveld 在其著作 *Supplying War: Logistics from Wallenstein to Patton*（Cambridge: Cambridge University Press, 1977）中也涉及西线的一些后勤的内容。

9　东线

霍尔格·阿夫勒巴赫

就东线写作的最为重要的一部书是 Norman Stone, *The Eastern Front* (London: Hodder & Stoughton, 1975)，斯通不仅掌握了完备且细致的知识，同时能够很好地理解德国、奥匈以及俄国发生的历史事件，这本书成为人们了解东线战事的一本不可或缺的指南。他将重点放在了俄国将军以及军事组织机构的缺陷上。Dennis Showalter 在其 "War in the East and Balkans, 1914—1918", in John Horne (ed.), *A Companion to World War I* (Chichester: Wiley-Blackwell, 2010), pp.61–81，一文中以简短的篇幅就东线给出了有用的概览。Gerhard Gross 就 "被遗忘的战线" 编辑了一本非常有用的论文集 *Die Vergessene Front: Der Osten 1914/1915: Ereignis, Wirkung, Nachwirkung* (Paderbon/ Munich/ Vienna/ Zurich: Schöningh, 2006)，这本书对所发生的事件不仅仅局限于分析军事的进展，而是采取了一种全面的方法，可惜的是写作的时间节点停留在了 1915 年。

大量的书目充斥着东线作战史。德国官方战史 *Der Weltkrieg 1914—1918: die militärischen Operationen zu Lande. Bearbeitet im Reichsarchiv,* 14 vols. (Berlin: E. S. Mittler, 1925—1944; vols. XIII–XIV new edn, Koblenz, 1956) 以及 *Oesterreich-Ungarns lezter Krieg, 1914—1918*, 15 vols. (Vienna: Verlag der Militärwissenschaftlichen Mitteilungen, 1931—1938) 的相关部分涵盖了历史事件的很多细节。Reichsarchiv 就每一场战争都出版了多卷本著作（比如关于坦能堡或戈尔利采有 *Schlachten des Weltkriegs in Einzeldarstellungen*。Franz Conrad v. Hötzendorf, *Aus meiner Dienstzeit 1906—1918*, 5 vols. (Vienna: Rikola, 1921—1925) 的资料价值远超过一般意义上的回忆录。特别有用的是 Manfried Rauchensteiner, *Der Tod des Doppeladlers: Österreich-Ungarn und der Erste Weltkrieg* (Graz/ Vienna/ Cologne: Styria Verlag, 1993)，包括奥地利战线上的事件，以及 Holger Herwig, *The First World War: Germany and Austria-Hungary, 1914—1918* (London: Edward Arnold, 1997)。同样参见 Gary Shanafelt 的 *The Secret Enemy: Austria-Hungary and the German Alliance* (New York: Columbia University Press, 1985)。关于俄国，参看 Allen Wildman, *The End of the Russian*

Imperial Army, 2 vols.（Princeton University Press, 1980—1987）以及 William Fuller, *The Foe Within: Fantasies of Treason and the End of Imperial Russia*（Ithaca, NY: Cornell University Press, 2006）。

要对东线的历史事件给出最新的深入分析，需要能够解决至少十种不同语言的史料，同时解决多种族的问题。单就这个问题就使得从“跨国”观点全面分析这场战争变得非常困难。军队以及指挥结构的作用不但重要而且引人不禁对它们进行比较。德国方面，Holger Afflerbach, *Falkenhayn: Politisches Handeln und Denken im Kaiserreich*（Munich: R. Oldenbourg Verlag, 1994）论述了 1914 至 1916 年东线的战略问题。全面性的对比涉及处理多个方面的问题：战争与士兵的经历、武器与设备的问题、补给与后勤。Gross 编著的 *Die Vergessene Front* 是 663
一本优秀的开创性著作。要记述东线发生的全部事件，达到像人们记述西线事件那样完备和纯熟，在此之前还有许多必备性的工作要做。（参看 Robin Prior, 本卷的第 8 章）。

战俘的命运最近吸引了一些注意力，如 Alon Rachamimov, *POWs and the Great War: Captivity on the Eastern Front*（Oxford and New York: Berg, 2002）；同样受到关注的还有军事挺进与撤退的影响、焦土政策以及对平民的掠夺。这里尤其重要的一部书 Peter Gatrell, *A Whole Empire Walking: Refugee in Russia during World War I*（Cambridge: Bloomington, IN: Indiana University Press, 2005）。Vejas Gabriel Liulevicius, *War Land on the Eastern Front: Culture, National Identity and German Occupation in World War I*（Cambridge University Press, 2000）是一个开始，不过这本书涉及更多的是德国的占领，对这些“战争领土”上的居民的看法较少。

公众记忆与纪念——“东线的福塞尔”——缺失了，但 Karen Petrone, *The Great War in Russian Memory*（Bloomington, IN: Indiana University Press, 2011）做了最初的尝试。尝试从多国、利用比较的方式来写作，是一项极具挑战性的工作。

10　意大利战场

尼古拉·拉班卡

很多一战的通史性著作中，意大利战线的军事史长期遭到忽视。近年来，还是有一些历史学家重拾了这个话题。比如参看 Hew Strachan（ed.）, *The Oxford Illustrated History of the First World War*（Oxford University Press, 1998）; John Keegan, *The First World War*（New York: A. Knopf-Random House, 1999）; Ian F. W. Beckett, *The Great War, 1914—1918*（Harlow: Longman, 2001）; Stéphane Audoin-Rouzeau and Jean-Jacques Becker（ed.）, *Encyclopédie de la Grande Guerre, 1914—1918: histoire et culture*（Paris: Bayard, 2004）；以及 David Stevenson, *Cataclysm: The First World War as Political Tragedy*（New York: Basic Books, 2004）。但即使这些著作，也经常无法获得准确的参考。

面向普通大众写作的文献经常忽略意大利方面的历史。近来还没有一部除用意语之外的其他语言写作的关于意大利参战的严肃著作。最近引人注目的一个例外是 Mark Thompson 的 *The White War: Life and Death on the Italian Front, 1915—1919*（New York: Basic Books, 2009）。Audoin-Rouzeau and Jean-Jacques Becker 的 *Encyclopédie de la Grande Guerre* 的意大利文版 *La prima Guerra mondiale*, ed. Antonio Gibeli（Turin: Einaudi, 2007）问世后，推介了一批数量众多的由意大利史学家写作的新文章，据推测这些文章的受众群体是意大利读者。因此，在战争的通史性著作中，意大利史仍旧是缺失的。

更为复杂的一个问题是奥地利出版物中关于意大利战线的性质及其范围。加拿大史学家 Holger Herwig 做了大量基础性的工作，*The First World War: Germany and Austria- Hungary 1914—1918*（London: Edward Arnold, 1997）；当然四处都可以获取到用德语写作的奥地利书籍。现在甚至出现了法文版，参看近来 Max Schiavon, *L'Autriche-Hongrie dans la Première Guerre mondiale: la fin*
664 *d'un Empire*（Paris: Soteca, 2011）。但即使是这些著作也并不总能帮助读者去理解奥匈二元君主政体的帝国和种族复杂性。我们需要从细节上了解斯拉夫人、克罗地亚人、塞尔维亚人以及捷克人在战争期间反抗奥地利的历史——这些内容是现存的很多有关哈布斯堡帝国的通史所没有涉及的。

所有这些都意味着国际上对于发生在意大利前线的两次战争（奥地利人、意大利人）还停留在旧有的知识层面，并没有总是由于近来的研究得到修正。但过去的几十年，已有了最新的重要研究。传统的地方研究与新式的国际研究之间已经不存在鸿沟。

Manfried Rauchensteiner, *Der Tod des Doppeladlers : Österreich-Ungarn und der Erste Weltkrieg*（Graz: Styria Verlag, 1993）为理解奥地利一方提供了很好的起点；意大利一方的情况，最好的入门级的著作是 Mario Isnenghi and Giorgio Rochat, *La grand guerra 1914—1918*（Florence: La Nuova Italia, 2000）。

历史叙述的争论仍在进行。关于奥地利，参看 Günther Kronenbitter, 'Waffenbrüder: Der Koalitionskrieg der Mittelmächte 1914—1918 und das Selbstbild zweier Militäreliten'，in Volker Dotterweich（ed.），*Mythen und Legenden in der Geschichte*（Munich: Ernst Vögel, 2004），pp.157–186; Hermann J. W. Kuprian, 'Warfare- Warfare: Gesellschaft, Politik und Militarisierung Österreich während des Esten Weltkrieges'，in Brigitte Mazohl-Wallnig, Hermann J. W. Kuprian, Gunda Barth-Scalmani（ed.），*Ein Krieg, zwei Schüzengräben: Österreich-Italian und der Erste Weltkrieg in den Dolomiten 1915—1918*（Bozen: Athesia, 2005）。意大利方面，参看 Antonio Gibelli, *La grande Guerra degli italiani 1915—1918*（Milan: Sansoni, 1998）; Giovanna Procacci, 'La prima Guerra mondiale', in Giuseppe Sannatucci and Vittorio Vidotto（ed.），*Storia d'Italia,* vol. IV: *Guerre e fascismo*（Rome-Bari: Laterza, 1997）; Bruna Bianchi, *La follia e la fuga: nevrosi diguerra, diserzione e disobbedienza nell'esercito italiano, 1915—1918*（Rome : Bulzoni, 2001）。

有很多从国家层面针对"连接点"正在进行的研究，可以在选集和编著中找到。奥地利的情况已经被收录在 Mazohl-Wallnig, Kuprian, Barth-Scalmani（eds.），*Ein Krieg, zwei Schüzengräben*；还有 Hermann J. W. Kuprian and Oswald Überegger（eds.），*Der Erste Weltkrieg in Alpenraum*（Innsbruck: Wagner, 2011）。有关意大利的情况，最新且令人印象最为深刻的选集是 Mario Isnenghi and Daniele Ceschin（eds.），*La Grande Guerra : dall'Intervento alla 'vittoria mutilata'*（Turin : Utet, 2008）（这本选集是 Mario Isnenghi 编的一套总数为 5 卷题名为 *Italiani in guerra : Confitti, identità, memorie dal Risorgimento ai nostri giorni* [Turin : Utet, 2008—2010] 系列选集当中的第三卷），时间范围是从意大利统一到今天。

可利用的最好的文献是由 Rauchensteiner 和 Isnenghi-Rochat 撰述的以及他们带来的新研究，这些研究修正并取代了关于战争的最早叙事及官方史述：Österreichischen Bundesministerium für Heereswesen und vom Kriegsarchiv（ed.），*Österreich-Ungarns letzter Krieg, 1914—1918*（Vienna: Verlag der

Militärwissenschaftlichen Mitteilungen, 1930—1938），以及 Ministero della guerra, *Comando del corpo di stato maggiore, Ufficio storico, L'esercito italiano nella grande Guerra*（*1915—1918*）（Rome, 1927—1988）。

在过去几十年研究的众多话题当中，关于士兵的赞同与否定在奥地利和意大利引起了一些关注，但可能相较于其他国家对该话题的关注，其所占的分量还是较少的。造成这种现象出于多种原因：过去的 20 多年，奥地利在“新军事史”的领域处于相对领先的研究位置；然而在意大利，由于这个话题已经在 20 世纪 60 和 70 年代末得到了充分的研究（事实上这也正是对一战的新研究与旧的
665 “爱国的”叙事和传统的断裂点），因而现今这并不是一个会令年轻学者感到兴奋的话题。无论如何，奥地利方面还是要参考最为重要的评论性文章：Oswald Überegger，“Vom militärischen Paradigma zur ‘Kulturgeshichte des Krieges’? Entwicklungslinien der österreichischen Weltkriegsgeschichtsschreibung zwischen politisch-militärischer Instrumentalisierung und universitärer Verwissenschaftlichung”, in Oswald Überegger（ed.）, *Zwischen Nation und Region: Weltkriegsforschung im interregionalen Verleich: Ergebnisse und Perspektiven*（Innsbruck: Wagner, 2004）, pp.63–122。对意大利战争两种不同的研究方法，参看 Giovanna Procacci, *Soldati e prigionieri italiani nella Grande Guerra, con una raccolta di lettere inedite*（Rome: Editori Riuniti, 1993）；以及 Mario Isnenghi, *La tragedia necessaria: da Caporetto all'Otto settembre*（Bologna: Il Mulino, 1999）。Federico Mazzini 的博士论文中给出了一个有趣的观点，“Cose de laltro mondo: una contro-cultura di Guerra attraverso la scrittura popolare trentina, 1914—1920”（PhD thesis, University of Padua, 2009）。

还有一个并非意外才出现的是有关“边界”的话题，有关那些饱受战争之苦以及由于战争造成边界变动的区域的话题。的里雅斯特的情况是这样，特伦蒂诺情况更是这样。这个故事中一个非常重要的章节内容是特伦蒂诺的居民，由于他们受到奥地利人的征召，在战争期间当然主要为奥地利而战，但他们却被奥地利派往了距离意大利战线十分遥远的前线。少数叫嚷着“收复领土”的人自愿加入意大利军队。利用地区性的方法，产生了一些最具有创新性的研究成果。在奥地利，因斯布鲁克大学成为核心力量（并肩的还有维也纳大学和格拉茨大学）。在意大利，从罗韦雷托到特伦托形成了一个出色的历史学家圈子，

很多复杂的“边界故事”都出自他们之手，这些研究首次在极为有趣的评论中被汇集起来，叫作“工作资料”（Materiali di lavoro）。他们创作了大量的出版物，并且活跃在那片区域的历史博物馆和与之相关的圈子。有点类似，位于中间的博岑/博尔扎诺，南蒂罗尔/上阿迪杰，以 *Geschichte und region/ Storia e regione*（历史和区域）栏目为中心形成了一个十分活跃的跨区域、国际化的圈子。

11　奥斯曼前线

罗宾・普赖尔

严肃的读者应该从这里所讨论的三场主要战役的官方史读起。关于巴勒斯坦的有 George McMunn and Cyril Falls, *Military Operations: Egypt and Palestine, vol. I: From the Outbreak of War with Germany to June 1917*（London: HMSO, 1928）以及 Cyril Fall, *Military Operations: Egypt and Palestine, vol. II: From June 1917 to the End of the War*（London: HMSO, 1930）；关于加里波利有 *Cecil Aspinall-Oglander, Military Operations: Gallipoli*, 2 vols.（London: Heinemann, 1929—1932）；关于美索不达米亚，参看 F. J. Moberley, *Military Operations: Mesopotamia*, 4 vols.（London: HMSO, 1923—1927）。澳大利亚的官方史，Henry S. Gullett, *The Australian Imperial Force in Sinai and Palestine*（Sydney: Angus & Robertson, 1944），尽管对轻骑兵存在过分的夸大，但相比英国出版的同类型著作还是更具有可读性。

Anthony Bruce, *The Last Crusade: The Palestine Campaign in the First World War*（London: John Murray, 2002），在这本书中能够找到有关巴勒斯坦战役的更为精华的内容。这是当代对巴勒斯坦战役做出的最出色的研究。General Archibald Waveil, *The Palestine Campaign*（London: Constable, 1928）是一部出色的著作，并且经受住了时间的考验。David Woodward, *Hell in the Holy Land: World War I in the Middle East*（Lexington, KY: University Press of Kentucky, 2006） 666
从一位普通士兵的视角来阐述历史，但对战役战略战术不乏一些精妙的评论。Matthew Hughes's *Allenby and British Strategy in the Middle East 1917—1919*

（London: Frank Cass & Co., 1999）对巴勒斯坦不可逆转的结局有一个清晰的叙述。遗憾的是，没有人对阿奇博尔德·默里的战略和战术进行过相似的研究。Alec Hill, *Chauvel of the Light Horse*（Melbourne University Press, 1978）是对中东任何一个指挥官做出的最好的研究之一。

有关阿拉伯劳伦斯的研究，很难知道从哪里说起。有些官方人士将劳伦斯的 *Seven Pillars of Wisdom* 作为最重要的著作和当代的经典。我虽然不认同这样的看法，但此书有很多不同的版本多次印刷。Lawrence James, *The Golden Warrior: The Life and Legend of Lawrence of Arabia*（London: Weidenfeld & Nicolson, 1990）是一本更新（也更中性）的研究。

同样，要想知道加里波利的研究从哪里开始也是有困难的。这一章的作者写过一本著作，*Gallipoli: The End of the Myth*（New Haven, CT and London: Yale University Press, 2009），其中甚至作者也认为他做的未能解决这个问题。我认为 C. E. W. Bean 写作的澳大利亚官方史卷册基本不具备可读性，然而人们还是能够从中收集到许多的信息。Tim Travers, *Gallipoli 1915*（Stroud: Tempus, 2001）尤其侧重于对战役的撰述。Alan Moorehead. *Gallipoli*（London: Hamish Hamilton, 1956）的著作精彩绝伦但极其过时。Robert Rhodes James, *Gallipoli*（London: Batsford, 1965）的研究，很多年都是标准性的研究。应当审慎地看待东方学专家对土耳其人的观点，对澳大利亚人的诡异观点以及对战役前景愚蠢的乐观。Nigel Steel and Peter Hart, *Defeat at Gallipoli*（London: Macmillan, 1985）对战役期间的士兵做出了不错的研究。Michael Hichey, *Gallipoli*（London: John Murray, 1995）并没有多少新的贡献。有关加里波利指挥官——汉密尔顿、伯德伍德、亨特-韦斯顿——并没有值得推荐的著作。约翰·李写作了一本著作 *A Soldier's life: General Sir Ian Hamilton*（London: Macmillan, 2000）。只有那些对军事偶像传记感兴趣的读者应当阅读这本书。George Cassar, *The French and the Dardanelles*（London: Allen & Unwin, 1971）尽管这本书在内容的安排上政治要多于军事行动，但仍在这一领域占有一席之地。Eric Bush, *Gallipoli*（London: Allen & Unwin, 1975）是由一位距离事件发生很久之后的一位当地人写作的著作，仍旧值得一读，相同情况的还有 Cecil Malthus, *Anzac: A Retrospect*（Auckland: Whitcombe & Tombs, 1965）。Jenny Macleod, *Reconsidering Gallipoli*（Manchester University Press, 2004）针对坊间流传关于澳新军团的故事日益增多的情况做

出了一流的研究。海军方面，Keyes 的回忆录（*The Fight for Gallipoli: From the Naval Memoirs of Admiral of the Fleet, Sir Roger Keyes Baron, 1872—1945* [London: Eyre & Spottiswoode, 1941]）自私到令人绝望，不能被推荐。而且除了海军军事行动方面外几乎没有任何其他的内容。读者们能够在位于堪培拉的澳大利亚战争纪念馆内找到编号为 AWM124 的米切尔委员会报告。这是至今为止关于海军失利最好的分析研究。

关于土耳其方面，土耳其总参谋部已帮助把部分翻译成了英文，见 *A Brief History of the Canakkale Campaign in the First World War*（Ankara, 2004）。任何试图了解奥斯曼军队的人都应该感激 Edward Erikson。他的 *Ordered to Die: A History of the Ottoman Army in the First World War*（Westport, CN：Greenwood Press, 2001），是一本必不可少的著作。尽管或许他对于土耳其军队的战斗力有太多的溢美之词，我完全不认同他对海军进攻的预测。

有关美索不达米亚，多年来 A. J. Barker 的 *The Neglected War: Mesopotamia* 667
1914—1918（London: Faber & Faber, 1967）都是讨论的起点。现在这本书让位于 Charles Townshend, *When God Made Hell*（London: Faber & Faber, 2010）。这本书的副标题太过冗长在这里就不列举了，但这是一部关于战役的军事和政治方面的杰出著作。这本书纠正了很多普遍流行但错误的观点，尤其是涉及汤曾德（与作者并非是亲属）的。查尔斯·汤曾德的另一部著作也不应被忽略。他的 *My Campaign in Mesopotamia*（London: Thornton Butterworth, 1922），尽管这本书语调尖刻，但还是一部尚可的个案研究。Ronald Millar, *Kut: Death of an Army*（London: Secker & Warburg, 1969）是一部对大包围做出高水准研究的著作。Russell Braddon 关于这一相同主题的著作 *The Siege*（London: Jonathan Cape, 1969）经过当代查尔斯·汤曾德的深入剖析后，就没什么可信度了。没有其他对美索不达米亚将军的生涯进行研究的现代著作了。Nixon 和 Maude 二人看上去似乎跌入了一种历史撰述的裂隙。Wilfred Nunn's *Tigris Gunboats*（London: Melrose, 1932），尽管该书的作者没有意识到他描述事件的怪异性，但还是有用的一本书。Alexander Kearsey, *A Study of the Strategy and Tactics of the Mesopotamian Campaign 1914—1917*（London: Gale & Polden, 1934），这本书充满了军事洞见。相同情况还有 Elie Kedourie, *England and the Middle East: The Destruction of the Ottoman Empire, 1914—1921*（London: Bowes & Bowes, 1956）。

这本书的结论需要对照我对本章做出的结论进行阅读。Peter Sluglett, *Britain in Iraq: Contriving King and Country, 1914—1932*, 2nd edn（New York: Columbia University Press, 2007）把整个政治场景置于自己的观点里。同样在政治方面做出高水准研究的还有 Paul Davis, *Ends and Means: The British Mesopotamian Campaign and Commission*（London and Toronto: Associated University Presses, 1994）。

12 海战

保罗·肯尼迪

像平常一样，首先从官方史开始；接着出于敬重，介绍"海上大战"重要参加者的回忆录。与那些伟大的充满学术性和活力的二战官方史相比，有关一战的官方史书写的单薄令人觉得遗憾且无趣。造成这种局面的简单理由是：有关失败海军的官方史书除了说他们在不可能的情形之下做出了最大的努力之外没有其他可说的；而那些海军的胜利者试图去解释为什么他们认为海军的表现远没有预设和期待的那样好。对海军实力较弱的国家来说，这并非心理问题，对于那些为奥匈和意大利修官方史的历史学家，他们除了能指出他们国家在地缘政治学的局限，然后便欣然转向讨论亚得里亚海小型作战行动的细节外，还能做些别的什么？Hans Sokol 的 *Oesterreich-Ungarns Seekrig*（Zurich: Amalthea-Verlag, 1933）是一本不错的特例。法国史学家遇到的困境几乎是一样的：皇家海军据守北海和海峡，地中海是平静的水域，法国的大战发生在陆上。美国海军希望自己的海军贡献能够像史诗一般，同时成为通向更伟大事情的铺路石，但在斯卡帕湾的战舰中队以及抵抗 U 型潜艇的试探性战事真实的情况是并不那么惊心动魄的。

只是在英国与德国，对海战的事后检查引发了兴趣并激起了巨大的争议，因为对这两个国家海战都利益攸关。在德国，人们对事件关注的重点并不在于
668 公海舰队是否可以做得更好，因为毕竟它们在恶劣的地缘政治情形和数量劣势下已表现得很出色。他们反倒关心的是"对抗英国战舰"的提尔皮茨战略是否能够发挥任何作用，或者下一轮国家是否应当经挪威取得突破，就像 1940 年所做的那样。德国官方的海军史宁愿不讨论那件事。在不列颠，出于本章节正文

中所述的原因，讨论更多是存在主义式的。这意味着，即便像 Sir Julian Corbett 一样杰出的历史学家和战略思想家，也无法通过其所著的 *History of the Great War: Naval Operations,* vols. I and II（London: Longmans, Green and Co. 1921）造成任何的影响，既然海军部坚持认为，这应该是官方解释和分析的事情，而不是他的事情——比提的干涉是不可原谅的。最后的结果是，耗费了数千页的笔墨，以及众多的总结概要，只说出第五战斗舰队在日德兰的迷雾中向左调转。

回忆录的文献的状况更加糟糕；至少官方历史给出了许多无可争辩的事实。Grant 的有关美国内战的 *Memoirs*，以及 William Slim 将军的 *Defeat into Victory*（关于 1942—1945 年缅甸战役），或许永远都是最好的战争回忆录，谁想要找到一部可以和这两部书匹敌的著作是徒劳的。哪个人无论是阅读谁的自传，Sheer 的，Hipper 的，Sims 的，Jellicoe 的，Beatty 的，Bacon 的等等不一而足，以及其他两战期间尽职的传记作家的作品，略带批判性态度的读者都会由于他们固守自己的立场以及他们不能面对严酷的客观性而感到无聊。一个人阅读 Filson Young 的 *With Beatty in the North Sea*（London: Cassell, 1921）就像是见牙医一样感觉沉闷。相比之下，海军中将 Dewar 的 *The Navy from Within*（London: Victor Gollancz, 1939）像是一阵清风。或许我们不能有太多的期待，二战的空军将领们的自传也同样无趣。

这里还是有个亮点的。它就是超乎寻常、十分珍贵的多卷本 *The Navy Record Society*（London, annually, since 1893）。世界上没有任何一套纯粹且不断重印的原始文件（至少是 12 本从海军角度撰写的一战著作中未能如此）——中心控制、地区行动、情报、英美海军关系以及 Fisher、Jellicoe、Beatty、Keyes 的私人手稿。但它们还是保持自己的样子：很棒的原始档案。等待那些去解读它们的人。

即使是专注于海军研究的史家也认为“海军”作家——年长的多面手是无能的，在此有人想到了 Richard Hough's *The Great War at Sea, 1914—1918*（Oxford: Oxford University Press, 1983）以及 Geoffrey Bennett's *Naval Battles of the First World War*（London: Batsford, 1968）。他们的著作缺少批判的内容。所有这些书讨论海军行动的时候是最幸福的时候，尽管很少有海军行动是真的令人感到幸福的。所有都会以这样的话结尾：在这一天的结尾（原文如此），海权是决定性的。提供的所有证据都是无力的。

海军至上主义者马汉告诉我们，海权是首要的。1914 年 8 月，德国入侵比利时后，战争随之而来。海权得以应用。由于德国最终落败，由此它是具有决定性的。1914—1918 年很难见到战舰行动，然而，经济封锁还是取得了胜利。这就是一个人需要知道的全部内容。即使是军事史家，正如 Basil Liddell Hart 的 *The Real War: 1914—1918*（London: Faber & Farber, 1930）里也取信了这个观点。那些遥远的、远距离的船只将敌人碾碎。显然，现在的作者深深地怀疑这样的推论。

最棒的单卷本海战著作是 Paul Halpern 的 *A Naval History of World War I*（Annapolis, MD: Naval Institute Press, 1994）。作者涵盖了所有海军交战国——奥
669 匈、英帝国、法国、德国、日本、意大利、俄国以及美国——他的参考文献极好，对学者而言是意外的收获，而且替代了数百本先前的著作。这里所看到的是整个森林，而非独木或是枝丫。地图也特别棒。但随着 1918 年 11 月 21 日公海舰队在福斯湾向协约国海军投降，这本书戛然而止。Halpern 在书的第 449 页总结道，“海战结束了”。这位无疑知识最为渊博的一战海军史学家没有反思、没有总结、没有尝试提供海战的全面意义。

有一些关于海军支出、技术、全球战略、后勤以及所有那些重要却至今为止都被忽略领域的优秀而精致的研究，但在批评者看来，这些出色的学者（包括这一领域的一流人物 Nicholas Lambert、Jon Sumida、James Goldrick、Barry Gough 和 Greg Kennedy）越是深入挖掘档案，他们对海战做出整体研究的可能性就越小，也更难从一战总体背景中来看待研究的内容，更不必说从蒸汽机、铁路以及飞机的问世回顾整个西方军事技术史。即使是我此前的导师 Arthur J. Marder 写作了出色 5 卷本著作 *From the Dreadnought to Scapa Flow*（Oxford: Oxford University Press, 1961—1970, 1978），依旧表明一个优秀的历史学家仍可能成为一个海军部档案的囚徒。

最近出版的 Andrew Gordon 的 *The Rules of the Game: Jutland and British Naval Command*（London: John Murray, 1996）单本著作打破常规，因为他进入了那些海军领导人物的精神世界，这些人发现理解 1914—1918 年的海战太过困难。但这本书只是例外。有人会好奇为何历史的这一分支对过去几十年的考察会如此内向化且缺乏新意，也会奇怪为何我们丧失了此前著作清晰体现出的更为广泛的原则，如 Admiral Sir Herbert Richmond 的 *Statesmen and Sea Power*（Oxford:

Clarendon Press, 1946）体现的，而这本书又继承了卓越的 Julian S. Corbett 的 *Some Principles of Maritime Strategy*（London: Longman, 1911）。海权得到最好理解的地方，不是像令人兴奋的互换战舰或神秘的火控技术，而是在下议院的控制方面。除去 1917 年恐怖的德国 U 型艇针对盟军船只的行动，以及后来与护卫舰队的遭遇，其他都不是问题，至少没有任何事情像 1941 至 1943 年的事情那样恐怖。日德兰之后，短程公海舰队的问题不再是个问题。

澳大利亚学者 James Goldrick 对研究的问题给出了最好的简析，"The Need for a New Naval History of the First World War", Corbett Paper No.7（Corbett Centre for Maritime Studies, Kings College London, 2011），但即便是他也没能意识到一个残酷的事实，那就是第一次世界大战对海权在历史中的作用并没有起到正面积极的影响。他反而建议对海军后勤、人力资源以及通讯进行更多的研究……但如果年轻的史学家出版了一本深入的研究（比如说，有关水雷方面的），但是却不能回答基础性的问题："那又怎样"，即"海军史如何影响历史本身的大主题"，那这样的研究又有什么意义呢？只有去年（2012 年）Nicolas A. Lambert 的书 *Planning Armageddon: British Economic Warfare and the First World War*（Cambridge, MA: Harvard University Press, 2012）跳出了这个狭窄的视野。

笔者将近 40 年前在 *The Rise and Fall of British Naval Mastery*（London and New York: Allen Lane, 1976）一书中就"尝试过"这件事情。然而，自从海权对恐怖的、令世界震惊的战争的相对重要性这个大问题被提出以来，就没有什么著作出版。J. H. Hexter 曾经将历史学家分成"分解者"和"聚合者"。目前对 1914—1918 年间海战的历史撰述无疑都属于分解者。是时候出现些聚合者了。

13 空战 670

小约翰·H. 莫罗

关于 1914—1918 年的空战，最为首要的是两部。一部是 John H. Morrow Jr. 内容详尽的著作，*The Great War in the Air: Military Aviation from 1909 to 1921*（Tuscaloosa, AL: University of Alabama Press, 2009），这一版是在 1993 年 Smithsonian Institution Press 的初版基础上重印后出版的。另一部是 Lee Kennett,

The First Air War, 1914—1918（New York: Free Press, 1991），篇幅更为短小，但包含更多逸闻趣事。

尽管法国的军用航空业在一战中具有标志性的重要性，但并没有受到应有的关注。有关这一主题的最重要的作品仍旧是 Charles Christienne 等编的官方史，*Histoire de l'aviation militaire française*（Paris: Charles Lavauzelle, 1980）的相关章节，这本书的英文版由 Smithsonian Institution Press 1986 年出版，书名为 *A History of French Military Aviation*。

德国的军用航空业在 John Morrow 连续的作品中得到了应有的关注，分别是 *Building German Air Power, 1909—1914*（Knoxville, TN: University of Tennessee Press, 1976）和 *German Air Power in World War I*（Lincoln, NE: University of Nebraska Press, 1982）。Douglas H. Robinson 的著作，*The Zeppelin in Combat: A History of the German Naval Airship Division, 1912—1918*（London: Foulis, 1962）追溯了德国海上飞艇对英格兰作战的戏剧化且以悲剧收场的历史。

英国空军力量的历史在英文文献中受到了最多的关注，这开始于战后唯一解密的官方史，Walter Raleigh 爵士和 H. A. Jones 的 6 卷本，*The War in the Air*（Oxford: Clarendon Press, 1922—1937）。更为新近广受欢迎的信息量大的研究包括以下两本，一是 Denis Winter 具有启发性的著作 *The First of the Few: Fighter Pilots of the First World War*（London: Penguin, 1982），另一本是 Peter H. Liddle 充满轶闻趣事的著作，*The Airman's War 1914—1918*（Poole, Dorset: Blandford, 1987）。Malcolm Cooper 的书，*The Birth of Independent Air Power: British Air Policy in the First World War*（London: Allen & Unwin, 1986），是一本出色的关于战时空军政策研究的著作。关于早期意大利航空的研究，参看 Piero Vergnano 的书，*Origins of Aviation in Italy, 1783—1918*（Genoa: Intyprint, 1964）。

Richard P. Hallion 的著作，*Rise of the Fighter Aircraft, 1914—1918*（Annapolis, MD: Nautical & Aviation Publishing Co., 1984），对战斗机或者说对驱逐术的探求贡献了一部精彩的著作。作者将注意力过多地放在 1914—1918 年的战斗机上，而几乎没有关注那些作为飞机核心部分的引擎的重要历史：参看 Herschel Smith 的 *A History of Aircraft Piston Engines*（Manhattan, KS：Sunflower University Press, 1986［1981］）的相关章节。国家航空航天博物馆馆长们基于博物馆展出的有关一战的珍品出版了一本极其出色的著作：Dominick A. Pisano,

Thomas J. Dietz, Joanne M. Gernstein and Karl S. Schneide, *Legend, Memory, and the Great War in the Air*（Seattle: University of Washington Press, 1992）。

一些由 1914—1918 年战斗机飞行员写作或关于这些飞行员的图书成为经典：Cecil Lewis 自传性的研究，*Sagittarius Rising*（Barnsley: Frontline Books, 2009［1936］；V. M. Yeates 基于他在战时的经验写作的小说，*Winged Victory*（London: Buchan & Wright, 1985［1936］）；Edward Mannock 的日记，*Edward Mannock: The Personal Diary of Maj. Edward 'Mick' Mannock*，由 Frederick Oughton 引进并编辑（London: Spearman, 1966）；Manfred von Richthofen 的回忆录，*The Red Fighter Pilot*（St Petersburg, FL: Red & Black, 2007［1918］）；James T. B. 671
McCudden 的回忆录，*Flying Fury*（London: John Hamilton, 1930［1918］）；Eddie V. Rickenbacker 的 *Fighting the Flying Circus*（New York: Doubleday, 1965［1919］）；John M. Grider 的 *War Birds: Diary of an Unknown Aviator*, ed. Elliot White Springs（Garden City, NY: Sun Dial Press, 1938）。Adrian Smith 在书中所写的内容或许是对这些王牌飞行员唯一的分析研究，Mick Mannock, *Fighter Pilot: Myth, Life, and Politics*（Basingstoke: Palgrave Macmillan, 2001）。

另外两部最近有关一战航空研究的著作是 Peter Hart 的 *Bloody April: Slaughter in the Skies over Arras, 1917*（London: Cassel, 2007）和 *Aces Falling: War above the Trenches, 1918*（London: Phoenix, 2009）。这类书代表了一战航空的力量仍在延续从而激发了又一代读者的想象力。

14 战略指挥

加里·谢菲尔德　斯蒂芬·巴奇

指挥依旧是军事史上一个研究不足的方面。部分是由于定义的问题。领导力和指挥是相关但并不相同的概念。一个看上去充满希望的标题，John Keegan, *The Mask of Command*（New York: Viking, 1987）事实上主要讨论的是领导力。Martin van Creveld, *Command in War*（Cambridge, MA: Harvard University Press, 1985）是少数几本书中专门讨论指挥问题的。尽管出版年代久远，但仍旧有其价值，尤其是 van Creveld 的有关英国军队在索姆河的章节需要与更为新近的相同主题的内容同时阅读。同样参见 G. D. Sheffield (ed.), *Leadership and Command: The Anglo-American Military Experience since 1861* (London: Brassey's, 2002 [1997])。

对一战的战略指挥研究也存在相似的分布不均的情况。三本论文集，Peter Paret et al. (eds), *Makers of Modern Strategy from Machiavelli to the Nuclear Age* (Princeton: Princeton University Press, 1986)；Williamson Murray, MacGregor Knox and Alvin Bernstein (eds.), *The Making of Strategy: Rulers, States and War* (Cambridge University Press, 1994)；尤其是 Roger Chickering and Stig Förster (eds.), *Great War, Total War: Combat and Mobilization on the Western Front 1914—1918* (Cambridge University Press, 2000) 包括相关的材料。Richard F. Hamilton and Holger H. Herwig (eds.), *War Planning 1914* (Cambridge: Cambridge University Press, 2010) 也同样十分有用。对同盟国和协约国的联盟指挥的研究目前都相对不足，但 Elizabeth Greenhalgh, *Victory Through Coalition: Britain and France during the First World War* (Cambridge: Cambridge University Press, 2005) 一书为研究英法同盟开了一个好头。海战方面，参看 Paul G. Halpern, *A Naval History of World War I* (Annapolis, MD: Naval Institute Press, 1994) 以及 Andrew Gordon's *The Rules of the Game: Jutland and British Naval Command* (London: John Murray, 1996)。

同盟国统治集团负责指挥的一些主要人物都有历史学家为之著书立说：参看 Lawrence Sondhaus, *Franz Conrad von Hötzendorf: Architect of the Apocalypse* (Boston, MA: Humanities Press, 2000)；Annika Mombauer, *Helmuth von Moltke and the Origins of the First World War* (Cambridge University Press, 2000)。Holger Afflerbach 的传记，*Falkenhayn* (Munich: R. Oldenbourg Verlag, 1996) 还有待翻译成英文。这本书应当与 Robert T. Foley 的重要作品 *German Strategy and the Path to Verdun* (Cambridge, 2005) 一同阅读，后者中有一些与 Afflerbach 结论不同的观点。

672 有两本书对英国的大战略以及军事战略做出了很好的研究，分别是 David French: *British Strategy and War Aims 1914—1916* (London: Allen & Unwin, 1986) 和 *The Strategy of the Lloyd George Coalition 1916—1918* (Oxford University Press, 1998)。那些对英国主要战略指挥官感兴趣的人有很多有用的书

可以参考，包括 George H. Cassar, *Kitchener's War: British Strategy from 1914—1916*（Dulles, VA: Brassey's, 2004）；Richard Holmes, *The Little Field Marshal: A Life of Sir John French*（London: Cassell, 2005 [1981]）；David R. Woodward, *Field Marshal Sir William Robertson: Chief of the Imperial General Staff in the Great War*（Westport, CT: Praeger, 1998）。道格拉斯·黑格依旧是一个备受争议的人物。下面这两本书提供了关于他的两种截然不同的观点，J. P. Harris, *Douglas Haig and the First World War*（Cambridge University Press, 2009）以及 Gary Sheffield, *The Chief: Douglas Haig and the British Army*（London: Aurum Press, 2011）。

意大利方面，John Whittam, *The Politics of the Italian Army*（London: Croom Helm, 1977），讨论的是 1915 年之前的时段，可以提供一些背景材料。Mark Thompson, *The White War*（London: Faber & Faber, 2008）一书中有大量相关的材料，是一本最近出版的有关意大利战争的出色研究。可以通过 Donald Smythe, *Pershing: General of the Armies*（Bloomington, IN: Indiana University Press, 2007 [1986] 了解美国指挥官约翰·潘兴。有很多关于法国指挥官的书，参看 Robert A. Doughty, *Pyrrhic Victory: French Strategy and Operations in the Great War*（Cambridge MA: Harvard University Press, 2005）以及 Elizabeth Greenhalgh, *Foch in Command*（Cambridge University Press, 2011）。Guy Pedroncini 撰写了大量有关贝当的内容，比如 *Pétain：le soldat et la gloire, 1856—1918*（Paris: Perrin, 1989）。Edward J. Erickson 的著作，利用奥斯曼的材料和现代土耳其研究，改变了西方对奥斯曼军队的看法。尽管主要涉及的内容并不是战略层面的，但他的 *Ottoman Military Effectiveness in World War I: A Comparative Study*（London: Routledge, 2007）包含了很多有趣的内容。

在大量有关作战的研究著作当中，只有一些是值得提及的。包括 David T. Zabecki, *The German 1918 Offensives: A Case Study in the Operational Level of War*（Abingdon: Routledge, 2006）；Robin Prior and Trevor Wilson, *Command on the Western Front: The Military Career of Sir Henry Rawlinson, 1914—1918*（Oxford: Blackwell, 1992）；Graydon A. Tunstall, *Blood on the Snow: The Carpathian Winter War of 1915*（Lawrence, KS: University Press of Kansas, 2010）；Holger H. Herwig, *The Marne 1914: The Opening of World War I and the Battle that Changed the World*（New York: Random House, 2009）；Richard DiNardo, *Breakthrough: The*

Gorlice-Tarnow Campaign, 1915（Santa Barbara, CA: Praeger, 2010）以及 Dennis E. Showalter, *Tannenberg: Clash of Empires, 1914*（Washington, DC: Brassey's, 2004 [1991]）。

15 帝国的体系

小约翰·H. 莫罗

有两本书利用全球或帝国方法对一战做出了总体的研究：John H. Morrow, Jr. 的 *The Great War: An Imperial History*（London and New York: Routledge, 2004）和 Hew Strachan 的研究，*The First World War*（London: Penguin, 2005）。Avner Offer 的 *The First World War: An Agrarian Interpretation*（Oxford: Clarendon Press, 1989）从农业的角度对战争的全球性给出力透纸背的真知灼见。

673 在帝国主义的情境中理解战争的起源，John A. Hobson 的经典性著作，*Imperialism*（Ann Arbor, MI: University of Michigan Press, 1965 [1902]）仍旧是不可或缺的起点。相关的话题，D. P. Crook 的著作，*Darwinism, War and History: The Debate over the Biology of War from the "Origins of Species" to the First World War*（Cambridge University Press, 1994），关注达尔文主义对那些好战分子和导致战争的帝国主义氛围的影响。Aaron L.Friedberg 的 *The Weary Titan: Britain and the Experience of Relative Decline, 1895—1905*（Princeton University Press, 1986）是一部富有洞见的著作，研究了帝国对大不列颠造成的压力。Nicholas A. Lambert，*Planning Armageddon: British Economic Warfare and the First World War*（Cambridge, MA: Harvard University Press, 2012），该鸿篇巨制的主题是英国的战前计划，它们打算利用不列颠独特的全球实力摧毁德国的经济。Sean McMeekin 的研究无可估价，*The Russian Origins of the First Word War*（Cambridge, MA: Harvard university Press 2011），该书例证阐释了帝国主义观点如何避免过于简单化地将一战的罪责归咎于某一个国家。Mustafa Aksakal 的独著，*The Ottoman Road to War: The Ottoman Empire and the First World War*（Cambridge University Press, 2008），充分关注了奥斯曼帝国的政策在战争起源中的作用。

关于帝国主义的一些最出色的著作涉及法国和英国，它们将自己殖民地国民引入欧洲从事战斗和工作。Richard S. Fogarty 的著作，*Race and War in France: Colonial Subjects in the French Army, 1914—1918*（Batimore, MD: Johns Hopkins University Press, 2008），是最新出版的、最综合性的书，其他相同的书还有 Charles J. Balesi, *From Adversaries to Comrades in Arms: West Africans and the French Military, 1885—1918*（Waltham, MA: African Studies Association, 1979）；Joe Lunn, *Memoirs of the Maelstrom: A Senegalese Oral History of the First World War*（Portsmouth, NH: Heinemann, 1999）以及 Joe Lunn 与 Tyler Stovall 写作的有关战时法国种族的具有开创性的文章，"The Color Line behind the Lines: Racial Violence in France during the Great War", *American Historical Review*, 103:3（1998）, pp.737–769。Guoqi Xu 引人入胜的著作，*Strangers on the Western Front: Chinese Workers in the Great War*（Cambridge, MA: Harvard University Press, 2011）关注了那些一直为人所忽视的在法劳工群体。

有关英国与其原先最重要的帝国资产印度，参看 Philippa Levine 写作的有关英国的种族和性别的文章，"Battle colors: race, sex and colonial soldiery in World War I", *Journal of Women's History*, 9:4（1998）, pp.104–130；David Omissi 编辑整理的印度士兵书信集，*Indian Voices of the Great War: Soldiers's Letter, 1914—1918*（London: Macmillan, 1999）不仅信息量巨大，且十分感人。Richard J. Popplewell 的书有关英国在印度以及与印度相关的情报行动，*Intelligence and Imperial Defense: British Intelligence and the Defense of the Indian Empire, 1904—1924*（London: Frank Cass & Co., 1995）。

有关战争在非洲的情况，参看通史性的研究，Byron Farwell, *The Great War in Africa, 1914—1918*（New York: W. W. Norton, 1986）；Melvin Page（ed.）, *Africa and the First World War*（New York: St Martin's Press, 1987）。Mahir Saul and Patrick Royer 所著的具有启示性质的著作，*West African Challenge to Empire: Culture and History in the Volta-Bani Anticolonial War*（Athens, OH: Ohio University Press, 2001），考察了在西非发生的一场具有重要意义的反法起义。Melvin Page 的著作，*The Chiwaya War: Malawians and the First World War*（Boulder, CO: Westview Press, 2000）以及 James J. Mathews 的文章，"World War I and the Rise of African Nationalism: Nigerian Veterans as Catalysts of Political

674 Change", *Journal of Modern African Studies*, 20:3（1982）, pp.493–502，阐明了英国在非洲殖民的发展情况。

对英国人与奥斯曼人进行艰苦对抗的军事史感兴趣的读者，参看 Charles Townsend, *Desert Hell: The British Invasion of Mesopotamia*（Cambridge, MA: Harvard University Press, 2011）；Peter Hart, *Gallipoli*（Oxford University Press, 2011）。Michael A. Reynold 的著作，*Shattering Empire: The Clash and Collapse of the Ottoman and Russian Empire, 1908—1918*（Cambridge University Press, 2011）以及 David Fromkin 通俗易懂的著作，*A Peace of End all Peace: The Fall of the Ottoman Empire and the Creation of the Modern Middle East*（New York: Henry Holt, 1989），两部书涉及了所有奥斯曼帝国与中东的重要话题。最后，对其恐怖的亚美尼亚种族灭绝这一独特的恐怖事件和更大规模大屠杀的先兆，新近有两本书予以了关注：Raymond Kévorkian, *The Armenian Genocide: A Complete History*（London: I. B. Tauris, 2011）以及 Tamer Akçam, *The Young Turks' Crime against Humanity: The Armenian Genocide and Ethnic Cleansing in the Ottoman Empire*（Princeton University Press, 2012）。

16 非洲

比尔·纳桑

关于非洲与 1914—1918 年的著作相对而言依旧不是很多。强调战争对整个大陆的影响就有必要关注总的在帝国与殖民主义主题之下重要的文献，同时考虑到军事、政治、社会、经济、宗教、文化、民族以及种族变革动力这样一些广泛的领域。因为这里的战争既受到外部欧洲的裹挟，又是一场因非洲内部多种组织诉求的不同而起的纷争。

在首要的世界战争的层面，尽管许多一战的历史要么忽略了非洲要么几乎不涉及，但最近出现了一些著作试图将非洲大陆置于一幅更为广阔的图景中：Jay Winter and Blaine Baggett, *The Great War and the Shaping of the 20th Century*（London: BBC Books, 1996）; John H. Morrow, Jr., *The Great War: An Imperial History*（New York: Routledge, 2005）; Michael S. Neiberg, *Fighting the Great War:*

A Global History（Cambridge, MA: Harvard University Press, 2006）；以及 William Kelleher Storey, *The First World War: A Concise Global History*（Lanham, MD: Rowman & Littlefield, 2009）。

对非洲的总体概览，参看 *Journal of African History*, 19:I（1978）的特刊“World War I and Africa”；Michael Crowder, “The First World War and its consequences”, in A. Adu Boahen（ed.）, *Africa under Colonial Domination, 1880—1935*, UNESCO General History of Africa, vol. VII（Berkeley, CA: University of California Press, 1985）, pp.283–311; M. E. Page（ed.）, *Africa and the First World War*（New York: St Martin's Press, 1987）; David Killingray, “The war in Africa”, in Hew Strachan（ed.）, *The Oxford Illustrated History of the First World War*（Oxford University Press, 1998）, pp.191–212；以及 Hew Strachan, *The First World War in Africa*（Oxford University Press, 2004）。

关于西非，参看 Michael Crowder and Jide Osuntokun, “The First World War and West Africa, 1914—1918”, in J. F. Ade Ajayi and Michael Crowder（eds.）, *History of West Africa*, 2 vols.（London: Longman, 1974）, vol. II, pp.484–513。关于英国殖民，Akinjide Osuntokun, *Nigeria in the First World War*（Harlow: Longman Ibadan History Series, 1979）。对于法国殖民地，Marc Michel, *L'appel a l'Afrique:* 675
contributions et reactions a l'effort de guerre en A. O. F. (1914—1919)（Paris: Publications de la Sorbonne, 1982），书中有对军旅经历做出的精彩研究；Myron Echenberg, *Colonial Conscripts: The Tirailleurs Senegalais in French West Africa, 1857—1960*（Portsmouth, NH: Heinemann, 1991）；以及 Joe Lunn, *Memoirs of the Maelstrom: A Senegalese Oral History of the First World War*（Oxford: James Currey, 1999）。

关于东非和中非，都是既有评价性的研究又有更多专门性的地方和主题的研究。Bruce Vandervort 的文章，“New light on the East African Theater of the Great War: AReview Essay of English-language Sources”, in Stephen M. Miller（ed.）, *Soldiers and Settlers in Africa, 1850—1898*（Amsterdam: Brill, 2009）, pp.287–305 有文献的保证，可以作为一流的指南。对于军事战役以及总体战的影响，参看 Melvyn E. Page, *The Chiwaya War: Malawians and the First World War*（Boulder, CO: Westview Press, 2000）; Edward Paice, *Tip & Run*: *The Untold Story of the Great*

War in Africa（London: Weidenfeld & Nicolson, 2007）; R. Anderson, *The Forgotten Front: The East African Campaign, 1914—1918*（Stroud: Tempus, 2004）；以及 Anne Samson, *Britain, South Africa and the East African Campaign, 1914—1918*（London: Frank Cass & Co., 2006）。近来 Michelle Moyd 的文章，"'We don't Want to Die for Nothing': Askari at War in German East Africa, 1914—1918", in Santanu Das（ed.）, *Race, Empire and First World War Writing*（Cambridge University Press, 2011）, pp.53-76，富有洞见地描绘了德国控制下的非洲人。

现代关于北非的专门文献尤其罕见，想要获知洞见的读者既要参看地区史也要参看那些受波及国家的历史，例如 Dirk Vanderwalle, *A History of Modern Libya*（Cambridge University Press, 2006）; Robert O. Collins, *A History of Modern Sudan*（Cambridge University Press, 2008）。

有关南非，参看 Simon E. Katzenellenbogen, "Southern Africa and the war of 1914—1918", in M. R. D. Foot（ed.）, *War and Society*（London: Longman, 1973）, pp.161-188; N. G. Garson, "South Africa and World War I", *Journal of Imperial and Commonwealth History*, 8:I（1979）, pp.92-116; Albert Grundlingh, *Fighting Their Own War: South African Blacks and the First World War*（Johannesburg: Ravan, 1987）；以及 Bill Nasson, *Springboks on the Somme: South Africa in the Great War, 1914—1918*（Johannesburg: Penguin, 2007）。

与战争有关的叛乱与暴动，参看 George Shepperson and Thomas Price, *Independent African: John Chilembwe and the Nyasaland Native Uprising of 1915*（Edinburgh University Press, 1967）; Sandra Swart, "'A Boer and his gun and his wife are three things always together': republican masculinity and the 1914 rebellion", *Journal of Southern African Studies*, 24:2（1998）, pp.116-138。

17 奥斯曼帝国

穆斯塔法·阿克萨卡尔

关于战前的国际背景，参看 Nazan Çiçek, *Turkish Critics of the Eastern Question in the Late Nineteenth Century*（London: I. B. Tauris, 2010）; Michael A.

Reynolds, *Shattering Empires: The Clash and Collapse of the Ottoman and Russian Empires, 1908—1918*（Cambridge University Press, 2011）；以及 Donald Bloxham, *The Great Game of Genocide: Imperialism, Nationalism, and the Destruction of the Ottoman Armenians*（Oxford University Press, 2005）。

有关社会状况，参看 Yiğit Akın, "The Ottoman Home Front during World War I: Everyday Politics, Society, and Culture"（未出版的博士论文，Ohio State University, 2011）；Melanie Tanielian, "The War of Famine: Everyday Life in Wartime 676
Beirut and Mount Lebanon（1914—1918）"（未出版的博士论文，University of California, Berkeley, 2012）；Elizabeth Thompson, *Colonial Citizens: Republican Rights, Paternal Privilege and Gender in French Syria and Lebanon*（New York: Columbia University Press, 2000）的第一部分；以及 Yavuz Selim Karakışla, *Women, War and Work in the Ottoman Empire: Society for the Employment of Ottoman Muslim Women, 1916—1923*（Istanbul: Ottoman Bank Archive and Research Centre, 2005）。

关于征兵与士兵的生活，参看 Mehmet Beşikçi, *The Ottoman Mobilization of Manpower in the First World War: Between Voluntarism and Resistance*（Leiden: Brill, 2012）; Yücel Yanıkdağ, "Educating the Peasants: the Ottoman Army and Enlisted Men in Uniform", *Middle Eastern Studies*, 40:6（2004）, pp.91-107，以及他的另一本书 *Healing the Nation: Prisoners of War, Medicine and Nationalism in Turkey, 1914—1939*（Edinburg University Press, 2013）。有关疾病，参看 Hikmet Özedmir, *The Ottoman Army, 1914—1918: Disease and Death on the Battlefield*, 译者 Saban Kardaş（Salt Lake City, UT: University of Utah Press, 2008）。关于作战史，参看 Edward J. Erickson, *Ordered to Die: A History of the Ottoman Army in the First World War*（Westport, CT: Greenwood Press, 2001）以及他的 *Gallipoli: The Ottoman Campaign, 1915—1916*（Barnsley: Pen & Sword, 2010）。

关于掌权的统一和进步委员会，参看 M. Şükrü Hanioğlu, *Preparation for a Revolution: The Young Turks, 1902—1908*（Oxford University Press, 2001）; Nader Sohrabi, *Revolution and Constitutionalism in the Ottoman Empire and Iran*（Cambridge University Press, 2011）; M. Naim Turfan, *Rise of the Young Turks: Politics, the Military and Ottoman Collapse*（London: I. B. Tauris, 2000）；以及 Erik J. Zürcher, *The Young Turk Legacy and Nation-Building: From the Ottoman Empire to Atatürk's Turkey*（London: I. B. Tauris, 2010）。有关经济状况和战争财政，参看 Zafer Toprak, *İttihad Terakki ve Cihan Harbi: Savaş Ekonomisi ve Türkiye'de Devletçilik, 1914—1918*（Istanbul: Homer Kitabevi, 2003）。

有关干涉，参看 Handan Nezir Akmeşe, *The Birth of Modern Turkey: The Ottoman Military and the March to World War I*（London: I. B. Tauris, 2005）; F. A. K. Yasamee, "The Ottoman Empire", in Keith Wilson（ed.）, *Decisions for War, 1914*（Abingdon: Routledge, 1995）；以及 Mustafa Aksakal, *The Ottoman Road to War in 1914: The Ottoman Empire and the First World War*（Cambridge University Press, 2008）。

有关地方及区域政治、帝国公民身份以及民族主义，参看 Hasan Kayalı, *Arabs and Young Turks: Ottomanism, Arabism, and Islamism in the Ottoman Empire, 1908—1918*（Berkeley, CA: University of California Press, 1997）; Abigail Jacobson, *From Empire to Empire: Jerusalem Between Ottoman and British Rule*（Syracuse University Press, 2011）; Michelle U. Campos, *Ottoman Brothers: Muslims, Christians, and Jews in Early Twentieth Century Palestine*（Stanford: Stanford University Press, 2011）; Janet Klein, *The Margins of Empire: Kurdish Militias in the Ottoman Tribal Zone*（Stanford: Stanford University Press）；以及 Kamal Madhar Ahmad, *Kurdistan during the First World War*，译者 Ali Maher İbrahim（London: Saqi Books, 1994）。

有关种族暴力、驱逐以及亚美尼亚人，参看 Ryan Gingeras, *Sorrowful Shores: Violence, Ethnicity, and the End of the Ottoman Empire, 1912—1923*（Oxford University Press, 2009）; Uğur Ümit Üngör, *The Making of Modern Turkey: Nation and State in Eastern Anatolia, 1913—1950*（Oxford University Press, 2011）；以及 Ronald Grigor Suny, Fatma Müge Göçek and Norman M. Naimark（eds.）, *A Question of Genocide: Armenians and Turks at the End of the Ottoman Empire*（Oxford University Press, 2011）。关于统计数据，参看 Fuat Dündar, *Crime of
677 Numbers: The Role of Statistics in the Armenian Question (1878—1918)*（New Brunswick, NJ: Transaction Publishers, 2010）。

关于媒体和宣传，参看 Thomas Philipp, "Perceptions of the First World War in the Contemporary Arab Press", in Itzchak Weisman and Fruma Zachs（eds.）, *Ottoman Reform and Muslim Regeneration*（London: I. B. Tauris, 2005）;

Gottfried Hagen, *Die Türkei im Ersten Weltkrieg: Flugblätter und Flugschriften in arabischer, persischer und osmanisch-türkischer Sprache aus einer Sammlung der Universitätsbibliothek Heidelberg*（Frankfurt am Main: Peter Lang, 1990），以及 Erol Köroğlu, *Ottoman Propaganda and Turkish Identity: Literature in Turkey during World War I*（London: : I. B. Tauris, 2007）。

关于一手报道，参看 Salim Tamari, *Year of the Locust: A Soldier's Diary and the Erasure of Palestine's Ottoman Past*（Berkely, CA: University of California Press, 2011）; Ian Lyster（ed.）, *Among the Ottomans: Diaries from Turkey in World War I*（London: I. B. Tauris, 2011）；以及 Hanna Mina, *Fragments of Memory: A Story of a Syrian Family*，译者 Olive Kenny and Lorne Kenny（Northampton: Interlink Books, 2004［1975］）。

关于记忆和持续的影响，参看 Olaf Farschid, Manfred Kropp and Stephan Dähne（eds.）, *The First World War as Remembered in the Countries of the Eastern Mediterranean*（Würzburg: Ergon Verlag and Orient-Institut Beirut, 2006）; Fatma Müge Göçek, *The Transformation of Turkey: Redefining State and Society from the Ottoman Empire to the Modern Era*（London: I. B. Tauris, 2011）；以及 Michael Provence, 'Ottoman Modernity, Colonialism, and Insurgency in the Arab Middle East', *International Journal of Middle East Studies*, 43（2011）, pp.205–225。

18 亚洲

徐国琦

亚洲与大战关系的领域大部分是未经开发的处女地，即便是现存的研究也并未采取比较视角对这一题目做出审慎的研究。我们已做的，是就亚洲国别史的专题做出了数量不等的研究。

关于中国，Guoqi Xu 的 *China and the Great War: China's Pursuit of a New National Identity and Internationalization*（Cambridge University Press, 2005［2011］）从国际史的视角对中国与大战的关系做出了通史性的研究。Guoqi Xu 的 *Strangers on the Western Front: Chinese Workers in the Great War*（Cambridge, MA: Harvard

University Press, 2011）研究了重要但长期以来为人所忽视的 14 万中国华工群体，他们在大战中从远在亚洲的家乡一路跋涉到西线，该书考察了这一群体在亚洲以及世界历史中的作用。

有关日本，Frederick Dickinson 的 *War and National Reinvention: Japan in the Great War, 1914—1919*（Cambridge, MA: Harvard University Press, 1999）是一部出色的著作，作者考察了战争对日本政治进程的影响以及日本在战争中的作用。关于巴黎和会日本的“种族平等”条款磋商，参看 Naoko Shimaz, *Japan, Race and Equality: The Racial Equality Proposal of 1919*（London: Routledge, 2009）。

关于印度与大战的学术著作似乎相对是比较集中的。然而尚没有一部关于印度与大战的权威著作问世。有关个人对战争的观察与观点，参看 David Omissi, *Indian Vioces of the Great War*（London: Palgrave Macmillan, 1999）以及 DeWitt C. Ellinwood, *Between Two Worlds: A Rajput Officer in the Indian Army, 1905—1921, Based on the Diary of Amar Singh*（Lanham, MD: Hamilton, 2005）；
678 Santanu Das 的文章，“Indians at Home, Mesopotamia and France, 1914—1918: towards an Intimate History”, in Santanu Das（ed.）, *Race, Empire and First World War Writing*（Cambridge University Press, 2011），为我们认识印度与大战的关系提供了一种焕然一新的视角。

学者们已经将他们的注意力转向了研究越南与大战。该领域中的大部分学者关注的都是殖民方面的事情。一个典例是 Richard Fogarty, *Race and War in France: Colonial Subjects in French Army, 1914—1918*（Baltimore, MD: Johns Hopkins University Press, 2008），对大战期间在法的越南劳工给出了精彩的论述。Kimloan Hill 的著作是很重要的一部推进性的著作。参看她的 *Coolies into Rebels: Impact of World War I on French Indochina*（Paris: Les Indes Savantes, 2011），这本书是基于她的博士论文及她的其他几篇文章写成的，“Strangers in a Foreign Land: Vietnamese Soldiers and Workers in France during World War I”, IN Nhung Tuyet and Anthony Reid（eds.）, *Viet Nam: Borderless Histories*（Madison, WI: University of Wisconsin Press, 2006）, pp.256-289，以及“Sacrifices, Sex, Race: Vietnamese Experiences in the First World War”, in Das（ed.）, *Race, Empire and First World War Writing*, pp.53-69。

有关亚洲与战后和平会议，最好的书是 Erez Manela, *The Wilsonian Moment:*

Self-Determination and the International Origins of Anticolonial Nationalism（New York: Oxford University Press, 2007），精彩地论述了中国、印度和朝鲜各自在战后秩序中的作用与利益。

19 北美洲

珍妮弗·D. 基恩

没有关于一战的北美跨国史。民族史占主导，与此同时，过多关注与伍德罗·威尔逊未来新世界秩序的观点有关的国际关系史。

David Mackenzie（ed.）, *Canada and the First World War: Essays in Honour of Roberet Craig Brown*（University of Toronto Press, 2005），收录了一系列专家学者写作的优秀论文，他们就此前关于战争对加拿大影响的解释范式提出了不同的观点。Desmond Morton, *Marching to Armageddon: Canadians and the Great War, 1914—1919*（Toronto: Lester & Orpen Dennys, 1989）是一部研究加拿大与一战的经典之作。Robert Craig Brown and Ramsey Cook, *Canada, 1896—1921: A Nation Transformed*（Toronto: McClelland & Stewart, 1974）一书中有五个章节讨论一战，这些内容或许是我们到目前为止能看到的关于一战的最为综合性的概述。John Herd Thompson and Stephen J. Randall, *Canada and the United States: Ambivalent Allies*, 4th edn（Athens, GA: University of Georgia Press, 2008），考察了整个美加关系，将第一次世界大战视作是两国关系的转折点。有关加拿大的纪念活动，参看 Jonathan Vance, *Death So Noble: Memory, Meaning, and the First World War*（Vancouver: UBC Press, 1997）。Tim Cook 的两本关于加拿大军事的书，*At the Sharp End: Canadians Fighting the Great War 1914—1916*（Toronto: Viking, 2007）以及 *Shock Troops: Canadians Fighting the Great War, 1917—1918*（Toronto: Viking, 2008），描述了战争期间战术、战略以及交战国的演变。Timothy Winegard 在两本书中探究了加拿大境内土著的经历：*Indigenous Peoples of the British Dominions and the First World War*（Cambridge University Press, 2011）; *For King and Kanata: Canadian Indians and the First World War*（Winnipeg: University of Manitoba Press, 2012）。

679 对美国战事给出了优秀总体概览的著作有：David M. Kennedy, *Over Here: The First World War and American Society*（New York: Oxford University Press, 1980）; Robert H. Zieger, *America's Great War: World War I and the American Experience*（Oxford: Rowman & Littlefield, 2000）；以及 Robert H. Ferrell, *Woodrow Wilson and World War I, 1917—1921*（New York: Free Press, 2001）。希望获得更多有关大后方、民权以及动员方面的洞见，参看 Christopher Capozzola, *Uncle Sam Wants You: World War I and the Making of the Modern American Citizen*（New York: Oxford University Press, 2008）; Jennifer D. Keene, *Doughboys, the Great War and the Remaking of Ameirca*（Batimore, MD: Johns Hopkins University Press, 2001）；以及 Chad L. Wiliams, *Torchbearers of Democracy: African American Soldiers in the World War I Era*（Chapel Hill, NC: University of North Carolina Press, 2010）。有关美国人战斗经历的最新的作品包括 Edward G. Lengel, *To Conquer Hell: The Meuse-Argonne, 1918*（New York: Henry Holt, 2008）, Mark Grotelueschen, *The AEF Way of War: The American Army and Combat in World War I*（Cambridge University Press, 2007）。Steven Trout, *On the Battlefiled of Memory: The First Word War and American Remembrance, 1919—1941*（Tuscaloosa, AL: University of Alabama Press, 2010）追溯了美国人杂乱无章的战争记忆。

历史学家们对战争期间美国外交关系的研究更多地集中于美国与墨西哥的关系，但遗憾的是几乎都忽视了美国与加拿大的关系。一个特例是 Kathleen Burk, *Britain, America and the Sinews of War, 1914—1918*（Boston: Allen & Unwin, 1985）。在下面的一系列书中都能看到关于美墨关系演进富有洞见的论述：John Milton Cooper, Jr., *Woodrow Wilson: A Biography*（New York: Knopf, 2009）; N. G. Levin, *Woodrow Wilson and World Politics: America's Reponse to War and Revolution*（New York: Oxford University Press, 1968）; Friedrich Katz, *The Secret War in Mexico: Europe, the United States and Mexican Revolution*（University of Chicago Press, 1981）；以及 Mark T. Gilderhus, *Pan American Visions: Woodrow Wilson in the Western Hemisphere, 1913—1921*（Tucson, AZ: University of Arizona Press, 1986）。Akira Iriye, *The Cambridge History of American Foreign Relations, vol. III: The Globalizing of America, 1913—1945*（Cambridge University Press, 1993），考虑到了战争是如何契合美国在 20 世纪上半期逐渐崛起为世界霸权的。

20 拉丁美洲

奥利维耶·孔帕尼翁

战争对拉丁美洲的影响形成了一个复杂且仍在发展中的历史研究领域。新近的一些综合性的研究尝试有：Olivier Compagnon and Armelle Enders, "L'Amérique latine et la guerre", in Stéphane Audoin-Rouzeau and Jean-Jacques Becker（eds.）, *Encyclopédie de la Grande Guerre, 1914—1918*（Paris: Bayard, 2004）, pp.889–901，以及 Olivier Compagnon, "1914—1918: the death throes of civilization: the elites of Latin America face the Great War", in Jenny Macleod and Pierre Purseigle（eds.）, *Uncoverred Fields: Perspectives in First World War Studies*（Leiden: Brill, 2004）, pp.279–295。后一篇文章分析了知识精英对战争的反应，同时对作为当代拉丁美洲文化史上认同转折点的这场战争做出了评价。

关于早期综合性的著作，参看 Bill Albert and Paul Henderson, *South America and the First World War: The Impact of the War on Brazil, Argentina, Peru and Chile*（Cambridge University Press, 1988）。各国还有围绕干涉以及战时政治影响 680 问题的其他重要研究。以下三部著作做出了重要的贡献：Francisco Luiz Teixeira Vinhosa, *O Brasil e a Primeira Guerra mundial*（Rio de Janeiro: IBGE, 1990）。这本书最为完整地介绍了一战中的巴西，尤其重要的是，这本书的写作基于的是对外交档案的分析。另外参看 Freddy Vivas Gallardo, "Venezuela y la Primera Guerra mundial: de la neutralidad al compromiso（octubre 1914-marzo 1919）", *Revista de la Facultad de Ciencias Jurídicas y Políticas*, 61（1981）, pp.113–133，以及 Ricardo Weinmann, *Argentina en la Primera Guerra mundial: neutralidad, transición pilítica y continuismo economico*（Buenos Aires: Biblio, Fundación Simón Rodríguez, 1994）。Weinmann 的这本书是关于阿根廷与大战的重要著作，特别考察了自 1916 年之后伊波利托·伊里戈延总统任期激进的变革。

诸多学者从经济史的角度考察了战争对拉丁美洲的影响。Victor Bulmer-Thomas, *La historia ecónomica de América latina desde la Independencia*（Mexico: Fondo de Cultura Ecónomica, 1998）, chapter 6, pp.185–228 最为全面地呈现出战争对该地区经济的影响。另一部引人注目的研究是 Roger Gravil, "Argentina and the First World War", *Revista de História*（27th year）, 54（1976）, pp.385–417，这篇文章细致分析了大战对阿根廷造成的经济影响。Marc Badia I Miro and Anna Carreras Marin, "The First World War and Coal Trade Geography in Latin America and the Caribbean, 1890—1930", *Jahrbuch für Geschichte Lateinamerikas,* 45（2008）, pp.369–391 是另一篇对此观点有所贡献的文章。有关秘鲁，参看 Victor A. Madueño, "La Primera Guerra mundial el desarrollo industrial del Perú", *Estudios Andinos*, 17–18（1982）, pp.41–53。有关中美洲，参看 Frank Notten, *La influencia de la Primera Guerra Mundial sobre las economías centroamericanas, 1900—1929: Un enfoque desde el comercio exterior*（San José: Centro de Investigaciones Históricas de América Central/ Universidad de Costa Rica, 2012）。

重点放在经济方面、考察英国一方故事的，参见 Philip A. Dehne, *On the Far Western Front: Britain's First World War in South America*（Manchester University Press, 2009）。该著作基于英国档案，研究了大不列颠与拉丁美洲之间的关系，重点考察了经济投机，并且就黑名单提供了重要的数据。同样参看 Juan Ricardo Couyoumdjian, *Chile y Gran Bretaña durante la Primera Guerra mundial y la postguerra, 1914—1921*（Santiago: Editorial Andres Bello/ Universidad Católica de Chile, 1986）。有关移居乌拉圭的侨民，参看 Álvaro Cuenca, *La colonia británica de Montevideo y la Gran Guerra*（Montevideo: Torre del Vigia Editores, 2006）。

其他有欧洲血统的人也被动员了起来。参看 Emilio Franzina, "La Guerra lontana: il primo conflitto mondiale e gli italiani d'Argentina", *Estudios migratiorios latinoamericanos*, 44（2000）, pp.66–73，以及 Franzina, "Italiani del Brasile ed italobrasiliani durante il Primo Conflitto Mondiale（1914—1918）", *História: Debates e Tendências*, 5:1（2004）, pp.225–267。这两篇重要的文章分别介绍了远在阿根廷和古巴的大量意大利群体的动员机制。Frederick C. Luebke, *Germans in Brazil: A Comparative History of Cultural Conflict During World War I*（Baton Rouge and London: Louisiana State University Press, 1987）研究了其他的群体。该书对 1914 年至 1918 年间德裔人在巴西北部建立的聚落做出了令人瞩目的研究。同样参看 Hernán Otero, *La Guerra e la sangre: Los franco-argentinos ante la Primera Guerra Mundial*（Buenos Aires: Sudamericana, 2009）。

681 从事文化研究的历史学家也同样涉足了这一领域。智利诗人对战争的回应是 Keith Ellis 的研究主题，见其“Vicente Huidobro y la Primera Guerra mundial”，*Hispanic Review*, 57:3（Summer 1999），pp.333–346。Sydney Carambone, *A Primeira Guerra Mundial e a imprensa brasileira*（Rio de Janeiro: Mauad, 2003），该作者在书中简要研究了里约热内卢 1914 年和 1917 年两份日报（*the Correio da Manha* and *the Journal do Commercio*）中的战争报道。另外可参考 Olivier Compagnon, *L'adieu à l'Europe : L'Amérique latine et la Grande Guerre*（*Argentine et Brésil, 1914—1939*）（Paris : Fayard, 2013）。

有关战争进行期间以及战后影响的政治史，有数量众多的有益研究。关于阿根廷，Maria InésTato 从国内政治斗争和战争的角度做出阐释 :“La disputa por la argentinidad: rupturistas y neutralistas durante la Primera guerra mundial”，*Temas de historia argentina y americana*, 13（July-December 2008），pp.227–250; “La contienda europea en las calles porteñas : manifestaciones civices y pasiones nacionales en torno de la Primera Guerra Mundial”, in María Inés Tato and Martin Castro（eds.），*Del Centenario al peronismo: dimensiones de la vida politica argentina*（Buenos Aires : Imago Mundi, 2010），pp.33–63；还有“Nacionalismo e internacionalismo en la Argentina durante la Gran Guerra”, *Projeto História*, 36（June 2008），pp.49–62。

有关媒体，有 Patricia Vega Jiménez, “¿Especulación desinformativa? La Primera Guerra Mundial en los periódicos de Costa Rica y EL Salvador”, *Mesoamérica*, 51（2009），pp.94–122; Yolanda de la Parra, “La Primera Guerra Mundial y la prensa mexicana”, *Estudios de historia moderna y contemporánea de México*, 10（1986），pp.155–176.

有关美国与战争关系这一富有争议的问题，Friedrich Katz 的著作可以作为一个较好的研究起点 *The Secret War in Mexico : Europe, the United States and the Mexican Revolution*（University of Chicago Press, 1981）。这本书是在革命和大战双重背景下，研究驻墨西哥的欧洲以及北美外交官的经典著作。还有其他两部早先时期的作品仍值得一读：Barbara Tuchman, *The Zimmermann Telegram*（New York : Dell Publishing Co., 1965）; Joseph S. Tulchin, *The Aftermath of War : World War I and U.S. Policy toward Latin America*（New York University Press, 1971），这本书虽然出版时间早，但对于解释战后美洲国家间关系仍是有价值的。

关于国际联盟与拉丁美洲，参看 Thomas Fischer, *Die Souveränität der Schwachen : Lateinamerika und der Völkerbund, 1920—1936*（Stuttgart : Franz Steiner, 2012）。这本书基于完备丰富的档案资料，对拉丁美洲参与国际联盟做出了完备的分析。法国一方的故事，为 Yannick Wehrli 的文章所讨论，“Les délégations latino-américanes et les intérêts de la France à la Société des Nations”, *Relations internationales,* 137:1（2009）, pp.45–59。

21 暴行和战争罪行

约翰·霍恩

本章涉及的话题包括法律、文化以及军事史。有关法律层面，Geoffrey Best, *Humanity in Warfare: The Modern History of the International Law of Armed Conflicts*（London : Weidenfeld & Nicolson, 1980），这是一本关于国际法和战争行为历史的不可或缺的著作。相关文本，有两部有用的文选，一是 Adam Roberts 和 Richard Guelff 合编的 *Documents on the Laws of War,* 2nd edn（Oxford : Clarendon Press, 1989 [1982]，另一部是 Michael Reisman 和 Chris Antoniou 合编的 *The Laws of War : A Comprehensive Collection of Primary Documents on*
682 *International Laws Govorning Armed Conflicts*（New York : Vintage, 1994）。James Brown Scott（ed.）, *Texts of the Peace Conferences at The Hague, 1899 and 1907*（Boston and London: Ginn & Co., 1908），从这本书中能够找到有关 1899 年与 1907 年两次海牙和平会议进程的内容。关于 1921 年的莱比锡战罪审判，参看 *German War Trails: Report of Proceedings before the Supreme Court in Leipzig*（London: HMSO, 1921）; James F. Willis, *Prologue to Nuremberg: The Politics and Diplomacy of Punishing War Criminals of the First World War*（Westport, CT and London: Greenwood Press, 1982）; Annie Deperchin-Gouillard, “Responsabilité et violation du droit des gens pendant la première guerre mondiale: volunté politique et impuissance juridique”, in Annette Wieviorka（ed.）, *Les Procès de Nuremberg et de Tokyo*（Brussels: Éditions Complexe, 1996）, pp.25–49; Gerd Hankel, *Die Leipziger Prozesse: Deutsche Kriegsverbrechen und ihre strafrechtliche Verfolgung nach dem*

Ersten Weltkrieg（Hamburg: Hamburger Edition, 2003）。关于亚美尼亚种族屠杀的君士坦丁堡战犯审判的内容，参看 Taner Akçam, *Armenien und der Völkermord: Die Istanbuler Prozesse und die türkische Nationalbewegung*（Hamburg: Hamburger Edition, 1996）。

关于"暴行"的文化意义，以及它们又是通过怎样的方式判定敌人和认定那些宣称的罪行的，参看 John Horne and Alan Kramer, *German Atrocities, 1914: A History of Denial*（New Haven, CT and London: Yale University Press, 2001）。到目前为止，关于东部战线还没有任何可与此比肩的著作，不过有关俄国入侵东普鲁士的内容，参看 Imanuel Geiss, "Die Kosaken Kommen! Ostpreußen im Agust 1914", in Geiss, *Das deutsche Reich und der Erste Weltkrieg*, 2nd edn（Munich: Piper, 1985 [1978]）。关于奥匈入侵塞尔维亚期间的宣称的和实际的暴行，最好的一部作品来自于 Jonathan Gumz, *The Resurrection and Collapse of Empire in Habsburg Serbia, 1914—1918*（Cambridge University Press, 2009），pp.44–61。关于战俘的被保护地位的合法性和真实情况，参看 Heather Jones, *Violence against Prisoners of War in the First World War: Britain, France and Germany, 1914—1920*（Cambridge University Press, 2011）。

一些具有开创性质的著作考察了敌人的文化建设与榨取占领区民众的互动关系，关于西线有如下的著作 Annette Becker, *Oubliésde la Grande Guerre: humanitaire et culture de guerre: populations occupées, déportés civils, prisonniers de guerre*（Paris: Éditions Noêsis, 1998）和 *Les cicatrices rouges, 14–18: France et Belgique occupées*（Paris: Fayard, 2010）以及 Sophie de Schaepdrijver, *La Belgique et la première guerre mondiale*（1997，译自荷兰语版本，Brussels: Peter Lang, 2004）；关于东线，Vejas Gabriel Liulevicius, *War Land on the Eastern Front: Culture, National Identity and German Occupation in World War I*（Cambridge University Press, 2000）。Fernand Passelecq, *Déportation et travail forcé des ouvriers de la population civile de la Belgique occupée(1916—1918)*（Paris: PUF, 1928），这是关于当时比利时劳工被流放至德国的详细研究（为比利时流亡政府而撰写）。Annie Deperchin and Laurence van Ypersele, "Droit et occupation: les cas de la France et de la Belgique", in John Horne（ed.），*Ver la guerre totale : le tournant de 1914—1915*（Paris : Tallandier, 2010），pp.153–174，这是一篇关于适用性或者说国

际法对德国占领比利时与法国适用性的重要文章。

关于国内的暴行，具体到1915年的俄国败退，参看Peter Holquist,“Les violences de l’armée russe à l’encontre des Juifs en 1915 : causes et limites”, in Horne（ed.）, *Vers la guerre totale,* pp.191–219，以及Peter Gatrell, *A Whole Empire Walking : Refugees in Russia during the First World War*（Bloomington, IN : Indiana
683 University Press, 1999）, esp. pp.15–97。本书第22章讨论了亚美尼亚种族灭绝，但如果把这个问题放在大国关系下考察，尤其是相对从协约国的观点考虑（以便与德国更恶意的诽谤相比较），可参看Donald Bloxham, *The Great Game of Genocide : Imperialism, Nationalism and the Destruction of the Ottoman Armenians*（Oxford University Press, 2005）以及Annette Becker and Jay Winter,“Le génocide arménien et les réaction de l’opinion internationale”, in Horne（ed.）, *Vers la guerre totale,* pp.291–313。

还没有出现围绕协约国封锁以及德国潜艇战索赔以及反索赔的令人满意的文化史，但是可以参看Gerd Krumeich,“Le blocus maritime et la guerre sous-marine”, in Horne（ed.）, *Vers la guerre totale*, pp.175–190。关于空战道德以及法律维度的内容，除了Best的*Humanity in Warfare*，参看Christian Geinitz,“The First German air war against noncombatants: strategic bombing of German cities in World War I”, in Roger Chickering and Stig Förster（eds.）, *Great War, Total War: Combat and Mobilization on the Western Front, 1914—1918*（Cambridge University Press, 2000）, pp.207–225。

许多关于一战期间“宣传”的讨论，未经批判就使用了从20世纪20年代以来才有的术语，这个词汇本身就是对战争期间旨在控制人们思想的一种消极的反应。John Horne,“‘Propaganda’et‘vérité’dans la Grande Guerre”, in Christophe Prochasson and Anne Rasmussen（eds.）, *Vrai et faux dans la Grande Guerre*（Paris : Bayard, 2004）, pp.76–95，这篇文章试图思考：在战时极端的环境中“真实”与“虚假”的构建。

本章涉及的所有主题的军事与政治背景在该书的其他章节均有讨论，尤其是第一卷的第12章（海战）以及第13章（空战）；第二卷的第11章（战俘）以及第18章（封锁与经济战）；第三卷的第8章（难民和流亡者），第9章（少数民族），第10章（占领下的人们）以及第11章（被关押的平民）。最后，想要总体了解某种不同的观点，参看 Alan Kramer, “Combatants and noncombatants : atrocities, massacres and war crimes”, in John Horne (ed.) , *A Companion to World War I* (Chichester and Oxford : Wiley-Blackwell, 2010) , pp.188–201。

22 种族灭绝

汉斯－卢卡斯·基泽 唐纳德·布洛克斯汉姆

目前，有一位学者基于大量奥斯曼和亚美尼亚的档案文献以及其他的原始资料做出了令人印象深刻的研究。Raymond Kévorkian 的 *The Armenian Genocide: a Complete History* (London: I. B. Tauris, 2011) 几乎对种族灭绝的方方面面做出了细致的历史叙述。同样见他的分析，包括具体的大事年表，“The extermination of Ottoman Armenians by the Young Turk Regime (1915—1916)”，可在 www.massviolence.org 找到该文章的出处 *Online Encyclopedia of Mass Violence*。Taner Akçam 的 *The Young Turks' Crime Against Humanity: The Armenian Genocide and Ethnic Cleansing in the Ottoman Empire* (Princeton University Press, 2012) 是长期研究这一话题的作者的最新专著。他和 Vahakn N. Dadrian 合著的 *Judgment at Istanbul: The Armenian Genocide Trials* (New York: Berghahn, 2011) 也包含很多相关的证据。Hilmar Kaiser 写了很多权威性的论文，包括基于一手史料的综述，“Genocide at twilight of the Ottoman Empire”, in Donald Bloxham and A. Dirk Moses (eds.) , *The Oxford Handbook of Genocide* 684
Studies (Oxford University Press, 2010) , pp.365–385。Fuat Dündar 的 *Crime of Numbers: The Role of Statistics in the Armenian Question (1878—1918)* (New Brunswick, NJ: Transaction Publishers, 2010) 从人口统计学家的角度研究了与种族灭绝相关的事件。他的另一本书 *İttihat ve Terakki'nin Müslümanlari İskân Politikası, 1913—1918* (Istanbul: İ letişim Yayinları, 2001) 阐释了从巴尔干战争以来的人口统计工程学以及历史背景。Uğur Ümit Üngör 的 *The Making of Modern Turkey: Nation and State in Eastern Anatolia, 1913—1950* (Oxford University Press, 2011)，该书基于详尽的迪亚巴克尔省的个案研究思考了亚美尼亚人的厄运。他和 Mehmet Polatel 的 *Confiscation and Destruction: The Young Turk Seizure of*

Amenian Property（London: Continuum, 2011），细致地描述了受害者们所受的掠夺。Hans-Lukas Kieser 的 *Der verpasste Friede: Mission, Ethnie und Staat in den Ostprovinzen der Türkei 1839—1938*（Zurich: Chronos Verlag, 2000），作者将坦齐玛特改革及其之后的时期作为思考种族灭绝时期的背景。

除亚美尼亚受害群体之外的其他群体也或多或少出现在上述提到的书中。David Gaunt 的 *Massacres, Resistance, Protectors: Muslim-Christian Relations in Eastern Anatolia during World War I*（Piscataway, NY: Gorgias Press, 2006）的中心议题是叙利亚人的命运，另外在 Üngör 所著的 *The Making of Modern Turkey* 的第 2 章中也讨论了这一问题。像 Kieser 的 *Der verpasste Friede*, Üngör 的著作同样考虑了青年土耳其与之后的凯末尔对库尔德人的暴力和同化政策。有关青年土耳其政权与之后共和国政权的延续性，参看 Erik J. Zürcher, *The Young Turk Legacy and Nation Building: From the Ottoman Empire to Atatürk's Turkey*（London: I. B. Tauris, 2010）。

关于国际背景，参看 Donald Bloxham, *The Great Game of Genocide: Imperialism, Nationalism, and the Destruction of the Ottoman Armenians*（Oxford University Press, 2005）。Wolfgang Gust（ed.）, *Der Völkermord an den Armenien 1915/1916: Dokumente aus dem Politischen Archiv des deutschen Auswärtigen Amts*（Springe: zu Klampen! Verlag, 2005），书中展示的德国外交文件，揭示了德国人对小亚细亚真实情况的反应和见证。（Gust 的网站是 www. armenocide.net，它复制了这些文件，且包含英文翻译。）Artem Ohandjanian 编辑的多卷本 *Österreich-Armenien, 1872—1936: Faksimilesammlung diplomatischer Aktenstücke*（Vienna: Ohandjanian Eigenverlag, 1995）收录了同样多的来自二元君主国的外交记录。其他国际外交的重要见证，参看 Ara Sarafian（ed.）, *United States Official Records on the Armenian Genocide 1915—1917*（London: Taderon Press, 2004）。在卷帙浩繁的现代著作中，尤其系统详尽的一本书当属 Johannes Lepsius, *Der Todesgang des armenischen Volkes: Bericht über das Schicksal des armenischen Volkes in der Türkei während des Weltkrieges*（Postdam: Tempelverlag, 1919）。

在数量众多的编著中，下列三本尤其值得一提：Ronald Grigor Suny, Fatma Müge Göçek and Norman M. Naimark（eds.）, *A Question of Genocide: Armenians and Turks at the End of the Ottoman Empire*（New York: Oxford University Press,

2011）; Hans-Lukas Kieser and Dominik Schaller（eds.）, *Der Völkermord an den Armeniern und die Shoah/ The Armenian Genocide and the Shoah*（Zurich: Chronos, 2002）。Richard Hovannisian（ed.）, *Remembrance and Denial: The Case of the Armenian Genocide*（Detroit, MI: Wayne State University Press, 1999），综合了研究土耳其否认的有用的历史论文。

Kieser and Schaller（eds.）, *Der Völkermord an den Armeniern und die Shoah*, 685
Donald Bloxham, *The Final Solution: A Genocide*（Oxford University Press, 2009），以及 Mark Levene, *The Crisis of Genocide,* vol. I: *1912—1938* and vol. II: *1939—1953*（Oxford University Press, 2013），这几本书都试图将晚期奥斯曼种族灭绝以及本章节的其他个案放置在更广泛的背景中进行讨论。

有关俄国人在战争期间对少数群体的暴力，参看 Edward D. Sokol, *The Revolt of 1906 in Russian Central Asia*（Baltimore, MD: Johns Hopkins University Press, 1954）; Eric Lohr, *Nationalising the Russian Empire: The Campaign against Enemy Alliens during World War One*（Cambridge, MA: Harvard University Press, 2003）; Peter Gatrell, *A Whole Empire Walking: Refugees in Russia during the First World War*（Bloomington, IN: Indiana University Press, 1999）; Alexander V. Prusin, *Nationalizing a Borderland: War, Ethnicity, and Anti-Jewish Violence in East Galicia, 1914—1920*（Tuscaloosa, AL: University of Alabama Press, 2005）; Peter Holquist, "Les violences de l'armée russe à l'encontre des Juifs en 1915: causes et limites", in John Horne（ed）, *Vers la guerre totale: le tournant de 1914—1915*（Paris: Tallandier, 2010）, pp.191-219。Holquist 发表在 Suny 等人编的 *A Question of Genocide* 中的文章，将战时俄国人对外高加索穆斯林的政策与奥斯曼对亚美尼亚人的政策进行了比较。关于背景方面的重要评论，参看 Michael A. Reynolds, *Shattering Empires: The Clash and Collapse of the Russian and Ottoman Empires, 1908—1919*（Cambridge University Press, 2011）。

本章中的其他内容，参看 Mahir Şaul and Patrick Yves Royer, *West African Challenge to Empire: Culture and History in the Volta-Bani Anticolonial War*（Athens, OH: Ohio University Press, 2001）。

这套历史书中被作为一个整体与本章相关的材料可在如下的章节中找到：第一卷的第 17 章（奥斯曼帝国）和第 21 章（暴行与战争罪行），第二卷的第 23

章（暴力的延续）以及第三卷的第 8–11 章（“危险中的人群”部分）。

23 战争法

安妮·德佩尔尚

希望研究战争法，且想同时理解战争法发展的阶段以及所面临的困难，最好的方法就是去查看官方档案。能够通过下面提供的这些文本研究各种各样的争议问题：*Actes de la Conférence de Bruxelles de 1874: Sur le projet d'une convenrion internationale concernant la Guerre*（Paris: Librairie des Publications législatives, 1874）; Ministère des Affaires étrangères, *Deuxième Conférence international de la Paix 1907: Documents diplomatiques*（Paris: Imprimerie nationale, 1908）; Ministère des Affaires étrangères, *Conférence international de la Paix 1899: Documents diplomatiques*（Paris: Imprimerie nationale, 1908）。

要理解战争法的法律论证，有一本虽然年代久远，但仍旧与此问题密切相关的著作。F. de Martens, *La paix et la guerre*（Paris: A. Rousseau, 1901），这本书对 1864—1899 年间的法律演变进行了全方位的论述，并且起草了这期间律师们处理战争问题所遵行的规则。

关于违反战争法以及法律的处理情况，新近出版了两部有用的书。英文书方面，John Horne and Alan Kramer, *German Atrocities 1914: A History of Denial*（New Heaven, CT and London: Yale University Press, 2001），这是两位爱尔兰历
686 史学家写的重要著作，主要关注于战争的开始阶段，但同时对违反法律以及社会对违法的反应给出了分析。德文书方面，Gerd Hankel, *Die leipziger Prozesse: Deutsche Kriegsverbrechen und ihre strafrechtliche Verfolgung nach dem Ersten Weltkreig*（Hamburg: Hamburger Edition, 2003），作者是一位从事当代战争法研究的专家，该书对莱比锡案件做出了全面的审判。

索 引

（第1-3卷总索引，词条后的罗马数字表示卷数，页码为原书页码，即本书页边码）

61；122；127；128；207
scurvy，坏血病，III. 301
Second International，第二国际，II. 581–2；584；599；III. 98
Second World War，第二次世界大战，III. 620；622–4；629
importance of sea power，制海权的重要性，I. 322
psychiatric casualties，精神问题导致的伤亡，III. 329–30
Sedd-el-Bahr, Fort，赛德埃尔巴尔堡，I. 306；307
Seeckt, Colonel Hans von，汉斯·冯·泽克特上校，I. 251；253；389
Seeger, Alan，艾伦·西格，III. 449；461；473
Seider, Reinhard，莱因哈德·赛德尔，III. 88
Seidler, Ernst von，恩斯特·冯·塞德勒，II. 42
Seignobos, Charles，夏尔·塞尼奥博斯，III. 404
Seine-Inférieure，下塞纳省，III. 197
Seitz, Theodor，特奥多尔·赛茨，I. 436
Sembat, Marcel，马塞尔·塞姆巴特，II. 22；31
Semenov, Grigory，格里戈里·谢苗诺夫，II. 648
Semireche region，七河地区，I. 596
Senegalese soldiers，塞内加尔士兵，I. 414–15；417；428；640
tirailleurs，土著士兵，I. 443；454
Senussi (Sanusiyya) movement，塞努西教团运动，I. 425；447–8
revolt，叛乱，III. 427
September Programme，九月计划，I. 244–5；II. 466
Serbia，塞尔维亚，I. 32；41–58；61；62；72；II. 547；625
Allied support for，协约国对塞尔维亚的支援，II. 497–8
Austria-Hungary declares war on，奥匈帝国对塞尔维亚宣战，I. 39
Bulgarian occupation of，保加利亚占领塞尔维亚，I. 572
civilian society，平民社会，III. 247
Germany's decision to declare war on，德国决定向塞尔维亚宣战，I. 33–4
monarchy/royal dynasty，君主制/王朝，II. 18–19
mourning and commemoration，哀悼与纪念，III. 374
occupation of，占领，I. 75
occupying regime，占领军政权，III. 249
population displacement，居民转移，III. 202
reconstruction of，重建，III. 604
refugees，难民，III. 214
treatment of civilians by Austro-Hungarian military，奥匈帝国军队对待平民，I. 571–2
Serbian army, death march of Austro-Hungarian prisoners of war，塞尔维亚陆军，奥匈帝国战俘的死亡行军，II. 285
Serbian Red Cross Society，塞尔维亚红十字会，III. 61
Serbian Relief Fund，塞尔维亚救济基金会，III. 61；207；211
Front Line Field Hospital，前线战地医院，III. 129
Serra, Renato，雷纳托·塞拉，III. 462
Service de santé aux armées，法国国防医疗队，III. 132
Sevastopol，塞瓦斯托波尔，I. 472
Seven Years' War，七年战争，II. 221
Seventh-Day Adventists，安息日复临教徒，II. 589；593；III. 434
Severini, Gino，吉诺·塞韦里尼，III. 516
Sèvres, Treaty of (1920)，《色佛尔条约》(1920 年)，I. 173；611；613；II. 615；629–32；III. 578
sexual violence，性暴力，III. 159–60
sexuality，性行为，III. 22–7；156–7
infidelity，不忠，III. 23–6
morale and female，士气与女性，III. 116–17
nurses and，护士与，III. 131
Seydlitz (ship)，赛德利茨号（军舰），I. 334
Shandong，山东，I. 326；426–7；507；II. 552
Shatt-al-Arab channel，阿拉伯河口，I. 299；420
Shaw, George Bernard，乔治·伯纳德·肖，III. 411
Sheffield，设菲尔德，III. 192
food queues，排队购买食物，II. 335
strikes in，罢工，II. 331；352；380
union activity，工会活动，II. 348
Sheffield, Gary，加里·谢菲尔德，I. 155
shell shock，弹震症，III. 311–33
attitude towards those suffering，对于那些遭遇此种病症人的态度，III. 158–9
cinematic and literary depiction of，电影和文学对此的描述，III. 325–8
classification of，分类，III. 320–1
identification of as a condition，作为一种病的识别，III. 315–18
symptons and diagnosis，症状和诊断，III. 311–15
treatment，治疗，III. 318–25
under-reporting of，漏报，III. 329–32

译后记

接到翻译任务，是在一战爆发100周年；“完成”翻译任务，已到了传统所说的一战结束100周年。三年多来更多地体会了翻译的甘苦。感谢浙江大学出版社北京启真馆的宽容，能让我们团队的翻译截止时间一再向后拖延。感谢同事岳秀坤老师的牵线搭桥，让我有机会接触北京启真馆文化传播有限责任公司。

正如《剑桥第一次世界大战史》的撰写是团队合作的结果，该书中译本的翻译也是团队合作的结晶。我要特别感谢团队成员的共同努力，以及在此期间承受着我的催促压力和批评。此外，还要感谢如下师友在第一卷翻译中的帮助：军事科学院著名军史专家肖石忠、北京王府外国语学校的吴涵老师协助校对了书稿；地图出版社毛远臻师弟、天津师范大学沈练斌老师协助校对了地图信息；同济大学的陈弢老师，同事崔金柱、陈浩，以及博士研究生李立华等，分别在德语、日语、西语、意大利语文献翻译上提供了帮助；硕士研究生胡玉珠、温主保、王艺君后期做了一些文字工作。

我们尽可能地按原文如实译出，部分内容增加了译者注和译者按。原文的索引部分错误的页码，根据实际内容进行了调整。即便分工协作三年有余，但因三卷本《剑桥第一次世界大战史》内容广泛，所引文献涉及语种也是多种多样，实在超出团队人员的知识和能力。因此，现在呈给读者的，只是我们加了引号的“完成”稿，里面一定有较多谬误之处。译稿不成熟的地方，希望能得到各位的指点与批评。如果您发现了问题，还盼发到我的邮箱（baihuiyao@163.com），以便本书重印或再版时加以改进。

本书译校分工如下：

第一卷（全书由姚百慧校对、统稿）

目录至第3章，姚百慧译

第 4 章，刘京译

第 5 章，王唯笑译

第 6–7 章，武乐曼、姚百慧译

第 8–11 章，王若茜译

第 12–13 章，王若茜、姚百慧译

第 14 章，王唯笑译

第 15–17 章，李云霄译

第 18–20 章，管世琳译

第 21–22 章，喻卓、姚百慧译

第 23–24 章，王唯笑译

文献评论，刘京译

索引，耿志、喻卓、丁何昕子译

第二卷（全书由耿志译校、统稿）

第三卷（全书由王本涛校对、统稿）

目录至第 7 章，王本涛译

第 8–11 章，徐蒙译

第 12–15 章，李朝霞译

第 16–17 章，王唯笑译

第 18–21 章，柏友春译

第 22–25 章，王唯笑译

姚百慧

2018 年 5 月 10 日